晚明社会变迁
问题与研究

万明　主编

商务印书馆

2016年·北京

图书在版编目(CIP)数据

晚明社会变迁:问题与研究/万明主编. —北京:
商务印书馆,2005(2016.5重印)
ISBN 978-7-100-04267-3

Ⅰ.晚…
Ⅱ.万…
Ⅲ.社会变迁—研究—中国—明代
Ⅳ.K248.07

中国版本图书馆CIP数据核字(2004)第101458号

本书为中国国家社会科学基金项目
获得中国社会科学院出版基金资助

晚明社会变迁
问题与研究
万明　主编

商务印书馆出版
(北京王府井大街36号　邮政编码100710)
商务印书馆发行
北京市艺辉印刷有限公司印刷
开本787×1092　1/16　印张 43 3/4
2005年12月第1版　2016年5月北京第2次印刷
ISBN 978-7-100-04267-3

定价:95.00元

目 录

绪论…………………………………………………………………………万　明(1)
第一节　研究课题的提出……………………………………………………(1)
第二节　若干研究视角的回顾与反思………………………………………(4)
一、社会经济的视角:以资本主义萌芽为中心的追寻 …………………(4)
二、近代化/现代化的视角:西方冲击与中国反应模式及其消解
……………………………………………………………………………(8)
三、社会的视角:一个多元的结构 ………………………………………(11)
四、世界的视角:一个整体的概念 ………………………………………(14)
第三节　研究的基本思路和内容……………………………………………(17)
一、整体世界—多元社会的研究取向 ……………………………………(17)
二、本书的基本内容概述 …………………………………………………(19)
第一章　人口流动及其社会影响 ……………………………………林金树(30)
第一节　社会发展与人口流动 ……………………………………………(31)
第二节　成、弘以后社会的变化与人口分布………………………………(36)
一、成、弘以后社会变化要求人口流动……………………………………(36)
二、晚明人口的地理分布与时人对策 ……………………………………(40)
第三节　晚明生产力的发展与人口流动趋势 ……………………………(45)

一、社会生产力的发展 …………………………………………… (45)
二、农村人口流动的两大趋势 …………………………………… (54)
第四节 不同地区人口流动比较 ……………………………………… (61)
一、三西社会经济与人口结构 …………………………………… (62)
二、江西的人口流动 ……………………………………………… (64)
三、山西的人口流动 ……………………………………………… (71)
四、陕西的人口流动 ……………………………………………… (77)
第二章 商业与社会变迁 …………………………………… 许 敏(85)
第一节 晚明城镇商业的空前发展——以店铺业为指标 ………… (89)
一、经营队伍中增添了新成员——大批文人学士的加入 ………… (98)
二、商品种类增多——非自产货源充足 ………………………… (102)
三、经营规模的扩大和经营方式的创新——具有新特征字号的孕育与兴起 …………………………………………………… (107)
第二节 晚明商人侨寓、定居化趋向与社会变迁 ……………… (112)
一、明以前商贩的行踪不定、来去无常 ………………………… (112)
二、从客贩到定居 ………………………………………………… (114)
三、商人定居化对晚明社会变迁之影响 ………………………… (122)
第三节 社会商业思潮、理念变迁及其对社会之影响 ………… (129)
一、对商业地位、价值的重新认识:工商皆本 …………………… (130)
二、对商人地位的新估价:商高于工农,甚或不逊于士 ………… (135)
三、新商业、商人思想、理念对晚明社会之影响 ………………… (140)
第三章 白银货币化与中外变革 ……………………………… 万 明(143)
第一节 白银货币化的趋势:并非国家法令的结果 ……………… (145)
第二节 白银货币化的进程:国计与民生两条线索的考察 ……… (148)
一、国计:白银货币化与一系列制度变迁并行 …………………… (148)
二、民生:白银货币化与社会变迁同步 ………………………… (187)

第三节 白银货币化的奠定:中国与世界的链接 …………………(217)
一、白银需求使市场超出国界成为必然 ……………………………(217)
二、中国白银货币化与世界市场的初步形成 ………………………(230)
结语……………………………………………………………………(242)
第四章 晚明的地方精英与乡村控制 ……………………… 高寿仙(247)
第一节 里甲组织社区功能的萎缩 …………………………………(250)
第二节 地方精英与地方行政的变化 ………………………………(256)
一、非职役性地方精英的兴起 ………………………………………(256)
二、绅士阶层与乡村统治 ……………………………………………(262)
三、地方行政职能的变化 ……………………………………………(266)
第三节 地方精英与基层社会组织 …………………………………(272)
一、地方精英与保甲 …………………………………………………(272)
二、地方精英与乡约 …………………………………………………(276)
三、地方精英与宗族 …………………………………………………(281)
第四节 地方精英与乡村公共事务 …………………………………(286)
一、地方精英与灾害救济 ……………………………………………(287)
二、地方精英与乡村防御 ……………………………………………(291)
三、地方精英与水利建设 ……………………………………………(296)
结语……………………………………………………………………(301)
第五章 变迁中政府权力的转移 ……………………………… 张兆裕(305)
第一节 政府救荒能力分析 …………………………………………(307)
一、救荒政策简述 ……………………………………………………(307)
二、救荒的行政能力 …………………………………………………(314)
三、政府救荒的经济能力 ……………………………………………(328)
第二节 民间救荒分析 ………………………………………………(334)
一、民间救荒概述 ……………………………………………………(334)

二、民间救荒具体形式……………………………………………………………(340)
三、有关富民救荒的思想主张……………………………………………………(349)
第六章　对明代卑幼人法律地位的考察……………………………… 吴艳红(364)
第一节　晚明妇女的法律地位……………………………………………………(368)
一、奁约与选嗣……………………………………………………………………(368)
二、抑勒通奸与殴骂自尽…………………………………………………………(371)
三、告诉……………………………………………………………………………(375)
四、特殊刑名与独坐夫男…………………………………………………………(378)
第二节　明代的雇工人……………………………………………………………(382)
一、"雇工人":对万历十六年新题例的再认识 ……………………………(382)
二、雇工人法律地位的变化………………………………………………………(387)
第三节　明代奴婢的法律地位……………………………………………………(390)
一、明代的奴婢……………………………………………………………………(390)
二、"良贱有别"……………………………………………………………………(392)
三、奴婢法律地位的变化…………………………………………………………(394)
结语…………………………………………………………………………………(400)
第七章　军户与社会变动………………………………………………… 张金奎(403)
第一节　晚明原籍军户社会地位的改变…………………………………………(403)
一、明初军户低下社会地位的形成………………………………………………(406)
二、军户改变户籍的努力与成效…………………………………………………(409)
三、晚明原籍军户的生活实态……………………………………………………(413)
第二节　晚明卫所军户的生活实态………………………………………………(434)
一、卫学、武举与军民户之间的互动 ……………………………………………(436)
二、均徭、一条鞭法的引入与卫所管理之行政化趋势 …………………………(441)
三、卫所军户的自我努力与晚明兵役制度的改变………………………………(445)
第三节　军户地位的改变与晚明社会变迁之关系………………………………(454)

一、晚明士大夫对军户世袭制度的批判与改革建议……………(454)
二、折班与经济因素向军政系统的渗透……………………………(457)
结语……………………………………………………………………(459)

第八章　东林党、复社与晚明政治………………张宪博(462)
第一节　发展与倒退的两种走向…………………………………(466)
第二节　从依附到参与的政治文化嬗变…………………………(472)
一、专制皇权体制外的政治结盟…………………………………(472)
二、反传统的思想主张……………………………………………(483)
第三节　政党萌芽的孕育……………………………………………(509)
一、不讳言"党"及"朋党"理念的变化……………………………(509)
二、控制国家权力的意向…………………………………………(516)
三、东林党人的经济地位与社会基础……………………………(528)
第四节　复社的政党化趋向…………………………………………(537)
一、初步成形的组织系统…………………………………………(537)
二、社会权威的形成………………………………………………(544)
三、复社对国家政治的干预………………………………………(547)
四、复社的政治集会………………………………………………(552)
五、复社对东林的继承和发展……………………………………(556)
结语……………………………………………………………………(563)

第九章　泰州学派与儒学的平民化趋势…………黄卓越(568)
第一节　成分来源与讲会形式分析…………………………………(571)
一、学派成员的身份及来源问题…………………………………(574)
二、学术传播与组织的方式………………………………………(580)
第二节　关于"百姓日用是道"……………………………………(585)
一、首先是圣人之道与百姓日用的关系…………………………(586)
二、其次是百姓日用之道与现成良知的关系……………………(590)

第三节 从同心说至大同说……………………………………………………(596)
第四节 对身、欲、利等物质性概念的解析……………………………………(614)
一、王艮的物欲观与保身论……………………………………………………(615)
二、罗汝芳对气质、形色、私欲的论述………………………………………(621)
三、李贽的物质生命观…………………………………………………………(628)
附录一:贵州安顺屯堡社会调查报告 …………………………………张金奎(633)
附录二:主要参考文献 ……………………………………………………………(658)
附录三:明朝大事年表 ……………………………………………………………(684)
后记……………………………………………………………………………………(691)

绪论

第一节　研究课题的提出

晚明，中国社会发生了令人瞩目的变化，对这一色彩斑斓、时人称为天崩地坼的社会实态进行研究，形成了晚明社会变迁这一课题。对于明史研究者来说，这是一个无法回避的重要课题。应该说，晚明社会变迁这一课题是一个既旧且新的课题。说它是一个旧的传统课题，是指以晚明社会为研究对象，晚明社会发生的一系列重大变化，早已引起众多学者的关注。严格地说，从社会问题的角度，对晚明进行分析和研究，始自明末清初顾炎武等人。顾炎武于明末开始收集编纂《天下郡国利病书》，其后撰写了一系列相关论著，包括《郡县论》、《钱粮论》、《钱法论》、《生员论》等，以及《日知录》这部基于社会历史现实的学术札记，从而开了晚明社会研究的先声。20 世纪 30 年代，中国从社会角度进行的研究取得不少成果；到 80 年代，中国社会史研究复兴后，研究则获得了迅速发展。然而，作为一个课题来提出，晚明社会变迁又是一个新的课题，迄今为止，虽然国内外对晚明社会各个方面的研究取得了大量研究成果，相关的成果更多，但是，专门研究明显不足①，直接以晚明社会变迁为题，尝试进行

---

① 傅衣凌是变迁论的倡导者，著有《明清社会经济变迁论》（人民出版社 1989 年版），是从社会经济中的资本主义萌芽角度对明清社会历史发生的重要变化及其意义的全面研究；牛建强《明代中后期社会变迁研究》（台北文津出版社 1997 年版）是唯一以明代中后期社会变迁为题的著作，以社会风尚结构全书，主要论述了社会风尚的变化及其取向。

的整体研究，尚有待于开掘，至今还没有一部以此命名、以问题意识贯穿来进行比较全面的综合研究的专著问世。

将晚明社会变迁作为我们的研究对象，首先应该对晚明有一个时间范围的界定。然而我们发现，在以往的研究中，“晚明”一词应用的时间范围并无规范界定。有用为明末同义语的，有指称嘉靖以至明末的，也有以万历划线的；还有更为宽泛的概念，以谢国桢《增订晚明史籍考》为例，书中将晚明等同于明季，而实际上所指并非明末，而是自万历以迄清康熙年间平定三藩为止，也即明末清初。晚明社会变化是一个动态的发展演变过程，大量史料表明，明朝前期和后期的社会具有迥然不同的面貌，分水岭即在成、弘年间。成、弘以后，社会显示出明显的变迁迹象，晚明社会变迁的特点也逐步彰显出来。因此，在本书中，我们对晚明采用了广义的概念，首先将明朝历史两分，划定为前后期，以成、弘划线，其前为明前期，其后为明后期；然后将研究范围确定在成、弘以后，重点在嘉、隆、万以至明末，也就是15世纪后半叶到17世纪前半叶（1450—1644），其间大约200年的时间跨度。

晚明社会变迁这一课题，是一个颇具魅力的课题，原因就在于晚明社会的深具魅力。从20世纪20—30年代中国封建社会长期延续问题的正式提出，到50年代以后中国资本主义萌芽的持续探讨；从中国社会停滞论，到中国近代化/现代化①问题；半个多世纪以来，这些中国史学界讨论最热烈的重大问题，无一不与晚明社会研究有关，换言之，晚明社会研究关系到中国古代社会形态的变迁，在探讨中国早期现代化的启动和障碍时，是不容回避的重要课题。众所周知，中国封建社会长期延续、中国资本主义萌芽问题的探讨虽历时长久，但至今离问题的突破和解决还有很大距离②，而中国现代化问题的研究正方兴未艾，因此，对晚明社会进行综合的深入研究，做出理性思考和诠释，具

① 近代与现代，词出同源，即 modern 一词。近代与现代二词是否可以通用，史学界一直存在争议。但近年通用现象越来越多。本书绪论姑且采用通用之说。但在具体表述中，由于我们认为现代化与工业化是同义词，晚明最多可与早期工业化相联系，因此统一采用近代来表述。

② 鉴于封建社会、资本主义社会的表述方式在史学界存在很大争议，故在我们的表述中，采用传统社会和近代社会来表述。

有重要的学术价值和现实意义。

中国史学界对晚明社会现象的研究，半个多世纪以来，取得了大量研究成果，主要是在资本主义萌芽和封建专制主义障碍方面。改革开放以后，借鉴西方社会史、文化史等理论，从社会史和文化史角度考察晚明社会现象，很快成为国内史学界的热点之一。对于晚明社会变迁，一般说来，中外史学界的主导性观点，是肯定当时社会发生了重大变化的，特别是中国史学界从50年代以来对资本主义萌芽的深入探讨，已充分说明了晚明中国社会发生的重要变化。80年代以后，在中国史学界有关晚明社会的研究论著中，我们见到了越来越多的"社会变迁"、"社会转型"、"结构变迁"的用语。大多学者认为，晚明发生了"传统的古代封建社会向新的近代资本主义社会的转变"，研究晚明社会有着重要的现实意义；但也有学者认为，变化是明朝政治腐败导致失控的末世现象，只是封建王朝的改朝换代，并不涉及社会的转型。如何看待晚明社会及其变化，中外史学界的评价不一，藉以考察的视角不一，分析框架不一，解释模式也很不一样。总的说来，半个多世纪以来的研究历程，向我们提出了究竟如何为晚明社会定位的问题，给我们留下了很多思考，因此，对学术史相关重要研究范式以及方法进行初步反思，将对晚明社会变迁研究的深入开展大有裨益。

我本人很早就关注了晚明社会变迁的问题，尤其是白银的作用。经准备后，于1999年立项为中国社科院历史所重点课题，2000年申报为国家社科基金课题。此后，晚明课题受到史学界越来越多的关注。这里需要说明的是，我们研究的本意不是对晚明社会进行概述性论述，而是集中在问题的探讨上，采取专题方式，力图以点带面，综合多方面的考察，对晚明中国传统社会的解构和转型，以及走向世界的轨迹作出深度思考和追寻，将研究推向深入。因此对以往研究较充分的部分不多论述，避免面面俱到，使篇幅有限情况下影响专门探讨。而作为专题研究，各章都将分别进行认真的学术史回顾，这里只是选取若干重要研究视角的一个简要回顾和反思。这些视角一方面显示出了层次，另一方面也有重合交错的现象，并非可以完全地先后论列。

第二节　若干研究视角的回顾与反思①

一、社会经济的视角：以资本主义萌芽为中心的追寻

半个多世纪以来，与晚明社会变化研究密切相关的，是社会经济的研究视角。这是中国史学界主要探索的历程，中心问题是对资本主义萌芽的追寻。

20世纪20—30年代，中国社会性质的论战，引发了中国社会史论战，由此开始了中国封建社会长期延续问题的讨论。而这一问题是与“中国社会长期停滞论”密不可分的。停滞论的本源，可以追溯到18世纪英国经济学家亚当·斯密(Adam Smith)。他曾以这样一段话表述：“中国一向是世界上最富的国家，土地最肥沃，耕作最精细，人民最繁多而且最勤勉的国家。然而，许久以前，它似乎就停滞于静止状态了。今日旅行家关于中国耕作、勤劳及人口稠密状况的报告，与五百年前视察该国之马哥孛罗的记述比较，几乎没有什么区别。也许在马哥孛罗时代以前好久，中国的财富就已达到了该国法律制度所允许的发展程度。”②这种中国社会停滞的观点，在1840年鸦片战争以后，形成西方对中国社会发展看法的主流观点，一直持续。20世纪初，马克斯·韦伯(Max Weber)提出了中华帝国是“静止的社会”的论点。③ 从某种意义上说，中国学者对于中国资本主义萌芽的追寻式的研究取向，正是对这种“传统的停滞的”解释模式的回应。1937年，吕振羽在他的《中国政治思想史》中率先提出，中国传统社会后期已出现了资本主义萌芽，指出到明清之际，布尔乔亚的都市经济的成长，已成为社会经济中一个重要因素。④ 由此，中国社会长期停滞与资本主义萌芽在中国的产生、发展形成两种对立的命题出现。资本主义萌芽问题是在对中国社会长期停滞论的质疑中出现的，并成为此后晚明

① 这一节曾以《晚明社会变迁研究的反思与前瞻》的论文形式，于2000年7月提交新加坡国立大学中文系汉学研究中心主办的“明清研究：现状的探讨与方法的反思”国际学术会议，感谢赵令扬先生提出的意见，现略作补充修改。

② 亚当·斯密著，郭大力、王亚南译：《国民财富的性质和原因的研究》上卷，商务印书馆1972年版，第165页。

③ 参见马克斯·韦伯：《新教伦理与资本主义精神》，三联书店1987年版；《儒教与道教》，江苏人民出版社1995年版。其中不完全否认中国社会有发展，但是认为中国不具备西方那样的资本主义发展。

④ 吕振羽：《中国政治思想史》，黎明书局1937年版，第491—492页。

社会研究的一个重要主题。对资本主义萌芽这一问题的讨论,为认识明代,特别是对晚明的历史地位,提供了一个新的视角,即认为中国社会经济不是停滞的,而是发展的视角。

新中国建立后,50—60年代中国史学界集中讨论了封建社会长期延续问题、资本主义萌芽问题。问题的提出,是以欧洲封建社会的存在和发展过渡到资本主义社会为参照的。中国史学界在认同中国封建社会长期延续的基础上,对资本主义萌芽展开了积极的探讨。1954年,尚钺在《中国历史纲要》中指出,在明代社会经济中,"资本主义因素"已经逐渐地增长起来。许大龄认为,明中叶以后,从正德到崇祯的一百多年间,已经有可能出现资本主义萌芽。[①] 讨论中,大多数学者倾向于中国资本主义萌芽产生于明代中后期,认为这一时期江南地区工商业发展,一批专业化市镇兴起,在手工业部门中出现了资本主义萌芽因素。侯外庐作了更为确切的界定:"从十六世纪中叶至十七世纪初叶,也就是从明嘉靖到万历年间,是中国历史上资本主义萌芽最显著的阶段。"[②]在今天看来,虽然讨论有简单比附西方资本主义关系产生的痕迹,但在讨论进行中,为了论证中国社会发展的方向是资本主义,由于西方的入侵而被打断了,史学研究者进行了大量实证研究,对晚明社会经济史的研究,特别是对区域和部门经济史的研究起了极大推动作用。

应该说在对资本主义萌芽的追寻中,进一步探讨社会经济史方面,日本学者进行了大量的研究,并以细致而深入见称。早在20世纪40年代末,西嶋定生关于长江三角洲棉纺织业的研究,着眼点就放在是否具有面向近代化的资本主义商品生产上,结论是"还不具备向近代化转变的任何契机"。50年代,日本学者关于商品生产的研究十分活跃。至60年代,小山正明提出,与其把明末清初时代变化与"近代或资本主义之类联系起来",不如找出"中国史自身应有的变化途径"。70年代,森正夫将重田德和小山正明等人的研究概括为

① 许大龄:《十六、十七世纪初期中国封建社会内部资本主义的萌芽》,《北京大学学报》1956年第3期。有关资本主义萌芽的论文,集中在当时出版的几部论文集中,主要有:中国人民大学中国历史教研室编:《中国资本主义问题讨论集》,三联书店1957年版;南京大学历史系中国古代教研室编:《中国资本主义萌芽问题讨论集》(续编),三联书店1960年版;南京大学历史系明清史研究室编:《明清资本主义萌芽研究论文集》,江苏人民出版社1983年版。

② 侯外庐:《中国早期启蒙思想史》第1章,人民出版社1956年版。

“乡绅论”，指出研究方向变化是“由普通到特殊，由发展到结构”，80 年代以后，日本史学界对地域社会的研究，成为研究的重要特征，同时，许多新领域得到了开拓性的发展。①

70 年代末—80 年代，随着世界社会史学界区域研究成为热点，明代区域经济史的研究不断深入，中国学者再次展开了资本主义萌芽问题的讨论。吴承明提出，中国的资本主义萌芽史，只能从明后期，或者说是从 16 世纪写起。② 大多数学者考察了明代手工业、农业中资本主义萌芽的发生和发展，并与中国封建社会长期延续问题结合，探讨了资本主义萌芽发展缓慢，没有发育成资本主义的原因，主要是从经济结构中去寻找。③ 1985 年许涤新、吴承明主编《中国资本主义发展史》第一卷《中国资本主义的萌芽》出版，对中国的资本主义萌芽进行了全面研究，代表了中国史学界对这一问题研究的最高水平。90 年代初，美国学者黄宗智（Pillip C. C. Huang ）提出了“中国经济史中的悖论现象”与“规范认识危机”的问题④，大多数中国学者对他的论点提出质疑，但认同从中国历史实际出发，以多样化标准考察的思路。

值得注意的是，傅衣凌将毕生精力投入明清社会经济史和资本主义萌芽问题的研究，他提出“变迁论”，从新与旧、发展与迟滞、成熟与未成熟的矛盾变化把握社会经济变迁的特点和实质，大大加深了我们对社会经济变迁的认识。特别是在晚年，他在对自己一生学术研究进行深刻反思的基础上撰写的一篇论文中，提出了中国传统社会多元社会结构的思想，认为“中国传统社会产生了许多西欧社会发展模式所难以理解的现象”，“用西欧模式看起来互相矛盾的各种现象，在中国这个多元的社会结构中奇妙地统一着，相安无事，甚至相得益彰，这种既早熟又不成熟的弹性特征，使中国传统社会具有其它社会所无

① 参见〔日〕森正夫等编：《明清时代史の基本问题》，森正夫《总论・绪言》，汲古书院 1997 年版。日本学者的明代社会经济史研究，对我们深入研究晚明社会，具有重要学术参考价值，由于数量相当大，在此恕不一一列举。

② 吴承明：《关于中国资本主义萌芽的几个问题》，《文史哲》1981 年第 5 期。

③ 主要著作有：傅衣凌：《明清社会经济变迁论》，人民出版社 1989 年版；李文治等：《明清时代的农业资本主义萌芽问题》，中国社会科学出版社 1983 年版。

④ 黄宗智：《中国经济史中的悖论现象与当前的规范认识危机》，载《中国农村的过密化与现代化：规范危机及出路》，上海社会科学院出版社 1992 年版。

法比拟的适应性”。[①] 有学者评价这篇论文不仅为我们提供了探索中国历史独特性的一个有益的理论框架，更重要的是对方法论问题进行新的思考的意义。作为一位研究中国资本主义萌芽问题的影响广泛的代表性人物，他的这种思考无疑不仅仅是个人性的，而应视为对这一学术领域的思维方式、学术观点和价值概念的整体性反思。

强调单元一线的历史研究方法，将丰富多彩的社会发展变化视为向度单一的经济发展史，而纷繁的社会发展变化，仅作为经济发展的背景才出现，影响了全面认识社会发展和变迁的历史。

近年，中国史学界不少学人对资本主义萌芽问题进行了反思。主要有：李伯重指出了“资本主义萌芽情结”问题，批评了对“萌芽”乃至“资本主义”的概念不清和研究思想方法上的教条主义[②]，并以“早期工业化”的深入研究取而代之[③]。胡成提出“用较符合中国实际的研究范式解释中国社会各项发展”，确立本土化的理论框架。[④] 高寿仙认为：仅仅用经济方面的指标去判断有无资本主义萌芽，本身不够科学。应抛弃单线进化论的模式。[⑤] 特别是一向对资本主义萌芽问题颇有研究的吴承明，近年指出：“一个社会走向近代化的经济条件，诸如生产力的一定发展，生产的商品化、社会化等，并非完全属于资本主义范畴。”[⑥]李怀印提出：在工业革命到来之前，资本主义曾经历了长达数百年的工场手工业阶段，工场手工业型资本主义不仅不能引发经济现代化，而且甚至自身难保。在现代化过程中，“关键变量”是现代科学技术及其在生产领域的应用，而不是其他因素。[⑦] 罗荣渠以生产力变革来为现代下定义，他认为不同国家和地区，因其传统因素的作用、社会改革和经济技术发展等方面的差别，具有各自的特点，提出了一元多线历史发展观，摆脱了与资本主义的必然

---

① 傅衣凌：《中国传统社会：多元的结构》，《中国社会经济史研究》1988 年第 3 期。

② 李伯重：《“资本主义萌芽情结”》，《读书》1996 年第 8 期。

③ 李伯重：《江南早期工业化：1550—1850 年》，社会科学文献出版社 2000 年版。

④ 胡成：《“资本主义萌芽”与本土化研究的思考》，《史学理论研究》1999 年第 2 期。

⑤ 高寿仙：《发展而又迟滞，早熟而又不成熟——傅衣凌先生的明清社会经济述评》，载《亚细亚文化研究》第二辑，中央民族大学、韩国文化研究所 1997 年版，第 217 页。

⑥ 吴承明：《市场·近代化·经济史论》，云南大学出版社 1996 年版，第 9—10 页。

⑦ 参见胡福明主编：《中国现代化的历史进程》，安徽人民出版社 1994 年版，第 48—50 页。

联系。[①] 这些都为进一步研究晚明社会开辟了新的思路。

无论如何,中国学者对资本主义萌芽长达60余年的执着探讨,说明到晚明时,中国社会经济不断发展,不仅没有停滞,而且确实出现了新的因素,由此提出了为晚明社会定位的问题。对于新因素的认识,至今学术界没有取得共识,有学者仍视为"资本主义生产关系的萌芽",提出"由传统的古代封建社会向新的近代资本主义社会的转变已经开始起步"[②]。也有学者认为是"近代化萌芽,即市场经济萌芽"[③],并进一步提出了"现代化因素"的看法[④]。无疑,进一步的研究必将建立在以往社会经济研究的深厚基础上,而从近代化/现代化的视角对晚明社会新因素的追踪考察,正在继续下去。

二、近代化/现代化的视角:西方冲击与中国反应模式及其消解

与资本主义萌芽问题相联系的是近代化/现代化的视角。尽管近代化和现代化这两个术语能否通用,在史学界存有争议,但有关近代化的研究,或者说中国早期现代化研究的启动,无疑与晚明社会变迁研究有着密切联系。

谈到这里,不能不首先谈到西方的现代化理论。在西方,现代化的理论渊源可以追溯到社会学的诞生。经典社会学家孔德(August Comte)、斯宾塞(Herbert Spencer)、迪尔凯姆(Emile Durkheim)等,都曾致力于社会发展和社会变迁的研究,有从传统到现代社会发展的经典论述。[⑤] 20世纪初,马克斯·韦伯(Max Weber)提出了中华帝国的概念,认为与西方不同,中国是一个静止的社会,除非受到外力冲击,自身难以转变为一个理性现代社会。他将资本主义社会与前此的社会视为两个阶段。帕森斯(Talcott Parsons)论述了前近代与近代两个社会的特征,分为五对模式变量:普遍性与个别性,特定性与扩散性,业绩与世袭,感情中立与情感,集体取向与个人取向,以此区别传统社

---

① 参见罗荣渠:《现代化新论》,北京大学出版社1993年版。

② 王毓铨主编,刘重日、张显清副主编:《中国经济通史·明代经济卷》导论,经济日报出版社2000年版。

③ 吴承明:《要重视商品流通在传统经济向市场经济转换中的作用》,《中国经济史研究》1995年第2期。

④ 吴承明:《现代化与中国十六、十七世纪的现代化因素》,《中国经济史研究》1998年第4期。

⑤ 参见 John Stuart: *August Comte and Positivism*. London, Trubner and Co, 1882;〔英〕赫伯特·斯宾塞著,张宏晖、胡汉波译:《社会学研究》,华夏出版社2001年版;Robert Alun Jones: *Emile Durkheim, an Introduction to Four Major Works*. Beverly Hills, Calif.: Sage Publications, 1986。

会与现代社会，并认为现代化就是前者向后者的进化。①

20世纪50—60年代，美国以费正清(J.K. Fairbank)为首的哈佛学派提出了西方冲击—中国反应的模式，这一模式将近代西方资本主义社会视为一个动态、发展的社会，而将中国社会看作长期处于基本停滞状态的传统社会，在19世纪中叶西方冲击之后，才有可能发生向近代社会的转变。② 也就是认为中国社会内部不具备走向近代的动力，推动中国走向近代的是外部的动力。这种西方中心论的观点，在70年代以后受到批判，被柯文(Paul A. Cohen)的"中国中心观"所代替。③ 中国中心观以中国社会内部为出发点，探讨中国社会内部的变化动力和形态结构，主张多学科的综合研究。此后，大多西方史学家运用"前近代"(Early Modern，或译为近代早期，早期现代)来研究指称晚明的历史。如美国学者魏斐德(Frederic Wakeman)注意到晚明发生了一系列的变化，并一直持续到清代。④

采用前近代，或者近代早期框架进行晚明研究的，还有日本学者。如沟口雄三在研究晚明东林党人的思想时，就是以中国前近代思想的演变为主题思考的。⑤

值得注意的是，美国学者王国斌(R. Bin Wong)力图在一个平等的框架中，对中国与欧洲走向近代化的历史变迁模式进行比较研究，他指出，在近代早期的欧洲和明清时期的中国，经济变化的动力颇为相似，直到19世纪，它们才变得截然不同。⑥

20世纪，中国史学界的状况正如有的学者所说，"面对席卷世界与中国的历史新潮流，越来越多的史学家立足于现世，将中国乃至整个世界的发展变革，将传统的以农业为主的社会向现代工业化社会的转变这一通常被称为'现

---

① 参见张琢主编：《国外发展理论研究》，人民出版社1993年版，第47页。

② J.K. Fairbank, Reischauer, and Craige: *East Asia: the modern transformation*. Boston, Houghton Mifflin, 1965.

③ 〔美〕柯文著，林同奇译：《在中国发现历史——中国中心观在美国的兴起》，中华书局1989年版。

④ 参见〔美〕罗威廉(William T. Rowe)：《近代中国社会史的研究方法》，见蔡少卿主编：《再现过去：社会史的理论视野》，浙江人民出版社1988年版，第299页。

⑤ 详见〔日〕沟口雄三著，索介然、龚颖译：《中国前近代思想的演变》，中华书局1997年版。

⑥ 〔美〕王国斌著，李伯重、连玲玲译：《转变的中国——历史变迁与欧洲经验的局限》，江苏人民出版社1998年版，第3页。

代化'历史趋势和进程,作为史学研究的对象"[①]。80年代中期,中国现代化研究全面展开,北京大学罗荣渠主持的"世界现代化进程研究",和华中师范大学章开沅主持的"中外近代化比较研究",成为国家社会科学的重点课题,十多年来,研究成果颇为丰硕,出版了大量论著。然而,大批成果都将考察界定在中国近代史的分期——鸦片战争,主要考察的是自鸦片战争以后,中国经历的从传统农业社会向现代工业社会转变的历程。因此,其中涉及16—17世纪中叶的内容,也就是晚明的不多。

我们还应看到,现代化理论无论是作为一种历史的思维,还是作为研究的方法,都拓宽了中国历史的研究。对晚明社会的研究也不例外。事实上,已有越来越多的学者,注意到晚明中国发生的变化,认为传统与近代截然两分的近代化理论,不符合中国社会的历史实际。台湾学者熊秉真指出二三十年来的研究"都在陈述着明清与近代之间在对立和断裂之外,可能实存着更重要的延续、衔接、交相为生的关系"[②]。胡晓真称晚明社会是"启蒙与现代的源头"[③]。张寿安、吕妙芬提出重新检讨"传统中国的真面貌",从明清文化的变化探索"前近代中国社会的现代性走向"[④]。

90年代末,吴承明提出,"一国的现代化,在历史上有个开始期,即各种现代化因素的出现时期",并把中国现代化因素的出现,定于16—17世纪。[⑤] 也就是说,他提出了将中国现代化起始时间定在晚明。我们认为,现代化与工业化基本上属于同义语,而将晚明社会变迁直接与工业化发展相联系是不合适的,即使是在16—17世纪的英国,也同样没有工业化,因此以工业化的标准衡量晚明似乎不妥。因此,对于晚明社会变迁,我们认为不宜采用以现代化代替近代化的提法,而以传统社会向近代社会的转变,即近代化的转变过程来解释,更为合理。

我们认为,从传统社会向近代社会的转型,是中国社会历史迄今为止最重

① 刘新成主编:《历史学百年》,北京出版社1999年版,第415页。

② 熊秉真:《情欲·礼教·明清》,台北《汉学研究通讯》总第78期。

③ 胡晓真:《世变之亟——由中研院文哲所世变中的文学世界主题计划谈晚明晚清研究》,台北《汉学研究通讯》总第78期。

④ 张寿安、吕妙芬:《明清情欲论述与礼秩重省》,台北《汉学研究通讯》总第78期,2001年。

⑤ 吴承明:《现代化与中国十六、十七世纪的现代化因素》,《中国经济史研究》1998年第4期。

要的社会转型,把现代化进程只看作是西方向世界扩张和传播的过程,实际上是把现代化简单地理解为西方化。在西方的著作中,这种观点自18世纪以来占有统治地位,因为那一世纪正是欧洲发生迅猛发展的时期,从那时以后,西方才拥有了话语霸权。然而,事实是中国社会转型的启动发生于晚明,中国走向近代的开端并不始自西方冲击或者说闯入之时,中国走向近代化的道路,应该在中国社会内部寻求,而不是延续西方冲击中国反应模式的理路,才更接近历史的真实。以1840年作为中国近代的开始,仍然带有西方冲击中国反应模式的明显印迹。还有,至今许多论著中的所谓现代化标准,都是以西方经验来进行衡量的,而事实上1949年以后,中国开始走上了非资本主义的现代化道路。因此,对传统社会向近代社会发展模式的探讨,我们必须以中国历史经验作为出发点,跳出既定单一的思维方式去思考,应该充分认识到近代化不是西方化,中国古代社会的发展有着自身独特的发展道路。就这一意义来说,对中国传统社会向近代社会转变的关键时期,即晚明社会变迁现象进行具体考察,将有助于深入探讨中国传统社会向近代社会转变的近代化历程,也有助于西方冲击中国反应模式的完全消解。这正是我们研究的意义所在。

三、社会的视角:一个多元的结构

社会的视角是历史学与社会学结合的结果。

社会变迁,是对社会运行和发展进行动态的考察。社会学对社会变迁有着如下定义:"在社会学的意义上来看,社会变迁既泛指一切社会现象的变化,又特指社会结构的重大变化;既指社会变化的过程,又指社会变化的结果。在社会学中,'社会变迁'是一个表示一切社会现象,特别是社会结构发生变化的动态过程及其结果的范畴。"①

晚明社会变迁研究,是对晚明这一特定历史时期的社会变化现象与社会结构重大变化进行的探讨。

在中国,早在20世纪30年代,从社会的角度对晚明问题的研究已经开始,如谢国桢《明清之际党社运动考》、朱倓《明季社党研究》,都是这方面的重要研究成果。翦伯赞曾经评价中国社会史论战,指出论战者"旁征博引马克思、恩格斯、列宁的文句,而忘记去研究具体的中国历史",认为无论是奴隶制,

---

① 郑杭生主编:《社会学概论新修》(修订本),中国人民大学出版社1998年第2版,第391页。

还是封建制,都存在复杂多样的形态,并不是千篇一律的,中国历史有它独特的"色彩"。① 他早已提醒我们,社会形态具有多样性,中国历史发展有着自身独特的路径。

在西方,20 世纪 50—60 年代初,结构功能主义孕育了现代化理论,成为有关发展中国家社会变迁最流行的理论。它避免了以往社会变迁理论的笼统的纵向描述,采用横向的结构比较,通过结构类型差异的分析,考察变迁的具体内容。在结构功能的分析中,社会变迁分为社会结构的分化、整合和适应三个方面。斯梅尔塞(Nell J. Smelsel)进一步以结构功能考察社会变迁,提出了解释框架:1."变迁的结构背景",即蕴藏于社会结构中的变迁内涵,不均衡的迹象越多,变化的可能就越大。2."变迁的原动力",即社会内部或外部的变迁压力,压力的结果产生威胁。3."变迁动员",受到压力的社会不能确定变迁发展的方向,调动资源的领导者对变迁方向具有决定性作用。4."社会控制实际操作",可以促进或抵抗有意义的变迁,也可能阻止或刺激无价值的变迁。② 这一框架成为研究社会变迁的重要解释方式。

50—60 年代,在中国史学界执着于资本主义萌芽探讨的同时,西方学者开始了对晚明社会的新探讨。美国学者何炳棣(Ping-ti Ho)注意到科举与社会流动的关系,通过统计明清的进士、举人和贡生的履历,对明清社会进行了深入研究③;80 年代,余英时(Yu Yingshi)的《中国近世宗教伦理与商人精神》,探讨了传统宗教伦理对中国本土的商业活动的影响,指出明清商人已走近传统边缘,但未曾突破传统,主要的阻力来自官僚体制。④

1986 年,美国社会学家查尔斯·蒂利(Charles Tili)在一次讲演中说:"在此,我只想强调如下的明确事实,曾经在第二次世界大战结束之后二十年间,主导社会学有关大规模社会变迁研究的'发展'(development)与'现代化'(modernization)概念,已在这场运动中遭到不断批判,并朝历史化的方向发

---

① 翦伯赞:《历史哲学教程》,参见张书学:《中国现代思绪思潮研究》,湖南教育出版社 1998 年版,第 436—441 页。

② 详见张琢主编:《国外发展理论研究》,人民出版社 1993 年版,第 26 页。

③ Ping-ti Ho: *The Ladder of Success in Imperial China: Aspects of Social Mobility, 1368—1911*. Columbia University Press, New York, 1962.

④ 余英时:《士与中国文化》,上海人民出版社 1987 年版。

展。这里所谓的历史化指的是，将重大社会转型的研究时期向过去延伸，寻找可以与现代变迁相类比的历史，然后再借助它们在历史上所留下的文献资料，来考察现代变迁的横扫过程及其结果，并检视通则概念是否无误。与此同时，一小部分历史家也同样对流行在他们学界中的大规模变迁模式展开批判，进而转向包括社会学在内的社会科学，以便为历史研究另辟蹊径。”①他指出了关于历史上重大社会转型的研究，对社会学家和历史学家都具有重要的意义，二者的结合成为趋势。

80 年代以后，中国大陆史学界解放思想，突破禁区，引进西方社会学、人类学、文化学、政治学、经济学、心理学、地理学等多学科的理论和研究方法，吸收海外及港台研究成果，极大地拓宽了研究领域；同时，社会现实促使学者们重新思考研究取向和理论方法。视角由单纯的社会经济，扩展到社会的各个层面。从社会史和文化史角度考察晚明社会现象，成为中国海峡两岸史学界的研究热点之一。明后期中国社会发生的一系列变化，早已为历史学家所关注，并吸引了众多学者去探讨，举凡明代人口、家庭、家族、婚姻、宗族、阶级、阶层、民族、社会群体、日常生活、社会观念、价值体系、宗教信仰、风俗习惯、社会思潮、中西文化交流和碰撞等变化，都已有非常可贵的探索，产生了大量有分量的专题研究成果，不胜枚举。但是，从总体来说，对晚明社会的变化，研究更多地集中于对社会风气的考察。从大量对晚明社会风气变化的论述可以看出，对社会现象的一般性描述较多，而涉及社会结构变化的方面则相对薄弱，也就是涉及社会风尚变化的论述为多，而对社会深层结构变化的考察不够深入，尤其缺乏对晚明整体社会变迁各个重要方面的综合考察。

如何评价一个社会的运行与发展状态，长期以来在中外社会学界颇有争议，迄今为止没有达成一个公认的标准。大多数社会学家认为，从社会学的角度看，衡量社会运行和发展不能只从某个单方面，或某几个片面的角度出发，而必须用一种全面的、综合性的标准来评价。因此，仅从社会风气的层面来研究社会变化显然是不够的。

可贵的是，傅衣凌在他的遗作中指出：鸦片战争以前的中国社会，与西欧

① 〔英〕S. 肯德里克、P. 斯特劳、D. 麦克龙编：《解释过去　了解现在——历史社会学》，上海人民出版社 1999 年版，第 15 页。

或日本的那种“纯粹的封建社会(Feudalism)”,不管在生产方式、上层建筑或者思想文化方面,都有很大差别。为了避免在比较中出现理论和概念的混淆,他使用了“中国传统社会”一词,并将中国传统社会定义为一个“多元的结构”[①],为我们描绘出了一幅多元化的传统社会结构图像:生产方式的多元化,社会控制体系的多元化,财产权的多元化以及思想文化的多元化的社会全貌,为我们提供了探索中国社会独特性的有益的理论框架。

英国著名史学家杰弗里·巴勒克拉夫(Geoffrey Barraclough)曾指出:“以历史学为一方和以人类学和社会学为另一方之间的差别不在于目标和对象,而在于研究方法。”[②]20 世纪 80 年代以后,借鉴国外新史学的经验,中国学者已在历史学与社会学、人类学的结合上进行开拓研究,成果显著;海外关注的热点,可以说中国学者也都有相当的投入,如士商关系、文人行为、宗教思想传播与融合、城市史、市民社会、法制史、妇女和性别、个性思想解放、庶民文化、公共领域、从中西比较出发进行的启蒙思潮研究等等,恕在此不能一一列举。80 年代末以来,逐渐兴起了学术领域的整体反思,近年一些明史研究学者如赵毅、商传等展开了对社会结构的专门研究。正是在以上研究新态势的基础上,我们对晚明社会变迁的研究,首先确定了跳出单纯从生产力和生产关系的角度研究社会变革的传统途径,尝试综合运用多学科的研究方法,如经济学、社会学、人类学等多学科与历史学相结合的方法,从经济、政治、社会、思想、中外关系等多维角度进行探讨,研究晚明社会实态,摸索全方位、多学科、多重视角的社会变迁研究模式。

四、世界的视角:一个整体的概念

马克思揭示了人类社会由低级到高级的历史发展进程。历史向世界历史的转变,是人类历史发展进程中的重要转变,当世界各国、各民族各个相互影响的活动范围在这个发展进程中愈来愈扩大,各民族的原始闭关自守状态则由于日益完善的生产方式、交往以及因此自发地发展起来的各民族之间的分工而消灭得愈来愈彻底,历史也就在愈来愈大的程度上成为全世界的历史。[③]历史由低级向高级发展的趋势,是一种必然的趋势。15 世纪以后海上交通的

① 傅衣凌:《中国传统社会:多元的结构》,《中国社会经济史研究》1988 年第 3 期。

② 杰弗里·巴勒克拉夫著,杨豫译:《当代史学主要趋势》,上海译文出版社 1987 年版,第 76 页。

③ 《马克思恩格斯全集》第 3 卷,人民出版社 1960 年版,第 51 页。

空前发展，地理上的新认识，使地球上东西方之间和各大陆之间发生了前所未有的密切交往，于是，愈来愈多的民族、国家和地区间的闭塞或半隔绝状态被打破，世界逐渐连成了一个整体，一幅全新的世界图景出现了。

在这一历史转变的重要关头，从历史的角度看，此前世界处于相对隔绝状态下的国家发展传统模式将被彻底打破，从此，任何国家和民族都必须在参加普遍交往和国际竞争中，求得生存和发展。这样的世界历史，相对以往是大大地改观了，它所预示的是一种历史的趋同性。

美国社会学家沃勒斯坦（Immanuel Wallerstein ）以马克思主义、宏观经济理论、系统论为指导，采用法国年鉴学派的历史分析方法和素材，对16世纪以来的资本主义发展史进行了深入研究，提出了世界体系论。这一理论将整个世界看作一个统一的整体，分析整体的发展规律，并从整体发展过程中审视作为部分的国家与社会的发展现象。沃氏认为，在16世纪以前，“世界性体系”表现为一些“世界性帝国”，如罗马帝国、中华帝国等，这些“世界性帝国”有单一的政治中心，但没有“世界性经济”，即使有点也不稳定。到16世纪，随着资本主义生产方式的发展，才形成了“世界性经济体系”。他提出“资本主义的世界经济是以世界范围的劳动分工为基础而建立的”，并把世界分为中心区域、半边缘区域和边缘区域，各自承担特定的经济角色。认为“世界经济体正是建立在下述的居高临下地位之上，即当时存在三大不同区域，每个区域确实有不同的劳动控制方式，如果情况不是这样的话，就不可能确保剩余产品流入西欧，以保障其资本主义制度的生存”①。世界体系论的特点是用体系的观点看待整个世界及其各个部分的发展和变化，采用一体化的研究方法研究社会体系，而不是像现代化理论那样注意单个国家的发展变化。但是这一世界体系，完全是建立在欧洲中心论的基础上，充满了西方霸权话语。

事实上，近些年来西方学者展开了对欧洲中心论的批判，为了求证，他们已转向研究中国。沃勒斯坦的世界体系论遭到了多方面质疑。在这一过程中，值得注意的是，正如美国明史学会第一任会长范德（Edward L. Farm-

① 〔美〕伊曼纽尔·沃勒斯坦著，尤来寅等译：《现代世界体系》第一卷，高等教育出版社1997年版，第99页。

er)所说:“明史研究在西方学者努力创造一个更平衡的历史观上起了重要作用。”[①]西方学者弗兰克(Andre Gunder Frank)在反对欧洲中心论的学者中是最为突出的一位,在他的极具挑战性的著作中[②],对1500年以来世界各地之间的经济联系作了宏观的论述。与世界体系论的现代世界围绕资本主义中心地带产生和发展完全不同,他提出在现代早期历史的大部分时间里,处于中心地位的不是欧洲,而是亚洲,是欧洲被吸收在一个早已存在的以亚洲为中心的世界体系之中,而不是相反。他阐述中国是亚洲的中心,并进一步说明中国在1500—1800年是整个世界经济秩序的中心,认为白银导致了全世界的商业扩张。他的著作获得了世界历史学会图书头奖,在西方学术界引起极大关注,也引起了很大争议。中文版改名为《白银资本》于2000年出版,产生了轰动影响。应当说明的是,中国学者梁方仲、全汉昇,英国学者博克塞等许多人早已注意到白银在晚明大量流入中国的现象,并对输入量及其影响等进行了大量统计和研究。后文将专门提及,在此不赘。我们的课题在1999年立项论证之时,业已注意到不仅应探讨白银流入的作用,而且还应该研究中国白银货币化的整个过程及其在晚明社会变迁中的作用,并将这一现象作为晚明社会变迁与世界变革内外互动作用的重要方面来探讨。《白银资本》出版后,我们认为除了新的宏观理论框架之外,他所说的白银问题是众所周知的,书中关于中国部分的实证研究和分析明显不足,尤其缺乏对中国社会内部变化与世界市场连接的实证研究。然而,由此无疑进一步提醒我们,探讨中国传统社会向近代社会转型的曲折而复杂的历史过程,必须与世界连成一个整体的历史发展进程联系起来考察,也就是充分注意晚明社会变迁的时间特性,这在以往中国学者的研究中常常是被忽略的。应该说,他的理论不仅使我们思考,而且使我们加深了对晚明中国社会加强实证研究必要性的认识,更使我们了解实证研究对晚明社会定位的重要性,使我们认识到中国学者应该发出自己的声音。

---

① 〔美〕范德(Edward L. Farmer)撰,万明译:《近年英语世界明史研究新趋向》,《中国史研究动态》2000年第1期。

② 〔德〕贡德·弗兰克著,刘北成译:《白银资本——重视经济全球化中的东方》,中央编译出版社2000年版。按英文原书名 Andre Gunder Frank: *Reorient: Global Economy in the Asian Age* 直译为《重新东向定位:亚洲时代的全球经济》。

世界的视角,迄今主要是西方学者的研究视角。在中国,采取这一视角考察中国现代化进程的学者,大都是进行世界史研究的学者,而以往中国史学界明清史的研究,总的来说缺乏将晚明中国与世界联系起来考察的宽阔视野。从世界历史发展进程来考察,特别是将中国社会内部的研究与世界历史发展进程联系起来的考察,只有少数研究中外关系史的学者有所涉及,研究明显不足,亟待深入。造成这种状况的原因主要有三点:一是大多数学者出于批判西方中心论,反击中国社会停滞论,因此着力探索中国社会内部的发展,以致似乎一谈到世界,就有以西方中心的观点来看待中国问题之嫌;二是摆脱不了西方的挑战—应战模式的阴影,仍不能开放地看世界;三是在中国史学界,研究世界史与研究中国史的学者在各自的领域中耕耘,研究没有相互紧密结合;这些都不利于研究的全面深入展开。我们不应忘记,西欧资本主义的兴起,没有外部条件,也是不可能发生的。当今世界一体化的趋势明显,回顾历史,洞若观火,将中国社会发展置于世界历史发展进程中考察,是全面探析晚明社会历史发展实态的必由之路,与简单套用西方的发展模式是两回事。研究晚明社会,应当有一个世界的视野,因为晚明中国已经不再是一个封闭的社会,已经与世界发生了密切关联,孤立看待,只能导致片面的研究。扩大视野,将是拓宽、深入和突破晚明社会变迁研究的有效途径。

第三节 研究的基本思路和内容

一、整体世界—多元社会的研究取向

21世纪的史学将是多元的史学。20世纪史学研究的重点已从单纯经济史、政治史向多学科综合转移,从社会上层向社会下层转移,从封闭的中国观向开放的全球视野转移。适应史学高度综合与高度分化相结合的发展趋势,对晚明社会变迁进行历史定位,我们认为在吸取中外学界以往研究的基础上,转换研究范式,有必要采取整体世界—多元社会的研究取向,进行综合研究的尝试。我们认为,晚明社会究竟是一个怎样的社会,这是研究首先需要回答的问题;晚明社会的基本特点是什么,是研究要回答的第二个问题;晚明社会变迁使这一社会向何处去,也即晚明的社会走向,这是我们的研究最终要尝试回答的问题。

历史事实昭示我们，在历史进程中，各种因素的相互作用是复杂的，在坚持经济基础的决定作用的同时，也不应忽视意识形态的能动作用，而晚明社会的多元发展，使我们必须采取多维的视角，注意多种因素及其发展趋势；多学科的渗透与综合对史学的冲击，更使我们对晚明整体的研究有了更大的空间。如经济人类学给予我们的启示是：经济不是独立的现象，而是社会制度、文化观念形态、行为规范、道德准则、宗教信仰综合体系的一个组成部分；又如社会人类学从社会和文化的全貌入手考察经济，并提出一系列有关经济与社会、经济与文化关系的论点，认为社会、经济、政治、意识形态共同塑造了文化，也很值得我们借鉴。我们认为，历史学不应是政治史、经济史、社会史、思想史、民族史等的简单汇集，研究应朝向整体社会的研究，展现多元社会历史的全貌，抛弃简单化的思维方式，开阔视野，拓宽研究领域，对晚明社会各个层面加以探讨，也就是说，对纷繁复杂的晚明历史现象进行多方位、多角度的深层思考和研究，寻求多元综合的把握，推动研究深入，探求晚明社会变迁的研究模式。

16世纪是世界历史发生重大转折的时刻，开始了世界连成一个整体的人类社会历史发展进程。在世界历史性转折的大变动中，中国不可能孤立于世界历史发展之外，事实也正是如此，晚明社会发生了一系列令人瞩目的变化，中国开始了融入世界的步履。我们认为，尤应注意的是，1368年建立的明王朝，是当时世界上最强盛的王朝之一，是东方最强大的国家。明代专制主义中央集权达到了前所未有的高度，社会经济的发展超过了以往的最高水平。在社会生产力发展的基础上，以贵金属白银货币的崛起为标志，货币商品经济的发展引发了社会变迁。进入明后期，伴随白银货币化过程，社会经济货币化的进程，是市场经济萌发的过程，也是一个社会整体变化发生的过程，社会内部涌动着变革的潜流，一系列新因素出现。在时间上，这一切发生于西方东来之前。换言之，15世纪后半叶至16世纪以后，明代货币商品经济以前所未有的速度和规模获得蓬勃发展，推动社会发生了一系列历史性变化。在世界开始形成一个整体的人类历史发展进程中，在世界从分散到整体的发展进程中，中国并非是为历史大潮所挟卷，而是具有内在动力，积极投入了与海外各国在政治、经济、文化领域全面和较大规模的直接交往，出现了新的外交关系、经济贸易联系和第三次中外文化交流高潮，这形成了中国从传统社会向近代社会转折的重要背景和条件。在社会自身内部变化与世界历史发展大趋势下，在生产力发展的基础上，晚明中国商品在正在形成的世界市场中占有举足轻重的地位，晚明中国为世界市场的形成以及人类社会迈向近代社会做出了重要贡献。①

到目前为止，从资本主义萌芽的追寻，到近代化/现代化的西方冲击论，我们的研究有着太多的被动，似乎中国历史一直脱不出西方的框架。然而，大量历史文献说明，历史并不是这样的。中国学者应该发出自己的声音。我们认识到晚明中国社会深刻变化的研究，不应简单比附西方，必须从中国社会自身发展的多元实际出发，以更广阔的视野去探求。因此，我们的研究采用整体世界—多元社会的研究取向，建立在中国传统社会有着自身运行规律的基点上，置于世界历史的大背景下，从客观的学术立场出发，全面吸收已有的研究成果，试图突破以往研究的框架，以新的视角重新审视晚明社会。通过大量实证研究，揭示晚明社会的实态，深入探索中国社会发展特殊性和与世界发展进程的趋同性。在考察中，我们尝试不仅把晚明放在整个明朝历史中做总体考察，探究前后发生的变化及其轨迹；而且从中国社会发展的历史模式上，把握历史进程的脉络，探讨晚明社会与以往的朝代比较有何不同；并进一步将晚明社会变迁与世界重大变化联系在一起考察。在研究过程中，我们大量搜集整理和利用中外历史文献，特别注意发掘利用明代档案、契约、文书、案牍、奏疏、碑刻、书信、家谱等第一手资料，力图通过整体的宏观研究和具体、细致的个案研究相结合，探求晚明社会历史的实态，从而对晚明社会变迁进行历史定位。

二、本书的基本内容概述

我们的研究以晚明社会变迁为研究对象，重点在变迁上。研究从社会实态，也即晚明社会变迁的实际过程开始，以对晚明社会变迁的认识和理论的加深思考而结束。

我们关注的是变迁，注重社会整体结构的变迁。晚明社会变迁包含着诸多方面，新旧交替，多元混合，是多种因素交织互动的结果。旧的因素走向消亡，新的因素迅速增长，表现在各个方面。围绕社会变迁的各个重要方面，我

① 参见万明：《中国融入世界的步履——明清海外政策比较研究》，社会科学文献出版社2000年版，第281—282页。

们选取了若干重要专题，并不是也不可能面面俱到。课题组9人，主要根据各人既定研究方向，在多年研究积累上进行分工合作，包括人口，商业，货币，城乡社会，法律，军事，社会保障，政治、思想文化，内外互动关系等等①，这里所论述的每一方面虽然观察点不同，总的来说，都突出了社会显著变动的方面，注意到社会多元变动之间的互动关系，以及变化的主流趋向，试图对晚明整体社会变迁做一个综合的深入考察。

我们关注的是变迁，那么，这一变迁最初是如何启动的？这是应该回答的一个重要问题。我们认为，社会生产力的发展是社会变迁的基础。明前期，"田野辟，户口增"，大规模移民垦荒和土地大开发，农业劳动生产率提高，经济作物广泛种植，加上大力兴修水利，使社会生产力得到了迅速恢复和极大发展，这成为明后期社会发生变迁的重要前提条件。大量明朝文献记载证明，正是在社会经济发展基础上，一个自给自足的自然经济社会，在明后期发生了重大变化。

我们关注的是变迁，关于"变"的分析，在书中占有突出的重要位置。我们力图动态地反映晚明社会变迁的实态，而由于社会变迁是一个长时段的运动过程，是一个渐进的过程，绝非一蹴而就，因此我们将之置于一个长时段中加以考察。这里所罗列的是变迁的重要方面，将一些新的因素或成分从旧的社会母体中剥离出来，彰显其意义，藉以说明晚明社会整体变迁及其趋向。我们考虑到社会经济发展不平衡，各地发展存在很大差异，而传统和近代又绝非是两分的，或者说不是截然对立的，新与旧混杂，二者是一种互动关系，应该辩证地看待。但是通过考察，我们取得了共识：从整体社会来看，变化和转型的特征是明显的。因此，我们认为，晚明社会发生了带有根本性的社会转型性质的变化，晚明是一个关键的历史转折时期，由此开始了中国传统社会向近代社会的转型。

在第一章里，林金树重点考察了人口流动及其对社会变迁的影响。他在阐述了明代发生的三次人口流动的大趋势以后，着重论述了晚明社会生产力发展与人口流动的关系。认为大约自16世纪初年开始，农村中大规模的无序

① 由于我们关注的重点是晚明社会内部的变迁，考虑到西学传入中国的时日尚浅，尚不能产生对社会整体结构变迁的作用，所以我们最终去掉了这一章的撰写。

辗转流移现象,已经基本结束,代之而来的,是广大农民纷纷离开农村,或从粮食生产中分离出来,有的就地“迁业”,有的流入城镇,发展商品生产,则是共同的特征。他指出这是一个非常值得注意的新动向,表明经过明前期一百多年风风雨雨,农村发生了新的变化,社会生产力正在朝着新的方向发展。而晚明嘉、隆、万时期,是明代社会生产力发展最快、社会生活变化最深刻的时期。这一时期生产力发展最主要的标志,是商品经济的空前发展,并在某些地区的某些生产部门产生了新的经济因素。他概括了突出的几个方面:一是引进了新的粮食作物和出现了新的商品粮基地,二是商业性农业空前发展和社会分工日益扩大,三是手工业与商业的迅速发展和工商业专业市镇的大量兴起,四是白银的广泛使用与对外海上贸易的空前发展。并且对不同地区的人口流动进行了比较。从他的论述中,可以清晰地看出晚明农业产业结构调整,有助于市场经济生长;经济结构变迁,转向农、工、商并举的多元经济结构的历史轨迹。

第二章,许敏的考察是从商业入手的。作者首先对商业研究的力度和深度达到相当层面作出了客观评价,同时,指出晚明商业发展与社会变迁的关系正是研究的不足之处。她认为商业与商人中出现的新事物、新气象、新征兆,集中在明后期,关于长途贩运和市场网络等方面的研究已经相当深入,而说明晚明社会是一个商业社会,既是指当时贩运贸易的兴盛,更是指当时大中城镇的商业化趋势和以商业活动为主要职能的小城镇的大量兴起。因此,她以城镇中商业店铺作为衡量整个社会商品经济发展的重要指标,论证了晚明城镇商业的空前发展,阐述了与以往商业活动不同的重要变化迹象和特点,包括经营队伍中增添了士人新成员,经营种类增多和非自产货源充足,经营规模扩大与经营方式创新,具有新特征的店铺字号孕育兴起等等。并且进一步研究了晚明商人侨寓、定居化趋向与社会变迁的关系。她认为商人定居化对明朝以户籍为中心的传统人口管理制度造成冲击,促进了人们商业观念的转变,为商业繁荣和社会进步提供了新的机遇。最后,她对社会商业思潮、理念变迁及对社会的影响,特别是工商业的促进作用加以肯定,对统治者的暴敛和摧残给以揭示,认为是转型社会使然。通篇立论的基点,说明了晚明社会是一个商业社会,是社会转型的起始。

在第三章,万明考察的切入点是以往久被忽略的货币经济。笔者认为,大规模行用白银,是晚明一个重要的社会现象,但是,鲜见有人注意到白银本身非合法货币，无制度可言，它经历了从非法到合法，并普及于全社会的货币化过程。指出白银货币化源自民间社会，经过由下而上到由上而下的发展历程，明后期与一系列制度改革并行，与社会整体变迁同步，到晚明嘉靖年间已经基本奠定，社会由此产生了巨大的白银需求，促使全国性市场初步形成后，进一步向世界扩展。中国的白银需求，也即中国社会内部的变化和市场需求，拉动了白银的流入。这是中国市场经济萌发的重要表现。中国银本位制的基本奠定，中国丝银外贸结构的确定，为以白银为中心的世界市场网络或体系形成，提供了重要前提条件，也使晚明中国变革与世界变革紧密联系在一起。晚明中国白银货币化最终奠定，并成为不可逆转的发展趋势；同时，中国对形成一个整体的世界历史，以及第一个世界贸易体系的建立，起了举足轻重的作用。结论是：白银是晚明社会变迁研究的一把钥匙，货币化是社会内部自发产生的变革趋向，这一中国社会经济货币化的过程，就是中国市场经济萌发的过程，因此，白银货币化是中国传统社会向近代社会转型最重要的标志。但是，随着社会变迁向深层次展开，引发社会激烈动荡，在中外因素互动作用下明朝灭亡，而远比王朝兴衰更为重要的，是中国社会转型遭遇到了首次挫折。

第四章，高寿仙所论证的是晚明的地方精英与乡村控制方面的变化。他首先指出，晚明中国乡村社会发生了许多重大而深刻的变化。他将地方精英粗略划分为职役性、身份性和非身份性三种类型，指出明后期，在人口数量增长、流动加速、贫富分化加剧、商品经济发展迅速等综合作用下，建立在里甲体制上的原有乡村社区呈现出明显的分解趋势。职役性地方精英社会地位大幅度衰落，乡村社会支配权力转移到非职役性地方精英手里，这一现象是晚明社会变迁总体过程中一个十分重要的方面。由此，乡村权力结构和地方行政也发生了相应变化。这主要表现在里甲组织趋于萎缩和分解，以绅士为主体的非职役性地方精英的兴起，并在基层组织建设和公共事务管理两个方面起了重要作用，以及地方政府行政职能范围出现的总体性的收缩趋势上。政府在明前期可以随意征发民力，到后期无力扩展权力，要依靠新型地方精英管理地方公共事务。但是，围绕国家与社会之间关系，也就是地方政府与地方精英的互动关系，作者特别指出，政府职能在总体上的收缩和在局部上的延伸有同时并存的趋势，尽管地方精英在社会管理方面发挥了比以往大得多的作用，但是不能认为地方事务完全操纵于地方精英之手；公共事业与官方行政事务之间并没有明确的界限,二者很容易相互转化和融合。

第五章中,张兆裕聚焦于明后期政府与民间救荒能力的分析,提出了变迁中的中央与地方权力转移的问题。认为一方面政府备荒之政在明后期陷入困境,救荒政令执行困难,政府救荒能力减退,而备荒之政的败坏,表明了政府能力的降低;另一方面,明后期民间富民救荒能力提高,社仓、义仓再度兴起,备荒仓储所走过的路程,说明赋役和财政改革发生,政府逐渐放弃对各种社会事业的管理权,是一种明显的自上而下的权力转移,这也正是社会变迁的重要内容。他指出,明前期富民是救荒被动者,到后期转变为主动者,这与富民在救荒乃至其他社会活动中,发挥越来越重要的作用紧密相关。富民的活跃,意味着他们经济力量的增强,也意味着他们社会地位的提高。同时,他较全面地论述了富民救荒的多种形式,指出田主救济佃户是重要形式之一,对当时出现的田主赈济佃农主张给以剖析,说明这是历史上到明后期才出现的新思想,并进一步说明这种思想的出现,既有商品经济发展、市场经济发生萌芽的深层次原因,也有富民维护自身利益,反对官府荒政腐败的直接原因。

第六章,吴艳红的视角所指是明代妇女、雇工人、奴婢的法律地位变化。她认为,由于三者同为权力被剥夺者,可作为一个群体来考察。依据明代律例、律注和大量判牍,她不仅关注了法律规定的层面,而且关注了司法实践的层面。指出比较以往,晚明妇女、雇工人、奴婢的法律地位确实有所变化。明后期,从法律条文来看,妇女法律地位的基本格局没有改变,但是从实际中来看,妇女法律地位发生了变化,如奁约的出现,选嗣方面的一定自由,给予妇女继产或财产权一定的有利地位。与雇工人相关,她指出万历十六年题例性质与弘治、嘉靖条例没有根本区别,不具有一些学者所认为的重要意义,但对雇工人概念的廓清本身也是法律地位变化的一个重要方面,在某种程度上是对其法律地位的保护。关于奴婢,她认为,在明后期由于社会经济文化发展的背景下,奴婢与家主之间关系日渐松散,通过各种途径,奴婢可解除与家主的隶属关系,成为独立"凡人",而司法实践中也有相应的调整。总的来说,晚明妇女、雇工人、奴婢的法律地位有所提高,对于相应的尊长的法律从属关系有所减弱。

在第七章,张金奎关注的是军户这一明朝政府控制最严格,而且数量庞大的群体。他将军户分为原籍军户和卫所军户两部分,利用大量家谱资料,分别对其生活实态进行了考察。通过剖析四个军户家族，指出明前期严密约束的军籍走向消亡，原籍军户社会地位低下的状况在明后期有所改变。他认为原籍军户地位发生质的转变的起始时间是在成、弘年间，随着社会发展，原籍军户与卫所亲属的关系逐渐淡漠，原籍军户与民户地位日趋接近，这对人口流动有重要意义。关于卫所军户，作者论述了卫学、武举与军民户间的互动，均徭、一条鞭法引入对卫所管理行政化趋势的作用，以及卫所军户通过多种途径谋求自身解放，导致了晚明兵役制度的重大改变——募兵制的实行。他指出，兵农合一是社会分工不发达、管理体制简单的产物，明后期商品经济发展迅速，经济因素渗透到军旅之中，使军制发生改变，军户的人身依附关系有所松弛。晚明班军以银代役出现在嘉靖年间，折班是中国历史上首次出现的从超经济强制的劳役兵制向以经济关系为主导的雇募志愿兵制的过渡。但是只在局部地区出现，没有全面实行，国家关于军户纳银代役的法令迄明末没有出台，因此，认为军事领域发生了较大变化而未完全解体。

第八章，张宪博对东林党、复社与晚明政治进行了探讨。他首先指出晚明社会经济发展的趋势与君主专制政治的阻碍作用，是发展与倒退的两种走向。他认为东林党是专制皇权体制外的政治联盟。指出东林党人的结合，从一开始就是政治性的，他们有共同的反传统的思想认识，积极要求参与国家事务、反对专制、保护促进经济发展，"济世"、"救民"活动十分突出，社会影响显著。在政治主张上，他认为反对专制独裁，要求民主，是东林党人政治上的一个突出特征，东林党人普遍有"天下一体"的共识，而且深化了"天下为公"的思想；在经济主张上，他指出东林党许多人的家世都是地主兼商人阶层，能够提出有利于经济发展的建议，并在反对矿监税使的斗争中表现突出。他认为东林党不讳言"党"和对"朋党"有超越前人的认识，并有控制国家权力的意向。从东林党与市民运动关系考察，他说明二者立场和主张一致，认为东林党已经具有了广泛的社会基础。关于复社，他指出已经具有了初步成型的组织系统，形成了社会权威，干预国家政治，推动了政治社会化，是对东林党的继承和发展。最后，通过与英国政党产生过程的比较，他提出东林党和复社已经越出"朋党"的范畴，作为政治集团已毋庸置疑，东林党的活动传递出向近代政党转化的信息，复社则在许多方面表现出政党化的趋向。

在第九章中，黄卓越着眼于晚明儒学的平民化趋势，以泰州学派为代表进行研究。首先，他指出思想文化转型是晚明社会整体转型的一个组成部分。认为从社会整体转型看，一个明显的迹象是社会分层加速，处于长期掩抑下的民间社会作为独立客体浮出水面，反馈到思想文化层面，引起一系列变化。他把变化概括为两个方面：一是民间社会自我意识的提高，直接进入一种自述式的文化活动之中，表达自己阶层的理念和需求，他们已非过去那种沉默的缺席者，而是成为文化的主动制作者；二是仕者阶层中一些人受到民间社会现状的启发或冲击，开始调整对底层社会的认识，并将新的感受融入到文化活动中。二者存在有力的互动关系。他提出这一取向在弘、正间形成，至嘉、万间获得大发展，在文学、宗教、儒学上都有明显反映，形成了知识下移的重大趋势。继之，在全面梳理泰州学派学人文集资料的基础上，他从成分来源和讲会形式、"百姓日用是道"命题的阐释、从同心说到大同说的理论境界，和对身、欲、利等物质性概念的解析展开论述，指出从泰州学派学人思想，可以感受到时代变迁对思想脉络的递进产生的影响，他们在心性论层面上引入了民间生活价值的意义，并由此部分分解了原来几乎完全精英化了的理学的构成，这是泰州学派理论创新的所在。

本书最后，附有一个社会调查报告。这是我们课题组部分成员在 2002 年 5 月中去贵州安顺屯堡进行的一次社会调查的成果。这次社会调查，使我们走出文献的天地，走向历史现场，不仅得到了对文献的印证，而且深刻感受到历史和今天是由传统所联系的，进一步加深了我们对社会变迁的总体认识。因此，我们在这里将由张金奎执笔的社会调查报告作为附录，以示汇报。

概括起来，根据我们对晚明整体社会实态的综合考察，对于社会特征的认识，可以简略地归纳为以下几点。

1. 晚明是社会生产力发展最快①、社会生活变化最深刻的时期。无论从社会新经济因素增长的程度，还是从变化的广度和深度来说，都达到了前所未有的地步。

2. 在社会生产力发展的基础上，白银由民间社会自发崛起，意味着国家丧

① 由于明代资料相对清代而言较少，以往对于明后期社会生产力发展的评价不高，而对清代中期以后的评价较高。如发展最迅速的江南丝织业，李伯重认为，以往对明代后期的估计都似乎过低而对清代中期的估计则似乎过高。见李伯重：《江南的早期工业化（1550—1850 年）》，社会科学文献出版社 2000 年版，第 40—41 页。

失了货币的绝对控制和垄断权，中央集权专制国家权力由此严重削弱；白银货币化，这一社会经济货币化的过程，标志着市场经济的萌发，于是，社会整体呈现出显著的变化态势。

3. 人口不断增长，流动相对自由化，社会分工扩大，社会分化加剧。农业生产商品化程度提高，产生新的经济增长点，经营方式改变，租佃关系出现新变化。农业产业结构调整，经济结构变迁，转向农、工、商并举的多元经济结构。

4. 工商业城镇兴起，商品货币经济空前增长，商业性行为成为几乎全社会的取向，手工业发展，出现新型手工业工场；市场作用扩大到前所未有的程度，粮食与劳动力市场出现，全国市场形成，并向世界延伸，参与了世界市场的建构。

5. 专业商人出现，商帮崛起。商人定居化增多，不仅促使商业城镇兴起，而且是对明朝户籍为中心的传统人口管理制度的冲击，更导致社会价值观念重塑。

6. 无论在城在乡，人们的生活与市场的关系日益密切，社会关系由对人的依附关系向对物的关系转移。在货币面前人人平等，旧的等级制发生分解，出现新的社会分层。

7. 中央与地方权力发生转移，乡村权力结构发生变化，新型地方精英崛起，绅士或富民承担管理地方公共事务的重要作用。政府职能部分转移至民间社会。

8. 妇女、雇工人、奴婢的法律地位有所提高，对于相应的尊长的法律从属关系有所减弱。

9. 传统兵农合一军事体制开始瓦解，折班成为中国史上首次出现的从超经济强制的劳役兵制向以经济关系为主导的雇募志愿兵制的过渡。

10. 党社兴起，近代政党萌芽出现，形成了广泛的社会基础和初步成型的组织系统，与市民运动发生直接关联，并对启蒙思想家有重要影响。

11. 民间社会作为独立客体出现，学术民间化、儒学平民化的趋势明显，上层文化与世俗文化交融，形成了文化的多彩现象。

以上特征仅是简略概括，但我们认为已充分说明了在各方面因素的综合作用下，晚明中国由一个比较单一的农业社会结构，正在向多元社会结构转变，并与世界接轨的事实。在此基础之上进行理论的初步思考，我们得出了以下的概括性认识：这正是中国传统社会向近代社会转型的过程。我们认为，历史记载给晚明社会发生的重大变化提供了详尽的证据，晚明社会的基本特征是“变”，而晚明社会最为显著的变化，标志着近代的开启。换言之，晚明正处于从传统小农社会向近代多元社会的社会转型的起点，是这一人类社会经历最重要的社会转型之一的启动时期。我们认为，晚明整体社会变迁是社会形态转变的开始，表现在经济、政治、思想、文化诸方面，以白银货币化为主线，标志着六个不同层面的深刻变迁：一是货币层面，从贱金属铜钱向贵金属白银转变；二是赋役层面，从实物税和力役向货币税的转变；三是经济结构层面，从小农经济向市场经济转变；四是社会关系层面，从人身依附关系向经济关系转变；五是价值观念层面，从重农抑商向工商皆本转变；六是社会结构层面，从传统社会向近代社会转变。白银货币化过程，即中国社会经济货币化的过程，也即中国市场经济萌发的过程，因此，晚明社会变迁的走向是从传统社会向近代社会转变，带有根本性的社会转型性质，具有划时代的意义。我们认为，15世纪后半叶至17世纪上半叶是人类社会发生深刻变革的时代，也是中国社会发生深刻变革的时代。晚明社会处于人类历史上这样一个重要的时空段，它与两个划时代意义的开端，即中国从传统社会向近代社会转型的开端和世界一体化或称全球化的开端相联系。

我们关注的是变迁，我们认为，从根本上说，晚明中国社会发生的转变，是在社会生产力发展基础上发生的，是社会内部自发产生的变迁动力，也就是说，中国社会转型是原生型的，即内力型生发的，而非外铄型。具体说来，沿着一条白银货币化—市场扩大发展—与世界连接的道路，晚明社会变迁的过程，也正是中国以社会自身发展需求为依托，市场扩大到世界范围，与世界接轨，并深刻地影响了世界融为一体的历史进程。外部因素是在内部因素基础上起作用的。我们认为，在谈到外部力量对本土的冲击或影响时，首先要注意的是本土的变化基础，即内在的动力。我们的研究证明，晚明社会不仅不是停滞的，而且是社会生产力发展最快、社会生活变化最深刻的时期。变化中显示出新的成分增长，旧的成分在消亡或转化，这是一个充满活力的时期，事实说明中国走向世界，是有内部强大驱动力的。

我们关注的是变迁，从纵向与以往朝代比较，自唐代两税法实施以后，中国就已出现了赋税货币化的趋势,这正是中国社会经济货币化的趋势,但是到宋代王安石变法,征钱仍不免失败,原因主要应归结为经济发展条件还不成熟。发展到明代,虽然农业生产力没有发生飞跃,但是,在历史的必然和偶然的结合点上,出现了货币经济的发展,白银货币化成为拉动社会经济增长的重要因素,晚明货币经济迈上了一个新台阶,与社会经济发展相适应,社会发生了整体变迁。在白银的背后,是市场这只看不见的手,是不同于前此传统市场的市场经济的萌发。晚明社会经济货币化加速,市场作用扩大到前所未有的程度,推动国家政策由政治转向经济的层面[①],并在全国市场形成后延伸到世界范围。

我们关注的是变迁,从横向与西方比较,明代中国社会发展一直处于世界领先地位,更不是自16世纪西方一东来中国就落后了。以往这种落后的观点不是建立在史实基础上,常常是以清推明的结果,出现时间的错位,更确切地说是将清朝鸦片战争前状况错置于晚明造成的,不符合历史实际。尽管有的西方学者将西欧商业发展,贸易繁荣和货币经济大体上取代自然经济归于13世纪[②],但是,更确切的说,货币经济在西方的巨大进展应归功于15世纪[③],也就是说,经过考察,社会经济货币化,即货币经济的扩大发展,在中国和西方同样发生了。就这一点而言,东西方是有可比性的,可以说基本上是在一个起跑线上。[④] 由此,我们提出中国的社会转型始于晚明,也就是与西方兴起的传统说法——15—16世纪发生转变——在时间上是基本相一致的;从传统小农社会向近代多元经济社会的转变,在空间上这一重大转变不仅发祥于西方,也同样发生在中国。东西方货币经济发展的趋同为世界形成一个整体奠定了基础。晚明以白银货币化为主导的中国社会变革与世界变革联系在一起,中国为世界市场的形成和发展做出了突出贡献。但是,由于世界市场存在诸多变

---

① 参见万明:《中国融入世界的步履——明与清前期海外政策比较研究》,第465—467页。

② 参见〔美〕詹姆斯·W.汤普森著,徐家玲等译:《中世纪晚期欧洲经济社会史》绪论,商务印书馆1996年版。

③ 〔法〕费尔南·布罗代尔著,唐加龙等译:《菲利普二世时代的地中海和地中海世界》上卷,商务印书馆1998年版,第645页。

④ 王国斌指出:“在近代早期的欧洲和明清时期的中国,经济变化的动力颇为相似”,见〔美〕王国斌著,李伯重、连玲玲译:《转变的中国——历史变迁与欧洲经验的局限》导论,江苏人民出版社1998年版。但他并没有从货币的角度进行比较分析。

数,这也成为中国社会转型首次遭遇挫折的原因之一。

最后,我们的课题自 1999 年 10 月立项,至 2002 年 10 月结项,现略作修改后呈现在这里。需要说明的是:

第一,我们注意到历史的延续性。很多晚明出现的变化,其渊源可以追溯到更早的时候,历史并非直线发展,常会呈现曲折和波动,这一意义由此彰显。具体而言,历史事实说明唐、宋时期出现的变化端倪,到明代才出现了飞跃的契机,这是明代社会发展进步超越了以往任何朝代的证明。

第二,我们注意到事物发展的复杂性。任何事物的发展都不是孤立的,而是互相联系的。我们以变迁作为研究对象,而社会有变的一面,也有不变的一面;作为社会发展而言,更是多种因素交织互动的结果,也即经济、政治、社会、文化诸因素融合在一起产生作用。因此我们的尝试,也正是从各个方面多角度出发去考察晚明这一多元社会,并综合我们的考察结果论述。社会变迁赋予了晚明社会错综复杂的特性,新因素是从传统中生发出来,最终经过多种因素发展起来;近代不是与传统的断然决裂,而我们要把握的是变化中的主导方面,是代表方向性的东西,否则将无所适从。任何事物都有两面,所谓一利生一弊生,"变"的效应自然也是双面的或多面的,而又是可以相互转化的。晚明一个转折性的大变局出现,当时人由于社会急剧变化产生疑惑和争议,而今天在我们研究中也会存在不同看法,这是很正常的。

第三,我们注意到晚明社会的整体性,也注意到社会发展的差异性,发展有不平衡的问题。研究建立在以往史学界研究成果的基础上,建立在对晚明整体社会变迁的实态考察上,力图运用多学科的理论和方法,从多维角度迈出比较全面地综合研究晚明社会的坚实一步。但我们的研究仅是一个开始,缺点和不足的修正补充,有待今后研究的继续深入。在此,我们希望我们的付出,能够起到抛砖引玉的作用,斯愿足矣。

第一章

人口流动及其社会影响

人口是社会结构中的核心要素。马克思说:"当我们从政治经济学方面观察某一国家的时候,我们从该国的人口、人口的阶级划分、人口在城乡海洋的分布、在不同生产部门的分布……等等开始。"①明代社会的主体是农民,人口分布的主要部门是农业,输出人口的地方是农村,人口流动的趋势是逐步由农业向非农业领域转移,由农村向城镇转移。晚明农村人口流动,不仅有力推动农、工、商生产发展,而且对于地方基层政权组织及其运作、社会秩序、学校教育、文化建设、消费观念、风俗习惯等等,也有着重要影响。从而促进社会结构变革。

关于明代人口流动问题,以往研究得很不够,而且多数集中于明中叶的"流民运动"。近年来,随着明代经济史和社会生活史研究的进一步深入,人口流动问题也因之引起人们的浓厚兴趣,论著日多。但是,整个说来深度还有待于继续提高。特别是对于晚明人口流动与社会变迁的互动关系,更需要进行认真研讨。

明代有三次人口大流动,每次出现的原因不同,社会意义也不一样。

明初洪、永年间的人口大流动,是由于元末以来长期战乱,社会经济受到

① 《马克思恩格斯选集》第2卷,人民出版社1972年版,第102页。

严重破坏，以“田野辟、户口增”，恢复农业生产，巩固新兴政权，重建小农社会为其目的。

宣、正至成、弘年间大规模的“流民运动”，主要是因为封建政府的赋役剥削和自然灾害。这次“流民”辗转无序大流动的负面影响，是减弱了经济发展速度。但在某些地区也有积极的作用，开辟了一些新的经济增长点，开发了山区经济与经济作物生产，并使封建朝廷从流民运动中认识到加速赋役改革的必要性。

明代后期的人口流动，主流是为了改变经营方式，调整农村经济结构。

作为晚明社会变迁的一种深刻反映，明后期的人口流动，严格说来肇端于成、弘以后，至嘉、万逐步转移到以加快发展工商业生产为中心的轨道上。以往历朝历代大规模的人口流动，或是发生于战争，或起于灾荒，或由于疫病流行。明后期的人口流动则完全不同，大多数是一种自愿行动，从农业中分流出来，向工商业和大小城镇转移，出发点是为了改变经济资源配置，发展工商业，冲击旧的经济势力，促进新经济因素的萌芽。

第一节 社会发展与人口流动

几千年来中国的人口流动规模，主要受制于户籍制度，中国户籍制度源远流长。据说古代部落联盟领袖大禹就曾“平水土，分九州，数万民”，进行户口统计。到了汉代有“算赋法”，隋朝置“输籍法”，唐代立“户籍法”，宋朝用“三保法”，元代编“户口条画”，至明太祖建国实行“户贴制度”。在中国古代户口管理史上，明朝的户口制度最为完备。然而，明代的户口统计数字却十分混乱，而且残缺不全，人口流动也极为频繁。所谓人口流动，是指人户离开法定户籍所在地，有连同户籍一起迁出的，也有人户分离，人离去而户籍仍留于原地的。人口流动的性质也有不同，有的妨碍了生产发展，有的则是适应社会发展的需要。

社会发展，加快人口流动；人口流动，促进社会进步。这就是它们之间的辩证关系。

社会发展，是指社会结构的变化、发展。社会结构，最基本的是经济结构以及人口结构等等。社会结构变化的原因，有时比较单一，而更多的是由于各种综合因素。但无论是哪一种情况造成的，每一次社会大变动，都必然引起人口的相应流动。这种流动，有国家运用行政手段强制移徙，有人们自己进行的（自愿或迫不得已）。人口移徙与生育、死亡，是构成人口规模变动的三个要素。中国古代社会的历史证明："民生之本在农，农之本在田……耘锄收获之本在人。"①人口和土地是国家最主要的经济资源，而人又是生产力中最活跃的因素。人口的再生与流动，是社会发展的两个必要前提条件，没有一定数量的人口做保证，社会生产就难以进行；没有人口的合理流动，就没有人才的流动，因此势必会制约生产技术的改进与发明，阻碍生产力的发展速度。

关于社会变动与人口流动，以及中国历代人口流动的原因与基本趋势，明人于慎行说：

> 三代以前，江北繁盛，江南旷阔。汉、晋以下，江南富实，江北凋敝。盖由三国、五胡之乱，兵火战争，多在江北，江北之民大半南徙，如侨兖、侨徐等州，大氐（抵）皆其旧民移江、淮之上，因而郡之，被以故名。此皆天地之运，流转无端，递相盛衰，非人力所及也。方今太平有日，群生乐土。然江北之户口不加少，而土旷人稀，地有遗利。江南之生聚不加多，而地狭人众，至不能容。可不思所以裒益之乎。汉时，以关中空虚，徙六国豪杰大姓以实三辅，西都赋所谓"三选七迁，充奉陵邑"者是也。其时，五陵豪侈甲于天下，居重御轻之势于是在焉。其后，讨平闽、越，尽移其民以实江、淮之间，亦是此意。天地之气，此盈彼虚，极盛则返。有国家者，调停于缓急轻重之宜，以剂其多寡盈虚之数，亦裁成辅相之权也。②

于慎行的上述见解，对于我们研究明代的人口流动，无疑具有启迪意义。中国古代社会人口流动的原因与类型主要有四种，明代亦然。《明史·食货志》说：

> 人户避徭役者曰逃户。年饥或避兵他徙者曰流民，有故而出侨于外者曰附籍。朝廷所移民曰移徙。

明代二百多年的历史见证：逃避徭役、年饥逃荒与外出附籍现象，贯穿于始终；避兵他徙主要发生于明初与明末；朝廷移民集中于明初。需要指出的

---

① 王恽：《秋涧先生大全集》卷六二《劝农文》。

② 于慎行：《谷山笔麈》卷一二《形势》。

是,《明史·食货志》主要是从户籍变动与赋役征派的角度,说明人口流动情况。它不可能从社会经济结构变化的角度,去分析明代人口流动的时代特征,说明各个时期农村人口流动的社会意义。

农村人口流动,在中国历史上从未间断,屡见不鲜。在明后期以前,虽因时代不同,流动的类型有多种,规模有大小,地理有远近,影响有深浅,但流动者的最后归宿,其身份、职业,绝大多数都没有发生根本性的改变,只是换个地方继续务农。从明后期开始,是中国古代社会向近现代社会转型的关键阶段,生产力空前发展,社会变动空前激烈,新旧思想互相碰撞。发生于这种微妙时刻的农村人口流动,遍及各地,规模宏大,有沿袭前代的传统做法,又具有自己的创新精神,主要特点是从农业生产中分流出来,转移到工商业和城镇等非农业经济领域。其政治经济效应,集中体现于对农业经济结构变革的大力推动。

有明一代,农村人口一直处于流动之中。明后期农村人口大转移不是突然出现的,而是明初以来政治、经济与社会生活动态变化的结果,或者说是明前期人口流动的延续与发展。因此,有必要对明前期的人口流动做一个简要的回顾,以便有一个前后比较。

明代农村人口流动,按照类型、性质、流向与作用划分,可以成、弘为界线分为明前期和明后期两大阶段。明前期又可以分为洪、永和宣、正至成、弘两个时期。洪、永时期,以政府组织的定向流动为主导,同时存在着大量的"逃亡"流动现象;宣、正至成、弘时期主要是"流民"无序的"辗转流移"。

第一,洪、永时期的人口流动。

明初洪武、永乐年间的流动人口,包括以下两大类:

一类是政府计划、组织的人口流动,这是当时占主导地位的一种流动形式。主要成员是参加开荒的贫苦农民和屯垦的军队。另外还有五种人:故元官吏与塞外边民内迁,群雄残余势力、豪强地主和囚犯,被新政权强迫迁移,带有管制监控性质。流动的去向,大部分是由人多地少的"狭乡",迁到地多人少的"宽乡",少数是充实"三都"(南京、中都、北京)。这次大流动,始于明王朝建国前夕,发动于江南,尔后大规模实施于华北,至永乐末年基本结束,"自是以后,移徙者鲜矣"①,前后近六十年。流动的人数约在200万至400万之间。

① 《明史》卷七七《食货一》。

另一类流动的人口是政府计划之外的，主要群体也是贫苦农民。他们同样是为了解决温饱问题，冒死冲破朝廷编户为里、严禁随意迁徙的法令，背井离乡，“辗转流移”，其中有“累岁屡招不还”的。流动的人数，据《明实录》记载，从洪武二十四年(1391)四月迄永乐二十年(1422)十月的三十多年间有50余万户，如每户按五口计算，达200多万人①。

明初洪、永时期封建朝廷面临的形势与任务，决定了当时人口流动的性质。无论是政府组织的，还是自己非法逃亡的，主要目的都是为了解决吃饭问题。在上述两大类的流动人口中，除了少数具有手工专长的技匠移入南北两京等处城镇，专门服务于各种劳务工程，完全脱离农业生产以外，绝大多数流动的空间都是从农村到农村，职业仍是从农业到农业。他们的身份、地位、职业，丝毫没有改变，依然是耕作于土地上，继续务“本”。新开垦的土地，同样主要是用于种植粮食作物。也就是说，所有的流动者，几乎都是“专以务农重粟为本”。资金和劳力等项资源配置，用于发展经济作物和工商业的很少。这一时期的农村人口大流动，虽然对明代初年的经济恢复起了巨大作用，甚至为明代二百多年政治经济的发展奠定了厚实的基础。但是移民运动的设计者、组织者的根本目的是为了“田野辟，户口增”，重建人丁兴旺、五谷丰登、自给自足的小农社会，而不是为了改变农业经济结构，发展商品经济。

第二，宣、正至成、弘时期人口流动形势的新变化。

从宣德朝开始，皇帝自操威柄的局面结束，内阁与宦官的作用逐渐明显。尤其是法久弊生，法制趋于松弛，农村经济秩序日益混乱。自此之后，人口流动形势又发生了新的变化，最后爆发了大规模的“流民运动”。这次大流动，也是从江南苏州地区开始的，最早出现于宣德年间，原因是由于官田“重赋所致”。尔后大规模流入中部山区，至成化、弘治时基本上告一段落。此时，“民多逃亡”是由于官府的赋役剥削、土地兼并，加上水旱灾害。成化时，巡按直隶御史梁昉奏言：“民迫于饥寒，困于徭役，往往隐下税粮，虚卖田地，产业已尽，征赋犹存，是以田野多流亡之民。”②弘治时，户部侍郎韩文说：“正统以前，国家用俭，故凡百姓输纳皆不常额之外。自景泰至今，供应日盛，科需日增，有司

① 详见《明太祖实录》卷二〇八，《明太宗实录》卷一一、一六、二四、五一、七一、一〇九、一二四。

② 夏燮：《明通鉴》卷三二。

应上之求，不得已往往额外加派。如河南、山东等处之添纳边粮，浙江、云南等处之添买香烛，皆昔年所无者。”[①]

这一时期流亡的人数，依《明实录》所载，约有700万人（内中有些可能是重复统计的）。[②] 实际人数很难有精确的统计，据时人王邦直估计：“自一州一县言之，大约流移之民恒其半。”[③]其间直接流入荆襄山区的，即有200多万人。成化时，项忠《抚流民疏》说：“流贼啸聚山谷百五十余万，自宣德至今四十余年……实无一人还乡。”[④]流动的去向，少部分农民流入寺观，引致僧道人数骤增[⑤]，绝大多数还是从农村到农村（有的从平原到山区），继续农业生产，种植粮食作物，与洪、永时期相比并没有区别。但是由于这一时期政治、经济形势毕竟不同于洪、永时期，因此也具有一些新的特征，一是流入中部山区，开辟了一些新的经济增长点，开发山区，种植经济作物，发展商品生产，并为后来中西部地区的开发奠定了基础。中国商品粮基地由江南向湖广、四川地区转移，就是从这时开始起步的。二是从农业流入工商业和城市的明显增多。

宣德七年（1432），江南巡抚周忱在谈到苏、松诸府逃亡之民的去向时说：苏、松诸府人民多有文化知识，有经济头脑，会经商，“出其乡则足以售其巧”。苏、松人匠丛聚两京，乡里之逃匿粮差者，往往携其家眷相依同住，或创造房屋，或开张铺店。周忱在谈到苏、松之民流动的新动向时，又进一步指出他们是：

> （或）投倚于豪门，或冒匠窜两京，或冒引贾四方，举家舟居，莫可踪迹也。[⑥]

有人对此评论说：“周忱虽未指出流移的真正原因，就他所列举的流移方向看来，亦足以体现农村劳动力向都市手工业、商业或其他非农业经济领域移动的

---

① 《明臣奏议》卷一〇《会计足国裕民疏》。

② 详见《明宣宗实录》卷一二、四二、七二，《明英宗实录》卷六、二八、二九、六三、七四、一二九、一五一、一五二、一五四、一五五、二一六、三一八，《明宪宗实录》卷一九、五〇、五二、五三、六一、七八、一六〇、二五六，《明孝宗实录》卷二八。

③ 王邦直：《陈愚忠以恤民穷以隆圣治事》，《明经世文编》卷二五一。

④ 见《明经世文编》卷四六。

⑤ 宣、正以后，僧道人数达到数十万之众。景泰二年正月兵部尚书于谦奏言：“今四方多流徙之民，三边缺战守之士，度僧道太多，恐乖本末。”

⑥ 周忱：《与行在户部诸公书》，《明经世文编》卷二二。

倾向。所以,他的分析,把我们对封建农民流移问题的认识,带进了一个新的领域,一个必须考虑到封建农村经济生活已较过去大为复杂的认识领域。"①这个评论是准确的。在明代,江南地区总是开风气之先,农村人口流动也从一开始就有别于其他地方,向着非农业经济领域转移,其积极意义是推动了各地的经济发展和农业经济结构变革。

第二节 成、弘以后社会的变化与人口分布

明代后期的人口流动,是明朝历史上继明代前期洪、永国家移民和宣、正至成、弘"流民运动"以后的第三次大流动。这次大流动,最早也是从东南沿海地区农村首先发动起来的,然后带动全国,产生了重大、深远的社会影响。

这次大流动的出现,同样不是偶然的。不仅有社会发展的客观需要,而且有一定的思想基础。

一、成、弘以后社会变化要求人口流动

成、弘以后,是明代社会变化的重要转折阶段。对于成、弘以后这段历史,以往缺乏深入探讨。对此有人提出批评,说:"明史论著多重视明初及明季的政治经济状况,对明代中期注意较少。其实,要研究明王朝何以由盛转衰,弘治、正德二朝的许多事情可以给人以启发。"②我们认为,如果说明代是中国由古代社会向近代社会的转型期,成、弘则可以说是这个转型的开端。或者说,中国向近代社会转换,可以追溯到明代成、弘时期。成、弘以后,是明代许多典章制度最终确立或变革的重要时期,也是明代社会发生深层次的重大变化的开始。

(一)社会风气的转变

社会风气的转变,可以说是社会变化发展的探测器。从洪武建国到成、弘一百多年间,明代社会虽然饱经沧桑,但从整体上说尚未出现根本性的变化。根据明人的相关记载分析,社会风气还是比较醇厚的。有的地方,从洪武到成、弘社会安定,民风纯朴:

---

① 胡寄窗:《中国经济思想史》下册,上海人民出版社 1981 年版,第 131—132 页。

② 盛冬铃:《治世余闻》、《继世纪闻》点校说明,中华书局 1985 年版。

催科不扰，盗贼不生，婚媾依时，闾阎安堵，妇人纺结，男子桑莲，臧获服劳，比邻和睦。①

宪、孝两朝以前，士大夫尚未积聚……至正德间，诸公竞营产谋利……皆积至十余万。②

还有人说：

正、嘉以前，南都风尚最为醇厚。荐绅以文章政事、行谊气节为常，求田问舍之事少，而营声利，畜伎乐者，百不一二见之。③

成、弘以后社会风气的转变，是当时社会变化发展的一个重要表现。这种变化的直接诱因，是明王朝政治日趋腐败，为政者纷纷以权谋利，进行权钱交易，积聚财富。而其物质基础，则是社会经济获得新的发展，社会产品日益丰富，为其提供了条件。

（二）社会生产发展重心的变化

成、弘以前，社会生产的重心自始至终是"专以务农重粟为本"，土地和人力、资金等主要投入于粮食作物生产，以解决吃饭问题。成、弘以后，随着官营手工业的衰落和民营手工业的兴起，许多地方在继续发展农业生产，坚持以粮为本的基础上，将生产的重心逐步转向手工业，并使其生产性质和经营方式发生转变，开始从农业中分离出来，成为独立的生产部门。而且同时开始孕育市场竞争机制，以市场为主要导向，按市场需求进行生产，以追求利润为目的。在江南地区，重点是发展纺织业及其商业营销。在这方面，浙江杭州张氏的发家史，是一个最好的注解。万历时，张瀚在记述其先世发达过程时，说：

毅菴祖家道中微，以酤酒为业。成化末年值水灾，时祖居傍河，水渰入室，所酿酒尽败，每夜出倾败酒濯甕。一夕归，忽有人自后而呼……因罢酤酒业，购机一张，织诸色纻币，备极精工。每一下机，人争鬻之，计获利当五之一。积两旬，复增一机，后增至二十余。商贾所货者，常满户外，尚不能应。自是家业大饶。后四祖继业，各富至数万金。④

这条家庭发达史料有几点值得注意：一是时间始于成化以后；二是出现于明代

① 顾炎武：《天下郡国利病书》卷三二引《歙县风土论》。
② 何良俊：《四友斋丛说》卷三四。
③ 顾起元：《客座赘语》卷一《正嘉以前醇厚》。
④ 张瀚：《松窗梦语》卷六《异闻纪》。

经济文化最发达的江南苏、松、杭、嘉、湖地区；三是经营项目为纺织业而非农业；四是由于技术精细，生意红火，规模不断扩大，商业亦因之发达起来；五是这种情况在江南地区非止一家一户，而是遍地开花，并且经济效益相当可观。还是张瀚说："余尝总览市利，大都东南之利，莫大于罗绮绢纻，而三吴为最。即余先世，亦以机杼起，而今三吴之以机杼致富者尤众。"①家庭手工业走出狭小范围，扩大发展空间，参与市场竞争，意义重大，无疑是新的经济成分萌芽的催化剂。

（三）城市与社会消费生活的变化

城市是文明的摇篮。城市的变化是社会变化的标志。城市往往是生产的中心，又是消费时尚的代表。手工业和商业的发展，必然推动城市的发展，引发社会消费的变化。在这方面最有说服力的一个例子，是江南重镇苏州城明初以降的变化过程和它的奢华消费。明代长洲（今苏州吴县）人王锜回忆他的亲身经历说：

> 吴中素号繁华，自张氏之据，天兵所临，虽不被屠戮，人民迁徙实三都、戍远方者相继，至营籍亦隶教坊。邑里潇然，生计鲜薄，过者增感。正统、天顺间，余尝入城，咸谓稍复其旧，然犹未盛也。迨成化间，余恒三四年一入，则见其迥若异境，以至于今，愈益繁盛，闾檐辐辏，万瓦甃鳞，城隅濠股，亭馆布列，略无隙地。舆马从盖，壶觞罍盒，交驰于通衢。水巷中，光彩耀目，游山之舫，载妓之舟，鱼贯于绿波朱阁之间，丝竹讴舞与市声相杂。凡上供锦绮、文具、花果、珍馐奇异之物，岁有所增，若刻丝累漆之属，自浙、宋以来，其艺久废，今皆精妙，人性益巧而物产益多。至于人材辈出，尤为冠绝……此固气运使然，实由朝廷休养生息之恩也。人生见此，亦可幸哉。②

王锜为当地人氏，生于宣德八年（1433），卒于弘治十二年（1499）。苏州城经明

① 张瀚：《松窗梦语》卷四《商贾纪》。

② 王锜：《寓圃杂记》卷五《吴中近年之盛》。江南其他地方原有市镇在明代的恢复发展过程，亦多数与苏州相似。例如，浙江湖州府乌程县乌镇，据乾隆《乌青镇志》卷首所引当地人陈观于嘉靖三年所撰序言记载，此镇在南宋嘉定年间已经极为繁盛，元末遭到严重破坏。进入明朝以后逐渐恢复，"迄成化、弘治间年谷屡登，居民殷富，锐于兴作，卑者高之，隘者广之……民居鳞次栉比，延接于四栅，匪直复且又过之。至如负贩之光，耕桑之勤，又日盛一日。"

初以来的休养生息，从成化朝开始复苏，至弘治朝“愈益繁盛”，“光彩耀目”。

由上述顾炎武、何良俊、顾起元、张瀚、王锜诸位所记，可以得出以下几点结论。

第一，作者都是江南地区人，所记皆为亲眼所见或是先世故实，完全可以称得上是当地、当时人（顾炎武生活于明清之际）记当时事，史料属实无疑。

第二，无论是一家一户，还是整个社会，无论是乡村还是城市，其发展变化的时间，都是始于成化、弘治以后，即 15 世纪中叶以后。

第三，在社会生产力方面，发展速度最快、面貌变化最大的，不是传统农业，不是粮食生产，而是工业和商业。社会风气的转变，财富的日益集中，工业和商业的迅速发展，城市的繁荣，对人口流动产生了什么影响？这是我们特别要关注的。

封建地主阶级及其统治者，竞相积聚财富、“求田问舍”的结果，必然加速农村土地兼并和社会财富的集中过程，从而加大贫富两极分化，加剧农民的贫困破产，迫使大批农民或者离开土地，或者离开农村，另谋生路。

手工业的迅速兴起与商业营销的旺盛，势必要求增加劳力投入，以满足其生产和销售的需要，这部分新增加的劳动力，主要依靠农业人口供应。

城市的繁荣，社会消费生活的奢华和多样化，更迫切要求投入大量劳力，以充实工业、商业、文化教育事业、行政和市政工程管理、餐饮娱乐，以及其他各种服务行业。

中国人口流动的总趋势，是农业人口向非农业人口转移。流动变数的规律，是城市人口主要依靠农村人口支持。也就是说，工商业和城市发展所需要的人力，绝大多数由农村提供。

（四）思想观念的变化

思想观念的变化，主要是指“本”、“末”观念的转化。重农抑商，以农为“本”，视工商为“末业”，是中国历代封建王朝的基本国策。明代也不例外，但已有所改变。明朝建国之初，承袭前代旧制，夏秋两税征收实物米麦。后来明太祖推行“折色”代租，但只限于个别地区与“折收逋赋”。成祖时，“民间用银，仍有厉禁”。正统元年（1436）实行“金花银”，诸方赋入折银者几半，而北方仍以实物为主。至成化末年，北方两税皆折银。班匠实行以银代役，亦是始于成化二十一年（1485），从而使人身依附关系趋于松懈，工匠可以自由支配一部分时间。商人"开中",也于是时用银折纳,迄弘治初年正式制度化,"通折以银"。"折色"广泛实行,从思想上说是"本末"观念的历史性变化。从实际效果看,为白银的大量生产与流通,为古代实物地租向近代货币地租转型开辟了道路。从与农村人口流动的关系看,种粮之入有限,白银从何而来?赋税征收由实物到"折色"的转变,势必刺激乡村小民为获得白银纳赋完租,而逐步改变单一种粮的传统经营,或弃农改业工商,或改粮他种,发展商业性农业,这也要求进一步加快农村人口流动。

但是,当时的人口布局,与这种形势要求并不相适应。

二、晚明人口的地理分布与时人对策

这里所谓"晚明",主要指嘉万以后至明亡。

研究晚明的人口流动及其流动规模,首先必须从宏观上把握明代全国人口总量与地理分布。可惜迄今为止,国内外学者对明代人口的数量仍是各执一说,分歧很大,而且可以肯定很难取得共识。

关于明初洪武年间的人口数,有以下诸说:

1.1 亿;

1 亿以上;

至少超过 6500 万;

超过 7000 万;

7000 万以上;

6500 万至 8000 万以上;

至少有 8500 万;

9300 万以上。

关于明后期(万历年间)的人口数,主要有下列几种说法:

1.5 亿;

2 亿左右;

1.9 亿。①

上述诸说,都是出于学者们的推测、估算,缺乏科学根据,所以谁也说服不

① 以上均见高寿仙:《明代人口数额的再认识》,《明史研究》第七辑,2001 年版。另,可参见葛剑雄、曹树基:《对明代人口总数的新估计》,《中国史研究》1995 年第 1 期。

了谁。我们认为，参照明朝官府的有关统计资料，至明后期万历初年两京十三省在册人口总数为7500万人左右。[①] 这个估计是否过于保守？据有关统计资料显示：清朝顺治十八年(1661)全国人口总数为76812932人，康熙五十年(1711)为98485296人。如认为这种估计可取的话，则明代(或明后期)人口总数为一二亿之说自然应当受到怀疑。

明朝人没有留下比较完整、可靠的户口统计资料，是明代人口研究面临的最大难题。终明之世，比较详细登录历年全国户口数的，只有《明实录》。虽然明王朝从一开始就建立严格的户口制度，统计天下户口，“有司岁计其登耗以闻”，但是《明实录》所登录的户口数，也从一开始就出现变化无常、忽多忽少、无章可循的怪现象，根本不能反映客观实际。早在明前期洪武、永乐和宣德、正统以后已经是这样。对此，翻检一下当时的《明实录》就可以一目了然，毋需赘述。

到了明后期，户口登记制度更是“今非昔比”，几乎毫无参考价值。

正德元年(1506)，《明实录》记载的全国人口为4600余万，是明朝人所记的明代人口最少的一年。从嘉靖元年(1522)开始，不知是由于户口登记制度破坏，还是《明实录》编纂者的失误，历朝户口记录俱是残缺不全。嘉靖一朝共四十五年，只记载五年，隆庆朝亦有缺。万历朝共四十八年，只记载一年。天启朝亦有缺年，迄崇祯停止记载。尤其可笑的是，数字连年照抄，毫无变化，甚至出现“口半”的字样。可见到晚明户口统计已经名存实亡，绝大多数的年份没有户口统计，即使有统计数字的也是与实际脱节，年年“抄旧”，毫无意义。王毓铨在谈到这种怪事时说：“一户未增，一户未减。一人未生，一人未死。如或有生有死，则死亡口数不多不少正相当。这好像是不可能的怪事，但在官场中这都是典型的惯行故事。”[②]在这种情况下，欲知全国人口实数，谈何容易。当然，从正、嘉以后在册人口不断减少，也能从中透露一些信息。减少的原因，有的是册文讹误，有的是豪强欺隐。

再一个重要原因，就是由于人口频繁流动，从而导致政府户口的失控，无法登记入册。

① 详见王毓铨主编：《中国经济通史·明代经济卷》(上)，经济日报出版社2000年版，第43—71页。

② 王毓铨：《明朝人论明朝户口》，《中国历史博物馆馆刊》1989年第13、14期。

这一时期的人口流动，从根本上说是社会生产力发展的迫切需要。因此，改变人口布局，促进人口流动，也就成为时人关注的一个“热点”问题。

中国人口分布，经过历朝历代的不断调整，时至晚明依然是分布不均，南方人多，北方人少，东南沿海人多，西北地区人少。若具体而言，情况是这样的：

大抵南北多寡，如向所陈，就其中间，又各有不同。以江北言之，两河、山东其适中者也，而最稀者陕西，最密者山西。以江南言之，闽、广、淮、扬其适中者也，而最稀者湖广，最密者江、浙。又南则巴、蜀之民太伙，而滇、僰之间太稀矣。至若畿辅之间，则近京四府其最旷莽者，根本重地，不异穷边，所系非少也。①

逐步改变人口分布不平衡现象，减少人多地区的土地压力，以及人少地区的土地荒废，是社会经济持续发展的一个重要条件，也是缩小南北差距的一项艰巨任务。晚明时期一些有识之士，不仅已经认识到这个问题，而且为此提出区域人口流动的有益建议，希望政府实行宽松政策，用经济等各种有效方法，大力鼓励人口流动，促进各地经济开发。于慎行在谈到北京人口构成及其外来人口时说：

都城之中，京兆之民十得一二，营卫之兵十得四五，四方之民十得六七。就四方之中，会稽之民十得四五，非越民好游，其地无所容也。②

江、浙之民流动到京师，不是由于人性好游，而是因为地狭人稠，“其地无所容”。其实早在明初，明太祖已经从人们的择业现象发现江浙人多地少所造成的压力。他说：

朕思两浙民众地狭，故务本者少，而事末者多。③

于慎行为了促进人口流动，开发北方水田，还进一步建议实行招募江浙之民永久落户京师的各种政治、经济、文化配套政策。其言曰：

京东濒海之地，自胜国以来议开水田，竟未能就。近时一二喜事者倡水利之议，未见有绪。而越人游食三辅，往往狭策籍从京兆举，为都人所龉龁，岁有烦言，均非长便。尝谓欲开京畿水田，即以其便招募会稽之民，

① 于慎行：《谷山笔麈》卷一二《形势》。
② 同上。
③ 《明太祖宝训》卷三《勤民》。

令其著籍近邑，以垦田顷亩为限。无田者，不得著籍。无籍者，不得试有司，不得为掾吏。既已著籍，即将原籍除名，永不许归，归则原籍告讦，适诸化外。而令京兆举士增十余人制额，以待新籍，不得滥额于京兆。原额无所减损，则争端宜可息也。又蓟镇新调南兵未必尽解，或使流入胡中，为患滋大，不若发充三辅卫所，顶补清勾之缺，而于例外请优给之。即愿开垦水田者，从其自占，如此则京辅之地可实，水田之利可兴，游食之徒可容，仕进之途可清矣。①

于慎行还认为人口流动是大势所趋，不可阻挡。他根据当时各地人口分布不均的形势，为了"使燕赵秦楚地无遗利，江浙、三晋民不游食"，希望朝廷顺民情，从民便，顾民安，实行利国利民的赋税优惠政策，以利人民自由流动：

三晋之民愿徙关中者听，巴、蜀之民愿徙川东以往者听，江右之民愿徙楚者听。所至有山泽之利，荒弃多年，不在租税正数者，俱许其开垦，永不起科，亦可行也。诚使燕、赵、秦、楚地无遗利，江、浙、三晋民不游食，则于国家命脉不无小补矣。虽然此其大概也，就中迁徙又有难易，越人之徙燕也十人而九。江右之徙楚也十人而八。三晋之徙秦则十不一二也。地利固不可失，人情亦不可拂，要当从其所便，顾其所安耳。不然，凿空发难，四方驿骚，又甚于料民履亩之役矣。②

万历中，尚宝少卿、江西贵溪人徐贞明，在谈到调剂各地人口布局，开发西北水利时说：

东南之境，生齿日繁，地苦不胜其民，而民皆不安其土。③

地少不能容纳，以致民"不安其土"，唯一的出路是实行人口流动，以减少人多地少的压力，调和人口与土地的矛盾。当时，徐光启也从便民情、急事理的精神出发，根据历代移民以实广虚的做法，以"南人太众，耕垦无田"，提出"均民"之说：

或疑均民之说，以为人各安其居，乐其业足矣，何事纷纷率天下而路乎。不知徙远方之民以实广虚，汉人有此法矣。自汉以来，永嘉之乱、靖康之乱，中原之民倾国以去，所存无几耳。南之人众，北之人寡，南之土

① 于慎行：《谷山笔麈》卷一二《形势》。
② 同上。
③ 见徐光启：《农政全书》卷一二《西北水利议》。

狭，北之土荒，无怪其然也。司马迁曰："本富为上，末富次之，奸富为下。"北人居闲旷之地，衣食易足，不务蓄积，一遇岁祲，流亡载道，犹不失为务本也。南人太众，耕垦无田，仕进无路，则去而为末富、奸富者多矣。末富未害也。奸富者，目前为我大蠹，而他日为我隐忧，长此不已，尚忍言哉。今均民之法行，南人渐北，使末富奸富之民皆为本富之民，民力日纾，民俗日厚，生息日广，财用日宽，唐虞三代复还旧观矣。若均浙直之民于江淮齐鲁，均八闽之民于两广，此于人情为最便，而于事理为最急者也。①

为了真正落实"均民之法"，奖励人民流动，开垦荒地，发展经济，徐光启进一步具体设计了"耕垦武功爵例"，从政治上用授官爵的办法，保证"均民"对策的实施②。

以上于慎行和二徐的建议，都是依据晚明全国的经济发展要求和人口地理分布不均提出来的，概括了当时人口流动的两大趋势：一是"南人渐北"，"越民徙燕"，江浙之民流入京城，从事于非农业经济领域的工作；二是北方山西等处农民，还是从"狭乡"农村迁到"宽乡"农村，开垦土地，继续务农。他们提出的"均民"说，从人口流动促进人口分布趋于合理，发展落后地区经济的角度评价，是积极、有益的，应予肯定。但也必须指出，从其建议的内容观察，还是从"重农"思想出发，固守"农本"，为了开发土地，发展传统农业，使民不为"末富奸富之民"，而尽为"本富之民"，重建唐虞三代的农业社会。就此而言，他们的建议、对策不是鼓动农民流动到工商业等非农业经济领域，缺乏创新精神，这是他们思想的局限性。

此外，也有人不识时务，反对由农村迁入城市，反对弃农为工商的。这种保守落后思想，主要来自累世同居共财的封建大家庭组织。例如，广东南海庞氏大家庭规定："累世乡居，悉有定业。子孙不准移家住省城。"③

历史潮流浩浩荡荡，谁也不能阻挡。明后期的人口流动也是势在必行，是当时社会生产力发展的必然要求。

① 徐光启：《农政全书》卷九《垦田疏》。
② 详见徐光启：《农政全书》卷九《垦田疏》。
③ 见徐扬杰：《宋明家族制度史论》，中华书局 1995 年版，第 152 页。

第三节 晚明生产力的发展与人口流动趋势

一、社会生产力的发展

生产力的发展，是社会变迁最本质、最重要的体现。因此，有必要稍加详细介绍。只要粗略检阅一下当时的有关文献记载，即可得到这样一条信息：大约从 16 世纪初年开始，在东南沿海等地农村“逃亡之民”大规模无序辗转流移的现象，已经基本结束。代之而来的，是广大农民纷纷有序地离开农村或从粮食生产中分离出来，有的就地“迁业”，有的流入城镇，努力发展商品生产。这是一个非常值得注意的新动向，它表明经过明代前期一百多年的风风雨雨，东南沿海等地农村秩序已较为安定，社会生产力正在朝着新的方向发展。到了晚明嘉、隆、万年间终于迈上了新台阶。

嘉、隆、万，是明代社会生产力发展最快、社会生活变化最深刻的时期。这一时期生产力发展最主要的标志，是商品经济获得空前发展，并在某些地区的某些生产部门产生了新的经济因素（或称为“资本主义萌芽”），比较突出的有以下四个方面。

（一）粮食生产持续发展，商品粮基地开始转移

中国是一个农业大国，但人多耕地少，吃饭问题历来是一个最紧迫的经济问题和政治问题，始终困扰着王朝统治者。因此，粮食生产在任何时候都被置于优先的地位。晚明时期，粮食生产持续发展的具体表现有二：

一是引进新的粮食作物玉米和番薯（又称甘薯、白薯、红薯、地瓜），并迅速推广。此两者俱适应力极强，耐旱抗寒，又不与水稻争地，无论荒山、丘陵、滨海沙土均能生长，从而可以腾出更多的土地种植水稻、种植经济作物。同时，此两者的播种与收获也省工方便。尤其是产量高，在不少地方成为农民的主粮。其中，番薯以“瘠卤沙岗皆可种”，“无患不熟”，民人“赖以充饥，其利甚大”。① 从万历年间引入以后，很快在闽、广和长江流域广为种植，对于缓解粮食供应困难起到了很大的积极作用。

二是出现新的商品粮生产基地。中国粮食生产中心和商品粮基地，自唐

① 见谢国桢：《明代社会经济史料选编》上册，福建人民出版社 1980 年版，第 36 页。

宋以后一直在江浙地区，人称“苏湖熟，天下足”。从晚明开始，这种局面发生改变。由于历史上最著名的粮食产地江浙地区“改粮他种”，以及湖广、四川等地得到进一步开发，中国商品粮基地也随之开始西移，变为“湖广熟，天下足”。这是中国粮食生产重心一次历史性的大转移。刊行于明末的(朱绍本等人撰)《地图综要·湖广总论》曰：

楚固泽国，耕稼甚饶，一岁再获，柴桑吴楚多仰给焉。谚曰：湖广熟，天下足。言土地广沃，而长江转输便易，非他有比。①

江浙太湖流域由产粮中心变为缺粮区之后，其所需米粮多半依赖湖广等处供应。史称：江浙“地狭人稠，本地所出之米，纳粮外，不足供本地之食，必赖客米接济”②。万历时，杭州府城居民每年需米360万石，都是从外地运来的。③江浙地区“半仰给于江楚庐安之粟”，徽州则“大半取给于江西、湖广之稻”。粮食也因此成为晚明商业贸易中最主要的商品之一。

另外随着荒地的开垦，耕地面积增加，以及双季稻的推广、水稻在北方的种植，全国粮食总产量也会不断增加。同时，由于耕作集约化程度的提高，单位面积产量(亩产量)亦逐步有所提高。清代包世臣在谈到乾、嘉年间粮食产量时，说：“今者幅员至广，其内地北尽边墙，西距嘉峪，东齐海，迤岭而西，南交缅，通以中壤中岁，亩产二石五斗。”④此为当时全国水稻平均亩产量。明代水稻的亩产量，由于各地情况与计量单位大小差异，很难进行精确统计。嘉靖时，松江何良俊说：当地水稻有的每亩可收米三石，有的只收一石五斗。⑤一般认为，明代水稻的亩产量比以往有所增加。⑥

(二)商业性农业的空前发展与社会分工的日益扩大

商业性农业的空前发展与社会分工的进一步扩大，是商品经济繁荣和社

---

① 引自刘石吉：《明清时代江南市镇研究》，中国社会科学出版社1987年版，第58页。

② 《南浔镇志》卷二四。

③ 见李伯重：《江南的早期工业化：1550—1850年》，社会科学文献出版社2000年版，第88页。

④ 包世臣：《安吴四种》卷七《说储》上。

⑤ 何良俊：《四友斋丛说》卷一四。

⑥ 郭松义：《明清时期的粮食生产与农民生活水平》一文说：“明初的水平，应与元代相差不远或稍有超过，但不如明代后期。”明代后期，淮河和秦岭以南的南方稻作区，单产稻谷一般在1石多到2石多，也有超过3石、4石，少数条件好的达到5—6石，甚至更多。当然在山区和海边湖滩沙地，土质差，生产条件恶劣，亩产不高，多的1石上下，少的不满石。淮河和秦岭以北的“北方旱作区粮食亩产上地1石左右，其次是6—7斗、5—6斗，再次3—4斗，也有2—3斗，乃至不满斗的”。此文还进一步提出：明万历年间，全国粮食总产量为171601741000市斤，粮农人数26359000人，每个粮农平均产粮6510市斤(《中国社会科学院历史研究所学刊》第一集，社会科学文献出版社2001年版)。

会文明进步的显著标志，也是晚明生产力发展的重要表现，历来为治明代经济史者所注意。

前面提到，历史上著名的粮食产地到了晚明成为缺粮区，根本原因是由于改粮他种，将许多土地、劳力和资金转移到种棉养桑等经济作物，大力发展商业性农业。早在明朝建国之初，明太祖朱元璋就一再号召全国各地种植棉花、蚕桑、麻和果树等。宣德、景泰时又多次命令农民种植这些经济作物。至成化、弘治之时，棉花的播种“已遍布于天下，地无南北皆宜之，人无贫富皆赖之”①。到了晚明，由于经济效益可观，种棉和养蚕更是蔚然成风，空前迅速发展起来。

以往“东南之田，所植惟稻”②。到了晚明，“农田种稻者不过十之二三，图利种棉者，则有十之七八”③。“皆乡民以水稻收薄，故为他种以图利”④。

松江府官民军灶垦田凡二百万亩，大半种棉，当不止百万亩。⑤ 其中，上海县有田 6853 顷，“种棉居其七”，青浦县东北种棉者“十居八九”。⑥

苏州府，太仓州“地宜稻者亦十之六七，皆弃稻袭花”，“郊原四望，遍地皆棉”。⑦ 又同府嘉定县，“其民独命于木棉”⑧。该县“地形高亢，土脉沙瘠，种稻之田约止十分之一”。全县实征田地涂荡共 12986 顷，宜种稻禾田地止 1311 顷，“大半种棉，当不止百万亩”。昆山县亦是“多种木棉”。有记载说：上海、嘉定、太仓三地俱三分宜稻，七分宜木棉。凡种木棉者，“称花以别于稻，有花田、花租之名”。将花田、花租与传统的谷田、谷租区别开来，可以看出棉花在当地经济生活中的重要地位。

杭、嘉、湖地区，则以种桑养蚕为重点，尽逐丝绸之利。时人徐献忠谓：

> 蚕桑之利，莫甚于湖。大约良田一亩，可得叶八十个，每二十斤为一

---

① 徐光启：《农政全书》卷三五《木棉》。

② 徐光启：《农政全书》卷一二《西北水利议》。

③ 《皇朝经世文编》补卷《高晋疏》。

④ 黄印：《锡金识小录》卷一。

⑤ 徐光启：《农政全书》卷三五《木棉》。

⑥ 关于当时上海县棉、稻的种植比例，叶梦珠的《阅世编》卷七《食货四》云：“吾邑地产木棉，行于浙西诸郡……种植之广，与粳稻等。”又同卷《种植》曰：“吾邑土高水少，农家树艺，粟菽、棉花参半。”

⑦ 分别见崇祯《太仓州志》卷一四、一五。

⑧ 万历《嘉定县志》卷一九。

个，计其一岁垦锄壅培之费，大约不过二两，则其利倍之。[①]
在江、浙以外各地，商业性农业也同样得到迅猛发展。

在福建南部沿海地区，由于荒地的开发，水利的兴修，商业性农业发展特快，各种经济作物日益增多。泉州“荔枝龙眼之利，焙而干之行天下”。漳州，荔枝“绿山障野，果熟之时，望之如火”。青靛，“利布四方，谓之福建青”。甘蔗的种植，更是漫山遍野。福建，本来就是山多田少。此时农民以种稻“利薄，蔗利厚，往往有改稻田种蔗者”[②]，黑、白之糖行于天下[③]，甚至泛海售商，远销外洋。闽地二千里，甘蔗、果树“耗地已三分之一”。烟草传入以后，又“耗地十之六七”[④]。

广东，自隆庆元年开放海禁，准贩东西二洋以后，国内外贸易很快兴旺起来，“人多务贾”，“获大赢利”，于是“农者以拙业力苦利微，辄弃耒耜而从之”。[⑤] 又因“糖之利溥，粤人开糖房者多以致富。盖番禺、东莞、增城糖居十之四，阳春糖居十之六，而蔗田几与禾田等矣”[⑥]。另外，果树也是广东的重要经济作物，龙眼、荔枝等闻名于全国，其中荔枝品种达数十种之多。

江西，主要是改田种烟，加工、推销烟草，“颇食其利”[⑦]。

河南和山东为明代新兴种棉区。河南，“中州沃壤，半植木棉”[⑧]。山东，六府之地多种棉花，“五谷之利，不及其半”[⑨]。

陕西，亦是大量种植烟草。特别是汉中地区沃土肥田尽植烟苗，为当时全国重要产烟区之一。

所谓“商业性农业”，是指在农业生产中种植经济作物，并同时进行产品加工和销售，即以交换为目的、产品面向市场、追求利润的商品生产。如，常州府

① 徐献忠：《吴兴掌故集》卷一三《农桑》。
② 陈懋仁：《泉南杂志》卷上。
③ 《闽书》卷三八。
④ 《皇朝经世文编》卷三六《论闽省务本节用疏》。
⑤ 屈大均：《广东新语》卷一四《谷》、卷二七《蔗》。
⑥ 同上。
⑦ 天启《赣州府志》卷三。
⑧ 钟化民：《救荒图说·劝课纺绩》。引自王毓铨主编：《中国经济通史·明代经济卷》上册，第388页。
⑨ 《古今图书集成·职方典》卷二三〇《兖州府部·风俗考》。

江阴县,“纺花为布,率三日一匹,抱于市”①。苏州府常熟县“货布用之邑者有限,而捆载舟输,行贾于齐鲁之境常什六”②。嘉定县所产之棉布,“商贾贩,近至杭、歙、清、济,远至蓟、辽、山、陕”③。

其他各地,亦多如此。

明代商业性农业发展的重大经济意义,在于其性质的转变,即由最初主要为了完纳赋役,养家餬口,而转为重点发展商品生产。这也是以往经济作物种植所不能比拟的。

商业性农业是一个完整的生产活动过程,不仅要生产,还要对产品进行加工,而且要搞好商业销售,三者缺一不可。马克思和恩格斯说:“某一民族内部的分工、首先引起工商业劳动和农业劳动的分离……分工的进一步发展导致商业劳动和工业劳动的分离。”④又说:“分工的进一步扩大表现为商业和生产的分离,表现为特殊的商人阶级的形成。”⑤商业性农业与传统农业的根本区别,不仅在于生产的内容与目的不同,而且引起“工商业劳动和农业劳动的分离”、“商业劳动和工业劳动的分离”,“商业和生产的分离”。也就是说,商业性农业发展的过程即是农业和工商业的分离过程。或者说,生产、加工及其产品销售三者互相分离的过程。

工商业劳动和农业劳动的分离,商业劳动和工业劳动的分离,商业和生产的分离,这些既是社会生产力发展的必然产物,也是社会分工进一步扩大和对外经济文化交流日益加强的生动反映。马克思和恩格斯指出:“各民族之间的相互关系取决于每一个民族的生产、分工和内部交往的发展程度……不仅一个民族与其他民族的关系,而且一个民族本身的整个内部结构都取决于它的生产以及内部和外部的交往的发展程度。一个民族的生产力发展的水平,最明显地表现在该民族分工的发展程度上。任何新的生产力,只要它不仅仅是现有生产力的量的扩大(例如开垦新的土地),都会引起分工的进一步发

① 嘉靖《江阴县志》卷二。

② 嘉靖《常熟县志》卷四《食货志》。

③ 万历《嘉定县志》卷六《物产》。

④ 《马克思恩格斯选集》第1卷,人民出版社1972年版,第25页。

⑤ 同上,第59页。

展。”[①]

晚明商业性农业发展所引起的社会分工的进一步扩大，主要包括两种情况。

第一，生产内部的分工以及生产与产品销售活动的分工。在这个分工中，最具有历史进步意义的是手工业生产与农业生产的分离，手工业逐渐脱离农业，发展成为独立的生产部门，而且从作为农业生产的补充而成为国民经济的一个重要产业。

第二，区域生产分工的进一步发展。例如，湖广、四川等以粮食生产为重点，江浙苏、杭、嘉、湖以生产丝绸闻名于天下，松江府则成为棉纺织业的中心，福建、广东以蔗糖、水果和对外贸易为主。各个地区各具特色，又密切交流，互相促进。

晚明商业性农业的迅速发展，对整个社会产生了积极的影响，有力地促进了农村人口流动，“大大增加非农业人口”，尤其是从中推动了手工业的兴盛、商业的繁荣和新兴工商业生产专业市镇的形成。

（三）手工业、商业的迅猛发展和工商业专业市镇的大量兴起

手工业、商业及其专业市镇的空前发展，是晚明社会生产力发展到新阶段的一个重要标志，也开创了中国古代工商业发展史上的崭新局面。

首先，是商业的空前发展。

晚明社会变迁的主要表现之一，是商人社会地位的提升和人们工商业意识的普遍增强，工商业队伍空前壮大。明人何良俊说：“去农而改业工商者三倍于前。”[②]商业书籍大量出版，商业文化气息浓厚，甚至许多文艺作品都以商业和商人为创作题材。

其次，是传统手工业旧貌换新颜，新兴手工业迅速发展。

中国手工业历史悠久，门类齐全，做工精细，向来受到国内外广大用户的一致好评。从整体上说，明代手工业生产的规模、能力、工具、工艺、分工、劳动组织、管理经验等，都比前代有不同程度的提高和改进。纺织、陶瓷、矿冶、造纸、印刷、木材、制糖、榨油、酿酒、制茶、制盐等传统手工业都有新的发展，并在

① 《马克思恩格斯选集》第1卷，第25页。
② 何良俊：《四友斋丛说》卷三四。

嘉、隆、万年间出现繁荣盛景。丝织业则进一步形成专业生产区域，而以江南浙直为最兴盛，生产规模大大超过以前。特别是经营性质上多为民营。据估计，江南苏州、杭州和南京三大丝织城市民营的织机在五万张以上，盛泽等市镇和乡村的织机约有一万五千张，两项合计七万多张。如果加上镇江、嘉兴、湖州等地城镇，江南民间织机的总数当在八万张以上。除江南以外，福建、广东、四川的丝绸生产也极有特色。北方生产丝绸的地方有山东、山西等省。其中，山西潞安的丝织业闻名远近，最盛时有织机九千多张。

尤其值得提出的是，新兴手工业成为当时经济发展的新增长点。它们当中，影响最大的是棉纺织业。中国棉纺织业出现于元代末年，但那时纺织业的主体仍是丝、麻，棉纺织业只处于辅助的次要地位。进入明代以后，由于政府一再鼓励种棉，及其所产生的经济效益显著，因而得到广为种植，棉田面积大为增加。迄至晚明，棉纺织业一跃而居纺织业领先和主体地位，棉织品成为人们主要的服装原料。这在中国几千年的手工业史中，可以说是前所未有的。

再次，是形成一大批著名的手工业中心和工商业专业市镇（数目及其发展过程将列表于后）。

农、工、商各行各业的发展，从来都是互为关联。手工业的发展促进了农业的发展，也推动了商业的繁荣和新兴市镇的形成。中国古代的市镇，在明代以前多半为军事性或政治性，消费大于生产。明代出现的新兴市镇则完全不同，是专门从事工商业生产的专业市镇，是生产型，而非消费型。这种新兴市镇的形成，必须具备各种综合因素。其中最主要的是农业、手工业、商业和交通事业的发展。从经济结构的变化说，新兴市镇的形成过程，是手工业和农业相分离的过程，也是农村人口流向城镇的过程。明代新兴工商业专业市镇，萌芽于成化、弘治以后，至晚明达到鼎盛，是时南北各地都有一批以手工业专业生产见长，或以商贸发达闻名于世的新兴市镇。众所周知的，如：北方山东运河岸边临清的丝织业（有机房百余家），广东佛山的冶铁业，江西景德镇的制瓷业，福建建阳的印刷业，等等。

当然，就新兴工商业专业市镇的数量、规模和繁荣而言，在中国古代工商业史上最有影响的，还是在江南苏、松、杭、嘉、湖地区，不但数量最多，而且所创造的经济价值最显著。

松江，是明代最著名的棉纺织业中心，有众多手工业专业市镇和商品集散地。清人顾公燮曰：

前明数百家布号，皆在松江枫泾、朱泾乐业，而染坊、踹房商贾悉从之。①

时至明末，朱泾号称“小临清”，为当时“标布”业中心。叶梦珠在谈到明代松红的标布业时说：

棉花布，吾邑所产……上阔尖细者，曰标布……前朝标布盛行，富商巨贾，操重而来市者，白银动以数万计，多或数十万两，少亦以万计，以故牙行奉布商如王侯，而争布商如对垒，牙行非藉势要之家不能立也。②

苏州则是著名的丝织业中心，新兴专业市镇林立，丝绸业生产非常发达。该府吴江县城外七十里处的盛泽镇，元时村市萧条，居民不过数十家。明代成化时，居民增至三四百家。至嘉靖间倍之，而又过焉。嘉、万以后，此镇丝绸业生产与贸易盛况空前：

镇上居民稠广，土俗淳朴，俱以蚕桑为业。男女勤谨，络纬机杼之声通宵彻夜。那市上两岸绸丝牙行约有千百余家。远近村坊织成绸匹，俱到此上市。四方商贾来收买的，蜂攒蚁集，挨挤不开，路途无伫足之隙。乃出产锦绣之乡，积聚绫罗之地。江南养蚕所在甚多，惟此镇处最盛。③

苏、松之外，嘉靖以后浙江杭、嘉、湖地区新兴工商业专业市镇，亦比比皆是，而且同样繁盛至极，或云：

至于市镇，如湖州归安之双林、菱湖、琏市，乌程之乌镇、南浔，所环人烟小者数千家，大者万家，即其所聚，当亦不下中州郡县之饶者。④

（四）白银的广泛使用与对外海上贸易的空前发展

成、弘以后，赋役制度改革不断深入，其总趋势依然是坚持简化手续，向着地丁合一、一律按田亩折色征银的方向发展。万历初年，内阁首辅、大学士张居正进行政治、经济改革，于万历九年(1581)在全国推行“一条鞭法”，实行“计亩征银”。以银代输赋役，这是社会生产力迅速发展、商品经济不断繁荣的反映。它又反过来推动了白银的生产和流通，使之成为主要通货形式。从上述

① 顾公燮：《消夏闲记摘抄》卷中。
② 叶梦珠：《阅世编》卷七《食货五》。
③ 冯梦龙：《醒世恒言》第十八卷《施润泽滩阙遇友》。
④ 郑若曾：《筹海图编》卷一二《筑城堡》。

叶梦珠所说的松江标布交易，也可以看出当时白银流通量已经绝非一般。不仅如此，当时国外白银亦源源流入中国。据有人估计，从万历元年(1573)迄崇祯十七年(1644)的72年间，葡萄牙、西班牙、日本诸国通过贸易输入中国的银元，至少有1亿元以上。[①] 晚明，白银成为主要货币，这在中国古代货币发展史上也是一个划时代的变化。白银代纳赋役及其在商贸中的广泛使用，一方面节省了农民运输税粮和服役的时间，有利于保证农时，发展生产。另一方面促进了商业的繁荣，丰富了人们的物质文化生活。

商业贸易也是生产，也能创造价值。对外贸易同样是推动国内经济发展的一种动力。随着隆庆朝取消"海禁"，实行开放政策，对外经济贸易日益活跃起来，特别是福建、广东等沿海地区的私人海上贸易，获得了前所未有的发展良机，为整个国家的经济发展注入了新的活力。明人周起元说：

> 我穆庙时，除贩夷之律，于是五方之贾，熙熙水国，刳艅艎，分市东西洋，其捆载珍奇，故异物不足述。而所贸金钱，岁无虑数十万，公私并赖，其殆天子之南库也。[②]

此时，福建的月港已经成为国内规模最大的贸易港口，大量的商品由此进出。福建福州、漳州、泉州、延平(南平)、兴化、顺昌等地的物品，经月港远销世界各地：

> 凡福之紬丝，漳之纱绢，泉之蓝，福、延之铁，福、漳之桔，福、兴之荔枝，泉、漳之糖，顺昌之纸……其航大海而去者尤不可计。[③]

不光是福建本省，就连浙江湖州的生丝、江西景德镇的瓷器等，也由月港出口海外各国。

随着社会生产力的发展，生产关系也发生了某些变革，封建人身依附关系日趋松弛，雇佣劳动开始形成。在城镇，出现"机户出资，机工出力，相依为命"的新现象。[④] 在农村，这种新型的生产关系也开始诞生。如福建福州府永福县，"引水不及之处，则漳州、泉州、延平、汀州之民，种菁种蔗，伐山采木，其利倍于田"。这些外来种菁者与当地山主以及久居当地向山主租地的寮主(租地

① 梁方仲：《明代粮长制度》，上海人民出版社1957年版，第128页。
② 张燮：《东西洋考》卷七《饷税考》。
③ 王世懋：《闽部疏》。
④ 《明神宗实录》卷三六一，万历二十九年七月丁未条。

农)三者之间的关系是:

> 山主者,土著有山之人,以其山俾寮主艺之,而征其租也。寮主者,汀(州)之久居各邑山中,颇有资本,披寮蓬以待菁民之至……菁民者,汀(州)上杭之贫民也,每年数百为群,赤手至各邑,依寮主为活,而受其佣值。

"这里山主是依靠收取地租为生的,寮主虽是租佃者,但他们有雄厚资本,向山主租地,再雇佣菁民,赚取利润,是租地农。菁民赤手空拳,一无所有,是出卖劳动力的雇佣劳动者,因此,寮主与菁民已是新的雇佣关系。"①

生产力的发展,不但要求增加劳力投入,同时也要求招引人才,以不断革新技术,扩大生产,提高质量,从而直接为加快人口流动创造条件。而生产关系的变革,雇佣劳动的出现,人身依附关系的削弱,又进一步使人口的大量流动变为现实。

二、农村人口流动的两大趋势

生产发展与人口流动互为影响。晚明生产力的发展与中国农村人口众多的基本特点,决定了当时农村人口流动的趋势,必然以从粮食生产中分流出来,或直接进入城镇,或就地"迁业"为其主要方向。

(一) 由农村向城镇流动,加速"城市化"进程

商品经济的发展,显示着日益增多的人口与农业生产相分离。"城市化",是衡量一个国家商品经济发展程度的标志。在中国古代社会,"城市化"的过程,实际上就是个体农户家庭手工业与农业分离的过程,农村人口流入城镇的过程;农村人口越是大量流入城镇,变为非农业人口,"城市化"的水平就越高。

中国城镇的历史源远流长。但从古代型向近代型转换,明代是一个关键性的变革过程。明代城镇的勃兴,始于15世纪中叶以后的成、弘年间,全盛于16世纪初至17世纪初的嘉、隆、万。兹将有明一代城镇数量最多、最密集,工商业最发达的苏州、杭州、嘉兴、湖州等府部分市镇的发展概况,列为表1—1,以见一斑。②

---

① 以上见林仁川:《福建对外贸易与海关史》,鹭江出版社1991年版,第118页。

② 参见韩大成:《明代城市研究》,中国人民大学出版社1991年版。

表1—1

市镇名称	晚明以前	晚明以后
昆山陆家浜	宣德时创立	客商货物云集;素称繁庶
长洲甫里镇		居民万家
常熟梅里镇		至中叶渐盛,居民2000余家
常熟沙头市、福山镇、支塘镇		到嘉靖时,各有居民2000余家
吴江双扬市	居民数十家	居民300余家
吴江严墓市	小村	居民数百户
吴江梅堰市	小村落	居民500余家
吴江新杭市		中叶以后居民上千家
吴江平望镇		居民千家
吴江黎里镇		中叶以后居民2000余家
苏州城		16世纪时人口50万
吴江震泽镇	元末居民数十家	弘治以后增至千余家
吴江同里镇		居民2000余家
浙江杭州		中叶人口30万,明后期百万左右
秀水王江泾镇		万历时“居者七千余家”
秀水濮院镇		“万家居民”
秀水新城镇		居民万余家
乌程乌镇		居民万余家
乌程南浔镇		居民万余家

另外,江南其他城镇到晚明时期人口也大量增加。比如:南京城,明末人口近百万(一说50万左右);扬州80余万;芜湖20多万。

中国工商业城市的迅速发展,起步于15世纪中叶至16世纪初,地区集中于东南沿海以及江北运河沿岸。除上述苏、杭等地以外,其他地区城镇的发展过程,亦多如是。例如:

福建漳州月港,位于漳州城东南五十里处的海澄镇,以“其形如月而得名”,故又称月泉港。原是一个非常荒凉的小村,“田尽斥卤”。从明代景泰时开始兴起,“民多货番”。成、弘时发达起来,“人烟辐辏”,“商贾咸聚”,逐渐发展成为闽南一大市镇。“自正德以后,月港豪民多造巨舰向外洋交易”,“货物通行旅,资财聚富商”。至嘉靖,成为最大的对外贸易港口,“居民万家”。隆庆元年开放“海禁”以后,外贸更加发达。及万历,“四方异客,皆集月港”,“居民数万家”,成为中国对外经贸交流的主要窗口。每年进出月港的大商船至少

200多艘，经此地出洋经商者数以万计，移居南洋各地的人数也在二三万人以上。①

广东珠江三角洲地区，成为商业繁荣、商人集中、对外贸易发达的先进地区，也是在嘉、隆以后。其中，佛山镇原是一个无名小村。明朝建国以后，人口逐渐增加，洪武时为800户。永乐朝，不少附近的氏族向佛山集中，从事冶铁生产。至正统末年，佛山已是“民庐栉比，屋瓦鳞次，几万余家”。成、弘以后，随着佛山各类工商业的迅速发展，人口大量涌入。史称：“自前明设镇后，四方辐辏，附图占籍者几倍于土著。”人口增加，城市发展，到明朝末年，佛山已是“生齿日繁，四方之舟车日以辐辏”的大都会，以冶铁、陶瓷为中心的工商业城市。②

江西景德镇，素称“瓷都”。制瓷业在唐宋以后已经名扬海内外。不幸元末惨遭兵火，灾荒疠疫，“人民十死八九，市乡房屋，悉为灰烬，田园荒芜，道路阻塞……十里五里绝无人烟”。明朝宣德年间，全国有三十三个府州县为商贾所集之处，江西与列的有南昌、吉安、临江和清江镇，景德镇由于元气大伤，仍处于恢复时期，故未见名列其中。正统年间，矿工叶宗留起义以后为了加强统治，江西不少地方实行封山，“禁流民不得入”，无地之贫民被迫多半进入景德镇等城市，从事手工业。到了嘉靖年，景德镇的人口，“主客无虑十万余”。人口流动，促进生产发展。万历后期，窑业佣工已有数万人。“陶舍重重倚岸开，舟帆日日蔽江来”，“弹丸之地，商人贾舶与不逞之徒皆聚其中”，徽州、江浙及本省各处工商之人纷纷涌入。景德镇遂跻身于全国著名都会之列，也成为“世界上历史最久的一座单一手工业城市”③。

江北运河沿岸也有不少著名工商业市镇，如淮安、济宁、临清、德州、天津等。临清以临近清河而得名，地处山东西北部，位于会通河北口、江北运河中段，又踞会通河与卫河交叉处。洪武二年(1369)，建立临清县。自永乐至正统逐渐成为“南北往来交汇咽喉之地”。正统十四年(1449)，建成临清城。成化十一年(1475)，户部以“游宦侨商，日渐繁衍，并令占籍”，人口增多，成为商业

① 参考中共龙溪地委宣传部、福建省历史学会厦门分会编印：《月港研究论文集》，1984年版。

② 参考黄建新、罗一星：《论明清时期佛山城市经济的发展》，见明清广东省社会经济研究会编：《明清广东社会经济研究》，广东人民出版社1987年版。

③ 以上参梁淼泰：《明清景德镇城市经济研究》，江西人民出版社1991年版。

重镇。弘治二年(1489),升县为州。“商贩之夫,日益屯聚”,“四方杂处”,南直隶南京、徽州与浙江、山西、陕西、河南、北直隶、辽东以及省内济宁、青州、登州、莱州等地商人大批到临清经商,最多的是江浙和山西商人。外地人口不断流入,工商业日为发展,迄嘉、万年间达到最盛,成为当时北方最大的商业城市,纺织品、粮食贸易和运输的中心。城内有机房百余家,粮店百余家,年销售米近千万石,客店数百家,其他各种商店不计其数。临清关每年征收的船钞商税达八万余两,居全国八大钞关之首。① 城内常住居民六万余人,连同外来流动人口,总计在十万人以上。②

所谓“市镇”,是“市”与“镇”的统称,实际上两者是有所不同的。按照当今的建制,是“市”大于“镇”,“镇”与“乡”平级,而且都是地方基层政权单位。但在中国古代,从北宋以后一般是“镇”大于“市”,“以商况较盛者为镇,次者为市”,最初是政治中心或军事要地,“设官将禁防者谓之镇”③。后来由于形势变化逐渐转变职能,与“市”同样成为商业贸易中心,“有商贾贸易者谓之市”④,“商贾所集谓之镇”⑤。此时“市”、“镇”的职能已经没有差别。市镇的形成、发展,需要具备各种条件。其中之一是要有一定数量的人口。工商业人口的增加,意味着农业人口的减少。市镇的人口,主要依靠农村提供。农村人口向市镇流动,有助于农村经济发展和产业结构调整,也是加速“城市化”进程的重要前提。

明代中国有多少市镇,无考。即使是东南沿海地区就是苏、松、杭、嘉、湖五府,也不容易搞清楚。至于当时直接从农村流入市镇的人口究竟有多少,更难算计。据有关材料统计,明代最发达的江南苏、松、嘉、湖四府,共有市76个,镇140个,两项合计216。⑥ 然而,由于当时江南诸府农村人口总数和市镇人口总数,都没有准确、可靠的统计资料,所以,不可能具体说明江南各地“城

① 另七个钞关为:崇文门、河西务、浒墅、淮安、扬州、北新关、九江。

② 一说崇祯年间临清城市编户平民、“游宦侨商”、守城卫兵,合计23098人,参见傅崇兰:《中国运河城市发展史》,四川人民出版社1995年版,第187页。

③ 乾隆《吴江县志》卷四。

④ 同上。

⑤ 正德《姑苏志》卷一八。

⑥ 参樊树志:《明代江南市镇研究》,《明史研究论丛》第二辑、《明清江南市镇探微》,复旦大学出版社1990年版,以及刘石吉:《明清时代江南市镇研究》,中国社会科学出版社1987年版,第120—158页。

市化”的水平[①]。我们只能这样明确地说:在晚明,江南地区市镇数量最多,分布最密集,城镇非农业人口在总人口中所占的比例最大,城市化水平最高。

市镇的居民,是从哪里来的?答案只有一个:绝大多数都是从农村流入的。嘉靖时,松江府华亭县人何良俊在谈到当时农村人口大减及其去向时,曾经这样写道:

余谓正德以前,百姓十一在官,十九在田。盖因四民各有定业,百姓安于农亩,无有他志,官府亦驱之就农,不加烦扰,故家家丰足,人乐于为农。自四五十年来,赋税日增,徭役日重,民命不堪,遂皆迁业。昔日乡官家人亦不甚多,今去农而为乡官家人者,已十倍于前矣。昔日官府之人有限,今去农而蚕食于官府者,五倍于前矣。昔日逐末之人尚少,今去农而改业为工商者,三倍于前矣。昔日原无游手之人,今去农而游手趁食者,又十之二三矣。大抵以十分百姓言之,已六七分去农。至若太祖所编户口之数,每里有排年十人分作十甲,每甲十户,则是一里总一百户,今积渐损耗,所存无几。故各里告病而有重编里长之说,则当就其中斟酌损益,通融议处,或并图可也,或以富贵者佥替可也。今一甲所存无四五户……则是华亭一县,无不役之家,无不在官之人矣……则空一里之人,奔走络绎于道路。谁复有种田之人哉。吾恐田卒污莱,民不土著,而地方将有土崩瓦解之势矣。可不为之寒心哉。[②]

何良俊从“重农”思想出发,担心农村人口大减造成农业生产崩溃,以赋役征派加重和官吏奴仆等增加为重点,探讨了农村人口大量外流的根本原因。他不可能从中发现这种人口流动所蕴涵的历史意义,但他清楚看到了人口流动规模之大(十之六七,或者说一甲十户所存无四五户)和改业工商者之多,这些对于我们认识晚明农村人口流动趋势还是很有帮助的。后来,朱国桢也说:

① 李伯重《江南的早期工业化:1550—1850年》认为:万历四十八年(1620)左右,是江南(苏州、松江、常州、镇江、应天、杭州、嘉兴、湖州和太仓州)人口最多的时期,当时江南农村有400万个体家庭,人口总数约为1700万;城镇人口总数约为300万人(该书第417页)。又说:当时江南城市化水平约为15%,即城镇人口占总人口的15%(该书第414页),其中苏、杭、宁三城市人口总计150万左右(该书第415页)。

② 何良俊:《四友斋丛说》卷一三。

近年农夫日贵，其值增四之一，当由务农者少，可虑，可虑。[①]

农业人口不断减少，非农业人口必然不断增加。非农业人口不断增加的结果，是小的市镇越来越大，大的市镇越来越多。可以这么说，中国城镇的每一步发展，都与农村人口的不断流入分不开。假如没有农村人口源源不断地流入城镇，为其提供劳力与人才，城镇的发展是不可能的。近代中国城镇的规模和布局，从清代至民国，基本上就是从明代奠定下来的。明后期，中国著名的城市，"大之而两京、江、浙、闽、广诸省。次之而为苏、松、淮、扬诸府，临清、济宁诸州，仪真、芜湖诸县，瓜州、景德诸镇"[②]。翻开今日中国城镇分布图，人们可以清楚地看到：城镇最密集、城镇经济最繁荣的地方，同三四百年前几乎一模一样，还是在东南沿海地区。这是历史延续发展的一种表现。如果东南沿海地区当年没有出现农村人口向城镇的大流动，今日中国城镇的地理分布与工商业重心，恐怕也不会是这样了。

（二）就地"迁业"，发展商品生产

所谓人口流动，有空间流动和职业流动。前者，是指居住地域的变动；后者，是自身社会层次的位移（每一种流动有时可能兼具这两种情况）。上引嘉靖时何良俊所说"自四五十年来，赋税日增，徭役日重，民命不堪，遂皆迁业，"从时间上看，即为成、弘以后。而所谓"迁业"，也就是农民职业的变动。职业变动，也是一种流动。从农民来说，这种职业变动不仅表现于由农业人口转变为非农业人口，由务农变为务工或务商，变为城镇的居民，即进入非农业经济领域。同时，也包括依旧留在农村而所从事的职业已经变动（全部或部分）的那部分农民。由于形格势禁，更由于社会、历史、政治、经济、文化诸因素的制约，由农村移居城镇的农民毕竟只能是少数，多数人还是不可能离开农村。但留在农村的一些农民同样处于经常流动之中。这种流动有两种表现形式：

一种是完全脱离（或者部分脱离）农作，长期（或短期）离村外出，或固定居处或辗转东西南北，为工、为商；

另一种是没有离村，就地"迁业"，从事手工业和商业，或从"种田"改为"治地"，专门种植经济作物，发展商品生产。从空间上看，他们没有流动，而从生

① 朱国桢：《涌幢小品》卷二《农桑》。

② 嘉靖《江西省大志》卷七《陶书》。

产的内部分工观察，实际上已经流动了，即从原先的粮食生产中分流出来。这是晚明农村人口流动中一种最普通的流动形式。并在东南沿海地区表现得最为充分。

东南沿海及其他地区"改粮他种"，大力种植经济作物，发展商业性农业的具体情形，已如上述，于此不再重复。

各地农民为什么要"改粮他种"，努力发展商品生产，改变农村经济结构？关键在于经济效益。请看明末清初浙江桐乡人张履祥《补农书》的记载：

> （浙江）桐乡田地相匹，蚕桑利厚。东而嘉善、平湖、海盐，西而归安、乌程，俱田多地少，农事随乡地之利为博，多种田不如多治地。盖吾乡田不宜牛耕，用人力最难。又田壅多，工亦多，地工省，壅亦省。田工俱忙，地工俱闲。田赴时急，地赴时缓。田忧水旱，地不忧水旱。俗云：千日田头，一日地头而已。况田板熟，米每亩三石，春花一石有半，然间有之，大约共三石为常耳。地得叶盛者，一亩可养蚕十数筐，少亦四五筐，最下二三筐（若二三筐者即有豆二熟）。米贱丝贵时，则蚕一筐即可当一亩之息矣（米甚贵，丝甚贱，尚足与田相准）。虽久荒之地，收梅豆一石、晚豆一石。近来豆贵，亦抵田息，而工费之省，不啻倍之，况又稍稍有叶乎。但田荒一年一熟，地荒三年熟，人情欲速，治地多不尽力，其或地远者，力有所不及耳。俗云：种桑三年，采叶一世。未尝不一劳永逸也。[①]

在中国历史上，从来都是"末富居多，本富尽少"，单纯种田（生产粮食）很难发家致富。在晚明农村，那些经营地主或富裕农民，更懂得这种经营之道。他们一方面开商行、典当、贩盐、开矿、航海、捕鱼，大逐工商之利，不断增殖商业资本。另一方面，以"种田利最薄"，雇工种田，"收支两抵"，无利可图[②]，甚至"亏本折利"[③]，得不偿失。因此，多种田不如多治地，于是大量"改粮他种"，把商业资本引入商业性农业生产领域，进行的是以交换价值为目的的商品生产。由于他们的生产规模比较大，用工多，不可能尽是自己参加劳动，必然要雇工。这样当然也有助于加快农村的人口流动。

在江南地区，无论是新兴的经营地主、富裕农民，还是一般个体农户，就地

① 《杨园先生全集》卷五〇。

② 同上。

③ 钱咏：《履园丛话》卷七。

“迁业”，发展商品生产，主要是围绕着蚕桑和棉花做文章。

蚕桑的种植、加工与贸易，造就了江南苏、杭、嘉、湖等地一大批新兴专业市镇。棉花的广泛种植与棉纺织业的发展，则是江南松江、苏州诸府商品生产发达的重要原因。“平川多种木棉花，织布人家罢缉麻，昨日官租科正急，街头多卖木棉纱。”①明人顾彧的这首《竹枝词》向人们描述了当时棉花的种植、加工与销售情况，及其为了应付完纳“官租”的生产动机。但从“缉麻”到“织布”的转变，由多种田变为多治地，多种稻变为多种棉花，以及随着从耕织结合到耕织分离，和纺织业专业分工的形成，一批又一批新兴工商业专业市镇的诞生，其生产性质也逐渐发生变化，从赋税性转向商品性。从而繁荣了江南地区的商品经济，也在一定程度上改善了农民的生活处境。

晚明，东南沿海地区农民开风气之先，更新思想观念，或改粮他种，或流入城镇，或改业工商，原因是多方面的，有地理环境的优势，有因人多地少造成的压力，有市镇勃兴的推动，也有赋役剥削与赋役制度改革所引来的客观效果。

长期以来，中国的农村经济实质上是单一经济，即基本上生产粮食，其他生产部门的收入非常有限，土地、劳力、资金，主要都是用于种粮，以尽可能解决吃饭问题。晚明，由东南沿海地区首先掀起的农村人口大量进入城镇或就地“迁业”流动，固然使粮田大减，粮食供求矛盾更加尖锐。但从历史发展的角度评判，应该看到这种变化所体现出来的鲜明的时代色彩，是得大于失、利大于弊。它是当时社会分工进一步扩大的产物，是农村经济结构历史性的调整，由此开始了中国由古代社会向近代社会过渡的变革。在这个过程中，农民对市场的依赖日益加强，极大地促进了城乡商品经济的发展，并在某些方面动摇了自然经济的根基，使人们隐隐约约地看到了新的生产方式萌芽的曙光。就是在东南沿海以外的一些不发达地区，农村人口流动对于当地的经济发展、社会变迁同样具有很重要的推动作用。

第四节 不同地区人口流动比较

各地人口大流动，是晚明时期备受关注的社会现象。傅衣凌说：“在中国

① 万历《上海县志》卷一。

的封建社会后期各地区之间经济发展的不平衡和国内人口的大量移动是一个值得探讨的问题。"①此时全国各地都出现规模不等的人口流动,这种局面的发生,主要是经济发展和政治形势造成的。需要注意的是,不同地区人口流动的流向、性质与作用明显不同。

所谓"不同地区",就自然生态环境区分,有沿海地区与内陆地区、平原与山区等;从社会经济发展程度衡量,则有发达地区与欠发达地区之分。在明代,最发达的区域是江、浙与闽、粤沿海一带,在那里人口多从农业生产领域转移到非农业生产领域,工商业生产发展迅速,社会秩序相对稳定。在不发达地区,绝大多数都是始终务农,并且时常发生"饥流"、"流盗"(或"流寇"),辗转各地。这里选择地理不同而经济俱相对落后的"三西"作为比较对象,目的是了解这类地区在晚明社会变迁中人口流动的特点与作用。

一、三西社会经济与人口结构

明代"三西",是指江西、山西、陕西三省。明人谢肇淛(1567—1624)说:

> 仕宦谚云:"命运低,得三西。"谓山西、江西、陕西也。此皆论地之肥饶,为饱囊橐计耳。江右虽贫瘠而多义,其勇可鼓也。山、陕一二近边苦寒之地,诚不可耐,然居官岂便冻饿得死?勤课农桑,招抚流移,即不毛之地,课更以最,要在端其本而已。

又说:

> 江右人近俗而多意气……秦人鸷而不食。晋陋而实……要其醇疵美恶,大约相当。盖五方之性,虽天地不能齐,虽圣人不能强也。今之宦者动欲择善地,不知治得其方,即蛮夷可化,况中国哉。②

谢肇淛论三西,以评论择地为官为切入点,指出各地经济发展水平和环境、风俗差异。同时强调为民谋利,要端正态度、讲求治法,积极处理人口"流移"问题,将人口流动放到生态环境和经济状况进行综合考察。在区域定位上,江西属于江南,地处长江中下游南岸;山西、陕西位于江北③,为黄河流经之域,地理条件大不相同。从基本省情考量,虽然三西的环境差别不小,但社会经济发

① 傅衣凌:《明清社会经济史论文集》,人民出版社1982年版,第187页。

② 谢肇淛:《五杂俎》卷四《地部二》,上海书店出版社2001年印本。

③ 区域定位依王士性:《广志绎》卷三《江北四省》、卷四《江南诸省》,中华书局1981年点校本。

展水平却颇为近似，俱为“贫瘠”之区，以农维生；手工业远远不如江、浙地区，而且产业比较单一，江西以景德镇瓷器著称，山西以潞安丝绸闻名，陕西以关中褐毡裘为最。山、陕还是“近边苦寒”，多为不毛之地。三西的长处是善于服贾，商业意识比较浓厚，商业人口在总人口中占有较大的比例。汉代司马迁《史记·货殖列传》已经记载说，关中、三晋等地随处可以看到以经商为业的商人。到了明代，全国有十个著名商帮，三西各占其一(江右商帮、晋商、秦商)。

在人口结构上，三西和其他各省一样，也是以农民为主体。民族构成、性别比例、年龄比例等人口结构诸基本要素，三西与内地各省也没有明显的差别。在另一个要素文化水平方面，虽然三西学校教育不及江、浙那样发达，却也算普及，书院多，学术思想传播广泛。[①] 除此之外，三西的人口构成还具有其余各省所没有的一些鲜明特点。这些特点是：

第一，人口分布稠稀不均，江西、山西人多，陕西稀少，“以江北言之，两河、山东其适中者也，而最稀者陕西，最密者山西。以江南言之，闽、广、淮阳其适中者也。而最稀者湖广，最密者江、浙”[②]。江西亦是人口比较稠密的省份之一，所以多走西方，尤其是移徙湖广等地。

第二，军人多。在明代全国九个军事重镇中，有六个在山、陕辖区之内；在全国特设的五个军事管理机构(行都指挥使司)中，山、陕又各居其一，于是军人遍布各地，陕西有驻军二十万人，山西驻军也不少。因此，百姓充军的多[③]，负担更重，这些必然会加快人口流动。

第三，宗藩人口多。明代从洪武到万历共封王 56 个，其中与国相终者 28 个。按照明朝的法律规定，藩王的封地不得擅自随意选择，而且有禁区，京畿

① 江西书院林立，学术交流活跃。明初，有吴与弼(1391—1469，崇仁人)开创的“崇仁之学”及其门下的“余干学派”；明中叶以后，则为王阳明心学的主阵地。山西，薛瑄(1389—1464，河津人)“开明代道学之基”，为北方朱学大家，他创立“河东之学”，其弟子、陕西吕柟(1479—1524，高陵人)成为“关中之学”的代表人物。陕西，北宋张载(1020—1077，眉县人)为宋明理学创始人之一，李禺(1627—1705，周至人)与北方孙奇逢、南方黄宗羲并称为明清之际三大儒。

② 于慎行：《谷山笔麈》卷一二《形势》。

③ 晚明山、陕部分县军户与民户的比例如下：山西文水军户 2650 户，民户 7400 户，1∶2.8；静乐军户 1175，民户 2792，1∶2.3；五台军户 772，民户 1072，1∶1.3；曲沃军户 4921，民户 2579，1.9∶1。陕西高陵军户 1000，民户 1199，约 1∶1；同官军户 522，民户 1800，1∶3.4；武功军户 919，民户 977，约 1∶1；淳化军户 687，民户 1701，1∶2.4；岐山军户 1975，民户 1730，1.1∶1；扶风军户 1039，民户 2390，1∶2.3(资料来源：田培栋：《明代社会经济史研究》，北京燕山出版社 2002 年版，第 181 页)。

地区、财赋重地、险远之处，俱不能设立王府。史载："高皇帝众建藩国，封二十四王，且半天下，惟吴、越不以封，以其膏腴，闽、广、滇、僰不以封，以其险远"[①]，明代王府主要分布于中西部地区。[②] 有说"山西、湖广各十处，河南七处，陕西四处，江西、山东各三处，四川、广西各一处"[③]。山西10处不准确，应为晋王（太原）、代王（大同）、沈王（潞安）3处。三西共有王府10处，约占全国王府总数的三分之一。王府多仗势占夺民田，又不纳税粮，于是民困更甚，往往逃亡，加大人口流动规模。

还有一点必须提到，三西又是晚明遭受矿税使之祸的重灾区之一。江西矿税使潘相、山西孙朝与张忠、陕西梁永，都是搜刮商民的有名人物，把三西闹得鸡犬不宁，"商旅不通"，商民失业，破产流亡。这也是增加其人口流动的一个因素。

明代有三次人口大流动，在这三次大流动中，三西都是重点地区。明初移民垦荒运动，山西人口大量移徙北京等地。明中叶"流民"运动，江西、陕西、山西人民纷纷"辗转流移"。在晚明大批农民纷纷改业工商的"迁业"中，三西也有许多工商业人口流动，陕西还是崇祯朝流动人口规模最大的地区之一。

二、江西的人口流动

在农业经济社会，土地资源是人民生活最根本的保障。江西，东、南、西三面环山，北部平原，中部丘陵。山地、丘陵占全省面积的70%，红壤广布，于农业生产无益，只有北部鄱阳湖平原（又称豫章平原或鄱阳盆地）号为"鱼米之乡"。"江右素称治安之区"[④]，在明代二百多年间，江西除正德朝一度农民起义频繁和"宸濠之叛"，社会秩序处于相对稳定状态。但由于土地贫瘠，所产有限，经济发展缓慢，直到晚明仍然颇为贫困。谢肇淛说，"秦、晋近边"，"江右斶瘠"。"天下推纤啬者必推新安与江右，然新安多富而江右多贫者，其地瘠也。"[⑤]江西因为土地贫瘠，虽然百姓致力务农，省吃俭用，还是不能解决温饱

---

① 于慎行：《谷山笔麈》卷三《藩封》。

② 张瀚：《松窗梦语》卷八《宗藩纪》曰："今王府宗室，多在西北，而豪横纵恣，肆行无忌，亦多在西北。"

③ 何起鸣：《条议宗藩至切事宜疏》，《明经世文编》补遗卷一。亦有谓河南王府最多，先后有周、唐、伊、赵、郑、崇、徽、景、潞、福王府等。

④ 王士性：《广志绎》卷四《江南诸省》。

⑤ 谢肇淛：《五杂俎》卷四《地部二》。

问题，人有忧色：

> 江右俗力本务啬，其性习勤俭而安简朴，盖为齿繁土瘠，其人皆有愁苦之思焉①。

江西，不仅"齿繁土瘠"，而且耕地严重不足。田少人多这个基本省情阻碍了它的经济发展，引致农村人口大量外流，并形成其人口流动的鲜明个性。

（一）"田少人多"是造成江西农村人口大量外流的主要根源

土地和人口是古代社会兴衰的标记，农民是这个社会的主体。如果农民有田可耕，生活就有了保障。否则，农村就不能安定，农民就势必离村外流。明代江西的问题是田少人多，很多农民没有土地。

成、弘时丘濬曰："江右之地，田少而人多。"②当日江西很多农村因为"地狭民稠"，人多外出，"食于四方"，或是入山垦植，或是四处流浪。

正、嘉以后，江西田少人多的矛盾进一步加剧，外出食于四方者也就日益增多：

> 江西地方千里，大率土狭而人稠。闾阎小民，虽力作啬用，不能自给，操末技以食于四方，恒十之五。③

万历时，张瀚在分析江西各地经济发展不平衡的时候，也认为土地所产稀少而人口繁多，依然是农村人口大量流动的原因所在。其言曰：

> 江西三面距山，背沿江、汉……地产窄而生齿繁，人无积聚，质俭勤苦而多贫，多设智巧，挟技艺以经营四方，至老死不归，故其人内啬而外侈。地饶竹箭金漆铜锡，然仅仅物之所有，取之不足更费。独陶人窑缶之器，为天下利。九江踞上流，人趋市利。南、饶、广信，阜裕胜于建、袁，以多行贾。而瑞、临、吉安，尤称富足。南赣谷林深邃，实商贾入粤之要区也。④

江西"土狭人稠"，弃"本"逐"末"的现象，在抚州和吉安二府尤为突出，人称：

> 江西之民，莫众于抚、吉。抚、吉之民齿姓既众，生计鲜少，不得不以

---

① 王士性：《广志绎》卷四《江南诸省》。
② 丘濬：《江右民迁荆湖议》，《明经世文编》卷七二。
③ 费宏：《太保费文宪公摘稿》卷一二《送亚参孙公之江西序》，台北文海出版社 1970 年印本。
④ 张瀚：《松窗梦语》卷四《商贾纪》。

逐末为事。①

由此引起二府农业人口大分化、大流动：

(抚州)民务耕作，故地无遗利，土狭民稠，为商贾三之一；

吉水之土瘠薄削隘，物力无所出，计亩食口，仅可得什三焉，民多取四方之资以为生。②

除去田少人多的矛盾，赋役剥削繁重也是引起晚明江西农村人口大量外流的另一个重要因素。正德时钱琦说：

(江西)物料夫差，百端催迫，至不能存，而窜徙于他乡，或商贩于别省，或投入势要，为家奴佃仆。民之逃亡，此其故也。③

嘉靖初，桂萼在提到江西的赋役负担时，也指出：

弘治以来，赋役渐繁，土著之民少壮者多不务穑事，出营四方，至弃妻子不顾。④

由于赋役压迫，人民不能生存，无奈窜徙他乡，从而造成输纳赋役的农户日益减少。据嘉靖《鄠都县志》登录：有"旧号一十七里，而今之应役者止十三里耳。正德以后，凋敝益甚"。

关于当时江西的赋税负担，下面这个统计数字颇能说明问题：嘉靖二十一年(1542)，全国田土总计4360563顷，江西田土401739顷，占全国的9.2%；全国秋粮总计24198472石，江西秋粮2527905石，占全国的10.4%，与包括素号"重赋"之区苏、松在内的南直隶比较，轻重相差无几。⑤

另据有关资料显示：在明代江西13个府中，赋税最重的是南昌府，最轻的为南安府，高低之差约为25倍。⑥ 为此一些贫困农民往往从重赋区移居他处。贫苦农民所受的赋役剥削，除了朝廷征派，还有当地豪强巨室转嫁的那部分税粮，从而致使更多的农民逃亡：

① 陆稳：《抚虔奏稿》卷上，引自唐立宗：《在"盗区"与"政区"之间》，台湾大学出版委员会2002年版，第112页。

② 查慎行：《西江志》卷二六《风俗》，见《中国方志丛书》，华中783，台北成文出版社1989年版。

③ 钱琦：《东番先生集·设县事宜》，《明经世文编》卷二三六。

④ 桂萼：《桂文襄公奏议四·江西图叙》，《明经世文编》卷一八二。

⑤ 《后湖志》卷二《黄册事产》。同年南直隶田土716298顷，占全国的16.4%；秋粮6130291石，占全国的25.3%。

⑥ 详见陈文华等主编：《江西通史》，江西人民出版社1999年版，第484—485页。

赣豪室多隐其田税，顾贻之贫者，致相窜亡。①

（二）多种类型同时出现是江西人口流动的基本特点

晚明江西的人口流动，在形式上和去向上凸显多样性，并且各具特色。其中，最显眼的有三种类型：凭借个人“智巧”的“百工技艺之人”，多数赤手空拳就食于四方；以本省为基地的工商人口流动；还有选择就近落户的农业人口互动。

第一，“百工技艺之人”经营四方。

在东南诸省中，江西“百工技艺之人”最多。张瀚说：

> 今天下财货聚于京师，而半产于东南，故百工技艺之人亦多出于东南，江右为伙，浙、直次之，闽、粤又次之。②

所谓“百工技艺之人”，有的是确有一技之长，有真手艺，或者凭借自己的体能，有的则完全是“设智巧”，靠一张嘴挣饭吃，非有真正的技术或技能。“世间最不足信者，禄命与堪舆二家耳”，这类人干的是迷信性的无本生意，靠耍嘴皮过日子。江西从事此类者特别多，原因何在？《广志绎》的作者王士性在谈到江西人外出流动情形时，是这样说的：

> 江、浙、闽三处，人稠地狭，总之不足以当中原之一省，故身不有技则口不糊，足不出外则技不售。惟江右为甚，而其士商工贾，谭天悬河，又人人辩足以济之。又其出也，能不事子母本，徒张空拳以笼百务，虚往实归，如堪舆、星相、医卜、轮舆、梓匠之类，非有盐商、木客、筐丝、聚宝之业也。故作客莫如江右，而江右又莫如抚州……云南全省，抚人居什之五六，初犹以为商贩，止城市也。既而察之，土府、土州，凡僰猡不能自致于有司者，乡村间征输里役，无非抚人为之矣。然犹以为内地也。及遣人抚缅，取其途径酋长姓名回，自永昌以至缅、莽，地经万里，行阅两月，虽异域怪族，但有一聚落，其酋长头目无非抚人为之矣。所不外游而安家食俗淳朴而易治者，独广信耳。③

---

① 夏言：《恭肃公神道碑铭》，《周恭肃公集》附录卷一，《四库全书存目丛书》集部第55册，齐鲁书社1997年印本。

② 张瀚：《松窗梦语》卷四《百工纪》。

③ 王士性：《广志绎》卷四《江南诸省》。这里谓广信“不外游而安家食”，少有人外出流动。而上述《松窗梦语》卷四《商贾纪》云：广信“阜裕胜于”建昌等府，“以多行贾”。多行贾，就是有很多人经商，外出流动。

在江西十三个府中,除广信“不外游而安家食”,其余各府流动于他乡异省者络绎不绝,其中有许多就是“百工技艺之人”。

第二,工多内而商及外的工商人口流动。

比较准确地说,就是手工业者多数流动于省内,商人则以本省为根据地,同时面向外省。工有两种,一种是流动型(流动于省内外),另一种是固定型(相对固定在一个地方)。江西“地产窄”,“物力无所出”,缺少像浙、直那样丝、棉、盐等重要产业,“独陶人窑缶之器,为天下利”,最著名、最有影响的产业,是饶州府景德镇的制瓷业:“徧国中以至海外夷方,凡舟车所到,无非饶器也”。景德镇自元以后即称“瓷都”,瓷器生产规模大、工人多(晚明时期景德镇的人口数,前面已提及,于此不赘)。江西省的手工业工人,固定型的多云集于景德镇。景德镇在浮梁县内西南境。“浮梁之俗,富则为商,巧则为工,盖以山甚稠,田甚狭,以故食多不足,士与工商皆出四方以就利。”[①]但在景德镇打工的,绝大多数不是本县人,这是《饶州府志》卷三《舆地志·土产》传递出来的信息:

> 景德镇窑户多为(南康府)都昌县人,本府(饶州)与抚州府及安徽之婺源县、祁门县习其业者十仅一二,而本县之人无几。

江西商人所以以本省为大本营,一是由于缺少雄厚的商业资本,“非有盐商、木客、筐丝、聚宝之业”,多数是小本经营。因此,选择就近经营无疑比较切合实际。二是晚明时期江西同样出现了一些著名的工商业专业市镇,可以扮演商品集散中心的角色,将外地商人资本和货物引入省内。例如,位于南昌府丰城县与临江府清江县之间樟树镇的药材市场,就是遐迩闻名:

> 樟树镇在丰城、清江之间,烟火数万家、江、广百货往来与南北药材所聚,足称雄镇。[②]

同时,江西还有一些便于商旅往来的商道。如,饶州府余干县西鄱阳湖滨的瑞虹镇,“居民辐辏,舣舟蚁集,乃东南商贾往来之通道”[③]。赣州亦为商贾聚集之地:“当商大贾挟众赀以邀厚利,走番舶而通百蛮,必先经赣关。故岭峤限以南北五方之民,多因赣邑关津四达居留羁寄。”[④]

---

① 查慎行:《西江志》卷二六《风俗》。
② 王士性:《广志绎》卷四《江南诸省》。
③ 张瀚:《松窗梦语》卷二《南游纪》。
④ 清·朱扆等修《赣州府志》卷二《地理二》,《中国方志丛书》,华中961。

另外，江西的茶叶以及建昌府南城的杂货、赣南的木材等，也是颇有吸引力的行业。

这些都是江西商人优先考虑就地发展的有利条件。

发展商业必须不断开拓市场，扩大交流，既要“引进来”，也要“走出去”。江西商人在积极壮大本省市场的同时，也努力经营四方。“无徽不成市”，是形容徽州商人分布广，势力大。江西商人的影响也不可低估。在云南，“滇云地旷人稀，非江右商贾侨居之则不成其地”①。在湖广钟祥、京山等地，江西商人也很有势力，谚曰“无江西人不成商场”。在广东、河南，江西商人多从事高利贷活动，广州府各县“多江西客民在地方放债，害民激变”②。或云：“吾乡（河南邓州）之民朴钝少虑，善农而不善贾。惟不善贾，而四方之贾人归焉。西江来者尤众，岂徒善贾，谲而且智。”③总而言之，从南直、两广、河南、山东，直到西南、西北、东北等地，都留下了江西商人的脚印：

> 豫章之为商者，其言适楚，犹门庭也。北贾汝宛徐邳汾鄠，东贾韶夏夔巫，西南贾滇僰黔沔，南贾苍梧桂林柳州为盐麦竹箭鲍木旃罽皮革所输会。故南昌之民客于武汉，而长子孙者十室居九。④

江西商人不仅遍布全国，而且“皆在他省致富”，甚至深深地影响（或改变了）当地的风俗习惯。

第三，以邻近为主要流向的农业人口互动。

当时的流动人口，基本群体是无地或少地的贫苦农民。他们没有文化，缺乏专门手艺，即使流动到异乡，绝大多数也很难找到新的就业门路，只能继续务农，加之交通条件限制，一般不可能流动到太远的地方，往往就近落户。人口流动，从来都是双向的，以邻近为主要流向的互动，除去本省各地之间的相互流动，就是与邻近湖广、福建、广东等省的双向流动。即有由江西流向邻省，也有由邻省移入江西。从数量看，省内流动多于流向省外。

由江西流向省外的，以湖广为首选之地。丘濬说：“荆湖之地，田多而人少；江右之地，田少而人多，江右之人大半侨寓于荆湖。盖江右之地力，所出不

---

① 王士性：《广志绎》卷五《西南诸省》。

② 霍韬：《霍文敏渭涯公文集》卷四《公行两广事宜》，康熙四十八年刊本。

③ 引自傅衣凌：《明清社会经济史论文集》，人民出版社 1982 年版，第 195 页。

④ 同上，第 190 页。

足以给其人，必资荆湖之粟以为养也”，“凡江右之民寓于荆湖，多历年所置成产业者，则名以税户之目。其为人耕佃者，则曰承佃户。专于贩易佣作者，则曰营生户。”①江西农民何以多移徙湖广，嘉靖朝海瑞为江西赣州兴国县令时，在其所著的《兴国八议》中曾经有过比较具体的解读。他说：“昔人谓江右有可耕之民，而无可耕之地；荆湖有可耕之地，而无可耕之人。盖为荆湖惜其地，为江右惜其民，欲一调停行之也。兴国县山地全无耕垦，姑置勿计。其田地可田而未垦及先年为田近日荒废，里里有之。兼山地耕植尚可万人。岁入所资七八万人，绰绰余裕也。访之南、赣二府，大概类兴国。而吉安、南昌等府之民，肩摩袂接，地不能尽之使农，贸易不能尽之使商，比比游食他省。是一省之民也，此有余地，彼有余民，目亲睹，身亲历，听其固然而不一均之也可乎？即今吉、抚、昌、广数府之民，虽亦佃田南、赣。然佃田南、赣者十之一，游食他省十之九。”

吉、抚、昌、广诸府的农民，绝大部分不愿意移到南、赣种田，舍近求远，游食他省，是为了避免在新旧两地同时承担差役。“盖远去则声不相闻，追关势不相及。一佃南、赣之籍，原籍之追捕不能逃，新附之差徭不可减，一身而二处之役加焉。民所以乐于舍近，不惮就远，有由然矣。”对此，海瑞认为只要改变政策，取消原籍的差徭负担，让其开垦荒地，农民必将争先恐后移到南、赣，那里的政治、经济面貌也一定会大为改观，他的主张是：

> 今日若张主有人，凡愿籍南、赣者，与之除豁原籍，而又与之批照以固其心，给之无主山地荒田，使不尽佃仆于富户，民争趋之矣。民争趋之，则来者附籍不归，未来者闻风仰慕，不数年间南、赣无余地。村民联络，可以挟制诸巢之寇。吉安等府无余民，衣食不窘，可无为逃流为盗贼之忧。一举而合省之民均有利焉，是亦抚绥一盛举也。②

湖广之外，广东也是江西农民流动的一个重要地方。例如，惠州地区“渐实（福建）汀（州）、（江西）吉、抚之民”③。粤北韶州乳源一带，也有不少江西之民占

① 丘濬：《江右民迁荆湖议》，《明经世文编》卷七二。关于江右之民多移居湖广的情况，万历《承天府志》卷六《风俗》亦云：湖广钟祥“地多异省之民，以江右为最”。

② 以上见海瑞：《海瑞集》上册，中华书局 1962 年印本，第 203 页。

③ 嘉靖《兴宁县志》卷四《风俗》。

籍其地。[1]

由外省流入江西的农民，以福建为最。江西宁都人魏礼(1629—1695)说：

> 宁都属乡六，上三乡皆土著，故永无变动。下三乡佃耕者悉属闽人，大都建宁、宁化之人十七八，上杭、连城居其二三，皆近在百余里山辟之乡。[2]

三、山西的人口流动

山西，位于华北平原以西、黄土高原以东，地形上通称山西高原，是黄土高原的一部分，东、西两侧为山地，中部和南部成盆地。高原、山地、丘陵约占全省面积的72%，盆地约占28%。在自然环境上，高原和山地居多，可耕地很少，又是“近边苦寒”，“苦于水旱之薄收”。这种山多田少、土地硗瘠苦寒的地理条件，严重制约着经济发展。而在社会生活方面，山西又是北方人口稠密之区，“以江北言之……最密者山西”。这静动两个因素互相影响，结合起来就构成晚明山西的基本省情，也是引发其人口流动的原动力。

(一) 山西人口流动的内在原因与基本趋势

中国古代农民的心理状态，多数是“怀土重迁”，非不得已是不会轻易迁徙的。所以流动必有其种种苦衷，而最经常起作用的是经济因素。促使晚明山西人口流动的内在原因，同样是经济问题。时人称：

> 河以北(东)为山西，古冀都邑地，故《禹贡》不言贡。自昔饶林竹纑旄玉石，今有鱼盐枣柿之利。所辖四郡，以太原为省会，而平阳为富饶，大同、潞安倚边寒薄。地狭人稠，俗尚勤俭，然多好玩事末。[3]

对于山西人“多好玩事末”的因由、省内各地人口流动状况及其后果，还有人加以具体描述，说是：

> 山西土瘠天寒，生物鲜少，故禹贡冀州无贡物……朱子以为唐魏勤俭，士风使然，而实地本瘠寒，以人事补其不足耳。太原以南多服贾远方，或数年不归，非自有余而逐什一也。盖其土之所有不能给半，岁之食不能得，不得不贸迁有无，取给他乡。太原以北岗陵丘阜，硗薄难耕，乡民惟以垦种上岭下坂，汗牛痛仆，仰无待命，无平地沃土之饶，无水旱灌溉之益，

① 康熙《乳源县志》卷七《武备志》。
② 林时益辑：《宁都三魏全集》卷八《与李邑侯书》，清初林氏易堂刻本。
③ 张瀚：《松窗梦语》卷四《商贾纪》。

无舟车鱼米之利，兼拙于远营，终岁不出里门，甘食蔬粝，亦势使之然，而或厌其嗜利，或病其节啬，皆未深悉西人之苦，原其不得已之初心也。①

山西南北两地经济不平衡，太原以北由于人们"终岁不出里门"，少有外出工商，惟事"农本"，而土地"硗薄难耕"，自然条件差，听天由命，收获甚少，所以贫困；太原以南，比较富庶，是得益于人口流动，人多远出经商，"贸迁有无"。农民所以经商，最初并非想到致富，而是因为无田可耕，难以维计。从全省说是这样，从局部地区看亦不例外。万历朝张四维说：

吾蒲介在河曲，土陋民伙，田不能以丁授，缘而取给于商计。坊郭之民，分土而耕菑者，百室不能一焉。其挟轻资、牵车牛走四方者十而九。②

又如：

（泽）州介万山中，枉得泽名，田故无多，虽丰年，人日食不足……贾人冶铁、盐筴。③

其余各地亦多如是。甚至到了清代初年还是人多田少，必须依赖外省粮食接济。康熙朝进士、山西兴县人孙嘉淦曰：

山西（平）阳、汾（阳）、蒲（州）、解（州）等处，人稠地狭。本地所出之粟，不足供居民之用，必仰给于河南、陕西二省。④

由上可知，引致晚明山西人口流动的根本原因与江西一样，也是由于"土狭人稠"，人口压力沉重、耕地严重不足，加之"土瘠天寒，生物鲜小"，为了求得生存，不得不外出流动，在性质上，并不是出于自觉调整农村经济结构，发展商品经济。中国古代人口流动的一般规律是：由落后地区向先进地区转移，由地狭人稠之区向地旷人稀之区转移，由农业生产领域向非农业生产领域转移，由农村向城镇转移。山西的人口流动，也是遵守这条规律。同时，还明显展示出自己的个性特征，即由于人口众多，而耕地甚少，在流动群体中继续务农者并不很多，基本趋势是"去本就末"，转移到手工业和商业生产。

---

① 唐基田：《晋乘蒐略》，转引张正明等主编：《明清晋商资料选编》，山西人民出版社 1989 年版，第 23 页。

② 张四维：《条麓堂集》卷二〇《海峰王公七十荣归序》。

③ 李维桢：《大泌山房集》卷一五，明万历刊本。

④ 孙嘉淦：《孙文定公奏疏》卷三《请开籴禁疏》。

（二）工商业人口流动及其领域

山西土狭人满，田不足于耕，弃农逐末遂成为农村流动人口的主要出路和就业选择。万历《山西通志》卷七载：（平阳府民）“服劳商贾”。又同书载：（汾州府民）“多商贾……罔事本业”。万历（汾州府志）卷二《风俗》亦云：“民率逐于末作，走利如鹜。”当朝人郭子章（1542—1618）《郭青螺先生遗书》卷一六《圣门人物志序》说：（泽州、蒲州）“浮食者多，民去本就末。”崇祯《山西通志》卷六《风俗》载：（汾州府）“府属汾阳、临县两县多商贾”。康熙《蒲州志》卷三《风俗》说：“州志云：民性质朴，好尚节俭，力田绩纺，尤尚商贾。”①

单纯务农难以发展。“商之利倍农”，只有农商相资才能致富。上引材料说明：山西“去本就末”，争趋商贾，弃农经商者多出于晋东南，所以此地比较富庶。“平阳、泽（州）、潞（安）豪商大贾甲天下，非数十万不称富。”②平阳、泽、潞等地，既是豪商大贾群集之地，又是省中工商业生产最为发达的地方，主要部门有盐、丝、转贩、窖粟等：

> 富室之称雄者，江南推新安，江北则推山右。新安大贾，鱼盐为业，藏镪有至百万者，其他二三十万则中贾耳。山右或盐，或丝，或转贩，或窖粟，其富甚于新安。③

在山西工商业者所经营的行业中，只有“窖粟”是出自农业生产④，属于传统的“本业”。其余盐、丝、转贩等均属于手工业与商业范畴，这些行业的生产者和经营者，绝大部分也是从农业人口分流出来的。

农民离开农村，流动到工商业生产领域，由于缺少必要的知识或资本，多数只能充当生产者，只有少数有资格成为经营者。生产者大部分流动于附近各个生产部门，经营者才有条件流动于远近各地。山西工商业人口主要流向以下三种产业。

第一，流向盐业。

---

① 以上引自张正明等主编：《明清晋商资料选编》，第23—24页。

② 王士性：《广志绎》卷三《江北四省》。

③ 谢肇淛：《五杂俎》卷四《地部二》。

④ 关于“窖粟”，谢肇淛《五杂俎》卷四《地部二》是这样说的：“地窖，燕都虽有之，不及秦、晋之多，盖人家颛以当蓄室矣。其地燥，故不腐；其土坚，故不崩，自齐以南不能为也。三晋富家，藏粟数百万石，皆窖而封之，及开，则市者坌至，如赶集然，常有藏十数年不腐者。”王士性《广志绎》卷三《江北四省》亦谓：“山西地高燥，人家盖藏多以土窖，谷粟入窖，经年如新，盖土厚水深，不若江南过夕即浥烂。”

流向盐业有两种情形，一种是成为盐的生产者（工人），另一种是成为盐的经营者（盐商）。山西为明代重要的产盐区之一，盐场在平阳府解州，时称“解盐”。“盐所产不同。解州之盐，风水所结。”①解盐，由河东都转运盐使司管辖。盐，历来由国家直接经理，严禁私贩。② 明代“人户以籍为断”，盐的生产者称“灶户”，归官府管理，与军户、匠户一样，“役皆永充”，不得改变。即使是在晚明盐法大坏以后，他们的流动性也很有限。而专门做盐生产的盐商则是流动于全国各地。山西盐商人数众多，影响很大，流动区域广泛。兹举如下几条记载，以见一斑。

今山西商民于顺天府中纳盐粮，宜令顺途就各卫所；

古迁豪右，填实塞下。今山、陕富民多为中盐，徙居淮、浙，边塞空虚；

于是商遂分而为三：曰边商，曰内商，曰水商……内商多徽歙及山、陕之寓籍淮扬者；

川中民贫资鲜，称盐商者，多为山、陕人民。③

延镇兵马云屯，赖召买盐引接济军需，岁有常额。往时召集山西商人，乐认淮、浙二盐。④

宣府，朝廷之北门也。直隶、河南、山东西之刍粟，皆输于此，两淮、长芦、河东诸盐商，皆业于此。⑤

淮扬滨海，山西、陕西、徽州之盐商皆寓其处。⑥

扬以流寓入籍者多……明中盐法行，山、陕之商麇至。⑦

第二，流向丝绸与矿业。

丝绸与矿业，是明代山西两个主要的手工业部门，也是农民“迁业”的重要去处。顾炎武《肇域志》云：

---

① 《明史》卷八〇《食货四·盐法》。

② 民国《翼城县志》卷一二《盐法》云：“翼盐贩，自河东由来久矣。考明清二代，时而民运民销，随便贸易。时而官运官销，按户散给。时而官督商办，包额纳课。河东盐法变更从无定制，然举其大纲，不外此三者而已。”

③ 以上见张正明等主编：《明清晋商资料选编》，第79页。

④ 同上，第80页。

⑤ 同上，第61页。

⑥ 同上，第79页。

⑦ 同上，第61页。

绫，太原、平阳、潞安三府，及汾、泽二州俱出。绸，出潞安府，泽州间有之。帕，出平阳府，潞安府、泽州俱有，惟州府(?)及高平县米山出者尤佳。

潞安，系明代山西的丝绸业中心，以产“潞绸”闻名，有机户千家，织机九千余张。其中，有些为官府织造，贡篚朝廷，生产者为官营手工业工人，不得随意自由流动。清初顺治《潞安府志》载：“至于绸，在昔盛时，其登机鸣杼者奚啻数千家，彼时物力全盛，海内殷富，贡篚、互市外，舟车辐辏者转输于省直，流行于外夷，号称利薮，其机则九千余张……明末尚有二千余张，至国朝止存三百有奇。”①明代织机九千余张，有工人四万左右。

至于矿业，则所在多有。还是顾炎武的《肇域志》说：

铁，各处多有冶，惟阳城尤广。青铁，交城县有冶，今革。黄铁，交城、静乐县有冶。青镔铁，大同府境旧云内州出。铜，代州凤游谷及垣曲县北山俱出，又潞安府临、兴二县有炉。锡，交城、平陆、阳城俱出。瓷器，霍、吉、隰三州，及临汾、赵城、汾西、岳阳、河津等县俱有窑。

矿工也无疑是来自农村。关于各矿的规模大小，工人人数，我们只能找到一些参照数。唐甄说：“潞之西山之中有苗氏者富于铁冶，业之数世矣。多致四方之贾，椎凿鼓泻担挽，所藉而食之者，常百余人。”②一个私营铁矿即有矿工百余人，全省各矿工人当有一个可观的数目。

第三，流向转贩等商业生产与流通领域。

这是明代山西流动人群相对集中的领域。

晚明山西社会经济发展具有双重性，有个性，也有共性。前者，表现于生产技术落后，商业性农业不发达。例如，与国计民生关系甚大的棉花生产，江南地区在元末明初已经推广种植，山西则是长期以来，“人不解种木棉法”，“邑素不谙纺织”，直到万历年间地方官“始教之”③，比江南晚了二百多年。后者，表现在明中叶以后随着全国消费时尚的改变，山西的社会风气也发生显著变化，“起居服物竞尚华靡，习尚为之一变”。连生长于江南的顾炎武都为之惊叹，《肇域志》评曰：

① 乾隆《潞安府志》卷三四云：“明末织机三千余张。”

② 唐甄：《潜书》下篇上《富民》，古籍出版社1955年版。

③ 张正明等主编：《明清晋商资料选编》，第17—19页。

> 国初,民无他嗜,率尚简质,中产之家,犹躬薪水之役。积千金者,宫稽服饰,窘若寒素。后则靡然向奢,以俭为鄙……太原、潞、泽则已渐流于侈矣……大同商旅辐辏……虽曰穷边绝徼,殆与内郡富庶无异,崦浮侈尤甚。昔人言:“山西厥土硗瘠,故民多贫,厥俗勤俭,故用仅足。”今地利所出,不及于曩昔,而奢靡之风,乃比于东南,将何以为继也。

“奢靡之风”盛行的正面效应,是社会消费扩大,市场开始繁荣。“市易繁盛”,势必要求有更多的人投入商业生产与流通领域,于是造成商业流动人口大增。这也是晚明农民“去农为商者数倍于前”的主要动力。农民去农流动到商业,大部分都要改变生活空间(除就地发展商业性农业或坐地经商之外),一种是流动于省内各地,一种是流动于外省,或二者兼之。山西商业流动人口有两个突出特点,从地理分布看,主要来自太原、平阳、汾州诸府;就其流动区域而言,更多的是活跃于省外。与徽商由南而北相反,晋商是由北而南,先是以北部军事重镇、华北以及西南四川等地为重点,而后沿着运河南下,经营盐、丝棉织品。

太原府:“晋俗以商贾为重”,太原、汾州、忻州,“皆服贾于京畿、三江、两湖、岭表、东西北三口,致富皆在数千里或万余里外。”[①]这种现象始于明代,“自有明迄于清之中叶,商贾之迹几遍行省,东北至燕奉蒙俄,西达秦陇,南抵吴越川楚”[②]。

平阳府:“平阳富庶甲于秦、晋,以秦、晋财货多出于涂”。平阳府,又以蒲州“富庶尤甚,商贾争趋”。张瀚说:“渡黄河,即为山西之蒲州,州城甚整,民居极稠、富庶有礼,西北所绝无仅有者。”[③]蒲州商人多,流动广,“凡蒲人贾于外省,西则秦陇甘凉瓜鄯诸郡,东南则淮海扬越,西南则蜀”[④]。

汾州府:“商贾皆出山右人,而汾州居多。”[⑤]“辽东商人,山西居多,而汾州更过半。”[⑥]

---

① 光绪《五台新志》卷二《生计》,引自张正明等主编:《明清晋商资料选编》,第22页。
② 民国《太谷县志·序》,引自张正明等主编:《明清晋商资料选编》,第64页。
③ 张瀚:《松窗梦语》卷二《西游纪》。
④ 张四维:《条麓堂集》卷二一《海峰王公七十荣归序》。
⑤ 顺治《云中郡志》卷二《方舆志》,引自张正明等主编:《明清晋商资料选编》,第63页。
⑥ 葛守礼:《葛端肃公家训》卷上。

总之，不仅两京十三省，而且东北、西北等边境地区，都有众多的山西商人流动于其间。有的甚至走出国门，到海外各国。“崇祯壬午冬，有贾舶私贩日本……其贾多晋人。”①

另外，山西也有些农业人口流动。明初多次将太原、平阳、泽州、潞安、汾州等处农民移徙北京、山东、河南与南直隶等处开荒种田。其后，在山西省内也有不少农民逃亡，但由于“土狭人满，田不足于耕”，整个说来农业人口流动空间甚为有限，只能向人口稀少的邻省陕西等地流动。从政策上说，“三晋之民愿徙关中者听”，而实际上，由于地理环境关系，很少有人愿意迁入陕西，“三晋之徙秦则十不一二也”②，只有一些牧民流动于山、陕之间。“晋俗勤俭，善殖利于外，即牧畜亦藉之外省。余令朗时，见羊群过者，群动以千计，止二三人执箠随之，或二三群一时相值，皆各认其群而不相乱……问之，则皆山以西人。冬月草枯，则麾羊而南，随地就牧，直至楚中洞庭诸湖左右泽薮度岁，春深而回。”③

四、陕西的人口流动

晚明陕西的人口流动有两类最值得关注，一类是商业人口流动，它反映了当时农村产业结构调整，发展商品经济的大趋势；另一类是“饥流”与“流盗”，它反映了当时陕西因为社会问题严重所产生的矛盾运动的特殊性。

（一）商业人口流动

陕西，位于黄河中游，北部为黄土高原，面积约占全省面积的 45%；南部为秦巴山地，占全省面积的 36%；中部是渭河平原，占全省面积的 19%。在明代“三西”中，陕西的情况和江西、山西有所同，又有所不同。明人留下的文字记载说：

> 河以西为古雍地，今为陕西。山河四塞，昔称天府，西安为会城。地多驴马牛羊旃裘筋骨。自昔多贾，西入陇、蜀，东走齐、鲁，往来交易，莫不得其所欲。至今西北贾多秦人。然皆聚于汧、雍以东，至河、华沃野千里间，而三原为最。若汉中、西川、巩、凤，犹为孔道，至凉、庆、甘、宁之墟，丰草平野，沙苇萧条，昔为边商之利途，今称边戍之绝塞矣。关中之地，当九

① 谈迁：《枣林杂俎·祝世录》，上海新文化书社 1934 年印本。
② 于慎行：《谷山笔麈》卷一二《形势》。
③ 王士性：《广志绎》卷三《江北四省》。

州三分之一，而人众不过什一，量其富厚，什居其二。闾阎贫寠，甚于他省，而生理殷繁，则贾人所聚也。[①]

据此可知：陕西自古以来多商人，商业人口主要分布于渭河流域一带（亦即关中地区）。

陕西与山西一样，因为“近边苦寒之地”，自然环境差。从土地资源看，虽然地方广大[②]，号称“九州三分之一”，但是多为高原和山地，不利于农业生产。从人口资源分析，又与江西、山西二省形成巨大反差，江西、山西“地狭人稠”，陕西则是“人众不过什一”，地旷人稀，以江北言之，人口“最稀者陕西”。从生产结构与经济发展水平说，虽然与江西、山西同样有不少人经营商业，但是省域经济较之江西、山西等省还要落后，富者不过“什居其二”，只有商贾聚居之处，比较富庶。这显然是晚明陕西“饥流”与“流盗”人群庞大的重要原因。

虽然陕西是西北地区商人最多的地方，但是在明清时期中国十大商帮中，陕西商帮的实力却要稍差一些。傅衣凌说：“陕西商人，其地位与资本，虽没有像秦汉时关中大贾那么煊赫的声势，亦不及同时代北之晋贾、南之徽苏闽粤商人那么重要，然就全体来说，这陕西商人亦是一个实力不弱值得称述的地方商人。”[③]陕西商人的主阵地在以西安为中心的“汧、雍以东，至河、华沃野千里间”，即渭河平原（又称关中平原或关中盆地），它西起宝鸡峡，东至潼关，东西长约 360 千米，以土壤肥沃、农业发达闻名，号称“秦川八百里”。这个关中平原，既是明代陕西农业生产最发达的地方，又是工商业人口流动最频繁的区域。由澄城、朝邑，“逾大庆关，关中民居稠密，倍于县邑，盖秦、晋商贾之所市也”[④]。“而朝邑富人尤甲一郡焉”。朝邑县位于黄河、渭水、洛水三水交汇处，早在正德时已经有许多人从事商业活动。与澄城、朝邑同属西安府的同州，“南北阻山，东滨河、西涉坂，中亘沙苑，树而不田，故各属之地，高者碍于耰锄，低者祸于冲崩，穷民苦衣食之不给，富者皆弃本逐末，各以服贾起其家，蜀卓宛

① 张瀚：《松窗梦语》卷四《商贾纪》。

② 江西的面积为 16 万平方千米，山西 15 万平方千米。明代陕西省的辖区包括今日之陕西与甘肃的一部分地区。今日陕西省的面积为 19 万平方千米、甘肃 39 万平方千米。甘肃，旧以甘州（张掖）、肃州（酒泉）两地首字得名，元代属陕西行中书省，明属陕西布政使司，至清康熙五年（1666）始正式建省。本文开头提到的陕西省高原、山地、平原面积，均为现在陕西省的面积。

③ 傅衣凌：《明清时代商人及商业资本》，第 161 页。

④ 张瀚：《松窗梦语》卷二《西游纪》。

孔之流，甲于通省”[①]。“陕以西称壮县，曰泾阳、三原，而三原为最，沃野百里，多盐筴高赀贾人……三秦大都会也。”[②]泾阳、三原俱在西安府。“泾阳为西安剧县，政繁而道冲，俗美而习敝，民逐末于外者八九。”[③]三原更是“民多商贾……商贾远出，每数年不归”[④]，于是“民物丰盛，甲于一省”[⑤]。

陕西商人的流动区域，《松窗梦语》卷四《商贾纪》所说的“西入陇、蜀，东走齐、鲁”，只是一个大致的流向。事实上，他们与江西、山西商人一样，也是立足本省，经营四方，“往来交易，莫不得其所欲”，做粮食生意者运营于西北各个军事重镇，专事棉布丝绸者必至浙东西。这里特别要提到的，是陕西商人对盐与茶的经营。盐与茶，陕西本省均有生产。盐，陕西“灵州有大小盐池，又有漳县盐井、西和盐井……万历时，三处共办千二百五十三万七千六百余斤。盐行陕西之巩昌、临洮二府及河州。岁解宁夏、延绥、固原饷银三万六千余两”。茶，陕西本省所产甚少，毗连的四川产量较多。明初“定税额，陕西二万六千斤有奇，四川一百万斤”[⑥]。盐，“在在有之”；茶，则“多产于东南”。茶、盐贸易，有利可图。“贾人趋厚利者，不西入川，则南走粤。以珠玑金碧材木之利，或当五，或当十，或至倍蓰无算也。然茶盐之利尤巨，非巨商贾不能任。”[⑦]陕西地处西北，明代军事重镇多设于此，又是茶马互市之所在地。因此，陕西商人在盐、茶贸易方面具有得天独厚的优势，而两者本省所产有限，于是贩茶者入四川、走东南；行盐的不远千里下淮扬，也有进入山西经营河东盐的，还有活动于湖广，甚至出关到辽东。总之，他们是无处不往，时时流动。

（二）“流移”与“流盗”

“流移”与“流盗”的一个重要特点，就是经常处于流动之中。这类流动的发生，原因很多，人数不少，成分复杂，主要是破产农民，也有一些无业游民、“乱民”以及吏卒等，是中国古代常见的一个流动群体，而且所在多有。在晚明“三西”中，以陕西为最突出。

---

① 见傅衣凌：《明清时代商人及商业资本》，第165页。
② 同上，第169页。
③ 同上，第164页。
④ 同上，第165页。
⑤ 张瀚：《松窗梦语》卷二《西游纪》。
⑥ 《明史》卷八〇《食货四》。
⑦ 张瀚：《松窗梦语》卷四《商贾纪》。

明中叶以后，在东南沿海农村调整经济结构，发展商品经济大潮的影响下，陕西农村也发生了新的变化，其中以渭河平原地区最为显著。嘉、隆、万百年间是这个地区农业经济最繁荣的时期，耕地和人口的增加都达到顶峰，还出现了一些新兴工商业市镇。然而，在繁荣的过程中也埋伏着衰落的危机："嘉靖时代盛极将衰，故其忧在奢靡。万历期间，叔季颓风凋敝。"①所谓"忧在奢靡"，实质是随着商品经济的发展，社会风气开始变化，拥有大量财富的一部分人以"奢靡"为时尚，追求高消费，并且无视礼制，冲击等级制度。高消费对发展生产有一定的刺激作用，也可以增加一些就业机会。社会风气的变化，社会财富分配差距的拉大，必然加快农村人口流动，促使一部分农民转移到非农业生产领域，而更多的是破产逃亡，辗转各地，成为社会不稳定的因素。

陕西是明代最早试行募兵制的地区。正统二年(1437)六月，因为卫所制度破坏，开始在陕西招募民兵，自此陆续有一些农民离开农村，加入军队。

后来，由于朝廷在陕西取消"永不起科"的优惠政策，一律"计亩征粮"，加以征输愈急，农民"逃亡"的现象日趋严重。对此，有记载说：

> 自古足边，率先屯田。方今内地民力已疲，边镇军储日匮，盖公私俱困矣。如陕西三边，延袤数千里，国初因田硗瘠，赋税不给，抛荒者令听开垦，永不起科，故塞下充足。已而计亩征粮，差赋繁重，加以虏酋之警，水旱之灾，收获既歉，征输愈急，所以民日转徙，田日荒芜也。②

陕西在明代国防上具有举足轻重的特殊地位，军事重镇多，军队多，驻军二十万人，百姓的负担自然因此而加重。嘉靖时，由于蒙古贵族不断入边侵扰，民益"流离转死"。当朝户部尚书梁材说：

> 陕西外供三边，较之他省，已为偏累。近复供固原总镇，是以一省之民而供四镇之军饷。况南有洮岷，北有环庆，举皆仰给，其何以堪。以故流离转死，田土日荒，逋负日积，郡县仓场官吏往往逃去。③

陕西八府，延安、庆阳、平凉、巩昌、临洮五府俱在边徼，"土瘠民贫，田无丰厚之获"。各种负担多落在西安、凤翔、汉中三府，因而这三府农民的逃亡也最令人堪忧，时人乔世宁(西安耀州人)曰：

---

① 民国《户县志》卷四《风俗》，转引田培栋：《明代社会经济史研究》，第217页。

② 张瀚：《松窗梦语》卷四《三农纪》。

③ 梁材：《议覆陕西事宜疏》，《明经世文编》卷一〇五。

三边徭赋、驿传，率加西、凤、汉中三郡。三郡之民日益困瘁流离，无复生人之乐矣。①

如前所说，明代江西、山西、陕西三省均设有许多王府。陕西有秦王府（西安）、韩王府（平凉）、庆王府（宁夏）、肃王府（甘肃）、瑞王府（汉中）。有王府，就必有王庄。西安诸府农民纷纷逃亡、流移的另一个重要原因，就是"秦川多赐地"，王府大量占夺民田。"秦王豪占民产"②，在渭河平原占地 8992 顷。嘉靖三年正月甲戌户部奏言："潼关西、凤翔东渭河两岸有华阴、岐山等一十七州县，如王所奏，近河牧马，近山牧羊，则一十七州县之地，尽属秦府矣。"③韩府宗人还在西安一带"闾里间公行抢夺百姓"④。

除了农民大量"流离转死"，一些官吏离职逃去，士兵由于粮饷被克扣，也有不少冒死逃亡。吕柟（1479—1542，西安高陵人）说：

凡三边之远，皆关陕八府之民所供馈者也……粟至而卒或无斗釜之入，布至而卒或无寻丈之惠，盖率因公以先扣，缘役以预夺矣，于是卒不能自存，离位取装于其籍。⑤

嘉靖以后，各地加大赋役改革力度，逐步推广"一条鞭法"。此法之核心，是赋役合一，"计亩征银"。"计亩征银"有利，也有敝，在不同地区反响不一。在商品货币经济发达、货币流通量充足的东南沿海地区，一般说来比较容易承受。在商品经济不发达、缺乏白银的江北诸省，则成为农民的沉重压力。于时，陕西的商品生产虽有新发展，但是整个说来由于地理环境诸方面的限制，经济面貌还是相当落后。例如，扩种经济作物棉花，并非用于市场交换，而是为了满足陕西三边（延绥、宁夏、甘肃）军队的衣料需要，市场不发达，白银交易量很少。"关陕偏处西北，阻山带河，号为四塞，舟楫靡通，商贾罕至"，许多州县都是在本地的市镇上进行物物交易，"贸易不越疆，又唯布粟，无他珍异物"，缺银的现象特别严重。即使市场上出现一些银子，也是"银色太低，而假伪太多"，结果是坑农、害农。直到明末清初，顾炎武在陕西时所看到的依然是农民"有

① 乔世宁：《邱隅意见》，转引自田培栋：《明代社会经济史研究》，第 219 页。
② 《明史》卷二〇二《王仪传》。
③ 《明世宗实录》卷三五。
④ 《明世宗实录》卷五三〇，嘉靖四十三年二月丁巳条。
⑤ 吕柟：《庄浪篇自序》，引自田培栋：《明代社会经济史研究》，第 219 页。

谷无银”，没有银子可以缴纳赋税，因此大量逃亡，甚至自尽身死：

自户以西至于岐下，则岁甚登，谷甚多，而民且相率卖其妻子。征粮之日，则村民毕出，谓之人市。问其长吏，则曰：一县之鬻于军营而请印者，岁近千人。其逃亡或自尽者，又不知凡几也。何以故，则有谷而无银也，所获非所输也，所求非所出也。①

这是加剧陕西各地农民逃亡的一个主要原因。西安府三水县太义里四甲五甲尽逃绝，无一户也。蒲村里则一甲逃绝，无一户也。三水里则七里尽逃绝，无一户也。由于逃户过多，里甲空虚，遂将“十六里节裁为八里”②。逃亡，也就是“流离转死”。有明一代辗转流移于各地的“流民”，绝大多数都是“逃亡”之民，即破产的贫苦农民。陕西，在“三西”中面积最大、人口最少③，但“流民”的数量却不少。在全国大规模的流民运动即将告一段落的时候，正德元年(1506)三月辛丑，刑部左侍郎兼右佥都御史何鉴在清查各处流民时，发现汉中等处尚有流民二十三万五千六百余户，计七十二万九千六百余人④。“流民”铤而走险，冒死起事，即被称为“流盗”(或“流寇”)。嘉靖元年(1522)十二月，陕西流盗劫掠绥德、米脂、吴堡等处。嘉靖八年，陕西平凉等地大旱饥，人相食，斗米三四钱，民流亡十之八，“饥流”变为“流盗”。至天启末年，陕西“流盗”进入四川，蹂躏广元等地。

到了明末崇祯年间，由于陕西一再发生大饥荒，饥民“因洊饥而起”，流盗人数激增，规模空前，流动各地。

崇祯二年(1629)二月，陕西巡抚胡廷宴题称，“全陕大饥，军民盗劫”，“秦寇惨掠，古所罕有”，泾阳、富平、耀州、邠州、三水、淳化、蒲城、白水、韩城、朝邑等处，“皆被盗”。“盗皆骑锐，动至七八千人”⑤。秦、晋相邻。崇祯三年三月，

① 顾炎武：《亭林文集》卷一《钱粮论》上，见《顾亭林诗文集》，中华书局 1959 年印本。

② 康熙《三水县志》卷四。

③ “三西”各省的面积，前已提及。人口数，嘉靖二十一年(1542)全国总计 9972202 户、62530195 口，江西 1357048 户，占全国的 13.6%，6098931 口，占全国的9.7%；山西 592890 户，占全国的 5.9%，5069515 口，占全国的 8.1%；陕西 395607 户，占全国的 3.9%，4086558 口，占全国的 6.5%(《后湖志》卷二《黄册事产》)。

④ 谈迁：《国榷》卷四六。

⑤ 谈迁：《国榷》卷九〇。

陕西流盗由秦及晋，进入山西襄陵、吉州、太平、曲沃。[①] 由崇祯中开始至崇祯末年，陕西、山西等省连年“大饥，人相食，草木俱尽，道殣相望”[②]。“流寇剧于秦”[③]。明末农民大起义时，由秦入晋，进军北京，推翻明朝统治的数十万“流寇”，基本队伍就是“逃亡”、“流移”的农民，他们当中有些人是沿途加入的，但相当一部分则是从陕西一路“流”出来的。

从以上“三西”的人口流动，可以得到以下几点认识。

第一，人口流动是时代进步的必然要求，又反过来推动社会发展。无论自然环境和生产水平如何，无论何时何地，人口总是处于变化流动之中，只是性质、规模与作用有所不同。晚明“三西”的流动人口，主体是无地和少地的贫苦农民，他们当初外出流动的本意，绝大多数是因为无田可耕，为了养家餬口，求得生存权利，而非出于自觉调整农村产业结构，发展商品生产。但其客观效果却大大超越了他们的意识，起到了他们意想不到的作用。其中，“土狭人稠”的江西和山西，流出的多为工商业人口，有利于市场经济生长；陕西地旷人稀，经济尤为落后，外出流动者有不少是“逃亡”、“流移”之民与“流盗”（或“流寇”），其作用是最终与各地农民起义军合力推翻了明王朝的统治。

第二，人口流动的规律与基本趋势，是由落后地区向先进地区流动，由农业生产领域向非农业生产领域流动，由农村向城镇流动。而且在此流动过程中，总是多种类型同时存在，有农业人口流动，也有工商业人口流动。农业人口流动多数以邻近为落脚点，工商业人口流动空间比较广大。由于各地情况不同，流动群体与类型有异。江西外出最多的是“百工技艺之人”，山西以商业人口流动备受关注，陕西影响最大的是“流移”与“流盗”。

第三，人口流动从来都不是单向行为，而是各地同时互动，有流出，也有流入，两者的数量差别取决于人口密度或经济发展水平。人口密集地区，以移出为主流；而流入人口稀少的落后地区，一般是为了进行农业开发；经济比较发达的地区，必然是工商业流动人口的主要去处。工商业人口流动最活跃的地区，一般也就是当地的富庶之区。如山西的太原以南，陕西的渭河平原。

---

① 谈迁：《国榷》卷九一。
② 谈迁：《国榷》卷九七。
③ 谈迁：《国榷》卷九三。

第四，在古代社会，由于缺乏现代交通工具，人们流动的空间范围亦随地而异。“三西”有山无海，由于受到地理环境和交通条件双重限制，所以很少能像江、浙、闽、粤等沿海地区那样流动到海外各地。

最后需要说明的一点是，人口流动必将产生综合效应。人口流动，与人一起流动的，不仅有劳动力、科技知识、经营理念、文化素养等等利于社会经济发展的基本因素，而且还有流动者本身的政治倾向、风俗习惯、宗教信仰、消费观念等等，对当地基层政权组织及其运作和以上社会生活诸方面的影响与相互交流、相互促进，有的甚至由互相融合、优化而进一步升华，成为原住民和移民共同享有的一种新的文化。①

① 本章对人口流动作用的探讨，主要侧重于农、工、商业之发展。原来写作提纲立有第五节《人口流动对政治、社会、文化生活的影响》，拟就这方面的问题进行专门讨论，后因故搁置。待将来有机会再作补充。

第二章

商业与社会变迁

20世纪50年代，学界对有明一代的商业问题始予重视并着手研究，至80年代渐成风气。尽管在80年代之前，大陆方面的这种研究一直囿于资本主义萌芽的框架之内，但对明代商业及商品经济许多专题的研究终属开创性质，成果不少。从80年代后期开始，海内外学者对明代商业的研究有进一步的深入，如对当时商路的拓展，商业、商人资本的积累与拓殖，以及封建统治者对商业的干预及造成影响等专题，都有相当详尽或独到的研究，史者在各自的论著中反映了他们多侧面多层次的探索，思考角度和方法层面上也各不相同，不乏新的突破。大多数学者认为，明代尤其是晚明的商业活动，作为当时社会经济一个新的活跃点，不仅与市民百姓、大小官吏，乃至皇亲贵戚的生活息息相关，并且它透过人们生活方式的改变和对非经济因素的辐射，对整个社会的政治、经济、文化及人们思维行为等，都产生巨大而深远影响。我国商业在明中叶以后取得显著的进步，已成为学界的基本共识①。但在肯定明代商业发展对社会变迁积极作用的同时，学者们对这种作用和其推动社会前进力度的估价，意

---

① 也有少数学者对明后期至清前期的商业发展或市场抱不乐观看法，如台湾学者张彬村就认为当时的市场“需求太低、交易成本太高、竞租太发达”，这些“都会阻碍市场经济的发展”，因此“明清市场经济不发达”，它“相对于非市场经济部门，是一种附属的补充性的经济”。见张彬村：《明清市场经济发展的困境》，载《中国经济史研究》1997年第1期。

见并不完全一致。

早年具代表性的，有傅衣凌在20世纪50年代提出的看法：

> 明清时代商人与商业资本的发展……我们又不可忽视的一点，即商业资本无论如何是建立在商品交换的基础之上，总是孕育着封建制度的对立物的一种力量。尽管中国商人和封建官府有着密切的联系，然而对于当时处于正在解体过程中的中国封建社会，无疑的起了瓦解的作用，并促进独立货币资本的形成和集中，促使直接生产者，即小私有者破产，因而也就为中国资本主义的发展，准备了若干历史前提，特别是在中国封建社会里创造了广大的商人层。①

王毓铨持大致相同的看法，认为，“商业容易使一个凝滞的社会秩序活动起来”，“不是政治，倒是商业和商品生产逐渐地摧开了封闭的凝固的自然经济结构，破除了贱商的政策和习俗，打破了传统的等级，提高了商人的社会地位”。“商业和商品生产的影响侵入了经济生活的许多方面，也侵入了封建家长制专制政体的经济基础，改变了这一经济基础的基石——的相对的地位。”然而“商品生产和商业的发展改变了这一结构的一些形式，并没有改变它的本质”。②

吴承明在讨论我国资本主义生产关系发展迟缓、封建社会长期延续时论到，这“也有流通上的原因。在封建社会，不是所有的流通都能促进生产的发展和生产关系的变化，而要看这种流通，能否为扩大再生产准备市场，能否为生产积累货币资本，在中国这样的非海上贸易国家，还要看它是否有助于改变农村自然经济”。他对16世纪商业发展对社会经济影响研究的结论是，“一、国内市场显著地扩大了……二、长距离贩运贸易有了发展，并且已逐步由奢侈品以及特产品贸易转向以民生用品的贸易为主，即由产品与收入的交易转化为小生产者之间的交换，这是市场性质的一大变化。三、徽商、山陕商等大商帮的出现，说明国内市场已有相当的积累货币资本的能力……”③显然，他认

① 傅衣凌：《明清时代商人及商业资本》“一、明清时代商人及商业资本发展概述”，人民出版社1956年版，第41页。

② 王毓铨：《莱芜集·附录〈中国历史上农民的身分〉写作提纲》，中华书局1983年版，第375—376页。

③ 吴承明：《论明代国内市场和商业资本》，载《中国资本主义与国内市场》，中国社会科学出版社1985年版。

为这一时期的商业流通是促进了社会生产发展和生产关系变化的。他在90年代末发表的《现代化与中国十六、十七世纪的现代化因素》的文章中,进一步确定了当时如大商人资本的兴起、就业结构变化和商人地位提高,是引起社会、经济乃至民风习俗演变的因素之一。①

近年来一些中青年学者对前近代商业与社会之关系进行了有益的探讨。唐力行从商人群体与他们的经营活动方式、家庭生活与心态、文化与信仰等角度,考察了商人在近世社会变革中的特有功能。他认为商人阶层是社会转型的革命因素,也是实现近代化不可或缺的社会力量。② 范金民通过对江南商业发展的分析,揭示了商业兴盛与江南社会经济的关系:商业发展为江南地区的商品生产提供了广阔的市场,也为江南经济的发展创造了必要条件;商业的发展不仅促使江南大量市镇兴起和扩展,同时对当地百姓生活质量的提高、生活水平的提升也起了积极的促进作用。③ 王振忠《明清徽商与淮扬社会变迁》一书通过对"徽商与明清两淮盐政"、"徽商的社会流动及其影响"、"徽商与东南文化变迁"等三个专题的研究,反映出前近代一个特殊商人群体——徽商活动史与长江下游三角洲的社会变迁。④ 王日根则从会馆的角度出发,谈及了商人会馆对明清城乡的都市化、社会的整合都有较重要的作用。⑤

旅美学者余英时对中国商人观念信仰与传统文化、伦理道德之关系有专门研究。他在继《中国近世宗教伦理与商人精神》一书对16—18世纪的商人精神和社会价值进行重新估价以后,近年又撰文《士商互动与儒学转向——明清社会史与思想史之一面相》,再次从社会变动的背景着眼,探讨了那个时期这种变动与儒学转向、士商互动的关系。从当时蔚然成风的"弃儒就贾"现象,他窥探到:从此使士和商的界限变得模糊了。一批有商人背景的太学生在明中、晚期已形成了一股"不容忽视的社会势力"。他说:

> 十六世纪以后商人确已逐步发展了一个相对"自足"的世界。这个世界立足于市场经济,但不断向其他领域扩张,包括社会、政治与文化;而且

---

① 《现代化与中国十六、十七世纪的现代化因素》,载《中国经济史研究》1998年第4期。

② 唐力行:《商人与中国近世社会》,浙江人民出版社1993年版。

③ 范金民:《明清江南商业的发展》,南京大学出版社1998年版。

④ 生活·读书·新知三联书店1996年版。

⑤ 王日根:《乡土之链——明清会馆与社会变迁》,天津人民出版社1996年版。

在扩张的过程中也或多或少地改变了其他领域的面貌。改变得最少的是政治，最多的是社会与文化……这里应该提及的是：士商合流是商人能在社会与文化方面开辟疆土的重要因素。[①]

日本学者藤井宏对地区商人群体的作用做了专门研究。他在20世纪中期发表的《新安商人研究》[②]中认为，在中国历史前进中，新安商人起着重大的作用："以新安商人为首的客商群"，"在扩大了佃户视野的同时，也促使他们产生了与社会经济相连带的自觉性。在实际上给予他们力量，并推促其成为动摇地主阶级统治基础的'抗租'风潮者"（即使农民力量得以结集）。由于这客商群的介入，也使地主"对于佃户的一元的支配成为不可能"。

加拿大学者卜正民（Timothy Brook）作《纵乐的困惑：明代的商业和文化》（*The Confusions of Pleasure*：*Commerce and Culture in Ming China*）一书，他从徽州史志——《歙志》所反映的文士对世风日下的悲叹中，触摸到了中国社会兴衰的脉络。他借鉴《歙志》的记事方式，追溯了从14世纪后期到17世纪中国商业蓬勃发展的态势，描述了由此引出的社会分裂、反潮流行为和地区性变迁的轨迹，以及这一切给人们带来的不安、焦虑与文化变迁。他说，"商业给社会和文化带来了不同结果。由于它的不稳定和获利性，改变和打翻了大多数人的预期"[③]。"它所改变的不啻是经济资源，而且是社会权力的分配，同时也从文化和其他领域中显露出来。"[④]

刘志琴则比较低调地评价晚明商业与商业资本对社会的作用，她承认明代商业比较前代有很大发展，甚至明后期商业繁荣有超越实际经济发展水平的情况，但又指出，即使在那个时期，"除了偶有兼营工业的商贾和略带资本主义色彩的包买商外，商人资本仍然徘徊在产业部门之外，不论是行商还是坐贾，其贩运的性质长期没有改变"；明后期商业的繁荣，"不尽代表商品生产的现实水平"。她认为，相对雄厚的商业资本在社会上运行，能促进士商互渗，有

① 见余英时著：《士与中国文化》十《士商互动与儒家转向——明清社会史与思想史之一面相》，上海人民出版社2003年版，第542页。

② 见傅衣凌、黄焕宗译中文版，《江淮论坛》编辑部编《徽商研究论文集》，1985年。

③ Timothy Brook, *The Confusions of Pleasure*: *Commerce and Culture in Ming China*, *Introduction*, University of California press Berkeley Los Angeles London, p. 11.

④ Timothy Brook, *The Confusions of Pleasure*: *Commerce and Culture in Ming China*, Notes 13, p. 264.

助于提高商人地位，但并不利于商人阶层成长为独立政治力量；能以末养本，但对旧生产方式的加固更甚于分解作用；能提高城市消费水平，但也刺激皇权掠夺商业利润；能浸蚀封建的伦理道德，但也引发对咒金思潮的抵制。所以，

> 商人资本只能受制于封建生产关系，为封建生产关系服务，对封建生产方式的衰落起着延缓的作用……商人资本不能创造生产方式，而又必须依存一定的生产方式，是商人资本发展的普遍规律，晚明商人资本的命运正是这种规律在中国历史条件下的必然结局！①

综观以上这些比较典型性的论点，可见对晚明商业与社会变迁研究的力度、深度已达到相当水准，其基本史实发掘、研究脉络、理论框架都在逐渐构建之中。但不足也是明显的：一是晚明商业发展与社会变迁关系的研究，至今还未作为一个重要独立的课题来进行；二是即使有论及这一问题者，也大多将明清两代连在一起考虑。由于清代史料丰赡，史者的重点大都放在清代而忽略明代，甚或将明代仅作为一种铺垫。重要的是，晚明是中国封建社会转型的起始，当时的商业以沛然莫能挡之势向前发展，有人称晚明即是商业、商人社会。我国传统社会，商业、商人中出现的许多新事物、新气象、新征兆，大都集中于明后期，或者说是在明代初见端倪。因此，对明代尤其是晚明商业发展与社会变迁关系的研究，是研究中国社会与经济发展不可或缺的重要一环。有了明代的一节，才有清代商业在更大层面上的发展，传统商业的渐变过程及其对社会的影响，方能日趋明朗，彰显出更鲜明的特征。

第一节　晚明城镇商业的空前发展——以店铺业为指标

在传统社会，贩运是各类商业活动的基础，贩运商则是从商人员的主体。商贩活动的活跃程度直接影响到铺商、居间商、货币商的兴衰。这一点治史者已有普遍共识。我们说晚明是一个商业社会，既是指当时贩运贸易的兴盛，更是指当时大中城镇的商业化趋势和以商业活动为主要职能的小城镇的大量兴

① 刘志琴：《商人资本与晚明社会》，载《中国史研究》编辑部编：《中国封建社会经济结构研究》，中国社会科学出版社 1985 年版，第 325 页。

起。城镇中的商业店铺是商品交换的基本场所，也是城镇功能演进和衡量整个社会商品经济发展的一项重要指标。因此，对晚明城镇商业的发展轨迹做一细致、详尽的分析与研究，有利于我们发现晚明商业与前朝的不同之处，探索这种不同对当时社会变迁的影响。

在宋朝，商业已经有了较大发展，当时既有资金雄富的大商人，又有如开封、临安等都市店铺群落的兴盛，更有无可数计的小商贩活动。但与明代尤其是晚明相比，其商业规模、商人数量、商人地位还是大大不如。朱元璋建立明朝以后，经过一百多年相对安定、平和的休养生息，到明中叶，社会生产力有了较大提高，工农业发展了，尤其在手工业中出现了一些新的生产关系的萌芽，生产者生产商品的意识明显加强，导致当时的农业、手工业都在不同程度上卷入到商品经济中去。在这样的大背景下，商业活动的活跃和加强就成为社会经济发展的必然趋势。具体表现为：商路更加广阔宽泛，商人队伍不断壮大，商业资本迅速拓殖，商人的社会地位随之提高，商业流通——主要是民用产品的长途贩运面广量大、频繁密集；作为商品主要集散地的大小市镇，则兴盛勃起，大城市空前繁荣，各地的农村集市与区域性的中小城镇相连接，几形成了遍布全国的商业网络，绽现出市场经济的萌芽；而作为城镇经济活动的主要载体——店铺业则是熠熠生辉，从大范围讲，如两京、江、浙、闽、广诸省，次之苏、松、淮、扬诸府，临清、济宁诸州，仪真、芜湖诸县，瓜洲、景德诸镇，都店铺林立，生意兴隆。

首先是明朝皇族聚居、王府所在、官僚贵戚麇集的大都会如北京、南京、开封等市，店业发达。

北京可称全国财货骈集之市。据万历时的宛平县知县沈榜所记，万历十六年(1588)对铺户编审，顺天府的主要属县宛平、大兴两县分别有上中两则铺户 3787 户和 6383 户。据户部尚书张学颜题，宛大两县，“原编(铺户)一百三十二行”，其中“除本多利重如典当等项一百行”外，其他是针篦杂粮行、碾子行、炒锅行、卖笔行、柴草行等 32 行。[①] 这 32 行显然也包括理发、餐饮、修理等服务行业和一些流动摊贩在内，应属下三则铺行。据万历十年(1582)的统

① 沈榜：《宛署杂记》卷一三《铺行》，北京古籍出版社 1980 年版。

计，这些下三则铺行总共约有 34377 户之多。[①] 而顺天府府丞宋仕题：当时“铺行之下则什倍于上中”，照此计算，两县下三则工商铺户[②]人数比以上的统计还要多。万历《顺天府志》记载，两县所管的农村户口，宛平为 14441 户、大兴是 15163 户。[③] 以农户数与铺户数相比，铺户比例之高是不言而喻的。

开封是一个典型的封建消费型城市，周王宗藩、官僚贵族、豪绅地主等多聚居于此地。明后期以前，城内许多商业设施和饮食文化娱乐场所都是为满足这些人奢侈性消费而设。明后期以后，在保持这种奢侈性消费特征的同时，生产经营型及为满足广大民众生产、生活需要而开设的各类店铺业、服务业、文化娱乐业等日渐增多起来，开封的城市功能在悄悄发生着变化。对此，17 世纪中期成书的《如梦录·街市纪》中有一段详尽记载：

> (徐府[周王第三女府]后坑有关帝庙)自关帝庙大街往南，是兴龙桥，有写真方馆，至西亭府牌坊，有带子、子巾、大小鞋帽、松串、簪棒、白货等铺。
>
> 折向东，路北，有五彩彩头条、牙子、汗巾、铸铜簪扣、酒店、铜匠、整理琵琶弦子。北是茶叶胡同。过口往东有成衣、烧酒、皮金、杂货、南酒、药材等铺，木耳店、酒馆，至徐府——中山王裔孙之府……故名徐府街……又东是大山货店街，有杂货店、当店、柬帖铺、打金铺。北是乔三府胡同口，有炒黄丹、倾销(专作熔化、整碎金银的铺店)、打金、正升字号店。北是黑墨胡同口，有烧饼、冷酒、杂货。过口是华亭王府，大门改为大杂货铺，东至大店街角。自大店街回来，往西路南，有杂菜、杂货，如松字号店，俱是杂货、扇儿。北门(北门疑有误)店内，俱是楼房，有百余间……至小山货店口，过口往西，有杂店、过客店。至草三亭北口，过口往西，有羊皮金、打飞金、皮金、头条、牙子、铜锡簪扣等铺，西复抵大街。
>
> 大街往南，有饭店、刷字、刻字、成衣、造玉牒册、刊竺板。至长史司

① 据韩大成：《明代城市研究》第 6 章《城市的阶级结构》，中国人民大学出版社 1991 年版，第 318 页。

② 据笔者考察，铺户指坐贾或手工业主(工匠)，但不管他们是纯粹经营商业还是主要经营手工业，一般都拥有一个铺面，出卖商品。因此，他们经营的铺子应该属于商业。

③ 据当代学者韩光辉研究，北京的城市户口，主要由五城兵马司管辖，“宛平、大兴两赤县对北京城市以及郊区并不负有实质性的管辖权，二县户口统计也就不包括城市户口”(见《北京历史人口地理》第 3 章第 4 节“明北京地区与北京城市人口规模”，北京大学出版社 1996 年版，第 91—92 页)。言下之意，宛大两县所管完全是农村户口，如此万历《顺天府志》卷一所登宛大两县的户口数应是农村户口。

署……往南有竹货、漆店，三街六市，奇异莱蔬，密稠不断，饭店、皮鲊、素面店、羊肉车、鸡、鸭、鹅(店)，直至大隅首。

折向东，有打银铺、缎店、估衣铺、羊肉、响糖，路北(是)草三亭……

巷口往东，有估衣店、南酒店、各样美酒店。再东有估衣、大缎店三座、当店、轴丈铺、孝帽、倾销、杂货。至小山货店南口，折向北，揭裱书画页、手卷，再北，俱是字号店、红纸店、京文纸、倾销、合森字号、生熟药材、北头路东，老庄家茶叶店、各品芽茶、往南接连不绝，俱是药铺、扇儿铺。路西，张时天店、古连纸铺，对醋张家胡同西口，是张应奉酒饭店，各色奇馔，又有倾番丝银铺，南北香料、药材店、羊皮、磁器店。往南，有打金店、皮金铺，迤南通是生熟药铺，至南口。①

照此看来，开封城内可谓“生意挨门不断”，城外如“丽景门外吊桥下，有过客店、竹竿行、羊毛行、皮店”和一些手工业作坊，②也可称“逐门生意”。方圆数里之内有如此众多、密集的店铺，令人叹为观止。

明初首都南京，在永乐以后虽然丧失了京师地位而作为留都，但那里仍居住着许多高官豪族。由于已有的城市规模、有利的地理交通环境和周围充足的资源，自明后期以后，它也逐渐朝商业化城市转向。时称南京是个“北跨中原，瓜连数省，五方辐辏，万国灌输。三服之官，内给尚方，衣履天下，南北商贾争赴”③之地。据正德《江宁县志》不完全的统计，当时南京已有 104 种铺行。描绘明代后期南京城市繁荣和社会生活景况的写实作品《南都繁会图卷》，为我们真实地再现了当时南京市场繁华和市民生活充裕富足的场景。画面上街巷纵横，店铺栉比，冲天的市招琳琅满目。据王宏钧、刘如仲统计，画面上光幌子招牌就有 109 种，如“义兴油坊”、“涌和布庄”、“绸绒老店”、“铜锡老店”、“雨伞”、“头发老店”、“靴鞋老店”、“立记川广杂货”、“西北两口皮货发售”、“东西两洋货物俱全”、“木行”、“大生号生熟漆”、“枣庄”、“应时细点名糕”、“杨君达家海味果品”、“万源号通商银铺”、“书铺”、“裱画”、“画寓”、“药材”、“人参发

① 孔宪易校注：《如梦录·街市纪第六》，中州古籍出版社 1984 年版，第 28—30 页。
② 孔宪易校注：《如梦录·关厢记第七》，第 73 页。
③ 张瀚：《松窗梦语》卷三《商贾记》，中华书局 1985 年版，第 83 页。

兑"、"茶社"、"酒"、"张楼"……①这些都应该是当时现实的写照，艺术家是根据实际生活来进行创作的。对照文字记载，我们还可以知道事实上每一种行业的铺户还不止一家，如何良俊记，城中"糖食铺户约有三十余家"②。至于这些店铺之形态和经营繁忙情状，正德年间的散曲大家陈铎的《滑稽余韵》有所反映，陈铎写到了 36 家铺户（行）：

纸马铺　众神祇见数还钱，僧道科仪，件件周全。蜡烛坚实，千张高大，水作新鲜。拖柜上张张漫展，草拗儿捆捆牢缠。但愿门前，擦背挨肩。日日初一，月月新年。

颜料铺　好供给绘手施呈，颜料当行，彩色驰名。自造银朱，真铅韶粉，道地石青。小涂抹厅堂修整，大庄严殿宇经营。近日人情，奢侈公行。不尚清白，俱是妆成。

香蜡铺　向通衢物攘人稠，手脚不停，包裹如流。也卖明矾，也秤豆粉，也货桐油。贱咸食桩桩都有，歪生药样样都收。行次情由，不可追求。本是杂货营生，虚耽香蜡名头。③

经营同种商品者基本集中在同一条街坊上，如"铜铁器则在铁作坊，皮市则在笪桥，南鼓铺则在三山街口旧内西门之南，履鞋则在桥夫营，簾箔则在武定桥之东，伞则在应天府街之西，弓箭则在弓箭坊，木器南则在纱库街，北则木匠营"④，形成许多专业市场。

依托着太湖流域相对发达的苏州，其繁盛之貌不在南京之下，这在明代各大家笔下都有记录。王世贞称，苏州城无论就"财赋之所出"（农工商总体），还是"百技淫巧之所凑集"（手工业），"驵侩诪张之所倚窟"（商业），都堪称天下第一繁雄郡邑。⑤ 顾炎武记，"吴民不置其田亩，而居货于商。阛阓（街市）之间，

---

① 据王宏钧、刘如仲：《明代后期南京城市经济的繁荣和社会生活的变化——明人绘〈南都繁会图卷〉的初步研究》文，载《中国历史博物馆馆刊》1979 年第 1 期。该画为常熟翁氏所藏，尾署"实父仇英制"。仇英约生于正德元年，死于嘉靖三十四年（约 1505—1555），字实父，一作实夫、实甫，苏州画家。此图究竟是否为仇氏所作，尚未细考，这里称其反映明代后期事，是取王、刘之说。

② 何良俊：《四友斋丛说》卷一二，中华书局 1984 年版，第 99 页。

③ 陈铎：《坐隐先生精订滑稽余韵》，见路工著：《访书见闻录·明代市民文学的一朵鲜花（附录）》，上海古籍出版社 1985 年版。

④ 正德《江宁县志》上《铺户》，转引自韩大成：《明代城市研究》第 2 章，第 52 页。

⑤ 王世贞：《弇州山人续稿》卷二八《送吴令湄阳傅君入觐序》，明刊本。

望如绣锦。丰筵华服，竞侈相高，而角利锱铢，不偿所费”[①]。这里有一个值得注意的地方，就是在商业繁荣之后，苏州城市的建置格局与以前它作为州府所在、官衙密集的地方政治中心发生了明显的变化：苏州原来的店铺主要集中在与官衙较近的市内中心地带，大约从嘉靖、万历年间起开始，城市闹区的位置有所改变。据道光《苏州府志》记，至迟在清朝初年，苏州的商业闹区已由原来的卧龙大街东，西移至大街的南北，主要是向街北转移，而那里正是丝织业集中，手工业主和工人、小商人比较多的地方。这种转移说明，该城市店铺业的服务对象已从主要为官僚贵族（兼带胥吏衙役人丁）而转变为普通市民百姓，同时也表明商业发展对城市经济结构、市民生活乃至城市的建置格局都能产生影响，这是社会变迁的一项重要内容。[②]

松江府是明代著名的棉纺织中心，也是万历年间城市店铺发展迅捷的典型府城之一，范濂《云间据目钞》对此有十分详细的记载：

鞋制，初尚南京轿夫营者（这印证了正德《江宁县志》所记南京轿夫营是鞋的专业市场），郡中绝无鞋店与蒲鞋店。**万历以来，始有男人制鞋，后渐轻俏精美，遂广设诸肆于郡治东。**而轿夫营鞋，始为松之敝帚矣……宕口蒲鞋，旧云陈桥，俱尚滑头，初亦珍异之。结者皆用稻柴心，亦绝无黄草。自宜兴史姓者客于松，以黄草结宕口鞋甚精，贵公子争以重价购之，谓之史大蒲鞋。此后宜兴业履者，率以五六人为群，列肆郡中，几百余家，价始甚贱，土人亦争受其业……

松江旧无暑袜店，暑月间穿毡袜者甚众。**万历以来，用尤墩布为单暑袜，极轻美，远方争来购之，故郡治西郊，广开暑袜店百余家，合郡男妇，皆以做袜为生，从店中给筹取值，亦便民新务……**

华亭熟酒，甲于他郡，间用煮酒、金华酒。隆庆时，有苏人胡沙汀者，携三白酒客于松，颇为缙绅所尚，故苏酒始得名。年来小民之家，皆尚三白，而三白又尚梅花者、兰花者，**郡中始有苏州酒店，且兼卖惠山泉……**

河豚有毒而味美，昔人所以有直得一死之说。上海最尚此品，而郡中

① 顾炎武：《天下郡国利病书》卷一九《江南七·苏州府》《曹自守吴县城图记》，光绪二十七年铅印本上海文瑞楼刊印。

② 参见王家范：《明清苏州城市经济功能研讨——纪念苏州建城两千五百周年》，《华东师范大学学报》1986 年第 5 期。

用者绝少……万历以来，河豚称海味第一而竞食海河豚，即淡水河豚亦食，**郡中遂有煮河豚店**……

设席用攒盒，始于隆庆，滥于万历。初止士宦用之。近年即仆夫龟子，皆用攒盒，饮酒游山，**郡城内外，始有装攒盒店**。而答应官府，反称便矣。

细木家伙，如书桌禅椅之类，余少年曾不一见，民间止用银杏金漆方桌。自莫廷韩与顾宋两公子，用细木数件，亦从吴门购之。隆万以来，虽奴隶快甲之家，皆用细器。而徽之小木匠，**争列肆于郡治中**，即嫁装杂器，俱属之矣……[①]

行使假银，民间大害，而莫如近年为甚。盖昔之假银可辨，今则不可辨矣；昔之行使者尚少，今则在在有之矣；昔犹潜踪灭迹，今则肆然无忌矣。甚至投靠势豪，**广开兑店**，地方不敢举，官府不能禁，此万姓之所切齿也！[②]

从所记可知，这些店铺几乎都是在嘉、万年间应势而发展起来的，这表明该地的经济正趋活跃，同时也可窥知那里的社会风气也正在由俭向奢转化。

地处京杭大运河中段交通冲要的山东临清市，在16世纪初(正德年间)已是北方最大的纺织品和粮食贸易中心而鼎盛一时，其街市繁华，各类各号店铺布列其中。隆庆、万历时有资料可查的店铺有：布店73家、缎店32家、杂货店65家、磁器店20余家、纸店24家、辽东货大店13家、典当百余家、客店大小数百家。[③] 当然还有许多未统计进去的其他店铺如果子店、皮店、弓店、手帕店、故衣店等以及更多无名号的小摊铺，另外临清市内还有难以数计的饭铺酒馆。城周约三十里的临清[④]拥有如此众多的店铺，故时人称其“甲天下”，绝非夸大之词。

山西太原府城晚明时也是“闾巷绣错，号为雄郡”[⑤]。珍珠店、缎店、梭店、

---

① 范濂：《云间据目钞》卷二《记风俗》，《笔记小说大观》第13册，江苏广陵古籍刻印社1983年版，第111页。

② 同上，第113页。

③ 《明神宗实录》卷三七六，万历三十年九月，户部尚书赵世卿疏；也参见王毓铨主编：《中国经济史·明代经济卷》第7章《明代商业的繁荣与兴盛》，经济日报出版社2000年版。

④ 据韩大成在《明代城市研究》中的考证。

⑤ 道光《阳曲县志》卷三《街市图》，道光二十三年刻本。

布店、皮店、盐店、油店、烟店、麻鞋店、花碗店、杂货铺、销金铺、书铺、笔铺、发髻铺、胭脂铺、生药铺、熟药铺、海味铺、钱铺、伞铺、饭铺、面铺、油铺、醋铺、调粉酱菜铺……充列街市，各色店铺林林总总，名家老店枚不胜举。①

南方城市广州，时人称：

广城人家，大小俱有生意，人柔和，物价平，不但土产如铜锡俱去自外江，制为器，若吴中非倍利不鬻者，广城人得一二分息成市矣。以故商贾骤集，兼有夷市，货物堆积，行人肩相击，虽小巷亦喧填，固不减吴阊门、杭清河坊一带也。②

其城市之繁华，店铺之众多，跃然眼前。值得注意的是，此著者称广州人做生意"人柔和，物价平"，苏南人经商要索一倍之利，而广城人"得一二分息"就肯成交，其经营心态和风格与苏南商人迥然不同；另外广州商埠还"兼有夷市"，这也是与内地商市不同的地方。

杭州曾是南宋都城，至晚明，其繁华兴盛仍在一般都市之上。史载，"入钱塘境，城内外列肆几四十里，无咫尺瓯脱，若穷天罄地无不有也"③。与苏州一样，杭州也是明末清初小说家笔端下常常顾及的地方。在他们笔下，杭州城内"上下经商，过往仕客，捱挤满路，实是气色。两边铺面做买卖的，亦捱肩叠背"④。总之，当时天下大都会、大码头、大村名镇，无不商货辏集、店铺鳞次，繁盛非凡。

当时商业活跃繁荣的另一表象是农村集市和小城镇的迅猛增长和发展。明中叶以后，江南苏、松、杭、嘉、湖五府，在不长的时间内生长出 210 来个市镇，其中规模大、功能齐全之镇约有 160 个。⑤ 弘治年间吴江县县志仅载 2 市 4 镇，嘉靖年间增为 10 市 4 镇，明末清初又增为 10 市 7 镇。嘉定县市镇由正德年间的 15 个，增加到万历时的 3 市 17 镇。松江府正、嘉间市镇 44 个，崇祯时达 65

① 康熙《阳曲县志》卷三三《市镇》；也参见韩大成《明代城市研究》，第 102 页。

② 叶权：《贤博编》，收于《明史资料丛刊》第 1 辑，江苏人民出版社 1981 年版，第 198 页。

③ 明·聂心汤纂：《钱塘县志·纪疆·物产》，光绪十九年刊本。

④ 江木点校、西冷狂者著：《载花船》卷之二第五回《谋营运三姓联盟》，第 38 页，见《珍珠舶等四种》，江苏古籍出版社 1993 年版。一般认为作者是浙江杭州人。此书成于清初，因此这里描写的应当就是晚明情景。

⑤ 据樊树志：《明清江南市镇探微》（复旦大学出版社 1990 年版）所列市镇统计。

个，新增了21个。[①] 这些市镇无不是贾户千百，铺店密布。典型者如吴江盛泽镇，它在万历、天启年间形成为一个丝织业大镇，“那市上两岸绸丝牙行，约有千百余家，远近村坊织成绸匹，俱在此上市。四方商贾来收买，蜂攒蚁集，挨挤不开”[②]。镇上丝绸交易繁忙，自然商贾、工匠、农民川流不息，除牙行外，其他如饭铺、酒馆、杂货、鞋帽等日用品店纷争繁华。吴江县市发展还在盛泽之前：

> 元以前无千家之聚，明成弘间居民乃至二千余家，坊巷井络，栋宇鳞次，百货具集，通衢市肆以贸易为事者，往来无虚日。嘉隆以来，居民益增，贸易与昔不异。[③]

又如嘉定县南翔镇，虽在嘉靖年间屡遭倭寇匪盗、战乱兵燹之灾，镇上店铺受损，商人破财，但由于周边环境的影响，很快就衰而复兴，方圆十多里，“多徽商侨寓，百货填集，甲于诸镇”[④]，其中粮店、布号、典当等店铺构成那里经济生活的重要方面，而且还带动了服务性行业如饭店、酒馆的兴盛。嘉兴、秀水接界处的濮院镇，大约建于洪武年间，明中叶后进入鼎盛期。万历十九年(1591)秀水知县李培撰《翔云观碑记》称：“迩来肆廛栉比，华厦鳞次，机杼声轧轧相闻，日出锦帛千计，远方大贾携橐群至，众庶熙攘于焉集……”[⑤]镇上店铺经营得红红火火。

全国其他地方还有许多镇市(墟)，它们或是具备了特种手工业(如江西景德镇、铅山镇、山东青州颜神镇)，或是地处交通要途(如河北河西务、河南东光县下口镇、荆州府沙市)，或原本就是军事重镇(如宣府镇、山西大同镇、宝山月浦镇)，而拥有许多店铺。虽然目前尚少见具体和直接记述某个或某行店铺的史料，但从“贾店鳞比”、“五方杂处、商贾辐辏”、“人烟数十里，贾户数千家”等文字记载看，那里的商业店铺应该也是活跃和兴隆的。

此外，在一些传统节日和农村大集市上，活跃的商业活动也表现得淋漓尽致。如开封元宵节的灯市上，花灯、纱丝之“铺设至一二里”[⑥]。杭州的香市上有饮食店和杂货铺的开设。嘉靖时广西钦州因为平安桥的落成，父老们移东

---

① 采用范金民在《明清江南商业的发展》(第321页)中的统计。

② 冯梦龙：《醒世恒言》第一八回《施润泽滩阙遇友》，上海古籍出版社1992年版，第230页。

③ 乾隆《吴江县志》卷四《镇市村》，乾隆十二年刻本。

④ 万历《嘉定县志》卷一《疆域・市镇》，《四库全书存目丛书》史208册，齐鲁书社1996年版。

⑤ 金淮：《濮川所闻记》卷四《文》，转引自樊树志：《明清江南市镇探微》第10章，第409页。

⑥ 《如梦录・节令礼仪纪第九》。

门墟至桥南，顿时“归者如云”，“旬月间”就“列肆七八十”①。广东吴川县的芷芋墟，由于商船来往多至数百艘，万历间创铺户百千间，“贩谷米，通洋货”……年收税饷万千计。② 万历年间王士性在河南确山县任职，由于那里贸易、店铺、谷粟皆聚于东门之外，王士性担忧“一燎则城中坐困”，而且，“县后与学后又皆空地，气象萧索”。于是“故移一集于城中空处，使人烟喧闹以招徕”。后来人气渐旺，“场既立，店舍渐兴，则谷粟可以次入城，而北归市之民即守城之众，亦以默寓百年久远之计”③。在农村的一些大集市上，为吸引周围百姓，一些地方官员也搬去或由商贩自动建起的一些铺店坐落其中。这些店铺的存在，加强了农村和农民集市、市镇与商业、商品的联系，促使了市场网络的进一步扩大与联结，而且铺店与摊贩不同，铺店一旦开业存在，它就具有相对的稳定性，因而集市上商铺的开设对小城镇的形成起着积极的推进和奠基作用。此外，自明后期始，即使在边远偏僻的乡村中，也都零星分布着小杂货店、小药铺子④，以应乡人不时之需。这表明，在这一时期，商品（也包括简单的日常生产、生活用品）确实已经成为普通市民百姓的普遍需要。

明后期以后，在我国城镇店铺业发展的过程中，还呈现了与以往商业活动不同的一些重要变化之迹象，透射出当时社会经济中某些新的动向，其主要特点如下。

一、经营队伍中增添了新成员——大批文人学士的加入

成化、弘治以后，由于商品活动的活跃，在流通和销售中产生的高额商业利润，吸引了社会各阶层、各色人等都参与到经商营利的洪流中去。明初，国家曾有令禁止宗室、勋旧经商货殖，但到中叶以后，宗室“经纪贸易与市民无异”，如楚王府所在地，通衢绸帛店“俱系宗室”所有⑤；宦官则帮助皇室经营珠宝、绸缎、古玩等物，其店贵称“皇店”，甚至连正德皇帝也亲自开设酒馆——当然其中玩的成分居多，但这也从一个侧面反映了当时开设商业店

---

① 嘉靖《钦州志》卷七，《天一阁藏明代方志选刊》嘉靖刻本。

② 光绪《吴川县志》卷一〇《杂录》，中国方志丛书本，第391页。

③ 王士性：《广志绎》卷之三《江北四省》，中华书局1997年版，第42页。

④ 这样的记载在明清小说如《型世言》、《生绡剪》（短篇小说集，虽是清初刻本，但多写明后期之事。笔者所见是李落、苗壮校点，春风文艺出版社1987年版本）等中多有反映。

⑤ 乐水、包汝楫：《南中纪闻》，《砚云甲编》，《申报馆丛书》本。

铺的吸引力；首辅高官如严嵩家里开设店号，徐阶“自废退以来大治产业……越数千里开铺店于京师”①，这是上层。在中下层，不少庶民地主离乡进城经营买卖；种田赋重，许多农民也改做商贩或小本经营小摊铺；军人则离岗开店设肆当了业主，自由职业者如和尚也开设“酱食店”、道士创办“线米铺”……这类情形虽前代亦有其例，但都不如明中叶以后那样普遍和有如此多人的投入。尤其是，在这样的社会大环境中，文人学士的价值观念，如四民、义利、贾道、治生观等发生根本性变化，原来不齿言利、不屑商贾的士大夫（包括其家庭成员）也进入经商队伍，晚明社会“弃儒服贾”、“弃文从商”已蔚然成风。

在明后期士大夫的文字记载中，保存有大量关于“弃儒就贾”的实例。江南地方向以物产丰富、儒业昌盛、民风淳厚而著称，而到正德、嘉靖年间，成百上千的士人开店设铺。江北的一些儒生，在经历了“顶了读书二字，没有别样行业，（又恰遇荒年）……竟弄到朝不谋夕的地位”的生活后，不免悟出“那秀才是个吃不饱着不热的东西”②之理，因而也不再掩饰追求实利的心态，改为经营生意，甚至甘当店铺从业者，操持簿册账目、执任会计掌事，以解决生计。各地还有一部分士人经商，是为了贴补课业，“诸生中，亦有籍父兄子弟营生，以资课业者”③。由陈智超开发、阐释的美国哈佛大学哈佛燕京图书馆所藏明代徽州方氏亲友手札七百通，其主要收信人方用彬，也属这种情况。他既有国子监生的资格，而且能诗善画也确有相当的文化造诣，又热衷于社会交往和交游，而支撑这种种文化活动的，正是商业。他（与族弟）在家乡歙县岩镇开设了“宝铺”或称“宝店”、“宝肆”，或经营借贷，或出售字墨书籍、古玩器物，等等。④

---

① 高拱：《高文襄公文集·掌铨题稿》卷二六《复巡城御史王元宾缉获钻刺犯人孙五等疏》。

② 天花主人编次、李伟实点校：《云仙笑》《又团圆　裴节女完节全夫妇》中文字，见《珍珠舶等四种》，第 22 页。

③ 马敩：《下雉纂》，见谢国桢编：《明代社会经济史料选编》下第 8 章《工商业政策及其他》，福建人民出版社 1981 年版，第 268 页。

④ 方大治的手札中云：“前日承见许假银，今拜领贰拾叁两，当依宝店纳利。”方宇信中有以用彬“宝肆内菖草二尊，欲乞一尊以增匏居之光……”之文字。汪道贯亦说，“向以首饰数件当在宝铺”。分别见陈智超著《明代徽州方氏亲友手札七百通考释》金册八二、五〇、七，安徽大学出版社 2001 年版，第 618、569、507 页。

与一般的商人相比，文人经商自有其独到的优势和特色。如与上述方氏一样，有的文人专门从事文化商业活动，如经营书铺、字画铺、香铺、花铺、古董铺等。经营这类物品，对他们来说确是擅长，而且也被时人认为是最雅的生意。[①] 明末苏州常熟人毛晋，应试不第，乃回乡以收集、刻印及贩书、买卖字画为业，里中谚云："三百六十行生意，不如鬻书于毛氏。"[②]生意做得不小。但是也有经营别种店铺的，如苏州皋桥孙春阳铺主，原来是宁波人，"万历中年甫弱冠，应童子试不售，遂弃举子业为贸迁之术。始来吴门，开一小铺（南货铺）"[③]。南京有一位叫李素居的，"幼攻举子业，往往不遵朱注，坐是失意于有司，乃弃儒学医"，后以卖膏药度日，开了一个地不过五尺的药肆[④]……这些都反映了当时儒生文士抛弃陈旧、传统的轻商观念，打消经商有玷清誉之顾虑，树立起适应时势的处世理念。应该注意到，官方史书或正统儒士的记载多少要给文人经商涂上一层不得已而为之、近乎被迫的色彩，或者蒙上虽然经商但仍心系仕途、不弃旧学的面纱。这固然是事实，但亦非尽然。在明清小说中，有大量叙述和描写文人弃学经商的故事，其中不少都是文人主动改弦更辙，弃文经商的。这里摘引几则为证，如明末清初成书的《云仙笑·平子芳》云：

> 湖广荆州府有一官人，姓平名德，表字子芳……父亲平云峰，开个绸铺过日。（后父死）……子芳料理丧葬之后，便承了父业，依旧开张绸铺。
>
> ……（后因避李自成起义，子芳逃难至扬州）幸喜那里尚是太平，子芳便赁下一间房子，到苏、杭贩些杂货，开个小店度日。[⑤]

同书另一篇《厚德报》记述：

> 话说明朝万历年间，苏州府长州（洲）县地方有一位官人，姓张名国瑞，表字昌伯……原来是儒家出身，自他父亲不喜读书，开一个布店，挣起富翁，有盛名。传到昌伯也便继述父志，比着父亲更觉筋节，那些家资却

---

① 李渔：《觉世名言十二楼·萃雅楼》（江苏古籍出版社1991年版）中详细描写了这样的故事。此虽为小说家杜撰，但晚明现实生活中必定有类似的真事。

② 叶德辉：《书林清话》卷七，见于《郎园先生全书》本。

③ 钱泳：《履园丛话》下卷二四《杂记下·孙春阳》，中华书局1997年版，第640页。

④ 周晖：《金陵琐事》卷三《李素居》，《中国方志丛书》万历刊本，台北成文出版社有限公司印行。

⑤ 天花主人编次、李伟实点校：《云仙笑·平子芳　都家郎女妆奸妇　耿氏女男扮寻夫》，见《珍珠舶等四种》，第40页。

又多了几倍。那富翁两字，不消说是居之不疑了。①

李渔作《觉世名言十二楼》有述：

> 明朝嘉靖年间，北京顺天府宛平县有两个少年，一姓金……一姓刘……两人同学攻书，最相契厚。只因把杂技分心，不肯专心举业，所以读不成功。到二十岁外，都出了学门，要做贸易之事。②

以上这些叙述描写，反映了那个时期文人学士开店设铺并非完全是生计所迫，而是他们的一种择业，是自己的喜欢和爱好，因而是一种自觉行为。

开店设铺比传统的耕读生活更具复杂性，做买卖尤需专门文化知识和智慧，如在进买货物、出售商（产）品时，要计算成本与利润、设法合资或借贷，要缴租纳税、订立合同、换算货币、典当抵押，甚至还要处理与政府关系，进行商务诉讼……这类活动中，文化上的优势，尤其是能写会算，肯定大大有助于经营。苏州孙春阳南货铺经营的成功，就是很好的一例：

> 其为铺也，如州县署，亦有六房，曰南北货房、海货房、腌腊房、酱货房、蜜饯房、蜡烛房，售者由柜上给钱取一票，自往各房发货，而管总者掌其纲，一日一小结，一年一大结。自明至今（清）已二百三四十年，子孙尚食其利，无他姓顶代者。吴中五方杂处，为东南一大都会，群货聚集，何啻数十万家，惟孙春阳为前明旧业。③

“孙春阳”从明代的一个小铺，发展到清代颇具规模、制度健全、专制专卖南货精品的名店，应该与其创始人的文化品位和精明，及采用了别开生面的经营方式不无关系。另外重要是，有些店铺雇佣了一批能写会算、素养较高的下层士人为之打理，它们的发展也得益于这些“掌记”、“会计”的文化修养与经营见识。当然，文人学士经商不免也有因其迂腐而失利亏损者。但大批文人学士进入商人行列，毕竟是给当时的商业队伍补充了真正意义上的新生力量，而且也为店铺商行增添了文化氛围，促进商业文化向更高层次的发展，从而对晚明的社会变迁产生积极影响。

---

① 天花主人编次、李伟实点校：《云仙笑·厚德报　张昌伯厚德免奇冤》，见《珍珠舶等四种》，第84页。

② 李渔：《觉世名言十二楼·萃雅楼》第一回《发利市财食兼收　恃精详金银两失》，第111页。

③ 钱泳：《履园丛话》下，卷二四《杂记下·孙春阳》，第640页。

二、商品种类增多——非自产货源充足

宋、元两代包括明前期，全国各大城镇的大多数店铺（尤其是中小店铺）大都是手工业作坊兼营商业，它们的经营形式基本是前店后坊，销售自己生产的物品，即使文化店铺亦然（书坊自刻自卖）。完全靠进成品货来经营的商业店铺只是很少一部分。明后期，自产自销之店依然遍布城镇。但随着生产的发展，进入流通领域的产品日趋增加；而由经济逐渐富裕而引发的市民对生活需求的不断提高，则有力地刺激了产品向商品转化的速度和力度，并促进流通的进一步繁忙兴盛。许多生产者（农民、小手工业者等）已不完全是直接为自己生活、生产所需而生产产品，他们这时的生产主要是为了拿产品到市场销售，即是生产商品，是创造产品的商品价值。他们或者将成品直接出售给店铺老板，或者卖给商贩，由商贩长途贩运至远处销售。许多商铺也不再需要由自己来生产所售物品，他们完全可以从产品生产者手中或商贩那里购进自己所需的商品。这种社会产品商品化程度的明显增加，是明后期商业经济发展的又一显著特点，也是当时城镇商业店铺繁荣发达的一个重要基础。

当时产品的商品化程度，我们可以从以下的一些数字来窥看。据吴承明统计，明代，农副产品中作为大宗、重要的贩运物货（不包括政府征收、调拨的赋税货物）有：1. 粮食，“在明后期，较长距离的粮食运销，包括广东米北上，恐怕不超过一千万石……约值银八百五十万两。”2. 棉花、棉布，尤其是新兴的棉布“估计明代（长途运销）约不超过二千万匹……约值银二百三十万两”。3. 丝和丝织品，参加长途运销的丝织品“每年可达三十万匹左右……价值在三十万两左右”①。显然，这些货物应该属于商品类。

大批粮食贩运异地，是作为商品在粮铺销售的。明后期，江南许多城镇出现的大“米行”、“六陈铺”等，大都已不是仅销售本地区所产之粮食了，更多的是销售从湖广一带贩来的粮食。如徽州地区城镇所需之粮食，“大半取给于江西、湖广之稻，以足食者也，商贾从数千里转输”②。当时盛行的“湖广熟，天下

① 吴承明：《论明代国内市场和商人资本》，《中国资本主义与国内市场》，中国社会科学出版社 1985 年版。

② 吴应箕：《楼山堂集》卷一二《江南平物价议》，粤雅堂丛书本。

足"的谚语，也正折射出了全国许多粮食铺子的货源主要来自湖广的信息。[①]当然，有些地区城镇的粮铺也还以本地区生产粮食为主，如开封的大米行："所有郑州、辉县、光州、固始等处来各色大米，俱归入行内"[②]，即米行货源，既有产自开封附近郑州、辉县的，又有来自较远产区光州、固始的；又如杭州，"城中米珠取于湖(州)"[③]，等等——不过，这种拿到店铺销售的粮食也已经属于商品的范畴了。

棉花(农产品)和棉布(手工业产品)是大宗运销的又一商品。在晚明，这一行业的一个显著特征是，北棉南运，南布北销。长江以北如山东、河南以及江苏、河北的一些地方，由于日照、土壤等自然条件比较适合于棉花生长，因此种植得多，产量也较高，但相对来说，纺织加工的能力较弱，技术也较差。因此，那里所产的棉花，大多是卖与商贩运至南方，或是由北人径自到江南开肆销卖，供应当地的棉纺织手工业原料。如浙江乌程之南林，"地产棉花甚少，而纺之为纱，织之为布者，家户习为恒业，不止乡落，虽城中亦然。往往商贾从旁郡贩棉花列肆吾土"[④]。河南、山东植棉，商人收后，转鬻江南。山东兖州、郓城是棉花集散地，"贾人(从该地)转鬻于江南，为市肆居焉"[⑤]。而经江南如苏州麇集于城东北"待价而雇"的机织工们加工而成的布匹、棉纱等，再运往全国各地市肆销售，或由商贾径到北方开设棉布店。

丝和丝织品历来都是人们生活中的重要商品，在宋朝特别是南宋时，丝织品的生产和销售就已相当繁盛，其经销店铺在江南城市中也十分普遍，据时人记，杭州"自淳祐年有名相传者"106家铺户中直接出售丝绸半成品的有9家、与丝绸有关的有19家，合计28家，占总数的26.4%[⑥]。到了明后期，丝织业

① 明前期流传的"苏湖熟，天下足"谚语中，包含有太湖地区承担着国家重赋，在财政上占有重要地位之义，并不完全指是该地的粮食运销到全国各地。"湖广熟，天下足"，则体现了区域经济分工与粮食调剂。关于江南依靠湖广粮食调剂问题，学者们多有研究。这里参见陈学文：《从"苏湖熟，天下足"到"湖广熟，天下足"的演化及其意义》，《庆祝杨向奎先生教研六十年论文集》，河北教育出版社1998年版；李伯重：《明清江南与外地经济联系的加强及其对江南经济发展的影响》，《中国经济史研究》1986年第2期；范金民：《明清江南商业的发展》等论著。

② 《如梦录·街市纪第六》，第32页。

③ 王士性：《广志绎》卷四《江南诸省》，第69页。

④ 朱国祯：《涌幢小品》，《笔记小说大观》本，第13册，江苏广陵古籍刻印社1983年版。

⑤ 万历《兖州府志》卷四。

⑥ 参见范金民等：《江南丝绸史研究》第4章《宋代江南丝绸业中心地位的形成》，农业出版社1993年版，第50页。

有了长足发展，特别是民间的丝织业生产发展更为迅猛，万历时两京和江南的一些丝织巨镇上，“肆廛栉比，华厦鳞次，机杼声轧轧相闻，日出锦帛千计”[①]。这些地方不仅丝织品的产量较以前有了大幅度的增长，而且品种更加丰富，价格也因生产效率的提高而有所下降，因而，交易量大增，丝织产品源源流向全国各地，直至僻远之乡。史载，嘉靖年间，边防重要军镇宣化府，就有来自南京、苏州、杭州、潞州、泽州等地的罗缎、丝绸、帕巾铺，专售这些地方出产的丝织品，“各行交易铺沿长四五里许”[②]。远在四川、云南金沙江畔的穷乡僻壤处，有一个外商聚集的采大木之区，人称“万人嵌”，“虽僻远万里，然苏、杭新织种种文绮，吴中贵介未披而彼处先得”[③]。显然，“种种文绮”均为长途贩运而去，这说明，当时的丝织品确已成为人们生活中的一种重要商品，不言而喻，出产这些产品的工场、作坊已经完全是生产商品的地方了；其销售处抑或也是专门的店家铺子。

丰富的商品，活跃的市场，是以遍布城镇的大小店铺为依托的。当时的大中小城镇，均是店铺云集，经营繁忙，热闹非凡，而且都各具特色。走遍大江南北的地理学家王士性在评论各地码头时说：

> 天下马头，物所出所聚处。苏、杭之币，淮阴之粮，维扬之盐，临清、济宁之货，徐州之车赢，京师城隍、灯市之骨董，无锡之米，建阳之书，浮梁之瓷，宁、台之鲞，香山之番舶，广陵之姬，温州之漆器。[④]

但是，随着商品的日益丰富和流通渠道的不断扩大，这种界限也在逐渐消融。大都会当然是首当其冲，如北京，“天下财货聚于京师，而半产于东南……盖四方之货，不产于燕，而毕聚于燕。其物值既贵，故东南之人不远数千里乐于趋赴者，为重糈也”[⑤]。“东南财货与山海珍藏无不聚辇毂下，诚为塞途积路”[⑥]。不说丝绸罗缎、米粮棉布、珠宝器皿充斥市肆，就是原本只在江南沿海水乡才丰硕，又难于保鲜、不易贩运的“蛙、蟹、鳗、虾、螺、蚌之属”，万历中期竟

① 李培：《翔云观碑记》，见《濮川所闻记》卷四《文》，转引自樊树志：《江南市镇探微》第10章。

② 《古今图书集成·职方典》卷一五五《宣化府·风俗考》引万历《宣府镇志·风俗考》。

③ 王士性：《广志绎》卷五《西南诸省》，第107页。

④ 王士性：《广志绎》卷一《方舆崖略》，第5页。

⑤ 张瀚：《松窗梦语》卷四《百工纪》，中华书局1985年版，第76—77页。

⑥ 张瀚：《松窗梦语》卷二《北游纪》，第31页。

在京城也大量出现，人称“腥风满市廛矣”[①]。万历末年，京城的“鱼、蟹反贱于江南”，而且一些珍稀水产如“蛤蜊、银鱼、蛏蚶、黄甲”也“累累满市”[②]。在南京，

……斗门、淮清之桥，三山、大中之街，乌倮、白圭之俦，骈背项兮交加，日中贸易，哄哄咤咤。云间之布、雅安之茶、吴会玉栅之灯、勾漏石床之砂、翠聚琼台之馆，曲连淮阴之车，万货各离其乡土，何聚会之纷拏，反兮如潮之汗漫，覆兮类汐之荣查，来无趾兮得得，散无毂兮奓奓，虽殊途其货殖而一致……[③]

那里的招牌、广告更记录了并张扬着其地物货的外来性质，如“立记川广杂货”、“发兑官燕”、“福广海味发客”、“西北两口皮货发客”、“东西两洋货物俱全”……开封城内林林总总的商店中，可以确定从外进货或进原料的有：杂货店、山货店、竹货店、大缎店、南北香料店、南果、海菜店、西羢货店、毡货店、大米行、六陈杂粮行、杂粮大坊子、白布店、纸店、生熟药材店等各行。[④]

在中小城市中，各地货物云集的现象也不断出现。史载，临清市“萃四方货物，墆鬻其中，率非其地所自出”[⑤]，福建同安县“往时市肆绸缎纱罗绝少，今则苏段、潞绸、杭货、福机行市，无所不有者”[⑥]。以产纸闻名、僻远的江西铅山镇上，

其货自四方来者，东南福建则延平之铁，大田之生布，崇安之闽笋，福州之黑白砂糖，建宁之扇，漳海之荔枝、龙眼；海外之胡椒、苏木；广东之锡，之红铜，之漆器，之铜器；西北则广信之菜油；浙江之湖丝、绫绸；鄱阳之干鱼、纸钱灰；湖广之罗田布、沙湖鱼；嘉兴西塘布；苏州青、松江青、南京青、瓜州青，红、绿布；松江大梭布、中小梭布；湖广孝感布、临江布、信阳布、定陶布；福建生布、安海生布、吉阳布、粗麻布、书坊生布、漆布、大刷竟、小刷竟、葛布、金溪生布；棉纱、净花、籽花、棉带、褐子衣、布被面；黄

① 沈德符：《万历野获编》卷一二《户部·西北水田》，中华书局1980年版，第320页。

② 谢肇淛：《五杂俎》卷九《物部一》，中华书局1959年版，第265页。

③ 桑悦：《南都赋》，《明文海》卷一，中华书局1987年版，第7页。

④ 《如梦录·街市纪第六》。

⑤ 万历《东昌府志》卷二《物产》，转引自韩大成：《明代城市研究》，第90页。

⑥ 蔡献臣：《清白堂稿》卷一七，转引自傅衣凌：《明清社会经济史论文集》，第23页；又《江南丝绸史研究》，第259页。

丝、丝线、纱罗、各色丝布、杭绢、绵捆、彭刘缎、衢绢、福绢。此皆商船往来货物之重者。[①]

方圆几千里的各种名、优、特产，辐辏汇萃于山陬一隅，这确实很能反映明后期商品的繁荣景象。其他如铁器、瓷品、纸张、食糖……也在由生产它们的原产地源源不断地贩运到全国各地，进入大小城市中的千店万铺，供当地市民消费。

作为店铺，店主都愿意自己店内货物齐全，以吸引和满足顾客买主，使买卖兴隆。这是商品经济发展到一定阶段的必然趋势，也是有头脑店主应取的有效经营之道。《金瓶梅》在叙述西门庆开店铺时，曾借帮闲伯爵的话说："常言道：(开店)要的般般有，才是买卖。"[②]当时有些店铺还千方百计收觅一些外国货或者是仿制品进来，如"天鹅绒、琐袱，皆产自西洋，会城人效之，天鹅绒赝者亦足乱真，琐袱真伪不啻霄壤"[③]。广州的铺子就有这类商品出卖。李渔笔记小说中也有人们在古玩铺里看到和购买西方传教士带进的望远镜仿制品的详细叙述。[④] 求新觅异、热衷齐全的心态，即便是乡村的小杂货铺主亦然，他们也不时要去到大市场上办货。[⑤] 法国费尔南·布罗代尔笔下西方19世纪才兴盛的"什么都卖，但什么也不生产"的杂货店，[⑥]在16世纪的晚明社会，已经到处可见了。

特别到晚明时期，社会产品商品化程度的明显增大，以及由此带来的商品的丰富、品种的增加、流通的扩大和对城镇发展尤其是店铺业繁荣的刺激，是

---

① 《铅书》卷一，转引自田昌五、漆侠主编、吕景琳著：《中国封建社会经济史》第4卷，齐鲁书社、文津出版社1996年版，第265—266页。

② 《金瓶梅》第六六回《翟管家寄书致赙　黄真人发牒荐亡》，齐鲁书社1987年版，第995页。

③ 王临亨：《粤剑编》卷三《志外夷》，见《玄览堂丛书续编》，明万历刊本。

④ 见李渔：《觉世名言十二楼·夏宜楼》(书成于清顺治十五年前)第二回《冒祥仙才郎不测　断诗句遗物留情》，江苏古籍出版社1991年版，第68—69页。据戴念祖先生考证，民间——薄毂制造望远镜，约在明崇祯年间(见戴氏《明清之际望远镜在中国的传播及制造》，载《燕京学报》新9期)。铺子里出售千里镜子，当在明清之际。当然此事本身也许是小说家的杜撰，但那个时代个别"高科技产品"，受到求新、觅异店铺主的注意并采购，作为商品，也是完全有可能的。

⑤ 据凌濛初：《拍案惊奇》卷一《乌将军一饭必酬　陈大郎三人重会》(人民文学出版社1991年版，第135页)记，明中叶苏州吴江县有一家商民，在门前开了一爿小小的杂货店。由女婿陈大郎及其小舅两人管理，"忽遇寒冬天道，陈大郎到苏州置些货物"，即是此种情况。

⑥ 布罗代尔著、顾良译：《15至18世纪的物质文明、经济和资本主义》第2卷第1章，三联书店1993年版，第46页。

当时商品经济活跃的一大显著特点，也是中国的商业经济（包括店业发展）史上一个重要的里程碑。尽管这种商品生产还是比较原始的、规模有限的，尽管对当时自然经济的分解作用还十分微弱，但它们毕竟促进了商品经济的整体发展，使晚明社会经济达到了中国传统社会的巅峰。

三、经营规模的扩大和经营方式的创新——具有新特征字号的孕育与兴起

给店铺起个名字，原是极普遍之事，例如卖铁器的称铁店，卖布的叫布店，卖杂货的叫杂货铺等。但在店名字号上做起文章，以表明或标榜自己铺子的特色和诚信，则是稍后的事。宋代，给店铺取名、称作字号的做法已经为店主采用。"宋魏泰：《东轩笔录》八（记）：京师置杂物务，买内所需之物。而内东门复有字号，径下诸行市物，以供禁中。"[①]这个记载，说明当时字号是为承应官府的征调而得名。但事实并非尽然，从史料记载看，给自己铺子起字号不只是较大商家，一般的民间铺商也这样做，如"潘节干熟药铺"、宋五嫂鱼羹铺、沈家金银交引铺、"徐茂之家扇子铺"、"陈花脚面食店"、"南瓦子北卓道王卖面店"、"彭家温州漆器铺"、"李生菜小儿药铺"、"仇防御药铺"……[②]之所以要立字号，究其原因，除了为轮流承应官府征调外，主要在于：在行业竞争日趋激烈情况下，它是经营者对所经营商品的质量和对顾客诚信的一种承诺和保证，是一种新的经营理念和经营方式。顾客在你铺子买东西，如果东西质量好，服务也热情周到（所谓"和气生财"），那么他第二次还会到你铺子来买，而且会代做宣传，让更多人都知道而纷至沓来。这对商人来说，正是梦寐以求的。因此，到了明后期，随着商品经济的进一步活跃，这种靠质量和信誉来赢得更多顾客的经营理念和经营方式就更加受到重视。城镇里众多商人不仅给自己的铺子起字号，并且都十分注意在字号上做文章，努力宣传、标榜自己。如《醒世恒言》写一小手工业者张权，才"搬至苏州阊门外皇华亭侧边开个店儿，自起了个别号，去那白粉墙上写两行大字，道：'江西张仰亭精造坚固小木家火，不误主顾。'"[③]这可谓店号、标榜自己产品的货真价实和表明诚信服务的最原始和最简单的做法。类似的事例在文献中也有记载。

---

① 《辞源》"字号"条，商务印书馆 1986 年版。又，《汉语大词典》第四卷"字号"条对此解释为："(2)北宋皇宫的采买机构"，有其专为皇室服务的意思。

② 引自吴自牧：《梦粱录》，浙江人民出版社 1980 年版；孟元老《东京梦华录》，《丛书集成》本。

③ 冯梦龙：《醒世恒言》卷二〇《张廷秀逃生救父》，上海古籍出版社 1992 年版，第 256 页。

随着经营实践的进展和经营经验的不断积累，到明后期尤其是到了清前期，各地都形成了一批有影响、有信誉的字号商铺，这些商铺因为经销可信的商品和具有自己独特的经营风格而在广大顾客中享有声誉。这些商铺在市民眼里与一般的商铺有了区别。成书于清乾隆年间（但自言写明中叶事）的小说《歧路灯》中记，一官僚子弟考虑要经商，他说，"我想做生意，或是海味铺，或是绸缎店"，所开铺子一定"要立个字号，不是糊纸匾上写个堂名，羞死我哩"。① 这说明当时人们观念上已将有声誉的字号与一般的商铺区分开来，业商者也都以能经营和拥有字号为荣。这些有声誉的字号商铺，一般说来都是具有一定规模、商品质量可靠、有经营特色的店铺，且不少制定有严格、详尽的店规条例。店铺业主大都有孜孜求长久发展的心理准备和计划，或者它们已历经了一代甚至几代人的苦心经营与培植。

乾隆年间，乾隆帝南巡江南，苏州府开出一份店铺名单：

> 第一店　公茂号发各省绸缎纱罗　此绸缎店也。即系各省绸缎纱罗贩卖之谓也……第四店　姑苏仿古斋文房古玩　此文具、磁器、音乐店也。姑苏，州也，仿古斋，同前，文房古玩，即文人书房所用并古时所置之器也……第十店　大盛号精造铜锡器皿　此铜器店也。大盛号，同前，精造铜锡器皿者，铜锡等器细加精工之谓也。第十一店　源发号长路粮食　此米店也。源发号，同前，长路粮食，远近所产粮食之谓也。第十二店　松茂号定织妆蟒朝衣补服　此绸缎店也。松茂号，同前，定织妆蟒朝衣补服发客者，定织朝衣补服等出卖之谓也……第十四店　启泰号自运浙闽名烟　此烟店也。启泰号，同前，自运浙闽名烟者，即浙江、福建等所买来置店上品烟叶之谓也……第十八店　卿云馆精造进呈宫扇　此扇店也。卿云馆，同前，精造进京宫扇者，即精工进呈，献上宫中所用扇之谓也……第二十店　大有号酱园　此酱油、醋、酱萝瓜并各小菜店也。大有号，同前，酱园者，广设空地，可以造制酱油、醋等并腌盐之物，谓之酱园……第二十一店　天奇斋京式朝冠　此帽店也。天奇斋，同前，京式朝冠者，即京中时式朝帽之谓也……②

---

① 《歧路灯》第六九回《厅檐下兵丁气短　杯酒间门客畅谈》，第411页。

② 〔日〕宫崎成身编：《视听草·乾隆帝江南省苏州府游幸街道图》，转引自华立：《"唐传风说书"与流传在日本的乾隆南巡史料》，载《清史研究》1997年第3期。

这份单子总共列了25家店铺。当时苏州的店铺有成百上千家，官府选定25家，当是其时公认的、有名声的字号商铺。从文中可知，这些店铺有专售绸缎纱罗的，专营文房古玩的，专卖粮食、烟酒、酱菜的，专门制作铜锡器皿的，确各有特色，而且所售商品都有可靠的质量保证；从文中介绍还可得知，这些字号店铺有专为宫廷"定织朝衣补服"、"精造进呈宫扇"的，有专为京城官吏市民制作"时式朝帽"的，等等，都是颇具规模。

明清之际，字号店铺最负盛名者，当属棉布绸缎行业。据载，康熙年间，苏州有四五十至六七十家棉布字号：

> 苏布名称四方，习是业者，阊门外上、下塘居多，谓之字号。自漂布、染布，及看布、行布，各有其人。一字号，常数十家赖以举火，惟富人乃能办此。①

其中，有家叫"益美号"的尤为有名。徽州商人汪氏，

> 设益美字号于吴阊(苏州)，巧为居奇，密嘱衣工，有以本号机头缴者，给银二分。缝人贪得小利，遂群誉布美，用者竞市，计一年消布约以百万匹。论匹赢利百文，如派机头多二万两，而增息二十万贯矣。十年富甲诸商，而布更遍行天下。嗣汪以宦游辍业，属其戚程，程后复归于汪，二百年间，滇南漠北，无地不以益美为美也。②

其实，"益美"店在开设初就十分注重所售商品的质量，因而赢得了信誉，使自己成为苏松一带棉布行业中的佼佼者，"益美"也成为一种品牌。后来经营规模扩大了，原有的成品布不够敷用，于是让缝工在收购的成品布上也印(缝)上"益美"字样，将之当作"益美"的正宗产品去制衣、去销售，结果利用"益美"信誉，使字号名利双赢，"十年富甲诸商"。他之所以成功，重要的一条就是造就名牌和利用品牌效应，从而使"益美"号棉布"遍行天下"，而质量、信誉的保证反过来又进一步完美了"益美"商号的形象。其间尽管店主有所变更，但其经营作风和在布头缝字号名字的做法始终不变。

在卖品上缝制字号名称的做法，在清朝初年成书的小说《玉楼春》中也有记述(应该是生活在小说家笔下的反映)：松江绫布"绸身最重，花样新奇，与常

---

① 乾隆《元和县志》卷一〇《风俗》，《续修四库全书》，上海古籍出版社1997年版，第106页。

② 许仲元：《三异笔谭》卷三《布利》，《笔记小说大观》第20册，江苏广陵古籍刻印社1983年版。

货不同”,“价钱比杭州的多四五钱”,绫店店主就在每疋松绫“角上”打有“瓜子大一个小葫芦式的图书”[①],这“图书”即字号标识。店家这样做的目的,与“益美”一样,都是为了将本店名优商品与其他绫绸加以区别,制造和宣扬名牌,完美店铺形象,以使自己在市场立于常胜之地。这些显示了当时字号强烈、明确的品牌意识和商业理念。

绸缎行中享有盛名的字号店铺有开封的景文州汴绫庄,它以自己生产加工的丝绸产品为店铺商品的主体,产品质量自有保证。清代它发展到拥有了99张织机和5个分号的开封府首屈一指的丝绸大商号(也是大作坊)。[②] 其他行业负有盛名的字号店铺有苏州的南北货老店孙春阳,南京的“立记川广杂货”店、“川广云贵德森字号”、“义兴油坊”、“湧和布庄”、“勇申布庄”、“大生号生熟漆”店、“杨君达”南货店、“万源号通商银铺”[③],徽州商帮中人在芜湖创办的“字号永春”药店[④]等。

从以上论述我们可以发现,从晚明到清代,字号店铺,尤其是棉布丝绸行业中有声誉的字号店铺与一般店铺相比,具有以下几个特征:1.“惟富人乃能办此”,经营者资金一般比较雄厚,所开店铺的规模也比较大;2.确保商品质量,字号店铺特别重视成品、半成品的加工,它对加工的各个环节要实行监管、监督,然后打出自己牌子,此即追求品牌效应,它们以字号名牌作为店业发展的支撑和生命;3.与第2点相关,为了使商品达到名优,字号店铺的经营在一定程度上已经介入产品的生产领域,它与成品、半成品的生产加工已经紧紧连在一起;而这些为字号店铺进行加工的作坊,也因此有了相对可靠稳定的出路,二者相为依存、依赖,所谓“一字号,常数十家赖以举火”是也。字号介入生产领域,促进并带动了手工业作坊的发展与繁荣,实际这就是商业资本进入产业资本并与之相结合的雏形。[⑤]

---

① 白云道人编:《玉楼春》第三回《遭绿林雪中逢侠　访大盗计成就擒》,《中国古代珍稀本小说》10,春风文艺出版社1994年版,第141页。

② 参见魏千志:《清代开封景文州汴绫庄的发展》,载《中华文史论丛》(沪)1983年第3期。

③ 据《南都繁会图卷》,见王宏钧、刘如仲:《明代后期南京城市经济的繁荣和社会生活的变化——明人绘〈南都繁会图卷〉的初步研究》一文。

④ 民国《芜湖县志》卷五八,见张海鹏等编:《明清徽商资料选编》,黄山书社1985年版,第210页。

⑤ 参见范金民:《清代江南棉布字号探析》、邱澎生:《由放料到工厂:清代前期苏州棉布字号的经济与法律分析》,二文均载《历史研究》2002年第1期。

这些字号店铺还有一个值得注意的地方，就是除老店之外，还开设分店。晚明在开封府同时开有“余芳缎店”、“余大缎店”、“余济缎店”、“余鸿缎店”、“余深缎店”等五家绸缎店，[①]史籍虽未明记它们之间的关系，但从它们名称同为“余记”来分析，很有点像分店或现在连锁店的意味。如上引开封府的景文州汴绫庄，在同治年间已拥有五家分店。这表明，字号店铺在明清的确很兴盛，而且也赢得了市民的广泛信任，因此它们能不断壮大规模。一些铺子虽原本属小本经营，由于注意在产品质量和服务态度上下功夫，同样赢得了顾客的青睐，如明代苏州饼馒店中有被称作“钱高阿鼎，吴中馒头店之有名者”[②]，也为字号一例。为扩大影响，有些字号店主在注意维护自己店铺信誉的同时，还常常敬请名人达官为店铺赐书字号，题额写匾，以抬高店铺的身价。如北京有名字号六必居酱园，相传内阁首辅严嵩为之题匾，南京伍少西毡货店“伍少西家”四字横匾，系吏部左侍郎兼翰林院侍读学士顾起元所书[③]，等等。

这些字号的记载很多见于清代的文献，但追根溯源，它们正是发生在明代后期。如上引“益美”之材料见于《三异笔谭》，谓“益美”“二百年间”如此这般，而此书刊于道光七年(1827)，从道光七年推前二百余年，“益美”则当创设于明朝天启年间。另一则对松江棉布字号的史料记录是：

> 前明数百布号，皆在松江枫泾、洙泾乐业，而染坊、踹坊商贾悉从之。[④]

说明苏州阊门上、下塘棉布字号式的布号，明代也已经存在。孙春阳、景文州的创办亦在明万历和天启、崇祯年间。这些足见具有新特征(即达相当规模、重视品牌效应、介于生产等)字号店铺的孕育、兴起，是在晚明社会。当然，晚明字号的出现，是这个时代店铺业经营规模扩大与经营手段上创新的结果。

城镇商业的兴盛，推动了城市发展，加强了地区、城乡之间的联系，改变着人们的日常生活，而晚明社会历史性、结构性的变迁正是寓育在这日新月异的演变之中。

---

① 据《如梦录·街市纪第六》。

② 见冯梦龙：《山歌》卷六“咏物四句”，《明清民歌时调集》上，上海古籍出版社 1999 年版，第 50 页。

③ 参见王宏钧、刘如仲：《明代后期南京城市经济的繁荣和社会生活的变化——明人绘〈南都繁会图卷〉的初步研究》，载《中国历史博物馆馆刊》1979 年第 1 期。

④ 顾公燮：《消夏杂记摘抄》中卷《芙蓉塘》，《涵芬楼秘笈》本，第二集。

第二节 晚明商人侨寓、定居[①]化趋向与社会变迁

晚明社会，城镇商业发生了巨大变化，贩运商也在改变着经营和生活方式，他们一方面想方设法进一步扩展长途贩运的既有成果，另一方面又适应市场需求，住定一地，出现了行商侨寓和定居经营的趋向。这一趋向对社会变迁产生了深刻的影响和作用。[②]

一、明以前商贩的行踪不定、来去无常

在中国传统社会前中期，商业的不发达状态决定了大部分商人主要靠贩运货物、从两地差价中获取薄利。因此，商人队伍的主体是贩运商。传统的贩运商一般分为两种类型，一是负贩商，大多为小本经营者，他们的商贩踪迹和利市大致是"不出二三百里远或一月，近十日而返，其获利厚者十二三，薄者十一，亦有尽丧其利者……计其终岁家居之日，十不一二焉"[③]，鲜有远游者，且多不在异地定居。另一种是行商，也称客商。他们一般携有较大资本，做相对大宗的货物买卖，活动的范围比较广阔。史料记述他们的经商活动，往往多以"逾……穷……历……涉……沿……下……践……迈……又转而入……""足迹且半天下"等类词汇来形容，这反映了他们江湖不定、来去无常的从商生涯。

① 这里用"定居"一词，原则上是指贩运商的定居或侨居某地经商，也包括以一地为据点，将力所能及的远近贸易，纳入其理性秩序的情况。至于用"化"，是试图说明这种历史现象的普遍性。

② 关于这个问题，已为不少学者关注。20世纪80年代，汪士信在《明清时期商业经营方式的变化》(载《中国经济史研究》1988年第2期)一文中提到，从明代始，贩运商中出现了"定行业和拴住一头的倾向"。"这种拴一头的做法，事实上是变行商为坐商的表现，以致模糊了贩运商和铺商的界线……"90年代中期，王振忠、王日根分别从淮扬地区盐商占籍和商人会馆的角度，提出了明清商人的侨居、土著化问题(见王振忠:《明清徽商与社会变迁》、王日根:《乡土之链——明清会馆与社会变迁》)。龙登高则在《从客贩到侨居:传统商人经营方式的变化》一文中，从经济学角度进一步探讨了明清商人侨、定居的历史现象及其影响，认为:"明清时期贩运商人开始在异地侨寓，进而定居……这不仅是商人对安土重迁传统观念的突破，更是商人经营方式的变革，从中折射出中国传统市场的重大发展"(载《中国经济史研究》1998年第2期)。近年，祝碧衡:《论明清徽商在浙江衢、严二府的活动》(载《中国社会经济史研究》2000年第3期)、于运全:《明清商业经营活动趋向》(载《学习与探索》2000年第5期)等文，也涉及徽商在浙的定居现象及"涉商到驻商的转变"，即部分商人的土著化问题。这里想进一步从社会变迁的角度来考察明中叶以后这一日益多见的历史现象。

③ 余继登:《典故纪闻》卷一〇，中华书局1981年版，第172—173页。

与贩运商相对，在一地拥有固定经营场所（包括店面、摊位等）而无须从事长途贩运、坐地经营买卖的叫坐贾，也称“居鬻”商人，他们大多数是本地居民。宋元两代，凡居定的人户（包括坐贾），都须挂在官府名籍之上，“终其身以至子孙，无由得脱”[①]，其目的则是为了让这些人服役纳赋，承担封建义务。明承前制，也将各类人户著籍，并明令“以籍断，不得妄行变乱”。但在明初，百废待兴，这一制度尚未受到足够的重视。因而尽管负贩行商们旅途生涯艰辛，但因为可以暂时逃避徭役，还是有不少坐贾、“居鬻”之人假冒行商身份，以躲避官府的户籍登记。明初文人张羽（来仪）《贾客乐》曾反映这种情形：

> 长年何曾在乡国，心性由来好为客。只将生事寄江湖，利市何愁远行役……浮家泛宅无牵挂，姓名不系官籍中……人间何如贾客乐，除却风波奈若何。[②]

同时代的徐贲也有《贾客行》一诗，表达了几乎相同的意思：

> 贾客船中货如积，朝在江南暮江北。平生产业寄风波，姓名不入州司籍……相期尽说莫种田，种田岁岁多徭役。[③]

贩运商们有“姓名不入州司籍”、可以逃避徭役的好处，有“朝在江南暮江北”、“人间何如贾客乐”的自由和乐趣，有“平生产业寄风波”、“心性由来好为客”的潇洒和逍遥，以及“船中货如积”而带来好的利市，这种种的确可以让人羡慕，但他们的行旅生涯毕竟异常艰辛，他们中的大多数人“蒙霜露、沐风雨”，形影相吊行进在商路上。闽商李晋德有《客商一览醒迷·附悲商歌三十首》：

> （其一）四海为家任去留，也无春夏也无秋。堂前未得供餐粥，说到班衣两泪流。
>
> （其三）膝下娇儿已长成，江湖赢得一虚名。诗书未得灯前课，不教无方启后人。
>
> （其十四）愁买忧忧愁卖忧，几时割断利蝇头。不图跨鹤扬州去，家乐应如万户侯。
>
> （其十八）四业惟商最苦辛，半生饥饱几曾经。荒郊石枕常为寝，背负

---

① 《真文忠公文集》卷七《申御史台并户部照会罢黄池镇行铺状》，转引自王曾瑜：《宋朝阶级结构》第4编《宋朝非主体阶级》，河北教育出版社1996年版，第488页。

② 张羽：《静居集》卷二《乐府歌行·贾客乐》，《四部丛刊》三编集部，上海书店据成化本刊印。

③ 徐贲：《北郭集》卷一《贾客行》，《四部丛刊》三编集部，上海书店据成化本刊印。

风霜拨雪行。①

这些文字真实、形象地反映了负贩行商们的辛苦万状和迫不得已远行的哀怨乃至悲怆之情。

艰辛的贩运和漂泊生活，使负贩行商们感到压力的沉重，并对之产生厌倦情绪。坐贾们没有旅途之辛劳，生活安逸、稳定，利市也不算微薄的种种优越，也引发他们萌生羡慕之情和希望在一地落迁定居的念头。当时负贩中的不少人由于长期背井离乡，对故乡的眷恋之情有所淡薄，他们中的很多人还在市镇、城市置了产业，因此，更愿意在这些地方定居；同时，离开农村也可摆脱土地的束缚，获得相对多的自由。但是，当时这些人除了回故里，很难被其他地方接纳。因为制度规定“人户以籍为断”，户籍“不得妄行变乱”。他们在故里之外的市镇大多只能暂留而不得久住。若耽久了，就会被视作无籍之徒，为政府制度所不容而遭驱赶。② 但是，这种情况迟早会有所改变，因为负贩行商在商人队伍中作为主体的现象，正是城镇商品经济欠发达的一种表现。随着城镇经济的发展和商业活动的深入，这一现象必然会发生变化。进入明后期，这种变化悄悄地发生了。

二、从客贩到定居

到明后期，整个社会经济已有了快速发展。农副产品和手工业产品大幅度增加，道路交通更加便利，中小城镇大批兴起，人口相对集中，人们消费水平得到显著提高，各类商品的消费量也明显增长。商品经济开始有了一个良好的发展环境。

这时，由大量需求产生的各地间产品的流通比以往有了更大的发展，更多的人加入到负贩者队伍中去，竞争愈来愈激烈。经济发展的法则是利益的重新分配。当某一种竞争激烈到一定程度时，解决矛盾的办法就会自然出现。负贩间竞争激烈的结果是引起社会分工的进一步细化，使一部分人从负贩的行列中剥离出来，专门从事货物运输，即从事大宗货物的运输或货物的长途运输，从中获取利益；而有些负贩商则改为专在一地坐地收货发货、经营买卖，不

① 李晋德著、杨正泰校注：《客商一览醒迷·附悲商歌三十首》，山西人民出版社 1992 年版，第 298、299、300、301 页。

② 明初有规定，凡地方发现有外方人居住，“除有引客商外”，原则上要发回原籍，若纵容不举，“该管旗甲亲邻里老俱坐以罪”。详见徐学聚《国朝典汇》第六册，卷八九，北京大学出版社 1993 年版，第 4657 页。

再长途跋涉负贩货物。这样，变行商为坐贾的时机已经到来。

其实，在明前期，各地商贩已有落定迹象。如汉阳府的刘家隔，原是汉水、长江交汇处的一小镇，因地处交通冲要，遂成为四方货物集散地，但先前这里的负贩商贾大多是来去匆匆的过往客人。到宣德、正统年间，该小镇居然"商贾占籍者亿万计"[①]。商贾占籍者，乃商贾定居者之谓。此记载虽然夸大，但在小镇从事稳定经营的坐贾已不在少数应是事实。明后期以后，负贩行商趋定居者有增无减。洞庭籍的行商"稍有资畜则商贩荆襄"，"并商游江南北，以迨齐、鲁、燕、豫。随处设肆，博锱铢于四方……"[②]江西商人"无论秦、蜀、齐、楚、闽、粤，视若比邻，浮海居夷，流落忘归者十常四五，故其父子、兄弟、夫妇有自少至白首不相面者，恒散而不聚"[③]，其中不乏"有家于外者"[④]。有些龙游籍商人"贾江夏"，"人与年盖两世矣"[⑤]。山陕商贾也有不少"踵世边居"的[⑥]，他们的婚娶养老也都在那里。当时多数商人都聚居在重要的商会城市如北京、南京、苏州、临清、汉口等地，如长江重镇扬州就聚居了三原之梁，山西之阎、李，河津兰州之刘，襄陵之乔、高，泾阳之张、郭，西安之申，临潼之张，及徽州歙县之程、汪、方、吴等诸大姓商人几十家，他们虽未在扬州正式占籍，但都早已定居于彼多年了。[⑦] 以地区商帮而言，徽商人数庞大，流动地区广泛，是一高迁出商帮，因此，在外的定居也为最多。徽商几乎是以集团军的形式落迁在各地。至晚明，除在扬州、杭州行盐并长住的人群之外，还有数以千计的徽商卜居金陵，营肆景德镇，侨寓睢阳，"雄坐大梁"……"徽之富商，尽家于仪扬、苏松、淮安、芜湖、杭州诸郡，以及江西之南昌，湖广之汉口，远如北京，亦复挈其家属而去。甚且舆其祖父骸骨葬于他乡，不稍顾惜。"[⑧]他们不仅在异地设铺开店，而且还在那里兴修住屋群落，营建乡人地盘。万历中歙县人郑九

---

① 嘉靖《汉阳府志》卷三《创置志·黎淳记》。

② 顾炎武：《天下郡国利病书》原编第五册，苏下，《四库全书存目丛书》，史171册，齐鲁书社1996年版，第218页。

③ 万历《新修南昌府志》卷三《风土》，《日本藏中国罕见地方志丛刊》，书目文献出版社1990年版。

④ 崇祯《清江县志》卷一《风俗》，《四库全书存目丛书》史212册，第185页。

⑤ 李维桢：《大泌山房集》卷四八《赠李汝衡序》，《四库全书存目丛书》集151册，第521页。

⑥ 顺治《云中郡志》卷二《方舆志》，见张正明等主编：《明清晋商资料选编》，山西人民出版社1989年版，第63页。

⑦ 嘉庆《江都县续志》卷一二《杂记下》，嘉庆十六年刊本，台北成文出版社有限公司印行本。

⑧ 康熙《徽州府志》卷二《风俗》，康熙三十八年万青阁刻本。

皋因业盐侨寓浙江衢州府常山县，他在自己家周围修房数十间，专供流寓来此的家乡（新安）人居住，取名“新安里”，以示自己不忘本也。[①] 无独有偶，隆庆前后徽商程鹏则在苏北灌南县买地定居，后他出资修建一条街市，也取名“新安镇”。[②] 诸如这类事例，晚明史籍中多有记载。

负贩行商的落迁定居，有少数是回到原籍故里，如小说中故事讲到明中叶“广东广州府南海县，有个财主姓杨，因他家资有百万之富，人都称他为‘杨百万’。当初原以飘洋起家，后来晓得飘洋是桩险事，就回过头来坐在家中，单以放债为事”[③]。生活中应该不乏其例。但更多的是选择异地定居，如“万历丙午（三十四）年，南京有山西贾人，鬻羢货于三山街”，开了一家西羢店。[④] 江南、山西等商人在北部边境宣府镇设罗缎铺、绸铺、帕铺、绒线铺、杂货铺者众多，“铺沿长四五里许，贾皆争居之”[⑤]。笔记小说《杜骗新书》有记载说徽州休宁商人吴胜理，在苏州府开铺，专门收买各色布匹的故事。[⑥] 这是为经营特色产品或为采购成品、原料方便而落脚一地的例子。

徽州商人吴荣让“从诸宗人贾松江，稍自载而生……当是时，生业仅仅耳，其后数岁，处士始饶，则以里俗奢溢相高，非所以示子孙也，乃奉母帅（率）妻子徙临溪。居顷之，习其俗，视故里等，乃奉母帅（率）妻子徙桐庐，卜焦山居焉”。后来做木材生意，“居二十年，处士自致巨万，远近襁至，庶几埒都君”。[⑦] 松江地方本是行贾好地方，但吴氏顾虑“里俗奢溢相高，非所以示子孙也”，为此又另觅浙江常山卜居。这是为了培育子孙、安抚家庭而作的定居

---

① 天启时大学士首辅叶向高曾亲去观瞻过，并写下了《新安里记》一文，中曰“定阳（常山之古称）之有新安里也，盖鹤旸郑子创也。郑子，新安名族，以业鹾侨寓定阳，因携家卜筑焉。其址在邑城之东，环数十家，皆其产也。凡新安人氏流寓兹土者，郑子悉聚而居之，既洽比其邻，又念里族丘垅皆在新安，因于其地创辟一里，颜曰‘新安里’，示不忘本也……今兹闾闬轩敞，房舍参差，盖俨然新安故里”。见光绪《常山县志》卷六七《艺文集上》，叶向高（1559—1627）：《新安里记》。

② 详见方承训：《方郏邮复初集》卷一四《海州涟城旦暮风飘迅》，《四库全书存目丛书》集188册，第41页；参考乾隆《新安镇志》，转引自王振忠：《明清徽商与淮扬社会变迁》，第63—64页。

③ 李渔：《无声戏》第四回《失千金福因祸至》，见《觉世名言十二楼等两种》，第62页。

④ 见冯梦龙纂辑：《智囊全集》，《杂智部·狡黠》卷二七，1026《南京道者》，江苏古籍出版社1986年版，第562页。

⑤ 《古今图书集成·职方典》卷一五五《宣化府·风俗考》引万历《宣府镇志·风俗考》。

⑥ 见张应俞：《江湖奇闻杜骗新书》，《乘闹明窃店中布》，百花文艺出版社1992年版，第7页。

⑦ 汪道昆：《太函集》卷四七《明故处士吴公孺人陈氏合葬墓志铭》，《四库全书存目丛书》集117册，第573—574页。

地选择。

商人定迁，作为当时的一种社会现象，自有其深刻的历史原因。

首先，安居乐业是汉民族一贯的传统心理。负贩行商虽有两地差价的薄利可赚，但对长年长途跋涉、风餐露宿的漂泊生活总会有厌倦的一天，一旦条件许可，他们就会选择安定的生活。如小贩有了些本钱，就开个铺子，如此“不须在路上吃苦了”①。在一地开家铺子，是当时许多行商负贩乃至小手工业者十分企盼的一种归宿。如上述，一个小木匠，意外得到了一笔钱财，他的选择便是开一家布店，做个店主。② 这种安求平和的生存取向，是中华民族“和”文化的表现，而这种文化在中国有着深厚的积淀，这正是负贩行商们追求安业定居人文因素的驱使。

更主要的原因则在于社会发展即社会生产力的发展，及由此引起的社会经济关系的渐变。

如前所述，负贩行商的定迁安居，是商品经济发展到一定阶段的必然。明后期以后，商品经济发展，各地市场日益完善，城镇商业兴盛，居民消费量扩大且相对稳定，这确立了商业的物质基础，亦决定了贸易发展到何种程度、采取怎样的经营方式。商品经济进入这一境界，商贩客居或固居于一地，非但利益上不受损害，而且根据各自所需获得了一个理想的物流环境，经营更为得心应手。水陆路交通的日渐便利，商业分工的日益细密，也无需商人将采购、运输、销售等集数职于一身，而可以固定一端，专致于一业。而由于经济关系的变动引起的国家有关经济政策的改变，如盐业政策的改革、赋役代银制、北部边饷白银化③等，也都在客观上给行商脱出身子、移居他乡创造了有利条件。

社会分工进一步细化，为行商的可以落迁定居提供了一个可能。而经济发展带来的不只是社会分工的细化，中小城镇的勃兴，城镇人口增多，城镇市场的趋于成熟并对周围地区产生辐射，是吸引也是可以容纳商贾落迁定居的

① 天花主人编次、李伟实校点：《云天笑・厚德报　张昌伯厚德免奇冤》中写了良贾张昌伯送给他小贩朋友三十两银子，劝他从此开铺度日，不必再过路途吃苦的日子，就是商贩普遍求安定思想的反映，见《珍珠舶四种》，第102页。

② 冯梦龙：《醒世恒言》卷二〇《张廷秀逃生救父》，第256页。

③ 明初的边饷方式是直接发放粮食，正统年间起转变为以发放白银为主了，如此军队消费与商业本能地连在一起了。参见〔日〕寺田隆信著：《山西商人研究》。

重要因素。嘉、万年间，徽商李氏，因嘉定“南翔大聚也，多歙贾”，“遂居焉。亦时时贾临清，往来江淮间，间岁还歙，然卒以嘉定为其家”[①]；徽商程文箴“晚乃贾于常熟，卒用以饶。常熟于苏为大邑，居江海水陆之会，有湖山膏腴之产，凡鱼鲢米盐布缕之属羡衍充斥，闾阎富乐，可以逐什一之利。君乃占市籍，程督其诸子岁转闽粤之货以与时逐，业骎骎起，不三数年，凡致千余金，令三子修其业，自屏居里中”[②]；徽商李廷芳“卜居金陵”，为的是“握奇赢以占消息”[③]；徽商查杰，“度鸠兹（芜湖）为四通五达之途，此天所授转输地也”[④]。傍靠丰富的地方（货物）资源，追求适宜的经营环境和生活环境，自是商贾的人生目标。所以，大批中小城镇的兴起，为负贩行商们的落迁定居提供了良机。当然也有商贾到不是中原繁华热闹的城镇而是到边远小镇落户的，如有的江西商人就到云南侨居经商。[⑤] 这是为寻找和追求市场而作的选择，是商家所遵循的“人弃我取”原则的另一种表现形式。总之，负贩行商对落迁定居地的选择，首先是以市场为主要条件。

行业也是决定落迁定居地的一个重要因素。嘉、隆时人王道隆所说：“成化以前，谋饔飧者以兴贩为能……今则市廛以质当相先。”[⑥]明后期，经营高利贷典当业获利丰厚，甚至是暴利，业主最易积累资本，而且风险小，因而许多人受诱引从事此道，“每以质库居积自润”。放债开当，自不可在行旅中进行，必须要居定一地。如徽商汪通保在上海谋子母钱，即“治垣屋，部署诸子弟，四面开户而居，客至则四面应之……”[⑦]洞庭商人中也有少年时行走四方，贩卖物货，“后来家道殷实了，开起两个解库，托着四个伙计掌管，自己只在家中受用”[⑧]。晚明仅在南京一地开当铺的徽人、福建人等，就达 500 家之多。[⑨] 这是因行业之故选择定居地的例子。当然这也与商人在资本累积到一定程度后，

① 归有光：《震川先生集》卷一八，《四部丛刊初编》，常熟刊本。

② 程文箴：《松园偈庵集》卷下《明处士方君墓志铭》，转引自《明清徽商资料选编》，第 212 页。

③ 婺源《三田李氏统宗谱·明故光禄寺署丞冲源李公墓志铭》，引自《明清徽商资料选编》，第 230 页。

④ 《休宁西门查氏祠记·明查灵川公暨配汪孺人合葬墓志铭》，引自《明清徽商资料选编》，第 93 页。

⑤ 王士性：《广志绎》卷五《西南诸省》记，“滇云地旷人稀，非江右商贾侨居之，则不成其地……”即是此况；《徐霞客游记》也反映出云南蒙化府有许多食店为外地人所开。

⑥ 王道隆：《菰城文献》，见《湖州府志》卷二九《舆地略·风俗》，同治十三年本。

⑦ 汪道昆：《太函副墨》卷四《汪处士传》，转引自《明清徽商资料选编》，第 156 页。

⑧ 冯梦龙：《醒世恒言》卷七《钱秀才错占凤凰俦》，第 81—82 页。

⑨ 周晖：《金陵琐事剩录》卷三，引自谢国桢：《明代社会经济史料选编》中册，第 200 页。

为进一步谋求大利有关。

国家盐业政策的变化,是使得一部分原来负贩行走的盐商改而坐镇一地的主要原因。弘治五年(1492),叶淇变革盐法,实行“折色开中”,也即运司纳银制,盐商得以由原来的纳粟边境改为纳银运司,解除了原来组织商屯、守支和经常远涉的艰难。此后,政府还承认了盐商有委托他人凭引支盐和越场支盐的权利,又准许典当典卖盐引,也即盐引的转卖,从而引出了盐商中边商和内商的分化。① 边商纳银取得盐引,不必直接参与盐的运销,他们中一部分人开始稳定于边镇,专门履行引商或粮商之责。而许多内商(其中以山陕、徽商集团最为庞大)则纷纷南下,向两淮、长芦、四川、福建及仁和、钱塘(今浙江杭州)等主要产盐地麇集并落居,尤其是以居全国之冠的盐业集散地扬州为中心,积极扩大经营范围,逐渐垄断盐的运销。据隆庆年间任右佥都御史的庞尚鹏记:“广陵(扬州)当天下之中,俯视河东……财赋居天下之半”,“即如两淮盐商挟赀旅寄,多携其家,生长子弟……各省商人占籍州县者凡数百家,有祖宗坟墓,丘垅成行,已历数世于此,长子育孙,盖世为扬人矣。”②浙江衢、严二府地处浙、闽、皖、赣四省的交通要道,与徽州相近。徽休宁、歙等县许多行盐商人侨居此地,常山县中有名的即有“金浩……明万历间业鹾来常,卜居于观澜桥”,“许邦荣……明万历年间业鹾遂家于邑东隅新街”,“吴国利……崇正(祯)间业鹾居邑,后迁于季村”,“王季光……明万历间以业鹾迁居邑城二十里江家村,九世孙(清代)桂芳入籍”③等等。盐是明代的大宗商品,市场广阔,从业人员众多。国家盐业政策的改变,给许多盐商带来了改变原来生活方式和经营方式的契机,使他们有可能在大城市定居。同样,国家其他一些经济政策的改变,如赋役代银制、北部边饷白银化(这种改变都是随着当时社会经济发展进步而出现的)等,也都为负贩行商们的落迁定居提供了机会和可能。

大批负贩行商从漂泊不定到落地安居的转变,有些负贩行商从商人队伍中的主力军变为辅助性质的辎重部队,这是社会经济发展的必然结果。但负贩行商作为商业从业人员中的一部分,始终是存在的。对于负贩行商个人来

---

① 参考葛贤慧:《商路漫漫五百年——晋商与传统文化》,华中理工大学出版社1996年版,第34页。

② 庞尚鹏:《百可亭摘稿》卷二《奏议·比例建学养育人才以励风教疏》,《四库全书存目丛书》集129册,第138—141页。

③ 光绪《常山县志》卷五九《人物·寓贤》。

说，定居并不是他们必然或惟一的选择。他们中有的人会依然选择负贩；有的会因定居后资本的消长和商情的变化而重新回到行贩行列；有的则干脆离开商业领域，买地农耕或经营手工业作坊……对于这些现象，马克思的一段话能帮助我们加深理解：

> 人们永远不会放弃他们已经获得的东西，然而这并不是说，他们永远不会放弃他们在其中获得一定生产力的那种社会形式。恰恰相反。为了不致丧失已经取得的成果，为了不致失掉文明的果实，人们在他们的交往（上文“交往”马克思用 commerce 一词）方式不再适合于既得的生产力时，就不得不改变他们继承下来的一切社会形式……可见，人们借以进行生产、消费和交换的经济形式是暂时的和历史性的形式。随着新的生产力的获得，人们便改变自己的生产方式，而随着生产方式的改变，他们便改变所有不过是这一特定生产方式的必然关系的经济关系。[①]

这里“交往”(commerce)一词，包括了贸易、交易之义。

负贩行商定居化的趋向及实践，对其个人来说，是他们事业和生活质量的一个提升。他们可以借在异地侨居而摆脱故里土地的束缚和赋役负担；可以根据市场、利润、环境等选择居所，以进一步拓展他们的事业，追求舒适的生活和享受。如有不少大商人选择在大梁（河南开封之古称）居住，“大梁，北方一都会也。巨贾所聚，而山陕东西、大河南北，咸倚办市货财，以故巨贾每雄坐大梁，燕京、四省取足焉”[②]；他们可以在城镇“坐列街市，日登垄断，窥时去取，贱买贵卖，获十分利，纳分毫之税”；他们还可以“乘坚策肥，冬温夏清，妻子无苦身之劳，饮食有兼羞之膳，四时有适体之服”[③]。

这种定居化趋向及实践，还带来了这样一种社会局面：即并非本地户籍的外来商人在全国大小城镇中成为城市居民的主体。

大都市乃“万国梯航鳞次毕集”，那里“市肆贸迁皆四远之货，奔走射利皆

---

① 《马克思恩格斯选集》第 4 卷《书信 · 2. 马克思致巴 · 瓦 · 安年柯夫(1846 年 12 月 28 日)》，人民出版社 1974 年版，第 321—322 页。

② 方承训：《方郯邮复初集》卷二八《从伯母鼎孺人状》，《四库全书存目丛书》集 188 册，第 145 页。

③ 雍正《辽州志》卷八《艺文》，转引自张正明等主编：《明清晋商资料选编》，山西人民出版社 1989 年版，第 33 页。

五方之民"[1],繁忙的市场的确需要众多固定商人来支撑。北京"一切工商胥吏肥润职业,悉付外省客民"[2]。"铺户,多四方辏集之人","多非土著,两县(宛平、大兴)未易制也"[3]。南京"百物皆仰给于贸居,而诸凡出利之孔,拱手以授外土之客居者。如典当铺,在正德前皆本京人开,今(晚明)与细段铺、盐店皆为外郡外省富民所据矣"[4]。"自大中桥而西,由淮清桥达于三山街、斗门桥以西,至三山门,又北自仓巷至冶城,转而东至内桥、中正街而止,京兆赤县之所弹压也,百货聚焉。其物力,客多而主少,市魁驵侩,千百嘈哜其中"[5]。新兴的工商城市苏州,"开张字号行铺者,率皆四方旅寓之人"[6]。"自胥及阊,迤逦而西,庐舍栉比,殆等城中。此侨客居多"[7],也藉外方人生色。湖广承天府,万历时"商游工作者赁田以耕,僦屋以居,岁久渐为土著。而土著小民,恒以赋役烦重,为之称贷,倍息而偿之,质以田宅,久即为其所有"[8]。江西南昌出外经商者视他邑为多,但作为会府,南北商民寓居者,也不在少数,且"多占籍焉"[9]。山东境内"土人列肆屈指可数"。不少临清大贾"皆侨居",只为逃避政府"房号钱",才"不领于有司板籍"[10]。尽管如此,临清还有"什九皆徽商占籍"[11]。"辽东商人,山西居多,而汾州更过半。居辽娶妻生子,率年久不归"[12]。扬州府为行盐热土,更是"聚四方之民,新都(新安)最,关以西、山右次之……田畯(地主)较贾十之一,土著较流寓二十之一"[13]。

大中城市如此,小城镇也同样。据方志载,地处僻远的淮安海州,"虽本土

① 谢肇淛:《五杂俎》卷三《地部一》,第62页。
② 王士性:《广志绎》卷二《两都》,第18页。
③ 沈榜:《宛署杂记》卷一三《铺户》,第107、105页。
④ 顾起元:《客座赘语》卷二《民利》,第67页。
⑤ 顾起元:《客座赘语》卷一《风俗》,第26页。
⑥ 郑若曾:《郑开阳杂著》卷一一《苏松浮赋》。
⑦ 顾炎武:《天下郡国利病书》卷一九《江南七·苏州府》《曹自守吴县城图记》。
⑧ 万历《承天府志》卷六《风俗》,《日本藏中国罕见地方志丛刊》本,书目文献出版社据日本尊经阁藏万历三十年刊本影印。
⑨ 万历《新修南昌府志》卷三《风土》,《日本藏中国罕见地方志丛刊》本。
⑩ 顾炎武:《天下郡国利病书》卷四一《山东七·户役科》。
⑪ 谢肇淛:《五杂俎》卷一四《事部二》,第413页。
⑫ 葛守礼:《葛端肃公家训》卷上,见张正明等编:《明清晋商资料选编》,第120页。
⑬ 万历《扬州府志·序》。

贸易之事，亦皆外来人为之”①。并不繁荣的江苏靖江县城，“惟市肆列贾半出他邦”②。湖北竟陵(天门)东的皂角市，“市可三千家。其人土著十之一，自豫章徙者七之，自新都徙者二之。农十之二，贾十之八，儒百之一”③，占全市人口八成的商贾，绝大多数是外埠寓居者。江西清江县有个人口不多、商贸平平，只是“稍居杂货”的小镇——樟镇，但那里的从商之人居然也“大抵多广人”，“市人多异民杂处，有客胜主之患。闻往时市风甚朴，士人危服入肆，则市人拱立起敬；今市人既僭侈逾分，而士人或窜身市籍矣。古道不复可胜，叹哉！”④这是众多外地商贾侨居一地后，对当地民俗、民风、民习等文化积淀产生的冲击与影响。众多商人异地侨居引起的另一个更为主要、也更为严重的社会后果是，对当地赋役的完成构成了威胁。因为外地商人不在当地注籍，理论上他就不用承担客地的赋役。这是直接影响到统治者们切身利益和封建政权安危的大事，自然会引起官府、朝廷的担忧。万历初工部尚书林燫奏称，目下大批商贾侨居通邑大都，“以四方计之，盖不下数十万户也。中户三男子，乘富厚，交王公大人，而质贫民子钱，乃县官不得其粒粟寸帛”，政府收入因此锐减。为此，他提议朝廷对侨居商贾施行“征庸以抑末”⑤政策，即加强对他们的封建盘剥和超经济强制，抑阻商业发展。但无论是对文化的冲击和影响，还是对社会经济基础的一点点牵动，这些已经发生的现象都表明，随着商品经济的发展和社会进步，商人的定居化倾向已经触动了明代社会结构的方方面面，对它们产生深刻影响，并引发社会更深层次的变化。

三、商人定居化对晚明社会变迁之影响

封建社会人们居住场所和行为场所的变化，是复杂的社会渐变中的一种动向和一项重要指标。商人空间位置的移动和住所定向，既是对社会变迁的适应，又会对一些传统制度形成冲击，对于变封闭市场为开放，推动商业向近代化、文明化发展等方面，都有重大意义和不可低估的影响。

① 隆庆《海州志》卷二《山川志》，《天一阁藏明代方志选刊》，隆庆刻本。

② 光绪《靖江县志》卷五《风俗》，引万历旧志中文字，《中国地方志丛书》，台北成文出版社有限公司印行。

③ 李维桢：《大泌山房集》卷八七《刘处士墓志铭》，《四库全书存目丛书》集152册，第537页。

④ 崇祯《清江县志》卷一《风俗》，《四库全书存目丛书》史212册，第185页。

⑤ 林燫：《赠节斋刘公之江西左辖序》，《明经世文编》卷三一三，中华书局影印本1987年版，第3321页。

（一）对以户籍制为中心的传统人口管理制度产生了冲击

明朝初年，政府制定了极其严密且闭锁的户籍制度，它的功能，首先是将全体臣民规制于役网之中，同时将人困固于土地之上，以保证全国赋役的征调和限制人既定的活动范围。前文曾引诗说，行商“姓名不系官籍中”，这并非说这些行商真的无籍或游离于国家户籍之外。事实上，当时每个人都是有籍的，行商们的籍在他们的祖居地，分属民、军、匠、灶籍（主要是民籍）；他们承担着该籍所应履行的封建义务。只是当时政府还没有为从商之人专门设置役籍[①]，其对商人的控制主要是给负贩行商们发放路引——负贩行商凭路引从事贩运买卖，官府则藉路引向负贩行商们征税收赋。而负贩行商长年跋涉在外，形无定踪，他们可以交了引钱而不再受原贯役籍的束缚行走四方，从而逃避缴纳田赋服承劳役，进而有“相期尽说莫种田，种田岁岁多徭役”的感叹。对于坐贾——铺居之民，政府在明初虽有将他们依其所业“注之籍”，即在当地官府登记，并“因其里巷多少，编为排甲”[②]的规定，但直到明后期，铺商占籍并以商人身份承担特定差役，才逐渐规范而成为固定制度。

宣德以后，除负贩行商的落迁定居外，社会上已经出现了大量因其他原因而产生的流动人口如流民、逃户等，显然，传统的管理人口的户籍制度已不能适应现实的需要了。在经过一系列的调整后，政府首先给了流民、逃户在异地寄籍暂居及附籍的权利。[③] 负贩行商从流动性来说，与流民、逃户无别，然在财力方面，却不能与之同日而语，他们的经济实力可以保障其很快在留居地扎下根来（其中当然也不乏凭强力占产冒籍者）。他们在经商地购置产业、建筑房屋、营造坟地、养儿育女，他们的子孙也“婚姻于此，衣食于此，与土著世产者非有别也”；他们返回故里，反而会因“言语不相通，面貌不相习，又无产业可考”而遭乡人的拒绝反对。因此，到正、嘉年间，政府也给予了他们与其他流寓人员同样的可以在异地寄籍暂居或附籍的权利。嘉靖六年（1527）政府下令：

---

① 详细论证请参见许敏文《明代商人户籍问题初探》，载《中国史研究》1998 年第 3 期。

② 沈榜：《宛署杂记》卷一三《铺户》，第 103 页。

③ 宣德五年政府已许逃户寄籍，但条件必须是其“已成产业，每丁种有成熟地五十亩以上者”；嘉靖九年，政府“准令（逃户）附籍当差，其余俱各省令回籍生理”，条件是“置有产业、住种年久者”，均见万历《大明会典》卷一九《流民・附籍人户》，台北新文丰出版公司 1976 年版。万历二年，政府再令顺天府流寓人户“入籍与土著一体当差”，见《明神宗实录》卷三二。

除浮居客商外,"其居住年久,置立产业房屋铺面者,责令附籍宛大二县,一体当差"①。这虽是针对长年在京师从商且已置下产业者而言,但由于这类现象在全国已有普遍性,所以也对全国发生影响,各地纷纷效法。有些地方还根据自己需要,对在住地有生理,异籍寄居的客商也予以承认,设置浮户专册,将其纳入册中。② 商人及流民、逃户被允许在异地寄籍、附籍这一现象的出现,表示了明代臣民户籍"永不可变乱"的法定原则已在松动。到明后期,京城在对住民编保甲时,对在彼地长年经商者就采取了完全认同的做法:

……于都重二城内,挨街挨巷挨门,以二十家为一甲,十甲为一保,编成保甲籍……不分戚畹勋爵京官、内外乡绅、举监生员、土著流寓、商贾家下、男下,但十六岁以上,尽数书名,并书生理……③

此时对"土著流寓、商贾家下"等,已不再予以区别看待,完全等而视之了。

有关附籍政策内涵的演变和商籍的出现。政府允许商人(包括流民、逃户)异地立籍,本意在于使之当差,履行封建义务。但明后期以后,国家赋役制度发生变革,"一条鞭法"的逐步推行,致使户籍制度的一项重要职能——即强制人户履行劳役(含以银代役)开始衰退。但户籍在科举考试中的重要作用却凸现了出来。因为科举选才历来看重参考者的流品和籍类,而户籍则一贯是参考学子资格乃至权利的重要依凭。过去负贩行商居无定处,他们本人及其子女的科举考试因受"籍"的制约,一般不能在行商所在地报名参考,因而很受限制。现在朝廷允许客居商户在异地附籍,这对客商尤其是那些财力丰厚、业儒心又切的富商(主要是大盐商)来说,无疑是个福音,他们可以利用这项政策,使自己这一阶层的人名正言顺地参加科举考试,进入仕途,实现"茂异可以招选,俊良可以登崇"的愿望。

河东盐场,早就有运学传统,那是为在此经营盐业的外地商人的子弟解决科举学习之地和提供生员名额的一个权宜之举。嘉靖四十年(1561)前后,在

---

① 万历《大明会典》卷一九《流民·附籍人户》。

② 王世茂:《仕途悬镜》卷二,转引自谢国祯《明代社会经济史料选编》第6章《户籍和土地制度》,第9—10页;又,嘉靖六年,芜湖县为了派夫,将地方居民与徽商土著盐商籍名在官,"又以商之浮居僦屋或往或来者,令其出银协济各差之不足……"这里虽未明说外商占籍或浮商另编成册之情形,但事实上,商人异地定居得到承认已经清晰可见(见光绪《太平府志》卷一二)。

③ 余懋衡:《余太宰奏疏》卷二《防守蓟镇京师疏》,《明经世文编》卷四七二,中华书局影印本1987年版,第5186页。

两淮已立下根基的盐商，提请官府允许其子弟在当地"附民籍收考"，参加当地的科举考试，虽然朝廷没有允诺，但商人们的要求已经摆出。拖到万历十三年(1585)前后，两淮正式"定商灶籍"。"商籍"之称始见。这是在"两淮不立运学"的情况下，官府为解决盐商及他们的子弟科举考试名额而设置的"商籍"，其内容是允许他们"附入扬州府学"。当时这个"商籍"并不完善，"商籍"中"有西商，无徽商，亦偏而不全"①。但毕竟有了"商籍"这个名分，而且确在当地府学中获得了几个学额。万历十九年(1591)，长芦盐场对商人子弟附籍入学的运作也有了明文规定。万历二十八年(1600)，两浙盐场在徽商吴宪、汪文演的倡导下，提出了仿河东、两淮例，兴"商籍"的要求。这一要求得到了巡盐御史、徽商的同乡叶永盛的特别关照和支持，并向朝廷申报后得到承认和批准。朝廷有令："在浙行盐商人子弟，凡岁科，提学使者按临取士，照杭州府、仁和、钱塘三学之数，另占籍贯，立额存例。"②从此，"商籍"无论在名义上还是在事实上都宣告正式确立。差不多同时，其他商人也被允许异地附籍参加科举考试。

"商籍"出现的本身是一件很了不起的事。它是朝廷继经济原因而允许商人在异地"附籍"之后，在政治上对商人作出的一个让步。从允许"附籍"到"商籍"的出现，表明了社会的进步和商人地位的提高，原来被视为"末业"的人，现在不仅可以在异地居住、专事盐务，还可以当地名额参加科考，并拥有另获生员配额之特权，这不仅对当时的户籍制度是个冲击，而且对持续了近千年的教育制度、科举制度都产生了较强的震撼作用。

(二) 促进人们商业观念的转变和各地文化的交流融合

游商的落定，对城镇市场带来的不仅仅是商品的增多、市场的繁荣，而且还对传统的商业经营模式产生冲击，带来了一些新的理念。负贩行商要在异地落户，必须要有自己特色的经营：或者是所营销的商品有特色，或者是经营方式有特色，否则他们就很难在当地落脚生根。行商们经营地方特色商品，如西商在内地南京、开封等许多城市专设的西羢即兰州绒店、在边镇开办潞绸铺，洞庭商在北方经营的丝缎铺等等，或者推销外地的原材料，如山东商人在南方建立的棉花、棉布店铺，湖广人在浙江设置的六陈铺等，都能受到当地人

① 这里主要参考日本学者藤井宏《新安商人研究》一书中观点。

② 雍正《两浙盐法志》卷一五《商籍》，吴相湘主编：《中国史学丛书初编》，台北学生书局1966年影印本。

的欢迎和青睐。这些外来商品的进入,有力地促进了各地的物质交流。更重要的是,这种大宗货物的集散和供给,更新了人们传统商业的理念:如对前店后坊、小商小贩经营模式等的习以为常。数量的变化是质变的重要前提。丰富的商品不仅为人们提供了更多的选择,给市民的生活带来了更多的方便;不仅让经商之人有了更广阔的活动天地,给商人们带来更丰厚的利润,而且它让人们看到了:什么东西都可以用银子、钱钞来买到这样的一个事实。这一商品新理念的出现,具有重大而深远的意义。另外,大宗物流在城镇的集散,刺激了中小城镇的进一步勃兴,也促进了大中城市结构和功能的进一步完善。到明后叶,全国的大小城镇已有上千,遍布各地,形成了市场网络的雏形。

负贩行商们的落迁定居,不仅给当地市民带来新鲜的观念,而且还为当地市民展示了他们具有地域或宗族特色的性格和形象。每一个商帮,都是外来文化的载体。[①] 安徽商人的"徽骆驼"形象,洞庭商人的"钻天"精神等,都深深影响了侨居之地的市民。商贾们不仅传播忍耐节俭、任劳任怨、认真踏实、锲而不舍等事业精神,也传播他们积累的独到的商业经验。如前述徽商吴荣让,在浙江桐庐定居后,以他的从商之见,动员当地农民大量种树,使该地盛产薪木,然后"(再将薪)易以茶漆栌栗之利,积薪水浒以十岁市之民,利视昔有加"[②],富裕了当地的百姓。有人在对落籍扬州的徽商作用作评价时说:客商在扬州"久而占籍遂为土人,而以徽人之来为最早,考其时代,当在明中叶。扬州之盛,实徽商开之,汪、程、江、洪诸姓皆徽人流寓而占籍者也,故丧祭有徽礼、扬礼之殊,而食物中如徽面、徽饼、徽包,至今犹以徽为名"[③]。"而徽扬学派,亦因以大通。"[④]其实,除扬州外,类似情况也发生在其他商帮与地方关系上。这是商人定居对社会文化传播、交融乃至整合之贡献。

会馆研究是当代学者重要的课题之一,尽管目前学界对会馆产生年份、界定、功能诸方面意见纷纭,但对以客籍商人为主体组建的商人会馆产生于明代

① 即便是落脚在原籍地的商贾,如小说《金瓶梅》记,开有缎子铺、绒线铺、生药铺等的西门庆、开缎子铺的葛员外……都派伙计,走苏杭、南京等地进货,因而这类商人眼界不同一般。随着货物的购进,也会带进一定的外域文化,对于开阔本地社会生活领域不无影响。

② 汪道昆:《太函集》卷四七《明故处士吴公孺人陈氏合葬墓志铭》,《四库全书存目丛书》集 117 册,第 574 页。

③ 民国《江都县续志》卷二〇《杂录》。

④ 陈去病:《五石脂》,江苏古籍出版社 1985 年版,第 309 页。

后期，则有比较一致的看法。据一些学者统计，嘉靖三十九年(1560)徽州商人在北京组建歙县会馆，万历年间福建延邵纸商在京创立延邵会馆，山西铜、铁等诸商创办潞安会馆，山西颜料、桐油商人开设平遥会馆，天启、崇祯年间临汾众商在京开设临汾东、西两馆，临汾、襄陵两县油商创建山右会馆，浙东药材商人置鄞县会馆，陕西商人建立关中会馆等，不下几十家。在苏州，万历年间有福建仕商共建的三山会馆、广州仕商创立的岭南会馆，天启五年(1625)广东东莞商人始建的东官会馆等。[①] 这些商人会馆的建立，是异地客商数量增加、势力渐长的结果，也是异地客商为求在当地稳定发展的一种探索与努力。它是商品经济发展到一定阶段后出现的一种自发的、也是新型的社会团体。它的存在，对客居彼地的商人有政治和经济上的支撑与后盾的作用，也使他们的乡情能有地方得以寄托，同时，对本地商贾而言，它带来了一种新的团体精神、新的风尚习俗和异乡的文化气息。总之，商人的定居化趋向，不仅给商业经营带来了新的理念，它还对人们视野的开阔、观念的更新以及城乡之间、地区之间文化习俗的交流与融合起了积极的作用。

(三) 为商业繁荣和社会进步提供了新的机遇

商人定居一方，一定是作好长期打算的。他们深谙“人叫人连声不语，货叫人点首自来”的道理，因此都在商品质量、经营方式上下功夫，力求所销的商品能迎合和满足当地市民的需要，如新颖、时尚、质好、耐用，并不断加以改进，推陈出新；其服务能保证顾客满意，不断有回头客来光顾。如万历年间，松江流行宕口蒲鞋，开始人们“珍异之”，但后因该鞋“结者皆用稻草心”，人们嫌之不够精美。寓居松江的宜兴史姓商人，根据市民的要求，对宕口蒲鞋进行了改革，推出了以黄草为结的新型的宕口蒲鞋，令人十分喜爱，连贵公子也“争以重价购之”，此鞋还被用该商人的姓氏命名，“谓之史大蒲鞋”。后来，当地制鞋商“争受其业”，开出同业店铺“几百余家”，鞋价始于抑平。史姓商人不久推出宕口凉鞋，又风靡一时。松江人原来好饮金华酒，有一胡姓苏州商人，“携三白酒客于松”，这种酒用上好糯米制作，工艺地道，香醇上口，既为“缙绅所尚”，又受小民青睐，市民为之倾倒。一时间侨居松江的苏、锡商人纷纷开起苏州酒店，

① 主要参考李华编：《明清以来北京工商会馆碑刻选编》，文物出版社 1980 年版；吕作燮：《试论明清时期会馆的性质和作用》，载《中国资本主义萌芽问题论文集》，江苏人民出版社 1983 年版；王日根：《乡土之链——明清会馆与社会变迁》及范金民：《明清江南商业的发展》等著作。

自制三白出卖，并兼营梅花、兰花酒，还“卖惠山泉”，击倒了在松江一时盛行的金华酒，“自是金华酒与弋阳戏，称两厌矣”①。客商这种精到的经营，无疑对当时商品经济的发展和商业的繁荣是一种有力的促进。

客商侨居异地后身份有了变化，多数从行商而变为坐贾。近代人曾这样评论过坐贾：“坐贾者，倚市廛，居奇货，其朴质不逮农工，其豁达不逮裨贩……然不敢恣为奸利，懋迁有无，心济以信，其有作伪罔利者，取济一时，久亦无以自立，此则贾人自然之法式也。”②这里所谓的“自然之法式”就是诚信。诚信历来是中国传统道德的重要内容，也是儒家思想的精髓之一。但长期以来人们是将商业看作是“末业”，从商者被视为“奸诈之徒”，有所谓“无商不奸”之说。这种看法随着商品经济的发展，商人素质的提高自然会逐渐有所改变；然将“诚信”作为商人的职业道德，自觉予以实践、遵循，在明后期大量负贩行商选择在异地落迁定居后更成为一种社会风气。因为这是当时社会环境对他们的要求，也是他们能够在异地长久立足之保证。如上文已提及的徽商李廷芳，卜居南京后，“凡厥规为有大体、立纲纪、明约束、重然诺”，“动以往哲自律”，因此“一时怀策之士靡不推翁祭酒”③。有的商人坚守“人宁贸诈，吾宁贸信，终不以五尺童子而饰价为欺”的经营原则④。这种以“诚信”为本的职业道德的确立，不仅为商业的进一步繁荣创造了条件，而且对社会的文明进步也有明显的推动作用。

此外，商人要稳定经营，在财力允许的条件下，一般都会增加对固定设施的投资，营造一个较好的经营场所和优雅的文化氛围，以招徕、吸引顾客的光顾。史籍中对晚明店铺的建筑设施的记载较为少见，但在笔记小说及一些传世图画，如明人绘“南都繁会图卷”、（杭州）“北关夜市图”等⑤，还可窥其一斑。如大城市的许多酒楼、茶馆都十分气派豪华，建有亭轩楼堂。其实饮食店的这种设施，前代已不少见，只是晚明更为普遍，小说中描绘的镇市食店酒楼，大都

① 均见范濂：《云间据目钞》卷二《记风俗》。

② 章太炎：《革命之道德》，载《民报》1906 年第 8 号，转引自章开沅：《序〈东方商旅丛书〉》，华中理工大学出版社 1997 年版。

③ 婺源《三田李氏统宗谱·明故光禄寺署丞冲源李公墓志铭》，转引自《明清徽商资料选编》，第 230 页。

④ 《古歙岩镇镇东磡头吴氏族谱》，转引自《明清徽商资料选编》，第 279 页。

⑤ 均见韩大成：《明代城市研究》。

设楼台亭阁。至于其他店铺，一般是“外开铺面，里藏各货”①，即有店铺门脸和库房两部分；大一些的店铺，可拥有几间店面，后面还设大楼或客堂。店堂外是白墙青瓦，飞檐雕梁，市招韶秀；店堂之内，曲尺柜台，货分隧列，架高拥美。铺后楼房储货、居家，堂屋迎宾，还必备车马便于出行、运货。如果店主参与海外贸易，资本雄厚，店铺规模就更非同一般，小说《拍案惊奇》记叙一个缎匹铺“有本三千两在内。其前后大小厅屋楼房，共百余间”，“价值二千两”②，其固定资产几占到全部资产的三分之二左右。这些建筑与设施，除了能吸引更多的顾客外，也给城市增添了壮观、文明与繁华的色彩，促进当地经济的发展与社会的进步。此外，不动产的投资，对于商家自身也是建立商业信用之前提和保证。

当然，晚明社会经济发展程度，它提供的物质基础，也规定了商人定居尤其是异地定居的极限，根据当时生产力水平，商人定居化趋势是不可能走得太远、发展太快的。此外，这种趋向也给社会带来一定的负面影响：如外来商人对当地资源的争占会对当地居民的生活和生产造成影响。有的奸恶商人依仗财力粗大，勾结官府，“冒籍占产”，甚或欺压当地百姓，给社会带来了不安定因素等等。然而，其积极影响始终是主要和不可低视的。

第三节　社会商业思潮、理念变迁及其对社会之影响

每个时代都有与当时社会生产力发展水平相适应的社会思想和价值观。它们中最具凝聚力并成为一股潮流者，可称之为社会思潮或时代精神。明后期，中国社会的生产力发展水平，尤其是商品经济的发展进入了一个新的变化阶段。社会生产力的提高，产品的相对丰富，人们消费能力的增强等，都有力地促进了社会商品经济的发展：货物流通数量增大、速度加快，中小城镇勃兴，市民人数大增，城镇店铺发展迅猛，商贾的社会、经济地位日渐提升……这一切都会自然而然地引起了人们思想和价值观念的变化。“思想是历史的

---

① 张应俞：《江湖奇闻杜骗新书·乘闹明窃店中布》，第7页。

② 凌濛初：《拍案惊奇》卷一《转运汉巧遇洞庭红　波斯胡指破鼍龙壳》，第20页。

产物”，同时它们又是这个历史时代的重大见证。①

传统社会（包括明前期）对商业、商人的主流认识是：商业在社会上有弊无利，或是弊多于利，商贾为社会卑下等级，因而把商业视为末业，将商民看作四民之末等。肯定商业、商人对社会（当时主要是指朝廷和黎民）有一定好处的声音也有，特别到唐宋以后，更有一些有识之士提出“重商兴邦”的口号，但这种声音与前者相比，还是那么微不足道。到晚明，传统的经济思想仍有强大的势力，“重本抑末”依然是政府的基本国策，有的地方还将其作为本地教化的一项重要内容②。然而，社会毕竟前进了，重视商业甚至推崇商业的已经大有人在，并逐渐汇聚成一股社会思潮。这可以以民间社会群体的行为为据，更多的则可从文人学士甚至是士大夫笔端窥知。其主要内容表现在两个方面。

一、对商业地位、价值的重新认识：工商皆本

明后期，士、农、手工业和自由职业者等社会各阶层人员，纷纷从事或参与商业。时人以正德为界，称，“昔日逐末之人尚少，今去农而改业为工商者，三倍于前矣”③。从这一记载看，当时人们已经普遍接受从商是谋生正当职业这一观念，套用当时小说中的话，就是“经商亦是善业，不是贱流”。

商贾自身的观点是，经商乃与士、农、工等同为社会的重要职业：“士、农、工、商，各执一业；又如九流百工，皆治生之事业。”④“人生于世，非财无以资身，产治有恒，不商何以弘利。”⑤商人们还将经商看作是人生除读书、科举以外的最佳选择：“四民之业，惟士为尊，然而无成，不若农贾。”⑥此观念在徽商中间尤其普遍。在一个有数子的徽商家庭中，他们往往选取一（几）个儿子继承父业经商，另一（或二）个习儒。如徽州岩镇方氏荣尚家族中，就是这样来安

① 何兆武、陈启能主编：《西方近代社会思潮史·绪论》，山东教育出版社 2001 版，第 7 页。

② 在民国《上杭县志》卷二三《艺文志》中保存着一篇成化年间本地人丘弘为梁崧推行的《杭川乡约》所撰写的序文记：《杭川乡约》“将见人咸便之，服而行之，厚其本而抑其末，财不竭而用之舒……”显然该地方势力是以厚本抑末来教化民众的。

③ 何良俊：《四友斋丛说》卷一三《史九》，中华书局 1959 年版，第 112 页。

④ 冯应京：《月令广义》卷二《岁令二·授时》引《客商规略》中语，《四库全书存目丛书》史 164 册，第 596 页。

⑤ 李晋德：《客商一览醒迷》之《一、商贾醒迷》，第 270 页。

⑥ 此为陕西商人王来聘诫子孙之语，虽将农贾合在一起说，但实际上重点是说商。见李维桢：《大泌山房集》卷一〇六《乡祭酒王公墓表》，《四库全书存目丛书》集 153 册，第 154 页。

排子辈的,“长二以儒升秀,三四以贾开基”[①]。商贾们以为,“人在天地间,不立身扬名,忠君济世,以显父母,即当庸绩商务,兴废补弊”[②]。嘉靖、万历年间有一叫做李大祈的,其祖辈、父辈均经商。他先读书,后害怕“堕先世业”,又转为经商,他的认识是:“丈夫志四方,何者非吾所当为?即不能拾朱紫以显父母,创业立家亦足以垂裕后昆。”[③]明代小说《欢喜冤家》中塑造了王仲贤这样的人物,其父祖三代都是商人,后来他也放弃了文章事业,习祖上生涯。他的想法是,经商“不得其名,也得其利”[④]。在对利益的权衡方面,商人自豪地认为,只有自己的职业方可与士人的科举、做官比肩。事实上,在那些商人麇集、成帮之地,“以商贾为第一等生业,科举反在次着”[⑤]的看法也不鲜见,重经商而轻士子业,这可谓是社会观念的大转变。

不仅商贾自己对从商作如是观,面对现实,不少士子官宦的观念也发生了变化。弘治年间作为吏部尚书的倪岳虽不反对重本抑末之政,但他坚持“通商亦富国之说”[⑥],肯定发展商业对国家、对黎民都有好处。嘉靖三十三年(1554)身为翰林编修的张居正,在与工部榷税使周汉浦探讨整顿榷税制度等问题时,曾说过这么一段话:

> 古之为国者使,商通有无,农力本穑。商不得通有无以利农,则农病;农不得力本穑以资商,则商病。故商农之势,常若权衡。然至于病,乃无以济也……余以为欲物力不屈,则莫若省征发,以厚农而资商;欲民用不困,则莫若轻关市,以厚商而利农。[⑦]

这是张居正对农商互为依赖关系的重要表白,也是他后来推行“一条鞭法”的思想与理论基础之一。在这段话语中,张居正对“农”、“商”没有用“本”、“末”之辞,而是提出“厚农”可以“资商”、“厚商”可以“利农”的观点,表达了他“农商

---

① 环岩《方氏族谱》卷三《罗田门》,转引自陈智超:《明代徽州方氏亲友手札七百通考释》木册五〇《方天启·考释》,第777页。

② 歙县《许氏世谱》第5册《故明青麓许公行实》,见《明清徽商资料选编》,第83—84页。

③ 婺源《三田李氏统谱·环田明处士松峰李公状》,见《明清徽商资料选编》,第470页。

④ 西湖渔隐主人:《欢喜冤家》第三回《李月仙割爱救亲夫》,吉林文史出版社1999年,第35页。

⑤ 凌濛初:《二刻拍案惊奇》卷三七《叠居奇程客得助 三教厄海神显灵》,上海古籍出版社1988年版,第680页。

⑥ 倪岳:《青谿漫藁二·灾异陈言》,《明经世文编》卷七八,中华书局1987年影印本,第693页。

⑦ 张居正:《张太岳集》卷八《赠水部周汉浦榷竣还朝序》,上海古籍出版社1984年版,第99页。

并重”、农商可以互补互利的思想。比张居正略晚、时任南京工部侍郎的张瀚也持有同样的看法：

> 四方之货，待虞而出，待商而通，待工而成，岂能废哉！……是以善为国者，令有无相济，农末适均，则百工之事，皆足为农资，而不为农病。①

张瀚在兼理龙江榷务时，还套用《周书》中的话说：“农不出则乏食，工不出则乏用，商不出则三宝绝。”因称商业与粮食棉布一样，同为百姓“衣食之源也”②。此前历来的看法是，只有农业甚至只有种植业（粮食、棉花、蔬菜的种植等）才是百姓“衣食之本源”，张瀚却把商业提到了与粮棉同样位置，这应该是对传统思想的一大突破。分管过九边屯盐的右佥都御史庞尚鹏，在任上时也积极提倡“农末获相济之利”③；湖广佥事冯应京则认为“阜财通商，所以税国饷而利民用。行商坐贾，治生之道最重也”④。

最具代表性的，是万历年间兵部右侍郎汪道昆，他曾上书万历帝说：

> 窃闻先王重本抑末，故薄农税而重征商。余则以为不然，直壹视而平施之耳。日中为市，肇自神农，盖与耒耜并兴，交相重矣……商何负于农？⑤

汪道昆直言“商何负于农”、“以（重本抑末）为不然”，观点何等鲜明，这是对传统崇本抑末、重农轻商观念的诘问和驳斥。在奏本上说这种话，除了表明汪道昆的胆识和勇气外，更重要的是说明“本宜重，末亦未可轻”的农商并重思想已在社会有广泛认同，而这种思想背后的潜台词就是“农商皆本”。与汪道昆同时的东林党人，是与城镇居民有密切联系的学人团体，他们对城市工商业者更是寄予深切的同情，替城市工商业者说话，为他们的利益疾声呼吁。东林干将赵南星就提出，“士、农、工、商，（皆）生人之本业……岂必仕进而后称贤乎”⑥，首次将“士、农、工、商”四业都看成是人生的“本业”，并认为农工商诸业都可能出现圣贤英杰。此说就隐含了“农商皆本”的理念。这种认识和思潮的进一步

---

① 张瀚：《松窗梦语》卷四《百工纪》，第77—78页。

② 张瀚：《松窗梦语》卷四《商贾纪》，第85页。

③ 庞尚鹏：《庞中丞摘稿二·辽东屯田》，《明经世文编》卷三五八，第3864—3865页。

④ 冯应京：《月令广义》卷二《岁令二·授时》，《四库全书存目丛书》史164册，第596页。

⑤ 见《太函集》卷六五《虞部陈使君榷政碑》，《四库全书存目丛书》集118册，第68页。汪道昆出身于徽州富商家庭，且和许多名商都有姻亲关系或过往甚密，因此他既是士大夫，又可视为商人之代言人。

⑥ 赵南星：《味檗斋文集》卷七《寿仰西雷君七十序》，《畿辅丛书》本。

发展，就是“工商皆本”说的出现。

世儒不察，以工商为末，妄议抑之。夫工固圣王之所欲来，商又使其愿出于途者，盖皆本也。①

这是明末清初的大学者黄宗羲（1610—1695）在《明夷待访录》中说的一段话，现在一般都认为，这就是“工商皆本”说的最早版本。其实并不十分准确，如上文提及的赵南星就说过“士、农、工、商，生人之本业”；追本溯源，更早可以追到南宋永嘉学派，该学派主将叶适的弟子陈耆卿就明确提出：士农工商，“此四者，皆百姓之本业，自生民以来，未有能易之者也。”②因此，黄宗羲的“工商皆本”论，应视为是在人们观念和社会舆论对“重本抑末”产生动摇、对工商业特别是商业的重要性已经完全接受并十分推崇的特定背景下，水到渠成地出现的，当然也是他吸收前人先进思想的结果。“工商皆本”说所表达的意义，毫无疑问要比“农商并重”说更进步，更深刻。学界对黄宗羲“工商皆本”说在中国社会经济发展史上的重要意义已给予了足够的肯定。但是，也有不少学者对黄宗羲“工商皆本”的真实内涵提出了异议，认为黄宗羲这里所提出的“工商”并不是我们在社会经济研究中所理解的完整意义上的手工业和商业，而只是手工业和商业中的“本”和“末”。黄宗羲认为手工业和商业本身也有“本”和“末”之分，所谓的“末”就是“不切于民用”者，黄宗羲说：“今夫通都之市肆，十室而九，有为佛而货者，有为巫而货者，有为倡优而货者，有为奇技淫巧而货者，皆不切于民用，一概痛绝之，亦庶几乎救弊之一端也，此古圣王崇本抑末之道”，所谓的“本”就是切于民用者。黄宗羲的“工商皆本”就是指手工业和商业都要坚持为民所需的生产和交易，而不要去从事“为倡优而货者”、“为奇技淫巧而货者”③，故这些学者指出，黄宗羲的“工商皆本”论是在“重本抑末”思想

---

① 黄宗羲：《明夷待访录·财计三》，录于巫宝三主编：《中国经济思想史资料选辑（明清部分）》，中国社会科学出版社1990年版，第270、271页。

② 陈耆卿：《嘉定赤城志》卷三七《风土·重本业》，录于巫宝三主编：《中国经济思想史资料选辑（宋、金、元部分）》，中国社会科学出版社1996年版，第308—309页。也参见叶坦：《宋代浙东实学经济思想研究》，载《中国经济史研究》2000年第4期。

③ 黄宗羲：《明夷待访录·财计三》，录于巫宝三主编：《中国经济思想史资料选辑（明清部分）》，第270、271页。

的基础上衍生出来的，而这种思想在我国东汉时已经产生。[①] 然而，不管怎么说，“工商皆本”论的提出，毕竟是一种新的声音，是商品经济在发展到一定阶段时，人们对工商业的一种新认识，一种给予其历史定位的鲜明表述，具有时代意义。

重视商业思想在当时的文人笔下也有反映。明清之际是我国市民文学发展的高峰时期。当时不少文人学士都比较接近社会中下层，因此他们更能体会商业在市民生活中的位置，更能看清商业在整个社会中重要作用。小说家往往以“乌有先生以发泄其黄粱事业”的手法，虚实相间地叙述社会上发生的一些事情，我们借此倒可从中窥见不少当时的社会实际。如清代小说《歧路灯》本是一本宣扬传统伦理道德、鼓噪封建思想的作品，但书中一位笃信儒学的教书先生，在不经意中也说出了这样一段话来：经商、做生意“也很好，我也不嫌你改业。既作商家，皆国家良民，亦资生之要”[②]。这当是时人对从商看法的真实反映。《红楼梦》中薛蟠对其母说，“如今要成人立事，学习买卖”了，他把做买卖叫作“成人立事”；当薛母将此事告诉宝钗，这个一向最讲究正统的宝姑娘也说，“哥哥果然要经历正事……”这样的情节，又一次表明士人们已经普遍把经商看作如读书仕进（兴许还有务农）一样的是经历“正事”。[③] 从意识形态的反映往往滞后于现实的客观规律来说，这一时期小说中所反映的事实，应该是在它稍前些时候所发生的，也即是这些事情应该发生在晚明，或可说前清时期。

与“自给自足”小农经济相适应，中国的社会传统从来都是倡俭禁奢。但随着商品经济的发展，市场的日趋繁荣，人们的思想意识、价值取向也开始发生变化，倡俭禁奢的传统习俗也受到了挑战。嘉靖年间，上海学者陆楫提出了崇奢黜俭论，为奢费辩护。他说：

> 盖俗奢而逐末者众也……苏杭之境为天下南北之要冲，四方辐辏，百货毕集，故其民赖以市易为生，非其俗之奢故也。噫！是有见于市易之

---

① 具体参见林丽月：《试论明清之际商业思想的几个问题》，载《近代中国初期历史研讨会论文集》下册，台北近代史所 1984 年版；冯尔康《关于黄宗羲工商“皆本”思想》，载《清史研究通讯》1986 年第 3 期。

② 李绿园：《歧路灯》第一五回《盛希侨过市遇好友　王隆吉夜饮订盟期》，第 24 页。

③ 《红楼梦》第四八回《滥情人情误思游艺　慕雅女雅集苦吟诗》，人民出版社 1973 年版，第 586—587 页。

利，而不知所以市易者正起于奢。使其相率而为俭，则逐末归农矣，宁复以市易相高耶……然则吴、越之易为生者，其大要在俗奢，市易之利，特因而济之耳，固不专恃乎此也。长民者因俗以为治，则上不劳而下不扰，欲徒禁奢可乎！呜呼！此可与智者道也。[①]

陆楫从苏、松、杭地区经济比较发达繁华的既成事实出发，指出当地百姓已经"赖以市易为生"，而要使市易兴盛繁茂，就要让市民去多消费，市场的繁荣"正起于奢"；他指出，如果还是一味让百姓过节俭、朴素的生活，那么社会就会倒退到原来的小农状态，繁华的市场也就没有了。可见，陆楫是从商业发展必须依靠市民更多的消费，而发展了的商业可为市民百姓的生活提供更多的方便和更好的服务这一出发点来提倡崇奢的，他的"崇奢"实际是提倡适量的多消费，而不是要人去"奢侈"，挥霍浪费、过分享受。毋庸置疑，这种观点也是对传统观念的一种反抗，是商品经济发展到一定阶段后的产物。

二、对商人地位的新估价：商高于工农，甚或不逊于士

在中国传统社会，商人被看作是"贱类"，一贯受到歧视，被褫夺政治权利。直到唐朝初年，政府律令中还有"工商杂类，无预士伍"[②]的条文，即规定工商不能参加国家选拔人才的科举考试。中唐以降，社会产品日渐丰富，物品流通日趋活跃，商品市场得以发展，这使得在城市生活的市民们对商业、商人的看法发生变化，有所改善。但在朝廷和士大夫群中，鄙视商人的思想仍占主导地位。元末明初有一个叫张昱的，写了一首题为《估(贾)客》的诗：

(商贾)不用夸雄盖世勋，不须考证六经文。孰为诗史杜工部？谁是玄经扬子云？马上牛头高一尺，酒边豪气压三军。盐钱买得娼楼宿，鸦鹊鸳鸯醉莫分。[③]

对商贾充满了讥讽、轻蔑之情绪。那时商贾在人们尤其是在士人眼中，不学无术，无功受禄，"不务仁义之行，而徒以机利相高"[④]，竭尽享乐挥霍、酒色财气之能事，简直就是一堆社会渣滓。

---

① 陆楫：《蒹葭堂杂著摘抄》，录于巫宝三主编：《中国经济思想史资料选辑(明清部分)》，第132—133页。

② 见司马光：《资治通鉴》第四册，卷一九〇《唐纪六》，黄山书社1997年版，第583页。

③ 张昱：《可閒老人集》卷三《估客》，《四库全书》第1222册，上海古籍出版社1989年版，第582页。

④ 李梦阳：《空同集》卷五九《贾论》，《四库全书》第1262册，第538页。

由于商人给市场带来繁荣，给人们带来生活生产的便利，明后期，社会对商人的传统偏见在逐渐改变。“工商以其尽心于利器通货者，而修治具养，犹其工与农也。故曰：四民异业而同道。”[①]王阳明的这句话清晰表明，士、农、工、商只是所业不同，其中原则和作用却是一样的。小说《醒世恒言》中写了这样一个故事：有一个致仕尚书，生了五个儿子，他只叫长子读书，而嘱其余四子务农、做工、经商、坐贾，各执一业。那四个儿子很不理解，于是尚书说了这样一段话：

农工商贾虽然贱，各劳营生不辞倦。从来劳苦皆习成，习成劳苦筋力健。春风得力总繁华，不论桃花与菜花……暖衣饱食非容易，常把勤劳答上苍。[②]

显然，这位致仕尚书已有农、工、商、贾四类人平等的识见。当时已有不少文人学士肯定了商人的劳动价值，他们说，商人通货“有益于生人之道”[③]，“士子攻书农种田，工商勤苦挣家园”[④]。

思想家李贽十分体谅商贾们工作的艰辛刻苦，他感叹说：

(商贾)挟数万之赀，经风涛之险，受辱于关吏，忍诟于市易，辛勤万状，所挟者重，所得者末。[⑤]

他呼吁舆论不该鄙薄商人。

兼理边务的官员庞尚鹏也对商贾特别是从事边远贸易的商人充满了同情，他说：

夫商人冒不测之险，而行货绝域，远逾数千里。单骑孤囊，昼有风尘之警；颓垣苇户，夜无衽席之家。彼强颜为此者，欲规十一之利，以自封殖焉耳。[⑥]

小说家也认为“生意二字，比不得读书，极是忧买忧卖，是艰难道路”[⑦]。这些都表现了他们对商贾的高度理解。

---

① 《王文成公全集》卷二五《节庵方公墓表》，隆庆六年豫章谢廷傑刻本。

② 冯梦龙：《醒世恒言》卷一七《张孝基陈留认舅》，第212页。

③ 《王文成公全集》卷二五《节庵方公墓表》。

④ 冯梦龙：《醒世恒言》卷一七《张孝基陈留认舅》，第212页。

⑤ 李贽：《焚书》卷二《书答·又与焦弱侯》，中华书局1974年大字本，第138页。

⑥ 庞尚鹏：《庞中丞摘稿二·辽东屯田》，《明经世文编》卷三五八，第3864—3865页。

⑦ 《生绡剪》第一一回《曹十三草鼠金章　李十万恩山义海》，第226页。

人们还钦佩商贾治业的才能和智慧，“店面上一发来得，（坐贾会计）真个是不由科甲的状元，不做文章的秀士”[①]；赞扬他们高超的经营技巧：

不屑屑锱铢计，而冲险驾峻若履坦夷……抱负雄奇，视险如安，蹈危如易……逸智中材以降不可同年语矣！[②]

其握算，如析秋毫；其计赢得，如取诸外府；其发也，如贾大夫之射雉；其掇之也，如丈人之承蜩知言矣。[③]

明后期，不少儒学士子加入到商贾行列，这不仅壮大了商人队伍，并在客观上提高了商人的文化水准和整体素质，匡正了商贾的义利道德观念；商人的自律也促成了他们具有较好的职业操守和职业道德，在社会舆论对商贾们逐渐转好的过程中，“廉贾”的形象开始频见，有些商贾的“义举”、“善行”、“德泽”在社会受到好评和称颂。这从那个时代文人学士为商贾撰写的不胜枚举的“家传”、“墓表”、“墓志铭”中可以得到反映：

（社成公）起家千金，富好行其德……公（方太礼）与伯兄季弟相济勤朴……（行贾汴上）汴上远近诵公朴质，人争趋公……公居常衣不帛，食不肉，每食脱粟之饭，瀚濯之衣，泊如也，且曰攻苦茹淡，仅仅克还先业，俾无冻馁足矣。[④]

（汪姓商人）淳朴温厚，言讷讷不出诸口，绝市嚣俗，知交皆郡荐绅世胄长者。无事闭户坐阅书史，不碌碌趋浮沉。有贷母钱，酌贫剧应之，不琐琐计子钱。郡中富室皆靡然向风慕效矣。[⑤]

不少商人在赚到钱后，为当地或家乡修路筑桥，救济贫穷灾民，有的还为朝廷捐金助军。这表现了商人们行善积德、恩泽后人的儒家道德观念和情操。因此，商贾在一般市民心目中的形象得到了提升。

商人尤其是儒商在人们心目中地位的升高，从上文已提及的哈佛大学所藏七百余通手札的收信人——方用彬身上反映得分外明显。用彬本来的社会

① 伏雌教主：《醋葫芦》第一回《限时刻焚香出去　怕违条忍饿归来》，《中国古代珍稀本小说》6，春风文艺出版社1994年版，第538页。

② 方承训：《方鄈邺复初集》卷三三《从叔景实翁从兄铣翁传》，《四库全书存目丛书》集188册，第210页。

③ 汪道昆：《太函集》卷五四《明故处士溪阳吴长公墓志铭》，引自《明清徽商资料选编》，第128页。

④ 方承训：《方鄈邺复初集》卷二九《从叔太礼公状》，《四库全书存目丛书》集188册，第154页。

⑤ 方承训：《方鄈邺复初集》卷三三《江处士传》，《四库全书存目丛书》集188册，第221页。

地位当属中层。他虽有一定的文化造诣，但也贩香售墨，买卖书籍古玩，经营典当，表现出浓重的商人本性，有时逼人偿债急如星火，其好友吴守淮在信中提到，“（为了债务）昨承顾嫚甚……何得更烦盛婢过舍喋喋也”[①]。但人们并没有因其“里中俗态”而投以鄙夷之目。相反，他受到多位全国性著名的文功武臣的器重，与明代宗室、许多进士、举人、书画、篆刻家以及下层文人墨客都有交往酬酢，人称“足下交游半海内之英”[②]，“声誉满长安，操觚士咸喁喁响风争趋附焉”[③]。其交游之地及南北两京、南至广东，西至湖广，东至苏杭。人们赞美他的文才技艺、感激他的借贷接济，以为他集义利于一身，故称之为“雅义之士”。这些都反映出晚明社会对一个商人的认同与尊重，和一徽州儒商所享有的实际社会声誉。

正是在如此的社会大背景下，思想家何心隐无意中给传统的士、农、工、商四民重新排了座次：

> 商贾大于农工，士大于商贾，圣贤大于士。[④]

流露出他四民观的第一层意思：商仅次于士，排在第二位置。

关于士商关系，社会传统的、基本的认识是士高于商。从商人们热衷于安排子弟读书业儒，获取功名，甚至不惜采用取媚、投靠、贿赂官府势要等手段去达到目的，就是反映了商人社会地位不如士的现实。然而，随着商人们经济实力的加强，对社会贡献的扩大以及由此而引起的社会上影响的提高，这种观念也逐渐发生变化，商的地位竟不次于士。山陕商人在训诫诸子时说：“夫商与士，异术而同心。”[⑤]晚明归有光在为一商人作寿序中言：“古者四民异业，至于后世而士与农商常相混。”“士与农商常相混”之语，包含了士与商的相混。“相混”即是不分上下。汪道昆也说：

> 古者右儒而左贾，吾郡或右贾而左儒。盖诎者力不足于贾，去而为儒；嬴者才不足于儒，则反而归贾，此其大氐（抵）也。[⑥]

---

① 陈智超：《明代徽州方氏亲友手札七百通考释》火册〇二八《吴守淮》，第 898 页。
② 陈智超：《明代徽州方氏亲友手札七百通考释》水册〇三二《汪大成》，第 836 页。
③ 陈智超：《明代徽州方氏亲友手札七百通考释》金册〇九八《吴一洪》，第 639 页。
④ 容肇祖整理：《何心隐集》，中华书局 1981 年版，第 53 页。
⑤ 见李梦阳：《空同集》卷四五《明故王文显墓志铭》，《四库全书》第 1262 册，第 420 页。
⑥ 汪道昆：《太函集》卷五四《明故处士溪阳吴长公墓志铭》，引自《明清徽商资料选编》，第 127 页。

他还说："夫贾为厚利，儒为名高。夫人毕事儒不效，则弛儒而张贾；既侧身飨其利矣，及为子孙计，宁弛贾而张儒。一弛一张，迭相为用……"[①]也即行贾、为士，只是谋利手段不同，并无等级的高下贵贱之分。二者各有功用，人们各随所愿。这种思想从当时许多人"弃儒经商"、"贾而好儒"的行为中也得到体现。晚明以降，商人地位不次于士的观念已在社会逐渐滋长。何心隐的四民意识中还有二层意思，即士商同等。他说：

商贾之大，士之大，莫不见之，而圣贤之大则莫之见也。农工欲主于自主，而不得不主于商贾。商贾欲主于自主，而不得不主于士。**商贾与士之大**，莫不见也。**使圣贤之大若商贾与士之莫不见也**，奚容自主其主，而不舍其所凭以凭之耶？[②]

话中有"商贾之大，士之大，莫不见之"、"商贾与士之大，莫不见也"之语，据余英时解释，这里隐含了士商"同大"意思，士商都是仅次于圣贤的第二层次人物。何氏曾被时人看为是"异端"思想家，也许他的整体思想中确有偏颇之处，但这种认识当非空穴来风，多少透露出一点新的社会思想信息：士商同等。

清代沈垚有一席非常著名的话，反映了他对前代商人地位与士商关系的感知与总结：

古者四民分，后世四民不分；古者士之子恒为士，后世商之子方能为士。此宋、元、明以来变迁之大较也。天下之士多出于商，则纤啬之风日益甚。然而睦姻任恤之风往往难见于士大夫，而转见于商贾，何也？则以天下之势偏重在商，凡豪杰有智略之人多出于焉。其业则商贾也，其人则豪杰也。为豪杰则洞悉天下物情，故能为人所不为，不忍人所忍。是故为士者转益纤啬，为商者转敦古谊。此又世道风俗之大较也。[③]

以三代概而论之，有失笼统。但是，感知大端出自明代——最靠近他的时代应不会有错。从中可见晚明商人在人们心目中之位置。清初另一位学者孙枝蔚到仪真访友时写下一诗："满路尊商贾，愁穷独缙绅。古今风俗异，难只怪仪

① 《太函集》卷五二《海阳处士金仲翁配戴氏合葬墓志铭》，引自《明清徽商资料选编》，第438页。

② 容肇祖整理：《何心隐集》，第53—54页；参见余英时：《中国近世宗教伦理与商人精神》，安徽教育出版社2000年版，第205—206页。

③ 沈垚：《落帆楼文集》卷二四《费席山先生七十双寿序》，《吴兴丛书》，吴兴嘉业堂刊本。

真。"[①]仪真(今江苏仪征)是当时苏北靠长江的一个商业小镇,"尊商"之风尚且如此,那么大城镇的情形更可想而知了。19世纪中著名学者龚自珍也说,"有明中叶嘉靖及万历之世,朝政不纲……无足留意。其实尔时优伶之见闻、商贾之气习,有后世士大夫所必不能攀跻者"[②]。商贾的社会影响和晚明重商之风由此可见。

尽管如此,我们并不能说在实际生活或人们的观念中,商人已经完全和士平起平坐了。这些事实只是表明,那个时期人们对商人确是另眼相看了,人们的观念中,商人的社会地位向上攀升了一步。

三、新商业、商人思想、理念对晚明社会之影响

历史哲学告诉我们:一种新的思想一旦出现——尽管它们还不够强大,还印有传统的烙印,但是它们一定会"参与创造历史并成为历史的一部分,所以它们并不仅仅是消极地、被动地单纯反映现实而已,而是积极参与创造现实"[③]。晚明商业思潮首先造成了时人与传统价值观的疏离,而这种疏离是有利于商人地位提高和商业发展的。

晚明商业发展,市场繁荣的另一面,是国家和统治者对商业、商人的巨大依赖与苛刻盘剥,从而造成对商业、商人的重创,许多商家、商人被逼得倾家荡产、家破人亡。于是,无论在朝廷还是在民间,都涌现了一股"体商"、"恤商"、"护商"、"辩商"的浪潮。有识的官宦和广大市民为商人们奔走呼吁,反对朝廷官府对商人的重关叠税,抨击召商佥商,要求减轻商贾的羡耗和赔累。经过不懈的斗争和争取,朝廷被迫作出一些有限的让步。

有识之士认为,对商重税会影响农业,动摇根本,有损于家国整体的利益:

> 商税重而转卖之处必贵,则买之价增,而买者受其害;商不通而出物之处必贱,则买之价减,而卖者受其害。利虽仅取及商,而四民皆阴耗其财,以供朝廷之暗取,尤甚于明加田税也。[④]

朝廷对商贾的封建徭役即编商当值,给铺户带来累累重创,造成"十室九空",

① 孙枝蔚:《慨堂后集》卷四《过仪真县有感》,《四库全书存目丛书》集206册,第636页。
② 龚自珍著、王佩诤校:《龚自珍全集》第三辑《江左小辨序》,上海古籍出版社1999年版,第200页。
③ 参见何兆武:《西方近代社会思潮史·绪论》,第20页。
④ 张应俞:《江湖奇闻杜骗新书》十九类《太监烹人服精髓》,第134页。

“肆市昼闭，商贾不行，众口嗷嗷”[①]之后果。只顾眼前利益，对商人过分朘削，最终只能是国家经济受到伤害。身居南京工部尚书要位又兼摄龙江上下关榷务的张瀚，曾向具体负责征榷商税之同僚提出弛商减税之建议，此官采纳了张瀚的意见，“相与弛商之什二。自后商贾乐赴，舟楫骈至辐辏，国课较昔反增十之五。”[②]这是比较成功的一例。

内阁大学士高拱曾亲自整治召商买办之积弊，他向朝廷提议：

> 惟多给预支银可以拯之。乞将年例钱粮办纳之数，以难易定其多寡，以迟速定其先后。多者预支十分之四，递减至一分。半年以内全给，一年以外先给其半。[③]

户部据此订出了恤商事宜，如定时估、议给价、严禁革、公佥报等规则，“疏入，上悉从之”[④]。南京礼科署科事、南京刑科给事中张永明，亦提出了其匡救商弊之策：一设专门职掌，即“岁命巡视钱粮给事中御史及巡视京城御史兼察之。遇有蹈袭前项积弊，敢于亏扰铺行及牙贩各役者，许受害之人赴告准理，并听斟酌轻重查论。如给事中御史身自有违从，都察院从重纠论”，其他还有定额取、省繁役、慎估计、详稽察、饬官常（即约束官吏常跟人员）等数项纠弊措施。[⑤] 巨大的社会舆论，有时确能迫使朝廷对过分的行为有所反省和收敛，如崇祯年间“颁发圣谕七款，中有禁革铺行（即铺行商役）一款”。蒙受商役重灾的苏州，官府也只能“复蒙宪天俯念民瘼，刊布按吴十四款，内禁革铺行”[⑥]。

张居正“厚农而资商”、“厚商而利农”观念，是其执政后，推行经济改革、实行“一条鞭法”的重要思想基础之一。一条鞭法的一项重要内容就是，户丁之各项复杂的田赋附征和各种性质的徭役都摊入田亩，并一律征银。这客观上使许多无田产的纯工商者能部分地摆脱徭役的束缚，而去积极地投身并发展工商业。

所有这些，都对工商业的发展起了促进作用。

---

① 《明穆宗实录》卷四六，隆庆四年六月庚申。

② 张瀚：《松窗梦语》卷之四《商贾纪》，第 86—87 页。

③ 《明穆宗实录》卷四六，隆庆四年六月甲辰。

④ 同上。

⑤ 张永明：《议处铺行疏》，《张庄僖文集》卷二，《四库全书》1277 册，第 330—334 页。

⑥ 江苏省博物馆编：《江苏省明清以来碑刻资料选集》330《禁革短价采买货物并借办官价名色示石刻》，三联书店 1959 年版，第 583—584 页。

沈垚说，明代“商之子方能为士”，此话虽有偏颇，但也反映了一定的事实：即商贾子弟进学入仕已成当时大观，不少商贾子弟尤其是盐商子弟，受父兄先营事业于前而得以念圣贤之书、参加科举考试，即所谓“父兄竭忠效力以济王家之用者，子弟亦食其福”①是也。他们因其经济实力和在社会上举足轻重的地位，而赢得了一种新的发展机会和门径。这种思潮，对人们社会职业的选择也起了指导、引领的作用，不少人包括士人学子、世家子弟也放下架子，加入到商贾行列。

但是，晚明的重商思潮虽然动摇了传统社会农本商末的传统观念，士大夫的体商恤商措施、政策也在一定程度上改善了商贾受压榨、商业受摧残的状态，从而给商业带来一些实惠，给商贾一点喘息的机会，但它们并不足以震塌或彻底改变传统观念，也不能从根本上改善商人的从商乃至生存环境，只是一些修补而已。在晚明社会，由于商业利润的易得和所获可观，因而受到朝廷和大小官吏的暴敛，商业和商贾们受到的空前严酷摧残，苛税重征使得有的城镇甚至是两京大都，都呈现过“里巷小民十分凋敝，有资产一空者，有鬻子女者，有散之四方者，而向时富室不复有矣”②的景象。崇祯年间由于战争，朝廷在向农民加派的同时，继续实行佥商买办粮草，更使无数大小商人“椎肌剥髓、抢地呼天”，赔累惨重，苦极一时。③ 其结果是商业凋敝，整个经济因此而一蹶不振，社会矛盾进一步加剧。

晚明商业，一方面有浓郁的商品经济环境和得到许多人的辛勤扶植，另一面却受到统治者无情的压制和摧残，这看似矛盾，但实际却正是它赖以生存的转型社会使然。

---

① 康熙《两淮盐法志》卷一五《风俗》，吴相湘主编：《中国史学丛书》，台北学生书局 1966 年。

② 高拱语，见《明穆宗实录》卷四四，隆庆四年四月壬子。

③ 毕自严：《度支奏议・广西司卷一・题覆尽革佥商改为召买折价疏》，见《续修四库全书》史部，第 488 册《诏令奏议类》，上海古籍出版社据崇祯刻本影印，第 588 页。

第三章

白银货币化与中外变革

在中国历史上，白银从贵重商品最终走向了完全的货币形态，是在明朝时期。

在明朝，大规模行用白银是一个重要的社会现象，白银成为主要货币，在社会经济生活和世风大变中起了重要作用，以至于我们将晚明称为中国的白银时代也不为过。然而，关注晚明社会实态，就会注意到，一方面明朝大规模行用白银是一个重要的社会现象；但另一方面，当我们翻开明代史籍，有关典章制度的记载中，惟见"钞法"和"钱法"，并不见白银，或者说"银法"。这说明了白银不是明朝的法定货币，也就没有制度可言。由此可见，白银在明朝的货币化，又是历史上一个极为不同寻常的现象。考诸明代社会现实，白银问题作为晚明社会的一个重要问题，早在明清之际就已引起著名思想家黄宗羲、顾炎武、王夫之等人的极大关注，三人无一例外，都提出了"废银论"。20 世纪 30 年代以后，梁方仲、清水泰次、博克塞(C. R. Boxer)等中外学者，从赋役制度与国际贸易的角度①，彭信威、加藤繁、杨联陞(Lien-sheng Yang)等从货币史的

① 参见梁方仲上世纪 30 年代关于明代一条鞭法的系列论文，《明代一条鞭法年表》，《岭南学报》第 12 卷，第 1 期，1952 年；《明代国际贸易于银的输出入》一文，《中国社会经济史集刊》第 6 卷，第 2 期 1939 年；〔日〕清水泰次《明代に於ける租税银纳の發達》一文，《東洋学报》20 卷 3 期，1935 年；C. R. Boxer: *The Great Ship from Amacon, Annals of Macao and the Old Japan Trade, 1550—1640*, Lisbon, 1959.

视角[①]，均对白银有所论述，展开了卓越的研究，他们精深的研究成果和学术成就至今令人瞩目。80年代以后，对货币沿革进行系统研究的，有叶世昌、格拉汉(Richard von Glahn)等中外学者[②]；对外国白银流入中国及其世界影响进行考察的，主要有全汉昇、艾维泗(Willion S. Atwell)、弗林(Dennis O. Flynn)和吉拉尔德兹(Arturo Giraldez)等中外学者。[③]其中对明代白银研究用功最多、成就也最卓著的是全汉昇，他对明代太仓银、国际白银流入，宋明银价变动，以及白银对北方边防及市场的影响，均有深入研究。[④] 然而，明代白银从非法到合法的货币化过程及其时社会变迁和中国走向世界的关系迄今未见专门研究。即使在我们的课题立项后，发现近年中外学术界特别关注白银问题，吴承明提出将"财政货币化"和"白银内流"作为16—17世纪中国经济现代化因素，但是没有展开论证；[⑤]安德列·贡德·弗兰克总结以往外国白银流入中国问题的相关研究，提出这证明了中国处于当时世界经济体系中心的观点，并以此为据，突破了以沃勒斯坦为代表的西方为中心的世界体系论。可惜在他的宏大理论体系中，并无对明代白银的具体实证研究。[⑥]

当我们回顾学术史的历程，研究尚有待推进。有鉴于白银问题作为晚明社会重要的社会问题，是一个不同寻常的现象，对社会变迁具有重要影响，迄今为止，学术界缺乏对明代白银货币化过程的专门研究和系统考察，特别是结

---

① 参见彭信威：《中国货币史》，上海人民出版社1958年版；〔日〕加藤繁：《唐宋时代金银之研究》，台北新文丰出版公司1974年版；Lien-sheng Yang：*Money and Credit in China，A Short History*，Harvard University Press，Cambridge，Massachusetts，1952.

② 参见叶世昌：《中国货币理论史》，中国金融出版社1986年版；Richard von Glahn：*Fountain of Fortune：Money and Monetary Policy in China，1000～1700*，University of California Press，Berkeley，Los Angeles，London，1996。

③ 全汉昇有关论著见下注；William S. Atwell："Notes on Silver，Foreign Trade，and the Late Ming Economy"，*Ching-shih wen-ti*，3/8：1～33，1977；"International Bullion Flows and the Chinese Economy circa 1530—1650"，*Past and Present*，95：68～99，1982；"Ming Observations on the 'Seventeeth—Century Crisis' in China and Japan"，*Journal of AsianStudies*，Vol. 45：223～244，1986. Dennis O. Flynn and Arturo Giraldez："Born with a 'Silver Spoon'：the Origin of World Trade in 1571"，*Journal of World History*，Vol. 6：201—221，№2：1995。

④ 主要见全汉昇：《中国经济史论丛》上下册，台北稻乡出版社1991年版；《宋明间白银购买力的变动及其原因》，香港新亚研究所《新亚学报》八卷一期，1967年；《明清间美洲白银输入中国的估计》，《中研院史语所集刊》第66本，第1分，1995年。

⑤ 吴承明：《中国的现代化：市场与社会》，三联书店2001年版，第32—34页。

⑥ 参见〔德〕贡德·弗兰克著，刘北成译：《白银资本——重视经济全球化中的东方》。

合社会变迁和世界变革进行的综合研究和阐述，而这无疑影响了对明代货币经济发展达到水平的认识及其作用的评估，更影响到对明代社会发展和晚明社会变迁的整体评价。因此，本章在以往研究的基础上，从以往晚明社会研究中久被忽略的货币经济出发，试图以一个全新的视角观察和分析晚明社会的变化。具体而言，着意探讨白银如何崛起于民间社会，成为社会上广泛流通的货币，又怎样形成了官方实际上认可的主币地位，在社会经济生活中起了什么重要作用等问题，也即白银货币化如何自下而上而又自上而下极大发展，从而深刻影响了整个社会，并拉动了外银流入，使中国和世界链接的历史轨迹。

第一节　白银货币化的趋势：并非国家法令的结果

考察明代白银，首先要考察白银如何在明代社会货币化的。这里的货币化所指，是白银如何由非货币甚至国家禁止作为货币的贵金属，向作为货币发展的过程，也即由不合法的货币地位，向合法货币直至主币地位的演变过程。

明初属于禁令之中的白银，是如何开始货币化的？从历史实际来看，明初继承前朝仍行宝钞，但因元末“无本无额有出无入之不兑现钞乃复现于明代”①的因素，加以铜的匮乏，从而形成了白银极为有利的发展态势，成为白银货币化得以实现的前提条件。从洪武至洪熙时期，明朝发行了大量宝钞，虽然我们无法知道发行量有多少，但是发行量的无限度，是造成宝钞贬值的最重要原因之一。因此，尽管当时明朝实施了种种回笼货币的措施，都无济于事，不能使宝钞不贬值。而作为宝钞的最强劲对立物的白银，只要朝廷法令稍稍松懈，就会在民间交易中立即抬头。见于文献中民间交易惟用金银的记载，表明白银的崛起是伴随宝钞的壅滞而出现的，说明了民间社会有一股强烈的趋势，即白银货币化的趋势。这一趋势最终冲破了明朝国家控制，由此打乱并改变了明初建立的一系列制度，从而也改变了明朝所赖以建立的社会经济结构，乃至明代社会的整体结构。对于中国的传统社会来说，这是一个解构的过程。

追溯以往，中国的白银货币化趋势早在唐宋以后就开始显示了出来。对

① 吴晗：《记大明通行宝钞》，《读史札记》，三联书店 1956 年版，第 303 页。

此，顾炎武曾做考证：

唐宋以前上下通行之货，一皆以钱而已，未尝用银……然考之《通典》，谓梁初唯京师及三吴、荆、郢、江、湘、梁、益用钱，其余州郡则杂以谷帛交易，交广之域则全以金银为货……《宋史·仁宗纪》景祐二年诏：诸路岁输缗钱，福建、两广易以银，江东以帛，于是有以银当缗钱者矣。《金史·食货志》：旧例银每铤五十两，其直百贯。民间或有截凿之者，其价亦随低昂，遂改铸银，名承安宝货，一两至十两，分五等，每两折钱二贯，公私同见钱用。又云更造兴定宝泉，每贯当通宝五十，又以绫印制元光珍货，同银钞及余钞行之。行之未久，银价日贵，宝泉日贱，民但以银论价。至元光二年，宝泉几于不用。哀宗正大间，民间但以银市易。此今日上下用银之始。①

民间以银交易，从金代开始盛行，直接影响到政府的货币制度。元代实行宝钞制度，曾以银为钞本，在对外贸易中使用白银。这些都形成了明代白银货币化的历史资源。② 明初宝钞政策失败，造成极大的反弹，加之铜的匮乏，遂使白银作为货币的职能凸显了出来。

史学界一直认为，正统初以征"金花银"为标志，明朝"弛用银之禁"，于是出现了"朝野率皆用银"。这种看法来源于《明史·食货志》。然而，仔细考察，事实并非如此简单，明代白银的货币化是一个长期的动态过程，情况异常复杂，充分显示出社会过渡和转型的特征。

值得注意的是，白银货币化是从民间社会开始的，起自民间的白银，并在逐渐得到国家事实上认可以后，向全国展开的。这说明了白银货币化是有社会经济基础的，是与社会经济发展相适应出现的。最早注意明初民间实际使用通货状况的，是傅衣凌先生，他曾利用徽州土地买卖契约146件进行分析，指出明代前期这一百多年间所使用的通货是很复杂的，洪武、永乐之间以钞为

① 顾炎武著，黄汝成集释：《日知录集释》卷一一《银》，道光十四年刊本。

② 近来有学者提出中国的白银货币化在宋代已经出现，认为"金朝与南宋一道，共同揭开了中国白银货币史的第一章"。见王文成：《宋代白银货币化研究》，云南大学出版社2001年版，第365页。书中全面论述了宋代白银的货币化趋势，承蒙作者惠寄，很受启发。对于宋代白银是否已经成为货币，史学界现在仍然有不同看法。他的研究是白银如何从商品到货币的货币化，而这里依据明初承继元朝仍行宝钞，白银货币化在明代完全实现，成为不可逆转的历史事实，虽然也包括上述内容，但更主要是对白银从非法货币到合法货币及其普遍于全社会，成为社会流通领域主币过程的考察。

主，宣德、正统则钞、稻谷、布、银兼用，成化、弘治以银为主。① 沿着这一研究足迹，为了对明代民间白银货币化的趋势及其发展进一步考察，加深对明初货币流通实态的认识，笔者以所见明代徽州地区（主要是祁门、休宁、歙县）土地买卖交易契约427件中的通货使用情况，编制成表，并沿着民间与官方的两条线索进行考察，通过具体分析，说明自明初至成、弘年间，民间社会存在一种自下而上的白银货币化趋势，作为宝钞最强劲对立物的白银，最终不以统治者意志为转移，逐渐占据了合法主币的地位。白银货币化的进程，是由自下而上的趋势转而为自上而下全面铺开的，转折标志不在正统初，而是在成、弘以后；主要是民间趋势促动的结果，而不是国家法令推行的结果。《明史·食货志》高度概括了正统初年以后的白银货币化过程，以致出现了误导，应予澄清。②

作了以上考察后，下面就来到了问题的一个关键地方：来自民间的白银作为货币，是如何被官方认可的，自下而上的白银货币化趋势何时发生了自上而下的展开？换言之，国家推行的通货目标与民间货币发展趋势是完全不同的，二者在什么时候开始调和呢？这里提出了一个交界点的问题。依据文献记载，大量事实说明，明朝成、弘以后，白银货币化自上而下全面铺开，带来社会经济货币化过程的急速发展，无论是从国家财政上，还是从社会各阶层人们日常生活上，即从国计与民生的角度来考察，这条轨迹都是清晰可见的。具体到社会实态，则呈现出纷繁复杂的态势，与社会诸因素变化相互作用，根本改变了整个社会结构和面貌。

美国学者珀金斯认为："一般说来，同农业最密切相关的制度，自十四世纪以来并未发生显著的演变。另一方面，人们也不是真正需要去改革这些制度。"③这无疑是聚焦于农业生产力得出的结论；然而，从经济货币化的角度，

---

① 傅衣凌：《明代前期徽州土地买卖契约中的通货》，载《明清社会经济史论文集》，人民出版社1982年版。

② 参见万明：《明代白银货币化的初步考察》，《中国经济史研究》2003年第2期。此文在2001年4月庆祝香港大学创校九十周年"明清史国际研讨会"论文基础上修改成文，根据安徽省博物馆编：《明清徽州社会经济资料丛编》第一集（中国社会科学出版社1988年版），中国社会科学院历史所徽州文契整理组：《明清徽州社会经济资料丛编》第二集（中国社会科学出版社1990年版），张传玺主编：《中国历代契约会编考释》（下）（北京大学出版社1995年版）等明代契约文书列表说明。并论证正统初年金花银名称尚未出现，金花银存在一个逐渐形成定制的过程，以正统初作为朝野广泛用银的标志不能成立。

③ 〔美〕珀金斯著，朱海文等译：《中国农业的发展（1368—1968年）》，上海译文出版社1984年版，第240页。

我们会发现与此相反，历史事实说明，与农业密切相关的制度不仅发生了显著演变，而且一切正是根据人们的需求而改变的，变迁有着社会基础。

第二节 白银货币化的进程：国计与民生两条线索的考察

如上所述，明朝赋税的折银并不始自正统，而赋税的货币化，也并不始自正统初国家法令向全国的推行。考诸历史事实，大规模的货币化是在成、弘以后在全国展开，表现在社会和制度的方方面面。明朝从以钞为本，到"钱钞并行，祖宗定法"，直至惟银是用，白银货币化极大地扩展，迅速形成了从中央到地方政府赋役征收的货币化；而这更促使白银货币化加速进行，推进了整个社会经济的货币化。根据白银货币化过程的分析，可以认为明代一条鞭法的实行，既是白银货币化完成的标志，又是白银货币化的一个结果，货币化过程不待朝廷向全国推行，一条鞭法反映出白银货币化所带来的深刻的制度改革和社会变革的影响和作用。换言之，白银货币化本身是社会进步的表现，在这里充分体现了出来。改革是以"从民便"开始，也主要以"民称便"结束，虽然任何改革都是有着颇多争议的，但这里的典型事例说明了来自民间社会的白银货币化的强大驱动力对社会历史的推动作用。明朝从对实物征收转变到对货币税的倚赖，从占有人身依附关系的徭役征发到向物的经济关系的税收的倾斜，是以下面货币化过程展开的。在此拟从国计与民生两条线索简略勾勒白银货币化的动态过程。

一、国计：白银货币化与一系列制度变迁并行

（一）国家财政收入的货币化

1.田赋货币化

国家依靠赋税和徭役存在。直至明代，中国自给自足农业经济为主的社会经济形态，使国家财政建立在田赋征收的基础上。明初制定实物征收的准则，与当时社会经济发展水平相适应。明朝财政建立在赋役制度的基础上，而赋役又是建立在户籍和里甲制度的基础上。明初，沿袭唐宋以来的两税法，按田亩征税，分为"夏税"和"秋粮"两次交纳，征收以实物为主。所谓"国初因田制赋，税粮、草料，各有定额。每年户部先行会计，将实物数目，分派各司、府、

州照数征收”[①]。一般是夏税征麦，秋粮征米，用米麦缴纳称为本色，允许折合为金、银、钞、布、绢等物品缴纳，称为折色。明代土地分为官田和私田两种，官田是国有土地，主要包括屯田、草场、庄田、公田等，大部分租给农民耕种，数额庞大。从明初征课以米麦丝绢等实物缴纳，到以白银折纳，是一个动态的发展过程。总的来说，明前期宣德、正统时的田赋缴纳货币，还大多属于临时性。成、弘以后，各种田赋折银明显增多，形成一种赋税货币化的显著而不可逆的发展趋势。到晚明嘉靖、万历年间，伴随各地区一系列的赋役改革，一条鞭法在全国展开，遍及大半个中国，白银在田赋收入中占据了主导地位，田赋的货币化可以说至此已基本完成。

追寻这一历史过程，明代白银货币化开始于江南，田赋折银逐渐增多，属于特殊情况的，有轻赍折银，这主要用于交通不便、运输困难的地方；有逋赋折银，也就是由于地方灾害而折征银两。宣德末年，江南三府税粮变卖银两，是周忱改革江南重赋的一部分，成为正统以后逐步形成的金花银的起源。[②] 天下税粮草料，应解京库仓场的，都属于起运之例，以粮征派，谓之京粮。赋税的改折白银征收，经历了一个过程。直至成化初年，明朝虽仍在不断申令本色的征收，然而，白银货币已经破坏了原来的制度。文献所见“成化七年，令山东并北直隶司府，以后年分，起运在京内外仓场粮草，俱要照例征收本色解纳，不许折收轻赍银两。若地方僻远不便者，量为斟酌时价折收，于近京有收去处买纳，不许在京收买”[③]，这条史料清楚地说明了在成化初年，解京粮草中存在折银征收，并且是在京城购买上纳，以致朝廷特别下令禁止。税粮、草料正式转变为召商买纳，可见正德八年(1513)，明朝批准“山东、河南并直隶各府州县解到税粮、草料价银，除光禄寺、酒醋面局、供用库等衙门，俱将原来价银转送，自行收买，不必拘定原批数目外，其余仓场俱收户部，令科道官估价召商上纳，照数支给”[④]。由成化初的不许征收折色银在京买纳，到正德初年各地京运纳银

---

① 万历《明会典》卷二九《户部》十六《征收》，中华书局 1988 年影印本。

② 参见清水泰次:《明代に於ける租税银纳の襮達》,《東洋学报》20 卷 3 期，1935 年；堀井一雄《金花银の展开》一文，《東洋史研究》五卷二号 1940 年；星斌夫:《金花银考》,《山形大学纪要〈人文科学〉》九の一 1975 年；万明:《明代白银货币化的初步考察》,《中国经济史研究》2003 年第 2 期。

③ 《明会典》卷二八《户部》一五《会计》四。

④ 同上。

解京召商上纳得到准许，是京粮货币化的具体过程。

税粮中，米的折色在正统时，甚至更早在明初已经出现[①]，凡解运折色，正统以后逐渐增多，但当时不仅有折银，还有折为其他实物的情况。如正统九年(1444)，“令山东等布政司，直隶大名等府，税粮折布，俱运赴永平、山海；江西等布政司，直隶苏、常等府州，税粮折银，运山海、辽东，籴买粮料”[②]。成化以后，则趋向归一折银。到弘治九年(1496)，小麦也奏准折银了：“南直隶各府州县运纳夏税小麦，免征本色，每石折银五钱，解送本部收贮。遇有官军人等该支小麦，每石折银四钱支给。”[③]

不仅是夏税秋粮的米麦，其他实物税收在成、弘以后也有了货币化的明显趋向。成化十年(1474)，明朝下令浙江严州府建德等县夏税农桑二绢“每匹折纳六钱”[④]。说明了赋税中的实物绢折银的现实。弘治七年(1494)直隶河间府上奏言岁征绢889匹，给各卫官员折俸之用，“每匹费银一两有余，至官军支出卖银，每匹不过五六钱”，于是请求折银征收。[⑤] 赋税中布匹实物的折银，也见于弘治年间：“弘治十七年令苏州、松江、常州三府阔白绵布以十分为率，六分仍解本色，暂将四分每匹折银三钱五分，解部转发太仓收贮。如遇官员折俸及赏赐军冬衣不敷，照例定每匹给银二钱五分，自行买用，积余银两，候解边支用。”[⑥]

在白银货币化的趋势下，全国各地先后发生了田赋货币化。起运粮主要是供给京师、南京及边军；存留在地方的，主要供给地方官吏俸禄，以及宗室禄米。除了京运的漕粮不可或缺，需要运送粮食以外，其他赋税到晚明均已折银征收交纳。在这一过程中，有的地区是因仓库饱满折银，也有的地区是因不产粮食而允许折银，各地情况不同，折银却是统一趋向，明后期，漕粮也开始部分

① 关于税粮的折征，查王圻《续文献通考》卷四《田赋考》，是始自洪武十八年：“令两浙及京畿官田凡折收税粮，钞每五贯准米一石，绢每匹准米一石二斗，金每两准米十石，银每两准米二石，绵布每匹准米一石，苎布每匹准米七斗，夏税农桑丝每十八两准绢一匹重十八两。三十年更定：钞三贯五百文折米一石，金每两准米二十石，银每两准米四石，绵花一斤准米二斗。”现代出版社1991年版。

② 《明会典》卷二八《户部》一五《会计》四。

③ 《明会典》卷四二《户部》二九《南京户部》。

④ 《明会典》卷二九《户部》一六《征收》。

⑤ 《明孝宗实录》卷九一，弘治七年八月乙丑，台北中研院史语所校勘，1962年影印本。

⑥ 王圻：《续文献通考》卷四《田赋考·受纳税限》。

折银。成化二十二年(1486),松江知府樊莹对民运漕粮实行改革,以往按照实物征收起运,运输费用以米易银开销,改为运输费用直接征收白银,免去转换的麻烦,由此,漕粮中也渗入了白银货币成分。弘治十三年(1500),明朝将漕粮耗米部分折银,因地区分为"三六轻赍"、"二六轻赍"和"一六轻赍"。轻赍银每石折银5钱。① 当漕运官军与民间发生交兑关系时,"又有所谓'纲司话会',此向来套名,盖收兑粮长与旗军私相授受,每米一石,出银二三分,以充酒饭之费。此府县虽知而不问者也"②。改为折银,一般确实有便民作用。弘治十五年(1502),户部奏会计山东、河南、北直隶解边折银"先年榆林每石不过二钱五分,宣府不过八钱五分",改征本色,每石用银至一两八九钱"③,于官于民都反而增加了负担。发展到嘉靖年间,"无岁不有灾伤,则无岁不有折兑。此其因灾伤而折兑者,常例也"④。一方面明朝常有折银之令,另一方面实际运作时,征收纳银,粮先变银,再召商买粮,所以江南有的地方,才有"方收成日,粟米狼藉,不免贱粜",出现典当粮食筹银上纳现象。⑤

关于金花银的派征,在江南原只派给官田,到正德四年(1509),浙江全省不分官田、民田,一律按粮派征,官、民田一体承税,形成了"每粮一石,验派本色米若干,折色银若干"⑥。在江南,嘉靖时欧阳铎以右副都御史巡抚应天十府,改革田赋,调整金花银派征原则,主旨也是用折银来调整不同科则田地的负担,进一步清理江南田赋积弊。根据唐文基研究,实际上到嘉靖时,江南各地相继实行了官、民田一则起科的改革,通过改革,拉平了官田与民田之间采取的不公平的派征赋额。此外,更为重要的,是直接导致了国有官田的私有化。⑦ 对于所有权性质的改变,白银货币起了重要推动作用。

税收的货币化,也体现在官田向民田转变后的租佃关系上。如嘉靖十三年(1534),陕西镇守太监裁革,原有养廉地、园圃、菜地、果树,总计"定税科粮",令原佃军民承种。规定"附入实征册内,随民田征收,税粮折价,以备韩府

① 孙承泽:《天府广记》卷一四《轻赍》,北京古籍出版社1983年版。
② 顾炎武:《天下郡国利病书》,原编第六册《苏松》,《四部丛刊三编》本。
③ 《明孝宗实录》卷一九二,弘治十五年十月。
④ 唐顺之:《唐荆川文集》卷五《与李龙冈邑令书》,《旧部丛刊》本。
⑤ 赵用贤:《议平江南粮役疏》,《明经世文编》卷三九七,中华书局1962年影印本。
⑥ 顾炎武:《天下郡国利病书》,原编第七册《常镇》。
⑦ 详见唐文基:《明代赋役制度史》,中国社会科学出版社1991年版,第165—175页。

禄米支用”。这里说明了四种变化：一是各种物料都以“粮”的名目入税；二是军民承种的官田向民田的转变；三是表明税粮只是名目，实际是以折价白银为交纳形态；四是王府禄米已由实物的粮食改变为货币白银。十四年(1535)，明朝将通州新城晒米厂地召佃，“每亩定租银一钱二分”，是官田出租，收取租银的事例。① 值得注意的，是即使在北方经济落后地区，如在甘州的荒地，万历初召人垦种，也收以租银了。②

成化初年，田赋货币化不仅在江南有明显发展，而且影响已经扩大到了更大范围，成化七年(1471)湖广安察司尚褫言：“顷来凡遇征输，动辄折收银两。”③根据广东雷州里老的呈诉，弘治十四年(1501)以前已经不仅是起运，而且存留地方府县各仓的税粮也已经兼收折色。④ 在福建，正德十四年(1519)御史沈灼推行田赋改革，实行全省官米全部折色解京，民米半征折色，不仅减轻了运输负担，而且根据官田赋重，折银按亩征收，并采取递减法，民田每石折银5钱，取得了民称便的效果。⑤

再看官田中的屯田。在景泰、天顺年间，已有以官银买牛给发屯田的事例。成化二十二年(1486)，屯粮开始折银征收。⑥ 开中法崩坏，商屯败坏无遗，以银为媒介，明代边防供应体制发生了彻底改变，一改实物粮食的供应为市场购买，运送粮食变为年例银，由此北方米粮市场逐渐形成。于此同时，南方的军屯也发生了同样的进程。弘治二年(1489)，“题准成都右等卫屯田每粮一石折银二钱六分，布政司贮库，听支军粮”。四年(1491)，“题准四川将管屯官舍占地退出，给无田军余耕种，照例征收本色，不许征银花销”。⑦ 所谓“不许征银花销”，明见当时四川屯田已经存在征银的事实。弘治八年(1495)，“奏准福建行都司所属建宁、延、邵三卫都司所属福州左等卫屯田每石征银二钱五

① 《明会典》卷一七《户部》四《田土》。

② 同上。

③ 《明宪宗实录》卷九三，成化七年七月己卯，台北中研院史语所校勘，1962年影印本。

④ 万历《雷州府志》卷九《食货志》。

⑤ 《天下郡国利病书》，原编第二六册《福建》。

⑥ 《明宪宗实录》卷一一六，成化二十二年八月戊子。

⑦ 《续文献通考》卷一五《田赋考·屯田下》。

分,解京济边”。这是朝廷明令军卫屯田折银征收,目的是起运解京。[①] 至弘治十五年(1502),京卫有地亩银的征收:“京卫新增地亩,每粮一石,折银二钱,寻议轻减,每亩征银一分五厘。在京赴太仓,在外赴附近有司交纳,放支官军月粮。”[②]弘治十六年(1503)以民请,福建屯田子粒全部折银解京。[③] 正德元年(1506)户部尚书韩文言及屯田折银征收日益增多:“沿边屯田,废弛尤甚,禾黍之地,尽为草莽之区,以故仓储缺乏,输银日多。”[④]

折银的扩大,直接影响到北方及各边。北边的京运年例,按《明会典》,始自正统十二年“令每岁运银十万两,于辽东籴买粮料。”同时令“每岁运银十五万两,于宣府籴买粮料”[⑤]。但实际是从成化二年(1466)开始,正式形成了年例银[⑥],也就是每年自京输往各边的岁额开始制度化。成化九年(1473),太原等府州县岁运边粮已经“止是轻赍银货买纳”[⑦]。弘治十五年(1502),朝廷“令各边除库藏银两,有添注注销事例外,各该巡抚衙门,及有自行处置盐利、冠带、赃罚、纸米等项银两,就委各该守巡官管理出纳,附写卷簿,用印钤盖,只许军门赏功、修城、器械等用,不许别项花费,三年一次,差科道官查盘”[⑧]。这是弘治时各边均有银两存库备用,各边库存银已经制度化的证明。至正德年间,民运边粮也已全部折银。[⑨]

北方多皇庄及勋戚庄田。在弘治十六年(1503)以前,各王府及内外勋戚庄田,已定例每亩有司征银三分解纳,有征五分,或出自收的。[⑩] 正德十六年(1521)世宗即位,差兵科给事中夏言、山西道监察御史樊继祖、户部主事张希尹等往顺天等府查勘,当时各项皇庄及勋戚庄田地土共

---

① 《明会典》卷一八《户部》五《屯田》。这类事例最早可以追溯到正统十年(1445):“福州左右中卫并延平卫屯田,准照民间秋粮事例,每石折银二钱五分,解京济边。”

② 《明会典》卷一八《户部》五《屯田》。

③ 《明孝宗实录》卷二〇〇,弘治十六年六月癸亥。

④ 《明武宗实录》卷一五,正德元年七月癸未,台北中研院史语所校勘,1962年影印本。

⑤ 《明会典》卷二八《户部》一五《会计》四。

⑥ 参见全汉昇:《明代北边米粮价格的变动》,《中国经济史研究》下,稻乡出版社1991年版。

⑦ 《明宪宗实录》卷一一六,成化九年五月丙午。

⑧ 《明会典》卷二八《户部》一五《会计》四。

⑨ 同上。

⑩ 《明孝宗实录》卷一九八,弘治十六年四月丁未。

20091928亩。[①] 各宫庄征收的银两，称为子粒银。嘉靖二年(1523)，清核勋戚田土以及草场时，分为上、中、下三等征银，作出具体规定。八年(1529)，对于各勋戚、寺观田土，以征银不等，也分为上、中、中下、下四等征收。[②]

北方荒田开垦，在弘治时也以承佃方式开始有征银现象。如陕西在弘治十年(1497)承佃荒田已定"每粮一石征五斗，或折征银二钱五分"，无人承佃的，"粮一石止征银五分"，"草一束征银二厘五毫"。[③]

根据户部尚书韩文报告，查正德初年的京库银两"以岁入言之"，夏税共该50500余两，秋粮944800余两。[④]

明朝税粮基本计算单位是以粮食的"石"。虽然自明朝初年就有折纳，但一般属于轻赍或临时性，这是以往历朝也常见的事例。折银在成、弘以后成为一种普遍的趋势，与"朝野率皆用银"的社会普遍用银状况是趋同的，时间是在成、弘以后。根据梁方仲研究，一条鞭法始行于嘉靖十年(1531)"概算于田，总括众役，每夏税秋粮，计田一亩，纳银止于二分、三分，民自乐于征输，而官不劳于督理。"[⑤]应当说在一条鞭法实行并推广于全国后，晚明国家田赋征收名义上仍以粮食为基本计算单位，但是实际上是以白银为计算单位，粮食折收白银交纳。尽管对于一条鞭法的明确定义，自明代以来多有争议；尽管当时反对一条鞭法的大有人在，根据文献记载来看，一条鞭法实际并无一个标志性的政令推行全国，因此在各地的实施情况复杂而多样，但是，赋役合一、统一折银却是各地实行中一定包括的内容，农民对于国家所应尽的义务，是由白银货币来体现。各地货币税实行时间早晚不同，内容参差不一，则反映出了一种明显的过

① 当时夏言上疏将庄田来由和盘托出："各宫庄田，祖宗以来未之有也，惟天顺八年以顺义县安乐里板桥村太监曹吉祥抄没地一处拨为宫中庄田……今此查勘，又占过民田四十顷，见在共七十五顷。则宫闱庄田之始，而数年间侵占之数过于原额已十倍矣。举此一处，其他可知。"他指出，到武宗即位，一月之间建立了皇庄七处，"自此之后，设立渐多，而皇庄之名始著"。论及此，他颇有微词："祖宗以来，宫闱一切供用自有才规，顾可屈万乘之尊，下同匹夫，以侵田亩之业，辱宫壶之贵，杂于闾阎，以争升斗之利，其何以示天下，训后世也哉。且皇之一字，加于帝后之上，为至尊莫大之称，今奸佞之徒假以侵夺民田，则名其庄曰皇庄，假之以罔求市利，则名其店曰皇店。又其甚者，假以阻坏盐法，则以所取之盐名为皇盐，即此三言，足以传笑天下，遗讥后世。"并建议"榜示中外，尽削皇庄及各宫庄田之名，一洗四朝之弊，永垂百代之休"。见《续文献通考》卷一六《田赋考·庄田》。

② 《续文献通考》卷一六《田赋考·庄田》。

③ 《明孝宗实录》卷一二八，弘治十年八月丁丑。

④ 韩文《为缺白银两库藏空虚等事》，《明经世文编》卷八五。

⑤ 张萱：《西园闻见录》卷三二《赋役前》，燕京大学1940年铅印本。

渡性。可是，无论如何，与白银折纳并行的田赋改革，是实物税向货币税的转变，这也就是白银货币化的过程。

2.徭役货币化

国家的建立，赖有赋税之外，重要的还有徭役的征发。明初，沿袭宋元徭役制度。按照役法规定，16 岁以上，60 岁以下的男子，均要承担差役。王圻《续文献通考》卷二一《职役考》记载：国初因赋定役，每十年大造黄册，籍分军民匠灶，户分上中下三等，差役照册佥定。明代徭役主要分为两种：里甲、杂役，由于徭役不均，伴随着折银，均徭改革与历史相伴而行，出现了银差和力差，徭役出现货币化的明显趋势，与此同时，白银货币化逐步向全国推开，导致了劳役制度的全面解体。

东南各省里甲正役的改革，是与折银或者说赋役货币化同步进行的。顾起元《客座赘语》卷二《条鞭始末》："往周文襄巡抚时，以丁银不足支用，复唱劝借之说，以粮补丁，于是税粮之外，每石加征若干，以支供办，名里甲银。"这是按户摊入田粮，折银征收。而永乐迁都以后，由于官饷问题产生了皂隶之役折为柴薪银。成化时顺天府已经征银雇役，当时"京城九门原收车辆及驴骡马载货物钱钞，佥点检钞夫役共四十四名。每名一季雇人用银十两，一年通计一千六七百两。其银俱于大小铺户征敛"①。在京如此，在外也有成例，成化九年(1473)山东岁额夫役 20884 名，"人征价银三两"，共达 62652 两。② 弘治年间，随折银扩大发展，徭役改革也向深入发展，杂役改革，出现均徭法，形成了力差和银差。其中，力差起初是亲身服役，以后也逐渐发展到折银，于是几乎全部徭役都货币化了。顾炎武云："均徭为杂役，成、弘以前莫可改，正德后始定银差、力差之例。"③16 世纪初出现了银差。④ 弘治以前，南直隶凤阳等地均徭已将田亩作为审编对象，正德时松江出现按亩征收的均徭银，几乎同时，北方顺天、永平出现了地亩银。嘉靖时，山东有了门银之征，这都是为了缓和徭役不

---

① 《明宪宗实录》卷九五，成化七年九月壬辰。

② 《明宪宗实录》卷一二一，成化九年十月乙亥。

③ 《天下郡国利病书》，原编第二八册《广东》中。

④ 关于均徭的折银，日本学者山根幸夫(《明代徭役制度の展开》东京女子大学学会 1966 年版)，岩见宏(《明代徭役制度の研究》，同朋舍 1986 年版)，谷口规矩雄(《明代徭役制度史研究》同朋舍 1998 年版)等书有专门深入的研究，本节撰写中参考了他们的研究成果。

均的矛盾而出台的改革。此时均徭审编从成化时单一的人丁，扩大到了丁田，这种扩大改革的趋势，正是伴随白银货币的扩大化而发展的。各地改革名称不一，浙江称均平银，江西称公费银，福建称纲银，南直隶称直日银，等等。浙江均平银始于天顺时，福建纲银始于成、弘之间。顾炎武《天下郡国利病书》记载："成、弘年间，乃令见役里长，随其丁田，或钱输官，以供一年用度，谓之纲，一雇一年之用者，谓之徭。即出钱，则归之农，唯一里长在役，以奉追征勾摄。"[①]地方一切开支，几乎全由纲银囊括支付。正德元年(1506)，各地"审派均徭，率有宽剩"，明廷令巡抚查核弘治改元以来的原编底簿，"取其银解部应用"。[②]

从成化十五年(1479)朝廷令各处差徭，户分九等，门分三甲，定输纳数目，不许隔年通征银两在官的规定[③]，可以了解到当时各地已经出现了差徭征发以银通征的情况。在民间社会改革现实推动下，弘治元年(1488)，明朝做出了新的规定："令各处编审均徭，查照岁额差使，于该年均徭人户丁粮有力之家止编本等差役，不许分外加增余剩银两，贫难下户并逃亡之数，听其空闲，不许征银及额外滥设听差等项科差，违者听抚按等官纠察问罪。"[④]针对改革参差不齐，均徭轻重不等，折银不等，各地实行也各有差异，明朝下令整理均徭法，"禁止额外滥设听差等项课差"[⑤]。此时有的地方听差已经出现以银代役，如常州府江阴县"其出银听用，曰庆贺，曰祭祀，曰乡饮，曰科贡，曰恤政，曰公费，曰备用；其出人听调曰听差"[⑥]。南方如此，北方也同样，山东济南府武定州每年编"听差三百五十两"[⑦]。保定府雄县在嘉靖时"听差余银五百余两"[⑧]。嘉靖九年(1530)明朝规定：各地审编徭役，先查岁额差役若干，该用银若干，黄册实在丁粮除优免户外，应役丁粮若干，以所用役银，酌量每人一丁，田几亩，该出银

① 《天下郡国利病书》，原编第二六册《福建》。
② 《明武宗实录》卷一五，正德元年七月丙戌。
③ 《明会典》卷二〇《户部》七《赋役》。
④ 《续文献通考》卷二二《征榷考》。
⑤ 陈仁锡：《皇明世法录》卷三九《赋役》，台北《中国史学丛书》本。
⑥ 嘉靖《江阴县志》卷五《徭役》，嘉靖二十六年刻本。
⑦ 嘉靖《武定州志》，《赋役》七，《天一阁藏明代地方志选刊》本。
⑧ 嘉靖《雄乘》，《田赋》四，《天一阁藏明代地方志选刊》本。

若干，尽取分派，如有将银两入己者，按律问罪。① 很明显，徭役货币化开始规范化。根据日本学者的研究，发现均徭折银的过程在华北、华南和华中是完全不同的。华北在一条鞭法实行前曾经在非常广泛的范围内实行了与江南地区完全不同的门银和丁银制，于嘉靖十一、二年（1532—1533）确立。② 在明代档案中，万历五年—九年（1577—1581）《辽东各卫所边堡官军下余丁舍丁等纳银名册》中，详细记载了军中余丁分为上上、上中、上下，中上、中中、中下，下上、下中、下下的等则，按照银差和力差分别纳银。③

在整个明朝财政全面折银的货币化倾向中，金花银的折纳是一个方面，而上供的物品也是一个重要方面。明初上供物料，是根据宫廷和政府的需要，向地方摊派的各种实物，是征派的性质。工部和内府所需的物料，汇集存储于十库，"召买无几"④。这种状况随时间推移发生了变化。日本学者岩井宏将上供物料的征收方法分为5种，指出向生产者征收物资的办法，由于流通经济的发展，买办的比重不断增加。⑤ 折色日益增多，事例是"召商买办"。⑥ 嘉靖十年（1531），朝廷明确规定："今后各处起解京库物料，果系本地无产者，许于批文内明开某物若干，折征价银若干，到京召商上纳。如有余银，通融帮补，再有余剩，送太仓库交收，以备支用。"⑦即使是本色，晚明征银召商购买上纳也日渐增多。如隆庆元年（1567）朝廷题准河南、广东以及北直隶各州县卫所共93处的该解苘麻，"照依原定数目，每麻一斤，征银一分八厘，各解该府，每年限十月内类解本部，以备买麻支用"⑧。上供物料由征派向召买乃至成为一种用银负担的均徭项目。

实际上，明代各地的杂役包罗很广，有皂隶、弓兵、狱卒、铺兵、馆夫、驿夫、

① 《明会典》卷二〇《户部》七《赋役》。

② 谷口规矩雄对此进行了深入研究，见《明代徭役制度史研究》第三章《一条鞭法的成立和展开》。

③ 《明代辽东档案汇编》上，万历五年—九年《辽东各卫所边堡官军下余丁舍丁等纳银名册》，辽沈书社1985年版，第73—109页。

④ 何士晋：《工部厂库须知》卷一一，玄览堂丛书续集本。

⑤ 见谷口规矩雄《明代徭役制度史研究》第一章《明代前期的徭役制度》引述。

⑥ 《明会典》卷二〇一《工部》二一《器用》载：嘉靖二年（1523）有令"山西、山东、陕西、河南原解成造上用并各宫物料，羊毛、皮、棉纱共八万四千张，照弘治间例，解银赴部召买"。由此可知弘治年间已有成例。

⑦ 《明会典》卷三〇《户部》一七《库藏》一。

⑧ 《明会典》卷一九〇《工部》一〇《物料》。

水夫、车夫、轿夫、膳夫、门子等等，还有许多临时性的，名目繁多，考诸史实，经历了大多在成、弘年间开始货币化的轨迹。具体来说，如夫役中的柴夫，是专门供应内府的，又分为砍柴夫和抬柴夫两种，砍柴夫在成化四年(1468)奏准每名一季收脚价银三两；抬柴夫在成化二十一年(1485)奏准每名一月征银一两二钱，弘治元年(1488)，每名一月征银一两四钱。[①] 工程用夫役众，花费更多，如弘治年间河南黄河治理工程，岁起民夫5万，"每夫道里费征银一二两"，史载当时各地工役"先后用银，岂止数百万两"[②]。

均徭实行以后，加重了贫富不均，为了解决弊端，改革又向深入进行，出现了"十段册"，又名"十段锦"。实际上这一改革在成化初年已出现于福建邵武。[③] 此后东南各地陆续展开。到嘉靖时，出现了征一法，这一改革趋向是将里甲、均徭归并，统一按照丁田征收，是一条鞭法的前奏。按照全部丁田数分摊全县徭役，统一征银。这样，里甲和徭役合一，赋役合一征收白银。根据近年学者的研究，如广东在嘉靖年间全部赋役项目用银计算，银子已成为几乎唯一的计税手段。[④]

东南的徭役折银最早普遍化，那么，在其他一些地区又如何呢？以四川为例，《四川重刻赋役书册》记载，万历年间四川布政司所属成、重等八府，嘉、眉等六州合属州县等衙门审编均徭、银力差及民快里甲公费夫马减存总目是：一均徭：银差实编银99028.216381两，力差实编银90790.37两；一民快：实编26116名，每名7.2两，共188035.2两；一里甲公费：实编银28291.582两；一里甲编夫：实编夫7670名，每名银7.2两，共银55224两；一里甲编马：实编马3095匹，每匹连草料、鞍辔、雨具、人夫21.6两，共银66852两。[⑤] 在那里，徭役完全货币化了。

役法的改革影响所及，是粮长制度的变化，对此，梁方仲已有深入研究，"直到嘉靖中年一条鞭法盛行以后"，他如此评价："自此以后，赋役项目纷纷改

① 《续文献通考》卷二二《征榷考》。

② 《明孝宗实录》卷一〇三，弘治八年八月丁丑。

③ 嘉靖《邵武府志》卷一二《名宦·盛颙传》，天一阁藏明代地方志选刊本。

④ 刘志伟：《在国家于社会之间——明清广东里甲赋役制度研究》，中山大学出版社1997年版，第10页。

⑤ 《四川重刻赋役书册·总目》，北京图书馆古籍珍本丛刊第60册，据明万历刻本影印。

折为银两，自封投柜和官收官解的办法也普遍施行，政府对于粮长的需要更大为降低了。这时尽管粮长这名称还保留着，但它实际上已变成为徭役了；甚至还可以折银代役，并不须亲身充当。”①

值得注意的是，与役法相关的还有手工业者即工匠的以银代役，这一变化也始于成化年间。成化二十一年(1485)奏准：“轮班工匠有愿出银折，每名每月南匠出银九钱，免赴京，所斯类赍勘合，赴部批工，北匠出银六钱，到部随即批放，不愿者仍旧当班。”②根据内容，这明显是具有过渡性质的政策。到嘉靖年间，一律以银代役出台，四十一年(1562)题准：“行各司府，自本年春季为始，将该年班匠通行折价类解，不许私自赴部投当，仍备将各司府人匠总数查出，某州县额设若干名，以旧规四年一班，每班征银一两八钱，分义务四年，每名每年征银四钱五分，算计某州县每年该银若干，抚按官督各州县官，每年折完类解，不许拖欠，没终造册类缴，分别已未完等第参究。”③从此，劳役制转变成白银货币税，对于手工业者而言，国家的人身束缚由白银解脱了。工匠摆脱了劳役，获得了独立经营手工业的条件，对生产积极性提高，生产率增长应该说大有益处。以银代役，也促使官营手工业无可挽回地走向衰落，相应的，民营手工业蓬勃发展起来。例如，遵化铁冶厂是全国最大的官办铁厂，每年额办课铁208000斤，计价不过2700余两，而专设官吏军役等费用竟逾万金。于是万历九年(1581)工部题准：铁厂官军工匠“尽行裁革，将额征银两解部买铁支用。其柴薪、车辆等项银悉免佥派，以苏民困”④。明朝最大官营铁厂的倒闭，标志着官营冶铁业的彻底衰落。织造方面，成化二十年(1484)奏准：“各司府设有织染衙门去处，不许另科价银，转往别处织买缎匹，因而侵克钱粮，违者从重究治。”⑤到嘉靖十四年(1535)刑科给事中王经奉命往苏杭督察缎匹事，还京条陈织造十二事，其中：“一、戒挪移，各省织造银两，多出里甲丁田，并无碍官银。有司往往取充他用，致亏课额。宜会计一岁合用银若干，某郡县征派若干，应于某项取给，当官验收，转解司府给散机匠……一、严限期，织造银两宜令每岁

① 梁方仲：《明代粮长制度》，上海人民出版社2001年版，第40页。

② 《明会典》卷一八九《工部》九《工匠》二。

③ 同上。

④ 《明神宗实录》卷一一〇，万历九年三月甲戌，台北中研院史语所校勘，1962年影印本。

⑤ 《明会典》卷二一〇《工部》二一《织造》。

六月终征完，七月中解府给散。”说明在嘉靖年间官手工业的经营方式已经发生了重要变化，是先征派银两，然后发给机匠织造。此外，他还提到各州县有“不习织挑，皆佣他处工匠”，以及逋逃缎匹银两的现象。[①] 表明了织造官手工业中以银雇匠的情况。

总之，成弘以后，从中央到地方，从南方到北方，均徭改革此起彼伏，一浪更过一浪，并逐渐汇集成为一条鞭法，赋役归一，统一征银。这一过程与白银货币化的过程完全是重合的。在数额上，明后期各地的役银一般超过田赋银，大量转入地亩，成为货币税。将税入地的趋向，使工商业者免去负担，有利于工商业发展；农民、手工业者纳银于官，官府雇募，不仅使农民对国家的人身依附关系进一步削弱，劳动力商品化趋势日益加强，也促进农作物的商品化，有助于商品货币经济的扩大发展。随着朝廷财政的重点转移到土地上，徭役呈现逐步消亡，这是社会的进步，而白银的扩大流通和普遍应用，无疑极大地促进了这一过程。

3.盐课货币化

明朝的专卖收入，主要是盐和茶，为此，朝廷制定了开中法和茶马法，以保证政府收入。

先来看盐。明朝盐课，在成、弘以后逐渐成为朝廷财政最为重要的部分，值得注意的是，也正是在这一时期，盐课开始由实物向货币化转变。成化年间，两浙盐课开始折银。成化十九年(1483)，明朝下令两浙盐课浙西场分每正盐一引折银七钱，浙东场分每正盐一引折银五钱，解送太仓银库，候余盐支尽，仍纳本色。弘治元年(1488)，有令两浙盐课折银，浙西场分每引原定七钱者减为六钱，浙东场分每引原定五钱者减为三钱五分，候盐法通，如旧征纳。[②] 由此可见，在弘治五年(1492)叶淇改革，废开中法之前，开中法实际已渐消亡于白银的折收之中，大规模改革不过是承认现状，使折银制度化而已。由此，“大小引目二百二十余万，解太仓银百万有奇”[③]。到弘治年间，在全国重要的盐产区，两淮、两浙、长芦、福建、山东、海北等地，都已发生程度不同的折银。根据学者统计，其中，两浙折银已占地区盐课的49.83%，也就是几乎达到了一

① 《明世宗实录》卷一七二，嘉靖十四年二月乙巳，台北中研院史语所校勘，1962年影印本。

② 《续文献通考》卷二四《征榷考·盐法中》。

③ 《明会典》卷三二《户部》一九《课程》一《盐法》一。

半;折银率最高的福建,竟达到 54.95%,超过了半数;而在山东也达到了47.24%,已接近了半数。[①] 发展到嘉靖年间,盐课基本上已折银。至万历年间,全部折银已成定制。李汝华曾言:

> 国家财赋所称盐法居半者,盖岁计所入止四百万,半属民赋,其半则取给于盐筴。两淮岁解六十八万有奇,长芦十八万,山东八万,两浙十五万,福建二万,广东二万,云南三万八千两有奇。除河南十二万及川、陕盐课,虽不解太仓,并其银数,实共该盐课银二百四十余万两。[②]

由此,明后期盐课银的征收,成为国家财政的重要组成部分。

明初设立的户口盐钞制度,到成化年间,也已出现向白银货币的转变。成化六年(1470),明朝发布"今后不许折收银米"之令,这正是地方社会现实运作中折征白银的反应。弘治六年(1493)内府承运库金银告缺,廷臣集议,首倡天下户口食盐钱钞"今后每钞一贯,折征银三厘,钱七文,折银一分。当解京者,径入内帑;当存留者,留本处准官军俸粮"。当时一年解京数字大约有 223000 余两。[③] 弘治十六年(1503)更议准:"各处解纳户口食盐钱钞,俱收价银解部,每钞五千贯,铜钱一万文,拟进内府交纳者,定与价银二十四两,在部交纳者十九两,著令铺户领出,收买钱钞上纳。扣算余银,收补别项钱粮。"[④]到嘉靖六年(1527),又有具体规定:"诏各处起运京库户口盐钞,今后每钞一贯,折银一厘一毫四丝三忽。每钱七文,折银一分,计钞一块,共折银四两,经收大户人等,不得分外科敛,侵欺入己。"[⑤]至此,折银已完全制度化了。

值得注意的是,一般认为弘治时叶淇变法,开中法遂被破坏。实际上,在成化初年,随着白银的货币化,已经出现"每一千引卖银一百余,或其八十两,名曰'卖窝钱'"的事例,得到朝廷关注。[⑥] 纳银逐渐代替纳粮,遂使明代盐政制度发生了重大改革,开中法被破坏并放弃。

---

① 刘淼:《明代盐业经济研究》,汕头大学出版社 1996 年版,第 215 页。

② 李汝华:《户部题行言法十议疏》,《明经世文编》卷四七四。

③ 《明孝宗实录》卷七四,弘治六年四月。

④ 《明会典》卷四二《户部》二九《南京户部》。

⑤ 《明会典》卷四一《户部》二八《经费》二《官民户口盐钞》。

⑥ 《皇明条法事类纂》卷一八,《成化四年二月二十四日太子少保户部尚书马等奏题整理盐法事》,日本古典研究会影印本。

4.茶课货币化

茶课方面,货币化确切地说,指的是白银化。洪武初定"官给茶引付产茶府、州、县。凡商人买茶,具数付官纳钱给引,方许出境货卖"。"凡买茶去处赴宣课司,依例三十分抽一分"①。初是商人纳钱给引,后钞法行,以钞给引。伴随宝钞的退出流通领域,根据史料,白银化也是始于成、弘年间。王圻比较详细地记载了折银的过程,特录于下:

成化三年,奏准西宁洮河茶马司积多余茶,年久湿烂,今后粗茶每百斤收银五钱,芽茶三十五斤亦量收五钱,无银收丝绢等项,俱解本省有司收候,以补收买茶课支用。五年,令陕西布政司将金粥等处茶课自成化六年为始仍收本色,其原折收银布,候丰年收买茶斤,送各茶马司收贮,一备易马。

成化十九年,奏准每岁运十万斤,今茶课本色一十五万八千八百五十九斤零,存彼处衙门听候支用。折色三十三万六千九百六十三斤,共征银四千七百二两八分,内三千一百五两五钱五分存本省赏番,实解陕西巡茶衙门易马银一千五百九十六两五钱三分。

弘治八年,令四川布政司将所属茶课俱自弘治二年为始,以后年份各拖欠该征之数俱减轻,每芽茶一斤征银一分五厘,叶茶一斤止征一分。②

《明会典》载,明前期实行过给运茶支盐事例,更多的是以茶易马事例。这一直延续到明后期。弘治十四年(1501),明朝"以榆林、环庆、固原粮饷缺乏,将洮河、西宁发买茶斤量开四五百万斤,召商上纳价银,类解边仓籴买粮料"③。说明茶课折银也用于边饷。

5.关税货币化

关税方面,是明朝商业税中最为重要的税收。主要是钞关,始设于宣德四年(1429)。明朝先后于运河沿岸、长江各口、江南水道要津设立钞关征税,钞关之设,顾名思义,是当时为了通行钞法,增加税收为目的。首先设立"七所",后来陆续有增设。成化元年(1465)有所变化,令钱钞兼收。④ 随着白银的扩

---

① 《明会典》卷三七《户部》二四《课程》六《茶课》。
② 《续文献通考》卷二六《征榷考·茶》。
③ 《明会典》卷三七《户部》二四《课程》六《茶课》。
④ 《明会典》卷三五《户部》二二《课程》四《钞关》。

大流通，财政需求的增长，到弘治元年（1488），由于“库藏空虚”，明朝下令“除崇文门、上新河、张家湾司局照旧钱钞兼收外，其河西务等处捌钞关并临清、淮安、扬州、苏州、杭州、刘家隔、正阳镇柒税课司局照依彼中则例，俱折收银两”[①]。由此，各钞关税收大多改征银两。一般来说，宣德、正统年间是收钞的时期，成化时是钱钞兼收，是一个过渡时期，到弘治时则明确了折银征收，并迅速扩大白银征收范围。弘治六年（1493），“令各关照彼中则例每钞一贯折银三厘，每钱七文折银一分”。七年（1494），议准“今后九江府钞厂免收铜钱，只折收银两”[②]。嘉靖八年（1529），在直隶巡按御史魏有本的奏请下，“俱许折银”。定以银交纳，银一厘，折钞一贯，银一分，折钱七文。[③] 至此钞关的征收税折银完全制度化了。根据文献记载，晚明钞关又分为本色、折色年分征收，如浒墅关在万历初年，折色年分照船头丈尺折收银两，而本色年分就要麻烦得多：“旧例每钞一千贯，钱二拾文，折收银七分。内二分解太仓；五分钱钞，每钞一千贯，价银六钱，嘉靖钱一千文，价银一钱五分，古钱一千文，价银一两六钱，扛索盘缠等费俱于内扣算”。[④] 值得注意的是，钞与钱均以银论价，之所以保留，是专供朝廷赏赐之用。

晚明关税白银货币化，成为明朝财政中的重要收入，可从表 3—1 得见。

表 3—1：崇祯初年关税略表　（单位：两）[⑤]

关名	原额	天启年间增额	崇祯初额
北新关	40000	40000	80000
浒墅关	45000	42500	87500
九江关	25000	32500	57500
两淮钞关	23000	22600	45600
扬州关	13000	12600	25600
临清关	83800		63800
河西务	46000		32000
崇文门	68929	20000	88929
		每两加羡余 0.2，共 50000	总计 530929

① 张学颜：《万历会计录》卷四二《钞关》，《北京图书馆古籍珍本丛刊》第 53 册，万历十年刻本。

② 《续文献通考》卷二二《征榷考》。

③ 《明世宗实录》卷一〇五，嘉靖八年九月丙申。

④ 《万历会计录》卷四二《钞关》。

⑤ 根据《春明梦余录》卷三五《户部》一《钞关》制，北京古籍出版社 1992 年版。

钞关之外，还有属于工部的工关税。明初于各交通要道设立抽分局，由工部管理，对过路客商贩运的竹木薪炭征税，收入归工部，以实物征收为主。到成化年间也发生了向货币税的转变。据《明实录》成化七年(1471)记载，成化初出现"工部抽分竹木变卖银两解部，以为营缮之费"的情况，"是年所得仅千余两"，这里表现似乎是临时性的安排，然而却并非如此，"后续差者务多得为能，岁岁加益，至此万数"，说明自此以后成为征银已是常态。[①] 以芜湖和杭州为例，"其初，岁征银一二千两，稍增至四五千两"，至成化二十一年(1485)芜湖已增至万余两，杭州增至20000余两。[②] 隆庆元年(1567)杨时乔自刻《两浙南关榷事书》，记录了设立在杭州城南税课司征收的具体情况，清楚地反映出实物向白银的转变："先是，本厂初立，例取本色，解淮安清江、卫河二提举司造浅船。成化十六年(1480)因解户不便，奏始解折银。"[③]由此可见，改革和变化是始自民间要求，有着社会的需求。

除了属于商业通过税的钞关之外，商业税还有营业税，与杂税混杂在一起，名目繁多。白银货币化的时间大致也在弘治年间。以临清为例，弘治十八(1505)户部言："临清商税每年折银几三万两，而宣大边储告乏，请将今年及明年以后商税俱折银解边，予买粮草。"[④]

关于对外贸易关税，明初设市舶司，管理海外进贡和中外货物市易之事，交易以实物，或抽取实物。发展到嘉靖时"军需国库，半取于市舶"。隆庆元年(1567)，福建巡抚涂泽民上疏请求开放海禁，得到允准。[⑤] 到隆庆五年(1571)，明朝由计货征税改为丈抽法，以银交纳。根据记载，漳州对商船所征商税始自隆庆六年(1572)，出自知府罗青霄之请，是以船税代充钱粮。[⑥] 在澳门："隆庆间始议抽银，檄委海防同知、市舶提举及香山正官三面往同丈量估验。"[⑦]万历三年(1575)明朝制订增税则例，分为水饷、陆饷、加增饷征收，全部

① 《明宪宗实录》卷八九，成化七年三月戊寅。

② 《明宪宗实录》卷二六三，成化二十一年三月己丑。

③ 杨时乔：《两浙南关榷事书》，《北京图书馆古籍珍本丛刊》第47册，隆庆元年自刻本。

④ 《明武宗实录》卷六，弘治十八年十月乙卯。

⑤ 张燮：《东西洋考》卷七《饷税考》，中华书局1981年版。

⑥ 万历《漳州府志》卷五《商税》，清抄本。

⑦ 万历《广东通志》卷六九《番夷》，《稀见中国地方志丛刊》本。

征银。[1] 这一转变对于外国白银的流入,具有重要的意义。

(二) 国家财政支出的货币化

财政收入货币化,相对应的必然是支出的货币化。明朝财政支出主要可以分为皇室、官僚、军队和政府开支几大部分,这里仅择要述如下。

1. 皇室方面

赋税中供给御用和军官俸禄的部分,即金花银,据《明会典》载:“夏秋麦米共四百五万九百一十九石一斗一升二合,每石折银二钱五分,共折金花银一百一万二千七百二十九两七钱七分八厘一毫。”[2]其中武臣俸禄不多,仅十余万两,其他都供御用。皇室费用,支出对象是皇室成员、妃嫔及宫人、太监等。史载宫中珍玩、奢侈品糜于英宗,继于宪宗、武宗,至世宗、神宗而达于顶点。上供采造费用支出日益增大,都要以银支付。实物部分的折色也逐渐扩大。弘治十五年(1502),王鏊曾记天下财赋与皇室岁用的关系:

> 今天下税粮三千六百三十二万一千余石,内三百二十万九千石折银八十一万四千余两,户口商税除折米外,并船钞料折银可得四十三万九千余两,各矿银课岁办一十五万一千余两,两淮浙盐场岁买折盐银常不下数万千两。如此岁用犹云不足,何也?祖宗时岁用颇省,以黄蜡一事计之,岁用不过三万斤,正统末四万斤,景泰、天顺间加至八万五千斤,成化十一年后,遂加至一十二万斤,其余可推也。[3]

值得注意的是,此时他已经按照白银来计算朝廷收入,而提到岁用时,仍以实物为例。

至于朝廷用于赏赐方面,还有大量支出,但这部分在明前期已有不少白银存在,而在明后期也仍有大量宝钞和铜钱的使用。孝宗时,登极赏赐,已由户部凑银,但数目不多。至正德元年(1506)140余万,皆出自户部。当时内府承造金册、无名赏赐、斋醮费用,都取于户部银,故户部尚书言“此银费所以日增也”[4]。当年内库称“财用不充,事务繁剧”,大丧、即位、大婚诸类通计费金

---

① 《东西洋考》卷七《饷税考》。

② 《明会典》卷三〇《户部》一七《库藏》一《内承运库》。关于金花银的形成有一个过程,参见拙文《明代白银货币化的初步考察》,《中国经济史研究》2003年第2期。

③ 王鏊:《守溪笔记》,《纪录汇编》本。

④ 《明武宗实录》卷一五,正德元年七月癸未。

8520 余两，费银 533840 余两，还有其他多项开销，总之是“视旧例岁用之外，加至五六倍矣”[①]。皇室的生活费用，部分出自光禄寺经费。光禄寺在明初仅费钱 1800 万文，钞 400 万贯，随白银货币化，正德以后费银 36 万两，并一度达到 40 万两。[②] 仅弘治十四年(1501)光禄寺三次就欠行户银 40000 多两，借钞买银补，并督各府、州、县解银，还不能补及三分之一[③]。

皇室或政府所用上供物品，在明初按照实物征收，具体到地方，是“悉城内外居民，因其里巷多少，编为排中，而以其所业所货注之籍”。凡遇各衙门有大典礼，“按籍给值役使”。后因“各行不便，乃议征行银”。方法是“征银在官”，遇到有事，召商买办。[④] 弘治十八年(1505)因岁办非地方土产，“劳费不堪”的问题，南京给事中戴铣上言，请有土产的地方纳本色，没有的通融酌量按价收银，赴京收买。[⑤] 如织造方面，以河南织染局织造缎匹为例，原例有定额，嘉靖六年(1527)“奉工部明文买卖匹折银三两捌钱”，分派下属府县交纳丝价银，“差官类解工部上纳”[⑥]，已经货币化了。根据《明实录》，嘉靖二十四年(1545)，南京“凡遇内府诸监局制造及太常、光禄诸祭祀原料”都先移文应天府“按籍召买，如时价给银”。[⑦]

土木工程，最是耗资巨大，如嘉靖三十八年(1559)，重建三大殿，兴举大工，当时户、工二部各“协济三十万两”，不仅“其赃罚并内外文武缺官俸薪、契税、商税等银，合无咨行户、工二部，并各省直抚、按严查确数，酌量解用”，而且南京库银也要“咨数前来，以备不敷取用”[⑧]。按照万历末年所刊《工部厂库须知》，内官监成造修理皇极等殿、乾清等宫一应上用什物家伙，计有甲字库、丙字库、丁字库各种物品，都按斤计有银价，并计有银两总价。召买项下，也是如此。[⑨] 足见均以白银货币计价支出。仅采木一项，以贵州为例，嘉

① 《明武宗实录》卷一八，正德元年十月甲寅。

② 赵用贤：《议平江南粮役疏》，《明经世文编》卷三九七。

③ 《明孝宗实录》卷一七四，弘治十四年五月壬戌。

④ 沈榜：《宛署杂记》卷一三《无字·铺行》，北京古籍出版社 1980 年版。

⑤ 《明武宗实录》卷五，弘治十八年九月甲申。

⑥ 《河南赋役总会文册》卷一《税粮》，《北京图书馆古籍珍本丛刊》第 60 册，据明嘉靖刻本影印。

⑦ 《明世宗实录》卷三〇六，嘉靖二十四年十二月丙辰。

⑧ 贺凤山：《冬官纪事》，《宝颜堂秘籍》普集第七。

⑨ 何士晋：《工部厂库须知》卷三《营缮司》。

靖三十七年(1558)经费已达银138万余两,“费剧役繁”,故地方官员上疏“乞行两广、江西、云南、陕西诸省通融出银助之”[①]。

宗室禄米成为明后期朝廷的沉重负担。根据《明会典》,成化元年(1465)大同各郡王禄米已有“或不收本色,勒要银两”的事例[②],当时尚属朝廷禁止之例。但说明在实际操作中,禄米勒银缴纳的事例已存在于地方。此后,随白银货币化趋势发展,禄米折银越来越多。以山西闻喜为例,成化十六年(1480)岁输各王府并各镇国将军禄米竟“每一石勒折银三两”,导致小民生活困苦。[③]对于宗室禄米折银数额的规定,嘉靖元年(1522),有命“郡王以下禄米,有派支不通舟车州县者,每石征银八钱,其支折给五钱,扣留三钱贮库,作正补欠”。五年(1526),巡抚山西副都御史江潮针对“宗室蕃衍,禄米日增,岁征不足用”的状况,建议将各王府禄米折银征收,夏税每石6钱,秋粮每石8钱,但在支放时每石折银5钱,支少收多,以弥补政府财政的亏空[④]。八年(1529),明朝批准“湖广各宗室禄米俱照楚府则例,亲王每石折银七钱六分三厘,郡王每石折银七钱,将军、中尉、郡主、夫人、仪宾每石折银五钱”[⑤]。折银的数目在各地不同,但是禄米的货币化却是确定的。

还有值得注意的是,宗室权贵在明后期大面积占地,收取货币地租。如万历年间,潞王府庄田的钱粮分派于湖广25个州县[⑥],十八年(1590)黄陂县佃户因租重纷纷逃亡,此后县令只得“挪移别项钱粮代为凑完”[⑦]。宗室藩王奢靡费用建立在庄田租银基础上,故明人言:

> 潞藩之建,费四十万有奇,而近福藩遂至六十万有奇。潞藩之出,用舟五百余,而福藩舟遂至千二百余……潞藩庄田四万顷,征租亦四万,一亩一分,皆荒地也。福藩比例四万顷,而每亩征租银三分,则十二万万矣。夫民之穷,日甚一日,而用之费,亦日甚一日,公私安得不困乎?[⑧]

---

① 《明世宗实录》卷四五六,嘉靖三十七年二月丁亥。

② 《明会典》卷三八《户部》二五《廪禄》一。

③ 《明宪宗实录》卷二一〇,成化十六年十二月庚午。

④ 《明世宗实录》卷六八,嘉靖五年九月庚戌。

⑤ 《明会典》卷三八《户部》二五《廪禄》一。

⑥ 《明神宗实录》卷二三八,万历十九年十月壬寅。

⑦ 胡仲澜:《王庄议》,康熙《黄陂县志》卷一四《艺文》,康熙五年刻本。

⑧ 谢肇淛:《五杂组》卷一五《事部》三,中华书局1959年版。

2.官俸方面

官俸，是国家主要开支之一。明初，是以实物粮食，即禄米支给，计算单位也惟有斗石。后来出现了米钞兼支，最终改以白银支付。其中，军官俸禄折银是最早的，在正统初就已开始。[①] 此后逐步发展，具体说来，在京军官的折俸银，由户部按季取数类奏，赴库关出，于午门里会同司礼监官及给事中、御史"唱名给散"。这部分折俸银由于军官数额的膨胀而不断增加。景泰六年(1455)一季支出13000余两，到弘治十四年(1501)一季支出139700余两，多出了127000两。[②]

在外军官的折色俸，弘治元年(1488)仍以钞支付。[③] 四年(1491)"令在京各卫经历等官，该支南京本色俸，每石折银七钱"[④]。这是专对各卫经办文移官员以银支付本色俸的规定。十一年(1498)下令："各边官军俸粮，每遇春间米贵，支与本色；秋间收成，照时价支折银，其余月份银米间支，如或米贱，愿支银者，亦不许过支六个月。"[⑤]这一规定包括了军官和士兵，特点是本色米与白银兼支。实际上，官军月粮，在各地的支给不同，逐步货币化的趋势在成化年间显著。如成化七年(1471)，曾令"贵州军粮开支，如粮不敷，折给银、布"；九年(1473)，令"陕西、延绥、庆阳三卫在榆林整备者，月支本色米六斗，折色四斗，支银钱"[⑥]。反映出边地的特殊情况。而王西翘《西关志》中的材料，则证明了嘉靖时北边军士月粮已经货币化的现实。[⑦]

文官俸禄，在景泰时开始由实物折银支付。景泰元年(1450)，令在京文职官该支南京俸，照在京武臣例折银，不愿者听。[⑧] 虽有自愿原则，但是开了在京文官本色俸折银的先例。到成化二十年(1484)，"令五府六部等衙门官员三分、四分本色俸，每石暂折银七钱，以后如旧例"。这还属于在京文官本色俸折

① 《明会典》卷三九《户部》二六《廪禄》二。
② 《明孝宗实录》卷一九二，弘治十五年十月。
③ 《明会典》卷三九《户部》二六《廪禄》二。
④ 同上。
⑤ 同上。
⑥ 《明会典》卷四一《户部》二八《经费》二《月粮》。
⑦ 见王云翘：《西关志》，有关军士月粮，详见下文。
⑧ 《明会典》卷三九《户部》二六《廪禄》二。

银的暂行规定。弘治元年(1488)有“五府六部等衙门官员本色俸仍折支银”之令[①],说明至此两京文武官员俸禄大部分均已折银的现实。那么,在外官员的俸禄折银又在何时呢?弘治十六年(1503),“令例应带俸差操的都指挥、指挥月支米三石,本色一石,折银二石;卫镇抚、正副千户月支米二石,本色一石,折银一石”[②]。前者的白银比例占其全部俸禄2/3,后者则占到了1/2。值得注意的是,这是对于犯有错误的中下武官俸禄的折银办法,由此可以推及其他军官俸禄中的本折部分的比例,实际早已发生变化。关于全体官员俸禄货币化的重要标志,是正德七年(1512)下令职官折色俸给以十分为率,一分折钱,九分关银。[③] 嘉靖七年(1528)官员折俸中的绢和布也折银了,规定“绢一匹折银七钱,布一匹折银三钱”。隆庆六年(1572),下令在京文官折色俸银钱兼支,九分支银,一分支钱。到万历初年,官员俸禄已经称为“俸银”,名称的改变,清楚地表明官俸货币化了的现实。《明会典》中可见:“万历九年题准,行在京各府卫掌印官查将各官关支俸银,如有事故等项,将行截日扣送太仓库”的记载。[④]

此外,公、侯、驸马等的俸禄,其中钞的部分,则是很早已经折为银两了。景泰七年(1456)有令:“以太仓库折草银,准支公、侯、驸马、伯折色钞,每银一两,准钞七百贯。”这里是折色部分的钞改银。到弘治元年(1488),有“公、侯、驸马、伯本色禄米仍折支银”之令,显然说明此前本色禄米已改折银两,至此继承了下来。弘治十年(1497),“令两京公、侯、驸马、伯本色禄米,自后每石折银七钱”[⑤],已是制度化的规定。

3.军费方面

明朝军国之务,莫重于九边,军国之需,莫大于边饷。明初军费多由屯田收入支给,“一军之田,足以赡一军之用”,军屯之外,又行开中法,以充军费。成、弘以后,大量卫所屯田废弛,开中法败坏,军费多由国家支付货币,边饷“年例银”形成制度化,并日益增加,再加上募兵日多,军费开支巨大,成为户部太仓银的主要支出。

---

① 《明会典》卷三九《户部》二六《廪禄》二。
② 同上。
③ 《春明梦余录》卷四七《工部》二《宝源局》。
④ 《明会典》卷三九《户部》二六《廪禄》二。
⑤ 《明会典》卷三八《户部》二五《廪禄》一。

晚明,孙承泽曾概言:

国朝自洪、永以来,原无年例。年例自正统始。蓟、保、密、昌,原不称边,称边自嘉靖始。臣请缕析言之。宣府岁额不过五万两,今主客饷银不下二十九万有奇;大同原额亦止五万两,今不下四十五万有奇;山西原额不过二万两,今不下二十六万六千有奇;辽东初不过一万两,嘉靖时增至二十万三千,今不下六十万有奇;蓟镇初不过一万五千两,嘉靖时增至七十三万两,今不下一百二十四万有奇;延绥初不过一十万两,今不下三十六万有奇。其在甘、固等镇,或增八九万、四五万,此眇少者也。总计弘、正间各边年例大约四十三万而止,在嘉靖则二百七十余万,业已七倍,至今日则三百八十余万,且十倍之。①

实际上,根据全汉昇研究,年例银制度化始自成化以后。此前各边京运年例银数目不定。而正式成为岁额或年例,是自成化二年(1466)开始。自此至正德末年,即1466—1521年的半个多世纪里,年例银总额定例是40万两。嘉靖元年(1522)增至59万两,十八年(1539)以后几乎达到了100万两,再10年以后,即嘉靖二十八年(1549),突破了200万两,到隆庆元年(1567)达到280多万两,万历年间则又上了一个台阶,十五年(1587)达310多万两,十八年(1590)达400多万两,到三十六年(1608)更达到了490多万两,接近了500万两。② 根据以上的数据,明朝北边的年例银在140多年间增长了12.5倍。

晚明白银在北方军卫中全面渗透,以嘉靖时故关岁用为例,特录于下:

故关参将每年春秋教场开操祭旗,共银二两五钱,四次进。表笺共银三十一两,纸札银三十六两,柴烛银三十六两,通计共用银一百六两五钱,俱于真、神二卫均徭册造银两内支用。故关把总指挥,纸札银八两。管总指挥,纸札银三两。达滴崖口守口官,纸札银一两四钱四分。娘子关口守口官,纸札银一两四钱四分。泉水头口守口官,纸札银一两四钱四分。以上四口俱在井径县动支,无碍官银买办领用。韦箔岭口守口官,纸札银一两四钱四分。黄沙岭口守口官,纸札银一两四钱四分。泥凳子口守口官,纸札银一两四钱四分。以上二口俱在赞皇县动支,无碍

① 《春明梦余录》卷三五《户部》一《经费》。

② 全汉昇:《明代北边米粮价格的变动》,《中国经济史研究》下。

官银买办领用。龙泉关把总指挥,纸札银八两。管总官,纸札银三两。青竿岭守口官,纸札银一两四钱四分。以上二口俱在阜平县动支,无碍官银买办领用。鹞子崖口管总官,纸札银三两。白草沟口守口官,纸札银一两四钱四分。以上二口俱在平山县动支,无碍官银买办领用。北黑山口守口官,纸札银一两四钱四分。桑园口守口官,纸札银一两四钱四分。以上二口俱在灵寿县动支,无碍官银买办领用。十八盘口管总官,纸札银三两。恶石口守口官,纸札银一两四钱四分。黄安岭口守口官,纸札银一两四钱四分。以上三口俱在平山县动支,无碍官银买办领用。①

这里不仅说明了白银与北方军事卫所之间的密切关系,而且还揭示出军队供给方面与地方州县的白银货币供应的直接联系。

4.政府开支

明朝中央政府的开支和宫廷的支出往往是不能截然分开的。政府开支中,白银占据重要地位。现将弘治十八年(1505)五月至正德元年(1506)十月的政府与宫廷支出列表3—2于下②。

表3—2

项目编号	支出各项名称	支出银数(单位:两)
1	诸边年例	约984400
2	添送[济边]银	2774000(+)
3	给赏征进京军	69600(+)
4	给过盐、米商人	250000(+)
5	赏在京官军	724200(+)
6	赏各边官军	693300(+)
7	陕西赈济	200000
8	密云、居庸、紫荆、倒马等关召买粮草	128000(+)
9	大婚礼	400000
10	买金送内库	26500(+)
以上十项支出总数		6250000(+)

① 《西关志·故关》卷三《岁用》,北京古籍出版社1990年版。

② 引自全汉昇、李龙华:《明代中叶后太仓岁出银两的研究》,香港中文大学《中国文化研究所学报》6卷1期。原注:诸边年例银数系由支出总数减去各项支出计算而得。资料来源:《明武宗实录》卷一八,正德元年十月甲寅;《国朝典汇》第三册,《户部》一六《查理各项钱粮》。

不仅是中央，而且到弘治时，地方上每一布政司"该征银百万余两。而备用马价、抬柴夫役、京班及诸司官柴薪、皂隶、驿递马驴、船只，又该银数十万两。其他买办额料、织造缎匹借用之物，不在数中"①。开支货币化日益加深，如辽阳税课司，在弘治年间日常支用事无具细，已经均以银计，请看表3—3②。

表3—3

初二日	烛10对，柴100捆，炭20包，银0.615两
初六日	炭15包，银0.12两
初九日	烛20对，苏油1斤半，炭20包，银0.505两
十二日	柴100捆，银0.3两
十三日	炭30包，银0.25两
十八日	烛20对，炭30包，银0.58两
十九日	柴100捆，苏油2斤，银0.33两
二十二日	炭30包，银0.25两
二十四日	柴100捆，银0.3两
二十六日	炭30包，银0.25两
二十九日	烛20对，炭30包，银0.58两
十月初二—二十九日	面糊，银0.05两
一月买办油烛等件总计	4.131两

发展到晚明嘉靖年间，社会已是一个白银流通充斥的社会，各种银的名目，可谓五花八门。明朝的财政基础是以府县为单位的，府一级财政的货币化，充分说明了明朝财政货币化的程度。见诸官方文献的，如四十二年(1563)，在淮安府范围就有柴薪银，支解、公费银，俸粮银，官军赏钞银，霜降祭祀银，三部分司家火银，本府同知、通判、推官、经历、知事、照磨、检校、府学教官家火银，都准于商税银内支给。此外，还有卫所及属县官吏折俸银，因灾额派盐钞银，等等。③ 县一级的财政货币化，以江阴县为例，所见江阴县隆庆三年(1569)所立《坊里均役碑》，碑阴《铺陈什物定例碑》刻有"江阴县照议款开外衙门铺陈什物定例"，其中"都察院、巡按察院、兵备道三衙门"项下，详细记载

① 《明孝宗实录》卷一〇三，弘治八年八月丁丑。

② 资料来源：《明代辽东档案汇编》上，弘治年间《辽阳税课司关于支用官银买送物件的申文》，第384—385页。

③ 《明会典》卷四一《户部》二八《经费》二《杂支》。

了衙门里各种日常所需物品，大到乘轿、屏风、桌椅，小到水桶、食锅、饭碗，全都注明了银价，以此均派到小民身上。① 足以说明地方官府征派与运转都已卷入了白银货币经济之中。

值得注意的是，蠲贷是最早用银的途径之一。此外，水利工程、营造费用等开支巨大的工程，在晚明均是以银作为计算单位，其他还有文教支出，学校经费，科举经费，在成、弘以后随着白银货币化的趋向，到晚明也都大大增加了货币比例，乃至全面货币化了。在此不展开叙述了。

（三）国家财政与白银货币化的空间分布

赋役的货币化，使国家财政收支中白银比例日益增长。在明朝国库中，英宗正统七年(1442)设立的太仓库，是专门贮银的。其中，最早收藏的是草价银，据《明会典》载："正统七年置太仓库，添设户部主事一员专管，凡南直隶苏常等府解到草价银，赴部转送管库官处交收。"②南京银库，则始建于弘治八年(1495)。当时南京户部用折俸、纸价等银，"修盖库藏一所，收贮银两"，每年委主事一员监督收放。在仓库管理上，弘治三年(1490)规定："各边仓库有盗粮四百石，草八千束，钱帛值银二百两以上者，不分文武官员、吏典斗库人等，斩首示众，不及前数者，本身并子孙永远充军。"③其中以银为标准，作为量刑的尺度。到万历四年(1576)，"添铸南京户部监督银库关防一颗。该部将在库银两，行委陪库郎中，接管主事，会同巡视科道官，公同秤盘，先尽大锭足一百万两，每二千两装盛一匣，收入库中，作为老库封贮，差满秤盘交代，其余并新收银两，听备支放，积有羡余，尽数报部，作正支销"④。

应该说明的是，户部掌管赋税和徭役银，还有钞关税、盐课、商税、番舶、门摊税、酒醋税、房地契税等等。在财政上，六部除了户部以外，其他各部也都与银的收入相关，简单而言，如吏部有开纳银，礼部有赏赐以及香税、历日、度牒银，刑部有赃罚银，兵部有马差银、班军折银、皂隶折银、桩棚银、驿传银。工部

① 民国《江阴县续志》卷二二《石刻记·坊里均役碑》，隆庆三年(1569)常州府通判掌江阴县事高捷等撰，拓本高五尺三寸，广二尺五寸，正书二十二行，行四十一字。碑阴《铺陈什物定例碑》，拓本高四尺二寸，广二尺六寸，正书六截四十八行，字不计。

② 《明会典》卷三〇《户部》一七《库藏》一。

③ 《明会典》卷二二《户部》九《仓庾》二。

④ 《明会典》卷四二《户部》二九《南京户部》。

有节慎库，建于嘉靖八年(1529)；在地方有竹木抽分场，征用物资，征发劳役，起初是征实物，成化七年(1471)，明朝在浙江杭州、湖广荆州、南直隶芜湖设立抽分衙门，抽分竹木，变价解京，起初每岁千两，后至数万两①，直接参与货币税收。另外还有矿银，匠银，芦课银，四司料价。而光禄寺的物料，明后期大都以银来交纳，或者以银购买。户部的太仓库应该说是存储白银的仓库之一，京库每年有大量白银流转，开销剩余的，储藏于太仓库。此外，宫廷有内承运库，是皇帝的私有财产；工部、太仆寺、光禄寺，以及南京户部都各有仓库储藏白银。如太仆寺存银，明朝初定在北方以马差代替田赋，主要有北直隶七府、山东三府、河南三府一县，从成化二年(1466)起，军马之役开始折银，四年(1468)，太仆寺设立常盈库，专门储藏这些银两。② 地方省府州县虽然没有建立专门的银库，但是，在明后期白银货币普遍流通于社会的情况下，仓库中都有白银的储存与过往。由于总的数据难以取得，因此，实际上我们无法估计明朝财政中的整个货币流通和储藏量。所能估计的只有户部太仓库情况，但是不能认为明朝只有太仓库的银两。

初建时，太仓库银两“专备兵荒及听征马匹、草价、军士冬衣布匹之用”，成、弘以后，太仓库成为明朝管理国家行政经费和军费开支的重要机构。弘治时，不仅礼、工二部从其中借用“大量银子”，而且“内库亦多取应用”。③ 隆庆二年(1568)规定“各省直起解钱粮及援例上纳银两，俱解部转送太仓银库交纳。其管库官员除钱粮重大者公同科道同收，其余陆续起解者，管库主事与陪库主事秤收援纳银两，自二两以上俱受倾锭足色在库……每月终开报收除实在撒数，并算总揭帖呈报，双月总督具本题知，谓之月报本。”④随着明朝财政中白银比例的日益增加，至万历初年，明朝国家财政已经完成了倚重于白银货币的结构性调整。太仓银的主要支出是庞大的军费，每年作为边储项下运往辽东、蓟州、密云、永平、昌平、宣府、易州、大同、山西、宁夏、延绥、固原、甘肃等地。明朝的银库与全国发生着直接关系，通过白银通货的流通，明朝国家财政与全国市场也紧密相连。

① 《春明梦余录》卷四六《工部》一《税科》。

② 《春明梦余录》卷五三《太仆寺》。

③ 《明孝宗实录》卷一九八，弘治十六年四月丁未。

④ 刘斯洁订正：《太仓考》卷九《银库事例》，万历八年刻本。

关于明代太仓库的岁入和支出情况，全汉昇和李龙华已有详细研究①，但主要依据的是《明实录》和张学颜《万历会计录》，惜未见刘斯洁《太仓考》，现以刘斯洁《太仓考》，将万历八年(1580)明朝太仓货币收入和各地税目所占份额和数目列表3—4、3—5于下。②

表3—4：万历八年太仓库分类岁入表

岁入	银两数	岁入	银两数
派剩麦米折银	250285	丝棉税丝农桑绢折色银	92274.86
棉布苎布折银	38613	府部等衙门禄俸米折银	25908.2
马草折银	345614.24	京五草场草折银	60180.37
户口盐钞银	46897.09	蓟永昌密辽东五镇民运改解银	523802.53
各盐运司并各提举司余盐盐课税银	1001664	黄白蜡折银	68324.8
霸、大等马房子粒银	23439.57	备边地亩银	36141.35
崇文门宣课分司约解商税正余银	16662.13	张家湾宣课司约解商税正余银	2479.2
铜钱折银	18877.71	铜钱折银	2887.76
猪牙税银	2429		
河西务钞关约解商税正余银	14633.68	临清钞关约解商税正余银	44707.11
浒墅钞关约解商税正余银	17376.56	九江钞关约解商税正余银	10990.32
淮安钞关约解商税正余银	11414.63	扬州钞关约解商税正余银	9678.97
北新钞关约解商税正余银	36839.43	京卫屯牧地增银	16141.35
泰山香税银	20000	赃罚银	128617.5
富户银约解	3018.36	总计	2869898.72

表3—4中显示，与张学颜《万历会计录》中所列万历六年(1578)的太仓收入很有出入。盐税、商税、粮草税是太仓库主要来源，这一点没有大出入；但上表中仅列有25项，比万历六年少了2项：各马房仓麦豆草折银200738.11两、

① 全汉昇、李龙华：《明中叶后太仓岁入银两的研究》，香港中文大学中国文化研究所学报第5卷第1期，1972年12月；《明代中叶后太仓岁入银两的研究》，香港中文大学中国文化研究所学报第6卷第1期，1973年12月。

② 根据刘斯洁订正：《太仓考》卷九之二、九之三、九之四、九之五《岁入》，万历八年刻本。当然，太仓库不是唯一的明朝储银机构，京城府库每年收支银两数额巨大，支出剩下的，储藏于太仓库。重要的还有内承运库，是储藏白银专供皇室开支的仓库，而工部、兵部等都另有仓库，各地也都有仓库储藏白银，以供地方政府行政和军费开支。因此，如果只计算户部银数，是不能对明朝财政货币化全面了解的。但是，毕竟户部太仓库是明朝白银最重要的储藏机构，而且关于太仓库的资料比较而言最完全，所以在此列表说明。

神乐观麦米折银 1177.62 两。另外项目有所不同,如表中"富户银约解"仅3018.36两,而万历六年将富户银与商税、鱼课、历日、民壮、弓兵并屯折、改折、月粮等项相加,共 144292.79 两。还有上表中有蓟永昌密辽东五镇民运改解银,而万历六年加有易州,是六镇民运改解银,故比上表数目多出 330000 余两。其他项目万历六年也有一些数字略高,因此总数高于上表中八年的数字。

按《万历会计录》中万历六年数字,全汉昇、李龙华统计约 3676181.63 两。据《明实录》,万历七年(1579)初张居正等题奏:"万历六年各项钱粮,一年总计不过四百三十余万,乃六年所入比之五年少十余万两,而所出比之五年乃多三十三万余两。"①张居正所言"各项钱粮"总计四百三十余万,是包括太仓库所入的明朝财政收入的总数。由此也证明了太仓银库所储仅是明朝财政白银货币收入的一部分,而不是全部。以往一般认为明朝货币收入都在太仓银库的看法,是有问题的。

再根据刘斯洁《太仓考》来看太仓库岁入中各地区税额。

表 3—5:万历八年太仓库岁入中各地区所占份额及数目表

行政区划	税目	银两
顺天府	8 项	25192.566
永平府	3 项	267.54
保定府	7 项	25899.946
顺德府	6 项	12466.155
广平府	5 项	23498.03
大名府	4 项	60671.148
应天府	6 项	45532.02
安庆府	9 项	8355.7736
苏州府	9 项	80282.541
松江府	10 项	50918.802
常州府	12 项	52302.279
镇江府	7 项	5361.644
庐州府	10 项	15055.097
凤阳府	8 项	15757.640
淮安府	8 项	16446.754
扬州府	7 项	12787.47

① 《明神宗实录》卷八五,万历七年三月戊辰。

（续表）

徽州府	2项	2950.943
宁国府	6项	23152.076
池州府	5项	6683.593
太平府	9项	9499.487
广德州	5项	9410.617
徐州	6项	8169.715
滁州	6项	1090.192
和州	6项	1370.779
浙江布政司	9项	142681.23
山东布政司	19项	2040195.9
河南布政司	12项	308665.72
江西布政司	11项	126592.12
湖广布政司	7项	65967
福建布政司	3项	28313.6
山西布政司	1项	676.9
四川布政司	1项	64
广东布政司	3项	11900
广西布政司	1项	1800
云南布政司	1项	8000
京卫地亩银和屯地增银		16143.445
总21府4州11布政司京卫	232项，最多19项　最少1项	总计3264122.7226

表3—5所见，有着明显的缺失，明朝十三布政使司中，缺少陕西和贵州，原因不明。表中各地数目和项目极不平衡，如四川仅1项，64两；山西也仅1项，676.9两；广东3项，也只11900两。但是，由各地数字统计，总额高于太仓库分类岁入表，而如以单项计算，则又有少于分类岁入的，如以各地派剩麦米折银数总合仅235021多两，不同分类表250285两。以此比较万历六年的数字，减少了41万两。

太仓银库，有新老之别。万历初年，老库银两存储固定数额后，轻易不动用，以外库银两供支用。[①] 崇祯十四年（1641），孙承泽巡视旧库，旧库应就是

① 《明神宗实录》卷四六，万历四年正月丙午。

老库,这说明到明末朝廷已经动用老库银两,数目见表3—6①。

表3—6

单位:两

类别	额银
浙江	215082.597
江西	111354.063
福建	125929.346
湖广	189112.620
河南	589289.936
山东	763536.460
山西	87171.532
陕西	39929.466
四川	139551.739
广东	109147.588
广西	28686.839
云南	23326.614
贵州	17625.749
南直	610328.925
北直	162172.163
集项	104993.095
各卫	309885.116
盐课	1027685.687
关税	313246.613
辽饷	9134880
练饷	7348800
剿饷	1800000
	总计23251736.148

综合表3—6,值得注意的是,太仓库收储白银在空间分布上覆盖全国。虽然由于社会经济发展不平衡,存在地区不均衡是可以理解的,而由库藏也反映出明朝财政征收比例分配不合理的状况。但总的来说,白银货币领域极大地扩展,全国大部分地区普遍流通使用了白银货币,与国家财政和税收体系的货币化有紧密的关联,应是没有疑义的。

晚明赋役货币化应该说是已经基本完成了。下面略举几个实例分析说明。

① 根据《春明梦余录》卷三五《户部》一《赋役》制。

徽州《丝绢全书》卷四，万历四年(1576)十月二十二日《本府磨算岁征申文》，将徽州每年赋税和杂派实物货币化的状况记载得相当清楚，特列于下：

……遵将本府每年额办南北两京部院起运存留本折麦米及本府岁办公费应征各项钱粮，俱出六县丁粮，通融磨算，岁该夏税官麦三千七百一十八石八斗零，每石征银二钱五分；民麦四万八千六十九石一斗零，每石征银三钱一分七厘；秋粮官米一万五千八百二十八石六斗零，每石征银二钱五分，民米一十万四千七百八十三石五斗，每石征银四钱八分五厘，递年遵照会计派征，无容别议外，再查军需四司砖料丁田军徭军费六项钱粮，岁该银五万七千一百二十九两二钱零，查得本府丁米均匀扣算，以五丁准米一石，每丁一口，该派银七分七厘四毫五丝八忽，每民米一石，该派银三钱八分七厘二毫九丝一忽四微，及查户部扎派光禄司果品等银，甲丁库料银、南京供用库黄白蜡银，并礼工二部坐派各项料价，递年俱于军需银内帖行，六县总征解府逐项支解外，今奉御扎，钦依事理，将各项钱粮通融扣算：歙县岁该银一万五千九百二十二两三钱七分，休宁县岁该银一万四千三百六十一两四钱四分，婺源县岁该银一万一千五百八十五两四钱七分零，祁门县岁该银五千一百四十七两八钱三分，黟县岁该银四千一百六十五两七钱一分，绩溪县岁该银五千四百九十六两四钱一分，以今算数较之，而歙县往年每年已多纳银二千六百五六两九钱六分，休宁县亦多纳银一千六百三十八两五钱九分，婺源县往年每年少纳银九百八十九两四钱七厘，祁门县每年少纳银二一六两六钱三分，黟县每年少纳银一千二百六十二两二钱七分，绩溪县每年少纳银一千八百二十七两二钱四分，则歙县各项钱粮已抵过各县均平之数，所奏丝绢委在均平数外，原无抵补。但当时独派歙县，竟莫知其何因，故歙民称偏累之苦，而五县执二百年之规，迄无定论，本府未敢擅便，具由申禀，请乞上裁。万历四年十月二十二日申。①

在赋税征收中，地方是以夏税秋粮原额为依据，然后分别折成白银征收，也因此原额中的不均现象相沿未改，呈现更加复杂的情况。但是，由此我们还是可

① 徽州《丝绢全书》卷四《本府磨算岁征申文》，《北京图书馆古籍珍本丛刊》第60册，据明万历刻本影印。

以清楚地了解到所谓"税粮",已经全部货币化的过程和事实。

如以地区分类,江南白银货币化出现最早,也是白银普及率最高的地区,赋税货币化过程进行顺利。但即使在北方,这一货币化的过程在晚明也同样完成了。

以万历年间宛平县为例,根据记载,宛平县:"赋分二等,曰正赋,即起运存留正供,每年候府奉部札,酌岁所急,多寡微有差;曰徭赋,即各衙门人役杂费,奉例于地亩征派。"宛平县于万历二十年(1592),正赋中起运、存留银通共是3668.75两,其中夏税起运银277.32两,存留小麦银91.86两;秋粮起运银422.99两,存留粟米银242.25两;马草起运银390.85两,存留银2033.53两;盐钞起运银104.96两,存留银104.96两。徭赋中共工食银3541.83两,分计之,有各衙门共编银2912.23两,有本县应编银625.60两。值得注意的是,上述起运银两不过千余,但是需要送达到26—27所仓库,多的百两以上,少的几十两,甚至1—2两。如"御马仓大麦银止五两,光禄寺赤豆银止十六两,京库农桑丝银止三两",难怪令人发出"而亦零星派解,不亦烦乎",而"数内如在京衙门解进太仓者,路途不远,照旧派办,以免纷更,犹可言也;若良乡县丰济仓小麦银二十三两,古北口小麦银三十余两,镇边城粟米银十五两,如此之类,银数不多,而乃使在京之民向外输纳,不亦劳乎"的慨叹。① 这里说明了万历年间赋税货币化已经完成,而赋税的简化合并征解仍是一个大问题。

同时,宛平的事例说明,徭役的货币化也已呈完成形态。据载,宛平县役分二等,一是"实役","择定之有力者,佥为正户,次为贴户,各照丁则银数,取足所定工食,而止编给由票,自行收讨";一是"募役","查照定则征银,在官厅募役领给"。万历二十年(1592),全县实役共1052名,通共编银3436.6两,其中有园陵之役,内府之役,各衙门之役,本县之役;募役共197名,通共编银1492.28两,有在各衙门的,也有在本县的。② 无论是实役还是募役,实质上都是以银代役。

明后期赋役合一,计亩征银的趋势,是一个全国统一的大趋势,"自条鞭法行,州县派征钱粮俱令花户自行纳柜,吏书排单,无所容其奸,法至善也"③。

① 《宛署杂记》卷六《山字·徭赋》。
② 《宛署杂记》卷六《山字·力役》。
③ 《明神宗实录》卷五七六,万历四十六年十一月丁亥。

全国大多州县采取的是设立银柜，令民自行投柜的办法，以免吏员、书办等人从中贪污。但是具体实行过程却因各地区经济发展不平衡，显示出的情况和程度不尽相同。如果按区域划分，大致可分为四种类型：第一是东南沿海地区，这一区域有外来白银的直接输入；第二是江南地区，是社会经济发展，货币商品经济发展的地区；第三是北方，边饷制形成了大量白银北上，是主要由朝廷运作直接输送白银的地区；第四是边远地区，经济发展比较落后，但是国家赋役货币化，税收力役征银，属于制度改革的强制性方面，因之白银也逐渐向这些地区渗透，但由于货币白银少，造成了农民负担加重。

晚明即使是在社会经济发展水平较低的地区，赋役货币化也已成为一个普遍的社会现实。朱国寿《考成录略》记录的是明末崇祯年间陕西西安府蒲城地方官考成事。“考成首以钱粮为重”，说明晚明“完钱粮”是地方官考核的第一项内容。而实际上所谓钱粮，只是白银的代名词。朱氏极为详尽地记录了崇祯四年(1631)蒲城税收的具体情况：蒲城55里，共派额粮77557石，其中辽饷、均徭、赡田、优免、赡盐应纳银111574两，以12个月分征，每月征银9297.8两，闰月按13个月征，每月该银8582.6两。并记录了这一年先后各任官员连续征解的数额：

去任知县何　自崇祯四年正月初一日起至四月初三日止，共3个月，该征辽饷银3648两，如数征完，又借本年征完粮银1759两，共凑解辽饷银5407两，其该征均徭、赡田、优免、赡盐并禄粮存留银共6079两，全未征解。

署印华阴县县丞赵以醇自崇祯四年四月初四日起，至十一月初六日，7个月时间，该征辽饷银8512两，只征银8026两，少征486两；该征赡田银1148.7两，只征1000两，少148.7两；该征均徭银5867.4两，只征1166两，少4701.4两；该征优免银109.2两，如数征收，又借本年征完粮银93.8两，共凑解优免原额203两；该征禄粮存留银6920.6两，只征银4253两，少2667.6两；该征赡盐银138.7两，全未征解。

新任知县朱　自崇祯四年十一月初七到任，到十二月终止，连闰月共3个月，该征前官未完辽饷银2374两……

由此我们可以得知，地方官员的税收征解是滚动式的。知县上报中说：“在丰年催科，从来拾分止完柒捌分，其西南两乡，肥瘠相半，民可聊生，钱粮拾常完之捌玖；其东乡与平等里，地薄人稀，钱粮拾常完之伍陆；其乡宜阳、下马等拾壹里，固地瘠人稀，更多山坡不毛之地，钱粮拾常完之肆伍，以致岁岁都成积逋。”[①]这里清楚地说明了派征的“钱粮”，实际上征收的是白银。

《考成录略》中还详细记载了陕西泾阳县实行官收官解钱粮的情况，具体而言，是先按粮多寡，每几里总设一柜，用吏书几名，官给工食，载入规矩册内，又照新例每户给易知单一张，上开“丁粮数目、分派限次”，“令花户自封自投”，吏书“止照簿封单查收给票，看守银柜，不许经手钱粮”，并且每里只许见年里长1名，经催大户、收头尽行裁革。[②] 但从此后的申报中，我们可以见到仍有皂吏、催头上门催征，催头是总催，一里择一人，一里十甲，又有分催，“可谓家喻户晓，而粮无难完矣”[③]。这里再次清楚不过地表明了按照丁粮数目征派的“钱粮”投入“银柜”的过程。“钱粮”实际上既没有铜钱，也没有粮食，钱粮徒有名义。

在甘肃，现存明朝档案中，有一份嘉靖四十三年(1564)《嘉靖帝命甘肃巡抚雷稽古查盘各库钱粮敕谕》，引录如下：

> 自嘉靖三十七年起至四十二年止，吊取各该手放卷簿到官，逐一查盘。用见各库银两某年收过民屯折银事例、赃罚等银，并节年运分年例，额外修编、赏功、赈济、备荒等项正银各若干，秤出附余若干，奏留并派征等项及各司府协助等银各若干，某年月日支放过某项，主客官军折支若干，召买某处粮料、草束、商价若干，修筑某处城堡墩台工食若干，赈济某处军民银粮若干，见在未支若干；该仓场某年月日召买挖运粮料、开中盐引并民屯牛具等项，本色粮料、草束各若干，某年月日支放过某项，主客官军人丁各若干，见在正余各若干，会府钱粮原收若干，某年月日支过若干，见在若干，逐起分项核年顺月参伍磨对收放，总撤有无，通销明白，各照节年题准事例……自都、布、按以下悉听选委，总督、巡抚、管粮郎中、监督主事等官照旧不得干预，各边守巡、各路管粮通判等官尤当回避，以听查理

① 朱国寿：《考成录略·完钱粮》，北京图书馆古籍珍本丛刊第60册，据明崇祯刻本影印。
② 《考成录略·完钱粮》。
③ 同上。

合用。[①]

这里清楚地反映出甘肃地方库藏中"钱粮"具体收支皆是银的状态。

（四）一个应该澄清的问题

考诸历史事实，明代自成、弘以后，白银货币化趋势已经深刻地影响了明朝财政和税收趋向货币化，引发了明朝一系列制度的变化。晚明赋役归一，田赋惟征白银，徭役也惟以银代，财政和税收全面货币化，制度的重组和更新，或者说渐进式变迁发生。但是，值得注意的是，我们在《明实录》、《明会典》、《万历会计录》等官方文献记载中，看到的却是另一番情况：田赋始终是以实物粮食的"石"为单位出现；直至明末，赋税仍称"钱粮"，而不是银两。这里涉及明史研究中的一个重要问题，即明后期赋役名实不符现象。明末清初顾炎武曾指出："今民间输官之物皆用银，而犹谓之钱粮，盖承宋代之名，当时上下皆用钱也。"[②]他说明"钱粮"之名，是因袭宋朝而来，而"钱粮"只是白银的代名词。比较以往的朝代，宋代赋税征收上一般是征收实物，以铜钱来计算。明初则规定以粮食为单位计算，后期实物折银后，仍以粮食单位出现，再折算为白银征纳。也就是说，国家财政白银化虽为现实，但是，全国性的以银为单位计算的财政账目始终是不存在的，朝廷的赋税征收存在着账面定额与实际征收不相符的现象，这种形实脱离的情形，为我们的研究设置了障碍。当我们探究深层次的原因，可以说这与白银逐渐在社会流通领域占据了主导地位，却从根本上不是国家的法定货币，与白银是逐渐得到官方事实上认可这一点有着直接关系。明初的赋税原额仍存不变，一切在这一基点上发展演变，明朝在表面上显示出的是对祖宗遗留制度的继承和延续，似乎没有做大的更改，但是制度记载的延续与现实中运作的明显脱节，反映出变化中的制度具有的二重性，一方面是变化着的主流，另一方面是延续的部分。如果只以明朝官方文献所载税额中的粮食比例，来看明朝的财政收支，就会被表面现象所迷惑，以致形成明代赋税征收仍以实物为主的误解。实际上，这一误解直接导致了在以往的研究中，只谈商品经济的发展，一直忽略货币经济这一极为重要的因素；同时也影响了我们对明朝赋役制度以及相关的一系列制度变化，乃至明代社会经济发

① 中国第一历史档案馆、辽宁省档案馆编：《中国明朝档案总汇》第一册，广西师大出版社 2001 年版，第 145 页。

② 《日知录》卷一一《银》。

展的理解和评价。在这里，官方文献记载中表面上制度的延续，掩盖了其实质性的巨大变化，揭开历史的表层，拨去官方记载的迷雾，呈现在我们面前的，正是明后期白银货币经济扩大发展引起制度变迁的客观事实。

赋役合一，统一征银，是明朝制度改革中最重要的内容，虽然前者由于情况复杂而各地实行多有曲折，后者却是以排山倒海之势实现了的客观现实。伴随白银货币化，赋役折银已成为不可逆转的趋势，具体说来，实物向货币的转换，可分为两种类型：一种是白银为赋役内容本身所要求交纳的，通过赋役改革，一条鞭法推行，在晚明成为赋役征收的主体；另一种是赋役内容本身要求的是实物，征收过程中也经历货币的转换，有着市场的参与，如征银召商买办、发放官银购买等；即使是实物交纳也少不了白银的介入，以弘治初年为例，交纳粮税到京、通各仓，内官"每石勒要分例银"①。岁解折粮布匹，收入甲字库颇费周折，以致"揭借贿赂，至费银八九千两"②。民运粮食或军需也往往如此，由此，我们可以理解民运边粮如征本色，反而负担加重几倍的情况。③ 万历二十八年(1600)冯琦曾上言："当令沿海地方民间得以本色上纳钱粮。民以粮易钱，以钱易银；由县输郡，郡输省，省输京师，轮输之费已三矣。一旦有事，又从藩司发银到府到县籴买，无论徒劳牛马，徒费民力，收之纳粮之时，价省而得粮多；收之籴粮之时，价费而得粮少。又往返费时日，则何若即收本色而储之仓？夫纳本色，民所甚便也，若充军饷，亦以本色、折色相兼支给，军亦称便。则民不必贸粟纳粮，官不必分银籴谷，上下往返所省必多。"④尽管有议论，但实际上以货币形式征收，还是有民间社会基础的。明末清初李中馥记载了这样一个典型事例。太原知府黄洽中认为土地产粮，征粮供给军队是正途，折银"在纳粮者有银尚可，无则必以粟易银。在领粮者有粟尚可，无则必以银易粟"。这样折色不仅使粮失实，而且造成各种弊端，出于利民的动机，他变更了所辖地区 28 个州县的"征粮旧例"，也就是将征银改为征本色。实行的结果，是交收、解运、纳仓皆不便民，及粮食运至军中，军士又鼓噪不肯领受，终于在

① 《明孝宗实录》卷一一三，弘治九年五月庚申。

② 《明孝宗实录》卷一九八，弘治十六年四月丁未。

③ 《明孝宗实录》卷一九二，弘治十五年十月。

④ 冯琦：《东省防倭议》，《明经世文编》卷四四一。

不得已中又载回易银，民间因此大扰，黄氏也为此丢官。[①]

事实上，折银是明朝成、弘以后从地方到中央赋役改革的主题之一，一直是以民间社会呼唤改革为前提。当时奏疏中有大量的各地“从民便”、“民称便”的记录，伴随改革推向深入。如果没有社会基础，没有社会需求，折银趋势就不可能这样势不可挡，白银货币化也不会如此迅速地推动制度发生一系列变迁。

晚明赋役全面走向货币化。赋役货币化过程大致经历了以下几个步骤：由折色—本色，由秋粮—夏税，由起运—存留，由输往京城—边关，由经济较发展地区——经济较落后地区。在全国各地区普遍推行货币税的过程中，农民生产的粮食必须变换成白银去交纳租税，农产品大量走向市场，主要方式是农民先卖粮得银，自行投柜，官府再购粮上京或存留本地仓库；或输银到边，军队在当地购粮，以备粮饷；也有地方征银后运银上京，在京城附近购粮上纳的；而通过经商和发展家庭副业获得白银，籴买米麦上纳，是江南等地实物征收部分如漕粮和白粮的重要来源。无论是何种形式，明朝政府征收货币税，促使农民耕种所得的粮食经过市场转换成货币，极大地推进了货币商品经济的发展。

在白银货币取得巨大扩展的同时，明初建立的一系列制度相继发生了重要变化。赋役是明朝主要的收入来源，赋役改革与白银货币化扩展同步进行，反映了制度改革的强制性的一面。明后期，在不断变革中的明朝财政一直处于一种危机形态，几乎贯穿了大半个明朝历史。考诸历史事实可以发现，明朝的一系列制度改革，几乎无一例外地均与白银相关，也就是说白银货币化不仅波及到国计民生的方方面面，而且直接或间接引发了明朝一系列制度的崩坏：黄册制度破坏，户籍管理制度衰亡；乡村基层组织里甲性质发生变化，逐渐为保甲制所代替；粮长制被破坏，乡村社会分化加剧；军屯、商屯、民屯破坏；工匠制崩坏；开中制瓦解……几乎所有明初制度都连带发生了程度不同的崩坏和演变。就这一意义而言，明王朝统治的社会结构基础发生了重大改变。

一般说来，以往我们探寻赋役改革的原因，不外乎是土地兼并，赋役沉重，农民逃亡，赋税流失。然而，却往往忽略了一个重要的事实，那就是白银货币化及其引发的国家财政和税收的货币化。沿着白银货币化的趋向，有两条线

① 李中馥：《原李耳载》卷上《粮征本色》，中华书局 1987 年版。

索,与制度变迁共进,与社会变迁同步。以折银为形式,田赋由实物税收转变为货币税收,促使中国传统社会从人丁税向财产税转变加快进行,由此,传统国家赋役征派基本形式和财政税收结构发生了根本性变化。

强烈变动中的财政和税收,是一个极为复杂的工程。黄仁宇的研究为我们揭示了明代税收中地区性的极大差异,同时向我们表明,即使是在现代条件下,要想将明后期税收作一个系统统计也是很困难的事情。但是,在对明朝"无能"作出批判性评论后,他还是作出了推测性的估计。根据他的估计,1600年以前,明朝基本税额是粮食2600万石,他推断其中80%"似乎已经"折银,田赋总值略高于2100万两白银。同时,又推断全国役银额可能约为1000万两白银,部分役摊入了田赋。因此,他认为整个来源于农业土地的总收入有2500万两白银,甚至接近于3000万两白银。[①] 但是,他对税收中白银的估计可能偏低。事实上,田赋已经折银交纳,就是加派,也是征银;400万石的粮食早已折银供给内库,成为金花银;漕粮初无定额,成化八年(1472)始定400万石。[②] 用于中央各府部衙门俸粮及上纳内府衙门的白粮,每年十几万石,八年定于21万石。[③] 武宗即位之诏,许漕运粮米在正德元年(1506)折银2/10,"以苏民困"。后又实行"下户税粮不及一石者,俱足折银;一石以上者,亦量其贫富,折银十五"[④]。隆庆以后,折银的比例不断提高,实际不足400万石,最低曾至138万多石。[⑤] 漕粮中的折银数目历年不等,甚至还有通行折银情况,如万历六年(1578),江南漕粮通行折银一年。[⑥] 十一年(1583)改折150万石,当时仓储充足,议折漕粮1/3,暂准一年。[⑦] 十三年(1585)又行。按此计算,则只有250石征收实物,以保证京师供给。其中,附加的运输费用也是以白银计算的。总的来说,大致实物征收在总数10%左右,即晚明约90%的实物税已经转变为货币税的估计可能更为合适。其间,各地的转变过程异常复杂,情况不一,有的地方多有反复,但是,发展到明末,全国陆续改变为货币税收的趋势是

---

① 〔美〕黄仁宇著,阿风等译:《十六世纪明代中国之财政与税收》,三联书店2000年版,第226页。

② 周之翰:《通粮厅志》卷九《艺文志》上,台北学生书局影印本。

③ 《明会典》卷二六《户部》一三《会计》二《起运》。

④ 《明武宗实录》卷七,弘治十八年十一月甲午。

⑤ 杨宏、谢纯:《漕运通志》卷七《漕数表》,《四库全书存目丛书》本。

⑥ 《明神宗实录》卷七六,万历六年六月己酉。

⑦ 《明神宗实录》卷一四四,万历十一年十二月甲子。

不可逆转的。从历史的长时段来看，自唐代两税法以后出现的这一实物税向货币税、人丁税向财产税转变的历史趋势，到晚明已经基本完成。这无疑是中国史上划时代的变革。

如果不充分考虑到这一转变，仍用明朝财政中表面上的粮食单位去计算明代田赋的货币化程度，只能得出错误的结论。

当然，明后期一切以银为价值尺度，所以也不能排除有的地方实际存在征收实物以银计的情况；另外社会经济发展不平衡，有的地区使用铜钱，有的地方还有以物易物，这都是正常的。但是一条主线是清楚的，钱粮统一征银是发展的主流，"朝野率皆用银"是明后期的客观事实，白银不仅完全合法化了，而且成为当时占主导优势地位的货币，并且堂而皇之地成为国家财政和税收的主体。与之相适应，一系列制度发生了重大的、带有根本性的变化，我们可以认为白银货币化是古代社会向近代社会转移的重要征象，以此为标志，清楚地表明了社会经济货币化在中国的发展历程。

在搞清楚明后期所征收的"钱粮"，实际上大都是白银以后，一个重要问题就浮现了出来，伴随白银货币化，明朝制度改革加速进行，制度变迁已是题中之义。对明代货币经济的发展，我们应该有一个突破以往"规范"的重新认识。

二、民生：白银货币化与社会变迁同步

如上所述，白银从贵重商品走向货币，从非法成为合法货币的货币化过程，是在明代由下而上完成的。发展至晚明，白银成为流通领域的主币，在社会经济与生活中占据了重要地位，以至于我们将晚明称为白银时代也不为过。市场经济萌发，货币的社会功能凸显，并深刻地改变了社会。白银的货币化，一方面促成了一系列改革的发生和发展，引发了明朝初年制定的各项制度的崩坏与演变；另一方面，正如马克思所说"货币不是东西，是一种社会关系"①。随着贵金属白银成为社会上流通的主币，白银货币体系将社会各阶层无一例外地全部包容了进去，白银货币的极大发展，推动了人们的社会关系从对人的依附关系向对物的依赖关系转变，明代社会从实物经济向货币经济的转变，小

① 《马克思恩格斯全集》第4卷，人民出版社1958年版，第119页。

农经济向市场经济转变,晚明整个社会出现了重要的变迁迹象。就这一意义而言,白银是我们研究晚明社会变迁的一把钥匙。

(一)白银将社会各阶层卷入市场之中

明初,社会结构的上层是皇帝、勋戚贵族和官僚,下层是士、农、工、商,所谓四民。在管理上,明朝把百姓划分为军、民、匠、灶等户。其中,民户是社会结构的主要组成部分,实际上包括了自耕农、佃农和一般地主、商人。由于当时社会经济呈现自给自足自然经济为主的形态,总的说来,社会结构是以农民为主体的。这样一种相对稳定的等级结构,在成化、弘治以后,也就是白银货币化进程加速进行以后,出现了明显的变化。到晚明嘉靖年间,白银已经通过赋役征收与每家每户百姓发生了切切实实的关联。田赋徭役折银的逐渐增多,促使一般农民的日常生活与货币以及市场日益联系了起来。在田赋和徭役都折银征收的全社会货币经济化大潮中,自耕农必须将农业和家庭手工业产品和农副产品拿到市场去出卖,换取白银缴纳赋税,甚至典卖田宅以完赋税;佃农要把产品投入市场,才能获得货币去缴纳租粮。这早已令当时人感到了困惑。成化七年(1471),湖广按察司佥事尚褫言:"顷来凡遇征输,动辄折收银两,然乡里小民何由得银?不免临时展转易换,以免逋责。"①赋役征银,迫使原本自给自足的农民不可避免地卷入了货币经济之中,卷入了市场之中。

白银日益与每个小农家庭生活息息相关,在文献中的例证很多,在档案文书中也有表现。现存徽州文书中,《万历三十一年里长派使用银帐》如实记录了当时里长征派用银的情况,特录于下②。

三甲里长派使用银于后:

四分派银八两,

丁粮派银一十二两,

计三十七户,每户派银一钱。

共米二十石五斗五升九令九勺,

每米一斗派银四钱算,丁粮分法共派银二十两。

---

① 《明宪宗实录》卷九三,成化七年七月乙卯,台北中研院史语所1962年校勘本。

② 王玉欣、周绍泉主编:《徽州千年契约文书》宋元明编,第八册,花山文艺出版社1991年版,第1—22页。

下面，银帐按照各户分别记入，共计农户40户，一户内有分为2—5家不等，摊得份额的。农户各家所该银历历在数。如"吴有朋户"下，记有"米八斗三升五合，该银四钱三分四厘"，均是先记粮食数字，再记该银数字。共记有吴有朋户，吴仲莹户，吴承周户，占文户，吴爟户，吴垠户，吴承恩户，吴子正户，吴良户，吴希文户，吴埙户，吴用光户钰、镌、铭，贞烈祠户键、钰，吴富户，洪连户，吴善户，吴添光户，吴常亮户，吴容户，吴镜户，吴希亮户，吴老户在、安老、士清，吴加户，吴垄户至、钦，吴达户墟、至、培，吴志德户吴子善、吴子舆，吴老户，吴子谏户，吴烜户，吴应鳞户，吴应鲤户，吴慕德户，吴子通户，吴燮户，吴定户，吴永连户，吴域户域、韭、堦、墡，占文户囊、填、君锡、塔儿、四寿，吴春户，吴岩保户。账内有的户上记有"完"的字样，可见这是当时里长实际征派运作中的证物。

为了纳粮，实际上是纳银，农民不得不出卖土地，这种事例大量保存于文书之中，以下就是一例：

> 同户胡瑟，今为纳粮缺用银，今自情愿将前周字三百四十四号，土名四岔山，本身合得壹分捌厘，杉笛(苗)在上……今自情愿出卖与同户胡朱名下，三面议时值价银二两整。其银当日收足。其山今从出卖之后，一听买人自行管业投税为定。如有不明等事，尽是出卖人之(支)当，不及买人之事。所有来脚契文，乃是祖产，不在(再)缴付。今恐人心无凭，立此文契为用。嘉靖拾五年二月二九日立　胡瑟　契文(押)契
>
> 中见人　赵佃　(押)[1]

特别应当引起我们注意的是，在白银货币化趋向明显、加速进程的同时，根据吴承明的统计，1551—1600年，徽州地价曾出现跌落半个世纪的现象，跌幅高达40%，他认为"这需寻求解释"[2]。实际上，白银货币的冲击可以说是最合理的解释之一。地价跌落与白银货币化过程加速同时发生，不是偶然的。成、弘以后，人们交纳赋税中的白银日益增多，以银代役的出现，以及嘉靖以后一条鞭法的实行，这种社会现实，促使人们以粟帛为富的观念随之改变，而以货币白银为财富的观念也随之形成，观念转变反映在徽州商人的急剧增加上，也反

① 张传玺主编：《中国历代契约会编考释》下，第816—817页。

② 吴承明：《16与17世纪的中国市场》，《中国的现代化：市场与社会》，三联书店2001年版，第212页。

映在地价上。

事实上,交纳赋税外,晚明人们的衣食住行都与白银货币联系着,白银普及到全社会已经成为现实。在南方商品经济发达地区,晚明市场交易无论大小,普遍以白银作为货币计价交易。以万历年间浙江张应俞所撰《杜骗新书》为例,该书收集当时社会上形形色色的诈骗案例,是一部难得的社会纪实文献。总共归纳为24类,83篇。其中,有74篇是关于使用白银买卖交易及欺骗的,占总数的90%。涉及的地域包括北京、南京、北直隶、南直隶、山东、山西、河南、浙江、湖广、江西、福建、广东、四川、云南等地,几乎囊括了全国。唯一一例只见"钱",不见"银"的案例,是"换钱骗",讲的是发生在福建建宁的钱桌,而所谓"钱桌",正是兑换银钱的处所。此外,书中同时使用银两和铜钱的仅两见:一为50文吃茶钱,发生在北京;另一发生在浙江东阳,是2文布施钱。以此2例而言,仅占书中货币流通的2%。书中所记有关白银的用途,包括了当时人们生活衣食住行的各个方面:有以银置田宅、开店铺的大宗财产买卖交易,也有人们衣食住行的日常花费,如买猪、买油的饮食花费;买布,裁衣、绱鞋的衣着花费;乘船、乘轿的出行花费,更有人们为了提高身份地位的买进学,买举人,等等,不一而足,充分反映了白银货币流通联系了整个社会,关系到各个阶层人们的日常生活。由此可以断言,晚明白银绝非只用于大宗交易,而是已经渗透到人们社会生活的每个角落,与晚明人日常社会生活发生了不可避免的直接联系。①

以广东为例,货币在成化时为之一变,到嘉靖时白银在市场中占据了完全优势:

> 交、广自隋以前全以金银为货,唐后始用钱。明朝天顺以前,钱法通行。成化元年、二年忽择钱过当,虽肉好丰厚者不用,以二折一,名挂索。逾一年乃复旧。嘉靖初年,钱法又忽不通,以二折一,犹成化元、二时也。乃变而用银,虽穷乡下皆然。凡五年,有司严绳之,犹不能尽通云。②

这段文献记载反映出广东从用钱到用银的全过程。在隋以前,广东是以金银

① 《杜骗新书》,全名《鼎刻江湖历览杜骗新书》,题浙江夔衷张应俞著。今存有万历间存仁堂刊本。此据中国古代珍稀本小说丛书本,春风文艺出版社1994年版。实际上,这部书不应列入小说类,而是晚明社会的一部纪实报道。

② 康熙《广州府志》卷九《物产志》,清抄本。

为交换手段的，但金银不是作为货币，而是作为商品出现的。唐代以后钱通行起来，直到明朝天顺年间，钱都是流通领域货币的主角，这种情况发生变化是在成化年间，钱忽然在市场上不能很好地流通，钱法出现阻滞，这是银得以流通的先导，于是在嘉靖年间转变完成，"变而用银"，银占据了全部市场，即使贫穷乡下也不例外，都使用白银交易；即使明朝官方严厉禁止也是枉然，白银就这样成为了广东市场上占据压倒优势的货币。成化时开始转变，到嘉靖时奠定不可逆转，这是明代白银货币化过程的一个典型范例。

南方经济比较发达，北方又如何呢？天子脚下的宛平县里，到万历年间"每民间有事，应与拘送，则有鞋脚钱；或已就拘执，两愿和息，则有酒饭钱；奉檄踪迹奸宄，未得而株连之，则有宽限钱；已的而墨覆之，则有买放钱；城内每家有灯油钱；买卖房契有画字钱；各巷搭盖披檐有隐报分例；相验有被犯法物；每初签及年终，置酒邀会，每家银三五分，则曰打网、曰秋风；催收房号，展转支吾，则曰那上攒下；送赂以分计者，则曰几厘；以钱计者，则曰几分；巧立名色，莫可枚举"①。这里所说的"钱"，其内涵不说全部，也可以说绝大多数指的是银子。

还可以北直隶濬县的实例加以说明。王肯堂的《鬙辞》，是作者于明末崇祯初年任北直隶濬县知县时的断案实录。② 濬县，在今河南，属于华北地区。根据初步统计，在王肯堂所记录的 304 则案例中，无论是刑事案件，还是民事案件，共计涉及货币、财产的有 165 例，超过了案件总数一半以上。涉及货币的案例，确切涉及白银的有 89 例，占总数的 30%；涉及铜钱的 40 例，占总数的 10%，使用比例不到白银的 1/2；其他还有许多关于买卖或财产、债务纠纷，没有具体提到货币种类的案例 36 例，按照以上的货币比例，可以推知民间一般是以白银为主。如此来看，在晚明北方民间的铜钱流通，比南方相对要多一些，究其原因，一是南北经济发展不平衡，一是晚明统治者一直希望掌握通货控制流通以摆脱危机，因此铸造钱币，强令民间通行使用。虽然如此，在北方流通领域中毕竟还是以用银为多数。

按照地区分类，即使是边远的、本来不用银的地区，如云南例用海贝，在万

---

① 沈榜：《宛署杂记》卷五《德字·街道》。

② 王肯堂：《鬙辞》十二卷，王肯堂为天启五年(1632)进士，除北直隶濬县知县。此书是他在任时的案牍。今存崇祯年间刊本，现据台北明代史籍汇刊影印本，学生书局 1970 年版。

历年间也留下民间用银的实证，下面的借据可以说明：

立借银约人张瑚，系安宁州民，口新化州吏。为因缺用，情愿凭中力约，借到本州牧民赵口口名下松纹银壹两五钱，每月共行利巴伍索。其银限至本年三月终一并归还。如若缺少分纹，将月赴官理取。今恐人信难凭，立此借约存照。（押）

实计借纹银壹两伍钱，每月共巴伍索，将号票一张作当。万历伍年贰月伍日立

借口约人　张瑚（押）

中证代保人　戴（押）[①]

这里尤其应该注意到，如果借银不归还，“将月赴官理取”，说明了法律保护以银作为货币的财产权；而借据写有“将号票一纸作当”，其中“号票”值得进一步研究。

白银成为实际上的主币，为人们生活所必需的例子，举不胜举。成、弘以后，白银增值，民间高利贷盛行，《皇明条法事类纂》载：绍兴致仕乡官有“生放钱债，曾有一两而取八九两者”[②]。也有取利不高的，如徽州商人程琐“终岁不过什一，细民称便”[③]。

在地产交易中，重要的是需向官府交纳交易税。《大明令·户令》原定：“凡买卖田宅头匹，务赴投税，除正课外，每契本一纸，纳工本铜钱四十文，余外不许多取。”[④]这种纳铜钱的情况在明后期发生变化，银代替了铜钱。如万历时休宁县给付的买田契尾，明称税契银两，“候作解部之数，各县遵行。其税契尾，须该府填号给发……并县用印”[⑤]。从现存契约看，崇祯八年（1635）后，房地等交易一律要用官印契纸，交纳税银，照例“每两三分”[⑥]。

民间不仅买卖田地等大宗财产以银支付，如民事修造，也要以银均分，见弘治六年（1493）祁门县重修房屋合同：

---

① 《中国历代契约会编考释》下，第1065页。

② 《皇明条法事类纂》卷一三四《户部》“禁约公侯等官奏讨及强占军民田土例”。

③ 汪道昆：《太函集》卷六一《明处士休宁程长公墓表》，《四库全书存目丛书》本。

④ 张卤：《皇明制书》卷一《大明令·户令·田宅契本》，日本古典研究会1966年影印本。

⑤ 《中国历代契约会编考释》下，第890—891页。

⑥ 《明清徽州社会经济资料丛编》第二集，第559页。

九保住人江庭杰同弟庭富、庭相、江希胜、希旺，仕进共承有祖房壹片，因旧屋住歇年久，兄弟叔侄商议，均做均分，江庭杰、庭富、庭相叁人管业壹半，江希胜同弟希旺合得壹半，江仕进分数在内。造屋亦要照分均出银两，买料应办物件等项，务要依时先付银两纳众，无得推却。候监造屋宇完成，听从照分抽阄，各自装拆住歇……今议之后，无许故违，如有此等，甘罚花银伍两入众公用……立此为照。①

民间合同中违约交纳罚金，均是用银。这在现存徽州土地买卖文书中可以找到大量例证，兹不再胪列。

不仅是人们的衣、食、住、行日常生活，而且生老病死也要由银子来打点。在丧葬上，烧埋银始见于元律②，为明代所延续。《大明律·刑律·人命》规定过失杀人，依率收赎，给付被杀之家以为营葬；车马杀伤人致死者，追烧埋银一十两；窝弓杀伤人致死者，追烧埋银一十两；威迫人致死者，追烧埋银一十两。万历间《问刑条例》补充规定，应偿命的如遇赦，追银二十两；如贫穷的追一半。殴人致死，要给死者家属养赡费，殴人致残疾者，要给“埋葬银两”③。

成、弘以后，各种物价均用银表示已经十分明显，白银不仅取得了流通手段的职能，而且取得了价值尺度的职能，于是完全具备了货币的两种基本职能。白银货币扩大发展，带来的是市场的扩张。民户生活与白银产生日益增多的联系，也就是与市场发生了前所未有的联系。因此，市镇在成、弘以后的普遍兴起与白银也有着直接关系。明后期乡村集市发展，市镇蓬勃兴起；城镇市场繁荣，扩展为区域市场，而区域市场规模扩大，最终形成了全国性市场。④与市场扩大发展同时发生的是两大市场的形成：一方面田赋折银，赋税货币化促进了粮食市场的形成；另一方面，赋役货币化，遂使更多农民脱离土地，加速了社会分工进行，农民进入城市，成为自由劳动者，城市劳动力市场形成。在市场上，一边是资本的积累，劳动的雇佣，一边是失去生产资料的劳动力的出

---

① 《中国历代契约会编考释》下，第1073页。

② 《元典章》四十二《刑部》卷四，凡误杀、戏杀、谋杀等皆征，中国广播电视出版社1998年影印本。

③ 怀效峰点校：《大明律》附录舒化等《问刑条例》，法律出版社1999年版。

④ 许涤新、吴承明主编：《中国资本主义发展史》第一卷《中国资本主义的萌芽》中，把国内市场分为四种类型，即地方小市场（墟集贸易）、城市市场、区域市场、全国性市场（长距离贩运贸易），人民出版社1985年版，第680页。

卖。如《西台漫记》所载晚明苏州市场状况：

> 我吴市民，罔籍田业，大户张机为生，小户趁织为活。每晨起，小户百数人，嗷嗷相聚玄庙口，听大户呼纺，日取分金为饔飧计。大户一日之机不织则束手，小户一日不就人织则腹枵，两者相资为生久矣。[①]

万历十六年(1588)明朝"新题例"中，说明"只是短雇，受值不多者，以凡人论"[②]。有学者认为这"不过是肯定事实，并没有多少新的意义"[③]，但是，这却表明了一个事实，短工受雇于人，受法律保护，以劳动而"受值"。"值"在当时就是以银为价值的报酬。从文献记载看，成、弘以后各地徭役征收白银，以银雇工的事例，不胜枚举，国家法令予以法律上的认可。这对于新雇佣关系，即经济关系的确立是有意义的。晚明劳动力市场形成，不仅在江南城市存在，在北方也有同样的市场，如开封土街角有"短工市"[④]。吕坤记万历时河南民间雇夫一名，"每月银二两，每岁实费银二十四两"[⑤]。而实际各地短工工钱很不统一，即使是同时同地也存在差异。那么长工呢？据庄元臣《曼衍斋草》载："凡桑地二十亩，每年雇长工三人，每人工银二两二钱，共银六两二钱。每人算饭米二升，每月该饭米一石八斗……每季发银二两……四季共发八两。"[⑥]这是江南的事例。《沈氏农书》言："长年每一名工银五两，吃米五石五斗，平价五两五钱，盘费一两，农具三钱，柴酒一两二钱，通计十三两。"[⑦]虽然工银不高，但确是以银计值的。

顾炎武早已指出："民之求钱为不务本也，而况于银乎？"[⑧]以农为本的自给自足自然经济社会，农民种地得粮，国家赋税却要求缴纳白银，正是这种"输赋之金，必负米出易"的现实[⑨]，迫使人们有了必须"弃本逐末"与市场发生更多关联的必要性，不仅加速了农产品的商品化过程，也使大量农民走向了非农

---

① 蒋以化：《西台漫记》卷四《纪葛贤事》，明万历刻本。
② 《明律集解附例》卷二〇《刑律斗殴·奴婢殴家长》，台北学生书局本。
③ 《中国资本主义发展史》第一卷《中国资本主义的萌芽》，第72页。
④ 佚名著、孔宪易校注：《如梦录·街市记第六》，中州古籍出版社1984年版。
⑤ 吕坤：《去伪斋文集》卷三《与廉宪朱保素均河夫》。
⑥ 庄元臣：《曼衍斋草》，《庄忠甫杂著》，清初抄本。
⑦ 张履祥：《补农书》上，《杨园先生全集》下，卷四九，中华书局2002年点校本。
⑧ 顾炎武：《钱粮论》上，《亭林文集》卷一，四库全书禁毁书丛刊本。
⑨ 何乔远：《闽书》卷三八《风俗》，崇祯二年刻本。

业化或经商的道路。这是白银所代表的市场交换关系作用于整个社会的必然结果。税收折银以后，缴纳赋税之时，农民为了交税，不得不以低价出卖粮食，获得白银，于是纳税期粮食价格下降；当纳税期一过，粮食价格立即上涨，造成了农民生活的困难。如万历四年（1576），山东汶上县税收时，小麦价格从原来的每石0.52两白银下降到0.37两，而大麦由每石0.4两白银下降到了0.25两，并且在三个月才恢复到原来的价格。① 其间，农民家庭生活陷于困境的大有人在，离开土地的也所在多有。赋役货币化直接影响到农民生活，这一过程使平静的乡村生活起了波澜。

由于货币经济发展，社会贫富分化加剧，时人评论万历年间徽州歙县状况云：

> 姑论吾邑，千金之子比比皆是，上之而巨万矣，又上之而十万、百万矣。然而，千金则千万不能一也，巨万则万不能一也，十万、百万可知。乃若朝不谋夕者，则十而九矣。②

由于白银货币的普遍使用，财产在集中，贫富的差距拉开了。

传统社会的社会基础是农民。以往史学界认为，造成农民的非农民化，主要原因有三：一是由于土地兼并激烈，大量农民失去土地，被迫走上非农民化的道路；二是由于赋役负担加重，农民不堪重压，生活日益贫困，大量破产，走上非农民化的道路；三是高利贷的盘剥。实际上，我们不应低估赋役货币化的影响。赋役货币化使农民日益与市场加强联系，与土地分离趋势加速进行，使农民安土重迁的传统不得不被打破，不少人外出谋生，或者进入城市，出卖劳动力，成为手工业工人；或者从事小商小贩；或者冒险出洋谋生，等等。在市场的作用下，转行从事手工业和商业的人口增多，为市场发展创造了良好的条件。因此，除了土地兼并、赋役沉重、官吏贪酷、高利贷盘剥以外，白银货币化带来货币经济的极大发展，无疑也是促成农民脱离土地的重要因素之一。赋役货币化，极大地促进了农业商品化程度提高，以及农民非农民化的趋势。

农户之外，主要是军户。军士生活与白银的联系出现得很早。从他们生活所必需的食粮来看，成化五年（1469）九月，户部言："其应给行粮，如湖广布

---

① 万历《汶上县志》卷八，康熙五十六年刻本。

② 万历《歙志》卷一〇《货殖》，万历三十七年刻本。

政司每米一石，止折布一匹，值银二钱五分。每军行粮三石，才给银七钱五分，估以时价，值米八升。是故军士重困。”[①]由此说明，当时华中军士行粮已经货币化了。银的使用，直接影响到北方及各边。正统时已出现以银代粮输送北部边军的情况，但大多属于临时性。北边的京运年例，按《明会典》是始自正统十二年“令每岁运银十万两，于辽东籴买粮料”。同时“每岁运银十五万两，于宣府籴买粮料”[②]。但根据全汉昇研究，实际是从成化二年(1466)开始，正式形成了年例银。[③] 也就是每年自京输往各边的岁额开始制度化。成、弘以后，随白银货币化加速，军士与白银的关系也日益紧密。嘉靖四年(1525)，令“浙江沿海卫所仓粮本折中半兼收，间月支放，折色米每一石折银七钱，五钱给军余，二钱修船支用，不许扣除军士月粮”[④]。这是江南卫所的状况。考虑到北方是在天子脚下，经济发展不如南方，北方卫所月粮又如何呢？嘉靖时《西关志·紫荆关》载：“考居庸关军士每岁月粮，本折相半，犹足以给，惟紫荆、倒马军粮俱无本色，止支折色银两。”[⑤]这说明北方军士的月粮到此时也已经大部分货币化了。

关于月粮的具体发放，根据巡按直隶监察御史萧祥曜于嘉靖二十年(1541)七月所奏，以当时保定左卫操军为例：“其月粮又有大小月之分，上半年为大月，每月五钱二分，下半年为小月，每月止给银三钱六分。”而当时守御紫荆总旗军告称：“本年正月起至六月终止，上半年为大月，每月折色银六钱五分，尚不能度日，自七月起至十二月终止，下半年为小月，每月止给折色银四钱五分，即今灾伤，米价腾贵，每米一斗用银一钱五分，止买得米三斗，贫军家口不够食用，告乞可怜。”[⑥]这里足见白银对军士生活影响的程度。

以上可见南北军士月粮都已支银，而仓粮也俱折银了。明后期卫所制度崩溃，使募兵成为军队的主体，国家需要负担巨额白银的军饷开支。弘治时，募兵的方式已经出现。[⑦] 此前的京运银数额是48万两，到弘治十三—十五年

---

① 《明宪宗实录》卷七一，成化五年九月乙酉。
② 《明会典》卷二八《户部》一五《会计》四。
③ 参见全汉昇：《明代北边米粮价格的变动》，《中国经济史研究》下。
④ 《明会典》卷二二《户部》九《仓庾》二。
⑤ 《西关志·紫荆关》卷四《官司》。
⑥ 《西关志》卷六《章疏》，萧祥曜：《荒旱重灾乞怜贫军增添月粮以救极苦疏》。
⑦ 《明孝宗实录》卷一八五，弘治十五年三月己亥，记募兵于陕西。

(1500—1502)有了大幅度的增加，边饷已达到了400万两[①]。白银货币全面渗透到卫所，还可以下面的事例说明。根据明代档案记录，万历初年辽东卫所引入均徭法，将余丁、舍丁按照九等划分，分别银差和力差交纳银两。[②] 据台湾学者于志嘉的研究，南昌卫在万历十五年(1587)实行一条鞭法，以丁纳银，余丁分在城和屯田两类；值得注意的是，在城余丁按照“事产”、“贫富”划分等则，分别纳银；而屯田余丁虽不分等则，屯田子粒却也有纳银部分。[③] 在白银货币化带来的货币经济化大潮中，军士的升迁可由白银助力，景泰年间实行的纳粟授职，在正德初年已由纳银所代替。[④] 军中不仅有纳银冠带的[⑤]，在卫军士甚至发展到交纳月钱“转货为商”，或“执技为工”[⑥]，在明代档案中，万历年间出现了纳银军士名册。[⑦] 这实际上是军士的以银代役。而地方上大量军户脱离原籍，改变了身份和地位的事例更是所在多有，在这种新情况下，卫所屯田的“卖公为私”，屯田逐渐私田化。屯军或成为自耕农，或成为私家佃农，在明后期已是全国的普遍趋势。

手工业者，即工匠的以银代役，始于成化年间。成化二十一年(1485)奏准轮班工匠有愿出银者可代工役，当时南北工匠出银各不相同。[⑧] 此后，雇役匠制逐步全面实行。到嘉靖四十一年(1562)，一律以银代役，“班匠通行折价类解”[⑨]，从此，劳役制转变成白银货币税，从某种意义上说，对于手工业者而言，国家的人身依附关系的束缚由白银解脱了，匠户有向自由雇佣劳动者过渡的趋势。工匠摆脱了劳役，成为独立的手工业者，获得了独立经营手工业的条件，对生产的积极性提高，生产率增长大有好处，这引发了民营手工业的快速发展。另一方面，以银代役，促使官营手工业无可挽回地走向衰落，相应地，民营手工业蓬勃发展起来。如景德镇的御器厂，正德时雇募工匠，嘉靖到万历时

① 《明孝宗实录》卷一九二，弘治十五年十月辛酉。

② 《明代辽东档案汇编》上，万历五一九年《辽东各卫所边堡官军下余丁舍丁等纳银名册》。

③ 于志嘉：《明代江西卫所军役的演变》，《中研院史语所集刊》第68本，第1分1997年。

④ 《明武宗实录》卷三七，正德三年四月乙亥。

⑤ 冯复京：《军政事例》卷一《正军纳例》，《北京图书馆古籍珍本丛刊》第51册。

⑥ 《明史》卷一七六《刘定之传》。

⑦ 《明代辽东档案汇编》上册《万历三十七年铁岭游兵汛河懿路备御等营纳银军人名册》，第126页。

⑧ 《明会典》卷一八九《工部》九《工匠》二。

⑨ 同上。

雇役匠已经及于各作，按日计件给值；而镇上民窑发展迅速，嘉靖间"聚佣至万余人"①，到万历时"每日不下数万人"②。佣工身份发生程度不同的变化，意味着新因素的萌现。手工工场可以说已具有相当规模。

随着社会分工的极大发展，社会贫富分化的加剧，手工业者部分上升为手工工场场主，而大部分手工业者则加入了城市劳动力市场。生活在弘治至万历年间的李诩，曾论及此：

> 余邑有匠班银，匠户每名出银四钱五分，此定于国初，而户籍一成不变。夫银以匠名，为其有匠利而课之也。今其子孙不为匠者多矣，犹可责其办者，承祖户而力亦胜也。中间有绝户，有逃户，则里甲赔貱，出于无辜，有零丁，有乞丐，遇每岁追并，必至于尽命。何无一人以通变之法闻于为司牧者乎？排年十年一编审，可照例行也，核见在匠，作均派之，当无巷议者。岂谓四钱五分，所出甚细，而变易旧制其事甚难乎……近年以一户之银而连三四人为沟中瘠者，盖闻且见之矣。③

这里说明了班匠银实际上成为课税的一种，即使子孙不为匠，也要缴纳，于是只有逃离故乡，却还会连累乡里。李诩所设问确实反映了户籍旧制不变，劳役以银代的现实，也即变动中的制度规定与实际状况的脱离。

与政府财政白银化直接相关的，还有盐法的破坏，这使灶户脱离国家控制，成为手工业者。折银的结果，不仅促使灶丁脱离本业，而且私盐盛行，明朝盐政全面崩坏。这在明朝人奏疏中清楚地表露了出来：

> 盐用丁煎，自仓盐改为折价，而每丁该纳盐二百零五斤者，改纳银二钱，故人俱游手而不事本业。④

折银，说明必须经过交换的渠道才能实现，灶户以煎盐为业，不征盐而征银，"盐非私鬻，何自得银哉"？⑤ 但是结合成、弘以后白银货币化的全过程来看，伴随白银货币化，这也是一种来自民间社会自发的趋势，在弘治、正德年间，史载：

---

① 《明世宗实录》卷二四〇，嘉靖十九年八月戊子。

② 萧近高：《参内监疏》，光绪《江西通志》卷四九《舆地略》，光绪七年刻本。

③ 李诩：《戒庵老人漫笔》卷七《匠班银》，中华书局1982年版。

④ 《续文献通考》卷二〇《征榷考》三。

⑤ 正德元年国子监生沈淮《盐政疏》，嘉庆《两浙盐法志》卷二七《艺文》一。

又闻灶丁畏盐难纳，多愿纳银。近年，两浙盐课内将一半折银，民情稍便。

正是因为有这样的“民情”，所以才有官员呼吁“今后浙淮盐课，通令从便折银”①。对此，我们不仅应看作明朝盐政的败坏，而且也是明朝盐政的改革。灶户自己将生产品拿到市场上去卖，或者经过商人之手，进入市场，这样可以提高灶户的生产积极性，“灶丁得煎鬻以自富”，而“国家得盐利自多”。明后期国家税收得自盐利的比例是仅次于田赋的大宗，而灶户则通过盐课折银可以摆脱社会身份的束缚，改变生活方式。

与白银关系最为密切的，是商人阶层。他们的生活目标就是赢利，也就是赚得白银。关于明代后期商人阶层的崛起，根据文献记载，大体可以认为是始自成、弘以后，这与白银货币化的进程是相互吻合的。白银作为财产，成为社会财富的集中代表，成为贫富的标准，而由此引申将银作为社会地位高低的标准也建立起来。各阶层都追逐白银，社会逐渐出现显著的变化，典型的如徽州，据万历《歙志》记录，在社会变迁中曾出现明显的三个阶段变化层次，先是“出贾既多，土田不重，操资交捷，起落不常。能者方成，拙者乃毁，东家已富，西家自贫，高下失均，锱铢共竞，互相凌夺，各自张皇”，继之“末富尽多，本富居少，富者愈富，贫者愈贫。起者独雄，落者辟易，资爰有属，产自无恒。贸易纷纭，诛求刻核，奸豪变乱，巨滑侵牟。于是，讦伪有鬼蜮矣，讦争有戈矛矣，靡汰有丘壑矣”，进一步“富者百人而一，贫者十人而九。贫者既不能敌富，少者反可以制多。金令司天，钱神卓地，贪婪罔极，骨肉相残。受享于身，不堪暴殄，因人作报，靡有落毛。于是，鬼蜮则匿影矣，戈矛则连兵矣，波流则襄陵矣，丘壑则陆海矣”②。首先，农耕社会出现经商增多，资产向货币转移，也即向商业资本转移，同时土地价格低落，农耕社会发生了转折性变化；其次，是贫富分化加剧，市场变幻莫测，资本变动无常，产业无恒定，贫富距离进一步拉大；再次，白银货币至上，也即金钱至上的观念已经深入人们的内心，改变了人们的心态。人与人之间，即使在亲人之间也不例外，出现了一种与过去迥然不同的人际关系，赤裸裸的金钱关系。在白银货币化的过程中，在货币经济化的过程

---

① 张萱：《西园闻见录》卷三五《盐法前》，燕京大学 1940 年铅印本。

② 万历《歙志》卷五《风土》。

中,金钱至上,人们的亲情让位于经济利益,于是,旧的价值观念失去意义,旧的道德标准苍白无力,旧的社会秩序激烈动荡,旧的社会结构加速解体。这正是货币商品经济促使社会变迁、社会转型的生动一幕。加拿大学者卜正民将上文"金令司天",译为"the lord of silver",准确地说明了白银在晚明社会商业化中的作用。[①]

上下求银,经商无疑成为谋生的极好出路,也成为人们,包括原来社会结构中所有阶层追逐白银的最佳选择。于是,与日益增多的社会各阶层人们卷入白银货币经济之中有着直接联系的,是一个专业商人阶层的兴起和发展壮大。晚明社会出现了十大商帮,几乎都是在明后期兴起的[②],就是一个有力的证明。下面还将提及。由此,商人阶层社会地位的提高也必然提上了日程。以往一般认为商品经济发展,引起社会风气变化,人们改变了对商人的观念,遂使商人的社会地位有所提高。然而,如果我们变换一个角度思考呢?货币经济与商品经济本身是紧密相连的。现实社会生活中白银的货币化,使得社会各阶层都卷入了白银货币经济之中,人们日常生活日益依靠商品货币交换,经商可以获得白银,也就是获得财富,财富积累本身昭示了商人经济地位的优势和商人在社会生活中的胜出,这促使更多的人走上了经商的道路。于是,社会观念出现了向商人倾斜的变化,唐顺之言:"人庶仰贾而食,即阀阅家不惮为贾"[③],是很自然的。而"士与农商常相混"的社会现象出现[④],也是合乎逻辑的发展。社会存在决定人们社会意识的变化,社会观念转变由此发生。弘治十三年(1500)成书的《潮州府志》已称当时"士习浮夸,商竞刀锥,工趋淫巧"[⑤]。这是明后期社会风俗变化的一个缩影,关于各地社会风俗发生变化在地方志中有大量记述,而相关研究也很多,这里不多赘述。值得注意的是,风俗和观念变迁,是伴随经济的发展、物质的繁荣而来的。伴随白银货币化,人们之间的社会关系向着经济关系转化,社会意识也发生了变化。关于商人及其精神,余英时先生的研究深入细微,此不赘述,应提到的是,他认为在晚明,传统的四

---

① Timothy Brook: *The Confusions of Pleasure Commerce and Culture in the Ming China*, p. 238.

② 参见张海鹏、张海瀛主编:《中国十大商帮》,黄山书社 1993 年版。

③ 唐顺之:《荆川先生文集》卷一五《程少君行状》,《四部丛刊》本。

④ 归有光:《震川先生集》卷一三《白庵程翁八十寿序》,《四部丛刊》初编本。

⑤ 嘉靖《潮州府志》卷八,嘉靖二十六年刻本。

民观已在实质上受到重要的修正，社会结构的最大变化发生在士商这两大阶层的升降分合上，当时社会已重新估量了商人阶层的社会价值。[①] 这里想要补充的是，在白银货币实际效用的演示下，传统社会价值观的转换正是社会结构急剧转变现实的反映。

白银完全打乱了平静的农耕社会，从事工商业的人多了起来，社会风气的变异就是这样自然而然地发生了。与奢华风气同时出现的，是社会心态的改变，“心术之移于利也”[②]，这不仅改变了人际关系，而且这种希冀发财的心理，还促使赌博成风，官府禁令不止。如嘉靖三年(1524)，潮阳县发生了一个“鸽变”事件。人们炒卖鸽子成风，荒疏了生业，甚至倾家荡产，乃至影响到社会秩序，发展到官府派人抓捕禁止的地步。时人分析云：“此非物之能自为变也，人心使之变也；非人心之自为变也，货利之习趋之也。夫邯郸之市，居贸之贾，即微如刀锥，犹不遗余力求之，矧兹一物不崇朝而可致千金，虽佣夫贩妇，夫谁不争？岂其果能破家钓奇、事玩赏者？乃弃其产业，求一鸽而不顾，则所失者小而图者大也。卒之，禁厉而鸽死，习尚渐息，而失者已不可追矣。始知趋利之害，一至于此。”[③]传统的农耕生活方式，使人们生生世世束缚在土地上，白银货币使这种宁静的社会生活被无情地打破了，安分守己的观念也随着被冲淡了，冒险追逐货利的观念出现，遂使赌博盛行。世道由此变态，社会由此变迁。

嘉靖年间，崇尚奢侈、货币拜物教的倾向，使上下之分荡然无存的现象明显出现，面对白银引发的社会变化，时人做出了各自的反应。朱载堉作《醒世词》，其中的《黄莺儿·骂钱》，借孔圣人之口，痛骂金钱至上颠倒了的世道：“孔圣人怒气冲，骂钱财，狗畜牲，朝廷王法被你弄，纲常伦理被你坏，杀人仗你不偿命，有理事儿你反复，无理词讼赢上风。俱是你钱财当车，令吾门弟子受你压伏，忠良贤才没你不用，财帛神当道，任你们胡行，公道事儿你灭净，思想起，把钱财刀剁、斧砍、油煎、笼蒸。”[④]揭示了从上到下拜倒在金钱脚下，污浊的社

---

① 参见余英时：《中国近世宗教伦理与商人精神》，《士与中国文化》，上海人民出版社 1987 年版，第 530、528、531 页。

② 张萱：《西园闻见录》卷六《朋友》，燕京大学 1940 年铅印本。

③ 隆庆《潮阳县志》卷二《县事纪》，天一阁藏明代地方志选刊本。

④ 朱载堉：《醒世词》，1935 年刊本。

会景象。这里所说的金钱,正是白银的代名词。陆楫提出奢侈消费有利于社会就业的看法,也是当时现实的反映。① 总之,现实生活中白银将每个人都与市场联系了起来,生活被打乱了,社会发生了重大变迁,伴随各阶层社会身份地位的变化,人们的心态也必然失去了原有的平衡,发生了巨大变化。值得注意的是,这是在明末思想家提出"工商皆本"思想之前就已经出现的社会存在。是社会存在决定了社会思想意识的出现。

（二）白银货币化与新的经济成分增长

晚明社会出现了许多新的因素,探索渊源,均与社会的白银货币化有着直接关系。白银作为一种新鲜事物出现,不仅在于它本身原来的不合法身份,而且在于它给社会带来的后果。作为社会财富的标志,白银得到了全社会各阶层的青睐,明代以农业为主的自然经济,由于白银货币的缘故,掺入了大量货币经济,改变着原有的经济结构,在旧的经济结构的解构过程中,新的经济成分也在增长。顾炎武《天下郡国利病书》卷九三《福建》记载,晚明出现一田二主,一田三主制:

> 其受田之家,后又分为三主……的田者坐食租税,于粮差概无所与,曰小税主。其得租者,但有租无田,曰大租主(民间卖田契券,大率计田若干田,岁带某户大租谷若干石而已)。民间仿效成习久之。租与税遂分为二,而佃户又以粪土银,私授受其间,而一田三主之名起焉,按佃户出力代耕,如佣雇取值,岂得称为田主哉?缘得田之家,见目前小利,得粪土银若干,名曰佃头银。田入佃手,其狡黠者,逋租负税,莫可谁何。业经转手,佃乃虎踞,故有久佃才业主之谣,皆一田三主之名,阶之为厉。

复杂的永佃权关系,见于晚明契约文书:

> 立佃约人李奇付,原佃得李三付田一备,坐落……先年得价银一两,佃与同春堂,递年交小租三秤。崇祯十四年十一月,是身凑价银二两六分,佃来耕种,交纳正租并同春堂小租。今因欠江三孙会银,将前田转佃与房东李名下为业,得受价银并酒食银二两八钱。其银、契当即两交明白,并无重复交易。不明等情,是身承当,不累受佃人之事。恐口无凭,立

① 陆楫:《蒹葭堂杂著摘抄》,《纪录汇编》本。关于陆楫的思想,学界多有研究成果,故不赘述。

此佃为照。

崇祯十五年五月初二日

立佃约人 李奇付

依口代笔 谢元禄

其田共价银叁两六钱,外酒食贰两整。①

以上反映出商品货币经济发展条件下田底权与田面权的分离,以及人身依附关系的缓和。永佃权出现,说明了土地所有权与使用权的分离,也即土地所有权与经营权分离。佃农有了经营自由,可以提高经营效率,并可以出卖田面。值得注意的是,至晚明,不仅在江南等经济发达、租佃关系高度发展的地区普遍存在以上现象,即使在边远的云南土司地区的土地买卖中,根据秦晖研究,也已经存在地价多元化和地权多层次的现象。地价分为"典价"、"活卖"价和"绝卖"价,只有"绝卖"后的土地,才拥有完整的地权。这种现象是土地私有权高度分化并分解为多层次的结果。他说明最迟到永历年间,云南已逐渐变成了货币化的赋税。② 明后期主佃关系随着佃农地位的提高,其隶属关系向经济关系转化。

同时,白银货币化还推动了佃权的货币化。押租制出现,加押减租,这使佃农以货币实力可以获得更多自由。③

值得注意的是,明后期在乡村产生了不同以往的以农为生的经营地主,同时经营家庭手工业,追求"厚利"。如《补农书》的作者张履祥经过细致的生产成本估算,认为经营获利"尚优于田地租息也"④。这种经营理念无疑促进了专业化生产。农村土地经营中,也出现了越来越注意多种经营的倾向,种植桑、棉、麻、甘蔗等经济作物,品种多样,发展商品性农业在东南沿海地区已蔚然成风。农业经营方式变化,主雇关系也随之发生变化,雇工付给工钱,即货币。在江南,出现了俗语:"做工之人要三好:银色好,吃口好,相与好。作家之人要三早:起身早,煮饭早,洗脚早"。所谓"三好以结同心,三早以出其力,无有不济。"⑤

① 安徽省博物馆编:《明清徽州社会经济资料丛编》第一辑,《休宁县李奇付转佃田约》,第424页。

② 秦晖:《耕耘者言》,山东教育出版社1999年版,第121、143页。

③ 魏金玉:《明清时代农业中等级性雇佣劳动向非等级性雇佣劳动的过渡》,《明清时代的农业资本主义萌芽问题》,中国社会科学出版社1983年版。

④ 张履祥:《补农书》下,《杨园先生全集》下,卷五〇。

⑤ 同上。

因为缺乏白银使用，农民变卖田地和房屋，这种情况成为一种普遍现象，土地买卖趋于频繁，有大量契约文书为证，以下即是两例：

十八都王祐清，今无钱用度，自情愿将祖买守（受）得汪任才名目，经理山场一号，坐落……本位该山贰分，尽数立契出卖与同都叶庭祥名下为业，面议时值价银五钱二分整。在手足讫……成交之后，二家各无悔易（异）。如先悔者，甘罚契价一半入官公用，仍依此文为用。今恐人心无凭，立此文契为照。

正德十五年三月初二日

立契人　王祐清（押）契

中人　王庭琳（押）

依口代书中人　王庭琥（押）①

卌一都立契人朱应武，今买卖缺本，自愿今将承祖父山地六处，坐落……今自情愿愿将六处山地骨并苗、竹、木尽行立契出卖与同宗人朱某名下为业，三面议作时值价纹银按两六钱整。其银、契当日两相交付明白……所有税粮，听到册年到本户起割，前去认纳，本家即无阻当。恐后无凭，立此卖契为照。

万历三十五年六月二十日

立卖契人朱应武（押）契

中见叔　朱新盛（押）②

货币在社会内部的扩展，打破了原有的社会结构，很快形成了新的情况。不断增长的人口和业已有主的土地之间的比例失调，促使统治阶层走向社会的扩张，走向兼并土地和攫取财富之路，而这又使得更多的人无路可走，被迫走上了脱离土地的道路，形成了城市的人力资源。故当时人言昔日“人皆食力”，即耕于田野，“今人皆食人。田野之民，聚于市廛”③。在城市中“机户出资，机工出力”④，雇佣关系向自由经济关系转变。

晚明工商业城镇蓬勃兴起，商人是城市生活中最活跃的群体。沈榜《宛署

① 《中国历代契约会编考释》下，第806—807页。

② 同上，第927—928页。

③ 何乔远：《名山藏·货殖记》，江苏广陵古籍刻印社1993年影印本。

④ 《明神宗实录》卷三六一，万历二十九年七月丁未。

杂记》中，记录了万历年间北京铺行已达132行之多，其中典当等100种行业，显然由商人所经营的是多数；本小利微的32行，属于下层平民从事的行业。[①]此外，还有卖饼、卖菜、肩挑负贩的小商贩等。社会分工的细密由此可见。而更为重要的是大商人的崛起，即专业的商人群体——商帮的兴起。著名的徽、晋、闽、粤等商帮，都是在15世纪下半叶至16世纪初这一历史阶段形成和发展起来的。[②] 商帮的兴起，说明了资本的积累过程。

社会分工日益细密，出现了专业化生产，以佛山为例，是明后期兴起的四大镇之一，以手工业为主兴起的市镇。明末碑刻记载着"本堡食力贫民，皆业炉冶"。[③] 天启二年(1622)发生有"炒铸七行工匠纠众鼓噪"的事件，说明明代自食其力的手工业者，有了为自身争取权利的意识。[④] 罗一星的研究指出：明代佛山的炉户，均属于私营手工业。主要的经营方式有两种，一是家庭小作坊，一是家族大作坊。[⑤] 佛山正是沿着家庭手工业发展起来的市镇，并在晚明取得了全国首屈一指的冶铁中心地位。佛山从偏僻乡村到繁华市镇、工商城市的建立，与货币商品经济发展是分不开的，是在原来乡村结构被打破，出现结构分化，家庭手工业有较大发展的情况下，才有可能出现。根据吴承明研究，即使按照比较严格的标准，晚明至少在苏、杭丝织业，佛山冶铁、铸造业，崇德榨油业，铅山造纸业中，已出现了工场手工业，他称之为全新的生产形式。[⑥]

随着白银的货币化，经济因素渗透到人们社会生活之中，也改变了人与人之间的关系。

明代徐三省所集租赁文约格式，其中《租店约批格式》，说明了租赁关系的货币化：

> 某都某人，今租到某人名下某店房几间，开张。认定每年租银若干。或四季交纳，不致拖欠。凭此为照。[⑦]

---

① 《宛署杂记》卷一三《铺行》。

② 参见张海鹏、张海瀛：《中国十大商帮》。

③ 崇祯八年《广州府南海县饬禁横敛以便公务事碑》，《佛山碑刻》，第13页；转引自罗一星：《明清佛山经济发展与社会变迁》，广东人民出版社1994年版，第55页。

④ 乾隆《佛山忠义乡志》卷三《乡事志》，乾隆十八年刻本。

⑤ 罗一星：《明清佛山经济发展与社会变迁》，第57页。

⑥ 吴承明：《中国的现代化：市场与社会》，第31页。

⑦ 《中国历代契约会编考释》下，第1071页。

《雇工人文约格式》,说明了雇佣关系的货币化:

立雇约人某都某人,今因生意无活,自情托中帮到某地某名下替身农工一年,议定工银若干。言约朝夕勤谨,照管田园,不懒惰。主家杂色器皿,不敢疏失。其银归按季支取,不致欠少。如有荒失,照数扣算……①

民间船运契约格式,是交通运输费用货币化的证明:

某处船户某人,今凭某人保委,将自己船只揽载客人货物,至某河下交卸,议脚银若干……②

包工契约格式,反映了手工业中存在的订货包工关系:

立契约人某,今包到某人器用几件,用心作造。当日凭中面议:高若干,大若干,俱有旧式照样。该银多少,本银工价一应在内,务宜细察精巧。造完之日,价银依议交足,如有不安原样,悉随减价无说。恐后无凭,立此存照。③

晚明货币经济发展,也表现在典商的发展上。民间经商增多,需要大量资本,除了自身积累之外,典当和高利贷是得到资金的途径。徽商多以此致富。史称:"徽商开当,遍于江北",据河南巡抚统计,万历三十五年(1607)仅河南就有213家当铺。④ 在明末,徽商汪箕在京师开设典铺达数十处,家赀数百万。⑤本是军户的率东程氏,主要依靠经商致富,积累了大量资本,是典型的一例。根据栾成显对《崇祯二年休宁程虚宇立分书》的研究,程虚宇与诸弟或族兄合伙经营典当业,仅程虚宇本家典业资本就达80000余两,而率东程氏是一大宗族,像这样的子户家庭不下几十个,多在外经商,活动遍及大江南北,到明末,已成为藏镪百万的富商大贾。⑥

在民间,以赚钱为目的的经商行为越来越多。为了经商谋利,贷本制在晚明民间商业活动中所在多有。据万历年间李乐《见闻杂记》卷九记载,当时商人的资本十有六七是借来的。合伙更是常见的融资形式。现存明代契约文书

① 《中国历代契约会编考释》下,第1071页,第1069页。

② 同上,第1070页。

③ 同上。

④ 《明神宗实录》卷四三四,万历三十五年六月丁酉。

⑤ 计六奇:《明季北略》下,卷二三《富户汪箕》,中华书局1984年版。

⑥ 栾成显:《明末典业徽商一例——〈崇祯二年休宁程虚宇立分书〉研究》,《徽州社会科学》1996年第3期。

中，合伙经营的例子很多，有伙山、伙店、伙资经商等多种形式。特点是共同出资，合伙经营，每年结算以白银分利，均分利益，但资本不动。下面是一份以银合资经商的合约：

立合约人某某等，窃见财从伴生，时在人为。是以两人商议，合本求财。当凭中见某各出本银若干为本，同心竭力，营谋生意。所获利钱，每年面算明白，量分家用，仍留资本以为渊源不竭之计。至于私己用度，各人自备，不许扯动此银，并乱帐目。故特歃血定盟，务宜一团和气，苦乐均受，慎毋执拘争忿，不得积私肥己。如犯此议者，神人共殛。今恐无凭，立此合约一样二纸，为后照用。①

有学者研究，合伙制不是起源于明代，但是比较普遍地走向股份化及对工商业运行发挥较大影响是在明代以后，尤其是15—16世纪以后。当时工商业中合伙制存在资本与资本的合伙和资本与劳动经营能力之间的两种合伙类型。②

成、弘以后，"朝野率皆用银"，市场上大小买卖都以银计算。官府的盐引、茶引成为具有潜在经济价值的有价证券流通于社会，可以买卖和转让③，反映了货币经济的扩大发展。在晚明出现的"会票"，更是值得关注的重要经济现象。范濂记载：

先是，苏克温听选，以父恩善文贞公，故客其门。时有里人马姓者，携资客于京，克温觇知之，往纳交，叙乡情甚密，其人已笃信克温。克温乘间给之曰："闻君将以某日归，而孤身涉数千里，得无患盗乎？我当为君寄资徐氏官肆中，索会票若券者，持归示徐人，徐人必偿如数，是君以空囊而赍实资也，长途可帖然矣。"马姓乃深德克温，即以一百五十金投之，克温佯入徐肆，若为其人谋者，出持赝票示之曰："资在是矣。"其人亟持归，付徐人，徐人以为赝，不与。④

"会票"的使用，是信用票据的使用。在晚明以会票结账，假票不能兑现。王肯堂《郁辞》中记载了一起涉及大宗货物交易，用会票来结账产生的纠纷案：

---

① 《中国历代契约会编考释》，第1115页。

② 刘秋根：《明代工商业中合伙制的类型》，《中国社会经济史研究》2001年第4期。

③ 《续文献通考》卷二〇《征榷》三。

④ 范濂：《云间据目抄》卷三《记祥异》，笔记小说大观本。

王明德之以快役岳德化讼也,据云,手持假票吓诈银钱,盖不啻多矣。逐个付之人则有王会好。在讯鞫之日,首呼会好问之:银几何?钱几何?约于何日?交于几时?聚于何所?设端穷诘,纤悉必究……夫德化奉批行关不称假票,至取原关阅之,并无明德姓名,德化何因敢索重货,明德又何恐而顿输厚资也,此之诬陷矣,俟燃犀乃能烛照哉。[①]

崇祯初年,陈子龙作《钞币论》,其中言:

今民间子钱家多用券,商贾轻赍往来则用会,此即前人用钞之初意也。岂有可以私行,反不可以公行者?[②]

这是明末民间社会广泛使用债券和流通会票的证明。信用票据在民间的大量使用,说明了金融在晚明的发展状况。

随着白银成为主币,明后期银铺发展,但一般认为仍然具有制作买卖金银首饰、器物的功能。新的经营货币兑换业务的金融机构钱铺,又称“钱店”或“钱肆”,于弘治年间出现。[③] 明末,发展出现了钱庄。[④] 值得注意的是,据《如梦录》记载,明末开封府属西,路南有“大倾销处,专做上纳元宝,大小成锭”。同书出现“倾销银铺”、“银铺”、“打银铺”、“打银店”几种与银相关的店铺名称,“倾销银铺”是一种专门过手大宗银两的银铺,具体业务还需要进一步研究,但是与一般具有制作买卖金银首饰、器物功能的银铺显然不同是肯定的。应该说到明末,白银货币的发展,已经使经营货币业务与经营制作首饰器物业务的银铺区别了开来,形成了专门的金融机构。

货币化推动了资本积累、消费和净出口,成为拉动社会经济增长的重要因素。在货币经济极大发展的刺激下,市场前所未有的扩大发展,原有社会结构解构过程发生,农业结构由于是旧的社会结构的基础,所以受到的冲击最大,手工业,尤其是商业得到了长足的发展。

(三) 社会各阶层的商业性行为

白银的广泛使用与工商业的繁荣发展,有着互为因果的关系。伴随白银

---

① 王肯堂:《郁辞》卷一《王明德》。

② 王鎏:《钱币刍言·先正名言》,道光刊本。

③ 陆粲:《庚巳编》卷二《洞箫记》,中华书局 1987 年版。

④ 中国历史博物馆藏有《南都繁会图卷》,其中有两个“钱庄”市招,是迄今为止明末钱铺发展为钱庄的证据,引自叶世昌、潘连贵:《中国古近代金融史》,复旦大学出版社 2001 年版,第 118 页。

货币化，农业经济的商品化倾向明显增加，促使手工业和商业发展繁荣。如果说以上的论述还只是说明社会各阶层被白银货币裹胁着进入了市场之中，那么商业性行为普遍出现在社会各阶层，则说明了在货币经济的大潮中，人们由不适应到适应，表明他们的社会行为由被动卷入变为了主动投入，在这一过程中，社会价值观念已经发生了重大改变。

皇店是皇帝私人开设的店铺，最早出现于正德年间。史载正德十三年(1518)，武宗到大同，夺都指挥关山、指挥杨俊宅，置店二所，改为酒肆。[①] 时有太监"诱与以财利，创开各处皇店，榷敛商货"[②]。武宗"尝游宝和店令内侍出所储摊门，身衣估人衣，首戴瓜拉，自宝和至宝延凡六店，历与贸易，持簿算，喧询不相下，别令作市正调和之"[③]。充分说明了皇帝要与小民争利的不同以往的时代特征。皇店也由开始收取钱钞到折银。嘉靖十四年(1535)题准："宝源、吉庆二店并福德等五店，钱钞俱中半折银，每钞一千贯折银四钱，每钱二千文折银二两八钱六分，每十二两倾成一锭，内宝源、吉庆二店按季解部；福德等五店按季解府，听候取用及太常寺、光禄寺支用。"到二十四年(1545)，"福德、宝源等七店，每货一般征银五两。"[④]刘若愚记载："宝和等店，经管各处商客贩来杂货，一年所征之银，约数万两。"[⑤]

明初，禁止宗室经商。明后期，宗室开设的店铺很多，与民交易"习以为常"。《明史》记载"每于关津都会大张市肆"[⑥]。正德时，湖广荣王乞请店肆铺面一千五十八间。[⑦] 吕坤《去伪斋集》卷一载万历时："宗室士大夫之家，闲房虽数十处，开店召商；院子虽数百，家僦居佃地。"如福王的家产有马店、炭厂、竹厂等。[⑧] 周王府"造酒分给民家，重取其息。又夺人第宅，以张酒肆"[⑨]。

官僚开店经商，追逐白银的事例也不胜枚举。在江南，"至正德间，诸公竞

---

① 吕瑟：《明朝小史》卷一一《武宗纪》。
② 王世贞：《弇山堂别集》卷九七《中官考》八，中华书局 1985 年版。
③ 毛奇龄：《明武宗外纪》，中国历史研究资料丛书本。
④ 《续文献通考》卷二二《征榷考·征商》。
⑤ 刘若愚：《酌中志》卷一六《内府衙门职掌》，北京古籍出版社 1994 年版。
⑥ 《明史》卷一八一《李东阳传》。
⑦ 《明武宗实录》卷四八，正德四年三月甲辰。
⑧ 《国榷》卷八二，中华书局 1958 年版。
⑨ 《明孝宗实录》卷一二〇，弘治九年十二月丁丑。

营产谋利"[①]。在徽州,"虽士大夫之家,皆以商贾游于四方"。[②] 在广东,"嘉、隆以后,仕之归也,不问人品,第问怀金多寡为重轻,相与姗笑为痴牧者,必其清白无长物也"[③]。在福建"多贾治生……若岁时无丰,食饮被服不足自通,虽贵宦巨室,闾里耻之"[④]。在山西,"以商贩为业,即士类不讳持筹"[⑤]。以嘉靖时严嵩、徐阶为例,严嵩委派家奴在南昌、分宜、扬州等地广开店铺,"侵占民产,网夺商利"[⑥];而徐阶则"多蓄织妇,岁计所积,与市为贾"[⑦]。

货币在社会中作为财富象征确立,事实比思想家的倡导更为有力地促进了拥有白银货币的商人社会地位的大大提高。作为流通领域的主导群体,晚明"贾人几遍天下"[⑧]。一般地主"缩资而趋末",贫民"货产而就佣"[⑨]。以山东青州临朐为例,农耕社会在嘉靖时已经大有改观:"山居或拾山茧作绸……亦颇种棉花为布。西南乡以果树致饶益,多麦收者好造曲,交易以为利。亦或养蜂收蜜。怀资者或辇其土之所有走江南,回易以生殖。或贩鱼盐。其西南山社无业者,或伐木烧炭,烧石成灰,陶土为器,负贩以给徭役。近社之贫者,大抵以菜为业,又或织苇若秫为席薄,或遍荆为筐莒,以供衣食。饼师、酒户鳞次于市,鲜不勤生者。"[⑩]

士农工商的社会地位不同,生活方式也不同,但是他们都被深深地卷入了白银货币经济之中,自觉不自觉地产生了商业性行为,这在晚明是一个事实。明后期,不仅是朝廷和普通百姓有对白银的追求,文人雅士也不能免俗。如行文有了润笔银。叶盛《水东日记》记:"三五年前,翰林名人送行文一首,润笔银二三钱可求,事变后文价顿高,非五钱一两不敢请,迄今犹然,此莫可晓也。"[⑪]

---

① 何良俊:《四友斋丛说》卷三四《正俗》。

② 归有光:《震川先生集》卷一三《白庵程翁八十寿序》。

③ 万历《新会县志》卷二四《风俗》,万历三十七年刻本。

④ 张瀚:《松窗梦语》卷四《商贾纪》,中华书局 1985 年版。

⑤ 焦竑:《国朝献征录》卷五七,郭正域:《大司马总督陕西三边魏确庵学曾墓志铭》,上海书店 1987 年影印本。

⑥ 《明世宗实录》卷五四四,嘉靖四十四年三月辛酉。

⑦ 于慎行:《谷山笔尘》卷四《相鉴》,中华书局 1984 年版。

⑧ 《松窗梦语》卷四《商贾记》。

⑨ 《明世宗实录》卷五四五,嘉靖四十四年四月丙戌。

⑩ 嘉靖《临朐县志》卷一《风土志·民业》。

⑪ 叶盛:《水东日记》卷一《翰林文字润笔》,中华书局 1980 年版。

而以卖文"治生"，也就是为生的，在明末开有专门的店铺，如开封的西湾桥南"代书铺"就是例证之一。[①]

寺院的经商现象，在成化时就已明显，成化八年(1472)，宪宗为此"搅扰"还特别颁下敕令。[②] 晚明，南京报恩寺"排牌贸易，而清修远寄之意都尽"[③]。承恩寺"游客贩卖，蜂屯蚁聚于其中，而佛教之木义刹竿荡然尽矣"[④]。

在南方，徽州经商者大大增加，形成了著名商帮，万历时祁门"服田者十三，贾十七"[⑤]。在北方，河南通许县嘉靖时的职业结构是"士十之三，农十之七，工十之二，商十之三"[⑥]。工商比例相对成化以前的通邑皆是农士之家，业工仅一二来说，已经发生了显著变化。

海外贸易是得到白银的最佳途径，嘉靖年间，海阳市集上"居积最者惟绸绢，往往杂以造丝，又稀薄不可衣，而黠民以此昂其价于诸番，因而为患"[⑦]。这里说明不仅是精巧工艺的出现，而且丝绢是为了适应海外需要而生产，以高价外销。为了获得厚利，沿海"其民专驾多橹船只接济番货"，"追星趁月，习以为常"[⑧]。

货币的功能就在于流通，商业行为与市场的发展是紧密联系着的。在全社会上下对白银的追求中，商品流通加速进行，从乡村集市—城镇市场—区域市场—全国市场，市场得到了前所未有的扩大发展，一个全国性市场形成。关于国内市场方面，史学界已有丰硕研究成果，在此就不展开论述了。

伴随白银的普及，争利不独在市，而且在朝。王文禄曾言："财利者，民之心，义之私也。由今观之，贵亦求富而已。"[⑨]伍袁萃说："利之可争者，不独在市，而且在朝，朝之共争者，不复在名，而惟在利。"[⑩]李贽更为概括："以天下尽

---

① 明佚名著、孔宪易校注：《如梦录》,《街市记第六》，中州古籍出版社1984年版。
② 葛寅亮：《金陵梵刹志》卷三一《本寺护敕》，中国佛寺志本。
③ 吴应箕：《留都见闻录》卷下《寺观》，清光绪铅印本。
④ 顾起元：《客座赘语》卷一〇《寺院》，中华书局1987年版。
⑤ 万历《祁门县志》卷四《人事志·风俗》，万历刻本1961年影印本。
⑥ 嘉靖《通许县志》卷上《食货》，嘉靖二十四年刻本。
⑦ 嘉靖《潮州府志》卷二《建置志》，嘉靖二十六年刻本。
⑧ 霍与瑕：《上潘大巡广州事宜》,《明经世文编》卷三六八。
⑨ 王文禄：《竹下寤言》卷二《良贤篇》，江苏古籍刻印社1990年影印本。
⑩ 伍袁萃：《林居漫录·前集》卷一，《四库全书存目丛书》本。

市道之交也。”[①]

出于对白银的需求，朝廷卖官鬻爵，出售官衔，也由纳粟转变为纳银，同样经历了由实物向货币的转变。时称为“开纳事例”。根据官员爵位高低规定纳银多少。商人可以经由此途径，改变身份和地位。成化时史载：“近年始有纳粟冠带之制，然止于荣其身而已，无有职任也。今幸门一开，趋者如市。”[②]弘治年间王锜《寓圃杂记》中对白银作用有生动记录，如《纳粟指挥》载：“朝廷所重者名爵，庶民所畏者县官。近年富儿入银得买指挥者，三品官也，县官岂能抑之？余偶入城，忽遇驺呵属路，金紫煊赫，与府僚分道而行。士夫见之，敛避不暇。因询于人，始知其为纳银指挥。虎而翼之，无甚于此。”[③]这里，再清楚不过地说明了因循旧称“纳粟”，而实际内容已向“入银”过渡，有银便可改变社会地位，获得政治权力。又如《义官之滥》记：“近年补官之价甚廉，不分良贱，纳银四十两即得冠带，称‘义官’。且任差遣，因缘为奸利。故皂隶、奴仆、乞丐、无赖之徒，皆轻资假贷以纳。凡僭拟豪横之事，皆其所为。长洲一县，自成化十七年至弘治改元，纳者几三百人，可谓滥矣。”[④]这里，表明了无论原本属于何一等级的人，只要入银就可改变身份，进入官场，且予以实际任用，大批平民以银得官，无疑助长了官场中的逐利和贪污腐败。但是，在这里我们也应看到，货币的力量至少产生了形式上的人人平等，对权力结构已经产生潜移默化的作用。

嘉靖时，这种趋势愈演愈烈，“入钱多者，且得为大县令”[⑤]。奏疏中反映：“每一开选，则某官银若干，某官银若干；至于升迁也亦然，某缺银若干，某缺银若干，群众相竞，则价值转增。”[⑥]官爵进入了买卖市场，促使腐败加剧。嘉靖末，时人记载，“率以贿进，布列华要”[⑦]。货币刺激了政治的商业化，也驱使统治者大肆掠夺，如万历二十四年(1596)万历帝派遣矿监税使四出，是最典型的

---

① 李贽：《续焚书》卷二《论汇·论交难》，中华书局1975年版。

② 《明宪宗实录》卷二四七，成化十九年十二月甲申。

③ 王锜：《寓圃杂记》卷一〇《纳粟指挥》，中华书局1984年版。

④ 《寓圃杂记》卷五《义官之滥》。

⑤ 袁袠：《世纬》卷下《惜爵》。

⑥ 邹应龙：《贪横荫臣欺君蠹国疏》，《明经世文编》卷三二九。

⑦ 林烃：《林氏杂记摘录·时事记》，中国社会科学院历史研究所明史室编：《明史资料丛刊》第五辑，江苏古籍出版社1986年版。

事例。从万历二十五年至三十三年(1597—1605)搜刮矿税银近300万两,实际上如吏部尚书李戴疏中所言:“大约以十分为率,入于内帑者一,克于中使者二,瓜分于参随者三,指骗于土棍者四,而地方之供应,岁时之馈遗,驿递之骚扰,与夫不才官吏借以为市者,皆不预焉。”①可见上上下下追逐白银的疯狂。这绝非万历皇帝的个人贪欲所能解释。

白银货币化,整个社会从上到下都卷入了对白银的追求之中,官可以买得,学可以进得,僧道可以当得,徭役可以代得,有了罪过,也可以通过纳银,即纳赃赎银化得。银子强有力的实用价值远远超出了陈腐的本末说教,社会风尚焉得不大改、社会秩序焉得不大变?整个社会的价值观念、社会行为,社会心理发生了重大变化。人们对财富的观念转移,从对白银千方百计赤裸裸的追求上表现无遗。换言之,以田地为主的财富观被极大地陵替了,同时改变的是整个社会。在白银的渗透下,逐渐消解着旧的等级制权力体系和用血缘等伦理观念组成的传统社会。晚明,白银所体现出的社会关系和社会整体心态变化,反映在官场上,是官场腐败,海瑞曾云:“乃知我辈出没于声色货利之场,不得不已;奔走于富贵利达之际,老死不休。蚁之附腥膻,蛾之投爝火,无以异也。视市井辈反为过之。”②至明末,乃至“居官有同贸易”。事例繁多,在此不赘。反映在社会上,是世态炎凉:“凡是商人归家,外而宗族朋友,内而妻妾家属,且看你归得来的利息多少为轻重。得利多的,尽皆爱敬趋奉;得利少的,尽皆轻薄鄙笑。犹如读书求名的中与不中归来的光景一般。”③银使货币为财富的概念突出,利使私的欲念凸显,于是堂而皇之出现了对私欲的肯定。④

历史记载给晚明社会发生的重大变化提供了详尽的证据,说明了这样一个事实:晚明上至皇家,下到小民,上上下下都求银,社会各阶层无一不对白银

---

① 文秉:《定陵注略》卷五,明季史料集珍本。

② 《海瑞集》下编《赠蒙生德范还遗金序》,中华书局1962年版,第343页。

③ 凌濛初:《二刻拍案惊奇》卷三七《叠居奇程客得助　三救厄海神显灵》,人民文学出版社1991年版。

④ 日本学者沟口雄三指出李卓吾、黄宗羲等人的言论,是主张私的所有。“这是把传统上处于负面(minus)的概念‘人欲’、‘私’的坐标位来个一百八十度的大转弯,使其处于正面(plus),这时期出现的这一变化,从儒家道统的多重的历史来看,这种惊人的坐标转位,可以说是根本的改变。”沟口雄三著,索介然、龚颖译:《中国前近代思想的演变》绪言,中华书局1997年版,第10页。

产生需求，中央政府的运作依靠白银，地方政府的运作也依靠白银，社会各个阶层的生活都离不开白银，由此，人们日常生活与市场建立起了必不可少的、日益增多的联系；于是，整个社会开始商业化，或者说市场化了。这一白银货币化的过程，正是中国社会经济货币化的过程，是市场扩大发展的过程。在这样一场社会剧烈变动中，社会结构发生了解构与重构的双重历程。变革中的社会不可避免地呈现出混乱和失范，充分反映出了社会转型的过渡性质，并且付出了社会发展迅速所必然付出的代价。白银货币化引发的社会变迁，沿着社会财富重新配置这条线索，皇室费用日增，与民争利；民间民、军、匠、灶户脱籍或扩展了原来的生活空间；士农工商的四民分野发生变化，商人阶层崛起，士与商的界限逐渐模糊；社会分工扩大，贫富分化加剧，人们的社会身份地位发生变化，社会价值观念、社会生活方式，乃至社会原有结构都随白银货币化所标志的货币经济扩大发展而改变，换言之，从某种意义上说，这一时期商品经济的繁荣、商帮的形成、市镇的兴起，都是从这里开始，或者说可以在这里得到根据。随着社会经济的货币化进程，社会结构、社会关系、社会观念、社会心态、社会行为的变化纠合在一起，使整个社会面貌发生了重大改观。

探究晚明白银普及全社会所具有的意义，首先，突出表现在财富资源的重新分配和社会各阶层身份地位的变化上。这体现在下列事实中。白银货币化使所有的人在社会结构中的身份地位与以往相比发生了微妙变化：皇帝与宗室贵族开店与民争利，反映出他们不再是国家所有财富权威拥有者的一面；官僚来自于社会各阶层，尤其来自商人阶层的日益增多；农民通过以白银纳税代役，摆脱了与国家的人身依附关系，脱离土地，或日常生活日益与市场连接起来；灶户脱离本行业，从事其他职业，或以劳动所得直接换取白银，改变了身份；军户也是如此，晚明大量军户从事其他职业，根本改变了身份地位的例子不胜枚举。社会分工的扩大发展，职业结构的变化，商人阶层的迅速崛起，商业在社会上的比重日益增加，士商界限模糊，人们可以凭借白银货币上升到统治上层，白银给各阶层带来了更多获得财富的机会，也给各阶层创造了改变生活方式和社会地位的条件，由此，阶级结构发生了变化，社会结构发生了变化。晚明社会几乎各个阶层都投入到了市场交换之中，无论是情愿的还是不情愿的，都不可避免，整个社会呈现出白银时代的显著特性，即对货币财富的倾力追求。

中国传统社会是一个等级社会，社会结构是以等级来排序，即等级制社会，身份是社会分层的首要标准，拥有政治身份和权力就可以拥有财富；近代社会则是一个与之不同的阶级社会，以财产为中心地位，根据人们获得财富的多少及其方式，确定人们在社会中的身份地位，拥有财富就可以拥有权力。嘉靖年间，整个社会已呈现出"不以分制，以财制"的时代特色，旧的等级制分解，这充分说明了晚明中国社会正沿着从传统向近代发展的路径前行，处于社会转型之中。

其次，晚明白银普及全社会所具有的意义，突出体现在货币经济的发展引发了制度变迁和社会观念、社会行为、社会心态，以及文化变迁上。社会变迁是一个社会互动的过程，制度结构和文化结构建立在全体社会成员共享的社会规范的基础上，白银成为货币基本形态，带来了新的因素和新的问题，社会由主要是农耕的比较单一的形态向多元形态发展变化，反映在人与人的社会关系上，是向经济关系的转变，确切地说，是由对人的依附关系向对物的依赖关系的转变。[①] 这正是从传统向近代的社会转型过程。在这一历史性的转折中，统治者不得不在经济结构变迁中做出制度调整，而当人们普遍进入货币为主导的社会关系时，人伦关系失去了往日的温馨，增添了新的色彩；乡村失去了旧日平静的秩序，滋生出多样的行为类型；城市由于工商业的兴盛，而喧嚣了起来。白银货币化推动了整个社会关系乃至社会结构的变化，一个与传统农耕社会迥然不同的新的社会图景开始凸显了出来。

在对成化、弘治年间以后的白银货币化过程进行了必要的考察之后，可以认为，中国古代社会向近代社会的转型始自晚明，社会转型最重要的标志之一是白银货币化。明代白银的货币化过程，正是中国社会经济货币化趋势发展延续的结果。自唐代两税法实施以后，中国社会经济就已出现了经济货币化趋势，但是到宋代王安石变法，征钱仍不免失败，原因主要应归结为社会经济发展条件还不成熟。发展到明代，虽然农业生产力没有发生飞跃，但是，与当时社会生产力发展相适应，在铜的资源匮乏、钞币不行、宝钞制度失败的反弹

① 马克思曾经将人类社会形态归纳为"人的依赖关系"、"物的依赖关系"、"自由个性"三个发展阶段，详见《马克思恩格斯全集》第46卷上，人民出版社1979年版，第104页。

下，白银崛起，白银货币化推动了资本积累、消费和净出口，成为拉动社会经济增长的重要因素。更重要的是，在白银的背后，是市场这只看不见的手，是不同于前此传统市场的市场经济的萌发。

明代白银货币化的过程，是中国社会内部一个完整的自下而上转变为自上而下运行的变革过程，或者也可以说，自成、弘以后上下两条线索进入了交织并行，白银货币得到国家事实上的认可，货币化在全国铺开。晚明白银由非法到合法，更成为社会流通主币，货币经济发展进入了一个新阶段，由此市场作用扩大到前所未有的程度。明后期至明末，中国首次出现了实际上的银本位制，白银货币体系将整个社会各个阶层无一例外地全部包容了进去，在财富加速积累的过程中，社会也加速了分化，并逐步出现了中国历史上划时代的转变。

白银货币化表明，中国社会发展出现了一个飞跃，引发了社会整体变迁，标志着社会的转型，近代的开启。这在多层面的深刻变迁上体现了出来，具体表现在六个层面上，一是货币形态层面，从贱金属铜钱向贵金属白银的货币形态转变；二是赋役制度层面，从实物和力役向货币税的税收制度转变；三是经济结构层面，从小农经济向市场经济结构转变；四是社会关系层面，从人的依附关系向物的关系转变；五是价值观念层面，从重农抑商到工商皆本的观念转变；六是社会结构层面，从传统社会向近代社会转变。白银货币化过程，是中国社会经济货币化的过程，也是中国市场经济萌发的过程。因此，晚明社会变迁带有根本性的社会转型性质，具有划时代的意义。

英国学者希克斯(John Hicks)提出，世界经济发展趋势是由习俗经济、指令经济向市场经济的转换。并认为西方的转换始于16世纪“专业商人”的出现。① 在晚明中国，伴随白银货币化进程，货币经济极大发展，市场经济萌发，说明由指令经济向市场经济的转换正在进行。

更值得关注的是，中国社会内部发生的这一切变迁，证明了中国走向世界有着内部强大的驱动力，正是这股强大的内部产生的驱动力促使中国白银货币化，市场向外扩展，拉动外银流入，由此连接了中国与世界的变革。

---

① 参见〔英〕约翰·希克斯著，厉以平译：《经济史理论》，商务印书馆1987年版。

第三节　白银货币化的奠定：中国与世界的链接

一、白银需求使市场超出国界成为必然

（一）白银货币化与中国走向世界

成、弘以后，白银货币化在整个社会全面铺开，随着白银货币化步伐的加快，白银渗透到社会的每个角落，渗透到人们的日常生活中。没有货币的流通，就不可能有活跃的市场经济。货币流通、循环，注入全部社会经济生活。一般来说，交换的基本推动力是供求关系，供求关系是交换的产物。以交换为媒介，一边是消费，一边是生产。法国学者布罗代尔曾说："贵金属涉及全球，使我们登上交换的最高层"，"贵金属将显示出经济生活逐级上升的趋势。"① 虽然晚明社会经济发展不平衡，但由于赋役折银，白银货币领域极大地扩展，白银在全国大部分地区逐渐成为流通领域中的主币，应是没有疑义的。成化二十三年(1487)，孝宗即位后，丘濬上《大学衍义补》，其中对货币问题的专门论述，反映了当时人对货币现实的思考，折射出的是民间白银货币化的现实。他提出"以银为上币，钞为中币，钱为下币，以中下二币为公私通用之币，而一准上币以权之焉……宝钞铜钱通行上下，而一权之以银。② 他看到了"朝野率皆用银"的趋势，因此主张以银为上币，以银作为价值尺度，建立银本位制。这是符合当时货币流通现实的。当时，白银货币化在中国社会内部的膨胀，促使出现了海外贸易和移民的热潮，这使得货币和财产进一步活跃了起来，唤起了人们新的更大的货币需求。长途贸易使国内统一市场逐步形成，并与海外市场连接了起来，在这一点上，白银货币需求量的增加起了重要的作用。

由于白银货币化的迅速发展，社会对于白银的需求也日益增长。除了从历史上继承下来的原有白银之外，白银的来源不外有二，一是国内的白银矿藏资源，一是海外贸易通过商品交换而得来。那么我们首先看一下矿产资源

---

① 〔法〕费尔南·布罗代尔著，顾良译：《15至18世纪的物质文明、经济和资本主义》第二卷，三联书店1993年版，第192页。

② 丘濬：《大学衍义补》卷二七《铜楮之币》下，万历刻本。

方面。

明朝从开采银矿方面得到的收入,可以在《明实录》中找到比较完整的记录。自洪武二十三年(1390)起,至正德十五年(1520),除了个别年度以外,《明实录》中载有每年的银课收入。虽然自成化二十三年(1487)到正德十五年(1520)的记录,是将银课和金课合计的,但由于金课数量很少,只有几十两,所以以银课为主。为了分析方便,现仅将各朝银课总数列表3—7于下①。

表3—7

各朝	银课收入(两)
太祖朝	75070
太宗朝	4934898
仁宗朝	212864
宣宗朝	2308058
英宗朝	930833
宪宗朝	1424020
孝宗朝	983312
武宗朝	526720
	总计11395775

由表3—7可知,太宗朝与宣宗朝是明朝银课收入最多的时期,英宗朝以后,银课收入明显减少;自孝宗至武宗朝,呈现完全下降的趋势。据此,明朝每年平均的银课收入,大约10万两左右,进入明后期,实际上不足10万两。

明朝的银矿,分布于湖广、贵州、河南、陕西、山东、北直隶、浙江、福建、四川、云南等多处,具体情况如宋应星所云:

> 凡银中国所出,浙江、福建,旧有矿场,国初或采或闭。江西饶、信、瑞三郡,有坑从未开。湖广则出辰州。贵州则出铜仁。河南则宜阳赵保山、永宁秋树坡、卢氏则高嘴儿、嵩县马槽山,与四川会川密勒山,甘肃大黄山等,皆称美矿。其他难以枚举。然生气有限,每逢开采数不足,则括派以

① 根据全汉昇:《明代的银课与银产量》第一、二两表综合而作,《中国经济史研究》下册,第602—610页。

赔偿。法不严则窃争而酿乱，故禁戒不得不苛。燕、齐诸道则地气寒而石骨薄，不产金银。然合八省所生，不敌云南之半。故开矿煎银，唯滇中可永行也。凡云南银矿，楚雄、永昌、大理为最盛，曲靖、姚安次之，镇沅又次之。①

各矿时开时闭，没有全国范围的大规模开采，且开采数额不足时，就括派赔补。由此，可知《明实录》所载的银课数字，也并非就是实际矿产量的征收额。明后期，云南银矿已经成为最重要的银矿。然而，弘治十五年(1502)明朝曾"令云南每年该征差发银八千八百九两五分，定为常例。自弘治十六年为始，每年折买金一千两……并余剩银两一同解部，转送承运库交纳"②。说明云南的银课有部分已经折为金，送交承运库。这部分银两并且成为云南的年例金保存了下去。十七年(1504)，云南的银课达到了 31900 余两③，这也是明朝在那一年全部银课的数额，因此，云南银矿的开采数额也不能做过高的估计。

世宗即位以后，也就是自嘉靖年间开始，《实录》终止了每年银课额的记载。于是，晚明银课的数字便没有了完整的记录。王士性曾记万历八年(1580)云南银课 50000—60000 两。④ 以宋应星所云占有全国银产量之半的云南银课如此，全国银课在最多时每年达到 10 万或 12 万两而已。这样的银课数字，说明国内银矿开采的严重不足，不能满足国家和社会对白银日益增长的巨大需求，而这由太仓银库的银出入量也可以得到印证。

关于太仓银库的银出、入量，全汉昇和李龙华已有分别而相当深入的研究。在他们的研究基础上，现将嘉靖至万历初年太仓银岁出入数目对照列表 3—8 于下，以期通过对照能够得到更清晰的认识⑤。

---

① 宋应星：《天工开物》卷下《五金》第十四《银》，江苏广陵古籍刻印社 1997 年版。

② 《明会典》卷三七《户部》二四《金银矿课》。

③ 《明孝宗实录》卷二一八，弘治十七年十一月丁亥。

④ 王士性：《广志绎》卷一《方舆崖略》，中华书局 1981 年版。

⑤ 根据全汉昇、李龙华：《明中叶后太仓岁入银两的研究》(香港中文大学《中国文化研究所学报》第 5 卷第 1 期)第一表，《明中叶后太仓岁出银两的研究》(香港中文大学《中国文化研究所学报》第 6 卷第 1 期)第二表制。资料来源见《明实录》、《万历会计录》、《皇明世法录》、《明经世文编》等。

表 3—8

年代	太仓银库岁入银(两)	太仓银库岁出银(两)
嘉靖七年(1528)	1300000	2410000(+)
嘉靖二十七年(1548)及以前	2000000	(约)3470000
嘉靖二十八年(1549)	2125355	4122727
嘉靖三十年(1551)	2000000(+)	5950000
嘉靖三十一年(1552)	2000000(+)	5310000
嘉靖三十二年(1553)	2000000(+)	5790000
嘉靖三十三年(1554)	2000000(+)	4550000
嘉靖三十四年(1555)	2000000(+)	4290000
嘉靖三十五年(1556)	2000000(+)	3360000
嘉靖三十六年(1557)	2000000(+)	3020000
嘉靖四十二年(1563)	2200000(+)	3400000(+)
嘉靖四十三年(1564)	2470000(+)	3630000
嘉靖四十四年(1565)	2200000(+)	3700000
隆庆元年(1567)	2014200(+)	5530000(+)
隆庆二年(1568)	2300000(+)	4400000(+)
隆庆三年(1569)	2300000(+)	3790000
隆庆四年(1570)	2300000(+)	3800000(+)
隆庆五年(1571)	3100000(+)	3200000(+)
隆庆六年(1572)十二月至万历元年(1573)十一月	2819153(+)	2837104(+)
万历五年(1577)	4359400(+)	3494200(+)
万历六年(1578)	3559800(+)	3888400(+)
约万历九年(1581)	3704281(+)	4424730(+)

由表 3—8 可见,嘉靖以后,明朝太仓银库一直处于入不敷出的情况,这反映了明朝财政的拮据状态。至于这种状态在隆庆五年(1571)有了根本的转变,出入数字于此年交合,联系到这一年恰恰是美洲白银大量输出开始的一年,值得特别注意。

嘉隆之际,是钱与银的最后较量达到白炽化的时期。嘉靖年间,白银货币化已经基本上趋于完成,白银在社会现实中已经占据主币的地位。由于货币是控制社会经济的重要手段,垄断货币,可以取得财政利益,因此历朝历代都将铸钱作为重要的“利权所在”,对铸币权加以垄断。明朝也何尝不想通过铸币来得到“利权”呢? 但是,实际上直至此时,明朝一直不能掌握这一“利权”。

于是，何良俊提出两京、十三省以及六盐运司都开局铸钱："一局每日铸钱三万，易银得五十两，则终岁可得银一万八千两。总计二十一局，每岁几有五十余万矣。"[①]这里讲得非常清楚，铸钱的实际目的就在于得银。嘉靖初年，进行了钱法改革，铸嘉靖通宝，并规定只准使用好钱。[②] 但是，事实却与统治者愿望相悖，造成钱制的紊乱，也给市场带来严重干扰，导致"各闭钱市"的结果[③]，影响了社会安定，却丝毫不能改变白银货币化的主流趋势。在这种情况下，高拱上疏言："臣愿陛下特降圣旨，行钱只听从民便，不许再为多议，徒乱小民耳目。如此则人心自定，人心既定，钱法自通，而买卖可行，斯各得以为朝夕矣。"[④]这是听任市场调节货币的主张。嘉靖四十三年(1564)，私铸盛行，钱法阻滞，大学士徐阶上疏言铸钱五大害处：

户、工二部每年以二万八千两有用之银，投诸无用之地，一也；中奸猾之计，开私铸之门，二也；朝廷以此钱赏中外之人，彼受赏者得钱无用，不蒙皇上之恩，三也；官府以此钱给与民商，彼领受者有亏抑之怨，四也；局中作弊之人，坐享其利，而朝廷之钱法，因之阻滞，禁治之令，因之不行，亏损国体，五也。[⑤]

他的着眼点首先就是不能将有用之银投于无用之地。

白银的巨大需求造成了求大于供的局面出现，形成了银贵物贱，确切地说，发生了银荒。隆庆元年(1567)，帝颁令："买卖货物，值银一钱以上者，银钱兼使；一钱以下者，止许用钱。"[⑥]由于明朝并无银法，翻开《明会典》，散在各卷，都是"折银"的记载，而以上这条记载，是明朝明确"银钱兼使"的法令，因此非常重要。然而细审，实际上这是朝廷对白银在流通领域的普遍行使，采取的限制法令。这一法令，正是在银荒的背景下出台的。这一年年底，户部尚书马森奏称：太仓见存银1304652两，而岁支官俸银该135万多两。[⑦] 此种状况于隆庆初年的奏疏中也清晰可见。谭纶上疏指出："夫天地间惟布帛菽粟为能年

① 何良俊：《与王槐野先生书》，《明经世文编》卷二〇四。
② 《明会典》卷三一《户部》一八《库藏》二《钱法》。
③ 《明世宗实录》卷一九一，嘉靖十五年九月甲子。
④ 高拱：《议处商人钱法以苏京邑民困疏》，《明经世文编》卷三〇一。
⑤ 徐阶：《请停止宝源局铸钱》，《明经世文编》卷二四四。
⑥ 《明会典》卷三二《户部》一八《库藏》二《钱法》。
⑦ 《明穆宗实录》卷一五，隆庆元年十二月戊戌。

年生之，乃以其银之少而贵也，致使天下之你夫织女终岁勤动，弗获少休，每当催科竣急之时，以数石之粟、数匹之帛不能易一金。彼一农之耕，一岁能得粟几石？一女之织，一岁能得帛几匹？而其贱如此，求其无贫不可得也。民既贫矣，则逋负必多，逋负多矣，则府库必竭，乃必至之理也"，提出"重布帛菽粟而贱银"之说[1]；靳学颜则明确说："今天下之民愁居慑处，不胜其束湿之惨；司计者日夜忧烦，惶惶以匮乏为虑者，岂布帛五谷不足之谓哉？谓银两不足耳。"认为"夫银者，寒之不可衣，饥之不可食，又非衣食之所自出也，不过贸迁以通衣食之用尔"。反映当时社会流通中状况实际上已是"用银而废钱"，"天下用钱者，曾不什一"，而朝廷久不铸钱，于是，"钱益废而银益独行"，造成"银贵则货益贱，而折色之办益难"。[2]

伴随白银货币化的初步或者说基本奠定，一方面，出现了国家银库的入不敷出，另一方面，社会上从皇族到小民都有日益增长的对于白银的需求。巨大的白银需求引起供给的紧张是可以想象的，于是白银的海外来源无疑成为当时中国社会白银的重要来源，人们寻求的视野投向海外，中国市场的极大扩展，超出国界，走向世界就是一个必然的结果了。而恰在此时，世界也在发生着巨大的变化，白银就这样连接起了中国和世界。

（二）私人海外贸易蓬勃兴起与明朝政策调整势在必行

交换的根本推动力来自供求关系。白银货币化加速进行，与此同时，私人海外贸易蓬勃兴起。成化、弘治年间，东南沿海地区民间私人海外贸易已经冲破朝贡贸易与海禁的樊篱，极其迅速地发展起来。史载："成、弘之际，豪门巨室间有乘巨船贸易海外者。"[3]广东市舶太监韦眷"纵党通番"，番禺知县高瑶"发其赃银巨万"[4]。当时广东"有力者则私通番船"已成为相当普遍的现象。[5]福建漳州"饶心计与健有力者，往往就海波为阡陌，倚帆樯为耒耜。凡捕鱼纬萧之徒，咸奔走焉。盖富家出赀，贫人以佣，输中华之产，骋彼远国，易其产物以归，博利可十倍，故民乐之"。随民间私人海外贸易发展，荒野海滨兴起的漳

① 谭纶：《论理财疏》，《明经世文编》卷三三二。
② 靳学颜：《讲求财用疏》，《明经世文编》卷二九九。
③ 《东西洋考》卷七《饷税考》，中华书局 1981 年版。
④ 《国朝献征录》卷九九《广东布政司左布政使赠光禄卿谥恭愍陈公远传》。
⑤ 桂萼：《广东图序》，《明经世文编》卷一八二《桂文襄公奏议》四。

州月港，在成、弘之际已享有“小苏杭”的盛誉。① 从弘治时福建人口统计数字中，我们也可看到反映，详见表 3—9②。

表 3—9

地区	元朝		明朝	
	户数	口数	户数	口数
福州府	199694	—	94514	285265
建宁府	127254	506926	122142	393468
泉州府	89060	455545	41824	180813
漳州府	21695	101306	49254	317650
汀州府	41423	238127	43307	252871
延平府	89825	435869	63584	236325
郡武府	64127	248761	39644	132282
兴化府	67739	352534	31687	180006
福宁府	—		6200	18335

表 3—9 中漳州府户口在弘治时比较全省有了明显增长，这与民间私人海外贸易的活跃及新的贸易港口城镇的兴起有着密切联系，是不言而喻的。

私人海外贸易的开展，不仅将中国商品运销海外，开拓了海外市场，而且也扩大了海外商品在中国的销售市场，刺激了国内外市场的需求。在海外各国“必资华物”而“慕贡犹农望岁”③，中国则“夷中百货皆中国不可缺者，夷必欲售，中国必欲得之”④，而且国内存在一个巨大白银需求的情况下，来自海外贸易的商品与广大人民日常生活日益发生关联，来自海外的白银成为人们冒死蹈海的原动力。明前期作为海外贸易唯一孔道的朝贡贸易，已远远不能满足国内外贸易市场日益增长的白银需求。因此，更加激发了民间私人海外贸易的勃兴。当北方流民如潮水般涌向荆襄山区开发的时候，冲破海禁出洋进行海外贸易，便成为东南沿海地区人民一条极好的出路。他们把国内市场与海外市场日益联系了起来。

正当此时，海外也在发生急剧变化。在西方，被誉为航海家的葡萄牙恩里

① 崇祯《海澄县志》卷一五《风俗》，崇祯二年刻本。
② 据弘治《八闽通志》卷二〇四《食货·户口》，福宁州在宋元属福州府。
③ 郑舜功：《日本一鉴穷河话海》卷七《贡期》，1939 年据旧抄本影印本。
④ 《殊域周咨录》卷八《暹罗》，中华书局 1993 年版。

克王子(D. Henrique,1394—1460)在冒险和扩张精神的鼓舞下,早已开始了对海洋的探索活动。葡萄牙于15世纪末年在海洋探索上取得了突破性的进展:巴拉托洛梅·迪亚士(Bartholome Diaz)1487年发现非洲南端的好望角;瓦斯科·达·伽马(Vasco da Gama)绕过好望角,横渡印度洋,在1498年到达近一个世纪前郑和船队到达的印度港口卡利卡特(即古里),从而开辟了西方通向东方的新航路。

踏着达·伽马的足迹,葡萄牙人首先来到东方,正德五年(1510),占据了印度西海岸的果阿;次年(1511),攻占了马来半岛的满剌加(马六甲)。满剌加地处东西方贸易咽喉,是明朝朝贡体系中的重要一环。因此,攻占满剌加,标志着西方已经打破了朝贡体系的原有格局。对于西方来说,当时中国是一片神奇的土地,极具吸引力,这主要是源自贸易,源自贸易所产生的巨大利润。正德八年(1513),葡萄牙人若热·阿尔瓦雷斯(Jeorge Alvares)在中国商人的指引下,到达中国广东珠江口的屯门贸易,成为第一个到达中国的葡萄牙人。① 依据明朝法律,外国商人不得在中国登陆,只能在中国海岸做短期停留,进行贸易后即行离去。此后,葡萄牙国王派遣使臣来华,以失败告终,并导致了明朝海外政策的急速逆转。②

明朝驱逐了葡使,由此,中外正常贸易交往中断。明廷颁旨:"自今海外诸夷及期如贡者,抽分如例,或不赍勘合及非期而以货至者,皆绝之。"③于是,广东"有司自是将安南、满剌加诸番舶尽行阻绝"④。"由是番舶几绝。""诸番舶皆泊漳州,私与为市。"⑤不久,发生于宁波的"争贡之役",又使明朝一度关闭了设于那里的市舶司。但海外贸易为中外双方所需要,因此无法禁绝。于是与广东官方海外贸易的冷落形成鲜明对照,私人海外贸易在福建、浙江等地蓬勃发展起来。被逐出中国的葡萄牙人认为,"与中国的贸易太有价值了,以至

① 为了纪念他的中国之行,他在屯门岛上特意竖起一块刻有葡萄牙王国纹章的石柱。Luis Kerl: Jorge Alvares o Primeiro Portugues que foi a China(1513), Instituto cultural na Macau,1990. p. 28。

② 详见万明著:《明代中葡两国的第一次正式交往》,《中国史研究》1997年第2期;《中国融入世界的步履——明与清前期海外政策比较研究》第三章第四节《中葡两国第一次交往与明朝海外政策的转换》,社会科学文献出版社2000年版。

③ 《明世宗实录》卷四,正德十六年七月己卯。

④ 黄佐:《黄泰泉先生全集》卷二〇《代巡抚通市舶疏》,康熙二十一年重刻本。

⑤ 《明世宗实录》卷一〇六,嘉靖八年十月己巳。

于不能放弃。于是避免广东港,贸易船从马六甲直接驶往浙江和福建"①。由于海外扩张时期的特性所决定,他们在中国铤而走险,进行走私贸易,更加入了"倭寇"行列,致使中国的"倭患"愈演愈烈。

以宁波港为例,嘉靖年间港口职能发生从官方朝贡贸易向民间私人海上贸易的重要转变。民间海上贸易以日常用品为主,主要的贸易品是丝绸、棉布和瓷器等,又以丝绸为最重要。当时来华的葡萄牙人平托记述葡萄牙人"到岛上去收货。他们带着从主人手里借来的五六十个奴隶去收挂在树上晾晒的丝绸。此外,在两所大房子中,在很干燥的环境中储藏着许多丝料,如前所述,总值达白银十万两,有一百多人的股份。一些股东在双屿,另外一些在满剌加。当时那批货物就是准备运到满剌加去的。这两批收回的货物价值也在十万克鲁扎多以上"。而后来他们清点货物,除了给葡萄牙人的那部分以外,"还有价值十三万日本纹银的货物,品种繁多,锦缎,丝绸,丝线,塔夫绸,麝香,细瓷"②。值得注意的是,平托还记述在16世纪40年代初,由于葡萄牙人到达日本,随后给双屿带来了"日本盛产白银,中国货可以在那里赚大钱"的消息,于是"当时一担生丝只有四十两白银,八天中竟然涨到了一百六十两。就是这样,还要千方百计才能购得,且质量不佳"③。由此,我们可以知道私人海外贸易的蓬勃兴起,依靠的是用中国的货物去换取外国的白银,中国国内的白银需求,拉动了外银流入。嘉靖年间中外贸易主要结构已经发生了转变:以奢侈品为主的贸易,已经为中国商品出口换取外国白银进口为主所取代。

针对当时财政面临的严峻现实,和海外贸易的蓬勃兴起,明朝政策调整势在必行。这一调整应该说具有相互联系的两个方面,一是货币政策的调整,一是海外贸易政策的调整。具体调整时间都出现于隆庆初年,并非是偶合。也可以说,这两项重大的政策调整,均与白银有着直接的联系。

---

① J. M. Braga: *The Western Pioneers and their Discovery of Macao*, Imprensa Nacional, Macau, 1949. p. 65.

② 〔葡〕费尔南·门德斯·平托著,金国平译:《远游记》上册,葡萄牙航海大发现事业纪念澳门地区委员会、澳门基金会、澳门文化司署、东方葡萄牙学会1999年版,第177、178页。另,关于宁波港在嘉靖年间的重要转变,参见万明:《明代嘉靖年间的宁波港》,《海交史研究》2002年第2期。

③ 《远游记》下册,第408、409页。

首先是明朝货币政策的调整。隆庆元年(1567)“令买卖货物,值银一钱以上者,银钱兼使;一钱以下者,止许用钱”①。如上所述由于明朝并无银法,翻检《明会典》,散在各卷中仅见“折银”的记载,所以这条法令的颁行,虽然其本意是朝廷对白银在流通领域普遍行使采取的限制法令,但它却是明朝在白银货币化客观现实下明确“银钱兼使”的法令,非常重要。其重要性在于,这是明朝首次以法权形式肯定了白银是合法货币。不仅如此,它还可以说是用法权形式把白银作为主币的货币形态固定了下来。就这一意义而言,也可视作明朝建立银本位货币体系的证明,可以作为白银货币化奠定的标志之一,载入史册。

其次是海外贸易政策的调整。这表现在两点上,一是在福建漳州月港,一是在广东澳门。让我们先来看福建。嘉靖朝末年倭乱基本平息后,明朝决定开放海禁。开海的具体地点,是在福建漳州月港。隆庆元年(1567)明廷允福建巡抚涂泽民之请,在月港开放海禁,准许中国商民出海贸易,“准贩东、西二洋”②。从此,海防馆成为管理中国商民出海贸易的管理机构。万历年间,明廷将海防馆更名督饷馆③,作为名符其实的管理机构,实行船引制和饷税制。

1.船引制

商民出海贸易,要到督饷馆登记,由督饷馆海防官颁发给船引,也就是出海贸易的执照,才能合法从事海外贸易。船引需要缴纳引税,方可获得。初定东西洋每引税银 3 两,台湾的鸡笼、淡水由于路近,每引税银 1 两。后各增加一倍,是 6 两和 2 两。④

明后期,东西二洋以文莱为界。万历十七年(1589),福建巡抚周寀对东西洋船引的数量、航行港口和船数都做了具体规定:每年东洋、西洋各 44 只,总共是 88 只。⑤

万历二十一年(1593)福建巡抚许孚远又做了增加,共 100 只。后因需求

---

① 《明会典》卷三一《户部》一八《库藏》二《钱法》。

② 《东西洋考》卷七《饷税考》。

③ 同上。

④ 《东西洋考》卷七《饷税考》。

⑤ 许孚远:《敬和堂集》卷七《公移》。见黄盛璋:《明代后期船引之东南亚贸易港及其相关的中国商船、商侨诸研究》,《中国历史地理论丛》1993 年第 3 期。

不断增加,“增至二百一十引矣”[①]。到万历末年,“海舶千计,漳、泉颇称富饶”[②]。晚明实际上无船引的出海商船数激增,远超出有船引的商船数目。尤其是开往当时禁止贸易的日本的商船数量更多,以致无法统计。

2.饷税制

对海商的税收制度,采用了饷税制。征收分为三种:

一是水饷:是针对商船征收的商税。根据船的大小宽狭,征收银两。

船税的征收始自隆庆六年(1572),是因漳州知府罗青霄之请,以船税代充钱粮。[③] 初仅3000两。万历二年(1574),福建巡抚刘尧诲请以舶税充兵饷,岁额6000两。海防同知沈植“条上海禁便宜十七事”,“著为令”,自万历四年(1576)“饷溢额至万金”。到十一年(1583),“累增至二万有余”。二十一年(1593)日寇朝鲜,邻邦战火烽起,明廷又行禁海,福建巡抚许孚远恐生嘉靖之时的变乱,于是移文招谕回船输饷,因此二十二年(1594)“饷骤溢至二万九千有奇”[④]。二十七年(1599)矿监税使四出搜刮,中官高寀专榷,征税27000两。四十四年(1600)漳州府推官萧基代理知府,因见商民困苦,“条上恤商厘弊凡十三事”[⑤],当时奉明廷命,“减三分之一,议减三千”。定规后饷税呈下降趋势,而万历末年以后饷税的下降,与朝廷控制力的下降以及西方殖民者的侵掠有着直接联系。

二是陆饷:是针对货物征收的商税,根据商品货物的数量及其价值征收,征收对象是购买进口货物的铺商。万历三年(1575)定陆饷税收则例,至十七年(1589)提督军门周详进行了调整,四十三年(1615),漳州府又根据朝廷量减各处税银的原则,重新制定则例。[⑥] 进口商品货物共83种,其中有78种在万历四十三年(1615)减少税收银两,相对万历十七年(1589),税率酌减约15%—20%,此外苏木、犀角、番藤席、交趾绢4种货品则稍有增加。尚有先年不见开载的货品,《东西洋考·饷税考》作为附记。这些货物中有不少属于生

---

① 《天下郡国利病书》卷九三《福建》三《洋税》。《东西洋考》卷七《饷税考》记:“后以引数有限,而愿贩者多,增至百一十引矣。”以需求增,恐此处文字有脱漏。

② 《崇祯长编》卷四一,崇祯三年十二月乙巳,台北中研院史语所校勘,1962年影印本。

③ 万历《漳州府志》卷五《商税》,清抄本。

④ 《东西洋考》卷七《饷税考》。

⑤ 同上。

⑥ 《东西洋考》卷七《饷税考》。

活用品,开海以后,海外贸易的内容明显地反映了社会的需求。

三是加增饷:这种税收是专门为出洋到东洋吕宋的商船所设的商税,是一种特别附加税。征收对象是船主。由于当时西班牙殖民者占据菲律宾群岛,开辟了吕宋到墨西哥的航线,以墨西哥银购买中国生丝等商货,因此,至吕宋贸易的中国商船在归国时几乎不载货物,而是运回大量白银,这样明朝商货进口税便减少了。有鉴于此,明朝特地规定加增饷,即每只自吕宋回国的商船,增加税银150两,到万历十八年(1590)因海商负担过重而减为120两。[①]

隆庆开海后,起初实行抽分制征收实物,后改为征收白银。无论实行船引制还是饷税制,都是征货币税,完成了关税从贡舶贸易的实物抽分制到商舶贸易的货币税制的转变。

与此相联系的,还有在广东明朝对澳门政策的确定。林富在嘉靖八年(1529)要求重新开放广州贸易,曾言广州贸易"旬月可得银两数万"[②]。可见广东对外贸易中的白银输入是丰厚可观的。葡萄牙人在与中国的第一次正式交往失败后,多在浙江福建从事非法走私贸易。在嘉靖二十七、二十八年(1548—1549)于浙江和福建接连受到朱纨的沉重打击后,不得不又回到广东一带寻找机会。虽明朝不许葡萄牙通贡贸易,但"其党类更附诸番舶杂至交易"[③]。

发生于嘉靖三十二年(1553)的中葡关系事件,以往被误认为是葡人入居澳门,而实际上,却只是葡萄牙国王特许到东方贸易的船长苏萨(Leonel de Sousa)与中国地方官员接洽商谈,得到地方官员允许,到中国进行正常贸易。此后,葡人于嘉靖三十六年(1557)入居澳门。[④] 澳门这一迅速兴起的中外贸易中心,吸引了大量中国商民和工匠"趋者如市"[⑤]。这种情况引起了明廷关注。嘉靖四十三年(1564)庞尚鹏上疏专论此事,说明明廷内部有关对澳政策的争议已经开端。隆庆初年,明朝海外政策大幅度调整,主要体现在福建漳州开放海禁,允许中国商民出海贸易。伴随这一调整趋势,在广东对澳门政策也

---

① 《东西洋考》卷七《饷税考》。

② 《黄泰泉先生全集》卷二〇《代巡抚通市舶疏》。

③ 《殊域周咨录》卷九《佛郎机》。

④ 详见万明:《中葡早期关系史》第四章《葡萄牙人入居澳门》,社会科学文献出版社2001年版。

⑤ 陈吾德:《谢山存稿》卷一《条陈东粤疏》,嘉庆刻本。

基本定型。隆庆三年(1569),工科给事中陈吾德上《条陈广中善从事宜疏》[①],得到隆庆帝的批准实行。自此,"禁私通,严保甲"成为明廷对澳门政策的基本点,而澳门成为广州外港也由此开端。

万历初年,地租银的规范化,是广东官府在中央对澳政策基调已定情况下做出的新动作。[②] 自此,终明之世,葡人一直向明朝缴纳地租银,到明末曾一度增至一年10000两。[③] 为了管理澳门,万历元年(1573),明朝在澳门北面香山县咽喉之地莲花茎上,设关建闸,置官防守[④],定期开启集市贸易。六年(1578),明朝规定在广州定期举行贸易集市,葡人于是一年两次可到广州进行直接交易[⑤],至万历十年(1582),两广总督陈瑞在居澳葡人答应"服从中国官员的管辖"[⑥]的前提下,以明朝广东地方政府最高官员身份代表明廷,在葡人居澳问题上公开表态,对澳政策确定了下来,允许葡萄牙人租居澳门。

分析明朝最终将澳门作为一个对外的窗口,广州的外港,最重要的是出于中外贸易需要的考虑。明末商品经济和商品市场发展,社会内部经济运作需要对外贸易,而对外贸易已成为中央特别是地方财政不可缺少的一部分。惟其如此,驱逐居澳葡人之议迭起,但明廷终未改初衷。

起初,广东官府对来华贸易的外国商船实行抽分制,按照正德时所定则例,船上货物,"十分抽二"。根据记载:"蕃商和赉货物至者,守澳官验实申海道,闻于抚按衙门,始放入澳。候委官封籍,抽其十之二,乃听贸易焉。"[⑦]

隆庆五年(1571),由于外商报货欺骗不实,难以查验,当时以货币税代替实物税的条件已经成熟,于是明朝改变关税征收办法,开始实行饷税制。具体

---

① 《明穆宗实录》卷三八,隆庆三年十月辛酉。台北中研院史语所校勘,1962年影印本。

② C. A. Montalto de Jesus: *Historic Macau*, p. 42,根据里斯本阿儒达图书馆藏文献记载,将时间系于1572年左右,即隆庆六年左右;施白蒂著,小雨译《澳门编年史》则系于1570年:"向中华帝国国库交纳第一次地租",第17页,澳门基金会,1995年;清印光任、张汝霖:《澳门纪略》上卷《官守篇》记载:"然则澳有地租,大约不离乎万历中者近是",光绪六年重刻本。

③ 《崇祯长编》卷四一,崇祯三年十二月丙辰,卢兆龙上言:"其谋割澳地也,则要挟免其岁输地租银一万两。夫盘踞其地而不输租,此地岂复朝廷有乎?"

④ 关于建闸时间,《澳门纪略》上卷《官守篇》系于万历二年(1574);C. A. Montalto de Jesus系于1573年, p. 40;又B. V. Pires也言建于1573年, R. D. Cremer ed. ,*Macao City of Commenrce and Culture*, p. 11, Hong Kong,1987。

⑤ 参见何高济等译:《利玛窦中国札记》上册,中华书局1983年版,第144页。

⑥ 《利玛窦中国札记》上册,第149页。

⑦ 庞尚鹏:《百可亭摘稿》卷一《陈末议以保海隅万世治安疏》。道光十二年刻本。

是采用"丈抽之例"。根据记载，在澳门"隆庆间始议抽银，檄委海防同知、市舶提举及香山正官，三面往他丈量估验"[①]。对于饷税的征收，葡人有如下记载："商船进口征收舶税，按照船舶大小交纳。"[②]明朝"设有抽盘科，每船出入，必丈抽盘验"，设立市舶官，"所司止衡量物价贵贱多少，报税足饷而已"[③]。

根据《明熹宗实录》记载，澳门葡人"岁输二万金"[④]。这只是居澳葡人每年向广东官府缴纳关税的一个大致的数字。实际上澳门葡人不法漏税严重，明人周玄暐言："报官纳税者不过十之二三而已。"[⑤]改饷之初，广东市舶司饷额共26000两左右，其中包括澳门葡人所纳[⑥]。万历二十七年(1599)，明神宗派往广东搜刮税收的太监李凤，一度将广东税额增至每年20万两白银，于是，"又派之濠镜澳货二万两"[⑦]。而澳门有时达不到此数，如在万历三十九年(1611)，由于那一年没有船只前往日本，就只交纳了9000多两。[⑧]

尽管明朝海外贸易政策具有局限性，但毕竟开放了商舶贸易加上活跃的私人海上贸易，晚明中国商品开洋而去，白银大量涌入，通过丝银外贸结构，完成了与世界的链接，也使中国的白银货币化得到了最终奠定。

二、中国白银货币化与世界市场的初步形成

(一) 丝银之路：市场网络的世界性扩展

晚明时期，中国社会面临巨大变迁，同时，世界也正处于一个重大变革，即世界融为一体的进程之中，一个世界市场正在初步形成。以往学术界一般认为，中国是被卷入了世界经济体系之中，然而，对于白银货币化的考察，使我们认识到晚明中国国内市场与世界市场之间是一种互动关系，更合乎逻辑的是，中国的白银货币化，产生巨大的货币需求，拉动了外银流入，中国走向世界。世界曾追随中国白银货币的运动，世界市场的初步形成曾受到中国经济的深刻影响。

---

① 万历《广东通志》卷六九《番夷》，稀见中国地方志丛刊本。
② C. R. Boxer：*Macau na Epoca da Restauracao*，Fundacao Oriente，Lisboa，p. 34.
③ 颜俊彦：《盟水斋存牍》一刻《公移》卷一《澳夷接济议》，崇祯五年序刊本。
④ 《明熹宗实录》卷一一，天启元年六月丙子按语，台北中研院史语所校勘，1962年影印本。
⑤ 周玄暐：《泾林续记》，《涵芬楼秘籍》第八集。
⑥ 李侍问：《罢采珠池盐铁澳税疏》，乾隆《广州府志》卷五三《艺文》五，乾隆二十四年刻本。
⑦ 郭尚宾：《郭给谏疏稿》卷一《防澳防黎疏》，岭南遗书本。
⑧ 王以宁：《东粤疏草》卷五《条陈海防疏》，浙江图书馆1958年油印本。

关于晚明社会商品经济发展，城镇兴起，全国性市场网络形成的研究，自20世纪80年代以后，取得了丰硕成果。然而，由于对货币经济的忽略，使研究停留在商品经济的层面，更往往局限在孤立的国内范围。事实上，中国社会经济由于白银货币化开始货币经济化的进程，产生了巨大的社会需求，从本质上说这是一种市场扩大发展的要求。晚明生产资料、劳动力和生产产品投入市场都超过了以往历史上任何时期，货币商品经济发展推动的作用不能忽视，促使以上三者在一个新形成的市场网络中运行，这一市场网络的“新”则来自于世界性的扩展。换言之，所谓市场网络的世界性扩展，就是中国社会内部产生的对白银的巨大需求，在推动全国性市场网络形成的基础上，进一步推动市场网络向外延伸。中国的丝绸、瓷器等产品，通过多条途径，输往世界各地，而随着商品的输出，白银大量流入中国，由此，市场网络也随之扩展到世界的空间。

明后期在福建漳州开放海禁，准贩东西二洋，虽然从船引的发放来看，中国商人仍不许去日本，主要是在东南亚一带进行贸易。然而实际上，到万历末年，“海舶千计，漳泉颇称富饶”①，晚明无船引的出海商船数激增，远超出有船引的商船数目。尤其是开往当时禁止贸易的日本的商船数量更多，以致无法统计。此外，由于西方葡萄牙、西班牙和荷兰人先后扩张东来，当时在东南亚，葡萄牙人于马六甲和澳门，西班牙人于马尼拉，荷兰人于巴达维亚，都参与了活跃的丝银贸易。下面具体以澳门为例，旨在说明在西方参与下，晚明中国市场向世界扩展的事实。

值得注意的是，当时澳门是以广州外港，一个重要的国际贸易中转港的面貌出现于晚明。葡萄牙人开展的国际贸易，是一种转运贸易，这是国内外学界已达到的共识。在东方，葡萄牙人建立贸易网，转运贸易的重要支点之一是澳门。葡萄牙人凭借中国的商品和市场进行中介贸易，一是输入海外的物品，其中白银占据主要地位；二是输出中国的货物，以丝绸、瓷器为主。前者因为有中国市场的巨大需求，后者则完全依靠中国市场的发展。而澳门在晚明的兴起及其发展，依靠的是广大中国腹地发展的货币商品经济和活跃的国内市场，作为对外开放的一个窗口和广州的外港，它迅速发展成为远东一个国际贸易

① 《崇祯长编》卷四一，崇祯三年十二月乙巳。

中心。作为中国商品输出的中心辐射地，中国生丝和丝绸、瓷器等商品从澳门大量出口，经由果阿销往欧洲，通过长崎销往日本，也经马尼拉销往美洲西班牙殖民地，于是，随着中国商品的走向世界，世界各地的白银汇集到中国，海上丝银之路连接起了世界。

1. 广州—澳门—果阿—欧洲

以澳门为中心，开辟的多条国际贸易航线中，广州—澳门—果阿—欧洲航线是重要的一条。由此，中国商品市场延伸到了欧洲，也使欧洲成为中国白银的一个重要来源。

澳门经果阿运往欧洲的商品，主要是中国的生丝、丝绸、瓷器、药材等。根据记载，约17世纪一艘葡萄牙船自澳门驶往果阿，装载的货物中，有白丝1000担，各色丝绸10000—12000匹。当时在广州，每担白丝的价格是80两银，运到果阿，每担价格可达200克鲁扎多(1克鲁扎多约等于1两白银)，[①]利润达150%。此外，另有大量染色的生丝。[②] 还装有大量的瓷器，其中上等的都要运回欧洲，利润高达100%—200%。[③]

中国精美的丝绸和瓷器走俏欧洲，不仅销量大，而且利润极高。龙斯泰指出，葡萄牙人"在一个多世纪的时期中，独自享有许多亚洲港口与里斯本之间的通商利益"[④]。他们按照特殊需要定制货品，规定出丝绸的宽度、长度、花样、重量，进行制作，以适应葡萄牙市场和欧洲市场的需要。因此，葡萄牙里斯本一度成为欧洲最大的商业中心，通过葡萄牙，源源不断的中国商品流向欧洲各国，促进了欧洲资本原始积累的进程。

17世纪初，通过这条航线，由里斯本经果阿也运送了大量白银到中国。万历十三年至十九年(1585—1591)每年自果阿运到澳门的白银约20万两[⑤]。中国史料记载，万历二十九年(1601)3艘葡萄牙船自果阿到广州，"舟各赍白金三十万，投税司纳税，听其入城与百姓交易"[⑥]。据估算，自葡萄牙运银到果

① C. R. Boxer: *The Great Ship from Amacon*, p. 181.

② *The Great Ship from Amacon*, p. 182.

③ 同上，p. 6.

④ 〔瑞典〕龙斯泰著，吴义雄等译：《早期澳门史》，东方出版社1997年版，第100页。

⑤ *Historic Macao*, p. 65.

⑥ 王临亨：《粤剑编》卷三《志外夷》，中华书局1987年版。

阿，大约升值1/3，而如果经果阿运到中国购买货物，就可升值约70%以上。[①]为了获得巨额利润，葡人使欧洲白银大量流入中国，换取中国的商品，这使中国在中欧贸易中长期处于顺差的有利地位。

2. 广州—澳门—日本

明嘉靖年间出使日本的郑若曾称：日本“若番舶不通，则无丝可织”[②]。可见日本当时对中国丝贸易的需求程度。明末徐光启言：“彼中百货取资之于我，最多者无若丝，次则瓷。”[③]日本对中国的丝绸等产品的贸易需求，持续不衰。然而，因为明初即已存在的倭寇问题在嘉靖年间的激化，中日之间的官方正常贸易基本处于停顿状态。隆庆初，明朝在福建开海，在澳门允许葡人居澳进行贸易活动以后，广州通过澳门与日本的贸易则应运而生。

葡人通过一年两度到广州进行直接贸易的机会，购买大量生丝和丝织品等日本急需的商品东运。根据记载，在1600年，一艘大船满载白丝、丝线、绸缎和金、铅、水银等中国商品航行到日本，其中生丝及丝织品占有极重要的比例。白生丝500—600担，在广州以每担80两购买，到日本每担卖价可达140—150两；各种丝线400—500担，在广州每担是140两，在日本则可卖到每担370两，甚至有时达400两；还有各色的绸缎1700—2000匹，在广州买价是每匹1两1钱，上好的达到1两4钱，到日本后每匹售价可达2两5钱或3两。[④]

在与日本的贸易中，大量的中国生丝和丝织品换回的，主要是日本的白银。根据统计，1580—1597年间，葡人从日本运出了750—890万两白银。[⑤]当时平均每年葡船从日本长崎运到澳门的日本白银，价值高达100万以上金币。[⑥] 日本的白银运到澳门，成为进行循环贸易的资本，大部分投入了中国市场，以换取中国的生丝和丝织品等商品。如此周而复始，丝绸输出和白银输

---

① Bal Krishna：*Commercial Relations between India and England 1601—1757*，London，1924，pp. 44—45.

② 郑若曾：《郑开阳杂著》卷四，《四库全书》本。

③ 徐光启：《海防迂说》，《徐光启集》卷一《论说策议》，上海古籍出版社1984年版。

④ *The Great Ship from Amacon*，p. 179.

⑤ George Bryan Souza：*The Survival of Empire，Portuguese Trade and Society in China and the South China Sea，1630—1754*，CambridgeUniversity Press，Cambridge，1986，p. 56.

⑥ *The Great Ship from Amacon*，p. 64.

入,广州—澳门—日本这条贸易航线赖以生存,澳门赖以兴盛,而中国国内商品经济和市场也赖以繁荣发展。

3.广州—澳门—马尼拉—美洲

通过澳门,自广州输出的大量中国丝货,也被运到西班牙人占据的马尼拉。那里对中国丝绸具有旺盛的需求,有部分是来自西班牙在美洲的殖民地。西属美洲的贵族以身着华贵的中国丝绸为荣:"为了打扮得光彩夺目,他们毫不吝惜白银和宝石,穿着金线织成的衣服和中国最精美的丝绸。"[①]不仅是贵族,而且在17世纪初,"男男女女,穿丝多于穿棉"[②]。这就使中国的丝绸拥有了一个颇为可观的市场。

中国丝货输出到马尼拉,又立即被马尼拉大帆船运往美洲墨西哥的阿卡普尔科港。由此,在太平洋上形成了一个大三角国际贸易网络。通过这一网络,中国丝绸源源不断地运往美洲,在丝绸输出美洲的过程中,除了大量发自福建的中国商人商船外,澳门是一个主要渠道。

澳门船将大量中国丝绸、瓷器等货物运到马尼拉,换回的是大量西属美洲盛产的白银。在16世纪,西班牙人先后在墨西哥的苏特庇克和朱姆帕戈(1530)、萨卡特卡斯(约1540)、瓜那华托(约1550)、帕丘卡(1552)、索姆博雷特(约1558)、桑塔巴伐拉(1567)、圣路易波托西(1592),以及秘鲁的波尔戈(1538)、波托西(1545)、奥鲁洛(1606)等地发现了银矿。[③] 因此,西属美洲当时可以用来交换中国丝绸的正是那里的白银。于是,大量美洲白银流入了中国。根据估计,1585年以前每年大约是30万比索,1586年50多万比索,1590年100万比索,1602年达200万比索。[④] 而在澳门与马尼拉贸易的兴盛时期,根据统计,自1620—1644年的24年间,澳门到达马尼拉的船总数是54艘,其中1627年一年多达6艘。[⑤] 到1630年,澳门运往马尼拉的货物大约价值是150万比索。[⑥]

---

① W. L. Schurz: *The Manila Galleon*, New York: E. P. Dutton, 1959, p. 363.

② *The Manila Galleon*, p. 363.

③ 陆国俊、金计初主编:《拉丁美洲资本主义发展》,人民出版社1997年版,第4页。

④ E. H. Blair and J. Robertson, *Philippine Islands, 1493—1898*, Clifland, 1903, Vol. 6, p269; Vol. 10, p. 179; Vol. 16, p. 178; Vol. 25, p. 143—144. 比索是西班牙银币,1比索为0.8两。

⑤ *The Survival of Empire*, p. 75.

⑥ *The Manila Galleon*, p. 132.

沿着这条航线，中国的丝绸独步于太平洋上，因此，这条航线又称作“太平洋丝绸之路”，中国丝绸对世界市场的初步形成做出了独特的贡献。

4. 广州—澳门—东南亚

除了与马六甲之间的贸易关系之外，在17世纪，澳门将望加锡作为销售中国丝绸的中转港。根据1625年到过望加锡的英国商人记载，“每年有10—22艘葡萄牙单桅帆船自澳门、马六甲和科罗曼德尔港来望加锡停泊”，“他们在11月至12月到达，第二年5月离开，把望加锡当做销售中国丝货和印度棉织品的中转港。他们用这些货物交换帝汶的檀香木、摩鹿加群岛的丁香和婆罗洲的钻石……他们的贸易每年价值达50万西班牙古币，仅澳门几艘单桅船装载的货物就达6万”[①]。此外，澳门船也将中国丝绸等货物运往越南的港口，如1626、1627、1630年都有自澳门到达越南东京的船只。[②]

通过澳门的实例，说明晚明中国的丝银对外贸易结构，构成了世界市场中最为活跃的部分，作为国际贸易中转港的澳门，成为中国丝绸等商品的辐射地，促使海上丝银之路向世界极大拓展，充分展现了晚明中国市场向世界扩展的状况。

（二）时代意义：中国白银与世界市场的建构

1. 白银需求与日本、美洲银矿的开发

在世界市场初步形成的过程中，中国的白银需求使白银在世界市场上获得了主导地位，推动世界市场主要建立在银本位的基础之上。为了对中国对世界市场形成的这种推动作用及其互动关系有一个比较清楚的了解，以下我们从白银需求与输入的关系来考察。

明代后期，中国社会有对白银的巨大需求，但国内矿产资源又明显不足，大量白银自海外输入便成为白银的一个重要来源。而海外输入的白银主要有两个源头，一是日本，一是美洲。

第一，日本方面。这是中国外来白银最早的重要来源。值得注意的是，日本出产金银，虽然16世纪中叶以前已有向外出口的记载，但在与中国的朝贡贸易中，日本输出的货物主要是刀剑、扇子、屏风、硫磺等，并不以银为主[③]。

---

① *Fidalgos in the Far East*, p. 177.

② *The Survival of Empire*, p. 114.

③ 《正德大明会典》卷九七《礼部》五六《朝贡》二，东京汲古书院1989年版。

这种情况的转变是自16世纪40年代开始，来自中国福建漳州、泉州的商船和来自广东、浙江的船只航行到日本九州，他们的主要目的，不再是以往贸易中的那些输出物品，而是白银。对此，不仅在中国史料中有中国船只去日本贸易白银的记载，而且在朝鲜李朝文献中也有记录。《朝鲜李朝实录》记载，1544年有中国船只在海上遭遇风暴，漂流到朝鲜忠清道黄竹岛，朝鲜方面“又问因何事到来，则答曰‘以贸银事往日本，为风所漂而至此。’别无他言”①。有需求就有开发和供给，与此同时，日本银矿的开发生产，也正是在这一时期得到了迅速发展。如日本兵库县生野银矿，在1542年投资开采，产量不断增加，到16世纪末，向丰臣秀吉缴纳的银课，达到了一年1万公斤。岛根县岩美银矿中仅一个矿坑，在16世纪末，每年向德川家康缴纳的银课，高达12000公斤。佐渡的银矿产量，据估计每年已经达到了6万—9万公斤之间。② 日本学者小叶田淳是研究日本金银贸易史专家，他认为，日本金银矿山开发在16世纪中叶出现激增，从那时开始，到17世纪前半期的一个世纪，是明治以前日本金银产额最多的时代，金银在那个时代出现了大增产，其中以银的增产最为显著。以1596—1623年的50年间是最盛期。当时是日本的石见大森、但马生野、佐渡相川、羽后院内等银矿最繁荣的时期。并指出16世纪后半叶日本的输出品中，白银据有独占地位。③ 值得注意的是，日本白银的大量开采和出口，是在16世纪40年代以后，也就是晚明嘉靖年间。这正是中国白银货币化加剧进行，白银已形成流通领域的主币，全社会对白银的需求急速扩大，国内开采已经远远不能满足需要，而开始向海外寻求的时期。因此，日本银矿出产的突然急剧增长，绝不是孤立存在的，可以说是在中国巨大需求刺激下才促发的。而日本对中国丝与丝织品的巨大需求，则构成了银产激增的日本方面的原因。就这样，在供求关系的作用下，日本成为以中国为轴心的世界白银贸易中的重要一翼。

与此同时，葡萄牙人于1543年首次到达日本。被中国从广东驱逐出来的

① 吴晗辑：《朝鲜李朝实录中的中国史料》上编，卷二二，中宗大王实录三十九年六月壬辰，中华书局1980年版。

② George Sansom: *A History of Japan1334～1615*, London, 1961, p. 257. A. Kobata（小叶田淳）："The Production and Uses of Gold and Silver in Sixteenth and Seventeenth— Century Japan", in Dennis Flynn and Arturo Giraldez eds. : *Metals and Monies in a Global Economy*, Aldershot Variotum, 1997, p. 58.

③ 小叶田淳：《金银贸易史の研究》，法政大学出版局1976年版，第1、36页。

葡萄牙人，到福建和浙江活动，随中国海盗王直同船到达日本。[①] 由此，开始介入获利巨大的中日贸易，也就是白银贸易。而后西方参与这一贸易的，还有相继东来的荷兰和英国。

第二，美洲方面。以往大多忽略了一个重要事实，即西方探寻新航路的一个重要原因，是对于黄金的需求而不是白银。当1492年哥伦布航行出发时，他的目的是寻求财富，而在当时欧洲人眼里，财富首先是黄金。当时《马可波罗游记》在欧洲广为流传，书中对东方的描述使哥伦布相信东方遍地都是黄金，于是他带着这本游记开始航行。在西班牙塞维利亚的纪念馆里，至今保存着哥伦布阅读过的一本《游记》，上面布满了小字批注，达数百之多。因此，黄金是欧洲人踏上新发现的土地时所追求的头一项重要东西。[②] 在美洲发现和开发的早期，这条航线上运回欧洲的货物也首先是黄金。西班牙人在美洲到处寻找黄金来源，并开始在附近河流淘选黄金。1510年左右圣多明各达到高峰时，波多黎各、巴拿马和古巴才开始生产，而在1520年左右生产已经放慢，这以后，墨西哥和中美洲开始生产，那里进入顶峰时，秘鲁也开始了生产。墨多·J.麦克劳德认为，西班牙在美洲的黄金生产在1550年前一二年达到最高水平。根据皮埃尔·肖努的统计，第一个周期运往西班牙的黄金约为25—30吨，1540年前墨西哥生产20吨，而在这一周期结束前，秘鲁的产量可能与之相仿。[③] 因此，我们可以知道，当时黄金的开采在规模上虽然不能与后来的白银相比，但却是西班牙在美洲的主要矿产。无独有偶，从寻求黄金到白银的转换，也是从16世纪40年代以后开始的。从时间上来看，美洲著名银矿波托西是在1545年开始开采的，最初发展较慢，萨卡特卡斯和瓜纳华托则分别在1548年和1558年开始开采，产量是在16世纪逐渐增加并且达到一个相当大

① 根据日本文献《铁炮记》记载，天文十二年(嘉靖二十二年，1543)八月二十五日，有三名葡萄牙人漂流到种子岛，船上有"大明儒生一人，名五峰者"。见〔日〕洞富雄:《铁炮——传入及其影响》，思文阁1991年版，第463—464页。五峰即王直，日本人称他作"五峰船主"。又据日本学者木宫泰彦研究，日本《大曲记》载:"道可(日本平户领主松浦隆信)是福气和武功都很大的人，有个名叫五峰的从大唐来到平户津，住在现在的印山邸址修建的中国式房屋。他利用了五峰，于是大唐商船来往不绝，甚至南蛮的黑船也开始驶来平户津。大唐和南蛮的珍品年年充斥，因而京都，堺港等各地商人，云集此地，人们称作西都。"见木宫泰彦《日中文化交流史》，商务印书馆1984年版，第618页。

② 哥伦布"首要的目的"是希望找到能获得黄金的地方，参见〔美〕塞·埃·莫里森著、陈太先、陈礼仁译:《哥伦布传》上卷，第341—342、366页。

③ 〔英〕莱斯利·贝瑟尔主编:《剑桥拉丁美洲史》，经济管理出版社1995年版，第347页。

数量的。而我们知道，白银开采数量的激增，是在阿卡普尔科和马尼拉建立起联系以后。西班牙到达菲律宾的棉兰老和宿务等岛是在16世纪60年代，到达东方的西班牙人几乎立刻了解到中国商品对他们的意义，他们也几乎立即开始鼓励中国海商前往贸易。为此，西班牙舰队司令黎牙实比(Miguel Lopez de Legazpi)曾命令舰队在海上遇到中国商船时要给以善待。① 因为与中国的贸易需要大量的白银，他们需要中国商品，却没有比白银更能吸引中国商人的商品，在欧洲，实际上有着同样的情况。因此，美洲白银在16世纪后半被大量开采出来，白银源源不断地流向了中国，应该说是与中国社会对白银的巨大需求和西方对中国贸易的需求有紧密联系。此后美洲白银不仅从马尼拉流向中国，带动了整个东南亚贸易，也在运至塞维利亚后通过欧洲的途径运至印度果阿，再流入中国；更由后来到东方来的荷兰人、英国人直接运往中国，以换取中国的商品。从特帕斯克论述美洲白银到达欧洲以后的系列活动，我们可以得到以下重要线索：一自西班牙—英国、法国、荷兰—波罗的海、摩尔曼斯克—斯堪的纳维亚、俄国—波斯—亚洲；一自西班牙经过陆路或海路—黎凡特—亚洲；还有自葡萄牙、荷兰、英国—好望角航线—亚洲。② 美洲白银就这样经由曲折的途径，在周游了世界以后，相当大的部分流入了亚洲，而在亚洲，又有相当大部分流入了中国。

以上的考察说明了一个重要事实，那就是无论是日本银矿的开采，还是美洲银矿的开发，在时间上都与中国白银货币化产生的巨大的白银需求、市场迅速扩张的时间相衔接，而流向又是再清楚不过，因此，可以得出这样的结论：中国的白银货币化推动了日本、美洲白银矿产的大开发。

2.白银输入与世界市场的建构

对于世界白银的流动，尤其是对中国的输入，中外学者从上个世纪30年代开始，已经做出了大量可贵的探讨，由于统计数据大多来自西方和日本的档案文献，中国学者的估算也大多建立在这一基础上。又由于贸易情况错综复

① E. H. Blair and J. A. Robertson eds.: *The Philippine Islands, 1493—1898*, Vol. 2, Cleveland, 1903, p. 116.

② J. J. TePaske: "New World Silver, Castile, and the Philippines, 1590—1800," in *Precious Metals in the Late Medieval and Early Modern Worlds*, J. E. Richards, Durham ed., N. C.: Carolina Academic Press, 1983, p. 433.

杂,造成数据庞杂,学者们的统计年代不一,统计单位标准不一,统计数字歧出,以致莫衷一是。以下主要在以往研究基础上重新加以综合考察估算,为了论述清晰,这里统一采用吨为计算单位,年代则以明代为限,主要以外银大量开采和流入的16世纪40年代为起点,以1644年为终点。

第一,日本方面。16世纪中叶以后,日本白银成为中国外来白银的重要来源,由此开始,日本的大量白银流入了中国。这里我们主要依据日本学者的研究估算数字为基础重新做出估算。

据岩生成一统计,在明嘉靖三十九年至万历二十九年(1560—1601),日本白银每年出口额是33.75至48.75吨,到17世纪初年,达到130—160吨,约占世界银产量的30%—40%。①

山村弘造和神木哲男根据16世纪末在亚洲旅行的罗伯特·费舍所说,认为每年由葡萄牙船运送到中国的日本白银有60万克鲁扎多,相当于22.5吨;而依据17世纪20年代的记载,由葡萄牙运往中国的日本白银则更多,每年达到45—56.25吨;他们综合估计在1560—1600年间,平均每年葡船从日本运出22.5—37.5吨,还有由中日商船继续有限贸易运输的11.25吨,加上葡萄牙人运输的数额,总数达到1350—1950吨之间②;17世纪30年代末日本锁国政策有效实施的情况下,估计每年流向中国的日本白银是150—187.5吨,那一时期总的白银流出为1600—2000吨,或者更高,为6000—7500吨;并且粗估1560—1640年的80年间流向中国的白银总量为7350—9450吨之间。③

美国学者艾维泗认为他们的估计偏高,而他引小叶田淳的研究,也认为在17世纪初年通过日本人、中国人、葡萄牙人和荷兰人的船只,从日本每年出口白银达到150—187.5吨。④

---

① Seiichi Iwao:"Japanese Foreign Trade in the Sixteenth and Seventeenth Century", *Acta Asiatica*, XXX, pp. 9—10. 为了计量单位的统一,这里将引文中的数字都换算为吨,以下不另注。

② Kozo Yamamura and Tetsuo Kamiki:"Silver Mines and Sung Coins—A Monetary History of Medieval and Modern Japan in International Perspective", in *Precious Metals in the Late Medieval and Early Modern Worlds*, p. 351.

③ 同上,p. 352.

④ William S. Atwill:"International Bullion Flows and the Chinese Economy, circa 1530—1650", *Past and Present*, №95, 1982, p. 71.

据里德估计,1601—1640 年,东亚共得到约 6000 吨白银,平均每年 150 吨,其中 4500 吨是来自日本,而几乎所有的白银都流入了中国。①

综合以上学者的估算,考虑到日本白银输出始自 16 世纪 40 年代大量开采以后,因此将计算时间范围推前,在 1540—1644 年的 100 年间,如果以平均每年 75 吨计算,那么,从日本流入的白银有 7500 吨左右。

第二,美洲方面,是通过两条渠道辗转输入。一是通过欧洲转输的渠道,一是通过太平洋转输的渠道。按照厄尔·汉米尔顿的经典著作中的统计,在 1500 到 1650 年这一个半世纪里,从美洲运到欧洲的白银约 16000 吨。② 而根据沃德·巴雷特统计,1493—1600 年世界银产量是 23000 吨,美洲产量就达 17000 吨,占全部世界银产量的 74%。③ 他认为美洲白银大约 70%输入了欧洲,其中的 40%又流到亚洲。而阿特曼从荷兰入手作出的估计,运入欧洲的美洲白银占有 75%,其中高达 60%以上转运到亚洲。贡德·弗兰克认为,如果采纳两种估算的平均数,那么至少有一半而且越来越多的美洲白银被运到东方。④ 综合起来,美洲通过欧洲转手运到东方的白银大约有 8000 吨,除去流入印度和奥斯曼的,其中大部分流入了中国,估计约有 5000 吨。

通过太平洋运到马尼拉,再转至中国的一条白银输入渠道,是美洲白银输入中国的主要渠道。据索萨的研究,美洲白银通过太平洋运到菲律宾的数额,在 1590—1602 年估计为 2010 吨,1602—1636 年约 2400 吨,1636—1644 年约 210 吨,总共达到 4620 吨。⑤ 艾维泗指出从阿卡普尔科运到马尼拉的白银,每年 125 吨,在 1597 年,也就是万历二十五年,高达 300 吨。⑥ 以此来说,实际上索萨的估计还显得低了,而事实上索萨的估算还应该上推 20 年,也就是自

① A. Reid: *Southeast Asia in the Age of Commence, 1450—1680*, Vol. 2, New Haven, Yale University Press, 1993, p. 27.

② Earl J. Hamilton: *American Treasure and the Price Revolution in Spain*, Cambridge, Harvard University Press, 1934, p. 42.

③ Ward Barrett: "World Bullion Flows, 1450—1800", in *The Rise of the Mechant Empires, Long Distance Trade in the Early Modern World, 1350—1750*, James D. Tracy ed., Cambridge, Cambridge University Press, p. 225.

④ 〔德〕贡德·弗兰克著,刘北成译:《白银资本——重视经济全球化中的东方》,第 204 页。

⑤ George B. Souza: *The Survival of Empire*, p. 84—85.

⑥ William S. Atwill: "International Bullion Flows and the Chinese Economy, circa 1530—1650", *Past and Present*, №95, 1982, p. 74.

马尼拉大帆船贸易兴起的时候开始计算，在1563年采用以水银分离纯银的方法后，波托西等银矿获得了全面开采，以后是美洲银矿开采激增的时期，自1571年马尼拉建城，大帆船航线开通，如果我们以平均每年150吨来计算，这20年运输3000吨白银。根据以上研究估算，考虑到运至马尼拉的白银基本上都流入了中国，因此，通过马尼拉一线输入中国的白银大约有7620吨。而这其中没有扣除运输费用。①

综合粗估结果，1570—1644年美洲白银总共大约有12620吨流入了中国。在总量上，肖努的估计是最终美洲白银1/3流入了中国，而谢和耐估计美洲白银的一半流入了中国。全汉昇认为肖努的估计比较接近事实。② 而我们通过以上考察，则认为谢和耐的估计可能更接近事实。

以上根据各方面数据进行的估算，属于粗估，没有扣除运输费用，数据大多来自西方档案文献，中国学者的估算也大多建立在这一基础上。但是，由于白银贸易涉及面宽广，规模巨大，文献数据零散，何况当时走私严重是世界性问题，更增加了估算的整体难度，所以实际上很难估算出确切总额。但是，有一点是可以证实的，那就是，在大量研究基础上做出的估算，证明了日本白银产量的绝大部分和占美洲产量一半的世界白银流入了中国，总数庞大。葡萄牙学者马加良斯·戈迪尼奥将中国形容为一个“吸泵”，形象而具体地说明了中国吸纳了全球的白银。③ 然而，我们切不可忘记，这么多的白银，是用中国的商品交换而来的，因此，晚明社会经济的发展，特别是海外贸易的发展，过去显然是低估了，应该重新给以评价。

与白银相联系的，一边是生产，一边是交换。起因于白银需求的中国市场网络的延伸，主要特征就是将世界各处的白银吸纳进来，与此同时，中国商品走向世界，市场扩大到世界范围。中国是当时世界上最大的经济体，也是最大的白银需求国，直接影响了白银作为通用结算方式用于国际贸易。这种国际

---

① 另有钱江：《1570—1760年中国与吕宋贸易的发展及贸易额的估算》，《中国社会经济史研究》1986年第3期，他从入马尼拉的中国船只数（包括中国大陆、澳门、台湾）入手，包括1570—1649年运回白银的数字估算。吴承明据之免去运销费用，进行了再估算，见《中国的现代化：市场与社会》，第232页。经换算以后，相当于约217吨。这一数字与上面数字显然相差甚远。

② 全汉昇：《明清间美洲白银输入中国的估计》，《中研院史语所集刊》第66本，第3分，1995年。

③ Magalhaes Godinho：Os Descobrimentos e a Economia Mundial，Lisboa，1963，Vol. 1，p. 432～65.

交换关系，一端联系的是中国商品，另一端联系的是白银，形成了市场网络的世界性链接。概言之，以三条主干线，跨越三大洲，形成了三个大小不等的贸易圈，从而构成了一个全球贸易网络。这三条主干线是：

(1)中国—东南亚—日本

(2)中国—马尼拉—美洲

(3)中国—果阿—欧洲

作为三条航线终端的日本、美洲和欧洲，均为输入中国白银的来源地。其中，日本和美洲是白银的出产地，而欧洲是美洲白银的中转地。建立在这种供求关系上的市场，确立了白银的世界货币地位。

在世界历史形成一个整体的历史进程中，中国白银货币化过程最终完成，中国的变革与世界的变革联系在一起。以白银为中心的贸易网络，作为一种历史的存在，从整体上初步建构了世界市场，即世界经济体系。

结 语

晚明社会发生了令人瞩目的变化，究竟是什么引发了晚明社会发生重大变迁？这是在以上研究后不可回避的问题。明代是中国历史上货币发展最为复杂、变动也最大的时期，以白银为征象，明代中国与两个重要历史转折开端相联系，一是中国传统社会向近代社会转型的开端，另一是世界一体化即全球化的开端，这使明代成为中国史上一个令人瞩目的重要时期。事实上，货币经济发展与商品经济发展紧密相联系，却又有着相对独立性。货币变动不一定是商品经济变化的直接和必然的结果。这一点已为货币学家所证实。在社会生产力发展的基础上，白银由民间社会自发崛起，中国社会内部自发产生的白银货币化进程，形成了强劲的发展趋势，货币经济发展直接引发了社会巨变。法国史学家谢和耐(Jacques Gernet)曾精辟地指出："经济发展高潮以及在整个中国经济中普及使用银锭和银钱的做法把一切都搞乱了，但同时也促进了发展，这至少也是我们权且对全局得出的印象。"①贵金属白银成为流通领域的主币，一方面国家丧失了货币的绝对控制和垄断权，中央集权专制国家权力

① 〔法〕谢和耐著，耿昇译：《中国社会史》，江苏人民出版社 1995 年版，第 352 页。

由此严重削弱；另一方面，白银货币化标志着市场经济的萌发，与一系列制度改革并行，与社会变迁同步，于是，社会整体呈现出显著的变化态势。实际上，白银货币化的意义，不仅在于中国货币从贱金属向贵金属的转变，铜币经济到白银经济的上升，而且是社会非货币经济向货币经济转化的过程，是社会经济货币化的过程。经济学家阿瑟·刘易斯曾指出："货币化的含义是，相对于自给自足的生产和物物交换而言，货币的使用正在日益增加。"①随着社会经济的发展，货币化程度不断提高，而货币化程度的高低，是衡量社会经济发展水平的重要指征之一，是发展到近代社会的必经途径。更重要的是，在国际商业交往中，普遍采用金银本位制，是近代商业革命的重要标识。值得注意的是，如西方史学家所揭示的，货币经济在西方的巨大进展归功于15世纪。1500年以前，向君主缴纳的全部税款，以及向领主和教会缴纳的部分赋税已采用货币的形式。② 无独有偶，中国白银货币化所标志的货币经济的巨大进展，货币经济化也发生于基本上同一时段的明代。货币经济的成功，就是市场经济的启动，为世界形成一个整体创造了条件。就此而言，宋代商业发展虽然繁盛，但与晚明的发展不能同日而语。重要的是，货币化这一社会内部自发产生的动力，促使晚明社会发生了根本性变迁：中国社会从传统向近代社会转型，并成为社会变迁和转型最重要的特征之一。

16世纪40年代，即嘉靖年间，白银货币化已经呈现出基本奠定的态势，白银渗透到整个社会，促使社会各阶层上上下下产生了对白银的需求，这一巨大的日益增长的白银需求，与当时中国国内白银储存量以及银矿开采量严重不足的矛盾凸显了出来，求大过于供，白银价值增大，向海外的寻求成为必然。就此而言，白银流入是中国经济发展，社会内部变化催生出来的一种要求。旧的对外贸易模式朝贡贸易不能满足需要，私人海外贸易蓬勃兴起，市场迅速向海外扩展。中国民间海外贸易的开展，直接刺激了日本银矿的发现和开发；与此同时，西方葡萄牙人东来，于40年代到达日本，立即发现从中日间的丝银贸易可以获得巨大利润，于是积极参与其间，开展了活跃的中介贸易，并将贸易范围扩大到欧洲。西班牙到达亚洲以后，也几乎立即发现了需要白银换取中

① 阿瑟·刘易斯：《经济增长理论》，上海三联书店1990年版，第227页。

② 〔法〕费尔南·布罗代尔著，唐家龙、曾培耿等译：《菲利普二世时代的地中海和地中海世界》上卷，商务印书馆1998年版，第645页。

国商品的事实，并且几乎同时投入了美洲银矿的疯狂开采和运输。因此，丹尼斯·弗莱恩和阿拉图罗·热拉尔德兹认为，世界贸易是在1571年诞生。[①] 但是，如果我们以白银贸易为起点的话，那么时间应该提前到16世纪40年代。因为从那时起，一个世界市场已经开始运作，白银成为世界货币，在世界形成一个整体历史的进程中，起了极为重要的作用。

值得注意的是，当时世界上以白银作为支付手段的最大需求国是中国，并不是西方，当西方走向世界寻求财富时，一开始他们寻找的是黄金而不是白银。因此，世界两大银矿开采地的白银，最终大部分流入了中国。这一现象的出现，关键是中国存在巨大市场需求，而供求关系由价值规律所决定。当时中国的银价较高，在中外金银比价上，中国的金银比价是1∶4，而在欧洲，至少是1∶12。[②] 在这一特定前提下，全世界开采的白银一半流向了中国。可以认为，促使世界贸易诞生的是白银。作为当时世界上最大的经济体，中国以白银为主币，采取银本位制，促使白银成为世界货币，跨越了巨大的空间，形成了世界范围的货币流动形态，从中国开始，几乎绕地球一周的贸易结构，以白银为轴心建立了起来，围绕白银，形成了一个世界贸易网络，或称世界市场体系。于是，在世界历史形成一个整体的过程中，第一个全球经济体系出现了，对此，中国起了举足轻重的作用。与此同时，通过与世界的链接，中国社会的白银货币化最终奠定，整个社会加速走向货币经济化。

对晚明商品经济以及全国市场网络形成，史学界已有大量研究成果，在此不赘。这里所要表明的是，当中国市场与世界连接起来，世界市场的白银滚滚而来之时，成为正在变革之中的中国社会经济增长的助动力。白银货币量的增加，无疑提高了商品的产出和销售，加速了社会经济增长发展，同时，也加剧了整个社会发生重大改观。布罗代尔曾经断言："贵金属的作用似乎从来没有像在16世纪那样重要，当时的人们毫不犹豫地把贵金属放在首位。"他引述一个威尼斯人的话，说金属不管是黄的还是白的，"都是每个政府的神经，决定政府的脉搏跳动，构成政府的精神和灵魂，赋予政府的存在与生命……它能主宰

① Dennis O. Flynn and Arturo Giraldez: "Born with a 'Silver Spoon': the Origin of World Trade in 1571", *Journal of World History*, Vol.6, №2, 1995.

② *The Philippine Islands, 1493—1898*, Vol. 19, p. 53—54, Francisco de Sand: "Relation of the Filipinas Island", June7, 1576.

一切……有了它,也就有了一切,没有它,一切都会变得死气沉沉"[①]。就是在这样一个时代,中国社会的白银货币化,中国货币向贵金属白银的转换,意味着中国社会经济由自给自足的农业经济向货币经济的转变,为建立一个以白银为中心的世界体系准备了条件,并促成了世界范围的生产出现明显增长,同时,也推动了晚明中国社会的重大变迁——由传统社会向近代社会的转型。更重要的是,由此可见,中国走向近代、走向世界不是西方东来的结果,而是中国社会自身发展的结果。中国的近代应当凸现本土性。

晚明中国与世界有着重要的互动关系,从以下事实中明显表现出来。从本质而言,白银货币化是一种社会经济货币化的趋势,是市场经济萌发的产物。随着国内市场的极大扩展,中国商品走向世界,中国国内市场与世界市场联系起来。在市场供求关系规律作用下,全球白银源源不断地流入中国。但是,市场是只"看不见的手",价格决定一切,随着市场的发展,白银的价格不可能恒定不变,必将缓慢地发生向生产成本的回落,边际效应递减规律作用下,一场经济危机,即通货危机迟早要到来。"美洲白银的光辉时代无疑在17世纪中叶结束了。"[②]17世纪30—40年代,当这场危机到来时,由于统一的世界市场的连动作用,在欧洲所谓"价格革命"猛烈爆发,西班牙出现通货膨胀加剧,英国、法国、意大利等国家都不同程度的遭遇了冲击,出现了通货膨胀问题。关于这场由白银市场引发的世界危机,亚当·斯密曾总结说:"从1630年至1640年,或1636年左右,美洲银矿发现对降低白银价值的效果似乎已经完结。白银价值相对于谷价价值的降低,从来没有达到过这种地步。"[③]值得注意的是,几乎同时,在中国,由于白银价格大幅度跌落,明末崇祯年间发生了金银比价与欧洲拉平的现象,达到了1∶13。[④] 社会出现了通货危机,银贱物贵,既缺少白银,米谷等实物也相当匮乏,市场一片萧条。而白银单位价值下跌,与以往比较,同样数量的小麦和劳务必须支付更多的白银才能取得,这使无论官方还是民间都迫切地需要更多的白银。与此同时,美洲和日本银矿的开采

---

① 布罗代尔:《菲利普二世时代的地中海和地中海世界》上卷,第694页。

② 〔法〕费尔南·布罗代尔:《菲利普二世时代的地中海世界》上卷,第781页。

③ 〔英〕亚当·斯密著,杨敬年译:《国民财富的原因和性质的研究》上,陕西人民出版社2001年版,第233页。

④ 顾炎武著,黄汝成集释:《日知录集释》卷一一《黄金》,道光十四年刊本。

量却在减少，影响流入量也在减少，无论国内还是世界，白银生产和流通都在缩减。于是，社会动荡加剧，内忧外患迭起的明朝，在中外互动作用下灭亡。[①]此后，以三大思想家为代表，无一例外地都提出了废银论[②]，这说明作为当时人，他们已经注意到白银引发的严重社会问题。事实上，晚明社会变迁与世界变革联系在一起，明末中国社会危机的总爆发，与世界通货危机有着不可否认的联系。然而，比王朝衰亡更为重要的，是中国以白银货币化为先导的从传统经济向市场经济的转变，也即中国从传统社会向近代社会的转型，至此遭遇了首次挫折。

① 关于明王朝灭亡与白银的关系，以及中国与"17世纪普遍危机"的关系，在西方史学界颇多争议，问题主要集中在17世纪中叶流入中国的白银是否有所减少。贡德·弗兰克总结各家研究，加以评论，认为白银减少确是事实，提出不存在普遍性的"(整个)17世纪的危机"，"但是我们还是可以，而且最好是把17世纪中期这个时期理解为一种世界经济的康德拉捷夫的'B'阶段危机的体现，而且这种危机也采取了通货危机的形式。"见《白银资本——重视经济全球化中的东方》，第335页。既然承认是一种世界经济的危机，却又否定"17世纪危机"存在的世界性，他的这段话本身是矛盾的。我们认为，当时世界市场体系以白银为中心建构起来，那么作为世界经济危机，或者称为世界通货危机发生，必将引发世界范围的市场连锁反应，不过各国程度不同而已。中国是白银的最大受益国，必然会受到打击，不应讳言。但是，这里要说明的是，这是明朝统治结束的重要原因之一，而明朝是在社会急剧变化，经济、政治、军事、社会、文化激烈碰撞，以及自然灾害造成的多重危机中灭亡的，任何单一的解释都是缺乏说服力的。

② 参见黄宗羲：《明夷待访录》卷二《财计》一，中华书局1981年版；顾炎武：《日知录》卷一一《以钱为赋》、《银》，《亭林文集》卷一《钱粮论》上，上海古籍出版社1985年影印本；王夫之：《读通鉴论》卷二〇《唐太宗》，中华书局1975年版。

第四章

晚明的地方精英与乡村控制

晚明中国乡村社会发生了许多重大而深刻的变化，这几乎已经成为中外学术界共同的认识，不过抱有不同历史观念的学者对这场社会变化的性质、趋向和意义的评价存在着很大差异。例如，有人声称看到了封建社会结构趋于松动和解体的迹象①，也有人声称看到的是奴隶制的没落和封建制的确立；②有人声称看到了农业经济结构的转变和资本主义萌芽在农业领域里的萌生③，也有人声称看到的是小农经济在"没有发展的增长"的困境中长期徘徊于餬口农业的水平④。这些纷繁歧异的观点说明一个关于晚明乡村社会变迁的综合解释模式尚有待于完成，同时也提醒学者们必须充分注意晚明社会表现出来的相互之间不无矛盾的多种因素和发展趋势。

乡村领导阶层和统治体制的变化是晚明总体社会变迁的重要组成部分。为了把握明代乡村领导阶层的变化脉络以及晚明乡村权力结构的新趋向和新特点，中外学者进行了长期探索并积累了十分可观的学术成果。这些成果大

---

① 参看李文治：《明清时代封建土地关系的松解》，中国社会科学出版社 1993 年版。

② 参看小山正明：《明清社会经济史研究》，东京大学出版会 1992 年版。

③ 参看李文治、魏金玉、经君健：《明清时代的农业资本主义萌芽问题》，中国社会科学出版社 1983 年版。

④ 参看黄宗智：《长江三角洲小农家庭与乡村发展》，中华书局 1992 年版。

致可以归纳为"地主论"和"绅士论"两种分析思路。中国学者大多在"地主论"的理论框架中分析有关问题，将乡村社会政治形态理解为以租佃制和超经济强制为基础的地主阶级对农民阶级的统治。对于地主制社会结构形成的时间，有西周说、春秋战国之际说、秦汉之际说、魏晋南北朝说等不同看法；但绝大多数学者都同意，这一社会结构在明代后期出现了引人注目的深层变化。其中有些变化，如没有贵族头衔和官僚身份的庶民地主阶层的成长，佃户与地主之间法律关系的平等化，佃户对地主人身依附关系的减弱，分成租制向定额租制、实物地租向货币地租的转化，佃富农经济的出现以及农业雇工数量的增长等等，被认为是预示着漫长的"封建社会"趋于解体的具有进步意义的新因素；另外一些变化，如土地资本、高利贷资本和商业资本构成的三位一体的经济体系的进一步发展，土地兼并的剧烈化和地租剥削的苛重化，乡族势力和官僚权力之间更加紧密的结合等等，则被认为是阻碍了以"资本主义"或"近代化"为趋向的社会发展的反动因素。尽管在具体观点上不尽相同，总体看来，这类学者基本上都把专制国家看作是地主阶级的统治工具，他们虽然承认乡族势力与官僚机构之间也会产生矛盾和冲突，但又认为不论是缙绅地主还是庶民地主，与官僚集团的利益和性质从根本上说来是高度一致的。

早在 20 世纪 40 年代，吴晗、费孝通等学者就曾围绕绅权与皇权的关系探讨了绅权的社会特质①，但这一学术理路在中国未能发展成为一股持续的学术潮流，而日本以及欧美学术界则在"绅士社会"的分析模式下展开层层递进的研究工作。近些年来，这一分析模式在中国也日趋流行，出现了一批以绅士为主题的研究成果。不过，虽然积累了丰富的学术成果，但在许多问题上并未形成共识，甚至在为这一乡村领导阶层的定名问题上也意见不一，日本学者习惯上称之为"乡绅"，韩国学者则主张称为"绅士"，此外还有官绅、缙绅、绅衿、士大夫、地方精英等种种称谓，而这些概念的内涵和外延都不尽相同。在绅士阶层的历史定位问题上，有些学者认为它是明代后期才形成的一个社会阶层，也有些学者认为这一阶层在宋代甚或更早的时代就已存在了。关于绅士阶层的政治性质问题，有些学者强调绅士与国家权力的关系，认为绅士是官僚制的产物，是国家权力在乡村社会的代表和统治工具，通过与官僚集团的紧密合作

① 参看吴晗、费孝通等：《皇权与绅权》，天津人民出版社 1988 年版。

实现政治压迫和经济剥削;有些学者则强调绅士与地方社会的关系,认为绅士作为乡村社会的实际领导者,与国家权力处于争夺地方社会控制权的竞争地位;而大多数学者则反对将绅士性格的一个方面极端化,认为绅士是处在国家权力与地方社会之间的中介性角色,他们一方面受制于国家的政治权力和意识形态,另一方面可以动员和集聚大量民间资源,在横亘着不可逾越的等级鸿沟的官民之间发挥沟通作用。对于绅士的社会功能的认识也存有分歧,有些学者强调绅士剥削和掠夺的一面,将他们视为乡村社会秩序的破坏者;有些学者强调绅士管理和服务的一面,将他们视为乡村社会秩序的维持者;也有些学者主张对绅士进行类型学划分,如森正夫就曾将晚明乡绅分为完全不顾及当地社会利益的"升官发财型"和关心本地文化与道德发展的"经世济民型"两类。①

近些年来,"绅士社会"模式受到日益增多的批评。在批评者们看来,所谓一个高度同质性的绅士集团是不存在的,随着与国家政权关系深浅的不同,绅士集团也是一个高度分化的阶层;批评者们主张采用"地方精英"(local elite)这一更加合适的概念指称地方社会领导层,同时避免将地方精英狭隘地等同于绅士群体,因为在地方社会中发挥支配作用的个人和团体是复杂多样的,远非单纯的"绅士"概念所能概括②。美国学者姜士彬提出应以教育、法权和经济地位作为划分帝制中国晚期社会阶层的三项标准,程歗认为仅仅根据这些标准来确认地方精英是不够的,地方精英的角色身份和权力资源相当复杂,除了上述标准之外还应考虑中国基层社会的组织和权力的多元性,以及与此关联的个人的社会关系、能力和公众形象等因素③。这些意见是值得重视的。根据明朝社会政治结构的具体情况,我们认为可以将当时的地方精英粗略地划分为三种类别:(1)职役性地方精英,包括实行粮长制地区的粮长,由政府推

---

① 参看森正夫:《日本的明清時代史研究における乡绅论について》,《历史评论》第308、312、314号,1975—1976年;吴金成:《日本における中国明清绅士层研究について》,《明代史研究》第7号,1979年;吴金成:《明、清时代绅士层研究的诸问题》,载东洋史学会编:《中国史研究的成果与展望》,中国社会科学出版社1991年版;檀上宽:《明清乡绅论》,载刘俊文主编:《日本学者研究中国史论著选译》第二卷,中华书局1993年版。

② 参见李猛:《从"士绅"到"地方精英"》,《中国书评》总第5期,1999年。

③ 参见王笛:《大众文化研究与近代中国社会——对近年美国有关研究的述评》,《历史研究》1999年第5期;程歗:《社区精英群的联合和行动——对梨园屯一段口述史料的解说》,《历史研究》2001年第1期。

行的里甲和保甲等基层组织的首领，如里长、老人、保长等等；(2)身份性地方精英，即通常被称为“绅士”的那些人士，包括生员、监生、举人、进士以及科举和非科举出身的各类官员；(3)非身份性地方精英，前两类之外所有能在地方社会发挥支配作用的人士都包括在内，其中有因德行才干出众而获得公众拥护和信赖的能人，有依靠暴力武断乡曲的豪强，有秘密宗教团体的首领等等，成分十分复杂。各个类别的地方精英的支配范围和内部分层都有明显差别。大体说来，职役性地方精英的支配力一般都限制在其赖以存在的基层组织的狭小范围内；非身份性地方精英的支配力有大有小，但大多也局限在其所在的自然社区范围；而身份性地方精英的内部分化却很严重，其中有的社会关系和影响力可达到国家政治结构的最上层，有的则只能在县级政权的层次上发挥作用，也有的影响力超不出自己所在的自然社区。

明朝初期，开国皇帝朱元璋试图通过推行里甲制度规范地方社会的权力结构，形成以安分守法的地主富民为乡村社区领导层的社会政治秩序。但这一理想化的制度设计很难长期维持下去。到明代后期，特别是到晚明，在一系列因素——如人口数量的增长和迁移率的提高，乡村社区成员之间贫富分化程度的加剧，商品经济发展对乡村社会的冲击和影响等等——的综合作用下，建立在里甲体制上的原有乡村社区呈现出明显的分解趋势，粮长、里长之类的职役性地方精英的社会地位大幅衰落，乡村社会的支配权力转移到绅士、土豪等非职役性地方精英手中。这一现象是晚明社会变迁总体进程中一个十分重要的方面。本章的目的，就是希望在吸收以往丰富研究成果的基础上，对晚明地方精英的社会地位和功能的变化情况进行概括性的探讨和总结。需要说明的是，由于各地社会经济发展程度存在很大差异，晚明地方精英的活动方式也表现出多样化的特征，因而本章的概括只是描述出一个总体性的变化趋势，与来自各个不同地区的事例不一定总是完全吻合的。

第一节　里甲组织社区功能的萎缩

为了全面地把握晚明乡村社会结构与控制机制的种种变化趋势，有必要首先讨论一下作为明代乡村统治的基本组织的里甲制度，以及这一基层组织体系在明代后期日益陷于分解的境况。

明朝建立后，并未立即制定统一的基层组织框架，各地的乡里组织有的是从元朝延续下来的，也有的是重新组编或创立的。到洪武十四年(1381)，朝廷下令在全国范围内推行里甲制度，乡村社会原有的基层组织基本上都被整合到这个统一的制度框架中。里甲的编制方法，是每110户编为1里，由丁粮最多的10户担任里长，其余100户则称为甲首。各里中无力承担差役的鳏寡孤独人户，则带管于110户之外，称为畸零户。10名里长以10年为一个周期轮流应役，先后顺序根据丁粮多寡预先编排，每年由1名里长率领10名甲首应当差役，并负责"管摄一里之事"①。洪武二十四年(1391)第二次攒造黄册时，又规定组编里甲时应维护"都"这种原有的乡村区划的完整性。比如一都有600户，将550户编为5里，剩下的50户则分派于本都，附各里长名下带管当差，不许划拨别都人户补凑。对于年老、残疾、10岁以下的幼童、寡妇以及外郡寄庄人户，则仍编为畸零户。② 这样，110户之外的人户，便区分为须承担差役的"带管户"和不负担差役的"畸零户"两类，不过许多地方常常将两者混同为一体。里长之外，各里还设有里老人之职，负责教化、劝农以及对民间轻微案件的审理。此外，在南直隶、浙江、湖广、江西、福建等田赋数额较多的省份，明朝政府还陆续建立了粮长制度。粮长的编派，大致是"以万石为率，其中田土多者为粮长，督其乡之赋税"③。不久粮长还有了被称为"区"的明确的地域管辖范围，而"区"则是以"都"为基础划分的，根据税粮数的多少，有的地方是一都设置一区或数区，有的地方则是数都合并为一区。④

作为行政组织的里甲与作为自然社区的村落之间的关系如何？里甲仅仅是一种赋役组织还是同时发挥着社区功能？围绕这些问题，学者们发表了各种各样的意见，从中可以看到两种相互对立的倾向。一种倾向认为，与其把里甲看作中央下达到地方的政策，不如把它看成是中央对地方团体的承认的结果。还在里甲制推行之前，地方社会中已经存在着以地主为中心的村落秩序。里甲制正是在自然村落的基础上编成的，它不单单是征派赋役的组织和邻保

---

① 《明太祖实录》卷一三五，洪武十四年正月，台北中研院史语所影印本。

② 正德《大明会典》卷二一《户口》二《攒造黄册》，台北商务印书馆景印文渊阁《四库全书》本。

③ 《明太祖实录》卷六八，洪武四年九月丁丑。

④ 参见梁方仲：《明代粮长制度》，第二章，上海人民出版社1957年版；小山正明：《明代的粮长》，载刘俊文主编：《日本学者研究中国史论著选译》第六卷，中华书局1993年版。

性的村落组织，而是承认乡村的现实阶级关系、以村落共同体机能为前提而建立起来的国家统治机构。国家在建立里甲制度时，把里内人户按户等进行分类，只不过是进一步强化了农村固有的各种阶级关系和身份关系，以便以此为媒介建立国家权力的统一支配体制。[①] 另一种倾向认为，里甲制主要是为征收赋役而设立的户籍组织，但也被赋予了行政、司法、教化等方面的职能。它的编排虽然是以自然村落为基础，但并不表示是一种村落制度，而是一种按户数编成的基层行政组织，相对地独立于村落和地域性社区系统之外，各里甲之间人丁税粮分布的平均化要比地理上的相互联属成为更为优先的考虑。在里甲体制下，国家是以拥有日常水利工具的粮长、里长阶层对当地农民的控制为媒介，贯彻对农民的支配，实行的是以“户等统治”为特征的对各户的个别控制，农民的再生产机构的地域幅度并不局限在一个里内，村落共同体不可能成立。[②] 这些对立的意见，实际上反映了明初统治者对地方领导层的复杂态度，也反映了社会控制的理念与现实之间的冲突与调适。

各地区地方志的有关记述告诉我们，里甲制的实态与运行表现出原则性和灵活性相结合的特征。也就是说，由于各地旧有的社会政治结构颇有不同，里甲制尽管在全国保持了大体一致的外壳，但其内容在各地却有很大差异。上田信对无视中国地域差异的里甲制研究方法提出批评，并根据里甲制在不同地域中的实施情况，将里甲制区分为三种类型。一种他称之为华北型。在元末明初的战乱中，华北平原的人口急剧减少，明初政府不得不从山西等省大量移民，由移民编成的里甲既不存在同族关系，也不存在业主与佃户之间的阶级关系。另一种他称之为江南型。元末明初长江三角洲地区的社会关系的基础是由田主—佃户关系构成的，朱元璋的政策基调是一方面让当地地主担任里长等职役，使之成为里甲制的根干，另一方面清除超出里甲制包容范围的豪强地主。这样做的目的是让中等规模的地主指挥自耕农和佃农，完成赋役征

① 参见科大卫：《国家与礼仪：宋至清中叶珠江三角洲地方社会的国家认同》，《中山大学学报》1999年第5期；鹤见尚弘著、姜镇庆等译：《中国明清社会经济研究》，第一章，学苑出版社1989年版；濱岛敦俊：《明代江南农村社会の研究》第一部，东京大学出版会1982年版。

② 参见小山正明：《明代的粮长》，载刘俊文主编：《日本学者研究中国史论著选译》第六卷；小山正明：《明末清初の大土地所有——とくに江南デルタ地带を中心にして——》，载同氏：《明清社会经济史研究》，东京大学出版会1992年版；刘志伟：《在国家与社会之间——明清广东里甲赋役制度研究》，中山大学出版社1997年版，第50—57页。

收、水利维持等任务。还有一种他称之为华南型。在徽州盆地、浙东盆地、珠江三角洲等地区，地域宗族相当发达，里甲制是以宗族组织为基础编成的。[①] 上田信的区分只是从大体着眼，具有“理想型”的意义。它不排除在华北和华南也可见到内部存在着阶级分化的里甲，也不排除宗族关系在江南的里甲组织中也往往发挥着重要作用。通过这种类型学的考察，可以更加清楚地认识到，朱元璋不可能、也无意彻底改造既存的社会政治结构，只是希望通过对基层组织和生产关系的适当调整，减少社会中的矛盾冲突和不安定因素。

概括地说，朱元璋在全国推行的里甲制度，尽管是自上而下赋予地方社会的统一的行政性组织，但却具有很大的包容性，可以容纳基于地缘和血缘而形成的各种关系和组织。一方面，由于里甲的首要任务是提供政府所需徭役，编排时必须考虑各里之间人丁事产的均衡问题，因而对富室大户聚居的较大自然村的分割是不可避免的；另一方面，政府又试图保持既存的地缘和血缘关系的相对完整性，因而强调“凡编排里长，务不出本都”，在推行粮长制的地区也以“都”为基础划分粮长管区。可以说，朱元璋的目的并不是抛弃或打碎原有的社会组织原则和秩序，而是试图在现存的社会结构的基础上，形成人口居住、土地占有和赋役责任高度结合的机制，实现基层社会控制的一元化格局。从《教民榜文》等文献中可以明显看出，在朱元璋的政治蓝图中，里甲的功能绝非仅限于赋役的科派和征收，每个里甲都应当是一个对地方各种公共事务统一管理的行政组织，同时也应当是一个相对封闭的且有很强集体认同感的合作社区。社区中的成员要相互帮助，也要相互监督；本社区的成员未经批准不准擅自离去，外来的成员也不能在本社区随意活动和居留。

经过一段时间的运行之后，里甲制越来越难以正常地发挥其职能。这是因为里甲制本身从一开始就包含着矛盾因素，而且其僵硬的制度外壳与不断变化的社会经济状况之间的脱节现象越来越严重。首先，里甲之间的赋役负担越来越轻重不均。里甲制是以标准户数为单位编成的基层组织，各甲、各里之间承担的徭役额是大致均等的。但是，由于各户的经济状况千差万别，还要考虑地理上的相互联属，里甲编制之初，各甲、各里的人丁事产就不可能达到

---

① 参见上田信：《传统中国：“盆地”、“宗族”にみる明清时代》，东京讲谈社 1995 年版，第 190—193 页。另据曹树基估测，每个里甲包含的户数在各地亦有较大差异，见葛剑雄主编、曹树基著：《中国人口史》第四卷《明时期》，复旦大学出版社 2000 年版，第 57—77 页。

完全均平的状态。随着时间推移,各甲、各里的人丁事产"消长不齐","与一图而较之各图,即一甲而例之各甲,其间有什百以至千万,及倍蓰无算,诚有不能以一律齐者"①,相互之间的徭役承担能力相差越来越悬殊。其次,户口与土地在空间上的分离现象越来越严重。明朝政府推行里甲制的目的,是试图在地方社会造成一个个以人口和土地的结合为基础的相对封闭的社区,这是里甲制有效行使其赋役征收和社会控制机能的前提条件。但是,在社会经济的发展、土地兼并的加剧和赋役负担的加重等因素的促动和冲击下,人口和土地的流动必然日趋兴旺和活跃。这样,里甲内的人户和土地的分布自然会在空间上发生分离,出现"一里之地,满县纷飞,满县之田,皆无定处"的情形②,甚至跨县、跨府、跨省占有田地的现象也所在多有,致使里甲首领越来越难以确切地掌握本里人户的人丁和事产状况。第三,里甲框架越来越难以包容日趋分化的社会现实。里甲制的建立虽然没有也不可能消除现存的贫富分化和阶级关系,但却是以分化不太严重的社会政治生态为基础的。但是,这种相对均衡的社会现实不可能长久维持下去,乡村社会很快就出现了越来越严重的社会分化现象,形成"奸豪吞并,单弱流亡,里或止二三甲,甲或止一二户,甚至里无一甲、甲无一户者有之"的局面。③ 在大量占有土地却又因享有优免权而恣意逃避赋役负担的官绅地主的挤压下,构成里甲制核心的乡村中小地主阶层日趋没落,从根本上动摇了里甲统治的基础。

可以说,到明代后期,里甲制的瓦解已成为一种难以逆转的历史趋势,当时许多士大夫都已认识到这种严峻的社会现实。特别是到一条鞭法推行后,里甲组织在许多地区都已演变成为纯粹的赋税单位,江南一些地方政府甚至放弃了按户数编制里甲的传统做法,"就田取齐,另编里甲"④,即完全以田亩数为标准重新编组里甲。如常州府曾打破"皆以户编,不问田之多寡"的旧制,改为"通计一邑之田,酌以六十八亩为一甲";嘉定县曾"就所在一扇之中,计田若干,应编排年若干,一以田为准"。⑤ 这种丧失了地缘性质的里甲,自然不可

① 庞尚鹏:《百可亭摘稿》卷一《均粮役以除民害疏》,齐鲁书社《四库全书存目丛书》本。
② 吕坤:《实政录》卷四《治民之道·改复过割》,书目文献出版社《北京图书馆古籍珍本丛刊》本。
③ 钱琦:《恤新县疏》,康熙《西江志》卷一四六。
④ 天启《海盐县图经》卷九《役法》。
⑤ 滨岛敦俊:《明代江南农村社会の研究》,第347、349页。

能再发挥原有的社区功能。例如，在明朝初期，“乡村盗贼，责在里甲”①，朱元璋谕令“若有强劫盗贼逃军逃囚及生事恶人，一人不能缉捕，里甲老人即须会集多人，擒拿赴官，违者以罪罪之”②；但到中期以后，由于原编在一个里甲的人户早已分散居住，里甲不可能再发挥维持社会治安的功能，这一功能在许多地方改由纯粹按地域原则编成的保甲组织承担起来。再如，明初同里人户有“邻保相助、患难相救、疾病相扶持”的责任，朱元璋甚至试图强迫上中人户资助本里中因贫困、残疾而乞食者，规定上中人户倘若“见乞觅之人，不行资给”，则“验其家，所有粮食存留足用外，余没入官，以济贫乏”③；而到了明代后期，乡民之间的互助性功能却是通过乡约以及父母会、钱会等个别结合的组织形式所实现的。在某些地区，宗族组织取代了里甲组织的大部分功能。根据学者们的研究，在福建、广东等地，明代后期的里甲户籍已演化为家族组织的代名词，甚至出现了一甲的户口越来越趋于为同一血缘集团所独占的现象。④

面对着里甲制日趋解体、乡村社会矛盾日趋激化的现实，地方精英和地方政府作出种种举措和尝试，试图维持和重建乡村社会秩序，消融或缓解郁积于乡村社会的矛盾和冲突因素。在这一过程中，地方精英发挥的社会功能越来越广泛，地方精英与地方政府在公益事务和公共管理方面的合作与渗透的程度也随之加深了。应该说，地方精英和地方政府维持和重建乡村社会秩序的努力，在一定程度上获得成功，因而朱明王朝在矛盾重重、危机四伏的环境里，仍延续了较长时间的统治。但是，这并不能从根本上解决问题。因为地方精英和地方政府对农民的政治压迫和经济剥削，正是造成乡村社会状况日趋恶化的主要根源。在维持和重建乡村社会秩序的过程中，地方精英和地方政府都力图扩张自己在赋税征收方面的控制权，并利用扩张了的权力加强对普通农民以及缺乏政治势力的中小地主阶层的经济掠夺，这导致了朱明王朝统

---

① 霍与瑕：《霍勉斋集》卷一二《复代巡陈青田》。转引自刘志伟：《在国家与社会之间》，第54页。

② 熊鸣岐：《昭代王章》卷四，上海《玄览堂丛书》影印本。

③ 《皇明诏令》卷二《正礼仪风俗诏》，齐鲁书社《四库全书存目丛书》本。又据《大诰三编·陆和仲胡党第八》（台北学生书局《明朝开国文献》本），朱元璋曾“命户部谓有司曰：有产之家不赈无产之家、佃户人等，领赴京来”。

④ 参见郑振满：《明清福建的里甲户籍与家族组织》，《中国社会经济史研究》1989年第2期；刘志伟：《清代广东地区图甲制中的“总户”与“子户”》，载叶显恩主编：《清代区域社会经济研究》（上册），中华书局1992年版。

治的全面崩溃。

第二节 地方精英与地方行政的变化

在明朝，随着乡村社会经济的发展和基层组织的演变，地方精英的身份属性及其在乡村权力结构中的地位发生了明显变化。大体说来，明代前期，乡村社会权力结构的基本框架是里甲制度，出自富民阶层的粮长、里长、老人等作为民间权威发挥着社区领导作用。但到明代后期，在日益沉重的赋役负担的压迫下，粮长、里长、老人等的经济状况和社会地位日趋衰落，以绅士为主体的新型地方精英成为乡村社会的主要支配阶层，此外族大丁众和占地较多的非身份性豪强地主的活动能量也显著增强。在绅士阶层的权力不断膨胀的情况下，地方政府的职能范围却呈现出总体性的收缩趋势，不过在赋税征收方面以及在与维持农村再生产有关的事务上，地方政府的关注和介入程度与以前相比却有所深入。

一、非职役性地方精英的兴起

明太祖朱元璋是一位从社会最底层崛起的政治家，他深知只有得到地方精英的支持与合作才能建立一个稳固的统治基础，同时又对地方精英的过度压迫与肆意掠夺所造成的社会危害保持着高度警惕。朱元璋推行里甲制度的政策意图，就是希望形成以安分守法的地主富民为地方领导层的乡村等级秩序，造成一个“以良民治良民”的社会控制模式，实现“富者得以保其富，贫者得以全其生”的理想社会目标。[①] 因而，财富的多寡，特别是土地占有的数量，便成为选择里甲组织首领的首要标准。不仅里长、粮长是从拥有土地最多的人户中佥派的，就是负责教化、劝农以及民间轻微案件审理的里老人，朝廷的诏令虽然强调“公平正直”等品德方面的因素，但实际上也大都由富户担任。著名学者顾炎武曾评论说，“里甲之编，均其户口，可举纲以知目，首长之役，择其望族，如以臂而运指，意甚善也”[②]。当然，由于各地区的社会结构和经济发展情况不尽相同，明初的社会控制目标也表现出明显的地区性差异：在因战乱造

---

① 《明太祖实录》卷四九，洪武三年二月庚午。

② 顾炎武：《天下郡国利病书》原编第15册《山东上》，齐鲁书社《四库全书存目丛书》本。

成的地广人稀的地区，朱元璋不希望旧有的地主支配体制重新复活，他推行“计民授田”政策，要求复业农民依照丁力多少占有田地，对于超越了自家耕作能力的田地不承认其所有权，目的是想造成一个非等级性的扁平的社会结构，实现由一君直接支配万民的理想体制；而在地主制经济依然强大的地区，则是一方面维护业已存在的等级性社会结构，利用地方精英的影响力实现控制基层社会的目标，另一方面则通过禁止庶民之家蓄养奴婢、打击武断乡曲的豪民等措施，减少地方精英的掠夺性和危害性。

事实上，明初政府任用地主富民层担任粮长和基层组织的首领，可以起到两方面的作用。一方面是可以发挥他们作为民间权威的固有作用，以顺利地实现社会控制的目标，另一方面是通过将他们纳入由官府主导的组织框架，以加强对他们的制约和控制。粮长、里长都是根据人丁田粮的多少自然产生的，这种职位既是一种权利，也是一种义务；既是一种荣耀，也是一种负担。粮长、里长等人可以利用征派赋役的权力从中渔利，但也要承担税粮征收不足时垫赔的风险；他们可以凭借自己的职位管理和支配民众，但当本里内出现违法乱纪的游民逸夫时，他们也要承担管理不善的连带责任。从这种意义上说，我们似乎可以将明朝的乡村控制策略当作一种“经纪体制”来理解，粮长、里长在性质上很像是地方政府的“包税人”和“承包人”。在里甲体制之外，明朝政府不希望有其他任何类型的地方权威存在。比如，对于以武装组织或秘密宗教为依托的掠夺性的和非正统的地方权势人物，颁布了严厉的法令予以取缔和打击。① 对于生活于地方社会的学校生员，一方面给予他们优免特权，另一方面又约束他们的行为。朱元璋曾制定了禁例十二条颁布于全国学校，其中规定：“今后州县学生员，若有大事干于已家者，许父兄弟侄具状入官辩诉，若非大事，含情忍性，毋轻至于公门。”“军民一切利病，并不许生员建言。”②这些严厉的禁令明显是为了防止生员利用自己的社会地位和影响干预地方事务。此外，朱元璋还严厉禁止地方政府的官吏下乡扰民③，干预乡里事务，力图充分

① 参见高寿仙：《明初对地方权势人物的清理整顿》，载赵毅、林凤萍主编《第七届明史国际学术讨论会论文集》，东北师范大学出版社 1999 年版。

② 万历《明会典》卷七八《学校》，中华书局影印《万有文库》本。

③ 朱元璋：《大诰续编·官吏下乡第十七》、《民拿下乡官吏第十八》，台北学生书局《明朝开国文献》本。

发挥乡村社会的"自我管治"能力。

如前所述，经过一段时间的运行之后，里甲制越来越难以正常地发挥其职能。与之相应，粮长、里长之类的职役性地方精英的社会地位日趋下降。洪武至永乐年间，里长"皆岁更"，大体上能维持由丁粮最多的人户充当里长的局面。宣德初年，"用户部建言，择丁产之尤殷者充之，自是非有大故者不更"①，里长逐渐成为一项终身性的和世袭性的职役，除非其家庭经济彻底没落才允许告脱。而事实上，即使是已经从富户变为贫户的里长，也很难摆脱身上的负担，因为富豪之家往往利用自己的财富和威势，串通里书，降低户等，从而逃避担当里长的责任。一位地方志的作者曾叹息说："今版籍之弊可为长太息矣。富者丁联千百，而籍之所入，乃直数十；贫者匹夫匹妇，而籍之所载，不免二三。里长永为里长，甲首永为甲首，富豪得以避其重。"②在这种情况下，里长纯粹成为一项极其沉重的差役，已不可能在地方社会中发挥领导者的作用。如在北直隶南宫县，"成化、弘治间，必有行义者，众共推为长，人亦以得与里长为荣"，其后里长地位日降，"皆苦于诛求，辄受箠笞榜械之辱，微知自爱者，必百计祈解"③。到晚明，江南"大户于定里长时，千亩上下者至析为二三十户"以逃避充役④。粮长的社会地位也经历了同样的变化过程。明初粮长皆由大户充当，享有准官僚的地位，以致有的地方"父兄之训其子弟，以能充粮长者为贤，而不慕科第之荣"⑤。其后粮长由中下户充当的现象越来越多，逐步演变成为一种苦役，"田多者为上户，即佥为粮长，应役当一二年，家业鲜有不为之废坠者"⑥。即使负责宣教化、理词讼的老人也往往沦为贱役，以致某些地方的老人"皆归于里甲催科及仆隶顶当，朝捶暮楚，人皆耻为"⑦。这样，以粮长、里长、老人等职役为主干的地方权威体系陷于崩溃的境地，"无论里排与粮长不相上下，即甲下花民亦与里排抗礼，毫无尊卑矣"⑧，过去那种"民徙不出乡，

① 嘉靖《香山县志》卷二《民物志·徭役》。

② 嘉靖《思南府志》卷一《地理志·里图》。

③ 嘉靖《南宫县志》卷一《地理志·里甲》。

④ 陈龙正：《几亭全书》卷二七《辛未均役条议》，清康熙四年刻本。

⑤ 万历《嘉定县志》卷六《徭役》。

⑥ 俞弁：《山樵暇语》卷八，齐鲁书社《四库全书存目丛书》本。

⑦ 吕坤：《实政录·乡甲约》卷二《会规》。

⑧ 曹幢：《庵村志·风俗》。

事咸统于里长”[①]的局面一去不复返了。

一些新兴起的地方精英逐步取代了里甲领导层的地位和作用，在乡村社会中形成了新的非正式的权力结构。在形形色色的新型地方精英中，最为显眼的无疑是享有广泛的政治、经济和社会特权的绅士。绅士阶层是依托于学校制度、科举制度和官僚制度而成立的社会阶层。明朝开国后，很快就建立起一套比较完备的学校与科举制度。这套制度的直接目标是为官僚机构培养和选拔人才，但它却带来一个极其重要的副产品，这就是使大量拥有“功名”的人士“沉淀”于地方社会，在地方社会结构中形成一个相对稳定的权威系统。在宋代，绅士主要限于那些曾经担任官职的人，这些人的家乡概念并不强烈，许多官员退职后也不返回乡里而是在他乡寄居[②]；至于学校的生员并无什么特权地位，举人也只是一次性的头衔。到了明代，绅士不限于有过任官经历的人士，还包括只有“功名”而未曾担任过任何官职的人，而且后者因其人数众多实际上构成地方精英的主体力量。与宋朝相比，朝廷给予士人的社会政治地位要优越得多，举人、生员都成了终身性的头衔，即使没有在官僚机构工作的任何经历也会享有一定的经济和社会特权，这就使得滞留于地方社会的绅士人数大大增加。[③] 明朝初期，尽管在地方社会中已有一些绅士存在，但由于他们人数还比较少，朝廷法令又对他们的活动限制极严，因此他们尚且融合在里甲制秩序之中，而未形成一个独立的社会阶层。15世纪中叶以后，乡村社会在商品经济和土地兼并的混合作用下急剧分化，里甲制秩序趋于解体。而在此时，监生以至举人的入仕途径日趋狭窄，大量持有功名的人沉滞于乡村社会，逐步固定成为一个独立的社会阶层。他们在地方社会的权力网络中占据了核心地位，成为乡村控制的主体力量。[④]

在绅士这一身份性地方精英之外，还有一些其他类型的地方精英活动于地方社会舞台。特别是在文化教育水平相对不发达的地区，绅士的数量较少、力量较弱，其他类型的地方精英的作用就更加重要，甚至会在权力结构中占据

① 嘉靖《惠州府志》卷五《户口志》。

② 参见竺沙雅章：《北宋士大夫の徙居と买田——主に东坡尺牍を资料として——》，《史林》第54卷第2号，1971年；《宋代官僚の寄居について》，《东洋史研究》第41卷第1号，1982年。

③ 参见寺田隆信：《关于“乡绅”》，载《明清史国际学术讨论会论文集》，天津人民出版社1982年版。

④ 参见吴金成：《明、清时代绅士层研究的诸问题》，载东洋史学会编：《中国史研究的成果与展望》。

主导地位。施坚雅的研究发现，地方非正式准政治体系通过一种近似于互补性分布的区域空间随官方统治能力的不同而有相应的变化：在地处某经济区域核心地带的县份中，与县令相交往的地方领导层可能统领着极其强有力的权力结构，而且这些地方领导人几乎都持有功名或曾任过要职；反之，在地处边缘的县份中，与县令打交道的地方领导层可能统领着极其软弱的权力结构，而且这些领导人之中几乎没有持有功名者或曾任重要官职者。① 著名人文地理学家王士性曾敏锐地观察到明代后期浙江不同地区的社会政治结构的差别："杭、嘉、湖平原水乡，是为泽国之民；金、衢、严、处丘陵险阻，是为山谷之民；宁、绍、台、温连山大海，是为海滨之民。三民各自为俗。泽国之民，舟楫为居，百货所聚，闾阎易于富贵，俗尚奢侈，缙绅势大而众庶小；山谷之民，石气所钟，猛烈鸷愎，轻犯刑法，喜习俭素，然豪民颇负气，聚党与缙绅傲；海滨之民，餐风宿水，百死一生，以有海利为生不甚穷，以不通商贩不甚富，闾阎与缙绅相安，官民得贵贱之中，俗尚居奢俭之半。"②可见不同类型的地方精英的力量强弱是与各地的社会经济状况密切相关的。一般说来，在生态环境和社会经济状况稳定的地区，身份性地方精英往往比较集中；而在生态环境和社会经济状况不稳定的地区，尤其是在边缘地区，各类非身份性地方精英的活动往往活跃。

除了盗匪头目、秘密会社首领之类的非常态性的地方权势人物之外，活动于乡村社会的非身份性地方精英主要是占有土地较多的庶民地主和人多势大的强宗巨族，也有一些实力人物是因具有敢作敢当的魄力和较强的活动能力而获得其地位的。由于这些人往往依恃威势武断乡曲，因而常被冠以"土豪"、"豪民"一类的称呼。这类人明初就不鲜见，但由于当时政府对他们采取了严厉打击的政策，再加上以里甲制为基础的地方控制体制的运行还比较有效，他们的势力发展还比较缓慢。随着乡村社会矛盾的激化和里甲制的解体，政府对地方领导层的控制能力减弱，各种类型的土豪获得了扩展势力的广阔社会空间，在一些地方甚至成为主要的支配势力。有时地方政府也不得不承认和借助他们的势力以控制地方。正统末年福建的农民起义领袖邓茂七提供了这

① 施坚雅著，王旭等译：《中国封建社会晚期城市研究——施坚雅模式》，吉林教育出版社 1991 年版，第 214—215 页。

② 王士性：《广志绎》卷四《江南诸省》，中华书局点校本。

方面的一个例子。邓茂七本是江西建昌人，“豪侠为众所推”。后因命案逃到福建宁化县，“依豪民陈正景”。邓茂七很快就发展起自己的势力，他“聚众为墟集，会下常数百人”，地方官员遂立他为会长（一说为墟集长），“远近商贩至皆依之”。后巡按御史柳华为了遏制矿工暴动，命令“乡村各置望高楼，及编其各乡居民为什伍，设总小甲以统之”，并“择其豪为长，得自置兵仗”，“由是总小甲各得号召其乡人”。邓茂七与其弟茂八作为颇有实力的地方豪强人物，都被委任为总甲，这为他后来发动反抗地主剥削和官府压迫的起义创造了有利条件。[①] 在这一事例中，地方官员本来希望利用土豪加强对乡村社会的控制，却不自觉地为土豪扩张势力提供了合法性基础和途径。在晚明乡村社会中，类似的豪强人物在许多地方都存在。

傅衣凌注意到了土豪一类的人物的普遍存在，认为他们具有准乡绅的地位，应将他们归入乡绅之中，因为这类人本身虽无官位，却可以通过科举、捐纳、婚姻、赐爵等途径跻入乡绅之列[②]。我个人认为，尽管土豪与绅士在社会功能方面的确具有许多相似之处，但在理论上并不能将两者混同在一起。两者虽然都是在里甲体制之外兴起的非职役性地方精英，但两者的地位却颇有差异：绅士是学校和科举制度的产物，其权威地位主要来源于为朝廷所认可的特殊身份，因而掌握着正统性的文化资源，可以方便地与地方官员建立并保持密切的交往与合作关系；土豪的权威地位完全依赖于土地占有或族大丁多，他们可以武断乡曲，甚至豪霸一方，但却缺乏足够的合法性基础，也不容易得到官方的认可。此外，还应注意，土豪本身也是异质性的群体，有的接近于正统文化资源的一端，在地方社会甚至会被当作绅士对待；也有的接近于非正统文化资源的一端，常被地方官府和精英视为异端势力；当然大多数土豪都居于两端之间。绅士与土豪之间既有对抗也有合作。特别是土豪，为了维护自己的社会经济地位或牟取更大的利益，常常主动地与绅士建立合作关系。他们甚至可以凭借自己的地位，把正统性的绅士和异端性的盗徒聚合成一个共同的利益集团。例如正德时期，“顺德豪民勾引势家，纠集逃叛及白水贼徒，伪造朝

---

① 参见谷应泰：《明史纪事本末》卷三一《平浙闽盗》，中华书局点校本；查继佐：《罪惟录》列传三一《叛逆列传》，浙江古籍出版社点校本；高岱：《鸿猷录》卷九《平福建寇》，上海古籍出版社点校本；傅维鳞：《明书》卷一六一《乱贼传》，齐鲁书社《四库全书存目丛书》本；康熙《沙县志》卷一一《变异》。

② 傅衣凌：《明清社会经济变迁论》，人民出版社 1989 年版，第 58 页。

旨执照，乃开矿煎采"[①]。在福建沿海的走私贸易中，也可发现许多这样的事例。到了明代后期，随着商业化的发展和士大夫文化对地方社会的渗透与改造，两者之间的整合或趋同程度越来越高，士绅化的宗族社会的普遍发展就是这种融合的重要成果。[②]

二、绅士阶层与乡村统治

尽管晚明在乡村社会发挥领导作用的个人和团体是多种多样的，不能简单地将"地方精英"等同于"绅士"，但绅士的社会地位和影响确实是其他类型的地方精英所不能比拟的，因此有必要对这一阶层的情况作一些更细致的讨论。

在如何划定"绅士"的界限问题上，学者们的意见不尽一致。张仲礼等学者主张所有获得功名的人都应当包括在绅士之内；何炳棣等学者则认为应当将初级功名的获得者生员排除在外，因为他们的社会地位和威望很低，很难与举人以上的功名获得者相提并论。[③] 日本学术界通用的"乡绅"概念也有许多模糊之处，有人认为"乡绅"只包括现任或退职的官员，有人认为举人、贡生、监生、生员都应包括在内，有人认为官僚的子孙也应算作乡绅，还有人认为没有官位或功名的地方权势人物也可归入乡绅之列[④]；在具体分析时，不少学者在生员与举人之间划出一道社会阶层分割线，如滨岛敦俊在其探讨明代江南农村社会经济的出色著作中，就将举人以上的功名持有者称为"乡绅地主"，而将生员归入"不持身份特权的中小地主阶层"之中。[⑤] 我们认为，生员在社会身份和地位上虽然与举人、进士相比要低很多，但与普通百姓相比却又高出一筹，当然应该算作绅士。正如顾炎武所指出的，普通百姓一旦获得生员身份，"则免于编氓之役，不受侵于里胥，得于礼见官长，而无笞捶之辱"[⑥]。服饰是显示人们的社会地位的象征性标志，叶梦珠曾对晚明江南的冠服变化情况加

① 嘉靖《香山县志》卷八《杂志》。

② 参见刘志伟：《在国家与社会之间》，第23页。

③ 张仲礼：《中国绅士》，上海社会科学院出版社1991年版，第1—4页；Ping-ti Ho, *The Ladder of Success in Imperial China: Aspects of Social Mobility, 1368—1911*. New York: Columbia University Press, 1962. pp. 34—41。

④ 奥崎裕司：《中国乡绅地主の研究》，汲古书院1978年版，第4—12页。

⑤ 参看滨岛敦俊：《明代江南农村社会の研究》，第二部。

⑥ 顾炎武：《顾亭林诗文集》，中华书局1983年版，第21页。

以描述，其中谈到："其便服自职官大僚而下至于生员，俱带四角方巾，服各色花素绸纱绫缎道袍。其华而雅重者，冬用大绒茧绸，夏用细葛，庶民莫敢效也；其朴素者，冬用紫花细布或白布为袍，隶人不敢拟也。其后巾式时改，或高或低，或方或扁，或仿晋唐，或从时制，总非士林，莫敢服矣。其非绅士而巾服或拟于绅士者，必缙绅子弟也。"[①]这段话清楚表明生员是"绅士"群体的组成部分。

当然，尽管所有取得生员以上的功名者以及通过各种途径获得官僚身份者都应当包括在绅士集团之内，但各种类别的绅士的社会地位和社会作用却相差悬殊。大体说来，晚明绅士可以划分为三个层次：上层绅士，其影响远远超出了他们出身的地区，社会关系可达到国家政治生活的顶层；中层绅士，其社会影响和私人关系可达于省级政府；下层绅士，其社会影响和私人关系一般都局限于本县范围之内。三者之中，前两类绅士的数量较少，而且到了晚明，这些高级绅士大多都迁移到城市居住。而以地方学校的生员为主体的下层绅士，在晚明已发展成为数量庞大的社会群体，成为晚明乡村社会权力结构中最活跃的部分。据吴金成估计，明代后期，全国的举人数额通常在4000—5000名之间，壅滞于乡村社会的监生数额通常为12500—22500名；生员的数额则远为庞大，洪武年间约为3万名，宣德、正统年间约为6万名，到正德年间则增至31万名，明末更达到50万名。[②] 明末生员50万名的数字来自顾炎武的估计，他是按每县300名的平均数计算出来的[③]；事实上，在江南文化教育水平较高的地区，每县生员数额要远远超出300名。如叶梦珠谈到："上海一学，除乡贤奉祠生及告老衣巾生而外，见列岁科红案者，廪、增、附生，共约六百五十余名。以一府五学计之，大概三千有余。"[④]

绅士阶层的崛起及其权力的不断扩张，是晚明乡村社会一个非常突出的社会现象。叶梦珠曾记载了松江府67家名门望族的发展情况，除两家起家稍早外，其余望族都是嘉靖以后才发达起来的；这些著姓望族得以崛起，基本上

---

① 叶梦珠：《阅世编》卷八《冠服》，上海古籍出版社点校本。

② 吴金成：《明代社会经济史研究——绅士层の形成とその社会经济的役割——》，渡昌弘译，汲古书院1990年版，第51—62页。

③ 顾炎武：《顾亭林诗文集》，第21页。

④ 叶梦珠：《阅世编》卷二《学校一》。

都是因为家族中连续出现科第成功者,特别是出现了致身高位的上层绅士。① 从当时的文献记载中,也可看出,正德、嘉靖以后,“绅士”、“乡绅”、“绅衿”等带有“绅”字的称谓被作为地方权势人物频繁提及,这说明他们已经成为地方社会的主要领导阶层。这一社会阶层的崛起和膨胀,导致了乡村社会结构的改变和乡村社会矛盾的激化,这在江南地区表现得尤为明显。据滨岛敦俊研究,明代江南士大夫集团经历了一个从“民望”到“乡绅”的转化过程:明代前期,乡居地主阶层在江南农村社会中发挥着支配作用,其时政府对优免权的限制比较严格,士大夫们一般也要像庶民一样负担徭役,他们代表着“民望”;到了16世纪中叶以后,士大夫开始较多地被称为“乡绅”,他们大多居住在县城或较大的市镇,与农民已没有共同的生活空间,也不再关心农民的疾苦,除少数正直的乡绅外,绝大多数乡绅都利用优免权力逃避了徭役负担。② 确实,在晚明,绅士势力的过度扩张,特别是中上层绅士对优免权的滥用,加剧了他们与庶民地主、自耕农和半自耕农阶层之间关系的紧张。因为“总计一县之田,止有此数,此增则彼减,官户之田日增一日,则民户之田不减不止”③,也就是说,以县为单位的赋役额是相对固定且有增无减的,绅士优免数额的扩大,必然意味着本应由他们承担的赋役要转嫁到其他人身上。即使是以生员为主体的下层绅士,虽然也厕身于优免权享有者之列,但他们的优免数额较小,缺乏像中上层绅士那样的权势,因而也成为中上层绅士滥用优免权的受害者。对于绅士滥用优免权的不法行为,百姓恨之入骨,王文禄曾记述说,“贫民代乡官之役,日祝乡官之死”,“乡官一死,百役推与之,以速乡官子孙之贫,亦天道报复之理也”④。依仗特权鱼肉乡里的绅士,一旦失去特权,很快就会成为其他人的鱼肉对象。在晚明,江南地区曾多次爆发反对暴虐乡绅的民变,福建平和县百姓为对抗“乡绅肆虐”,“众谋结同心,以万为姓”,并建立了自己的武装组织。⑤

中外学者对明代后期绅士阶层的生存状况进行了大量研究。日本学者提

① 叶梦珠:《阅世编》卷五《门祚》。参见吴仁安:《明清时期上海地区的著姓望族》,上海人民出版社1997年版,第48—50页;李洵:《下学集》,中国社会科学出版社1995年版,第218页。

② 滨岛敦俊:《“民望”から“乡绅”へ——十六、七世纪江南士大夫——》,《大阪大学大学院文学研究科纪要》第41卷,2000年。

③ 崇祯《松江府志》卷一二《役法二》。

④ 王文禄:《百陵学山·书牍》卷二《上侯太府书》,商务印书馆影印本。

⑤ 江日楙:《台湾外记》卷七,福建人民出版社点校本。

出的“乡绅的土地所有”论和“乡绅支配”论，是试图对这一阶层在当时社会经济结构中的地位和作用作出系统化概括和阐释的重要尝试。[①] 最早明确采用了“乡绅的土地所有”的概念的是小山正明，他通过对“十段锦”赋役改革的研究，将这种土地所有形态的成立时期追溯到嘉靖年间。在他看来，由于作为官僚任用制度的科举的社会机能在明代发生了变化，举人、监生、生员都成了终身资格，与官僚同样享有免除徭役的特权，到明末以降，他们对地方政治的发言权明显强化，确立了与其他庶民有别的具有支配身份的社会地位，形成了乡绅的土地所有。构成这种土地所有之主体的乡绅，可以分为上层和下层：前者主要由官僚、举人组成，他们是地方政治的实力者，居住于都市，与商业高利贷资本紧密粘连在一起，聚集了大量分散存在的零细地块，从佃户那里榨取租米；后者主要由生员层构成，他们居住于村落，是村落的领导者，其经营方式往往是将一部分土地出租给佃户，并留一部分土地依靠雇工自营。[②] 此后，“乡绅的土地所有”论一时成为日本明清史研究的主流。由于这一理论将考察的焦点放在地主—佃户的两极对立的关系上，忽视了在社会经济结构中占有重要地位的自耕农的存在状态，也忽视了国家权力在乡村社会中所发挥的作用。为了弥补其偏失，一些学者力倡研究国家权力与地方社会的关系问题。在这方面作出系统论述的是重田德，他提出了“乡绅支配”作为总括明末清初时期社会构成的特别体制的范畴。在他看来，“乡绅支配”超越了地主支配的界限，乡绅通过经济的和经济外的关系，尤其是以与国家权力不即不离的关系为媒介，不但对佃户支配，对以自耕农为中心的其他诸阶层也有所谓“非基于土地所有的支配”。“乡绅支配”最初表现为私的统治，与一君万民的王朝支配理念是背道而驰的，但由于佃农的自立化带来频繁的抗租，乡绅需要获得新的权力支持以维护其对佃户的支配，国家基于“赋出于租”的考虑，为确保赋税收入，对地主收租提供保护，这样一来，国家政权与乡绅之间的竞争关系不但消除，两者由于利害一致还形成依附关系，国家权力遂成为专门维护地主利益的“地

---

① 参见高寿仙：《关于日本明清社会经济史研究的学术回顾——以理论模式和问题意识嬗变为中心》，《中国经济史研究》2002 年第 1 期。

② 参见小山正明：《明代の十段法について》，载同氏：《明清社会经济史研究》；《中国社会の变容とその展开》，载西嶋定生编：《东洋史入门》，东京大学出版会 1967 年版。

主政权”。[①]

对于强调绅士与国家权力的关系以及绅士的土地占有的主流学术观点，岸本美绪曾提出批评。她认为人们之所以选择乡绅作为保护人，并不是因为乡绅的土地占有和与国家权力的关系，而是因为乡绅在地方社会中的实际保护能力，而乡绅的保护能力的获得又是因为有许多人集聚其下。她以股票市场上的投机行为作比喻：当人们都投资于有希望的股票的时候，股价就会上涨，投资者得到利益，而其利益的根源却正是有许多人投资于此股票。[②] 岸本美绪试图突破“阶级论”以及“国家与社会”二元论的模式，对明代后期的社会秩序重新加以阐释，这种努力是值得赞赏的，但其具体解释却有值得商榷之处。在形形色色的地方精英中，人们之所以把绅士视为“有望股”，恐怕正是因为绅士与国家权力之间具有特殊的关系。我们认为，尽管“乡绅的土地所有”论和“乡绅支配”论确实存在着一些值得商榷的地方，但总体看来，它们基本上抓住了晚明乡村社会权力结构的本质特征。在绅士建立其支配社会地位的过程中，国家权力资源的确起着极其重要的作用。当时民众与绅士建立关系的途径很多，但其中最重要的方式是投献，包括人身投献和田地投献。人身投献是“躲避差役小民，故将子弟投献”[③]，即庶民将子弟送到享有优免权的人户为奴，以躲避差役；田地投献是指庶民将自家田地奉献给享有优免权的人户，充当其佃户，以逃避差役。可见，投献的存在是以绅士享有政府所赋予的优免权为基础的。应该说，在政治、经济和法律身份上享有一系列为政府所认可的特权，正是绅士最主要的权力和权威源泉所在，也是绅士与其他类型的地方精英（比如土豪）的区别所在。

三、地方行政职能的变化

与社会经济状况、地方精英和地方权力结构的变动相适应，晚明地方政府的行政职能和方式也发生了明显变化。这种变化的一个重要趋势是，地方政府的行政机能在总体上呈现出收缩趋势，依靠地方精英举办和管理的地方公共事务越来越多。郑振满曾以福建为例对这一现象进行讨论。他通过文献阅

---

① 参见重田德:《清代社会经济史研究》第三章第二节，岩波书店 1975 年版。

② 参见岸本美绪:《明清时代の乡绅》，载《シリ一ズ世界史への问い》7《权威と权力》，岩波书店 1990 年版。

③ 戴金:《皇明条法事类纂》卷一《五刑・去羽翼以抑豪强》，科学出版社《中国珍稀法律典籍集成》本。

览和实地调查，发现闽北地区的许多桥田、渡田、渠田、陂田、祠田、仓田、学田、义田等地方公产都是肇始于明代后期。据他考察，在实行"一条鞭法"之前，此类公共事业通常都佥派役夫或里甲支应，在实行"一条鞭法"之初也都编列了专项经费，但不久之后此类经费却相继受到裁减，只好由当地"善士"捐资置产以供常年费用，因而这些地方公产可称为"地方财政的转化形式"。在这一转化过程中，乡绅与乡族集团开始全面接管地方公共事务，从而也就合法地拥有对于基层社会的控制权，国家统治体制出现了从直接统治向间接统治转化的趋向，基层社会的自治化程度不断提高。[①] 事实上，类似的变化趋势在福建以外的其他地区也都或多或少地可以发现。

郑振满主要从财政体制转变的角度探讨了地方行政职能萎缩的原因。正如他所指出的，地方财政的规模在明代前期基本上不受限制，各级政府可以相当随意地征发民力，这使百姓的赋役负担不断加重，终致无法应付，"里甲动至破产"[②]，因此自明代中叶开始，从地方到中央的各级政府不得不逐步实行赋役制度改革，最终形成了以定额管理为特征的地方财政体制，这虽在一定程度上简化了赋役征收过程，减轻了百姓的赋役负担，但也使各级地方政府的原定经费屡遭裁减，地方财政状况越来越深地陷入捉襟见肘的困窘境地，面对繁杂的公用事务越来越感到无能为力，不但难以有所作为，有时甚至连一些重要的行政职能也不能有效履行。除财政因素外，明代中后期地方政府的规模相对于人口来说日趋缩小，也是造成行政职能萎缩的一个重要原因。据统计，洪武四年(1371)全国府、州、县级行政单位共有 1346 个，弘治元年(1488)共有 1569 个，万历十五年(1587)共有 1555 个，明末则为 1564 个；[③]不仅地方行政单位的数量增长不多，晚明各地方行政单位的编制与明初相比也变化不大。与此同时，明朝的人口数额从明初到明末却翻了一倍还多，大多数州县辖区的人口数量都有较大规模的增长。[④] 此外，晚明地方政府中官僚文牍主义作风

---

① 郑振满：《明后期福建地方行政的变化》，《中国史研究》1998 年第 1 期。

② 何乔远：《闽书》卷三九《版籍志》，福建人民出版社点校本。

③ 吴金成：《明代社会经济史研究——绅士层の形成とその社会经济的役割——》，第 61 页。

④ 地方志记载的许多地区明代后期的人口数额比明初要少，这是因为明代后期的户口统计流于形式，存在大量脱漏，而并不表示明代人口数额呈下降趋势。学者们普遍认为，明代后期的人口规模与明初相比有较大增长，但对于增长的幅度存在着不同的估算数值。参见高寿仙：《明代人口数额的再认识》，《明史研究》第 7 辑，黄山书社 2001 年版。

的日益盛行，也在一定程度上降低了处理地方事务的能力。明太祖十分重视官员在实际政务方面的态度和能力，曾亲自制定了《到任须知》等规范性文件，督促地方官员按照要求踏踏实实地去做实事。但到明代后期，关心实际政务的官员越来越少，官场中充斥着因循敷衍、避实就虚之风，“以媕婀雷同、无所可否为识时达变，其间稍自激励，欲举其职事，世共訾笑之”①。在这些因素的共同作用下，晚明地方政府既没有精力也没有能力去扩展自己的社会管理范围，而是陆续放弃了一些固有的行政职能，大量公共事务不得不转由地方精英管理。

除了上述地方政府自身方面的原因外，绅士阶层的兴起也是造成晚明地方行政职能收缩的重要因素。以绅士阶层为中心的地方权力网络的形成，给地方政府的管理职能带来很多阻碍和限制。在里甲体制下，里长与各级官府构成了一个井然有序的等级序列，此即所谓“天下之势，自下而上，甲首上有里长，里长上有县令，县令上有郡守，郡守上有藩司，藩司上有六卿，而天子加焉”②。相对于地方官员来说，里长一类的职役性地方精英无疑处于弱势地位，他们的影响力基本局限在本社区的范围之内，只能听凭地方政府的役使和摆布。绅士阶层的地位与里长迥然有异，他们不是里甲组织的首领，并无为地方政府服务的法定义务；更重要的，他们与地方官员享有大致相同的社会地位，可以利用自己的身份特权干预地方政府的政务活动，给地方官员造成很大的压力和约束。顾公燮曾指出，“明季缙绅，威权赫奕”，“平昔稍有睚眦，即嘱抚按访拿，甚至门下之人，遇有司对簿将刑，豪奴上禀，主人呼唤，立即扶出，有司无可如何，其他细事，虽理曲者亦可以一帖弭之”③。上层绅士如此，下层绅士也不好惹，管志道曾描述晚明苏州等地的生员的嚣张气势：“一呼则数十成群，强府县以理外法外所不可从之事，稍拂其意，则攘臂奋袂，哄然而起，提调官莫可谁何，于是‘蓝袍大王’之号兴，愈变而愈不古。”④对于曾经担任高级官职的上层绅士，地方官员无不诚惶诚恐，加意奉承，“显宦居乡，县送门皂吏书

① 归有光：《震川先生集》卷二《雍里先生文集序》，上海古籍出版社点校本。

② 叶春及：《石洞集》卷一〇《里役论》，上海古籍出版社《四库明人文集丛刊》本。

③ 顾公燮：《消夏闲记摘抄》上，商务印书馆《涵芬楼秘笈本》本。

④ 管志道：《从先维俗议》，齐鲁书社《四库全书存目丛书》本。

承应，比于亲临上司”[①]。在晚明，地方官员在做出重要的决策和行动时，一般都要与绅士集团进行交流和沟通；那些不能与当地绅士建立合作关系的官员，不但难以真正推行自己的各项政策，还往往受到地方绅士在朝中的代言人的攻击而失掉职位。可以说，晚明地方政府越来越难以像在里甲体制下那样对乡村权力网络实施有效控制，地方社会的管理越来越依赖于非正式的权力网络。

不过，地方政府行政机能的收缩并非出现在所有方面。在晚明，还有另一种地方行政变化趋势也必须予以充分注意，就是在赋役征收、治安维持等方面，地方政府的关注和介入程度逐步加深。这与来自中央政府的要求和压力有一定关系。明朝初期，为了尽快恢复惨遭战争蹂躏的社会经济，推行休养生息的政策，规定在官员考核时，“凡各处府州县官员任内以户口增、田野辟为尚”[②]。当时朝廷提倡的是循吏型官员，明宣宗曾指出：“夫一郡一邑，其地环千里百里，其民以千万计，而付之守令者，欲其教养之而已。”[③]在这种政策的鼓励下，明代前期确实出现了不少实行惠政的循吏。正统以后，朝廷对地方官员的要求逐步被归纳为学校、田野、户口、赋役、讼狱、盗贼六项，称为“本等六事”。但实际上，地方官员的注意力主要集中在赋役、刑狱这些最为棘手的问题上，而掌管考核大权的抚按所到之处，也只不过“审罪囚，理词讼，检钱谷，如斯而已”[④]。到万历初年张居正大刀阔斧实行改革之时，又将六事抛开，提出最尖锐的四项问题让地方官员解决：“夫均徭、赋役、里甲、驿递，乃有司第一议，余皆非其所急也。”[⑤]从宣德时期开始，朝廷还逐步将官员是否完成赋税征收任务作为能否参加考核的先决条件。由于赋重民穷，征足税额越来越困难，所以万历元年(1573)规定，“今后外官考满到部，行户部查勘钱粮，完过八分以上者，方准考满，不及分数者不准”[⑥]。到万历四年(1576)，“则又以九分为及格，仍带征宿负二分，是民输十分以上也”[⑦]。总之，明朝政府对地方官员的施

① 徐学谟：《世庙识余录》卷二一，书目文献出版社《北京图书馆古籍珍本丛刊》本。

② 《大明令·吏令·守令考绩》，明刻本。

③ 余继登：《典故纪闻》卷九，中华书局点校本。

④ 林希元：《同安林次崖先生文集》卷二《王政附言疏》，齐鲁书社《四库全书存目丛书》本。

⑤ 张居正：《张太岳集》卷二五《答保定巡抚孙立亭》，上海古籍出版社影印本。

⑥ 万历《明会典》卷一二《考核》一《官员·在外司府州县》。

⑦ 《明史》卷二二七《萧彦传》，中华书局点校本。

政要求，越到后来越是集中到与赋役征派有关的事务上，地方官员自然也不得不将主要精力用在这一方面。[①]

尽管晚明地方公共事务越来越多地依靠地方精英举办和管理，但在赋役征派方面，地方官员却无法依赖这一模式。因为地方精英本身就是土地的主要占有者，他们总是采用各种方法逃避赋役，不可能成为让地方政府放心的赋役征收工具。退一步说，即使地方精英能够有效地发挥"承包人"的功能，按时按量地完成赋役征收任务，他们在征收过程中不可避免的借机苛敛行为也会加剧乡村社会的矛盾和危机，最终导致政府赋役源泉的枯竭和乡村社会的解体。在明代后期，各地政府陆续进行了一系列赋役制度改革，这些改革的目的之一，就是防止绅士阶层将自己应承担的赋役份额转嫁到庶民百姓身上。海瑞在巡抚应天等地时大力推行一条鞭法，刘士义赞扬他的做法使"权豪少肆，贫困少苏，诚良法也"[②]。唐鹤征也评论说，一条鞭法"不便于士绅耳，齐民则诚便"[③]。正因如此，中上层绅士对赋役改革大多表现出强烈的反对态度，并千方百计阻挠改革的进行，不少地方的赋役改革进程因此受阻。当然，也应看到，晚明绅士阶层内部分化严重，对赋役改革的态度也是多种多样的。下层绅士的利益与庶民百姓一样受到中上层绅士的侵害，所以不少人成为改革的支持者和行动者；而在中上层绅士之中，也有一些人与地方官员合作共同推动赋役改革，因为他们惟恐"上官不为之平，下民将起而自平之"[④]，从而造成整个乡村统治体制的崩溃。

为了维持既存的社会生产关系，维护乡村社会的稳定，晚明地方政府甚至还将自己的权力触角延伸到地主与佃户的关系之间。明代前期，地主与其佃户之间存在着牢固的支配关系，佃户必须履行向地主交纳租米、归还债务的义务，地主则必须保障佃户的再生产。徐阶曾追述正德以前松江地区的主佃关系："盖松之俗，大家有田而不能耕，必以属佃户，佃户欲耕而不足于食，必以仰大家。其情其势，不啻主仆之相资，父兄子弟之相养。故大家于佃户虽或不能

① 参见高寿仙：《明代官员考核标准与内容考析》，载张中政主编《明史论文集（第五届明史国际学术讨论会暨第三届中国明史学会年会论文集）》，黄山书社 1994 年版。

② 刘士义：《新知录摘抄·一条鞭》，明万历四十五年刻本。

③ 顾炎武：《天下郡国利病书》原编第 7 册《常镇》。

④ 王文禄：《百陵学山·策枢》卷三《均役》，商务印书馆影印本。

无虐，而不敢甚虐者，惧莫为之耕也；佃户于大家虽不能无负，而不敢尽负者，惧莫为之贷也。正德以前，民生裕而乡无恶俗，国赋登而狱鲜系囚，由此道也。”①到了晚明，单个地主对于单个佃户的人身控制关系趋于解体，以至在遇到灾荒时，“田主不肯出资本以急救佃户，佃户亦不肯出死力以车救田水”②，双方已不能相互协调以共同维持再生产机能。地方政府为了维护乡村社会秩序和保持税源的稳定，便越来越多地介入到主佃关系之中。当然，地方政府的介入和干预并不是要取消或弱化这一基本的生产关系，而是试图通过对双方的行为都加以约束来维持现存的土地制度。地主们虽然不愿意让国家权力直接介入他们与佃户之间的关系，但同时却又希望与国家机构保持密切的联系并最大限度地利用这种关系，把相应的国家介入当作维持自己向往的以往的主佃关系的必要条件。③ 从本质上看，正如川胜守所说，在地主层已无力直接支配佃户层的局势下，国家权力起而介入其间，无非是要重新编成并强化固有的生产关系，维护了地主对佃户的支配格局。④ 滨岛敦俊对江南地区抗租问题的研究也充分说明了这一点。在明代中期以前，佃农对乡村地主的抗租斗争，一般都由里甲内的领导阶层利用自己的合法权力——甚至通过私人暴力——加以处理，因而文献记载中几乎看不到国家权力介入和镇压佃农抗租的事例；而到明代后期，江南各州县在收容重罪犯人的“监”之外，又新设立了收容轻罪犯人和证人的“铺”，说明地主阶层已经不得不依靠国家权力来直接对付抗租斗争了。⑤

概而言之，晚明地方行政在总体上的收缩与在局部上的延伸是同时并存的两种趋势，不能强调一种而忽视另一种，也不能单纯地将地方精英的职能扩张理解为是“民治”领域的扩展与“官治”领域的退缩。正如黄宗智所说，并非“士绅公共功能的一切扩展都意味着某种独立于国家的社会自主性日增的长

① 徐阶：《世经堂集》卷二二《复吕沃洲》，齐鲁书社《四库全书存目丛书》本。

② 陈继儒：《晚香堂小品》卷二三《上徐中丞救荒书》。转引自森正夫：《十六至十八世纪的荒政和地主佃户关系》，载刘俊文主编：《日本学者研究中国史论著选译》（第六卷）。

③ 参见森正夫：《十六至十八世纪的荒政和地主佃户关系》，载刘俊文主编：《日本学者研究中国史论著选译》（第六卷）。

④ 参见川胜守：《中国封建国家の支配构造——明清赋役制度史研究》，第四章，东京大学出版会1980年版。

⑤ 参见滨岛敦俊：《明代江南农村社会の研究》，第十章第三节。

期趋向”[①]。事实上，晚明大量公共管理和公益事务虽然主要由地方精英承担，但也离不开地方政府的参与和支持，特别是在举办一些规模较大的公共活动时更是如此。

第三节 地方精英与基层社会组织

明代后期，里甲组织的社区管理功能日趋萎缩，建立在里甲制基础上的乡村社会秩序发生了动摇和分解，地方精英和地方政府都希望通过建立新的基层社会组织以弥补里甲制的缺陷和不足，使动荡不安的地方社会秩序重新恢复稳定。在这样的社会背景下，北宋时期出现的保甲制度和乡约制度得到广泛推行，同时日益兴盛的宗族组织在基层社会管理方面也发挥着越来越重要的作用。关于明代保甲、乡约与宗族组织的发展过程及其基本的制度状况，学者们已做过细致研究并厘清了许多事实，但对于这些组织在社会政治结构中的地位与职能问题则仍有不同看法。有些学者将它们看作是控制在地方精英手中的乡族自治组织，另一些学者则认为这些组织不过是地方政府控制和支配乡村社会的行政工具。本节对这些乡村社会组织的制度细节不准备多加描述，讨论的重点将放在这些组织的控制权或主导权方面。

一、地方精英与保甲

保甲制度的源头可以追溯到先秦时期，但它作为一种正式的基层组织则起始于北宋熙宁年间的王安石变法。当时政府下令全国各地都要组建保甲组织，其职能有两项，一项是作为民兵组织以弥补地方政府防御力量的不足，另一项是作为共同承担责任的团体以加强对地方社会的控制。王安石的改革策略是加强国家权力对基层社会和民众的直接控制，这在很大程度上损害了介于皇权和个人之间的士大夫阶层的权力和利益，因而遭到他们的极力阻挠和反对。这不能不说是变法失败的一个重要的社会原因。不过，王安石的改革纲领和学术思想虽然一直受到保守的正统士大夫的非议，但他创立的保甲制度因有利于社会控制却得以断断续续地延续下来。明代后期，为了维持日趋

---

① 黄宗智：《中国的“公共领域”与“市民社会”?》，载邓正来、J. C. 亚历山大编：《国家与市民社会：一种社会理论的研究路径》，中央编译出版社 1999 年版。

动荡的社会秩序，保甲制度越来越受到地方官员的青睐。在推广和发展的过程中，保甲基本上一直保持着“官治”的形式，但与地方精英的结合程度也日益密切。地方政府希望借助保甲制度把官僚统治延伸到乡村社会之中，加强对民众的监督和控制，地方精英也尽可能利用保甲组织达到增强自己的支配能力、保持社区稳定和财产安全的目的。

明朝初期，地方社会的治安维持以及社区成员之间相互监督、相互负责的职能被赋予了里甲组织，虽然曾有人提出过组建保甲的建议，但并未引起地方政府的兴趣。[①] 从正统年间开始，乡村社会开始出现动荡不安的局势，为了重组趋于瓦解的乡村治安体系，于是越来越多的官员采用编置保甲的办法维持社会秩序，到晚明，这种组织已成为最重要的乡村社会控制手段之一。[②] 著名政治家和思想家王守仁正德后期巡抚南赣汀漳等处时推行的“十家牌法”，一向被视为明代保甲组织的一个样板。王守仁要求本地居民不论是土著还是流寓，官户还是民户，每十家编为一牌，开列各户籍贯、姓名、年貌、行业等项内容；该牌由同牌 10 家逐日轮流收掌，每日酉牌时分，持牌到各家核查，若某家有缺人或多人情形，必须盘查清楚，并将有关情况通报同牌各家；如果觉得事情可疑，则必须立即报官，若隐匿不报，事发 10 家同罪。[③] 由于地理环境、聚落景观及社会经济状况不同，各地保甲组织的具体编制方法千差万别，但在指导原则上却与“十家牌法”相当一致，都是试图把民众组编为一个个共同承担责任的小团体，让团体内的各家各户相互监视，相互制约，从而收到弭盗安民、守望相助的功效。为了收到预期的功效，各地编排保甲时一般都贯彻严格的属地主义原则，即尽量使现有住户都编入保甲组织，而不考虑这些住户的原籍、职业等情况。海瑞在担任浙江淳安知县期间组建保甲，规定凡在当地居住的人户，不管其原来属于哪一都图，只要年龄达到 15 岁以上，都要开报给官府，编入保甲。他解释这样做的原因是：“盖原该管都图人户，今有迁徙，又有

---

① 万历时吕坤曾谈到：“国初设保甲之法，每十家为甲，甲有长，十甲为保，保有正。凡属甲内人民，各置兵器一件，甲长置锣两面，保正置鼓一面，或铳一杆。”（《去伪斋文集》卷一《摘陈边计民艰疏》，齐鲁书社《四库全书存目丛书》本）有些学者引用这段话作为明初已推行过保甲制的证据。但遗憾的是，迄今尚未发现明初存在如此严整的保甲组织的事例。

② 关于明代保甲制度的基本情况，参看陈宝良：《明代的保甲与火甲》，《明史研究》第 3 辑，黄山书社 1993 年版。

③ 吴光等编校：《王阳明全集》，上海古籍出版社 1992 年版，第 528—531 页。

他方来此为工、为商、雇工流寓之人，故又立为保甲之法以讦奸细、联涣散，使尔等出入相友，急难相救，亦即古者井邻里邑比闾族党之意也。”在具体组编保甲时，地理上的相互联属是首要考虑的因素。海瑞颁发的保甲编排式样是：“照依居止次序编甲，若街道狭窄去处，则编东一户为第一，西一户为第二，又东二户为第三，西二户为第四；若居止星散参差，难以齐一者，各随其居相近者为一甲，多或十余户，少或不及十户，但取守望之便，不必分析割补，拘定数目。”①

王安石赋予保甲的两种职能，在明代建立的保甲组织中都被继承下来，但除了遭受外敌侵袭或盗贼活动频繁的地区之外，大多数地方的保甲组织是以社会控制和居民管理为首要目标的。在性质与功能上，明代的保甲组织也基本上始终保持着其初创时期的特征：它们都是由地方政府下达行政命令强制组建的，辖区内的居民必须按照规定的户数组成一个个大致均等的互保单位；保甲组织的首领可以由社区居民共同推举，但最终任免权掌握在地方官员手中。王守仁最初推行“十家牌法”时，为了防止大户对小民的“胁制侵扰之弊”，曾规定“各甲不立牌头”；但他很快就发现，不借助和利用地方上的实力人物，很难使保甲成为有效的基层防御组织，因而又下令要求“各府州县于各乡村推选才行为众信服者一人为保长”②。其后，选择行止才力可以服众者担任保甲首领基本上成为各地通行的做法。如副使王梴在徐州推行的团保制，“每十家编一小牌，为一保，内取精健好汉、丁力强胜者为保长，承牌管领十家，又相度地方远近，村屯顺便，每五保编一大牌，为一团，内取精健兼有行谊、众所推服者充为团长，收牌管辖五十家”③。海瑞在浙江淳安推行的保甲制，则是“一甲择一有行止才力、为人信服之人为甲长，三甲或四五甲内择有行止才力、为人信服之人为保长”④。从这些选拔要求看，地方政府是希望由有威望的社区领导人出任保甲首领，从而最大限度地发挥这一制度的控制与管理效能。当然，另一方面，地方官员也不希望保甲首领借此扩展自己的权力。如王守仁虽然要求推选才行为众信服者担任保长，但又规定保长的任务是“专一防御盗贼”，

① 陈义钟编校：《海瑞集》上册，中华书局1981年版，第182页。
② 吴光等编校：《王阳明全集》，第610页。
③ 嘉靖《徐州志》卷八《人事志三·兵防》。
④ 陈义钟编校：《海瑞集》上册，第182页。

而"平时各甲词讼，悉照牌谕，不许保长干与，因而武断乡曲"[①]。其他地方官员虽然不一定像王守仁那样做出明确限制，甚至不少官员希望保甲首领在解决民间纠纷时发挥积极作用，但他们也像王守仁一样对保甲首领保持着警惕，并采取措施防止他们武断乡曲。

但在实际上，保甲组织并不容易按照地方官员的理想设计来运行。由于保甲具有半官方性的基层行政组织的性质，其首领实际上被置于地方政府的跑腿与仆役的卑下地位，他们不仅要为社区治安担负很大的责任，还常常受到地方政府官员和胥吏的役使盘剥。在不少地方，充任保、甲长如同"充徒配"，往往导致殷实之家陷于破产的境地。因而，不要说有身份的绅士，就是不享有政治特权的庶民富豪之家，也很少愿意出任保甲组织的首领。有的地方官员试图通过加强政府对保甲首领的直接授权关系提高其地位和影响。如万历初年，河间府交河县就曾规定，保正、保副"要德行身家可以慑服众志者，给与印帖"[②]。但这种做法很难收到实际效果，因为给保甲首领造成损害以致使人视为畏途的主要因素恰恰是来自地方政府本身。既然有势力的家庭不愿充当保甲首领，这类职务在一些地方便落入市井无赖手中。这些人中的强者"恣睢而为奸"，弱者"阘茸而无能为"[③]，以致保甲组织不但不能发挥防盗安民的作用，反而给人民带来许多祸害。

虽然地方精英不大愿意亲身出任保甲首领，但对这种组织却并非漠不关心，他们总是试图利用自己的权威地位掌握保甲组织的实际控制权。对于这种状况，地方官员存在着不同的态度。有些官员认为地方精英的支持与合作是使保甲组织发挥实际效能的不可缺少的因素，因而对地方精英参与保甲事务持肯定态度；也有一些官员不满于地方精英武断乡曲的行径，对他们控制保甲组织的做法表示反感。但是，即使是持反对态度的官员，实际上也无法阻止地方精英对保甲组织的渗透与操纵。例如，嘉靖中期，朱纨受命提督浙闽海防军务，他认识到"保甲之法，操纵在有司则可，操纵在巨室则不可"[④]，于是采取措施整顿东南沿海地区的保甲制度，试图抑制巨室豪族的势力。他的努力不

① 吴光等编校：《王阳明全集》，第610页。

② 万历《交河县志》卷二《建置志》。

③ 张萱：《西园闻见录》卷九八《缉奸》，全国图书馆文献缩微复制中心影印本。

④ 朱纨：《甓余杂集》卷八《公移二》，齐鲁书社《四库全书存目丛书》本。

但未能获得成功，他自己却因遭到巨室豪族在朝廷中的代言人的攻击而含愤服毒自杀。在他之后出任福建巡抚的官员，便都改变策略，采取措施促使绅士集团管理保甲事务。如万历中期任巡抚的许孚远指示选拔乡保首领时应"谋诸乡荐绅先生"，"首推士夫，及于耆老，及于举、监、生员，随地方人才多寡为率，短中求长"①；万历末期任巡抚的黄承玄认为当时"约正、保长多不得人"，指令"本乡若有缙绅先生、孝廉、文学"，该州县应虚心咨访，听他们"核实公举"②。事实上，晚明在一些地区，特别是在宗族组织发达的东南地区，保甲组织实际上成为巨室大族支配地方社会的工具；宗族领袖们成功地将保甲制度与宗族制度融合为一体，增强了宗族组织的政治色彩和控制能力。地方精英对保甲组织的渗透和控制，虽然有时会引起与地方政府之间的矛盾，但这只是一个次要方面；从根本上说，地方政府与地方精英在维持社会治安方面存在着共同的利益关系，地方精英的参与可以帮助地方政府达到仅凭其自身力量不易实现的目标。

二、地方精英与乡约

地方精英在社区秩序重组方面所起的作用，在明代中后期广泛举行的乡约中表现得更为突出。与保甲一样，乡约也起源于北宋熙宁年间，它是由吕大钧、吕大临等四兄弟在家乡蓝田举办的建立在自愿基础上的社区自我管理组织。明朝初期，解缙曾建议将《吕氏乡约》作为睦邻良法颁布天下，③明成祖朱棣下令编纂的《性理大全》也将《吕氏乡约》收录其中。由于当时里甲组织还能有效地发挥乡村教化的作用，所以《吕氏乡约》虽受到儒家士大夫的欣赏，但却无人仿效举行。正统以后，面对乡村社会秩序日趋动荡的局面，有人开始将乡约付诸实践。到嘉靖以后，推行乡约者越来越多，几遍全国。④

与保甲制度相比，乡约组织的情况要复杂得多。有的乡约只是定期举行宣讲圣谕和约束条文的仪式，并对查究出来的善恶行为进行道义上的褒扬和劝戒，而并未形成固定的组织；有的乡约的组织形式则十分严格，可以强迫社

① 许孚远：《敬和堂集》卷八《公移・约保事宜》，齐鲁书社《四库全书存目丛书》本。

② 黄承玄：《盟鸥堂集》卷二九《公移・约保事宜》。转引自郑振满：《明后期福建地方行政的变化》，《中国史研究》1998 年第 1 期。

③ 《明史》卷一四七《解缙传》。

④ 关于乡约的基本情况，参看曹国庆：《明代乡约研究》，《文史》第 46 辑，中华书局 1999 年版。

区内的所有人户全部加入,并对违犯乡约规条者进行严厉惩罚。朱鸿林曾概括说:“在社区有限自治和社会道德提升这最大共性之外,乡约在性质、功能、成效、权威来源、活动项目、宽严程度上都难一概而论。”[①]大体言之,嘉靖以前的乡约,主要是以《吕氏乡约》的内容为根据,而从嘉靖年间开始,“圣谕六言”则成为乡约的主体性内容。[②] 乡约的具体条款和举办目的,也由开始时的重视劝导和教化,变得越来越偏重于训诫和惩治。这样,本来是以人格教化而非以社会控制为宗旨的乡约越来越多地带有了“吏治工具”的色彩,诚如朱鸿林所说,明代乡约明显存在着“法律意味渐重而约法意味渐轻”的趋势。这种趋势的出现,既是地方政府有意推动乡约建设以加强社会控制的结果,也是地方精英试图利用国家正统意识形态以加强自身社会影响的结果。在加强对乡村社会的管理与控制方面,地方精英和地方政府存在着共同的目标和利益。

明代不少乡约是根据地方政府的行政命令举行的,这类乡约往往会在一个行政辖区内广泛组建。其中影响最大的是王守仁制定的《南赣乡约》,它成为晚明许多地方官员仿效的对象。《南赣乡约》的内容是劝诫民众孝顺父母,尊敬兄长,教训子孙,和顺乡里,死丧相助,患难相恤,善相劝勉,恶相告诫,息讼罢争,讲信修睦;并要求在道里均平之处选择一所宽大的寺观作为约所,定期举行约会,会上要庄重地宣读誓词和约文,将有善行、过举者当众揭示,并在征得众人同意后分别记入“彰善簿”和“纠过簿”。[③] 在晚明,由地方官员下令举行的乡约,许多都像保甲一样发挥着半官方的基层行政组织的作用,不少乡约还与保甲融合成为一体化的社会控制体系。吕坤任山西巡抚时设计推行的乡甲约就属于此类情形。在他看来,“乡约保甲原非两事”,而是一件事情的两个方面,“乡约所约者此民,保甲所保者亦此民,但约主劝善,以化导为先,保主惩恶,以究诘为重”。他认为,“守令之政,自以乡约保甲为先”,在实施时应将“乡约、保甲总一条鞭”,约长与保长一身而二任,约史、约赞、知约俱由保甲公职者充任。[④] 福建巡抚黄承玄则试图通过以乡约统领保甲的方法使乡约与保

---

① 朱鸿林:《从沙堤乡约谈明代乡约研究问题》,《中国社会历史评论》第二卷,天津古籍出版社2000年版。

② 酒井忠夫:《中国善书の研究》,东京弘文堂1960年版,第41—44页。

③ 吴光等编校:《王阳明全集》,第601—604页。

④ 吕坤:《实政录》卷五《乡甲约》。

甲融为一体。他下令各处因地制宜建立约所，"每月朔望，保长率各甲人等齐集会所"，"如保正副、甲长无故不到者，纪簿戒惩，如里甲人等无故不到者，着令保长召至警谕，再不到者亦纪簿戒惩"；"会日宣讲既毕，保长各报善恶姓名，约正当众核实，除孝子顺孙、义妇节妇公举表扬外，其余但有一善可取，即与纪簿，如恶迹显著，除窝盗、通番诸重大事情呈官究治外，其余小过，初次约正姑当众训诲，令其愧改，二次纪簿报官"。①

这种带有基层行政组织色彩的乡约，其首领的社会身份与保甲首领相似，大多是家底比较富裕、品行才干可以服众的平民。如嘉靖年间，浙江太平知县曾君才"令每都为一约，推举年高德望者一人为约正，多不过二人，以有才力能干济者为约副，人无定数"②。吕坤推行的乡甲约，规定缙绅、举人、监生和生员不须编入其中，但他又认识到乡甲首领"上户不肯为，下户不能为"，因此下令让"百亩之家报名到官"，从中选择乡甲首领。③ 不过，虽然绅士不肯担任此种类型的乡约组织的首领，地方官员还是希望尽量发挥他们的领导作用，其方法就是让他们享有乡约和保甲首领推举权。前面曾提到，黄承玄主张在选择约正、保长时，州县官员应虚心咨访并充分尊重当地绅士们的意见。地方官员建立乡甲组织的目的，是希望它能够作为官治系统的一部分在乡村事务管理方面发挥重大作用，形成一套"良民分理天下，有司总理于上"的乡村控制体系。因而，他们都赋予乡甲组织一定的司法裁判权。如吕坤规定，除盗贼、人命等重事外，婚姻、田土、钱债、口角、斗殴之类的事情一律由乡甲约调解处理，"如事情稍重及不服处断者，不问告何衙门，约正副分别是非，补呈子一张，递于问官，以凭从公究处"④；黄承玄也规定，民间一般性纠纷均由乡保调解，"如有重大事情须白官府者，亦必先经约会，然后告官"，"以后本院词状，一一据此查核，以杜诬罔"⑤。不过，从实际效果看，此类乡甲组织由于过于依赖官僚政治，很容易沦为受地方政府驱遣役使的职役。如在明末的太和县，当地政府在

① 黄承玄：《盟鸥堂集》卷二九《公移·约保事宜》。

② 嘉靖《太平县志》卷五《职官志下》。

③ 吕坤：《实政录》卷五《乡甲约》。参见谷口规矩雄：《吕坤の乡甲法について》，载同氏：《明代徭役制度史研究》，同朋舍 1998 年版。

④ 吕坤：《实政录》卷五《乡甲约》。

⑤ 黄承玄：《盟鸥堂集》卷二九《公移·约保事宜》。

乡村普遍组建了乡约与保甲合一的基层组织系统，并严令“乡约地方每朔望具甘结到县，以便稽查，不得偷安取究”[①]。这样，不要说绅士，就是富裕平民也不愿担当首领职责，因而在一些地方出现了乡约首领“俱是光棍，地方任其举报，善良而谨畏者，避迹潜藏，浮夸而纵恣者，投足争进”的现象。[②]这恐怕是推行乡约的地方官员始料所不及的。

相比而言，明代后期以地方精英为主导创办的乡约数量更多，而且其创办人大多都是绅士阶层的成员。这些乡约有些是先由地方官员倡导，而后由地方精英在自愿的基础上付诸实施；有些则是先由地方精英举行，而后呈报地方政府批准，地方官员一般都会对这种活动表示支持。不论创办的情形如何，此类乡约的具体事务一般都由地方精英自行办理，地方官员可能会时不时地过问一下乡约的举行情况以表示关切，但不会对其运行过程施加实质性的干预。嘉靖年间福建泉州府晋江县青阳乡实行的乡约就是这方面的一个典型例子。青阳乡以及附近各乡人烟稠密，社会秩序混乱，于是社区代表向官府推举罢职家居的官员庄用宾为约正。庄用宾捐赀修复已倾圮的石鼓庙作为约会之所，每月朔望，他与巨姓四十人在约所主持集会。约内人户分为十甲，“每岁庄姓偕巨姓各二人分董其事，务在相劝、相规、相友、相恤”，有善者则予以褒扬，有犯者则予以惩治，“抑强而扶弱，除奸而御盗，解纷而息争”。很显然，这一规模相当大的乡约组织的首领虽然上报地方政府批准，但其管理权则完全掌握在以庄氏宗族为首的能够代表各大宗族利益的地方精英手中[③]。也有个别绅士举办乡约后，并不呈报地方政府备案。如嘉靖中期，广东增城县沙贝村曾举行乡约，该约的主约由致仕家居的著名思想家湛若水担任，副主约、约正、约副和乡正亦由该村湛氏和伍氏两大家族的人士分任，此外还有乡约宾35名，其中除湛、伍二姓外，还包括其他12姓的人士，他们大约都是沙贝村及附近村落各宗族中有威望的老人。该约的主要集体活动是每季仲月望日举行集会，集会的内容包括宣讲明太祖的“六谕”和明世宗谕承天府百姓的“宣谕”、宣讲有关的儒家经书、宣读乡约条款、将有善者和有过者分别记入“纪善册”和“纪过

① 吴世济：《太和县御寇始末》卷下《编排保甲》，浙江人民出版社点校本。

② 吕坤：《实政录》卷五《乡甲约》。

③ 参见朱鸿林：《明清乡约研究的若干反思》，“明清研究：现状的探讨与方法的反思”国际学术会议论文，新加坡国立大学中文系汉学研究中心主办，2000年7月。

册”、举行燕饮之祀等。乡约的领导层在除集会之外的其他八个月的望日则到各个保甲地分巡省，对善恶行为分别加以勉励和惩诫。该乡约并没有报请官府批准，是一个完全由地方精英组建的以教化善俗为宗旨的非官方组织。①

总体看来，在不同类型的乡约中，地方精英与地方政府的地位、作用和能动性存在着一定程度的差异。官办色彩越浓的乡约，对行政力量的依赖程度越高，而地方精英的关心程度和参与程度越低；反之，民办色彩越浓的乡约，对民间权威的依赖程度越高，地方精英的关心程度和参与程度越高。由于地方精英创办的乡约是一种自发性的社会组织，因此创办者不但要承担起领导责任，更重要的是，他们还要负责筹集组织活动所必需的经费。前述广东增城县沙贝村举办的乡约，所需经费基本上都是作为主约的湛若水提供的。如果乡约的创办者和领导者们丧失了原初的热情，或者无法得到必需的活动经费，乡约便很难维持下去。从有关记载看，晚明大多数乡约持续的时间都不太长，这是一个重要原因。

乡约的主要宗旨是化民善俗，既符合儒家的伦理教化思想，又能够强化对民众的控制和约束，因而政府官员和地方精英都大力提倡。但双方对乡约组织的定位并不完全相同。关于这一问题有一个有趣的事例。嘉靖九年(1530)，退职家居的广东士大夫黄佐撰写了一部《泰泉乡礼》，论述了应当举行的各种仪礼以及举办乡约、乡校、社仓、乡社、保甲等事宜。黄佐倡导举办乡约等组织的目的，是“以赞成有司教化”，但他主张这些组织应是完全自主自治的：“约正、约副，则乡人自推聪明诚信为众所服者为之，有司不与。凡行乡约，立社仓，祭乡社，编保甲，有司毋得差人点查稽考，以致纷扰。约正、约副姓名，亦勿遽闻于有司。”②广东地方官员对《泰泉乡礼》极为重视，不仅广为刊刻，还参照实行。如嘉靖十四年(1535)，广东右布政使李中将《泰泉乡礼》翻刻，遍发所属州县，每里各给一部，使之家喻户晓，并札令各府州县“严立乡约、乡校、乡社、社仓、保伍，各具约长、约副姓名以闻”③。同是乡约的大力倡导者，一个主张不要将约正、约副姓名“遽闻于有司”，一个却下令乡约“各具约长、约副姓名以闻”，反映了作为国家权力代表的地方官员与作为地方社会代表的地方绅士之间的立场差异。

① 参见朱鸿林：《明代嘉靖年间的增城沙堤乡约》，《燕京学报》新八期，北京大学出版社2000年版。
② 黄佐：《泰泉乡礼》卷二《乡约》，台北商务印书馆景印文渊阁《四库全书》本。
③ 嘉靖《广东通志》卷四〇《礼乐志五·乡礼》。

尽管地方官员与地方精英的立场有些不同,但双方实际上都认为乡约应由地方精英主持,都把乡约看作是官治的补充。地方精英一般也注意不对国家权力构成挑战,许多乡约条款中都有将重大犯罪分子交由官府惩治的明确规定。一旦超越了这一界限,就有可能引起其他士大夫的非议和攻击。例如,成化时退职家居的名儒罗伦在家乡江西吉安府永丰县倡行乡约,就因"致人于死"遭到指控。[①] 在他制定的乡约条款中,竟有对盗窃者"必亲置之死地"的规定,其好友章懋致信劝诫说,"乡约之行,欲乡人皆入于礼,其意甚美",但"天子之柄,而有司奉而行之,居上治下,其势易行,今不在其位而操其柄,已非所宜,况欲以是施之父兄宗族之间哉"[②]。继罗伦之后在当地倡行乡约的曾昂,也因为试图行使只有官府才可合法使用的刑罚权,导致"谤胜于朝,谓公居乡专制生杀,台谏将纠论之"[③]。当然,尽管政府官员认为地方精英对亲族乡邻滥施暴力是不合法的,但他们却很少对这种行为加以干预,即使这种行为激起了公开的矛盾和纠纷,官员们也往往偏袒地方精英。对于地方政府来说,只有充分利用和依靠地方精英,才能在不耗费更多的人力和物力的基础上向下延伸自己的统治功能。

三、地方精英与宗族

保甲、乡约之外,晚明在乡村社会控制和管理方面发挥着重要作用的另一种社会组织是宗族。有些学者将盛行于明清时代的宗族组织视为古代氏族公社的残余形式[④],似乎不太符合实际情况。事实上,明清时代以宗祠、族谱和族田为支柱的宗族组织,尽管保存了古代氏族公社的某些内容和特点,但绝非古代氏族公社的直接延续或遗留物,而是随着政治、经济和社会结构的深刻变化从宋代开始出现的一种新型事物。[⑤] 唐代以前,世家大族控制着中央和地方各级政府的统治权力,地方社会形成了一个个以世家大族为核心的社会组

---

① 《明宪宗实录》卷七一,成化五年九月壬午。

② 章懋:《枫山集》卷二《答罗一峰书》,上海古籍出版社《四库明人文集丛刊》本。

③ 罗洪先:《念庵文集》卷六《纪事》,上海古籍出版社《四库明人文集丛刊》本。

④ 柯昌基:《宗法公社管探》,《中国社会经济史研究》1985 年第 2 期;傅衣凌:《明清社会经济变迁论》,第 31—33 页。

⑤ 有些学者认为,中国古代家族制度的发展变化大致可以划分为三个时期:春秋以前与世袭领主制相对应的宗法式家族制度,东汉后期到唐代与世族门阀地主制相对应的世家大族式家族制度,宋代以后与官僚及庶民地主制度相对应的族权式家族制度。参看徐扬杰:《宋明家族制度史论》,中华书局 1995 年版,第 2—13 页;李文治、江太新:《中国宗法宗族制和族田义庄》,社会科学文献出版社 2000 年版,第 2—26 页。

织。到了唐代，世家大族的政治地位和社会地位日趋下降，并最终在唐末五代的大动乱中彻底归于覆没。伴随着以世家大族为核心的社会秩序的解体，亲族成员之间的关系变得疏松淡薄，“人家不知来处，无百年之家，骨肉无统，虽至亲恩亦薄”，官僚阶层和地主阶级的社会地位也处于不稳定状态，即使贵至公卿，也“止能为三四十年之计”，一旦身死，就会出现“遂族散”、“众子分裂”的局面。[①] 在这种情况下，宋代士大夫大力宣扬宗法伦理，倡导立宗子、立家庙、修宗谱，有些士大夫还设立义田、义学等，力图在新的社会基础上重建家族社会。理学的集大成者朱熹还编写了指导家族内部活动的《家礼》，对后世的宗族组织建设起到极大的推动作用。可以说，儒家士大夫集团的理论宣传和身体力行，对于宋代以来宗族组织的形成和发展起到了关键性作用。

明朝建立后，确立了程朱理学的正统意识形态地位。一些士大夫以及受过教育的庶民在程颐、朱熹等阐述的宗法理论的影响下，开展了某些“敬宗收族”的活动，正如顾炎武所说，“及乎有明之初，风俗淳厚，而爱亲敬长之道达诸天下，其能以宗法训其家人，而立庙以祀，或累世同居，称之为义门者，亦往往而有”[②]。但是，从国家礼制的角度看，明代前期的许多建祠和祭祖活动并不具备合法性。按照明朝的礼制规定，品官之家可以设立祠堂奉祀高、曾、祖、祢四代神主，而庶人则只能在居室祭祀祖父母和父母。[③] 尽管这些限制因不适应宗族社会发展的需要常被突破——品官之家设立的祠堂常将奉祀对象扩展到四代以上的祖先以至始祖，有些经济实力充裕的庶民也仿效士大夫之家设立祠堂并祭祀远祖，但许多士大夫在思想观念上对建祠活动一直心存疑虑，因而时常发生关于祠堂是否合乎礼制的争议[④]。到嘉靖十九年(1540)，礼部尚书夏言上疏“乞诏天下臣工建立家庙”、“乞诏天下臣民冬至日得祭始祖”[⑤]。夏言的建议虽然不过是要求朝廷正式承认业已存在的社会现象，但仍有重要意义：它为建立祠堂和奉祀远祖的行为提供了法律上和礼制上的根据，从而推动了民间建祠活动的发展和普及。后世一份地方文献指出，“明世宗采大学士

① 张载：《经学理窟·宗法》，载《张载集》，中华书局点校本。
② 顾炎武：《顾亭林诗文集》，第109页。
③ 《明史》卷五二《礼六》；万历《明会典》卷九五《祭祀·品官家庙》。
④ 参看郑振满：《明清福建家族组织与社会变迁》，第159—165页。
⑤ 夏言：《夏桂洲先生文集》卷一一《令臣民得祭始祖立家庙疏》，齐鲁书社《四库全书存目丛书》本。

夏言议，许民间皆得联宗立庙，于是宗祠遍天下”[1]。由于宗族组织在很大程度上依赖于源自共同祖先的血脉观念和感情，因而祠堂的建立常常成为宗族组织形成或强化的契机，在祠堂里举行的祭祀仪式以及其他活动也是维系宗族内部成员之间关系的关键性因素之一。例如，福建连城新泉张氏，到万历时已是有族众千余人的大族，在未建立祠堂之前，“六股子姓各房一门，不相聚会”，万历三十一年(1603)始造祠堂一间，以后几次更建，祠堂发挥了“联族姓”的作用，整个家族整合为一个统一的组织。[2]

在宗族组织的形成和维持过程中，宗族内的精英分子——他们一般也都是地方社会中的精英分子——起到至关重要的作用。宋汉理在对徽州休宁范氏宗族进行个案研究时，发现范氏宗族领导人的个人努力对其宗族组织产生了很大的影响，因而提出宗族领导者的地位和作用是有助于宗族作为一个社会集团长期存在的重要因素。[3] 宋汉理的看法具有广泛的适用性。如福建连城四堡邹氏家族迁居该地近十世，始终未能发达起来，嘉靖年间邹希孟成为生员后，利用自己的地位和影响修祠堂、筑先茔、置族田、设族塾，该族从此进入

---

① 冼宝干等纂：《佛山忠义乡志》卷九《氏族》，民国十五年刻本。应当注意，晚明宗族组织虽然表现出日趋普遍和兴旺的势头，但在地域上却表现出强烈的不均衡性。在北方地区，建立宗祠、编纂族谱的家族很少，同族之间的结合比较松散，缺乏制度化的组织形式。王士性《广志绎》卷三《江北四省》记述河南的情况说：“郡邑无二百年耆旧之家，除缙绅巨室外，民间俱不立祠堂，不置宗谱，争嗣续者，止以殓葬时作佛超度所烧瘗纸姓名为质。庶民服制外，同宗不相敦睦，惟以同户当差者为亲。同姓为婚，多不避忌。同宗子姓，有力者蓄之为奴。”北方其他地区的情况亦大略如是。而在南方，特别是在福建、广东等地，宗族组织却很发达，一个宗族往往建有多所祠堂，拥有数量较多的族产，形成了比较严密的管理机构。这里仅举明末清初学者屈大均在《广东新语》卷一七《宫语》(中华书局点校本)中对广州附近宗族组织的描写为例：“岭南之著姓右族，于广州为盛；广之世，于乡为盛。其土沃而人繁，或一乡一姓，或一乡二三姓。自唐宋以来，蝉连而居，安其土，乐其谣俗，鲜有迁徙他邦者。其大小宗祖祢皆有祠，代为堂构，以壮丽相高，每千人之族，祠数十所，小姓单家，族人不满百者，亦有祠数所。其曰大宗祠者，始祖之庙也。庶人而有始祖之庙，追远也，收族也。追远，孝也；收族，仁也，匪僭也，匪谄也。岁冬至，举宗行礼。主鬯者必推宗子，或支子祭告，则其祝文必云：裔孙某，谨因宗子某，敢昭告于某祖某考。不敢专也。其族长以朔望读祖训于祠。养老尊贤，赏善罚恶之典，一出于祠。祭田之入，有羡则以均分。其子姓贵富，则又为祖祢增置祭田，名曰蒸尝，世世相守。”南北整体经济发展水平的差异，是造成其宗族组织强弱不同的重要因素。因为宗祠的修建，族谱的编纂，祭祀的举行，以及对于维系宗族凝聚力至关重要的族内公益事务的举办，都需要耗费大量钱财。与富饶的南方相比，贫瘠的北方乡村在族田的建立和保持以及临时性筹款方面都会面临更大的困难。

② 《连城新泉张氏族谱》卷首《张氏家庙祠堂记》。转引自陈支平：《近 500 年来福建的家族社会与文化》，三联书店上海分店 1991 年版，第 36 页。

③ 参看宋汉理：《徽州地区的发展与当地的宗族——徽州休宁范氏宗族的个案研究》，载刘淼辑译：《徽州社会经济史研究译文集》，黄山书社 1988 年版。

兴旺发展的阶段，可见邹希孟的个人努力对于该宗族的发展起到了决定性的作用。[①] 山东淄川毕氏家族在嘉靖时为减轻徭役负担，“一族析为三甲”，出现“门户分而休戚隔”的局面，万历后期该家族的毕自严考中进士，他“惧数传之后，族属远则渐疏逖，子侄夥则易涣散”，下大力气纂修族谱，加强了同族之间的结合。[②] 江西乐安县流坑村是董姓居住的单姓村落，明代中叶以后，该村的乡绅精英建立了以“彰义堂”为中心的捐银入主新制度，完善了以祖坟风水为依据的族产占有理论并配合有造神等措施，确立了宗子制并保证其长期主祭的可能，组织了分班轮流管理族务的乡绅班子，建造了规制严整、防御力强的街巷敌楼体系，并定期举办士人之会和乡约讲会相配套的村族之会，大大强化了宗族组织的实体性和控制力。[③]

事实上，通过对有关文献和族谱的考察，可以发现，作为宗族存在之物质基础的族田的捐献者基本上都是绅士、富商和地主，尤以绅士居多。例如，明代苏州共设立宗族义庄 8 个，其中 6 个义庄的创立者为官僚，还有一个义庄的创立者为生员，只有 1 个义庄的创立者可能为平民，但也出身于“簪缨累世不绝”之家[④]。大量族谱记录还告诉我们，宗族内的绅士和其他精英分子也是族谱的主要修纂者。有的宗族还通过族规确定了绅士在族谱修纂中的主导地位，如嘉善陈氏规定，“族谱十年一修，有爵者主之，爵同论长”[⑤]。宗族组织的领导阶层也总是由绅士和其他精英分子组成。尽管宋代以来的儒家士大夫总是强调“立宗子”的重要性，但在变化了的社会条件下，不可能恢复嫡长子继承制以维护宗子的政治和经济地位，因而明代许多宗族并未设立宗子；立有宗子的宗族，倘若宗子缺乏实力和管理才能，也只能在祭祀仪式中担任象征性的领导。在宗族中发挥实际作用、管理实质事务的，基本上都是绅士以及其他有实力和影响的人物。

以绅士和其他精英分子为主导的宗族组织究竟具有怎样的性质和职能？对此学术界看法不一。有人认为它是地主控制族众、辅助基层政权、维持封建

① 陈支平：《近 500 年来福建的家族社会与文化》，第 79 页。
② 毕自严：《石隐园藏稿》卷二《淄川毕氏世谱序》，清康熙二十五年刻本。
③ 梁洪生：《江右王门学者的乡族建设——以流坑村为例》，《新史学》第八卷第一期，1997 年。
④ 范金民：《清代苏州宗族义田的发展》，《中国史研究》1995 年第 3 期。
⑤ 陈龙正：《家矩》，《檇李遗书》本。

统治的政治性社会组织[①]；有人认为它是用以维护地主体制的“同姓共同体”，具有缓和宗族内部地主与佃户间的阶级矛盾、保障下层农民的再生产过程的功能[②]；有人认为它是以“敬宗”、“收族”为核心精神，以提高宗族内部的合作与团结、树立家族对外威信为目的的社会组织，族长利用族权压迫族人只是个别的、非正常的现象[③]；有人认为它是士大夫为了实现政治身份的世袭化而设立的机构，宗族内部贯彻的是平等原则，地主与佃户之间不存在阶级关系[④]；等等。各种意见其实都是突出强调了宗族功能的某个方面。中国的宗法原则和家族文化具有丰富的内涵和高度的适应性，因而宗族组织随着具体社会环境的千差万别而表现出复杂多样的面貌和特征。但是，总体看来，大多数宗族组织所发挥的社会职能都是综合性的。因强调温情脉脉的亲情关系并能在族人遇到困难时提供某种程度的赈济和帮助，宗族组织当然有助于缓和或模糊宗族内部的不平等关系和阶级对立；但同样不可否认，宗族组织的领导人多由绅士和地主分子担任，他们也在利用这一亲族组织维持和加强对下层族众的控制和压迫。这两个方面看似对立，实际上是相辅相成的。一般说来，越是拥有大量族产、内部管理严格的宗族，越是有能力举办各种族内公益和慈善事业，同时宗族领导也越是有能力约束和控制族众。我们应该注意到这一现象：晚明宗族组织比较发达的地区，基本上也都是租佃关系比较发达的地区。

据李文治研究，宗族制度在明代经历了一个重要转变过程，即由宋元时代的着重于尊祖敬宗和睦族收族，转变为着重于对族众的控制和制裁，宗族的政治性质因而大为增强，成为基层政权组织。[⑤] 宗族在明代是否已完全成为维持地主阶级统治的基层社会组织，还有待于进一步探究和讨论；但明代宗族组织的政治性趋于加强，却是不争的事实。这种趋势在明代前期就已出现，但到晚明表现得更加明显和普遍。族谱的变化可以充分证明这一观点。据考察，

① 参看左云鹏：《祠堂族长族权的形成及其作用试说》，《历史研究》1964 年第 5—6 期；徐扬杰：《宋明家族制度史论》，第 70—82 页。

② 参见仁井田陞：《中国の同族又は村落の土地所有問題》，载同氏：《补订中国法制史研究　奴隶农奴法　家族村落法》，东京大学出版会 1980 年版。

③ 参看陈支平：《近 500 年来福建的家族社会与文化》，第 84—92 页。

④ 参看井上徹：《日本史学界有关清末民初广东地区农民斗争与乡村社会研究的再探讨》，载叶显恩主编：《清代区域社会经济研究》（上册），中华书局 1992 年版。

⑤ 李文治：《明代宗族制的体现形式及其基层政权作用》，《中国经济史研究》1988 年第 1 期。

宋至明嘉靖以前的家谱，主要是维护血缘的连续性和纯正性，内容上以记载世系和先世功绩为主；嘉靖时期是家谱由单纯的记载血缘世系向一族之全史式的氏族管理典籍的过渡阶段，这种类型的族谱到隆庆和万历时期趋于定型，其特征是利用多种体裁记载一个家族（统宗或支系）的源流、世系血缘关系、人丁、先世功绩、氏族居住地、茔墓、族产、族规等情况，编修和宣讲家谱成为宗族管理的重要手段。① 的确，明代后期，宗族精英分子越来越热衷于制定族规家法，其时所纂族谱不少都载有此类内容，对于违犯族规家法者的惩罚力度也有不断加重的趋势。②一些地方精英还谋求将宗族组织与乡约、保甲等组织融为一体，借助官僚政府的行政权力加强对族众的控制和统驭。此外，当时不少宗族都有在祠堂宣讲皇帝圣谕和乡约规条的举措。正是由于宗族以及宗族化的基层组织能在一定程度上起到补充官治的作用，所以地方政府对于宗族组织的强化普遍持赞成和支持态度。

第四节　地方精英与乡村公共事务

地方精英不但控制着半官方性的和民间性的基层社会组织，而且他们在各类地方公共事务中也发挥着重要作用。地方志中的大量传记材料显示，在晚明，学校、社仓、桥梁、津渡之类的公益机构或项目的建立和维持，大多是由地方精英倡导、组织和管理的。对于农业生产至关重要的水利设施的建设和维护，由于常常需要在超越村庄的较大地域范围中进行，也在很大程度上依赖于地方精英的相互协作和领导。当本地发生重大天灾人祸时，一般也是由地方精英担负组织赈济的工作，有些地方精英还建立了常设性的慈善机构。地方精英在维护乡里安全方面也发挥着重要作用，面对着晚明日益动荡不安的社会现状，越来越多的地方精英还建立了武装组织以保卫乡族的人身和财产安全。当然，上面列举的这些工作，许多都是由地方精英与地方政府共同承担的；特别是在举办大规模的公共活动时，地方精英一般都会谋求地方官员的支

---

① 翟屯建：《略论家谱内容与体例的演变》，载上海图书馆编：《中国谱牒研究》，上海古籍出版社 1999 年版。

② 冯尔康：《中国宗族社会》，浙江人民出版社 1994 年版，第 238—242 页；费成康主编：《中国的家法族规》，上海社会科学院出版社 1998 年版，第 18 页。

持和参与。通过考察,可以看出,地方精英与地方政府在利益较为一致的事务上(比如灾害救济),容易达成共识并展开合作;但在利益分歧较大事务上(比如水利建设),则往往既有冲突又有合作,表现出更为复杂的动态关系。

一、地方精英与灾害救济

灾害救济是关系到乡村社会稳定的重大问题,明初政府对此十分重视,建立了一套以政府系统为主干的救荒体系。根据明太祖的诏令,凡发生水旱灾害,地方官"不拘时限,从实踏勘",根据受灾情况蠲免税粮,如果发生灾伤而地方官员不奏报,"许本处耆宿连名申诉,有司极刑不饶"①。为了做到有备无患,他还令"天下县分各立预备四仓,官为籴谷收贮,以备赈济,就择本地年高笃实民人管理"②。此外,他还要求里甲组织担负起社会救济的责任,规定上中人户如"见乞觅之人,不行资给",则"验其家,所有粮食存留足用外,余没入官,以济贫乏"③。洪武以后,由政府主导的社会救济体系日趋衰败,中央财政逐渐不再为预备仓提供谷本,各州县的预备仓很快出现了"十处九空,甚者谷既全无,仓亦无存"的局面。④ 朝廷屡次颁布诏令要求地方官员重视预备仓的积谷问题,并曾规定积谷的具体数额,但并无多少实际效果,"有司沿为具文","率以虚数欺罔"⑤。在预备仓日益失去灾荒赈济功能的情况下,政府对于灾荒蠲免的控制却越来越严格。根据弘治三年(1490)规定的"灾伤应免粮草事例",凡蠲免税粮"止于存留内除豁,不许将起运之数一概混免"⑥,这实际上是把蠲税的主要责任推给了地方政府,而地方政府在巨大财政压力下当然会尽量降低蠲免数额。到晚明,政治日趋腐朽,最高统治集团对于地方官的报灾奏疏往往不加措意(如万历中后期,对于此类奏疏大多搁置"不报"),这使官方的赈灾活动很难及时有效地进行。与此同时,随着里甲体制的崩解,建立在里甲组织基础上的民间救济体系也日益失去效能。

此外,在明代前期,不论是缙绅地主还是庶民地主,基本上都居住在乡村

---

① 万历《明会典》卷一七《灾伤》。

② 万历《明会典》卷二二《预备仓》。

③ 《皇明诏令》卷二《正礼仪风俗诏》。

④ 杨溥:《请预备仓储疏》,《御选明臣奏议》卷二。

⑤ 《明史》卷七九《食货三》。

⑥ 万历《明会典》卷一七《灾伤》。

社会，他们大多具有亲身从事农业经营活动的经历，与普通农民拥有共同的生活空间，相互之间具有较多的共同利害关系，因而在本地遭遇灾荒时，有些人便会拿出部分余粮进行赈贷，以维持乡里社会的再生产机能。在江南等地区，还存在着地主在灾荒发生时向自己的佃户借贷"性命米"的惯例。到明代后期，随着里甲组织的解体和贫富关系、主佃关系的恶化，这一救济渠道也日益堵塞不通，当自然灾害发生时，"米踊则富者闭廪，只待价昂，贫者望门，无从借贷，田主不肯出资本以急救佃户，佃户亦不肯出死力，以车救田水"①。这种冷漠的人际关系无疑会加重自然灾害的社会危害程度，并激化了贫富之间的社会矛盾。借贷无告的小民有时不免会铤而走险，强迫地主富户有偿或无偿提供多余米谷。明代后期一位江南绅士曾忧虑地指出："其最可虑者，岁或小祲，辄少者数百人，多者千人，指富家巨室以为外府，往往群而索食，稍不与则破垣屋，决仓廪，攘而去之，而莫敢谁何。"②由于是站在地主富户的立场上说话，这一议论当然颇有夸大之处，但也部分反映了当时江南地区的社会现实。

为了缓和日益激化的社会矛盾，维护国家政权和地主阶级的统治基础，地方精英与地方官员都期望建立一套新的社会救济体系，因而以社仓、义仓为主体的民间仓储体制，受到各级政府和地方精英的重视。明代后期，中央政府曾屡次诏令各地建立社仓、义仓③，地方精英对于政府的这种强制做法颇有非议，不过他们并不是反对这一制度本身，而是担忧积储起来的米谷被"官府那借，将农夫手足胼胝、民间锱铢积累者一朝乌有"④。地方精英大多主张由民间自办社仓、义仓，不少绅士、耆民还行动起来，发挥自己的号召力推动民间仓储建设，"在城居者，或设仓于祠堂以周宗族，或设仓于近境以济邻人；在乡居者，或各堡创设之，或一都合力为之"⑤。社仓、义仓的谷本主要是从当地居民中筹集，为了鼓励富室大户向社仓、义仓捐谷，不少地方制定了相应的旌表条例，捐谷者依其捐献数额可受到纪善、官府送匾、给予冠带、优免杂泛差役、竖

① 陈继儒：《晚香堂小品》卷二三《上徐中丞救荒书》。

② 崇祯《嘉兴县志》卷二三《艺文五》。

③ 参见万历《明会典》卷二二《预备仓》；徐学聚：《国朝典汇》卷一〇一《户部十五》，书目文献出版社影印本。

④ 沈兰先：《社仓议》，载俞森：《荒政丛书》卷一〇下《社仓考》，台北商务印书馆景印文渊阁《四库全书》本。

⑤ 汤来贺：《劝设义仓序》，载俞森：《荒政丛书》卷一〇下《社仓考》。

坊旌表等待遇。[①] 有些地方还以摊派的方式要求社众向社仓纳谷，交纳数额或依田亩，“腴产亩输米二升，中产亩输米一升，下产随其便”[②]，或依税粮，“每粮一石，令加纳五升”[③]。地方官员和社区领导还利用基层组织的处罚权筹集谷本，如有的地方规定：“各社有乡约演礼不到、保甲直牌怠玩及一切违犯稍轻者，听约正、副酌处罚谷；其有本社小事口诉不平者，听约正、副量剖曲直，罚谷使之平息，以省赴告及株连干证之费；或赴告而自愿和息者，该有司酌量罚谷，输之该社，取具仓收免罪。”[④]

对于社仓、义仓的定位，政府官员与地方精英有着大致相同的看法，双方都希望这一社会救济体系主要依靠民间力量运转，而政府只行使一定程度的监督权力。因此，晚明各地的社仓、义仓，其管理职务的设置尽管多有不同，但大多都是由“素有忠信，又稍有身家之人”担任[⑤]，许多社仓、义仓还制定了相对健全的管理与监督制度。地方绅士尤其被期望发挥领导作用，一些地方特别规定社正、副应优先选择“贤良先达及孝廉庠序中忠厚廉洁之士”担任，或者由绅士和耆民行使监督职能，“往来防闲其奸”[⑥]。除了社仓、义仓管理事宜外，绅士集团在更大规模的救灾活动中也发挥着越来越大的作用。积极投身于灾荒赈济事务的浙江嘉善绅士陈龙正认为，面对“粟贵民饥，帑无可发，官无可处”的局面，“惟有劝赈一途，以本境之余，周本境之欠，里则周里”，而劝赈之要“则在巨室倡率”[⑦]。他采用的主要赈济方式，是将20—40个圩组成一个区，由籍贯为该区的乡绅指导区内的“大户”、“富户”、“殷户”进行具体的赈灾活动。在晚明，像陈龙正那样积极参与救荒事务的地方精英在许多地方都曾出现，尤以江南地区为多。比如，崇祯年间浙江山阴“湮雨不止，水潦盛昌，菽麦瓜蔬，遍野漂没，人情汹汹，朝不保暮”，于是“荐绅先生闻风而起，议蠲议助议赈济，奔走无虚日”，其中金楚畹捐赀平籴700余石以惠民，张陛则卖田2

① 汪道亨：《修举社仓事宜》，载俞森：《荒政丛书》卷一〇上《社仓考》。
② 沈鲤：《社仓条议》，载俞森：《荒政丛书》卷一〇下《社仓考》。
③ 张萱：《西园闻见录》卷三四《户部三·积贮》。
④ 汪道亨：《修举社仓事宜》，载俞森：《荒政丛书》卷一〇上《社仓考》。
⑤ 汤来贺：《劝设义仓序》，载俞森：《荒政丛书》卷一〇下《社仓考》。
⑥ 正德《大名府志》卷五《公宇志·惠政》。
⑦ 陈龙正：《几亭全书》卷四六《复曹县令梁皋庶》。

顷，买米500余石，以救助故家寒士、嫠妇孤儿以及耄耋废疾之人。[①] 围绕着较大规模的赈灾活动，地方精英与地方官员加强了相互之间的合作。明朝末年，苏州府太仓州遭遇大饥荒，官绅曾聚在一起"会议救荒策"[②]，可见当地地方精英与地方官员已形成了一些非正式的合议机制。

当然，由于救灾不可避免地会在一定程度上损害到地主富户的现实利益，也会在地方官员与地方精英之间出现一些矛盾，但这种矛盾并非是根本性的，只是对问题处理方式的差异。这一点从森正夫对江南救荒问题的研究成果中可以看出[③]。明代后期，一些地方官员认识到减免税粮的做法存在着局限性，"有田之家一，无田之家百，蠲恤所及者，有田之家耳，是一家蒙惠，而百家鲜救也"，因而采取了"议抑子钱，议减租课"等措施[④]，试图让佃户也能获得一点实惠。绅士阶层不愿让国家权力直接介入主佃关系之间，对地方官员的做法提出激烈批评。他们担心地方政府的这些举措会使地主富户蒙受租米和利息等方面的直接损失，而且有可能鼓励佃户采取拒绝缴纳租米、履行债务，甚至聚众哄抢谷米之类的激烈行动。他们提出的灾荒救济办法，是由各个地主直接赈济自己的佃户。如广有田产的大乡绅徐阶在致松江知府的信中，建议"令富民毋计利吝施，各自贷其租户，苟非租户，不得妄指称贷，违者各坐以罪"[⑤]。著名绅士陈继儒在一份救荒建议中，也主张"田主各自接救佃户"，认为"赈济之事，官府既不能遍及乡村，又不能确定灾伤之重轻与饥户之真伪，惟田主与租户，痛痒相关，情形又实，凡田之果荒与否，家之果贫与否，不待踏勘而彼此灼然，莫可掩饰者"，因而由田主自赈佃户最为合理，"人自为给，无强梁挤轧之弊，家自为赈，无游手冒名之弊"[⑥]。当时江南地区的许多绅士都持有此类看法，但总体看来，见诸空言者多，付诸实施者少。在地主富户竞谋私利、主佃关系极度恶化的背景下，田主赈济佃户的体制不可能建立并维持下去。绅士阶层虽然不愿意政府通过灾荒赈济干预地主佃户之间的事务，却也无法依靠自

① 张陛：《救荒事宜》，齐鲁书社《四库全书存目丛书》本。

② 乾隆《镇洋县志》卷一四《杂缀类・逸事》。

③ 森正夫：《十六至十八世纪的荒政和地主佃户关系》，载刘俊文主编：《日本学者研究中国史论著选译》第六卷。

④ 崇祯《松江府志》卷一三《荒政》。

⑤ 同上。

⑥ 同上。

己的力量维持社会再生产机制的延续，因而事实上不得不越来越深地依靠国家权力的支持。两者的目标其实是相同的，都是试图维护并巩固以地主体制为核心的国家统治。

除了地方精英与地方政府合作举办的社仓、义仓和其他救荒事宜外，明代后期另一个值得注目的新现象，是蔚然兴起的宗族组织在社会救济方面发挥了越来越大的作用。当时许多宗族都置有族田义庄，它们大多数是由族中的绅士和地主富户捐置的，也有一部分是析分家产时提留出来的。族田义庄的管理权，则基本上掌握在绅士和其他实力人物手中。赡济家境贫困或遭遇天灾人祸的族人是族田义庄的重要功能之一，许多宗族都制定了相应的赡济条例。例如，万历二十三年(1595)，江苏金匮县安氏宗族中进士出身的著名绅士安希范起草了一份《赡族条件》，规定将新拨来的373余亩养廉田用于赡济族众，赡济对象包括：族人年力已衰，家无恒产，不能经营生理者；族有孀居无子，或子幼，贫不能养者；族人年幼父母俱亡，无兄长抚育者；族有孤贫不能自婚者，女不能嫁者；族人有丧，贫不能殓葬者；族人有卧病危迫，贫不能自医者，或遭遇火、盗等不测之祸者；族中子弟有读书向进而家贫者。[①] 类似的规条，在明代后期绝非鲜见。这种纯粹由民间自行办理的宗族内部救济体制的出现和完善，有助于增强族人之间的凝聚力，缓和贫富分化所造成的社会矛盾，维护地方社会秩序的安宁和稳定，因而受到各级政府和绅士集团的大力提倡和褒扬。

二、地方精英与乡村防御

乡村防御是另一个关系着地方社会安危的重大问题。明朝初期，政府不允许民间武装组织存在，乡村防御体系主要由政府控制的武装力量组成。当时在全国各地遍设卫所，驻扎军兵，并在冲要之处设立负责“缉捕盗贼，盘诘奸伪”的巡检司[②]，每处巡检司辖有弓兵数十名。正统以后，随着正规军队的衰败无能，政府曾令地方政府召募民壮以加强防卫力量。民壮又称机兵，从年龄20至50岁的民户壮丁中选用，其数额每县自数十名至数百名不等，由地方官

① 《胶山安氏家乘·赡族录》，清咸丰刊本。转引自钱杭、承载：《十七世纪江南社会生活》，浙江人民出版社1996年版，第96—98页。

② 《明史》卷七五《职官四》。

员负责训练,遇警调集,官给行粮。[1] 嘉靖以后,由卫所军兵、弓兵以及民壮构成的乡村防御体系逐渐失去实际效能。万历年间,王士性在游历了河南等地之后,不由地叹息说:"大河南北自古为战争之地,治平以来,忘战久矣。官无一将帅,民无一兵勇,都阃诸职掌,不过具军卫尺籍焉已,民壮弓兵之设,止备郡邑勾摄,虽有唐、汝诸守备,名为防矿,而麾下无一卒。"[2]何乔远谈到福建的情况,也谓"各府县机兵,今隶在官籍役,弓兵隶巡检,亦徒具数,不责逐捕盗贼"[3]。可见,当时在许多地区,州郡卫所军兵已名存实亡,而隶属于地方政府的弓兵和机兵则要么沦为办理杂务的差役,要么变得有名无实,已经起不到维护地方治安的作用。在这种情况下,不少地区的乡村社会秩序呈现出日益混乱和无序的现象,小规模的社会动乱不时发生,盗匪活动日益频繁。

晚明许多地方官员推行保甲制度的一个重要目的,就是试图借助这种地缘性组织去弥补和强化乡村防御体系。尽管自其在宋代出现时开始,保甲组织就被赋予民兵征集和相互监控两种职能,但实践证明,要使这两种职能很好地融合在一起面临着不少困难。保甲制度在对付一般性盗贼、诘察外来人口以及控制本地居民行为等方面可以发挥一定作用,但当村社面临较大威胁时却很难组织起更高水平的抵御活动。因为组织抵御活动要比治安管理工作复杂得多,它不仅需要唤起村社中所有家庭的参与和支持,有时还需要与其他村社建立合作关系;在缺乏军事训练、存在贫富差别的乡村中,要实现这样的目标确实极为困难。正是由于看到这一点,有些地方官员和绅士提出组建乡兵的建议。吕坤在一份奏疏中就曾对以保甲为基础训练乡兵的办法进行详细讨论。在他看来,保甲组织可以发挥多方面的防御功能,"乡村有盗,守望相助者此民,大寇流劫,登城守陴、结砦入保者此民;天下多故,勤王御侮者此民",因此应当按照军事原则组织和训练保甲中的青壮年男子。他建议,一方面,应当加强保甲之间的相互合作,或五保,或十甲,各照地里远近,编成小聚,或三聚,或五聚,各照镇店相应,立为聚所;另一方面,应该大大提升乡村居民的军事化水平,令保正将本保甲 15 岁以上的壮丁,除去绅士本身、寄住流民、劳瘵久病者外,一律造册呈报官府,并根据壮丁的个人能力的差异,分别指派他们练习

① 王圻:《续文献通考》卷一六三《兵考》,齐鲁书社《四库全书存目丛书》本。

② 王士性:《广志绎》卷三《江北四省》。

③ 何乔远:《闽书》卷四〇《捍圉志》。

弓弩、刀枪、火器、棍棒等兵器，地方政府则应定期会集乡兵进行合练，并邀请通晓兵事的卫所军官加以指导。他认为应从乡兵中选拔优秀人才担任统率500人的队长和统率1000人的千总，并给予他们表示身份的冠带，让他们享受免除差徭的特权，以示优待。至于费用问题，他认为可以减少民壮数额，将节省下的经费用于组织和训练乡兵。①

很显然，吕坤设想的乡兵组织，并未将享有身份特权的绅士阶层包括在内，乡兵的组建、训练和领导都由地方政府直接控制，乡兵中的指挥人员——千总和队长——也出自平民阶层，他们只是在担任这些职务后才能享受一些本来只有绅士才可享受的权力。但是，对于行政能力和财政经费都很有限的地方政府来说，仅凭自身的力量去建立和维持一支具备一定战斗力的乡兵是十分困难的。越来越多的地方官员认识到，只有充分调动地方精英的积极性，依靠他们的雄厚财力和在地方社会的强大影响，才有可能建立起真正有效的乡村防御体系。因此，万历中期以降，许多地方官员都号召绅士们去组织乡族武装以加强自我防卫能力。如万历中期担任福建巡抚的许孚远认为，团练乡兵的目的是为了保卫家乡，“所保惟富室大家为重，贫人下户干系甚轻”，如果坚持“乡宦、举、监、生员之家不宜概使出兵”的旧例，只令“贫人为守，巨室安坐，设有缓急，彼将思逞，何足赖耶”？因此他主张，“今须理劝士大夫家为之倡率，若果为保家保族之谋，即子弟、僮仆，皆可教之即戎，何须规避”②。万历末期担任福建巡抚的黄承玄则进一步主张，“凡保中富室大姓，其族众、义男、干仆率以千百计，宜于保甲之外另集乡兵以资防御”；他认为乡兵应完全由富室大姓自行组建，地方政府“不强之必行，即行亦仅籍名报官，官不派人查点，第于练成之日，该保呈县，转报院道，以凭颁赏，用于激励”③。到崇祯年间，在势力不断增强的农民起义军的威胁之下，许多官员更是把组建乡兵视为弥补地方防御力量严重不足的重要策略，在这种情势下组建的乡兵的领导权大多数都掌握在地方精英手中，乡兵的活动经费也主要依靠地方精英的捐助和筹措。④

① 吕坤：《去伪斋文集》卷一《摘陈边计民艰疏》。
② 许孚远：《敬和堂集》卷八《公移·团练乡兵行各道》。
③ 黄承玄：《盟鸥堂集》卷二九《公移·约保事宜》。
④ 参见王贤德：《明末动乱期に於ける乡村防卫》，《明代史研究》第2号，1975年。

事实上，从嘉靖年间开始，地方精英在地方防御事务中担负的职责越来越大，不少地方精英自行组建了武装性组织以保卫乡里。这类组织与地方社会的权力网络和利益关系十分紧密地结合在一起，因而更容易发挥实际作用。徽州歙县绅士组织的岩镇乡约提供了一个这方面的事例。嘉靖二十三年（1544），徽州地区发生特大旱灾，社会秩序极不稳定，“奸党乘机邪谋窃发，假称借贷，敢拥人于孤城，倚恃强梁，辄紾臂于单弱，白昼公行而无忌，昏夜不言而可知”。致仕乡居的歙县官僚郑佐认为“宜预为桑土之谋，庶可免剥肤之患”，因而召集当地绅士共同商议，决定组织带有团练性质的岩镇乡约，“一镇分为十八管，有纪有纲，每管各集数十人，一心一德”。[①] 嘉靖后期，徽州屡次遭到倭寇的侵扰，一些绅士又重整岩镇乡约使之发挥抵御倭寇的功能。[②] 在社会冲突剧烈、盗寇活动频繁的福建地区，地方精英对于建立防御体系的积极性更高。清人陈盛韶曾追述说，“前明之季，海氛不靖，剽劫公行，滨海居民各思保护村庄，团练乡勇，制造兵戈”[③]。汪志尹亦言，“自明季倭寇内犯，练乡兵以卫村堡，募其勇豪，授以军器”[④]。除了组织乡兵之外，许多村社还建造了土堡，它们“或筑于山顶，藉居高临下之势，或结于旷野，成左右犄角之形”[⑤]，具有比较强大的防御功能。如嘉靖年间，仙游县“民间之筑寨守御者，如西北之南湖、砺壁、剑山、宝幢，东南之羊角，东乡之铜盘、光浦，皆尝据险杀贼，民赖以宁”[⑥]。土堡的倡建者很多都是享有较高威望的地方绅士和宗族领导。例如，嘉靖后期，因“倭寇大炽”，连江县的余姓绅士暨乡父老筹划建造了幕浦堡；万历年间，连城新泉张氏宗族的生员张希周、张希民会同耆民张长潭等倡议修建了家族土堡。大多数土堡是一姓共筑的，但也有少数土堡是一村各姓共筑，甚至是数村或数姓合筑的。[⑦]

长期的社会动乱在广东沿海地区也造成较高程度的地方军事化。以潮州为例，由于海盗活动猖獗，嘉靖以降“民多筑围建堡以自卫，久而乡无不寨，高

① 余华瑞：《岩镇志草》贞集《岩镇乡约叙》，清乾隆留耕堂刻本。

② 参见陈柯云：《略论明清徽州的乡约》，《中国史研究》1990 年第 4 期。

③ 陈盛韶：《问俗录》卷四《诏安县》，清道光刻本。

④ 汪志尹：《敬陈治化漳泉风俗疏》，《清经世文编》卷二三。

⑤ 乾隆《上杭县志》卷五《武备》。

⑥ 乾隆《仙游县志》卷七下《关寨》。

⑦ 陈支平：《近 500 年来福建的家族社会与文化》，第 78、243—251 页。

墙厚栅，处处皆然”①。由于散居形式明显不利于防御工事的构筑，所以许多小村落在筑城建寨的过程中集合成了一个个大村落，这使潮州地区的聚落形态在晚明发生了显著变化。例如，饶平县的樟林镇，就是嘉靖后期由陆厝围、周厝围、蔡厝围、程厝围、小陇、大陇等散居的小村落共同建立的，并征得地方政府同意修建了寨墙、护寨濠沟、炮柜等设施。地方官员对民间筑城建寨活动持提倡和鼓励态度，但除极个别情况外，他们并不直接插手此类事务。出面组织乡民建筑堡寨的，大多数都是不具有绅士身份但却颇有影响力的本乡豪强之士。这是因为当时筑堡建寨活动十分普遍，大多数村落并不存在获得功名的人士；而且在以军事防御为宗旨的活动中，个人的实际才能和财力或许比其社会身份更重要。不过，在强调土豪的重要性的同时，也绝不可低估绅士们的社会作用。嘉靖以降，在潮州地区确实出现了乡村社会逐渐被绅士阶层控制的趋势。绅士们越来越多地致力于地方防御体系的构筑。越是有名望的绅士，越容易在地方防御中发挥核心性作用。海阳县著名绅士刘子兴在重要市镇塘湖的防御中所发挥的作用就充分说明了这一点。当塘湖面临盗寇侵逼的危险时，刘子兴“谋诸乡耆，建堡立甲，置栅设堠，鼓以义勇，申严约束，相率捍御，民赖以宁居”。不久之后，又有倭寇逼近塘湖，刘子兴“乃与乡人约，视产高下，敛九则之金，以为防守之费”，他“相要害之处，重设栅闸，度可乘之隙，高筑战栅，率其丁壮，中分信地，更番防守”，“以故倭寇之肆掠于邻近村落者，警报日至，独于是镇迄不敢犯”。在他筹措防守经费时，有些人从中作梗，经他“谕以大义”，居民才“咸乐信从”。可见，刘子兴依靠自己的社会地位促成了塘湖防御体系的成功。

明朝末年，在如火如荼的农民起义的促动下，各地涌现出许多大大小小的堡寨。山西阳城郭峪至今还留存有两座城堡遗址，它们都是明朝末年为抵抗农民军由绅士主持修建的。其中一座城堡的倡建者是陈昌言、陈昌期兄弟。陈昌言兄弟的高祖在嘉靖年间考中进士，担任过陕西按察副使，其后几代虽未出仕，但陈昌言于崇祯三年（1630）考中举人，崇祯七年（1634）又考中进士，因而陈氏是当地有名的绅士家族。陈昌言兄弟首先建造了一座长3丈4尺、宽

① 冒澄：《潮牍偶存》卷一《潮阳县地舆图说》。转引自陈春声：《从“倭乱”到“迁海”——明末清初潮州地方动乱与乡村社会变迁》，《明清论丛》第二辑，紫禁城出版社2001年版。本段以下所用资料皆引自此文，不另注。

2丈4尺、高10丈的“河山楼”，后又以此楼为基础营建起一座称为“斗筑居”的大堡，此堡方圆百丈，高3丈，有200个垛口，外有铁门和木栅。这座楼堡，在明末清初曾多次防御住了外来的进攻，“族戚乡邻所全活者约有万人”。这座楼堡的营建并不顺利。在准备将楼扩建为大堡时，陈昌言等曾“聚族长而谋之，再四申说，晓以同舟之谊，期共筑一堡，以图永利”，但族人各怀心思，不愿参与，陈昌言等只好独立营建，耗费了许多钱财才完成。另一座城堡是由与陈氏同属一里的邻村张氏家族倡导修建的。张氏家族出过几位进士，也是当地著名的大族，他们目睹了陈氏楼堡在防御中的实际功效，于是在担任过顺天巡抚的乡绅张鹏云的倡导下，建造了一座规模更大的城堡。除张鹏云外，社首王重新捐出白银7000两，为城堡的修筑做出特殊贡献。王重新是在河南经营铁器买卖致富的，他担任社首之职，无疑也是村社中的一位有力人物。① 明末类似阳城陈氏、张氏修造的堡寨所在多有，它们的创建者和领导者不是绅士就是土豪。无论是明朝政府军还是农民起义军，都试图拉拢堡寨以壮大自己的力量。但是，由于大多数堡寨的领导权掌握在绅士和地主手中，他们虽然受局势所逼曾与农民军建立一定程度的合作关系，但最终还是背叛了农民军，这是导致明末农民大起义走向失败的重要原因之一。

三、地方精英与水利建设

与灾害救济和乡村防御事务相比，政府与地方精英在水利建设方面的合作要面临较大困难。因为绅士、豪强对河湖滩地的过度围占，正是导致明代后期水旱灾害急剧加重的主要原因之一。对于这一点，嘉靖前期曾负责督修江南水利的大理寺丞周凤鸣在一封奏疏中有清楚说明：“濒江濒湖去处，风浪险恶，因种护堤茭芦以防坍塌，本为障水。迩来豪右假以护堤为名，不分河港宽狭，即种茭蒲、芦苇，占为菱荡、莲荡；或勾结商人，堆贮竹木簰筏；或希图渔利，张、打、拦、扛、网、簖，停积泥沙，阻坏水利。甚者，霸占滩涂，筑成塍围。因而垦为良田，止将十之一、二报官起科，每亩亦止三升、五升。征之官者不多，而水道日隘，为下流数十州县之害。其大甚者，则傍港私筑堰坝，阻截舟行。只知利已，致使邻圩之田蓄泄无所。”②同样的情形在全国许多地方都可以看到。

① 参见赵世瑜：《社会动荡与地方士绅——以明末清初的山西阳城陈氏为例》，《清史研究》1999年第2期。

② 乾隆《苏州府志》卷七《水利》。

如湖广地区在明代前期“堤防坚厚，湖河广深，又垸少地旷，水至即漫衍，有所停泄”，所以“水患颇宁”[①]。随着江西等地客民的不断流入，到明代后期，“荒芜湖渚，先世所弗田者皆尽垦”，以致“水道渐隘，洪流冲突，无复疏导，则势不得不溃堤而入”[②]。绅士、豪强“侵占湖地，私图己利”[③]，在围垦湖田方面占有绝对优势。早在正统年间，朝廷针对豪强占据河湖陂塘的严重情况，就曾下令地方官员修复水利设施，规定“敢有倚恃豪强占据水利者，以土豪论罪”[④]。但这一诏令并未发生实际效果，绅士和土豪占据水利设施的现象愈演愈烈。

除地方豪强围占河湖滩地外，由政府主导的依靠里甲组织征集人力和物力的水利体系日益崩坏，也是导致水旱灾害加剧的一个重要原因。以长江三角洲为例，明代前期，各级政府对这一经济中心区的水利事业十分重视，修治太湖以及吴淞江、刘家河、白茆河等大型工程一般都由朝廷遣官主持，地方政府内则设有专门提督水利的治农官，督促农民疏浚塘浦泾渎，修筑圩岸沟洫。[⑤] 水利设施的日常维护工作由粮长、里长、老人等负责，“一圩沟岸，任在排年，一图沟岸，任在里长，此法之经也；百夫河港，任在老人，千夫河港，任在粮长，此法之纬也；一县水利，任在县佐，一府水利，任在府佐”[⑥]。江南多数地方都设置了专门负责水利事务的圩长、塘长，圩长“俱系役过粮长大户”[⑦]，塘长“每区一人，于每图该年中佥充”[⑧]，可见这些职役基本上都由粮、里长人户兼充。在政府的督导下，粮、里、圩、塘长常在农隙召集民夫筑圩浚沟，保护了农田安全。如松江府华亭县有80区，每区管数图，共计600余图，“区有塘长，职在督率该年，任一区之水利；图有该年，职在督率细户，任一图之水利。其法，每年轮一人主之，八月上役，及期而代”[⑨]。明代后期，这一水利体系日趋崩坏，“水利官于塘役，则常例是急，塘役于田户，则科敛需索为务”，以致“民间

① 嘉靖《沔阳州志》卷八《河防》。

② 万历《荆州志》卷三《江防书》。转引自吴金成：《明代湖北农村的社会变化与绅士》，《食货》复刊17卷第3—4期，1987年。

③ 万历《湖广总志》卷三三《水利二》。

④ 《明英宗实录》卷八五，正统六年十一月甲午。

⑤ 参见森田明：《明代江南の水利と治农官》，载同氏：《清代水利史研究》，东京亚纪书房1974年版。

⑥ 顾炎武：《天下郡国利病书》原编第4册《苏上》。

⑦ 况钟：《况太守集》卷一一《遵旨辨明诬陷疏》，江苏人民出版社点校本。

⑧ 乾隆《娄县志》卷七《徭役》。

⑨ 光绪《重修华亭县志》卷三《水利治策》。

空乏勤苦，救死不赡，无暇修缮，故田圩渐坏，而岁多水灾”①。由于缙绅地主滥用优免权、极力逃避赋役并且越来越多地移居城镇，塘长一类的职务只能由小户充当，小户财力微弱，无权无势，“焉能起大户之夫，故为塘长者，往往破家，而河工不就”②。长江中游地区的情况也大体如此。明代前期，那里几乎所有的水利工程都是以官督民修的方式完成的，修筑江堤一类的大型水利工程由地方官员监督，利用里甲制的徭役体系科派人力，其他水利设施的岁修也是利用里甲体制。中期以后，水利设施的损坏程度也极其严重。一部地方志曾发出这样的抱怨：“村里故有官塘官堰，有塘长、塘夫，州判董之，时巡视，令坚固深浚，可灌百数亩。小溃罪塘长，以故成化、弘治间不为灾。正德以来，玩为不急，塘日就堙，址为豪右所并，一旱则束手无策。”③

日趋严重的水旱灾害不仅给普通百姓带来深重灾难，也使政府财政受到很大损失。因此，明代后期，地方政府为了保护税源，不得不将更多精力投入到水利设施的修建和维护方面。但是，地方政府在水利事业方面的努力并不容易获得成功：一方面，由于据以征发夫役的里甲体系解体，地方政府在筹措水利经费方面往往面临很大困难；另一方面，由于许多水利工程会损害私占河湖的势豪之家的利益，往往会遭到他们的极力反对和阻挠。正如南京户科给事中杨廉在《请治东南水利疏》中所说，“有司非不欲浚治，而阻于工费，制于豪右，卒不能成”④。为了落实水利经费和出役人夫问题，江南等地许多地方官员都进行了赋役改革，制定了新的水利规范。这些改革的基本特点，是在限制缙绅地主优免数额的基础上，实行“按田佥役”的夫役征发方法。按田佥役虽然明确了水利工程的经费负担原则，但在土地集中化程度较高的条件下，占有大量土地的地主不可能提供符合其土地数量比例的人夫。为了解决这一问题，江南各地陆续实行了“业食佃力”制度，即在兴修水利工程时，“令占田之家出食，佃田之户出力”⑤。为了刺激佃户出役

---

① 乾隆《苏州府志》卷七《水利》；顾炎武：《天下郡国利病书》原编第5册《苏下》。

② 万任：《嘉定县开河说》，载张国雄：《吴中水利全书》卷二〇，明崇祯九年刻本。

③ 嘉靖《兴国州志》卷二《陂塘》。

④ 张国维：《吴中水利全书》卷一四。

⑤ 徐献忠：《答袁郡守论水利》，《明经世文编》卷二八六，中华书局影印本。

的积极性,一些地方官员还颁布法令保障出役佃户的利益,如万历时常熟县制定的水利规约规定:"若佃户及做工人夫领米入手,开工不如式样,许业主呈明官府,验单清理;若佃户人等遵依赴工,土方无误,而业主抗法不给工食,或故意短少,并许佃户人等执单呈官,拘提追给。"[①]政府虽然制定了保护出役佃户的条例,但事实上出役佃户并不容易讨到足额工食,所以有的地方官员规定佃户可以从租米中自行扣除工食,常熟知县耿橘甚至规定如若田主拖欠工食,佃户可以在应交租额内"加倍算除"。[②]

由于新水利规范要求缙绅地主承担比以往更多的费用,而且疏浚工程不可避免地会损害侵占湖塘河道的势豪们的既得利益,当然会引起他们的强力反抗,正如史鉴所说:"权豪富盛之家,占射浮涨,以为己业,若欲疏决,则痛入骨髓,故捐厚币、出死力以争之。"[③]到晚明,这种情况更加严重,地方政府在水利改革方面所取得的每一步进展,都经历了与缙绅势豪的斗争和较量。张鼐在记述大力推行水利改革的常熟知县耿橘的事迹时,就曾谈到他与势豪之家的斗争:"虞故水国,水时利时害。公下令按图籍,开浚修沟洫之事,而责之田主者。顾田主者,皆贵人豪室,但坐享佃户供岁入,不复问亩渭通塞何状,令下率抗不服。公械贵人豪室仆于里门,以儆督抗令者,而令乃行,水蓄泄不失时。"[④]作为国家权力的体现者和代表者,地方官员可以在一定限度内合法地使用暴力压制势豪的反抗行为,因而能够取得一定程度的成功;但这种成功往往都是暂时性的,因为地方政府没有能力对势豪施加连续的、长期的压力和控制。因此,对于私占湖田、阻塞水道之类的问题,地方政府不可能一次性彻底解决,只能在问题突出、矛盾激化时,间歇性地加以清理和整顿。如浙江余杭县的南湖,遇涝可以蓄水减缓水势,遇旱可以引水灌溉农田,是一处极其重要的水利枢纽,但由于势豪纷纷私占湖田,南湖的蓄水能力不断下降,致使杭、嘉、湖三府屡遭洪水侵扰;从弘治年间以至明末,当地官员多次清理湖田,但效果并不明显,往往是清理过后不久,"诸豪

---

① 徐光启:《农政全书》卷一五《东南水利下》,上海古籍出版社校注本。
② 参见滨岛敦俊:《业食佃力考》,《东洋史研究》第39卷1号,1980年。
③ 史鉴:《西村集》卷五《与叶黄门廷缙书》,上海古籍出版社《四库明人文集丛刊》本。
④ 张鼐:《宝日堂初集》卷一六《瀛海耿公墓志铭》,明崇祯二年刻本。

割据如初”[①]。在清理整顿湖塘河渎的过程中，为了使工程能进行下去，有关官员大都向势豪做出一定程度的让步。天启年间，周起元在上呈皇帝的奏疏中，就主张在疏浚河道时，“豪民有于淤地之傍垦成业者，如不大妨河心，宁稍缩其河面以存之，期于水通而止”[②]。

政府与势豪之间围绕赋役和水利制度改革所产生的冲突与斗争，并不属于国家权力与地方社会之间的矛盾与冲突；享有特殊经济与社会地位的地方精英在赋役和水利制度改革的过程中，也并非仅仅是消极性的阻碍因素。事实上，在推行赋役和水利制度改革措施时，地方官员并非是孤立地面对地方势力，他们在遭到部分地方精英反对的同时，一般都会得到另一部分地方精英的支持。这是因为，一方面，绅士和土豪私占河湖所带来的利益是个人性的，而他们对水利设施的破坏不但会给平民百姓造成危害，也会给其他绅士和土豪造成危害，这自然会引起受到损害的绅士和土豪的反对。如浙江慈溪县有杜、白二湖，正德以降，居住于湖滨的土豪宓氏、王氏、童氏等占种湖田，当地的绅士家族沈氏联合其他家族与盗湖的土豪展开长期斗争，他们曾多次向当地政府提出控诉，政府也屡次响应他们的请求对湖田进行清理。[③] 另一方面，绅士阶层中的一些有识之士，为了本阶层的长远利益，也往往会支持地方官员推行改革以缓解日趋激化的社会矛盾。如前述常熟知县耿橘的水利制度改革，就得到了东林派绅士的鼓励和支持。特别是对于涉及较大区域的水利问题，地方精英一般都会和地方官员相互合作，以寻求问题的解决办法。比如，福建侯官县石门硖大堤因年久失修，导致洪水泛滥，当地耆老陈某冒死诣阙上书，朝廷令地方官议修，知县周某实地勘测后，肯定了当地父老的意见，在地方精英与地方官员的共同努力下，顺利完成了筑堤工程。[④] 再如江南的吴淞、白茆、刘河三条河道，在明代后期多处淤塞不通，“小有水灾，低田即淹没，直、浙数郡

---

① 参见蒋兆成：《明清杭嘉湖社会经济史研究》，杭州大学出版社1994年版，第26—27页。同样的情形也见于浙江萧山县的湘湖，见斯波义信：《宋代江南经济史研究》，江苏人民出版社2001年版，第600—603页。事实上，在明代，特别是明代后期，南方地区的大多数湖泊都在政府与势豪之间经历了“盗湖”与“清湖”的曲折斗争。

② 周起元：《请兴江南水利疏》，《御选明臣奏议》卷三七。

③ 参见好并隆司：《浙江慈溪县杜白二湖の盗湖问题》，载森田明编：《中国水利史の研究》，东京国书刊行会1995年版。

④ 徐𤊹：《幔亭集》卷一七《邑侯周侯修筑石门硖碑铭》，上海古籍出版社《四库明人文集丛刊》本。

皆受其患”,有关官员多次上疏要求发帑疏浚,而“本属乡绅,亦每每叩阍求浚”①。据吴金成对江西鄱阳湖周边地区、湖广汉水下游地区和洞庭湖周边地区的水利建设情况所作的考察,明代后期,绅士阶层在解决水利问题时发挥着极其重要的作用。他们向地方官员反映民间舆论,提出水利工程的建议,有时还与地方官员联署向上级以至中央政府提出请求,此外还要协助地方官员筹集经费,征集劳动力,在许多时候还担负工程的监督工作。② 这种情形,明代后期在全国许多地区都可以见到。可见围绕水利问题,地方精英与政府之间固然会产生许多矛盾,但双方也存在着广泛的合作,地方精英的倡议、支持和参与是水利问题得以解决的重要条件。

结语

通过上面的考察,我们对于晚明地方精英与乡村控制问题有了一个初步的概括性认识。大体说来,在明代前期,乡村社会权力结构的基本框架是里甲制度,出自富民阶层的粮长、里长、老人等作为民间权威发挥着社区领导作用。但到晚明,在社会经济日益发展、人口流动日益频繁、土地兼并日益剧烈、赋役负担日益沉重等因素的冲击和促动下,里甲制度陷于崩解的境地,粮长、里长、老人等的经济状况和社会地位大幅衰落,而以绅士为主体的新型地方精英成为乡村社会的主要支配阶层,此外族大丁众和占地较多的非身份性豪强地主的活动能量显著增强。为了弥补里甲组织衰落所造成的社区凝聚力和自我管理能力的下降,恢复和重建越来越动荡不安的乡村社会秩序,地方精英和地方政府都希望建立起新的基层社会组织,正是在这种社会背景下,保甲、乡约制度得到普遍推广,宗族组织广泛建立,地方精英在这些组织的建立、运作和管理方面发挥着关键性作用。除了维持和管理半官方的和民间性的基层组织外,地方精英在各类地方公共事务方面也发挥着越来越重要的作用,如地方上的学校、社仓等公益机构往往是由地方精英创建和管理的,桥梁、津渡等公益设施往往是由地方精英倡导和维持的,较大规模的赈济、防御等活动也往往是

① 周起元:《请兴江南水利疏》,《御选明臣奏议》卷三七。
② 参见吴金成:《明代社会经济史研究》,第167—177、237—244、295—299页。

由地方精英组织和领导的。

尽管晚明地方精英掌握着地方社会主要的经济政治资源，在社会管理方面发挥了比以往大得多的作用，基层社会组织出现了比较明显的自治化倾向，但我们绝不能认为当时的地方事务完全操纵于地方精英之手，更不能将当时的地方社会视为脱离了官府控制的“自治”领域。在根据西方历史经验总结出来的“国家/社会”二元模式的影响下，有些学者对国家政权与地方精英之间的权力关系作出零和博弈式的解释，这是不符合中国历史的实际情况的。沟口雄三曾用“同心圆”说明中国社会政治结构的特征，认为“在传统中国，民间社会不是只受国家权力支配的非自立的存在，也不是自立于国家之外的自我完善的秩序空间，而是可将民间社会与国家体制视为由持有共同秩序观念的同心圆而连接起来的连续体”①。王国斌也指出，中国的国家与社会之间的区别并不像欧洲那么明确，国家官员与社会精英都同样遵循一种儒家关于社会统治的策略，两者之间具有密切的联系，国家努力把个人作为独立的人加以统治，但并不需要排斥中介集团，相反倒依靠中介集团来承担维持地方秩序的责任。他将主要的社会控制手段分为三类：意识形态手段，即倡导正统观念与行动；物质利益手段，即公开地或含蓄地提供某些好处以换取人们对社会与政治秩序的接受；强制性手段，即借助于暴力威胁或暴力实施强迫人民就范。据他观察，在运用社会控制的意识形态手段与物质福利手段方面，明清时期的国家积极动员地方精英的参与，但国家也明显地限制地方精英在强制性控制方面所起的作用。②

从晚明地方社会的实际情况看，沟口雄三和王国斌的理论概括是比较准确的。在这一时期，地方精英管理的社会事务越来越多，对社区组织的控制能力越来越强，但他们并不能由此发展出享有不受官府干预的自治权的地方控制领域，不能因为一些乡族集团经常独自处理地方社会的一些事务就认为它们是自律性、自治性的③；就代表国家权力的地方政府而言，其职能范围在晚

① 参见沟口雄三：《中国与日本“公私”观念之比较》，《二十一世纪》1994年2月号。

② 参见王国斌著，李伯重、连玲玲译：《转变的中国——历史变迁与欧洲经验的局限》，江苏人民出版社1998年版，第101—103、108、115、123—124页。

③ 参见伊藤正彦：《明代里老人制的再认识——围绕村落自治论、地主权力论的周边》，载武汉大学中国三至九世纪研究所编：《中国前近代史理论国际学术研讨会论文集》，湖北人民出版社1997年版。

明确实出现了总体性的收缩趋势，但在赋税征收、治安维持以及水利建设等方面，地方政府的关注和介入程度与以前相比却有所深入。与明代前期相比，晚明的人口规模急剧扩大，经济成分日益多样，社会事务日趋繁杂，而官僚队伍的规模和行政城市的数量却没有随之增长，地方政府在人力和财力有限的条件下，只能把大量社会事务交由地方精英管理，依靠地方精英的强大影响力实施对地方社会的治理和控制；地方精英为了维护地方社会的安宁，巩固和提高自己的社会地位，一般都很乐于参与地方管理，在建立基层组织、举办公共事务方面，他们不仅积极响应官府的号召，往往还主动地倡议和开展活动。可以说，在晚明，地方精英——尤其是绅士阶层——力量的增强是一个明显的历史事实，他们在地方公共管理领域的活动表现得十分活跃，但这并不说明国家权力从地方社会的全面后退和抽离，而是意味着国家权力与地方权威之间的互补关系的不断加深。

20世纪80年代以来，一些海外学者将哈贝马斯的"公共领域"（public sphere）概念引入中国社会研究，引发了一场热烈的学术讨论。从发表的有关论著看，争辩双方都承认晚清时期地方精英在地方福利、教育以及社会治安方面的作用加强了，并都将这一现象的出现追溯到晚明：如积极倡导使用"公共领域"概念的罗威廉（William T. Rome）指出，"或多或少不受政府控制的公共机构（如社仓、普济堂、育婴堂、敬节堂）和多功能的地方自育组织（如善堂等）的构建浪潮，首先兴起于晚明"[①]；而坚决反对使用这一分析模式的魏斐德（Frederic Wakeman, Jr.）也认为，"绅士管理者出现于明末"[②]。双方的分歧在于，罗威廉等人将上述现象视为"公共领域"的产生和成长，将公共领域描绘成在国家之外或与之对立的整个社会的发展；而魏斐德等人则认为"这是'有助于向公共利益提供服务和资源的地方层次上非国家活动的领域'意义上的公共领域，很难说是哈贝马斯之所言的公共领域"，并且强调国家在这些演化进

① 罗威廉：《晚清帝国的"市民社会"问题》，载邓正来、J. C. 亚历山大编：《国家与市民社会》。另一位积极使用"公共领域"概念的学者兰金也主张，中国的公共领域自晚明以来即在国家和社会力量的影响下发展起来。参见 Mary Backus Rankin, "Some Observations on a Chinese Public Sphere", Modern China, No. 2, 1993。

② 魏斐德：《市民社会和公共领域问题的论争——西方人对当代中国政治文化的思考》，载邓正来、J. C. 亚历山大编：《国家与市民社会》。

程中所具有的持续的重要作用。对方法论问题十分敏感的黄宗智认为双方的解释都“预设了一种国家与社会之间的二元对立”，他提倡“依照在国家与社会之间存在一个两方都参与其间的区域的模式进行思考”，并建议称这一区域为“第三领域”，认为“治水、赈灾或治安等地方公益事务典型地发生在第三领域，是在国家与社会的参与下进行的”①。我们认为，黄氏的见解对于认识晚明乡村统治体制的实态和变迁是很有助益的。不论是称之为“公共领域”还是“第三领域”，都应看到，在这一“领域”中，公共事业与官方行政事务之间并没有明确的界限，两者很容易相互转化和融合。

① 黄宗智：《中国的“公共领域”与“市民社会”？——国家与社会间的第三领域》，载邓正来、J.C.亚历山大编：《国家与市民社会》。

第五章

变迁中政府权力的转移

荒政，简单地说就是政府有关救济灾荒的政策与措施，在古代它主要包括备荒、赈济、蠲免、抚恤、祈禳等内容。灾荒是一种变异，是自然灾害对人类生活的干扰，它打乱了正常的社会运行秩序，把问题推到了一个极端的境地，即不能不加以解决的境地。因而对灾荒的救济是对政府各种能力的考验，如行政能力、经济能力等等。能力强者，灾荒所造成的负面影响会被降到最低，反之，其后果就会很严重。故从救灾来观察一个政府的能力、一个社会的变化，是比较合适的角度。

灾荒的发生，历代都不可避免，因其对国计民生有直接的影响，故对荒政的讲求，从先秦起各代都比较重视，《周礼》即载有“十二荒政”，并成为后世救荒的思想基础。总体来讲，明代各朝对救荒是十分重视的，但因各自所面对的情况不同，救荒的政策和内容以及实施效果都有变化，所体现出的救荒能力各不相同。

对明代荒政的研究，始自 20 世纪 30 年代。梁方仲发表于 30 年代的论文《明代的预备仓》，是关于明代救荒仓储的第一篇研究论文，也是目前可见的关于明代荒政的第一篇论文。梁方仲在文中着重探讨了预备仓废坏的原因，他认为一是缘于所定标准太高，不易达到，二是豪猾侵盗亏欠，这些看法是很中肯的。此外如冯柳堂著的《中国历代民食政策史》中对明代的荒政多有论述，他着墨最多的也是明代的各种救荒仓储，而于预备仓的政策演变、社仓及常平仓的建设和管理叙述尤详。对救荒他虽没有给予大的篇幅，但他总结了明代救荒的八种主要形式，是较全面和有价值的。值得一提的是，这个时期出现了邓拓的《中国救荒史》这样一部专门研究救荒的专著，书中虽无对明代荒政的专门论述，但涉及颇多，其对中国古代荒政的总结于研究明代荒政是有启迪意义的。

从50年代初到80年代末，国内关于明代荒政的研究专文不多，主要有洪书云的《明洪武年间的蠲免和赈恤》(1987)，伍继涛等人的《明后期江南地主救荒思想探源》(1988)，此外就是对明代的救荒著作的研究文章，如董恺忱的《明代救荒植物著述考析》、罗桂环的《朱棣和他的〈救荒本草〉》等，这类文章在80年代有六篇。在这一时期，台湾和日本则出现了一批成果，其中台湾较有代表性的是颜杏真发表的一组《明代灾荒救济之政策》(共三篇)，蒋武雄的专著《明代灾荒与救济政策之研究》，他们对明代荒政的各种政策及变化都有较细致的叙述。日本学者森正夫、星斌夫、堀地明等人相继发表多篇文章，对仓储以及荒政与社会其他问题的关系较为重视，如星斌夫的《关于明代济农仓》《关于预备仓的复兴》、堀地明的《明末江南抢米风潮与救荒政策》等。

90年代国内关于明代荒政的研究取得了不少成果，这些成果以关于备荒仓储的为最多，研究也较深入，如顾颖的《明代预备仓积粮问题初探》，专门对预备仓的仓粮的来源、储藏等方面进行研究，比其前的相关论述更为深入。除个案研究更为深入这一特点外，值得注意的还有：这一时期的研究综合性较强，自然灾害、社会问题往往与荒政并论，这些特点意味着明代荒政研究有了良好开端。

总体上说，明代荒政的研究还处于初始阶段，尚有许多问题需要深入探讨。如救荒政策是荒政研究中重点，目前的成果对有关政策及演变已有涉及，但于它的历史渊源和变化的社会背景则需进一步探讨；又如关于预备仓是论述最多的，但预备仓初始时的情况并不是十分清楚的；再如民间救灾的情况目前还没有一个总的评估，而它在明代救荒史上是不容忽视的；此外救荒思想虽已有开荒之作，但对全面系统认识明代救荒思想的要求还相差甚远，故亦需着力研究总结。

以上问题在本研究中将尽量加以解决，但由于本研究的侧重点以及本人的学力所限，对一些问题的论述可能不够详尽，尚祈见谅。

第一节　政府救荒能力分析

明代276年中，共发生过1011次灾荒[①]，包括水灾、旱灾、地震、雹灾、风灾、蝗灾、饥馑等等[②]，其中以水旱二灾最为频繁。对于频率大大超过以前各代的明代灾荒，学者们提出，这是由于明代处于一个灾害多发群发期（明清宇宙期）之中造成的[③]。

面对连续不断的灾荒，明朝政府高度重视。从洪武时期开始直至万历年间，政府一方面对救灾的制度进行建立和完善，一方面在实施中加大经济投入，试图以人力救天灾，消除灾荒造成的非正常状态，稳定社会秩序和统治秩序。这些工作，在万历中期以前虽也有力度强弱、效果善否之分，但大致比较正常。而其后的近50年里，情况就很不相同，政府虽对灾荒仍然重视，但其经济能力、行政能力已不能满足救济的需要了，最后只能坐视灾荒蔓延，灾民蜂起。明朝之亡与此关系至大。

一、救荒政策简述

洪武六年（1373），朱元璋命刑部尚书刘惟谦详定《大明律》，次年书成。在这部《大明律》的《户律》中，有一条为“检踏灾伤田粮”的律文，其中规定：“凡部内有水旱雹霜及蝗蝻为害，一应灾伤田粮，有司官吏应准告而不即受理申报检踏及本管上司不与委官覆踏者，各杖八十。”同时规定，检踏官吏如果不亲自到现场用心踏勘，止凭里长奏报，以及申报不实者，杖一百[④]。

这是明代关于踏检的最权威的规定，它透露出朱元璋对此问题的重视程度。踏检，又称踏勘、勘灾、勘荒，均指对田地受灾情况的认定和程度的核实，它是政府制定救济措施、开展救荒的基础工作。洪武时期的勘灾工作，除地方

---

①　这是邓云特《中国救灾史》中统计的数字。陈高佣《中国历代天灾人祸表》统计为1224次。另，我们所说的“灾荒”，包括各种自然灾害和饥馑。

②　孟昭华：《中国灾荒史记》据《明史·五行志》，将灾荒细分为水涝等十七类。详见该书第十一章第一节，中国社会出版社1999年版。

③　王嘉荫：《中国地质史料》。见张建民、宋俭：《灾害历史学》，湖南人民出版社1998年版，第30页。另，徐道一等有《明清宇宙期》一文，发表在《大自然探索》1984年第4期。

④　《大明律》卷五《户律二》，《中华传世法典》怀效锋点校本，法律出版社1999年版。

官员要亲自进行和如实奏报外，户部在接到报告后，还要委派官员前往覆勘，"差官前往灾所，覆踏是实，将被灾人户姓名、田地顷亩、该征税粮数目，造册缴报"①。这项规定是洪武二十六年(1393)做出的，永乐以后，户部一般不再派员覆勘，而是规定由各地的按察司或巡按御史派官，会同受灾地方的官员共同踏勘，这项规定一直被其后各朝沿用②。

明代是古代救荒最为制度化的一个时代，除勘灾外，还有报灾、蠲免、赈济、积谷、捐纳、旌奖等一系列的制度。

在弘治以前，明朝政府没有作出有关报灾期限的明确规定，强调的是不拘时限和不得匿灾。洪武元年(1368)令"水旱去处，不拘时限，从实踏勘"，洪武十八年(1385)令"灾伤去处有司不奏，许本处耆宿连名申诉，有司极刑不饶"③。十八年的这项规定虽然极为严厉，但匿灾现象仍难以杜绝，据《古今治平略》载，洪武三十年(1397)青州旱蝗民饥，有司不报，朱元璋得知后，令户部遣人前往赈济并逮治当地官吏④。这种情况到永乐时也时有发生。永乐五年(1407)，河南发生饥荒，收成"有十不及四五者，有十不及一者，亦有掇草实为食者"，当地官员不仅不报灾，甚至有人还上奏说"雨阳时若，禾稼茂实"，朱棣在发粟赈济的同时，命刑部将那些官员"悉置于法"。朱棣以此为教训，下令"榜谕天下有司，自今民间水旱灾伤不以闻者，必罚不宥"⑤。从目前所掌握的史料看，永乐以后匿灾现象得到了一定程度的遏制，但仍不能杜绝⑥。

这一时期没有规定报灾期限，应该是出于让有司有灾即报的目的，这是符

① 《大明会典》卷一七《户部四·灾伤》，江苏广陵古籍刻印社 1998 年影印本。

② 英宗继位时，由大学士杨士奇起草的《上两宫尊号封诸王诏》中有"水旱灾伤之处，并听府州县及巡抚官从实奏闻，朝廷遣官覆勘处置"的规定，但其他各朝尚未见到同类记载(见杨士奇《东里别集》卷一，《四库全书》本)。

③ 《大明会典》卷一七《户部四·灾伤》。

④ 《古今图书集成·经济汇编·食货典》卷九四《荒政总论八·古今治平略二》，中华书局 1962 年影印本。以下所引该书版本同此。

⑤ 《明太宗实录》卷六七，中研院史语所校印本。以下所引《明实录》版本同此。

⑥ 如《明英宗实录》卷一〇二"正统八年三月"条载，巡按直隶监察御史彭勖奏："郡邑守令，未尽得人。凡遇水旱灾伤，虑勘覆之劳，匿不以闻。"再如，《明世宗实录》卷九五载："上谕户部：'朕闻河南陕州甚荒，人相残食，何不亟行赈救？夫灾变重大若此，岂彼处镇、巡官未尝具奏耶？其具实以对！'户部尚书邹文盛等言：'河南全省皆饥，臣已请留兑军粮五万行赈。陕州饥犹甚，则镇巡未有言及者。'"此事件在嘉靖八年三月得到处理，巡抚河南都御史潘埙被勒令致仕，永不叙用。《明世宗实录》卷九九载："初，河南连岁旱荒，民多饥死。凡郡邑请赈济者，埙牵制文移，往返驳勘，不以时允发……乃诏罢埙，永不叙用。"

合自然规律的一种考虑。但事情的发展却与政府的预期目标相违背，地方官员对于及时报灾并不热心，非不得已，很少有及时上达者，有人甚至根本就不报灾。这影响了救荒的时效，也影响了政府对荒政的管理。成化末年大学士丘濬在其所著《大学衍义补》中对此有详细的描述，在书中他请求"行下有司，俾定奏灾则例，颁行天下。灾及八分以上者驰传，五分以上者差人，二三分以上入递，随其远近以为期限。缓不及期以致误事者，定其罪名，秩满之日降等叙用"①。弘治初，丘濬将《大学衍义补》进呈，应该说，弘治时对报灾期限的制定与丘濬的这个主张是有很大关系的。

弘治时确定报灾期限则例是在弘治十一年(1498)，其内容为："令灾伤处所及时委官踏勘，夏灾不得过六月终，秋灾不得过九月终。若所司报不及时，风宪官徇情市恩，勘有不实者，听户部参究。"②这个则例反复强调了"及时"，表明了制定这个则例的目的所在。不过，在此后的一段时间里，这个则例很可能被认为在时限上过于宽容，而被修改③。

万历九年(1581)朝廷对报灾进行了新的规定，"在腹里地方，仍照旧例，夏灾限五月，秋灾限七月内。沿边如延宁甘固宣大山西蓟密永昌辽东各地方，夏灾改限七月内，秋灾改限十月内"④。新规定放宽了沿边地区的报灾期限，这是考虑到路途远近的因素。在新规定中还有一项重要内容，"地方凡遇重大灾伤，州县官亲诣勘明，申呈抚按，巡抚不待勘报，速行奏闻，巡按不必等候部覆，即将勘实分数作速具奏，以凭覆请赈恤"⑤。这个改革从制度上明确了地方官员不必如从前那样，将勘灾工作全部进行完毕再申奏朝廷，其目的是缩短从勘灾到报灾的时间，以求在最近的时间内开展救荒。这是张居正改革的内容之一。

---

① 丘濬：《大学衍义补》卷二〇《恤民之患》，京华出版社 1999 年版。对地方州县的不及时报灾，丘濬在《恤民之患》中云："臣常见州郡每有凶荒，朝廷未尝不发仓廪之粟，赐内帑之钱，以为赈恤之策，然往往行之后时，缓不及事。朝廷有钜万之费，而饥民无分毫之益。其故何哉？迟而已矣。所以迟者其故何在？盖以有司官吏惟以薄书为急，不以生灵为念，遇有水旱灾伤，非甚不得已，不肯申达。县上之郡，郡上之藩府，动经旬月，始达朝廷。及至行下遣官检勘，动以文法为拘，后患为虑……及至发廪之令行，赍银之赐至，已无及矣。"

② 《大明会典》卷一七《户部四·灾伤》。

③ 在万历九年更定的则例中，要求内地的报灾时限"仍照旧例"，夏灾限五月，秋灾为七月。这说明在弘治十一年至万历九年之间，报灾期限则例是被修改过的。

④ 王圻：《续文献通考》卷四一《国用考·赈恤》，现代出版社 1986 年影印本。

⑤ 《大明会典》卷一七《户部四·灾伤》。

明代救荒最基本的手段是蠲免和赈贷，二者是当时荒政的核心内容。蠲免是指将灾民本应缴纳的赋税进行免除或改折等，使灾民不再付出；赈贷则是将可用于解除困境的粮米、银钱无偿或有偿地发放给灾民，意在使困苦中的灾民有所得。

洪武时在蠲免问题上，没有特别的规定，一般是不论灾荒程度有灾必蠲，"太祖之训，凡四方水旱辄免税"，"凡岁灾，尽蠲二税"①。整个明代前期基本沿袭了这种做法。至成化十九年(1483)凤阳发生灾荒，朝廷命"秋田粮以十分为率，减免三分，其余七分除存留外，起运者照江南折银则例，每石征银二钱五分"②。这项针对凤阳的蠲免令中断了明代尽蠲灾田税粮的历史，为根据灾荒等级确定田赋蠲免数额的做法开了先河。七年后，即弘治三年(1490)朝廷出台了《灾伤应免粮草事例》，规定："全灾者免七分，九分者免六分，八分者免五分，七分者免四分，六分者免三分，五分者免二分，四分者免一分。止于存留内除豁，不许将起运之数一概混免；若起运不足，通融拨补。"③它除了确立灾蠲的比率外，还有十分重要的一点，就是规定了田赋中属于中央的部分(起运)不能蠲免，而且当起运数额不足时，地方必须设法补足。这是明代蠲免政策的重要变化。

《灾伤应免粮草事例》是其后各朝遵行的"永制"，一直没有改变。至万历十二年(1584)，朝廷关于蠲免又出台了一项规定，即"不论有田无田之民，通行议恤。如有田者免其税粮，无粮免者，免其丁口盐钞。务使贫富一体，并蒙蠲恤"④。此政策意义很大，它明确了没有土地的灾民也应受到朝廷的关照，这在以前的蠲免政策中是没有的。事实上，明代对无田灾民的蠲免问题很早就讨论过，宣德十年(1435)给事中年富提出应蠲免租种他人土地的灾民的田租，他说："江南小民佃富人之田，岁输其租。今诏免灾伤税粮，所蠲特及富室，而小民输租如故。乞命被灾之处富人田租如例蠲免。"⑤万历时此议又起，但遭

---

① 《明史》卷七八《食货二》，中华书局 1974 年版。

② 《大明会典》卷一七《户部四·灾伤》。

③ 《大明会典》卷一七《户部四·灾伤》。

④ 王圻：《续文献通考》卷四一《国用考·赈恤》。

⑤ 徐学聚：《国朝典汇》卷九九，北京大学出版社 1993 年版。以下所引该书版本同。

到当国者如申时行、王锡爵等人的有力反对,未能实行[①]。

与蠲免并行的是赈济。这是一项非常重要且又很具体的救荒手段,实施起来十分复杂,在明代基本由地方官根据实际情况临事措置,而中央政府则缺乏统一的赈济政策。洪武二十七年(1394)制定的《灾伤去处散粮则例》算得上是这方面唯一一项国家政策。该《则例》规定赈粮的发放标准是"大口六斗,小口三斗,五岁以下不与",此标准在永乐二年(1404)被修改为"大口米一斗,六岁至十四岁六升,五岁以下不与。每户有大口十口以上者,止与一石"[②]。事实上这个标准只是一个原则性规定,永乐以后的实际操作中很少严格遵行。因为这个标准的基本前提是放赈的粮米必须充足,而实际情况往往不是这样。

赈济的关键之一是仓粮的及时发放,在洪武和永乐两朝,都有先赈后奏的规定。洪武十八年(1385)"令天下有司,凡遇岁饥,先发仓廪赈贷,然后奏闻"[③],洪武二十六年(1393)朱元璋又重申此令:"朕尝捐内帑之资付天下耆民籴粟以储之,正欲备荒歉以济饥民也。若岁荒民饥,必候奏请,道途往返,远者动经数月,则民之饥死者多矣。尔户部即谕天下有司,自今凡遇岁饥,则先发仓廪以贷民,然后奏闻,著为令。"[④]永乐十七年(1419)"令有司今后遇饥荒急迫,即验实发仓赈之,而后奏闻可也"[⑤]。我们注意到,洪武时的先赈后奏之令所规定的唯一条件是"岁饥",而永乐时则有"急迫"和"验实"两个条件,这实际是打了折扣的规定。永乐以后,再未见有先赈后奏之令,而地方官员的未待奏请即开仓放赈之举,往往被看成是关心民命、不计个人得失的壮举。

明代为了在救荒时有粮可用,且又不影响国库收入,洪武时就令全国设立预备仓,专门储藏备赈粮米。洪武二十一年(1388)六月,朱元璋谕户部尚书杨靖,令天下置预备仓[⑥],随后在洪武二十三年(1390)朝廷多次发官钞,派人往河南、山东、山西、陕西、江西等地购粮储存于当地的预备仓[⑦]。由于永乐以后朝廷不再发官钞做籴本,为解决仓米的来源,从正统时起,确定以赃罚银两籴

① 张萱:《西园闻见录》卷四〇《户部九·蠲赈前·前言》,哈佛燕京学社1940年版。
② 《大明会典》卷一七《户部四·灾伤》。
③ 《大明会典》卷一七《户部四·灾伤》。
④ 《明太祖实录》卷二二七,二十六年四月。
⑤ 徐学聚:《国朝典汇》卷九九。
⑥ 《明太祖实录》卷一九一。
⑦ 《明太祖实录》卷一九五、二〇二、二〇三。

谷，并鼓励富有者捐献。成化年间，在赃罚银、捐献的基础上，又开捐纳，对纳谷入仓者给予散官。从洪武时起，预备仓仓粮的支放由政府负责，日常管理则以所在地的“老人”为主。正德时曾一度设置专门负责预备仓各项事务的“土仓官”，但在正德五年(1510)刘瑾败后，朝廷将各州县预备仓的土仓官尽行革退，仍旧令州县正官或管粮官收放①。

弘治三年(1490)五月，明朝廷为保证地方上的积粮数额，确立了各州县预备仓的积粮标准，“有司每十里以下务要积粮一万五千石，军卫每一千户所积粮一万五千石，每一百户所三百石，每三年一次查盘，有司少三分者罚俸半年，少五分者罚俸一年，少六分以上者，九年考满降用”②。这是一个非常重要的规定，它第一次从制度上将积谷数额与州县官的考核联系起来，明代的荒政在这里发生了很大变化。弘治时所定的积谷数额，在此后的嘉靖八年(1529)、万历五年(1577)被两次修改，标准被降低，但官员政绩与积谷数相联系的做法则没有改变，而且嘉靖八年的规定中还强调，除州县官外，“知府视所属州县积粮多寡以为殿最”。万历七年(1579)关于各府的积谷又作出了规定，“议准各省直抚按酌量所属知府地方繁简贫富，定拟积谷分数，其积不及数者，与州县一体查参”③。此规定随着张居正的去世而不见了下文。

在明代救荒政策的演变过程中，成化是一个比较特殊的时期，此时专门为救荒制定了操作性很强的捐纳政策。成化六年(1470)和成化九年(1473)出台的有关政策，内容分两个方面，一是对于已具有“吏典”身份者，只要纳米若干石就可以免其例行考试，给予冠带办事④；二是对于平民，只要纳米六十石，就

① 《古今图书集成·经济汇编·食货典》卷八三《荒政汇考一六》。

② 《大明会典》卷二二《户部九·预备仓》。按，《明孝宗实录》卷三六“三年三月丙辰”载为：“天下州县预备仓积粮以里分多寡为差。十里以下积粮至万五千石者为及数。二十里以下者二万石；三十里以下，二万五千石；五十里以下，三万石；百里以下，五万石。”又按，王圻《续文献通考》卷四一《国用考·赈恤》作“州县每十里以上积粮一万五千石”，误。

③ 《大明会典》卷二二《户部九·预备仓》，江苏广陵古籍刻印社1998年影印本。

④ 《大明会典》卷二二《户部九·预备仓》。《会典》云：“成化六年奏准预备救荒，凡一应听考吏典，纳米五十石，免其考试，给予冠带办事。在外两考起送到部，未拨办事吏典，纳米一百石；在京各衙门见办事吏典，一年以下纳米八十石、二年以下纳米六十石、三年以下纳米五十石：免其考试，就便实拨，当该满日，俱冠带办事，各照资格挨次选用。”“九年令直隶保定等府州县两考吏典纳米一百石，起送吏部，免其办事考试，就拨京考；二百五十石，免其京考，冠带办事。俱挨次选用。其一考三个月无缺者，纳米八十石，许于在外挨历两考。”

可以到衙门中充吏；纳米二百石则给予正九品散官，二百五十石给正八品，三百石给正七品[①]。成化二十年(1484)北方大旱，礼部建议各地鬻卖度牒，筹集赈粮；内阁建议军职及国子监监生之位皆可开纳[②]，从而使范围更加扩大。捐纳政策实质是以官换粮，这对于筹措救荒粮米有一定作用。但这个政策又是以牺牲正统的选官原则为代价的，即卖官代替科举，"官"身份可因纳粮而获得，在传统观念里，这无疑是对清明之政的破坏。成化捐纳政策的制定，意在以有效的诱惑来启动民间财富投入到救荒当中，它既体现了政府对灾荒的关注，也反映了政府对民间财富在救荒中作用的看重。为筹措救荒粮米，成化时还在官吏考核方法上进行了改革，"令被灾所在三年六年考满官员，四品纳米六十石，五品五十石，六七品四十石，八九品三十石，俱听巡抚官拨缺粮仓分纳完，回任管事，免其赴部。惟造完须知功绩牌册并通关，差人缴部而已"[③]。以纳米代替赴部参加考核述职，这是对传统考核制度的较大改变。

成化以前，政府亦有鼓励民间富户协助政府救荒的政策，即旌奖政策。正统五年(1440)规定："凡民人纳谷一千五百石，请敕，奖为义民，仍免本户杂泛差役。三百石以上，立石题名，免本户杂泛差役二年。""各处预备仓，凡民人自愿纳米麦细粮一千石之上，杂粮二千石之上，请敕奖谕。"[④]实际上从明初就有对义民的表彰，但旌奖标准一直没有出台。正统五年(1440)这个标准的出现，可能与英宗继位后富民捐献的情况较多有关，"皇上嗣位以来，富家钜室以出谷助赈承旌褒者，畿内及江西、浙东、关中、河南、山东西，累累继起，日增月益，不可胜记"[⑤]。正统时的旌奖，除赐敕、免役、立石外，还有赠官，即给予散官。据《国朝典汇》载，正统五年(1440)正月令："军民中有能出粟佐官者，授以散

① 《大明会典》卷二二《户部九·预备仓》。

② 徐学聚：《国朝典汇》卷九九《户部一三·赈恤》。书中云："大学士万安等议令山陕生员有纳米者，廪膳八十石，增广一百石，俱赴陕西缺粮仓分上纳，起送国子监读书。军民舍余人等有纳米者，授以军职，百户纳二百石，副千户纳二百五十石，正千户三百石，指挥照例加米，定与卫分带俸。"按，据该书成化二年条载，当时已有鬻卖度牒之举："二月，命礼部给度牒鬻僧以赈济饥民。"

③ 黄瑜：《双槐岁钞》卷一〇《给由赈济》，中华书局 1999 年版。

④ 《大明会典》卷二二《户部九·预备仓》。

⑤ 杨士奇：《东里续集》卷二《敕书楼记》，四库全书本。

官，旌其门。"①

至嘉靖时，对于民间出谷的奖励政策，又有调整。嘉靖八年(1529)规定："若有仗义出谷二十石、银二十两者，给与冠带；三十石、三十两者，授正九品散官；四十石、四十两者，正八品；五十石、五十两者，正七品。俱免杂泛差役。出至五百石、五百两者，除给与冠带外，有司仍于本家竖立坊牌，以彰尚义。"②这个纳粮标准，无论是比照正统时的还是成化时都大大降低，这应与富豪不愿出谷给政府的情况有关，而造成这种情况的原因是多方面的，后文我们将有分析。

尽管古人一直在讲"救荒无善政"，但从以上叙述看，明代的各种救荒政策和措施还是比较完善的，它们对于降低灾荒的危害程度有相当的作用。不过，从另一方面说，明代的荒政也确实存在很多问题，其中既有救荒政策措施本身的问题，也有许多其他问题，这些问题，影响了救荒目标的完全实现。

二、救荒的行政能力

明代荒政的实施主要受政府的行政能力和经济能力影响。

行政能力，包括政策措施的完善程度和适用程度，包括从中央到各级政府的执行状况，同时包括皇帝本身对荒政的关心程度。要之，就是一个政府的政治状况是否能够满足和担负起救荒的职责。灾荒是一种变异，从现实统治的角度讲，此种变异不仅影响政府的财政收入，也影响社会的稳定，是对长治久安的威胁，因此是必须加以重视和解决的问题。从政治理念讲，包括明代统治者在内的历代统治者，所追求的政治目标无不是三代之治，是一种仁德之政，关心它的子民是这种政治的内容，百姓的生活状态反映了一个朝代政治的善否。直接受灾荒变异冲击的是灾区的百姓，他们的困苦状况是不符合仁政标准的，因此每一个具有政治责任心的政府对这些百姓都是势在必救的。换言之，那些坐视灾变的政府，不论用什么标准衡量，都不是符合要求的政府。明代则恰恰经历了一个有灾必救到无力救灾的过程。

在我们叙述的明代各种救荒政策和措施中，可以发现这样的问题，就是极少有万历十年(1582)以后出台的荒政政策，这并不是由于灾荒减少或此前的

① 徐学聚：《国朝典汇》卷一〇一《户部一五·仓储》。按，《大明会典》中未见正统时授散官的记载，但《湖广通志》卷五〇及卷六四载，正统时，宁远人雷复巡抚山西，在当地鬻盐引并劝民入粟授散官；黄梅人张士美，因大旱罄家财输谷，政府给予冠带。是则正统时当有授官之令。

② 《大明会典》卷一七《户部四·灾伤》。

各种政策无需调整，而是因为在这以后政府在救荒问题上显得力不从心了，逐渐丧失了这种能力。

依据明代救荒政策的发展演变，以及这些政策的实施情况，明代荒政大致可以分为三个时期，明初至成化为一个时期，这是政策制定和完善阶段；弘治至万历初为第二个时期，这是政策的调整变化阶段；万历中期至崇祯末为第三个时期，此时救荒工作虽未停止，但政府的荒政基本处于有名无实的状态。

（一）备荒之政的困境

成化以前由于国力较为强大，政府关注，在救荒上是十分积极的，构筑了荒政的政策框架，而其蠲免和赈济的力度也是其后各朝所不能比的。正统以前的近七十年中更是体现了这些特征。洪武时期有灾是必救的，就是无灾之时对一些地方也有蠲免，朱元璋的祖训中有“四方有水旱等灾，验国之所积，于被灾去处优免税粮。若丰稔之岁，亦当验国之所积，稍有附余，择地瘦民贫处优免之”的说法[①]，足见他对民众的关心。在赈济上，政府此时“出手”也是十分大方的，洪武三年(1370)西安、凤翔饥，朱元璋命户部主事李亨往赈，每户给粟一石，共三万六千多石；永乐九年(1411)赈北京临城县饥民三百余户，给粮三千七百石，十年(1412)赈山西平阳等县十六万户给粟三十一万四千石[②]。宣德以后政府在荒政上的作为，除正常的蠲赈外，还体现在预备仓的整顿上。

预备仓在洪武以后逐渐出现危机，至宣德时废毁殆尽，宣德三年(1428)四月给事中宋徵言：“洪武中郡县所籴预备仓粮近皆废弛，宜下郡县修仓征收以备荒歉。”宣德七年(1432)六月巡抚湖广御史朱鉴云：“洪武间各府州县皆置东南西北四仓已储官谷，多者万余石，少者四五千石。设富民守之，遇有水旱饥馑以贷贫民。今各处有司以为不急之务，仓廒废弛。”[③]至正统初南方官仓储谷已十处九空，甚者谷既全无，仓亦无存。在大学士杨士奇等人的建议下，正统五年(1440)正月朝廷令六部都察院“推选属官领敕前诣两畿及各省府州县立预备仓，发所在库银籴粮贮之”[④]，于是侍郎何文渊、于谦等数人分别前往各地设立预备仓。在朝廷所发的敕文中，要求预备仓粮须足够当地赈荒之用，要

① 王圻：《续文献通考》卷四一《国用考·赈恤》。
② 徐学聚：《国朝典汇》卷九九《户部一三·救荒》。
③ 徐学聚：《国朝典汇》卷一〇一《户部一五·仓储》。
④ 徐学聚：《国朝典汇》卷一〇一《户部一五·仓储》。

对仓粮加强管理，而所派官员必须亲自进行操作和监督。为了保证这次整顿的成功，朝廷又出台了两项政策，一是前面叙述过的旌奖政策，二是明确了侵盗预备仓粮的处罚依据，即"各处预备仓，凡侵盗私用冒借亏欠等项粮储，查追完足，免治其罪。其侵盗佐证明白、不服赔偿者，准土豪及盗用官粮论罪"[①]。此次整顿收到了一定成效，各地的预备仓建立甚多。但时过不久，至天顺五年(1461)各处预备仓又复空虚[②]。于是，继正统五年(1440)的整顿之后，成化七年(1471)朝廷再次下令修举预备仓，在敕文中对于仓本的筹措除提出继续运用赃罚和纳赎等手段外，还提出借拨存留和"于各里上中户税粮内米正粮一石，另劝米麦共五升"的方法[③]，这个措施是此前不曾运用过的。

明代荒政中的备荒这一环节是最被看重的，但明初以来预备仓却屡兴屡废，这其中根本原因有二，一是仓本没有可靠和固定的来源，而千辛万苦凑集起来的仓粮，很快就被侵盗一空。如果仓本有可靠的保证，预备仓绝不至于一再出现空而不振的局面。二是府州县官员对预备仓的管理的不关心。预备仓的管理在弘治以前实行双轨，老人为具体的管理者，各级官员为监督者。但由于备荒如何与官员的升迁没有直接的关联，因而其监督只是一种形式，这使得地方土豪对预备仓粮的侵蚀得不到遏制。

从宣德起至成化能够使用的仓本筹措方法均已运用，如赃罚银两、令罪犯纳米赎罪、劝富人助谷、鬻官鬻僧等等，方法不可谓不多，但都不能使预备之政出现转机。于是明朝廷开始在管理上寻求出路，即将备荒与官员的政绩联系起来。如正统五年(1440)修举预备仓时杨士奇、于谦等人就提出加强官员在备荒方面的政绩考察，以确定其是否称职，英宗命户部立即施行[④]。但从后来的情况看，这在实际中并未得到很好的贯彻。因此才有弘治三年(1490)将积谷数额与官员政绩相联系的改革。这个改革是明初以来荒政制度上的一个重

---

① 《大明会典》卷二二《户部九・预备仓》。

② 徐学聚：《国朝典汇》卷一〇一《户部一五・仓储》。天顺五年都御史李宾言："各处预备仓多空虚，猝遇饥馑何以为赈？"

③ 徐学聚：《国朝典汇》卷一〇一《户部一五・仓储》。

④ 《明史》卷一七〇《于谦传》载于谦巡抚河南等地时的奏疏中云："州县吏秩满当迁，预备仓粮有未足，不听离任，仍令风宪官以时稽查。"徐学聚：《国朝典汇》卷一〇一《户部一五・仓储》载正统五年英宗敕书云："今后府州县官考满赴吏部者，并须开报预备官仓所储实数，及修筑过陂塘堤岸等项，吏部行该部查考虚实，以凭黜陟。"

要变化。

这个变化首先在于综合了历朝荒政中的管理经验,一是积谷有了明确的标准,二是将积谷与官员考核直接联系。正统时虽然强调将备荒政绩与升迁挂钩,但没有统一具体的标准,这使得其考察只能是流于形式。从成化时开始预备仓积谷有了明确定额,但却没有相应的惩罚措施。“国初立预备仓,即古常平仓遗意,盖支给官钞和籴以备凶荒耳。正统后,许将囚罪赎罪米收入,然无定数。成化后,始有每里积三百石或五百石之例,然未有不及数之罚”①。弘治时则加以综合完善,使管理的可操作性大大加强。

弘治时期在备荒制度上的改变,是在传统思维模式下,明政府整顿荒政的一次重要努力。按照一般情况,管理加强后,备荒之政应该有新的局面出现,但实际并非如此。由于所定积谷标准超出了各地所能达到的能力,引出了许多新的问题,使得这个数额受到了质疑。弘治末林俊上疏云:“查得近例,一里积谷一千五百石,江西卫所姑未概论,就试有司言之。六十九县总计一万四十五里,谷以一里千石计之,尚该一千一十四万五千石,见在所积十未及一,约少九百万石。每谷五石作银一两,该银八十万两,尽括司府库藏不尽一十万两。籴本羞涩,力难求济。是外非重罚重罪囚,则勒劝大户,取彼与此,仁者不为。”②这表明加强管理同样难以实现备荒之政的复兴。

在感到传统的手段逐渐失效后,一些有责任感的官员们在荒政上开始寻求新的出路,特别是在备荒方面有了新的行动,其主要表现是社仓和义仓的建立。明代的社仓最早可追溯到洪武时期③,而义仓之立至迟在成化时已有实例④。至嘉靖初年,有许多地方建立起了社仓或义仓。如福州在嘉靖三年(1524)左右恢复了四乡的社仓⑤,嘉靖四年(1525)庐州知府龙诰修盖义仓⑥。在这种形势下,嘉靖八年(1529)三月兵部侍郎王廷相建议在全国设立义仓,其具体方法是,令城乡居民二三十家为一会,选择其中家境好、有德行者为社首,

---

① 徐学聚:《国朝典汇》卷一〇一《户部一五·仓储》。

② 张萱:《西园闻见录》卷四〇《蠲赈前·前言》,哈佛燕京学社1940年版。

③ 《湖广通志》卷五五,洪武进士、茶陵人陈谦知泸州时行社仓法。

④ 《湖广通志》卷四六,桐庐人俞荩成化间以御史出判澧州,建义田仓积谷备赈。

⑤ 《福建通志》卷二九,四库全书本。

⑥ 《江南通志》卷八五《积贮》,四库全书本。

另有社正、社副的设置，社正要处事公平，社副要会书算。同会之人按家境出米入仓，上等户出米四斗，中等出二斗，下等出一斗。灾荒之年，先给中下户，有余则给上户，待丰年上户要原数还仓，中下户不还。王廷相认为义仓"既无官府编审之繁，又无胥吏颠倒之弊，赈恤不劳于上，而实惠得沾于民"①。王廷相的建议被批准，朝廷令各地建立义仓。在政府的这项政令中，强调了政府的监管作用："各府州县造册送抚按查考，一年查算仓米一次，若虚，即罚会首出一年之米。"②此后，社仓和义仓在全国得到了普及，"在城居者，或设仓于祠堂以周宗族，或设仓于近境以济邻人。在乡居者，或各堡设之，或一都合力为之"③。

社仓和义仓的普遍设立，虽然是在政府的关注下实现的，但这个事实也意味着政府包揽的备荒之政的失败。如果预备仓能够有效地担负起救荒的职责，在灾荒中发挥充分的救济作用，社仓和义仓就没有设立的必要了。因此社仓和义仓作为民间自救性质的仓储的大量出现，在明代救荒史上具有很大意义。

需要注意的是，此时明政府还试图将社仓纳入到自己的管理范围中，使之成为政府荒政的一部分或补充，如前面提到的对社仓的查考。在这种思路下，社仓或义仓的发展必然重蹈预备仓的覆辙。事实也是如此，社仓在官府的干预下，有的成为官仓，有的仓本被强占。万历十六年(1588)浙江桐乡、乌程灾后，当地富民捐出义米以备灾荒，但官府却将此米变成官米，"吾镇二府何公(挺)必欲将民间义米贮常平仓作为官米，以邀功干名，已是差了，然犹为义米也。乃代之者夏公(尚忠)恶其锁屑，申分守道，将米价三百余两分贮乌程、桐乡库，备荒义米竟改为库银"④。万历三十五年(1607)阳谷县将四乡社仓二十六处合并，统一在县治建仓，"建官廒而统贮于县，典之以吏胥，守之以仓夫"⑤，社仓于是成为了官仓。

---

① 王廷相：《浚川奏议集》卷三《乞行义仓法》。附按，徐学聚《国朝典汇》卷一〇一将与会户数误作"一村之间，约二三百家为一会"。

② 《大明会典》卷二二《户部九·预备仓》。

③ 俞森：《荒政丛书》卷一〇《社仓考》。《四库全书》本。

④ 李乐：《见闻杂纪》卷八，《瓜蒂庵藏明清掌故丛刊》，上海古籍出版社1986年影印本。

⑤ 马羲祥：《建保赤仓记》，见《阳谷县志》卷一二《艺文三》。

社仓和义仓的遭遇，首先影响了二仓优势的发挥。社仓贮存于民间，它的开启收放均由民人自主，灾荒来临时，灾民可以在最短的时间内得到救济。而其一旦被官府控制，其收放就要层层申请，建立二仓的原意于是丧失殆尽。其次，严重影响了富民捐米的积极性。“额定报数，无异正供之征收；归官督催，顿失大贤初意。以致征募之先，人不乐有大户之名，恐将来本里有事得指名妄报，虽有仁心，废然自沮。积蓄之后，又恐官府那借，将农夫手足胼胝、民间锱铢积累者一朝乌有，则遵行之念又息”[①]。富民的担心，使社仓的仓本变成空谈，社仓的存在也受到挑战。比较预备仓和社仓，社仓在救荒上无疑更具有优点，它之能广泛建立，既是此优点的被认识，也是由于富户们更愿意通过社仓这种形式直接参与到救荒之中。但官府的干预，阻断了富民的救荒热情。明后期富民既不愿出谷给官府助赈，也愈来愈不愿在社仓中有更多的投入，与官府的干预有直接的关系。

嘉靖时期是明代荒政发展中的一个重要时期，从政府来说，它一方面在调整传统政策，另一方面它也明显感到民间在救荒上的重要性，试图发挥民间财富的作用，但又不愿意完全失控。其结果是政府在救荒上越来越力不从心，而民间的力量又无法发挥，于是灾荒所造成的危害得不到控制。

嘉靖以后的状况也基本如此，社仓义仓兴而复颓，而预备仓就更加不堪一提。“自嘉靖起，虽有备荒之名而无备荒之实，灾荒屡见，万姓流离。至于泰昌、天启、崇祯，尤不可问”[②]，明末陈龙正说：“至于今日，天下皆无预备仓。”[③]

从根本上讲，明代备荒之政的败坏，是专制制度所使然。预备仓作为官仓的一种从兴起到废坏，表明这个制度在此问题上的无能力；而社仓义仓的境遇又表明这个制度对较有效的备荒手段的破坏。从另一方面讲，社仓、义仓作为古已有之的备荒形式，在明后期的再次兴起，仍是一种新的尝试，具有很大意义。明代备荒仓储所走过的历程，与当时社会的结构的变迁有割不断的联系，“是与明中叶前后由于赋役、财政制度的改革、各级地方政府逐渐放弃了对于里甲户籍及各种社会事业的管理权的社会变迁的总体趋势相联系的。由此，

① 沈兰先：《社仓议》，见俞森《荒政丛书》卷一〇《社仓考》。

② 陆曾禹：《康济录》卷四，《四库全书》本。

③ 俞森：《荒政丛书》卷九《义仓考》，《四库全书》本。

我们似乎可以比较清晰地窥见一种自上而下的权力转移。”①

（二）救荒政令在执行中的困境

明代的荒政制度是很完备的，帝王们对灾荒也十分关注，但各级官员却不能完全执行有关制度和政令，致使救荒效果大打折扣。这种情况在明前期就存在，至成、弘以后就更加突出。

宣德元年（1426）八月，明皇室内部又一次出现危机，汉王朱高煦在山东乐安反叛，他的反叛借口与靖难中朱棣的借口一样，是清除皇帝身边的奸臣，“移檄远近，以讨辅臣夏原吉等为辞”②。这篇檄文现已无从得见，但从其他史书中我们还可窥见夏原吉被指为奸臣的原因。杨士奇的《圣谕录》载，宣德七年（1432）二月明宣宗召杨士奇，“谕曰：‘忆五年二月共尔南斋宫论宽恤事，今两阅岁矣，民事不又有可恤者乎？’对曰：‘诚有之。只五年官田减租额一事，圣恩已下，玺书已明，民间已知，户部格而不行，至今仍旧额追征不已。’上怒曰：‘户部可罪也。’对曰：‘此循习之弊，永乐末年多如此。往年高煦反，以夏原吉为奸臣之首，正指此事为说。’”③

当时朝廷每下蠲免之令，户部就以“国用不敷”阻隔之，户部甚至发文给各官府，命其“勿以诏书为辞”，继续征租。在户部态度的影响下，宣、正之间地方守令匿灾现象时有发生，“凡遇水旱灾伤，虑勘覆之劳，匿不以闻。间有上陈者，部、司又以国用不敷，不为停免税粮，以致冻馁贫困，流离转徙”④。报灾也得不到实际的蠲免，还得空废精力去勘灾，因此干脆匿灾不报。其结果是灾民饥饿困苦，流离他乡。蠲免与国用之间的矛盾是带有根本性的矛盾，国用是不可缺少的，是国家机器赖以运转的基础，相比之下，蠲免则次要得多。国用不敷的后果是官员们担负不起的，这正是户部及各级官吏们敢于违背蠲免令的原因。

明初蠲免的力度较大，弘治三年（1490）以后规定只蠲存留不蠲起运，这看似既保证了国家的赋税收入，又对灾区有了宽恤，但实际上又造成了新的问题，首先存留在赋税中只占很小的一部分，其次存留虽归地方所有，但它也是

① 吴滔：《明代苏松地区仓储制度初探》，《中国农史》1996 年第 15 卷第 3 期，第 61 页。

② 高岱：《鸿猷录》卷九《征汉庶人》，上海古籍出版社 1992 年版。

③ 杨士奇：《东里别集》卷二《圣谕录下》，《四库全书》本。

④ 《明英宗实录》卷一〇二“正统八年三月”。

有固定用途的，即地方官府的各项开支从存留中提取。因此在明后期蠲免与国用之间的矛盾不仅仍然存在，而且蠲免在实施中的被阻隔实际上被合法化了。另外，地方官员的升降，主要的标准之一是国家正赋的完成情况，完不成征收定额，对于政绩和晋级会产生不利影响。于是出现了朝廷蠲免之令屡下，而官府置若罔闻催征如故的现象。正德六年(1511)三月的谕旨中说："近来各处盗贼纵横，多因水旱衣食艰难，各有司不能赈恤，或又称科敛而侵克之。及朝廷下诏蠲免钱粮，乃将虚文起解之数捏作已征，或将已征捏作未征重复征解，以致小民冤苦无申，流离失业相诱为非。"嘉靖九年(1530)的谕旨说的是同一个问题："朕因民穷，屡有蠲贷之命，闻所在有司仍征又催之者。"①万历十五年(1587)户部言："国家因地制赋，皆古什一遗义。总计以十分为率，有司升降，各以分数多寡，立为定规。然灾伤年份，不肖有司每借口参罚常格，间或时值考满升取，虑任内钱粮未及分数，有违明旨，每每严比取盈。"②

除蠲免之令被阻隔外，一些荒政的制度也不能得到很好的执行。弘治时确定积谷数额时，规定官员如不及数，就将受到处罚，嘉靖以后也屡次重申这些规定。但在实际中，真正因积谷不及数额而被处罚者甚少。隆庆三年(1569)户部因一些地方积谷不及数，移文吏部，欲按例将葭州知州尹际可等三十五人降调，但吏部认为："积谷较之正赋不同，况皆出于赃罚纸赎及他设处，所入之数，视地方贫富狱讼繁简为差，若必欲所在取盈，是徒开有司作威生事之端。今宜治其侵渔者，若止怠玩，仍当分别轻重，明注考语，俟本部劣处，不必遽议降调。"③吏部的这个意见，实际是认为户部侵犯了吏部的职权，因此要收回这些权力。皇帝批准了吏部的建议，如此则户部失去了对积谷不及数者的直接处罚权，积谷规定实际也就成了虚文，隆庆以后，积谷数额虽一降再降，但各地仍不能达到要求，与相应的处罚规定得不到执行有关。各职能部门争权的结果，是使荒政被损害。

救荒政令的不能被执行，除了以上原因外，还与当时官员不重视救灾、玩忽职守、责任心不强以及钩心斗角的不良风习有关。正德十三年(1518)，右副都御史吴廷举奉命赈济湖南，但他不以赈济为务，建庙宇、迁驿铺，扰民颇甚。

① 徐学聚：《国朝典汇》卷一〇〇《户部一四·蠲免》。

② 《明神宗实录》卷一八二，万历十五年正月。

③ 徐学聚：《国朝典汇》卷一〇一《户部一五·仓储》。

工科给事中傅良弼在参劾中云："奉命赈济，不急所先，乃重建衡山庙宇，费二千七百有奇，夫役林木皆取之民。且今湖南灾伤，民无粒食，嗷嗷待哺，方切呻吟，乃驱枵腹待毙之民为邀福媚神之举，廷举独何心哉。至于迁驿改铺，皆在可已，而乃任意纷纭，所在骚扰。"①嘉靖七年(1528)河南发生严重灾荒，河南知府范璁不待报即开仓放赈，百姓对其感恩戴德，但巡抚河南都御史潘埙却因此嫉恨范璁和当地百姓，"迨旱益甚，埙始行郡邑给赈，复苛为条格，须民有菜色垂绝者然后给之。有司放赈稍宽，即加谯责，百姓无不怨之"②，只讲个人恩怨，不顾灾民生死，官员的责任心已难以言有。嘉靖二十四年(1545)户部说："近来各处奏报灾伤，业已奉旨蠲免，第诸司多玩愒虚饰，民不受恩。"嘉靖四十年(1561)四月"近各处饥民来京数多，皆因有司坐视，不能赈恤所致，殊为旷职"③。

官场颓风如不能遏制，受影响的将不止是荒政一项，其整个统治也会一蹶不振。张居正正是看到这一点，才在万历初开始了一系列的改革，其中就有针对官场颓废之风的考成法，以期挽回颓势。在张居正执政时，他的改革收到良好效果，朝廷政令朝发夕至，畅通无阻。但在他去世后，情况发生改变，明代政局重新步入衰亡轨道，而官员在救荒上的表现也更不可言。

在张居正去世后的第七年，即万历十七年(1589)，因前一年江南浙江等处发生大水和饥荒，朝廷发太仆寺马价银及南京户部银共三十万两，命户科给事中杨文举前往赈济④。杨文举虽为赈灾而行，但一路上颇为张扬骄横，而地方官府对他也是极尽招待之能事。杨未到苏州时，苏州的大小官员即派人"探前路款待事宜"，及至苏州，官员们"病狂丧心"，宴乐不断。至嘉兴后，"嘉兴兵道治酒，委一县丞料理。县丞嘱厨夫曰：'今日是我性命所关，汝不要害我。'"嘉兴太守王贻德"送代席金十两，杨不悦，呼船头欲赏之"⑤。一方是嗷嗷待哺的灾民，一方是川流不断的宴席，"惟日置酒高会，靡费不赀；有司馈贻，争为丰

① 《明武宗实录》卷一六七，正德十三年十月。

② 《明世宗实录》卷九九，嘉靖八年三月。

③ 徐学聚：《国朝典汇》卷九九《户部一三·救荒》。

④ 《古今图书集成·经济汇编食货典》卷八四《荒政部汇考一七》。《明神宗实录》卷二一六，万历十七年十月"。

⑤ 李乐：《见闻杂纪》卷一〇，《瓜蒂庵藏明清掌故丛刊》，上海古籍出版社 1986 年影印本。

腆”[1]，官场恶风之严重可见一斑。如果说杨某只不过是一个人的话，灾区的官员们则是为数众多的群体，这些人在救荒之时的真实表现，说明当时荒政的窘境。另据《西园闻见录》载，杨文举在提督江南荒政时，“激奋抗疏，极论民穷已甚，必无所从取，迫之且生变”[2]，建议蠲免赋税，以苏民困。

杨文举的行为和江南灾区官员们的表现，在当时应该是很有代表性的，即漠视民众疾苦，不努力救荒，但千方百计地讨好上司，做足官样文章，以求从中获得好处。“州邑不肖之吏，皇封虽下，白纸犹催；畸羸之夫，腹无半粟，而手足犹絷于桁杨……民草食不充，而大吏犹馈送充斥，供张丰腆”[3]。杨文举官职只是给事中，即使从朝廷而来，按常理也不能如此骄横，但他具有赈银的分配权和推荐、参劾官员的权力，这是提高他身价的所在，而各地官员奉承他的目的，也主要在于获得更多的赈银和褒奖。同时也是希望他能向朝廷申请灾蠲，因为江南此次灾荒，已有多人请蠲，但均未获准。这里需要注意的是，在当时地方官员们请蠲，主要目的是为自己减轻征赋的压力，在考核时可以有说辞，至于减轻灾民的经济负担那只是表面上的文章。从这里可以看出，这些官员们既不关心灾民，也不关心国家的税收，只注重自己的利益，这正是封建专制制度造成的必然结果之一。在政治状况较好，即专制统治较强的时期，这种恶果的显现还不明显，而一但专制统治有所松动，官员们恶劣的一面就会暴露无遗。换句话说，官场恶习的全面展现，意味着政府救荒能力的衰退，也在一定程度上反映了专制制度出现的危机。张居正试图遏制这种危机，但最终没有成功，这表明这危机在万历时已是不可逆转的了。

时至明末，官员在救荒上的表现更为恶劣。《康济录》载：“明末，州县官之赈粥也，探听勘荒官次日从某路将到，连夜于所经由处寺院中设厂垒灶，堆储材米盐菜炒豆，高竿悬黄旗，书‘奉宪赈粥’四大字于上，集村民等候。官到，鸣钟散粥。未到则枵腹待至下午。官去，随散厂平灶，寂然矣。皆耳闻目睹之事。”[4]这与其说是救荒，不如说是拿灾民当道具，做官样文章。赈粥，是明末使用最多的救荒手段，历来认为这是救荒的最后一法，是下策。而从作者的叙

---

① 唐鹤徵：《赈济说》，见《古今图书集成·经济汇编·食货典》卷一〇一《荒政部·艺文八》。

② 张萱：《西园闻见录》卷四一《户部十》。

③ 袁宗道：《蠲赈二事策》，见《古今图书集成·经济汇编·食货典》卷一〇三《荒政部·艺文十》。

④ 陆曾禹：《康济录》卷四，《四库全书》本。

述看，这最后一招官员们竟也如此应付，灾民之大批投入到起义军中是自然的。崇祯元年(1628)"陕西饥民苦加派，流贼大起"，崇祯四年(1631)"延安、庆阳大雪，民饥，盗贼益炽"，崇祯五年(1632)"贼奔水落城，平凉、庄浪饥民附之，势复炽"①。

(三) 明神宗对万历时期荒政的影响

明代荒政在弘治以后开始出现变革，至嘉靖时变革就更大，这些变革实际是政府为适应社会的变化而做出的努力，它表明政府在此时还具有一定的应变能力，还能在局势上有所控制。但从万历中期开始，政府在荒政上的变革近于停止，几乎没有新的政策出台。这既是社会变化巨大的反映，也是这个制度僵化到极端的反映，其中还与当时的最高统治者有关。

在晚明的荒政中，明神宗是个值得注意的人物，这一是万历时荒政由尚能支撑转向全面衰退，与他有很大关系；二是他在位时的表现与其前的明代帝王多有不同。

明神宗在亲自执掌朝政的最初几年是很勤政的，"自张居正刑犯而后，乾纲独断，无一时一事不惟小民之念"②，"爱民之念，靡日不切；勤民之诏，无岁不下"③。但从万历十四年(1586)以后，明神宗对政事越来越倦怠，不接见大臣，不参加重要的典礼祭祀，不及时处理朝臣的奏疏。但在他怠政的最初阶段，唯独对灾荒还是十分关注的，万历十八年(1590)五月，已经长期不临朝视事的明神宗"因各处灾伤，勉出"，当时他"圣体初安，步履尚艰"④。而对有关灾荒的奏疏的处理，也比其他类奏疏要及时一些。

明神宗在荒政上的怠政大致始于万历二十七年(1599)，其标志是从这一年起灾荒类的奏疏也经常被搁置，而且蠲免的次数也明显少于从前。万历二十七年(1599)六月，户科给事中李应策的疏中说：

> 臣查祖制：但有异灾、蝗蝻、即时奏闻。盖虞少稽则缓不及耳。今各处奏报旱灾，止下抚臣贾待问一疏，魏允贞、曾如春、汪应蛟等各奏报久而

① 《明史》卷二三《庄烈帝一》，中华书局1974年版。

② 《明神宗实录》卷一七一，万历十四年二月。

③ 《明神宗实录》卷一七二，万历十四年三月。

④ 《明神宗实录》卷二二三，万历十四年五月。

未发。人窃惑之，谓从前未有报水旱留中者。[①]

从这时起，灾荒类奏疏留中者日多，那些即使未留中的，处理时间也明显加长。至万历三十七年(1609)留中情况已非常严重，“天灾民困已极，诸臣罢税发帑之请概不省报”[②]，“各处灾疏沓至，请蠲请赈，上从无它语以慰穷民”[③]。这情形此后并无改变，万历四十二年(1614)户科给事中官应震云：“去夏水灾以来，蠲赈之请殆无虚日。人谓主计者除议覆各处灾疏而外，当专具特疏至再至三，得请后已。皇上于忧饷之余，兼而忧民，此正其时矣。乃皇上于饷务尚屡请而不报，于灾疏则留中居多……即不必遍检各疏，或总出一谕，酌量区宇，若何而蠲，若何而赈，庶阽危之民，其尚有瘳乎。”[④]万历四十五年(1617)七月“大学士方从哲申恳切要三事，其一下报灾之疏”，他说：“自北直隶、山东、山西、河南、江西以及大江南北，或大旱，或大水，或蝗蝻，又或水而复旱，旱而复蝗，至于应天所属群鼠渡江，食民间田禾殆尽，此又从来未有之异。宜将各处抚按奏章悉发该部，应蠲应赈改折留税等项，速为议复，以恤民瘼，以收海内人心。”[⑤]但到了十月，这些奏章“惟北直、广东、河南先覆得允，山东、陕西、南直、湖广四处报疏下部稍迟，勘疏未到，尚稽部覆，其余并报疏未下”[⑥]。

皇帝对荒政的懈惰，使政府的救荒工作处于停顿状态，“四方报灾颇多，如直隶、山东、山西、陕西、河南、四川、江西、福建，或亢旱或淫雨或蝗蝻，每省无虑数郡。议蠲议赈，未奉明旨，盖从停阁”[⑦]。在集权制下，皇帝处于权力的顶端，没有皇帝的旨意，政府是无法开展救灾的。在明代的救灾制度中，只要是动用官府钱粮，必须得到皇帝的批准，这不仅是集权的需要，也是涉及恩惠出自于谁的原则问题。救灾是一项德政，是对百姓的恩惠，皇帝为了将救民的美名收归已有，用制度把自己摆在了最终决定者的位置。应该说，明朝廷对及时救灾的重要性是有充分认识的，从明初的不待报即可开仓到弘治时报灾期限

① 《明神宗实录》卷三三六，万历二十七年六月。

② 《明神宗实录》卷四六二，万历三十七年九月。

③ 《明神宗实录》卷四六四，万历三十七年十一月。

④ 董其昌辑：《神庙留中奏疏汇要·户部》卷五，燕京大学图书馆1937年印行。按，原本的明显错字在引用时径改之。

⑤ 《明神宗实录》卷五五九，万历四十五年七月。

⑥ 《明神宗实录》卷五六二，万历四十五年十月。

⑦ 董其昌辑：《神庙留中奏疏汇要·户部》卷五，燕京大学图书馆1937年印行。

的规定都说明了这一点，但它仍然不允许地方官员擅自动用钱粮，及时救灾，从而使荒政在制度上具有明显的缺欠，这种缺欠在集权制下是不可避免的。而这种缺欠所造成的恶果，只能由灾民来承担。

由于明神宗的怠政，加上政府财政紧张，万历后期政府救灾的能力明显减弱，不仅不及以前各朝，连万历初也远远不如。预备之政自然已无从提起，就是蠲免和赈济的实施也大为减少。在备荒之政而外，政府可以运用的救荒手段就是蠲免和赈济钱粮，这二项措施的作用再不能充分发挥，则政府就没有荒政可言。

万历以前在救荒的执行上，出现问题较多的是各级政府官员，他们漠视灾民的疾苦，只做官样文章，应付上级，而从皇帝来说，还都是十分认真的。明前期的帝王自不必说，后期的明武宗虽是一个不守常规的皇帝，但在救荒上并未受到过什么指责；明世宗笃信道教，为追求长生可以久不视朝，却在荒政上兢兢业业，明后期一些重要的救荒政策就是在嘉靖时期制定的。而万历时不仅官员仍然玩忽职守，连皇帝也不愿意付出太多。明神宗在救荒上的怠惰表现可以说前所未有，他能对事关国计民生、国家稳定的原则问题不充分重视，说明他确是一个特殊的皇帝。

关于明神宗怠政的表现及其后果，古今已有很多中肯之见，如《明史·神宗本纪·赞》云："神宗冲龄践祚，江陵秉政，综核名实，国势几于强盛。继乃因循牵制，晏处深宫，纲纪废弛，君臣否隔。于是小人好权趋利者驰骛追逐，与名节之士为仇雠，门户纷然角立……故论者谓明之亡，实亡于神宗，岂不谅欤。"①

透过神宗怠政的具体表现，我们感觉到他之不同于其前的皇帝之处，一是"自由主义"，在一些重大的原则问题上不愿意按照章程办事；二是对财富的过分看重，想办法收括民财国财，把它们装入私人腰包。

神宗不按传统的原则办事，不仅表现在荒政上，其他方面也是如此。晚明政治生活中的重要事件是党争，党争的起因之一就是"争国本"，而国本问题的出现，正是由于神宗不想立长子朱常洛为太子，而欲立他所宠爱的郑贵妃之子朱常洵。"郑贵妃身负盛宠，福王生，即乞怜神庙，欲立为太子。北上西门之西

① 《明史》卷二一《神宗二》，中华书局1974年版。

有大高元殿，供有真武香火，颇著灵异。神庙偕贵妃特诣殿行香，要设密誓，因御书一纸，封缄玉盒中，贮贵妃处为信”①。设誓之举，难以确知，但神宗为立东宫事从万历十四年(1586)至万历二十九年(1601)，与朝臣相持了十五年则是事实。在这些年里，他为达到目的，使出了一个又一个的手段，真可谓用心良苦。在明代，能够有如此表现的只有神宗一人。朱棣“靖难”成功后，欲立高煦为太子，但在文臣的建议下，很快就改变了主意，确立了高炽的太子地位。以朱棣之雄豪，尚不能在此问题上有所作为，神宗则能与朝臣抗衡十五年，他欲突破传统羁绊的决心和毅力也是不一般的。

万历后期还有一个有趣的现象，就是各级政府官员严重缺员，这也是神宗怠政的后果之一。万历二十七年(1599)二月“南道御史额设三十九员，今见任只有二员”②；万历三十年(1602)“两京缺尚书三、侍郎十、科道九十四；天下缺巡抚三、布按监司六十六、知府二十五”③；至万历末年，内阁阁臣只有一人，六部中有三部无正官。这些现象是明朝立国以来不曾有过的事，对于一个国家来讲，这是十分严重的。官员是国家机器运转的不可缺少的必要条件，缺员既使政务处理受到影响，也使仕途产生壅堵，使政风流于懈惰。明神宗在此问题上的态度，表明他对运转这部机器的兴趣至少是不强烈的。

明神宗对财富有特殊的偏爱，他派出矿监税使搜刮民财供自己使用，同时又不断地千方百计将国库的钱财占为己有。他的这些行为，与传统的帝王有明显的区别。

矿监税使初派于万历二十四年(1596)④，作为皇帝派驻各地的开采金银矿及征收商税的使者，宦官们将搜刮的财物直接进献给神宗。据估计，矿监税使每年进献给皇帝的白银近一百七十一万两，黄金零点三六万两，这远超皇帝的正常经费“金花银”一百万的数字⑤。矿税的派出，等于在国家正常的征收系统外，重新建立了一个征收系统和项目，而这个系统因为有皇帝的直接支持，它对国家正常的税收和商业活动都产生了严重的干扰。

---

① 文秉：《先拨志始》卷上，《中国历史研究资料丛书》，神州国光社 1951 年版，上海书店 1982 年复印。

② 《明神宗实录》卷三三一，万历二十七年二月。

③ 《明史》卷二三七《田大益传》，中华书局 1974 年版。

④ 南炳文、汤纲：《明史》(下册)，上海人民出版社 1991 年版，第 748、749 页。

⑤ 同上，第 764 页。

如果说,矿监税使的活动对国家财政的影响是间接的,明神宗对国库的侵占则是直接的。从万历六年(1578)开始,太仓库每年要向内库额外进银二十万两,户部以此为巨大负担,希望停止,但神宗始终坚持。除侵占太仓库银两外,他还向太仆寺、光禄寺伸手,"久之,太仓、光禄、太仆银,括取几尽。边赏首功,向发内库者,亦取之太仆矣"①。在正德、嘉靖、隆庆几朝也有皇帝侵占国库的现象,但未有如神宗之甚者。

对财富的态度,可以反映一个帝王的思想。据史载,洪武十九年(1386)朱元璋曾对侍臣说:"人君以四海为家,因天下之财供天下之用,何有公私之别?"②他的意思是帝王是没有私财的,也不需要私财,君主的富庶与天下的富足是连在一起的,他说:"人君制财与庶民不同,庶人为一家之计,则积财于一家;人君为天下之主,当积财于天下。"③他的这个藏富于民的思想,在明后期的帝王那里是看不到的,在明神宗处更是难寻踪迹。这种变化,除了后世帝王因挥霍造成了对金钱的看重外,在明代还应该与较发达的社会经济、社会财富的较多的积累有一定的关系。很显然,神宗他认为民间有许多尚未"发掘"的财富,矿监税使的出现前提应该是这个。而在他以前的几个皇帝所以没有直接去搜刮民财,一是观念制度的约束,二是民间财富的诱惑力还不够。

因此神宗在政治上的怠政,在经济上的贪婪,应视为:一个丧失了帝王意识的皇帝,视自己的政治职责为负担,并在巨大的社会财富的面前,运用其至高无上的权力,对这些财富肆意的贪占。而这,不仅是一个王朝末期所具有的现象,在晚明还应是封建专制制度在巨大的商品经济冲击下出现严重危机的一种征兆。

在一个热衷于财富,且又没有了帝王责任感的皇帝那里,荒政遭遇到任何境遇都是毫不奇怪的。

三、政府救荒的经济能力

救荒实际是一种特殊形势下的财富的重新分配,是将聚集到政府或个人的财富的多余部分分配给因灾荒而缺少衣食的人,因此必须以经济为依托。具有经济实力虽然不一定搞好荒政,但没有强大的经济实力荒政则是难以有

① 《明史》卷七九《食货三》,中华书局 1974 年版。

② 《皇明宝训》卷四,万历壬寅大有堂刻本。

③ 余继登:《典故纪闻》卷四,中华书局 1981 年版。

起色的。

明代荒政的发展演变，与政府的经济状况有着密切的关系，无论是备荒、蠲免，还是赈济；也无论是政策，还是实施都受到经济因素的影响。

明代从嘉靖以后政府的财政状况就更加恶化了，中间经张居正的改革，情况曾一度好转，但在万历"三大征"之后，政府的财政已经近于崩溃。《明史·食货志》载：

> 世宗中年，边供费繁，加以土木、祈祷，月无虚日，帑藏匮竭。司农百计生财，甚至变卖寺田，收赎军罪，犹不能给……嗣后，京边岁用，多者过五百万，少者亦三百余万，岁入不能充岁出之半，由是度支为一切之法，其箕敛财贿、题增派、括赃赎、算税契、折民壮、提编、均徭、推广事例兴焉。[①]

《食货志》所述，在其他史籍中可以得到印证。嘉靖二十九年(1550)户部云："京通仓粮，岁运三百七十万石，先年常有八年蓄。本年官军、工匠月粮，岁支二百八十余万，京通蓄积仅余五年。盖因连年戍边。募军诸费，不次增添，而内外乞请纷纷，罔知节缩，故财计绌乏，一至于此。"[②]嘉靖三十年(1551)户部言："今天下岁入粮草折银及余盐价银共二百万，而各边所费已六百余万。皇帝俯从臣等议处增盐课、征粮银、广开纳、查赎锾，举天下一切应征应取之数而尽括之，仅供终岁用。来岁以后，费将安出？"[③]至隆庆时期，政府的财政赤字更为加大，于是"遣四御史括天下府藏，二百年所积者而尽归之太仓。然自老库百万之外，止二百十万有奇，不足九边一年之用"[④]。

事实上，明代政府财政从成化以后就开始出现危机，"供奉上用不足，京军花布不足，外夷赏赐表里不足，馆寺厨料不足，此皆仰给于内库。京官月俸，折色不足；京民赈济，仓储不足；辽方转给，军饷不足；此皆取办于京仓"[⑤]。至弘治后期，财政恶化的趋势仍在持续，"今太仓无数年之积，而冗食日加于前；内帑缺见年之用，而给费日加于后"[⑥]，"今天下大可忧者，在于民穷财尽，其势渐

---

① 《明史》卷七八《食货二》，中华书局 1974 年版。按，《食货志》这段叙述，完全根据《明世宗实录》卷四五六"嘉靖三十七年二月戊戌"条写成，该文颇长，兹不录。

② 《明世宗实录》卷三五六，嘉靖二十九年正月。

③ 《明世宗实录》卷三八〇，嘉靖三十年十二月。

④ 《明穆宗实录》卷四八，隆庆四年八月。

⑤ 《明宪宗实录》卷二六〇，成化二十一年正月。

⑥ 《明孝宗实录》卷一九二，弘治十五年十月。

不可为"[①]。

为了扭转从成化时开始的经济危机,历朝主管经济的大臣都殚精竭虑,百计营求,但均未获显著成效。至万历初张居正主政时,他通过推行一条鞭法及丈量全国田地,极大地改变了财政的紧张状况。据万历十一年(1583)户部尚书王遴奏,太仓除老库外余银三百万两,而京通二仓积粮至一千八百一十八万五千四百石有奇。当时,大学士申时行认为"近年京仓积米,足资八九年"[②]。万历十二年(1584)时,"太仓粟可支七年,银亦可支二年"[③]。今人黄仁宇认为"如果没有他(指张居正)积蓄起来的库存,所谓'万历三大征'即1592至1598年抵抗丰臣秀吉的援朝战争,1592年的平定孛拜之乱和1594至1600年的镇压杨应龙与他的苗族部落叛乱,是根本进行不下去的"[④]。这个判断是合乎实际的,张居正经济改革所取得的成效,为此后一段时间政府的运行奠定了经济基础,而他所推行的一条鞭法,则为其后数十年明代的赋税征收工作设定了较好的模式,"隆、万之世,增额既如故,又多无艺之征……赖行一条鞭法,无他科扰,民力不大绌"[⑤]。

但时至万历二十九年(1601)"太仓银库,仅有银一千九百两"[⑥]。万历三十四年(1606)仓场总督游应乾言:"今外库随到随发,略无留存,而老库除十八万九千之外,又毫无余积……比频年国家多事,宁鲜倭播、大工典礼,总计已过千万,至于买办一节,二十余年进过五百余万,以致百年老库,渐致空虚……兼之工役频兴,灾伤改折,赈贷河工,于是太仓之粟,不足二年之用矣。"[⑦]像游应乾这样的言论,在万历时期始终存在,这其中有大臣们为唤起神宗的节约意识的夸大之词,也有事实做依据。而三大征之后,这类议论则应与实际经济状况十分接近了。因为政府在万历后期经济状况急转直下的恶势已很明显,并且难以遏止。万历四十六年(1618),户部以辽饷缺乏,援征倭征播例,请加派,

① 《明孝宗实录》卷二二二,弘治十八年三月。
② 《明神宗实录》卷一四四,万历十一年十二月。
③ 《明神宗实录》卷一五六,万历十二年十二月。
④ 黄仁宇:《十六世纪明代中国之财政与税收》,三联书店2001年版,第394页。
⑤ 《明史》卷七八《食货二》,中华书局1974年版。
⑥ 《明神宗实录》卷三五八,万历二十九年四月。
⑦ 《明神宗实录》卷四一九,万历三十四年三月。

“照万历六年《会计录》所定田亩，总计七百余万顷，每亩权加三厘五毫”①，此次共加收白银二百万有奇。至万历四十八年(1620)每亩已加至九厘，共增赋五百二十万②。辽饷加派的出现，意味着万历时政府经济管理的失败，正常的传统的经济手段，不仅不能有效地使经济秩序得到维护，甚至影响到国家的存亡。因此不得不运用政权手段进行搜刮，以勉强支撑局面。

但辽饷的加派并不能解决问题，万历四十七年(1619)户部等衙门官言“自有辽事以来，议加派，加派尽矣；议挪借，挪借尽矣；议搜括，搜括尽矣。有法不设，有路不寻，罪在户部，至于法已设尽，路已寻尽，再无银两，则户部亦会之无可奈何矣”③。当时政府财政的窘况可见一斑。

至天启、崇祯二朝，政府实际已进入“战时经济”状态，战争经费的筹措成为政府的头等大事，于是除辽饷外，练饷、剿饷相继出现。崇祯时御史郝晋言：“今加派辽饷至九百万，剿饷三百三十万，业已停罢，旋加练饷七百三十余万。自古有一年而括二千万以输京师，又括二千万以输边者乎？”④万历时政府的财政虽不可言，但皇帝的内库却很充足，天启时政府开支的银两有许多就是神宗搜刮积存的。但问题并未解决，这部分积存也开销一空。至崇祯时，不仅新的加派再次出现，能搜刮的都加以搜刮，连民间房租也被借用，甚至皇帝还将宫中积存的物品拿出变卖。“上忧国用不足，发万历中所储辽参出外贸易……闻此番贸参，获可数万金”⑤。为了督促地方官员收缴钱粮，思宗还加强了对官员的考核，“知府非完钱粮不得升司道，推知非完钱粮不得与考选”⑥，于是有住俸数十次，降至八十余级者。

造成明后期政府财政紧张的原因是很多的，皇帝的贪婪、官场的腐败、豪强的欺瞒等等，但根本原因在于经济管理政策的不合实际。黄仁宇认为，低税政策导致了明代财政管理中的许多问题，“所有这些原因使得国家根本无力动员帝国的全部财力，其所能控制的资源只是其中的一部分”，而 16 世纪的改进

---

① 《明神宗实录》卷五七四，万历四十六年九月。
② 《明史》卷七八《食货二》，中华书局 1974 年版。
③ 《明神宗实录》卷五八六，万历四十七年九月。
④ 《明史》卷七八《食货二》，中华书局 1974 年版。
⑤ 李清：《三垣笔记》上《崇祯》，中华书局 1982 年版。
⑥ 同上。

“大部分的内容也不合适宜”，“耗尽了人民的纳税能力，民众税收负担已达到了极限”①，而这又与其财政结构前所未有的僵化，及最低限度的运作能力有关。因此明后期政府经济能力的下降及财政紧张，是必然发生的，即使没有战争、灾荒等意外情况出现，这种局面也不可避免。而这些问题一旦出现，政府的经济必然雪上加霜，一发而不可收拾。

政府财政紧张的状况，对明代的荒政产生了较直接的影响。成化、弘治以后有关政策制度的改变，如成化时备荒中捐纳政策的广泛实施，弘治时蠲免则例中蠲存留不蠲起运的规定，都是政府财政紧张的反映和结果。

嘉靖以后，这种影响就更加明显了，伴之而起的是倡议蠲免等救荒措施应该慎重的呼声不断出现。隆庆三年(1569)总督蓟辽兵部尚书谭纶言，朝廷的蠲免之令太多，使一些“顽民”恃之拖欠税粮，“在上者概议蠲免，是朝廷旷荡之恩不足以劝善，而反以惠奸也”，他建议“自今国家非有大庆，地方非有大灾，不得辄议蠲免”②。这种意见在万历后期更加强烈。万历二十七年(1599)总督仓场赵世卿言：“臣等从长酌议，乞行各该抚按严督司府州县，以后额派漕粮，俱要征收本色，依期兑运，非遇大灾大祲，不许擅请改折。”③万历三十一年(1603)户部提出：“赈荒自有积谷，军饷自有存留，边储自有民运，朝廷每一事设有一事之钱粮……乞明旨申饬，自三十一年为始，凡遇地方有事，即照额派本项钱粮内自行区处，不得轻题留改。”④神宗批准了这个请求。万历三十三年(1605)户部进一步请求，蠲免改折“非重灾连灾不许”，户部言：“近该总督仓场右侍郎游应乾条议，以后漕粮地方，虽罹极灾，不得议改。新奉明旨议覆遵守……改折缓征二项，目击捐瘠之灾民，自是优恤之雅意，倘察臣部万苦万难之状，或难强其勉从也。”⑤此后，这种请求连续不断⑥，据万历四十六年(1618)神宗之言，这些请求起到了作用，蠲免改折的动议被严格限制，神宗说：“漕粮

① 黄仁宇：《十六世纪明代中国之财政与税收》，三联书店 2001 年版，第 420 页。

② 《明穆宗实录》卷三五，隆庆三年七月。

③ 《明神宗实录》卷三三五，万历二十七年五月。

④ 《明神宗实录》卷三八一，万历三十一年二月。

⑤ 《明神宗实录》卷四一四，万历三十三年十月。

⑥ 见《明神宗实录》卷四一七，万历三十四年正月凤阳巡仓御史萧如松奏；卷四二七，万历三十四年十一月户部对巡按御史王业弘奏疏的覆文；卷四七三，万历三十八年七月户部尚书赵世卿奏言。

不许轻议改折，已有屡旨，临德二仓尤宜严禁，以备支运。违者照例参处。"[①]漕粮是起运中最重要的部分，也是给百姓带来了沉重负担，从弘治时起，其漕粮的宽恤只用改折或缓征的方式，而至此这些方式也被严格限制，这表明政府的财政确实已紧张到极点了。

财政的紧张和蠲免政策的"收敛"，直接影响到蠲免的实施。据统计，万历时期共蠲免过田赋155次，其中，万历二十七年(1599)以前蠲过存留、起运等115次，占总数的74.2%，而万历二十七年以后只蠲过40次，占总数的25.8%。

天启、崇祯二朝，各种加派不断增加，其间蠲免之令虽有，但多为纸上虚文。查《明史》之《熹宗本纪》及《庄烈帝本纪》，天启时只天启二年(1622)免过一次"天下带征钱粮二年及北畿加派"，崇祯时三年(1630)"蠲山西被灾州县新旧二饷"、免山东、畿内五年以前旧欠，十三年(1640)免河北三府旧欠，十五年(1642)免天下十二年以前旧欠，十六年(1643)"诏免直省残破州县三饷及一切常赋二年"[②]。这其中，明确记为灾蠲的只有崇祯三年(1630)的山西之蠲。政府连军饷都筹措不出，灾蠲的被停止自在情理之中。

万历以后，不仅蠲免受到经济的影响，赈济力度也因之减弱。早在万历十四年(1586)国库尚足之时，户科给事中田畴就上奏说：

> 顷以旱报者，北自直隶以迄于山东、河南、山西、陕西，而山、陕为甚；以水报者，南自直隶以迄于浙江、江西、湖广、广东、福建、云南，而辽东为甚。计地而灾，计灾而赈，其所费殆不赀矣。臣等查得太仓所蓄，除老库窖房银六百万八千七百六十九两系祖宗二百余年之数，据在外库银止九十八万四千二百三十一两有奇。见今题发各边年例及铸钱铜价，给商买珠并补辽东增饷等银，计费几六千金，而外库所余仅仅三十万两耳。以有限之财，而求无穷之赈，其何能济？[③]

此后，尽管从万历二十二年(1594)至四十七年(1619)，各种赈济几乎平均每年一次[④]，也解决了灾区的一些困难，但这些赈济还远不能平复灾荒所造成的恶

① 《明神宗实录》卷五六七，万历四十六年三月。
② 《明史》卷二二《熹宗本纪》，卷二三、二四《庄烈帝本纪》，中华书局1974年版。
③ 《明神宗实录》卷一七八，万历十四年九月。
④ 据《明史》卷二〇及二一《神宗本纪》，万历二十二年以后至万历四十七年共有22次赈济记录。

劣后果。而这些赈济中,直接由中央政府出资的只有大约六次,包括准留税银、发内库银、发京通仓粮等,而其他的赈济基本是由朝廷批准、利用地方仓廪或其他方式举行的。万历三十二年(1604)大学士沈一贯的一番话,点明了国家财政与赈济之间的关系,他说:"户部处发寻常京运尚尔拮据,又安能代出民运之一半乎?又安能旁及赈济之特典乎?"[①]万历四十三年(1615)直隶巡按李嵩也言:"田租之入,固军国命脉所关,日来边饷动迟至数月,督催之令急如星火,顾安所得剩余而贷之?"[②]

据记载,天启、崇祯二朝的赈济也时有举行,天启四年(1624)的赈山东饥,崇祯四年(1631)吴甡赈延绥饥,崇祯七年发帑赈山陕饥等,但此时的赈济绝大多数是由地方官府自行措办赈本,而朝廷已无余力参与此事。崇祯三年(1630),顺天府尹刘宗周请发赈贷之资,使府丞魏光绪往各处赈济饥民,思宗言:"户部正在告绌,安有余资发赈?魏光绪自请巡行,着于本府设处库银,量携给散,以昭朕劝农德意。"[③]

荒政的好坏受制于政府的经济能力,而晚明荒政之坏表明政府的此种能力已经丧失。政府的基础已不复存在,政权成了空中楼阁,其倾颓无法避免。

第二节 民间救荒分析

民间救荒是指受灾者的自救或互救行为,在明代则更多的是指富民的救荒行为,因为当时贫困灾民的自救能力是极为有限的。本题中我们主要叙述富民参与救荒的概况、几种具体方式以及晚明社会对富民救荒问题的一些看法和主张。

一、民间救荒概述

明代富民在洪武时期就参与了救荒[④],但从记载看,当时的规模和次数都还很有限。富民参与救荒的高潮是在宣德、正统时期,表现为人数多、地域广、捐献的数量大。仅据《明英宗实录》,从正统二年(1437)至正统十年(1445),政

① 《明神宗实录》卷三九九,万历三十二年八月。
② 董其昌辑:《神庙留中奏疏汇要·户部》卷六,燕京大学图书馆1937年印行。
③ 《崇祯长编》卷三一,崇祯三年二月,中研院史语所校印本。
④ 《广东通志》卷四一,《四库全书》本。

府给予表彰的富民就达二百一十多人[①]，涉及应天、山东、江苏、河南、山西、北直隶、陕西、四川、江西、浙江等地方。而富民捐献的米麦少则数百石，多则数千石。大学士杨士奇记载云："自上临御以来，四方之人，仰体皇仁，出谷县官预备赈荒事，日有闻于上。"[②]"四方之民，祇体上心，竞出谷于公庾，以为荒岁赈给之助。无间远迩，风动云集。《传》所谓尧舜率天下以仁而民从之者也。旌褒之命，靡日不下，辉映日月，光华古今，何其盛哉。"[③]在参与者中，除了富有的地主士绅，还有商人的身影，正统三年(1438)，衡阳人周诚往南京贩运稻谷，经过九江、安庆时，该地大饥，于是将所运七千五百石稻谷，尽数赈济灾民。[④]当时这类例子虽不多，但也说明了参与的广泛性。

正统时有资格受政府表彰的富民，均为捐献数额较大者，按照正统五年(1440)的规定，纳谷一千五百石者敕奖为义民，免本户杂泛差役；三百石以上者，立石题名，免杂泛差役二年。纳米麦细粮一千石以上、杂粮二千石以上者敕奖[⑤]。从实际情况看也大体如此，只有正统六年(1441)直隶正定府程仲良等六人、保定府刘士名等三人各出粟六百石，陕西宁夏卫王荣军等四十六人、西安府泰福等四人各出豆粟三百石，受到赐敕旌奖[⑥]，但没有低于三百石者。

这一方面表明政府在荣誉授予上的慎重态度，另一方面也表明捐献者的积极和慷慨。当时，虽也有为富不仁、漠视灾民困苦的富民[⑦]，但有为数众多的富民对政府的救灾取支持态度，并有所行动，这从上文所述捐献者之多、贡献数目之大即可看出。至于富民支持政府救灾的动因，除道义原因外，政府的旌奖、免除杂泛差役等优惠条件也应是原因之一，特别是免除杂泛差役的政策是很有吸引力的。这些具有一定诱惑力的政策，加之济危扶困的道义支撑，使宣德正统时期富民们在支持政府救灾工作中，有了良好的表现。它意味着政

---

① 《明英宗实录》卷三〇、三六、五六、六七、六八、八〇、一一七、一三二。按，《实录》所载表彰人数并非当时受表彰的全部，此查各地方志即可知。

② 杨士奇：《东里续集》卷一《旌义堂记》。

③ 杨士奇：《东里续集》卷五《重荣堂记》。

④ 《湖广通志》卷六五，《四库全书》本。

⑤ 《大明会典》卷二二《户部九·预备仓》，江苏广陵古籍刻印社1998年影印本。

⑥ 《明英宗实录》卷八〇，正统六年六月。

⑦ 杨士奇：《东里续集》卷二《敕书楼记》载宣德五年"江西十三郡六十九县皆饥，而吉水旁近永丰、乐安两县加甚。其贫民踞富民之门，求贷斗升，活旦夕之命。固闭不发，则讧于外。富民不能平，以劫诉县，县不究情，遽移郡请兵捕劫者，祸连数千人，老壮相枕藉死，妻孥累累陷囚縶，哀动道路"。

府政策的成功，更意味着富民对政府及其救荒能力的信任。

但随着时间的推移，富民们对参与政府救荒的态度有了一些变化，像宣德正统时那样踊跃参与的局面再也没有出现过。此种变化在明成化时已比较明显，这从成化时所定的捐纳标准中即可看出。成化四年(1468)规定，在外军民只要向预备仓纳米二百石，就可以获得正九品散官；二百五十石得正八品；三百石可得正七品[①]。这个标准尽管受奖程度与正统时规定的旌奖不同，但它显然把获得政府奖励的机会增多了。这个变化至少反映了以下二个问题。

首先是正统以后富民参与救荒的积极性降低了。在经历了正统时期的高潮之后，见于《实录》记载的受奖富民越来越少，景泰二年(1451)十月有六人受到敕书旌奖，景泰三年(1452)七月有二人受奖[②]，其后为数更少。这从一个侧面反映了富民对参与政府救荒的热情减弱了。这其中的一个重要原因，当是"义民"的标准较高，能够达到者或愿意达到者属少数，因而大多数富民的捐献积极性的长期保持是十分困难的。另一个原因是，正统时高潮的出现，与当时各级政府极力讲求荒政的大背景有关。富民的捐献，既是官员细致工作的结果，也是富民对政府信任度增加的反映。而景泰和天顺二朝，政府讲求荒政的力度比正统时期削弱了，富民对参与政府救荒的实际意义和价值不能不存疑虑。"时各处奏报灾伤者无虚日，户部视为泛常，其于弭灾恤民之道，略无陈奏"[③]，政府荒政的这种局面，对于调动富民参与的积极性是不会有帮助的。所以，成化时捐纳标准没有定得很高，实际是扩大了富民实现捐献价值的机会，是荒政处于无奈境地时的改变。

其次是政府在救荒时对民间财富的依赖有所增强。降低捐献标准的目的只有一个，就是吸引更多的民间资财，让这些资财在救荒中发挥救荒作用。很明显，当政府有足够的政治能力和经济实力时，民间资财的利用只是一种辅助性质，政府并不完全指望用这些资财来救荒，鼓励民间捐献，往往是道德层次上的"倡义"。正统时"义民"标准所以定得那样高，这是一个原因。景泰五年

---

① 《大明会典》卷一七《户部四·灾伤》。

② 《明英宗实录》卷二〇九、卷二一八。

③ 《明英宗实录》卷二七〇，景泰七年九月。

(1454)杭州发生灾荒，浙江官员请求劝民出粟赈济，当时所定标准仍然非常之高[①]。就杭州而言，这次劝民出粟目的已不限于道德意义，但它的高标准，除了富庶程度的因素外，还在于政府没能及时调整相关政策，是一种高高在上的心态在起作用。成化时的捐纳标准的出现，意义就不同了，它已基本摆脱了道德层次的束缚，是要尽可能地启动民间资财，投入救荒，是一种切切实实地利用。这除了反映政府经济实力下降外，也反映了富民及其财富对救荒的意义，已不容忽视。政府正是看到了这一点，才放下架子，降低价码，吸引这些民间财富。

应该说，成化时期政府在救荒上是非常努力的，除了制定捐纳政策，筹集社会资财外，这个时期还在全国范围内整顿预备仓[②]，灾伤蠲免、赈济也是逢灾便举行。作为回应，这一时期的富民也有了一些行动。据《湖广通志》载，从成化三年(1467)至成化二十年(1484)，境内至少有九人输粟助官赈饥[③]，尽管这个数字也不高，但这一地区景泰、天顺两朝也仅有一人因贷给乡民三百石谷而被载入方志[④]。需要指出的是，成化时富民捐献粮食的数额普遍较少，五百石就可以得到旌奖和赐冠带的荣誉，这显然不能与正统时相比。

成化以后，富民直接向官府输谷助赈的热情并没有高涨起来，延至嘉靖时期，政府不得不再次降低旌奖和授官标准，嘉靖八年(1529)规定："出谷二十石、银二十两者，给与冠带；三十石、三十两者，授正九品散官；四十石、四十两者，正八品；五十石五十两者，正七品。俱免杂泛差役。出至五百石、五百两者，除给与冠带外，有司仍于本家竖立坊牌，以彰尚义。"[⑤]这个标准可以说已经低到极点，任何称得上"富民"者，都有能力承担，而这个标准的出现本身，也表明富民在助官赈济问题上的参与热情降到前所未有的低点。万历时的著名学者焦竑针对当时富民不愿输粟的情况说："国朝积谷备荒，责之有司。富人

① 《古今图书集成·经济汇编·食货典》卷八三《荒政部汇考一六·明一》。内载：景泰五年"秋七月，浙江按察司副使罗篪奏劝民出粟赈济。篪因杭州荒歉，乞准照江西例，劝民出谷一千六百石以上者给冠带，千石以上者旌异之，百石者免役。已冠带者，八品以上三百石；从七品以上至正六品，六百石。俱升一级，不支俸"。

② 徐学聚：《国朝典汇》卷一〇一《户部一五·仓储》。

③ 《湖广通志》卷六四、六五。

④ 《湖广通志》卷六四。

⑤ 《大明会典》卷一七《户部四·灾伤》。

畜积多者,时劝之捐赀……盖繇王政渐废,耕之所入各为私养,不领于天下之经费,故奉令而拯急,不能尽得之民。虽上之鼓舞劝相未始不勤,而事固已异矣。往岁大祲,主上忧劳万民,至出内帑以倡之,海内应者,指不几诎。"①

按照一般情况,政府对荒政的重视,可以激起富民对救荒的热情,加大他们的参与力度,就像明前期那样。但实际上并不是政府的所有救荒政策都能起到这种作用。从弘治开始,政府整顿荒政的力度明显加大,其中最突出的一点就是把州县备荒积谷数额与地方官的升迁挂钩,这对调动官员的积极性是很有作用的。但由于当时所定数额太高,且地方的钱粮各有用途,因而完成起来困难极大,尽管其后数额一降再降,难题仍然如一。而一但灾荒发生,灾区官员的压力更大。这些情况,促使一些官员为完成定额及救灾任务开始不择手段,如强行向富民摊派和劝借,如侵占富民捐献出来的义粮义米等等,从而使政府整顿荒政之举,产生了很多负面影响,挫伤了富民的积极性。这是明后期富民不愿参与政府救荒的第一个原因。

向富民摊派和劝借,是地方官府筹集赈粮的重要手段,越到后来越是如此,至万历时"今之备荒者,唯有劝借一策"②。所谓劝借,是指劝喻富民出粟赈荒或向贫民借贷粮食,包括官府向富民借贷、富民直接为灾民提供借贷以及官府作保的灾民向富民的借贷等多种形式。从理论上说,富民在劝借过程中具有主动权,粮食是其个人财产,借与不借完全在于富民个人。官府对此也深知,因此朝廷总是强调以礼劝借,通过思想工作,通过优惠的条件令富民打开自己的粮仓。嘉靖八年(1529)所定的旌奖标准,实际也是礼劝则例,是为劝借而定,明代后期行于灾区的这样的则例还有不少。在礼劝的同时,硬性手段也时有使用,如正德四年(1509)湖广发生饥荒,巡抚王纶奏请在武昌汉阳礼劝富民纳粟赈济,立表刻石予以旌表,但同时他还请求对那些"若恃富党恶不从者,疏闻究治"③,如果富民不助赈,官府就有权惩治他们。事实上,强行劝借是明后期并不少见的事情,也是令富民十分头疼的事情。"劝借之名,国家原以相周之义教之,听其愿也。迩来有司之官不体民情,责以里书,令其报举。得赂者放释而去,无赂者开陈而拘。及其至官也,定放数目,严法比较,过于催征。

① 焦竑:《澹园集》卷二一《尚义坊记》。

② 李乐:《见闻杂记》卷二。

③ 徐学聚:《国朝典汇》卷九九《户部一三·救荒》。

官得十一，里胥十九，然后以其余者散之民而粉饰之"①。把劝借演变为劫夺和抄没，这种工作方式，使富民产生了严重的恐惧和逆反心理。"额定报数，无异正供之征收；归官督催，顿失大贤初意。以致征募之先，人不乐有大户之名，恐将来本里有事得指名妄报，虽有仁心，自然废沮。积蓄之后，又恐官府那借，将农夫手足胼胝、民间锱铢积累者一朝乌有，则遵行之念又息"②。

即使地方官真正以礼劝借，多数富民还有关于"还"的顾虑，尤其是借给贫民的粮食，是否能够归还，是他们不能不考虑的问题。在明前期一些地方采取官府出面作保，为贫民立券贷富民之粮，且由官府免除富民的杂役为利息，待丰年还本。这种做法对消除富民的顾虑是很有好处的。但在明后期，还没有查到相同的记载。另外，劝借能否成功，还与地方官平日的表现有关，如果官员实心为民，与地方士绅关系良好，劝借就容易些，反之，就很困难。"聪明残刻之士，平日不知爱养斯民，此心先与他隔绝了，即有仓廪，富民岂肯好义乐施？若平日有一团实心实政及民，即大荒，穷民必不为乱，劝民出粟，十必有四五应之。此可以理推也，非臆说也"③。总之，劝借作为政府荒政的内容之一，对救荒是有作用的，但由于相关政策的不稳定以及执行中的偏差，导致作为劝借对象的富民的配合与政府期望目标相差很远。

明后期富民参与政府救荒的普遍消极，另一个原因是政府所与之的旌奖的贬值。其一是能够获得旌奖的标准越来越低，这对于有意多捐者是一个打击。虽然在"义"字上，捐多捐少是一样的，但富民真正为"义"而捐者毕竟是少数，每个人在捐献的同时都是有这样或那样考虑的，这也是明代富民无偿捐献数额少于捐纳数额的原因。所以，旌奖的低标准，与捐献的疲弱是相辅相成的。其二，富民在捐纳后，虽然得到了一些实惠，但在社会生活中他们并未因此获得更多的承认，比如纳粟入监者，人甚轻之，是很受歧视的。成化二十年(1484)陕西、山西大饥，根据大学士万安等人的建议，重开纳粟入监之例，但这些通过捐纳入国子监读书的生员，"两阅月放回依亲，有告愿自备薪米寄监读书者听"④。待遇与以正常途径进入国子监者不同，而且只二个月就被赶回

① 张萱：《西园闻见录》卷四〇《蠲赈前·前言》，哈佛燕京学社1940年版。

② 沈兰先：《社仓议》，俞森：《荒政丛书》卷一〇《社仓考》。

③ 李乐：《见闻杂记》卷二。

④ 黄瑜：《双槐岁钞》卷九《援例入监》。

家。轻视、歧视纳粟的监生、官员在当时是广泛存在的，传统的意识只看见这些纳粟者对固有制度的破坏，却忽视他们在特殊情况下所起的作用。这种不宽容，固然对维护正常的秩序具有意义，但客观上削弱了政府救荒政策的号召力。

富民作为一个拥有巨大社会财富的群体，他们的向背，对于一个王朝的兴衰是具有重要意义的。而这个群体与封建专制制度的关系，也能反映这个制度的牢固或松弛。从明代富民参与政府救荒的变化情况看，富民与政府之间在明后期产生了隔阂，虽然政府试图通过救荒政策的调整来将此种隔阂消除，但效果并不理想。这种隔阂尽管不足以使专制制度瓦解，但却使明王朝的统治力量受到严重削弱，不仅在救荒上得不到强有力的支持，而且整个经济的运行都受到影响。明后期，特别是万历以后，当政府因经济拮据不得不加赋时，遇到的激烈反对，大多来自富民，是这些富民通过各种形式保护自己的财产，使其免受政府的侵占。此时，政府与富民之间已不是简单的隔阂，而是离心离德。因此，明代社会出现一些大的变化也就不奇怪了。

二、民间救荒具体形式

当我们概述明代民间救荒的情况时，对富民参与政府救荒的演变进行了着重叙述。事实上，参与政府救荒，助官赈济是嘉靖以前富民救荒的主要形式和特点，他们在政府的号召下，或是向官府捐献粮食，或是借给官府，或是贷给贫民。期间虽也有许多自发地救助灾民者，但作为整个群体，其救荒行为与政府往往是密不可分的。

嘉靖以后，富民在参与政府救荒的同时，从思想上、行动上逐渐转向尽量减少政府干预的独立行为。思想上的变化我们将在下文叙述，本题主要介绍富民在独立救荒中的几种形式。

我们知道，嘉靖八年(1529)明朝廷下令在全国建立义仓(或称社仓)，这是应兵部侍郎王廷相的请求作出的决定。根据王廷相的设想，义仓是民众自救组织的标志性内容，这个自救组织称为“会”，会的成员通过一定方式聚集救荒粮米并加以储存，遇到荒年，再依照事先制定的标准，散仓赈救。其义仓管理则完全依靠会的成员，及其推选出来的执行者。关于聚集仓米，王廷相说：“同住一城一村者，每二三十家约为一会……上等之家出米四斗，中等之家二斗，下等之家一斗，再加耗米五合，务要干圆洁净，可以久储者入仓。”“间有于会法抗拒不遵者，重则社首率众告于官而治之，轻者社首社正量情罚米一倍入仓。”关于荒年赈济，“惟中下之家得给，盖以己之有余助人之不足，所谓义仓之义，正在于此。但大荒之年，上户家口众多，亦有食米不能给者，若积米有余，社首社正亦许同众共议，量口给以贷之，丰年照依原米还仓。中下户所给之米不必还。若积米止足给散中下户，上户亦不必贷”。关于管理，“共推家道殷实、素有德行者一人为社首，处事公平、人所信服者一人为社正，颇晓文书会算者一人为社副，凡在会在仓出纳、会计、纠正、赏罚之事，共商议行之。”“其所置仓囤，必推本村上等殷实仗义之家主之。”①要顺便说明的是，王廷相设想的“会”，不仅是一个民众自救的经济组织，也是一个民众自我管理的社会组织②，我们的介绍侧重在会的经济方面的内容。

王廷相设想的义仓，至少有两个特点，一是它与“会”相结合，它是会众奉献的结果，又服务于会众，非本会者则与此义仓无关，没有“会”就没有此义仓，而义仓又是联结会众的纽带。二是自我管理，杜绝了其他类型的救荒仓储管理上的弊端。“既无官府编审之烦，又无胥吏颠倒之弊”③，如此可以保证义仓救荒作用的及时有效发挥。这两个特点，解决了其他救荒仓储普遍面临的仓本无着与管理不善的问题。

需要指出的是，王廷相设想的义仓本身，也有一些影响其实施之处。如，“会”的成员标准不清楚，贫富如何搭配没有明确的说法，富民肯定不愿意与贫民结会，这首先就使立会陷入困难；再如，富民在“会”中扮演的只是付出的角色，除“义”之外，并无特别回报，因此他们参与的积极性必然受到影响。

嘉靖八年(1529)王廷相将自己的设想上奏朝廷，并请求施行，朝廷在予以批准的同时，强调了政府的监督权力，“各府州县造册送抚按查考，一年查算仓

① 王廷相：《竣川奏议集》卷三《乞行义仓疏》。

② 王廷相的《乞行义仓疏》云：“凡同会之家，务要各相保爱。遇有水火盗贼，则同心救护；有婚姻丧葬，则协力赞助。其因事斗争不相和好者，社首社正集同会之人，评其事之曲直，使曲者服罪以谢直，不从，则率众以求直于官府而治之。会中之人，或各家子弟有远出者，则告于众曰：‘某为某事向某处去。’社副即附于簿，回日，本家请社首同众点视其行李物件记之。有亲友自外来者，当日即报于社首等曰：‘某亲友某处人为某事来。’社副亦即附于簿，当日本家亦请社首同众点视其行李物件记之。去之日同。此其间有面生可疑之人，暗来暗去不令众知者，社首等因会而疑论之，察其不悛，率众捕获，送于官而究之。”

③ 王廷相：《竣川奏议集》卷三《乞行义仓疏》。

米一次,若虚,即罚会首出一年之米"[1]。王廷相设想的实行,不仅丰富了义仓的内容,使明代义仓的发展进入新的阶段,而且使其后义仓的发展更加形式多样;同时,也开启和促进了在小范围内富民救助贫民这一救助形式的出现和普及。

明代的义仓出现很早,但不与王廷相设想的义仓相同。前期的义仓情形不一,最多的一种是由富民捐米、官府管理,这样的义仓与官府备荒仓储的区别不大。其所以称为义仓,主要是因仓米由富民捐献,如浙江武康县义仓就是如此。大学士黄淮在《武康县义仓记》中云:"邑中富羡之家,仰聆玉音,感激奋厉,愿出输于官。未浃旬得谷五千九百石……既而鸠工庀材,构仓三十楹备储。钦遵敕旨,选忠厚公正耆民及殷富淳良之家,严慎守,兼出纳之数,府委通判贺泰、县委主簿夏安总其数,申明戒约,委曲详备。"[2]此系将富民之捐米统一建仓,具体的管理则仿照预备仓,因此这类义仓,除仓本来源外,与预备仓没有大的差别。另一种是富民自捐自建的义仓。永乐二十一年(1423)湖广大旱,石首人程必达捐谷一万八千石赈济,"复捐材木为仓以备后赈,名曰义仓"[3]。其后在成、弘之际,各地出现了许多义仓,其中有的在形式上与王廷相的义仓相似,如应能在武陵时,每村都建立"义囤",积谷备荒[4]。以上所述义仓,在建立上不够普遍,在管理上官府的干预较多,最主要的是在仓本问题上没有一个机制作保障。应该说,王廷相的义仓基本上克服了这些问题,所以明代义仓在嘉靖以后的发展,在局面上和内容上都有了变化。

王廷相所倡议的义仓,各地在其后的实施中又演变为多种形式,有的直接仿自王氏义仓,有的略加变化,有的稍存其意,有的则完全不同,形式多种多样。而真正能原样照搬者并不多,因此给人造成"其法颇善,然其后无力行者"的印象[5]。

其完全不同者,如浙江宣平县的义仓。宣平在兴义仓时,富民对于输谷"未有应者",仓本首先没有着落。知县不得已以"出钱输粟"代役的方法筹措

---

① 《大明会典》卷二二《户部九·预备仓》。

② 黄淮:《武康县预备仓记》,见《浙江通志》卷二六二《艺文四》,《四库全书》本。

③ 《湖广通志》卷六四,《四库全书》本。

④ 《湖广通志》卷四六,《四库全书》本。

⑤ 《明史》卷七九《食货三》。

仓本，“乃令来岁之役，率以春日始事，岁终而竣，其先满岁者得谢役而归，其以半载罢役，出钱输粟入各若干，各役欢然惟命，计得粟六百石有奇”，知县又自己捐俸建仓舍。此仓之所以称为义仓，体现在“凡在官者有所义捐咸在于斯；凡在民者有所义助咸在于斯；凡凶荒之岁吾民之无告与无能为生者，咸给于斯。是为吾人之义举，不必按籍而稽核；是为邑之义仓，可不待请而发”①。

稍存其意者，如福建尤溪县的义仓。该仓由嘉靖间知县曾确创立，仓本是用税契银购买的粮米，分别储存在各都，由当地可靠者管理，“以税契银置米分贮各都，用谨厚者掌之，赈贷贫民”。此义仓的赈贷，采用“岁丰取息二分，少歉取一分，大歉则待丰年取值，不受息”的方法②。

略加变化者，如乐昌县的义仓。该仓由万历间知县张祖炳创设，仓本由富民捐献，“上富者出粟百石以上，中富者五十石以上，下者十石以上。不旬月而邑之致粟者七十余家”，“谷本四千五百石有奇”。于是建立义仓五所，城内一所，四乡各建一所，“所以度地之远近，以便兴发也”。其管理和赈贷均由当地人负责，“义仓之法：立保正一人主其籍，保副一人司其钥，择子弟之精敏有行者二三人视收放焉。每岁季春朔，发仓听贷。秋大熟征息二，小饥息一，大饥免及本息之相权也，停其息，唯石五升之耗谷入。”在借贷时还要具保，而且不是所有人都可以从义仓借粮，“游手游食者不贷，素无信义者不贷，一次负欠者不贷”③。

直接效法者，如吕坤在山东创立的“会仓”。吕坤万历十五年(1587)出任山东右参政，次年春，山东大饥，“草根树皮，剥掘殆尽，又食及野草”④，吕坤的会仓之立当在此时。他在万历后期对该仓的具体情况追述说：“民各量其力，每会积谷若干，聚于一所。秋敛春散，加三出息，小凶之年不准独支，大凶之年，各分所愿，不分而助同会者旌奖，以多寡为差。是在有司得法，社长得人。”⑤

---

① 何镗：《宣平县建义仓记》，见《浙江通志》卷七九，《四库全书》本。

② 《福建通志》卷一九《公署》，《四库全书》本。

③ 杨起元：《乐昌义仓记》，见《古籍图书集成·经济汇编·食货典》卷一〇二《荒政部艺文九》。

④ 吕坤：《去伪斋集》卷一〇《毒草歌》，清道光本。

⑤ 吕坤：《答毕东郊按台》，见《明经世文编》卷四一六。毕东郊，即毕懋康，东郊其号也。他在万历三十九年巡按陕西。

可见,在嘉靖以后,明代的义仓进入了一个多样化的阶段,从这个意义上说,与"会"相结合的义仓又只是其中的一种。但我们需要看到,此种义仓所蕴含的在小范围内备荒赈民的思想,给人以启迪,促进了明后期社区救济的发展。而这是当时富民救荒的潮流和特点之所在。吕坤所建之仓应视为这潮流影响的结果,而汪道亨在明末所建社仓,不仅与王氏义仓相同,而且更使这潮流具有影响力。汪氏社仓在制度上更加细致周详,具有很强的操作性①,"汪氏之社仓事宜,可与朱氏(朱熹)社仓事目比照"②,这个评价显然是说汪道亨的社仓可直比朱熹的社仓,那么,明代的此类事物自然不在话下了。这可看出,建会立仓这一事物,在晚明又有了发展,得到了进一步的完善。

当时除了义仓外,许多富民采用小范围直接救济这种形式。我们所谓的"小范围",包括在"会"或里甲都图范围内的社区救济、包括田主对自己佃户的救济等等,这是一种与官府的大范围普遍救济十分不同的救济方式。

目前我们掌握的明后期社区救济的实例并不很多,但从现有的材料看,这种救济方式在明后期的一些地区应是较普遍的。吕坤在山东境内所立之会,绝不会止有一二处。在南直隶地区社区救济也有实例,早在正德时期上海人顾澄就对本里的贫民进行救济,"己巳(正德四年,1509)以来连灾于水,公倾廪给里人,全活甚众"③。又如在万历时期,昆山地区出现了"图粜法",即"以本图之米给本图之人"④,受救济者只包括生活在本图的居民。另外,崇祯时期浙江嘉兴的陈龙正对自己原来居住地贫民的救济,也是一种典型的社区救济。山阴人祁彪佳在《救荒杂议》中对崇祯时期当地实施社区救济,更有清楚的记载:"越城近来赈事,以各坊赈各坊,各村本各村"⑤,"吾越在城中以坊赈坊,在近乡以村赈村者,盖因坊坊有殷富,村村有殷富,故可以不出坊村而挈富济贫也"⑥。这类救济可以缩小救济范围,使有限的赈米能够直接用于本乡贫民,产生明显的救济实效,贫者立受其惠,而输粟捐献的富者显获其荣。这些效果

① 详见汪道亨:《修举社仓事宜》,载俞森:《荒政丛考》卷一〇《社仓考》。因《修举社仓事宜》包含内容甚多,故在此不能详举。

② 冯柳堂:《中国历代民食政策史》卷上·一八《明代社仓之组织》,商务印书馆 1934 年版。

③ 陆深:《俨山集》卷六三《散官省轩顾公墓志铭》,《四库全书》本。

④ 道光《昆新两县志》卷三六《减价粜米议》。

⑤ 祁彪佳:《祁彪佳集》卷六《救荒杂议·巡行议》,中华书局 1960 年版。

⑥ 祁彪佳:《祁彪佳集》卷六《救荒杂议·重乡议》。

都是官府主持救济时难以获得的。

田主救济自己的佃户，在明后期是比较普遍的救济形式。万历年间，唐顺之的后人唐鹤徵在其《赈济说》中极力倡导田主应赈济佃户，他说："举佃仆赈之，尽民矣。亩贷米一斗，佃田十亩之家，得米一石，不独救死两月，可为作息之资矣……在业主也，虽或与之，实则以故易新而无失藉，令他有举，要势必倍称。终无所给，田必污莱，我亦何利焉？"根据这种思想，他介绍说："予家岁间行之，颇无大费。"①于此可见，唐氏对佃户的赈济已经是经常性的行为。

万历末、天启初，江南名士陈继儒介绍当地的情况时说："松郡之人，乡人耕种者居其七，经营生理者居其三，游手无赖者不及一分之半。若有田之家，照管佃户，佃户种田一亩者，借与工米五升，及冬同租还纳。此皆旧例，原非创设。"②森正夫据此推断："陈氏的这一证言，可以大体准确地推定，他在同一'田主赈佃户'中所主张的灾害时地主贷与'性命米'，也是以往的惯常行为。更进一步，由这些也可以推定，陈氏在'田主赈佃户'中作为地主救济佃户的前提的那个本源的'痛痒相关'的地主佃户关系，确是以往实际存在的，是他自身在十六世纪五十年代开始的漫长的一生中体验过的东西，或者是作为不久的过去而闻见过的东西。"③也就是说，松江地区田主帮助佃户、赈济佃户已有很长的历史。森正夫的推断是正确的，据史料载，江南地区田主在灾荒时对自己佃户的赈济，最迟在正德时就存在了。正德四年(1509)上海大水，本县富民唐镛"乃蠲租若干，计口给食以活佃丁又若干"④。

崇祯年间，嘉兴府嘉善县的乡绅陈龙正，对家乡的贫民及自己的佃户进行过多次大规模的赈济。崇祯三年当地发生饥馑，米价踊贵，陈龙正对原来居住过的胥山乡的贫民分别等第，按照极贫、次贫、又次贫三个标准，每人支给三十日的粮食。"今春米贵民饥，本家于祖居胥五一区，聊施小惠，其余力难遍及。"同时，又对分布在其他各县的陈家佃户进行赈救，其方式是借贷。"惟念各县亦有本家佃户，历年服劳，岂忍概遗。今将旧冬缺下糙米，扣算随田者，至冬每

① 唐鹤徵：《赈济说》，见《古籍图书集成·经济汇编·食货典》卷一〇一《荒政部艺文八》。

② 陈继儒：《晚香堂小品》卷二三《复陶太守救荒书》。

③ 森正夫：《十六至十八世纪的荒政和地主佃户关系》，见《日本学者研究中国史论著选译》第六卷，中华书局1993年版，第46—47页。

④ 陆深：《俨山集》卷六四《副千户唐公墓志铭》，《四库全书》本。

斗止加利一升；如旧租清楚，即今开仓，每亩速给白米二斗，至冬每斗加利二升，薄示体恤。”所谓“随田”者，是指“随田米”，它是陈氏平常年份采取的一种对佃户的资助方式，“常年，佃户每亩给借随田米二斗，加利二分”①。崇祯十四年(1641)陈氏又向胥山乡贫民捐米五百石，进行赈济②。

相对于官府赈救，田主赈济佃户的好处甚多。一是田主对自己佃户的贫穷程度比较清楚，能够有针对性的救济；二是及时，它不需要向谁往返请示，能够保证救荒的及时性；三是减少救荒银粮被侵渔的机会，官府和吏胥无从插手，这一点富民们是很重视的。因此，晚明富民无论是在思想上，还是在行动上都比较倾向于小范围救济。

在一些富民致力于小范围救济的同时，另有一些富民在救荒时，虽然在救济对象上没作明确的界限，但却不烦官府、独立进行，走了另一条直接救济灾民的路，明后期这类事情颇多。

万历十五年(1587)，江南开始发生“奇荒”，水旱并作。“直隶、应天等府自五月以来霪雨连绵，江湖泛滥，平地水深丈余，田庐没为巨浸。七月终旬，飓风大作，张浸滋甚，环灵百里之地，一望成湖。”③随后这一地区再次遭受罕见旱灾，“吴地大旱，震泽化为夷陆，斗米几二钱”④，“近日南京、浙直等处俱遭大旱，群情汹汹”⑤。这场旱灾一直持续到万历十八年(1590)，造成饥民无数。朝廷一方面发帑救荒，一方面号召富民出粟，“江湖水溢，千里洪流，而高岸赤壤，三时失雨，寸草不茁。斗米一镪，男妇僵仆者日以数百计。天子恻然下诏蠲本年本折色钱粮若干，特遣省垣臣赍帑金散赈；又允计臣议开事例以劝好义。出粟至三千石者予两殿中书，千石者予署丞及两司幕官，仍令有司旌其门”⑥。浙江金华人张柏于是从万历十七年(1589)冬开始，在城西百里之处的四区开设粥厂，自费运米千石，而且“一切薪火工役钟釜杓箸之需，又皆手自区

① 陈龙正：《几亭外书》卷四《乡邦利弊考》。按，明末嘉兴地区田主向佃户“随田借米”的情况较为普遍，桐乡的张履祥在自己的佃种契约中规定：“佃户若系布种无资，每亩贷米二斗，秋成照数还纳白米，不起息。”(见《杨园先生全集》卷一九《赁耕末议》)

② 光绪《重修嘉善县志》卷九《恤政》。

③ 《明神宗实录》卷一九三，万历十五年十二月。

④ 《明神宗实录》卷二一二，万历十七年六月。

⑤ 《明神宗实录》卷二一三，万历十七年七月。

⑥ 刘观文：《张氏赈饥记》，见《古籍图书集成·经济汇编·食货典》卷一〇三《荒政部艺文十》。

画，朝夕拮据，如经家事”。赈济时，男女各开一厂，妇女优先。有病者施医药，无衣者制絮棉。“凡五阅月至庚寅（万历十八年）之夏麦登场而后告止。公之仓廪如洗矣，计所出不下三千缗。公默默不以告人。”①张柏的赈济从开始到结束始终是独力操持，这种赈济方式客观上摆脱了官办粥厂的弊端。

晚明富民救荒的另一种形式是工赈。工赈在明代并不发达，相关的记载也很少。这其中一个原因是许多人并不十分看好这种手段，有的人甚至认为这将使灾民雪上加霜，因而“省工役”的要求时有出现。另外，明代政府的救荒时效性很差，当救济物资和资金到位时，灾民的受灾程度往往已经很深，需要马上救助，此时工赈的时机已然错过。而富民救荒虽有及时的特点，但工赈，特别是大的兴作，需要大量的资金和大量的组织工作，这不是一般的富民所能够负担得起的。晚明比较大的工赈事例，是嘉靖年间溧阳县史际兴建“救荒堰”。

嘉靖二十二年（1543）至二十四年（1545），东南地区连续三年发生饥馑，溧阳县富民史际在捐谷七千五百石助官赈济之后，见饥民的困境并未好转，于是想到了工赈。“邑故多堰以汇水，其沙涨堰在邑西北十余里，涝溢旱缩，不障不陂，弃为旷土，久不可艾。君既隐民之饥，则计之曰：古盖有兴役以救饥者，吾试行之。且夫岁凶土荒，民不足于食而有余于力，以力易食，是民以不足为有余也；吾今日出粟于廪而异日取粟于堰，是吾以故粟为新粟也。人力地利两易而各得，不亦可乎。”于是募民兴工，饥民至者络绎不绝。史际规定，每役一人，日给米二升，银一分，薪一束。“时米贵甚，民以半米易麦菽而杂食之。计一夫赴役自食，可兼食其老弱瘠病之不能役者二人。于是民之栖于堤者，爨烟饭饻，列舍相接，蓊然如处村落之间。”这些贫民“日出则畚者锸者筑者救者汲者爨者，蚁旋于堤上；夜则妇子饱哺嬉嬉而卧，又晏然如在乐土，而忘其为流徙饥馑之时也”。史际的这次工赈从嘉靖二十四年（1545）八月开始，至次年四月结束，“共垦田四百余亩，为圩者三。涝则水碍堤不得坏田，旱则引堤内之水灌田可四千余亩。并堰而田之家多赖以济”。史际在饥民开垦的土地上设立义庄，将每年得谷千石储存起来，以备荒年之赈，“一不以给家用”②。在这次工赈

① 刘观文：《张氏赈饥记》，见《古籍图书集成·经济汇编·食货典》卷一〇三《荒政部艺文十》。

② 唐顺之：《救荒堰记》，见《古籍图书集成·经济汇编·食货典》卷一〇一《荒政部艺文八》。

中，“史氏陆续输其家之所有，不论银钱米布，计工而酬，赖以全活者无虑千、万”[①]。显然，史际的工赈收到了很大成果，这与他富足的家私、极力的谋划，以及心系灾民思想是分不开的。

在晚明，有一个现象是需要指出的，那就是在明后期特别是嘉靖以后的救荒中，官府的主导作用已不明显，主动权已发生倾斜。一些州县的主官虽然参与救荒，但实际起作用者是当地的富民。比如杨涟所作《应山赈荒纪事文》中对应山赈荒粥厂是这样记载的：“赈粥之举，一二友人倡之，郡邑大夫主之，诸慷慨士力任之，众善襄成之……往是粥事多以三月始终耳。首事诸友人曰：三月而枵弗能待也，枯肆而后西江救，无益已，故始以二月；若赈止而弗及新也，饥犹无以望腹也，故终以四月。中间别丐子与平人、畔男女老弱，男子之印手而不印面，妇人之与藏不印首，又二三首事各有长者深心焉。”[②]从这里我们看到，府县的主官虽然“主之”，但从赈期的确定，到一些具体细节，显然不是那些“主之”者能单独说了算的。

更有甚者，地方官在救荒赈济中只是充当一个参与者的角色。崇祯十四年(1641，辛巳)浙江发生饥荒，山阴祁彪佳倡议赈救，“辛巳岁，越中大饥，即一村镇之中，流移乞丐，死者日以五六人计。恻然怜之，亟拟赈救”[③]。为了赈济天乐乡贫民，使其渡过饥荒，恢复生产，祁氏进行了募集资金、助民开垦的活动。在整个过程中，当地的官员的参与只限于向此活动进行捐助，“会计钱谷，得盐台守宪之捐助，计一百五十金；邑父母复助米三十石，司宪陈公祖特助米十五石”[④]。祁彪佳用这些捐助和其他富民的捐助，资助和组织天乐乡贫民开荒种田六千八百余亩。

在以往的救荒活动中，地方官总是向当地的富民劝捐，富民是救荒的被动者，而晚明一些地方的情况说明，在这些地区情形被颠倒过来了，富民在救荒中成为主动者。富民在救荒乃至其他社会活动中，发挥着越来越重要的作用，富民的活跃，意味着他们经济力量的增强，也意味着他们社会地位的提高。同时，这种活跃还意味着对社会生活积极参与的意识增强了，并且争取发挥主导

---

① 徐显卿：《与李兵道论救荒书》，见《明经世文编》卷三九六，又见张萱：《西园闻见录》卷四〇。

② 《湖广通志》卷一一七。

③ 祁彪佳：《祁彪佳集》卷六《救荒杂议·散钱议》。

④ 祁彪佳：《祁彪佳集》卷六《救荒杂议·借种议》。

的地位。很显然，这些经济力量、政治能力都不可低估的富民，如支持官府，不仅政事顺达，而且政权稳固，反之则不同。

立会建仓、社区救济、田主赈济佃户，是明后期出现的救荒新事物，也是明后期救荒所依赖的事物。它们的出现，一方面是富民对官府救荒政策措施的否定，是富民与政府出现隔阂的结果；另一方面，这些具有效果的救荒形式，对稳定社会秩序很有益处，因此，这些手段得到政府的支持和倡导。但是我们应该看到，这些救荒形式在帮助政府稳定社会秩序的同时，也将饥民们的获得生的希望寄托在了富民们的身上，而不是政府的身上。这又是政府和灾民之间的离散力量。当富民们对救荒不感兴趣，或者为保住自己的财产不参与救荒时，灾民们生的希望就变得渺茫了，于是抢米风潮就会出现，于是其他铤而走险的事情就会发生。换句话说，政府救荒或富民救荒，二者有一种可以依靠时，灾荒的后果就不会过于严重。而明代的情况则是，政府的救荒能力至万历时已降至低点，其后更不可言；富民的救荒又局限在一部分地区，特别是北方地区的富民，参与救荒的积极性很低，因而在明末大多数地区的灾荒是无人赈救的，明末农民大起义在北方出现是非常正常的。

政府包办救荒，有着多种原因，其中重要一点是这种形式适合专制制度需要。专制制度需要权力的统一和集中，不允许其他势力染指；它需要社会各阶层的服从，对任何破坏秩序的力量都要予以消除；它还需要民众对这种制度的歌颂，实现思想上的统一。而富民在救荒过程中所表现出来的力量、方式等，与专制制度的需要并不完全一致。小范围的救济，将功德归在了富民自己的名下；倡导和实施独立救济，减少官府的干预，造成新的救荒主导力量的出现，这与统一和服从的要求并完全不合拍。小范围救济，是富民的善政，这是富民以自己的经济实力和经济上的牺牲，从官府那里获取了参与政事的权力，分割了政府的救荒权。因而从这个意义上讲，晚明富民救荒的种种行为，未尝不是对专制制度的动摇和破坏。或者说，富民在晚明救荒中能够起到这样的作用，其本身就意味着专制制度出现了危机，社会发生了重要变化。

三、有关富民救荒的思想主张

在富民发挥越来越重要的救荒作用同时，明后期特别是嘉靖以后，相关的思想和主张也纷纷出现。这些思想主张，在具体问题上的意见虽然并不完全相同，但都以保护富民利益为核心，并倡导在自愿前提下贫富相资，富民对佃户、宗族、邻里等进行小范围直接救助。

(一) 保护富民利益论

明后期保护富民利益的思想颇有“市场”,这与富民的实力和势力的增强有着密切的关系。在救荒问题上,其具体有两方面的主张,一是反对官府的强行劝借,二是保护灾荒之年富民的地租收入。

保护富民利益思想最系统的表达,是成化弘治之际的思想家丘濬。他认为贫富差别是一种自然现象,不必消除,也无法消除,“天生众民,有贫有富”,因此“夺富之所有以与贫人”的做法是不可取的,而是应该以“各得分愿”来平衡彼此的差距,即国家、富民、贫民都应该承认这种差距的合理性,这种差距是与各自身份地位相符合的。富民的财富应该受到保护,这对国家有益,“人人各得其分,人人各遂其愿,而天下平矣”①。显然,这是传统的“藏富于民”思想的继承和发展,也是富民阶层势力发展的理论反映,代表了富民的利益。

与此相呼应,丘氏在具体问题上的主张,与他的上述思想一脉相承。如,在荒年劝富出粟、禁其遏籴问题上,他主张首先要以礼劝谕,即使不奏效,惩罚措施也要有限度。他说:“富民闭籴,何以处之?曰:必先谕之以惠邻,次开之以积福。许其随时取直,禁人侵其所有。民之无力者,官予之券,许其取息,待熟之后,官为追偿。苟积粟之家丁口颇众,亦必为之计算,推其赢余以济匮乏;若彼仅仅自足,亦不可强也。然亦严为之限:凡有所积不肯发者,非至丰穰,禁不许出粜。”②这个主张在充分保证富民利益的同时,也规定了惩罚措施,但这个措施实际上是默认了富民的闭籴行为,是以允许闭籴来惩罚闭籴。因为荒年富民闭籴,除少数是为了抬高价格谋取厚利外,多数是想保护自己的财产不受损失,所以规定其非至丰年不许出粜,是正合富民心愿的。因此,他坚决反对强迫富民出粟的行为,并对富民的闭籴表示充分的理解,他说:“荒歉之年,民间闭籴,固是不仁。然当此际,米价翔踊,正小人射利之时也。而必闭之者,盖彼亦自量其家口之众多,恐嗣岁之不继耳,彼有何罪而配之也?”③他所说的“配之”,是针对宋代著名词人辛弃疾曾建议将闭籴的富民发配一事。

应该说,丘濬的整个思想系统是比较庞杂的,各种观念都同时包含,而传

① 丘濬:《大学衍义补》卷二〇《总论理财之道》,京华出版社 1998 年版。

② 丘濬:《大学衍义补》卷一六《恤民之患》。

③ 丘濬:《大学衍义补》卷一六《恤民之患》。

统的东西更多,这与他身处的时代环境有关。对于救荒,丘氏是一个主张依靠政府的人,确信只有政府把荒政讲求好了,灾荒造成的恶果才能真正受到控制。因此,他极力主张建立常平仓,反对设立义仓,认为义仓"其名虽美,其实于民无益","所谓义者,乃所以为不义。本以利民,反有以害之也"①。这一点,与其后其他人的主张是不同的。根据目前掌握的材料,明代明确反对建立义仓的人,只有他一个。保护富民利益以藏富于民的思想,虽然也是传统经济思想的一部分,但在强行劝借之风日盛的背景下,这种主张对弥合富民与政府之间的关系是有意义的。而且从明后期盛行保富救荒思想的情形看,他的主张符合历史潮流。所以,丘濬的救荒思想也是新旧并存,而其保富思想,在其后则得到了继承。如嘉靖初王廷相直接继承了丘氏"各得分愿"的思想,认为损害富民的利益,不符合圣人治理天下的准则,他说:"明王之治天下也,必先均万民焉。自以为均者,至公无私、民各得分愿之谓也,非曰夺彼以益此也。"②

稍晚于丘濬的顾清在正德末嘉靖初也对保富问题发表了看法,认为富民与贫民是一种相互辅助的关系,缺一不可,"天之生人,其不齐久矣。人之有贫富,犹指之有短长,贫富之相资,犹大小指之相为用也"。因此,他反对损富济贫,认为这种做法会使贫富双方俱受其害,毫无实效,"今嫉人之富者而割以资贫,犹截指之长者以续短,长者则受痛矣,短者果可续之而使长乎"③。顾清在弘治正德时一直在朝为官,正德中回乡家居,作为富有的地方士绅,他的这番话显然是在维护其自身的经济利益。

实际上,保护富民这一思想,在《周礼》中就已明确提出,"大司徒以保息六养万民。一曰慈幼,二曰养老,三曰振穷,四曰恤贫,五曰宽疾,六曰安富"④。但这里的安富,并不是《周礼》十二荒政的内容,也就是说,安富是政府在灾荒没有发生时的职责,当时在灾荒的救济中是否安富我们尚不清楚。晚明的保富,所强调的不仅是平时,灾荒时也要照顾富民的利益。此种思想实质是将富民的社会责任推卸掉了,他既可以不帮助政府,也可以不救济贫民。如果富民

① 丘濬:《大学衍义补》卷一六《恤民之患》。
② 王廷相:《王氏家藏集》卷二九《与开封赵二守书》,伟文图书出版有限公司1976年版。
③ 顾清:《东江家藏集》卷三九《回吴巡抚禁戢家人疏》,《四库全书》本。
④ 《周礼·地官司徒第二》,岳麓书社1989年版。

担负了这些责任，那就是"义"，是一种额外的付出。

保富思想的提出，主要针对的是损富济贫，前者的理论依据是"藏富于民"，后者的依据是"损有余补不足"，二者都有着悠久的历史，同是中国传统经济思想的重要组成部分，而在明代，后者的市场似乎更为广大。应该说，二者在根本上并无不可协调的矛盾，只要处理得当，富可以保，贫也可以济。如万历时的王圻在《赈贷群议》中说："富民，国之卫也，民之依也。所谓藏富于民者，藏之此矣。《记》曰：富则仁义附焉。夫好义之心，人孰无之，要在上之人阳激而阴率之，则倜傥之士将浮慕焉，而虽啬夫亦捐千金如敝屣矣。"[①]但在晚明的现实中，这种协调关系并没有真正出现，贫富之间的矛盾，或者说两个阶级的矛盾是很尖锐的。这种矛盾的局面，贫民的困苦境地，更使富民对财富有了强烈的占有欲，也更促进了保富思想的日益传播。也就是说，本来并不根本矛盾的一对思想，在晚明却变得难以调和。

其后果，贫民受害自不必言，政府也随同受了害。因为封建政府虽然从根本上代表富民的利益，但其作为社会的管理者，它还要协调各方的利益关系，满足各方的基本需求，这样才能保证管理的成功，或者说保证统治的稳定和延续。保富思想及其在现实中的作用，使政府的协调工作变得十分困难，而政府面对这种困难，又没有能力加以消除，于是局面就不可控制了。

具体到救荒上，在保富思想的"指导"下，反对在荒年禁止富民收租和反对官府向富民劝借的主张出现了。而禁止富民在荒年向贫民收租以及向富民劝借，是晚明荒政普遍采用的手段，特别是前者为万历以后各地政府广泛采用的新的救荒措施。

明代人很早就注意到政府蠲免赋税时的不公平现象，即灾蠲只对有田的富民有利，而无地的贫民则不能得到实惠。虽然中央政府从明初就曾试图解决这个问题，但始终没有找到一个有效的办法。晚明时，一些地方政府在救荒时往往规定，富民不许收取佃户的田租，"又近来当道诸司，一遇岁歉，率出示不许还租债"[②]。这种规定，从理论上说对于最底层的灾民减轻困苦程度是有好处的，但从实际情况看，它对救荒又带来不利后果。

---

① 王圻：《续文献通考》卷四二《国用考·蠲贷》，现代出版社 1986 年版。

② 赵用贤：《松石斋集》卷二七《上申相公》，转引自森正夫：《十六至十八世纪的荒政和地主佃户的关系》，见《日本学者研究中国史论著选译》第六卷，中华书局 1993 年版。

首先，由于富民担心后继无粮，故在出粟救灾上持观望态度，闭籴现象很普遍，造成救荒粮源短缺，饥民的生活受影响严重。其次，官府的强制性规定，既触及了富民的利益，同时又把当事人之一的田主放在了一边，这种对属于私人性质的主佃关系的强行介入，对于那些具有很大影响力的富民是难以容忍的。第三，它使田主和佃户之间的矛盾变得突出了，佃户不纳租成为一种合法的行为，富民的利益被损害；而富民如果强行收租，则会引起社会的不安定，这又不是富民所愿意看到的。因而，不许收租之令，遭到田主乡绅的反对。

嘉靖时的徐阶在一封信中说："迩年以来，有司数下讨债之禁，又重摊放之刑，于是佃户嚣然，动其不义不信之心。大家惴惴焉，惧入于有司之罟。昔之所谓相资相养者，始变为相猜相雠，不惟债不可取偿，而租亦多负矣。"①他希望"罢去新令"，将赈恤之事交给富民自己办理。

万历时大学士王锡爵认为，收租与否是田主私人的事，官府不必过问；而且，田主不收租税，又如何完成官赋。他说："有司近出新令，急征官赋而禁索私租，此亦非通论。今庙堂既不能尽折尽蠲，亦当听田主就户下小熟者，量收租而后可以还官。盖田之荒稔，官府通查则难，田主自查则易，而佃户之租，若今年无取，明年可以弃而不种。此田主切身利害，不必尽烦官法者也。"②

当时另一位大学士申时行在一封信中，也表达了基本相同的观点，他说："闻抚院有示，虽成熟处所，佃户止还应纳钱粮，不得还租。此固怜恤小民至意，第有田之家荒多熟少，必有赔纳钱粮者，荒者既欲其赔，粮熟者又不得收租，则虽富者亦速贫耳。鄙意谓成熟佃户即还租，亦不足自给，即不还租，亦岂能与荒处佃户。徒使刁猾者得借口托赖，似未为良法也。"③他认为以此法救灾，不仅无益于贫民，而且会使富民很快变成贫民，使刁民有赖账的借口，不是一个好的办法。

他们显然都是明确反对禁止田主收租的，这不仅仅是他们个人的意见，而应是许多人意见的集中表达。如王锡爵的看法是根据他家乡士绅的意见提出

① 徐阶：《世经堂集》卷二二《复吕沃洲》。齐鲁书社《四库全书存目丛书》本。以下所引该书出处同。

② 张萱：《西园闻见录》卷四〇《蠲赈前·前言》。

③ 张萱：《西园闻见录》卷四〇《蠲赈前·前言》。

的，而申时行的看法的产生则与苏州人赵用贤等人有关。[①] 这表明在当时这是地方乡绅的一种普遍的态度。

对于禁止田主收租的问题，还有一种比较温和的折中观点，即田主收租与否，应出于自主和自愿。明末祁彪佳的观点就是如此。祁彪佳认为，从情理和客观情况上讲，在灾荒之际田主不应收取田租，但这个决定需由田主自己作出，而不应由官府代替。他在《救荒全书小序》中说：

> 水旱告歉，朝廷自有蠲减之令，乃朝廷已蠲减于上，田主独全取于下可乎？不得不宽者，亦情亦势也。然佃户多有刁顽，倘官府以蠲减张示，则佃户有挟于田主，宽之亦不为德，而徒长嚣风。在官府宜会集绅富，谕之以意，使蠲减仍出于田主，而佃户则可以得实惠。此贫富互保，上下相维之道也。[②]

可见他之所以这样主张，是他认为官府的包办代替，将使田主处于被动地位，钱粮收不到，好义之名也不归田主，这使田主名利俱失。如果由田主自己做主，佃户就可以得到实惠，贫富之间才能保持一种互助的稳定的关系。他的言外之意是，官府的强制性做法，田主不会遵从，佃户也因此不会获得实际的利益，主佃之间原来的互助的关系也难以保持。

可以看出，祁彪佳反对的主要是官府的强制性的做法，认为官府不应介入到主佃之间的事情中来。这一点与王锡爵的“不必尽烦官法”的观点是一致的，但王锡爵只是站在田主的角度，考虑的完全是田主的利益，祁彪佳则不仅考虑田主的利益，还考虑主佃的互助关系，换句话说，祁彪佳也考虑了佃户的利益。

明后期的另一个比较集中的看法，就是对官府劝借的反对。这是一种因不满官府的野蛮劝借的方式，进而对劝借本身的抵触。

如前所述，劝借是以富民为对象筹措救荒钱粮的手段，此种手段在明后期因各级政府财政的紧张，而被较多采用。但一些官府在劝借时，方式十分粗

---

① 王锡爵在其书信《余乐吾巡抚》（见《王文肃公文集》卷一七）中云：“昨敝乡士夫书来又言：有司近出新令，急征官赋，而禁索私租”云云，则他的看法代表了其故乡苏州士绅。而申时行也是这样，他根据赵用贤的书信《上申相公》（见《松石斋集》卷二七）介绍的情况，表达了他反对禁止收租的观点。可见王、申二人的意见不仅仅代表他们自己。

② 祁彪佳：《祁彪佳集》卷五《救荒全书小序》。

暴,有如征收富民应纳的正赋。“劝借之名,国家原以相周之义教之,听其愿也。迩来有司之官不体民情,责以里书,令其报举。得赂者放释而去,无赂者开陈而拘。及其至官也,定放数目,严法比较,过于催征。官得十一,里胥十九,然后以其余者散之民而粉饰之。”①这是前文引用过的嘉靖时赵完璧《救荒议》中的描述,显然他对此是十分不满的。在《救荒议》中他还说:“夫徒夺诸民,以彼与此,贤者犹以为非,而况名为劝借,实同劫夺!”因此他认为劝借是一种不可取的救荒方法。

万历天启之际的王家植的观点与赵完璧的相同,认为这是一种不合适的荒唐做法。他说:“今岁畿辅水灾,无郡不有。直指之牍,业已山积。当事者不难于赈恤之言,而难于赈恤之具;饥寒者蒿目于赈恤之实,而疚心于赈恤之名……即风之以劝借,而势同抄没,实属勒取,所得锱铢所损钜万。悖也!”②这个时期的名人董其昌的看法也是这样,“救荒无奇策,而有司之遏籴与劝借尤谬。遏籴之害,止于商贾不行,米价腾踊;至有司劝借,奸民乘之,豪欲巨室,乱是用长矣”③。

崇祯时的祁彪佳则认为,劝借不是不可行,但要方法得当,“若劝之无法,则非坚其吝念,亦祗徒托虚名耳”④。他认为,用旌奖的办法施行劝借虽好,但不如去除富民们的负担,以免役为诱惑,其效果会更好。他说:“以推赏而劝富室,盖将欣之以所好也。然欣之以所好,不若去其所恶而后劝之为用神。繇东南之徭役,推之于西北之招买,皆可量免以示劝。以民命是重而量免之,仍不费于输将,则当事者亦何不可为之有?”⑤免除徭役,是明前期政府给输谷富民的优惠政策,其效果是比较明显的,祁彪佳将免役作为劝借的条件,是很有见地的,因为徭役在当时给富民们造成了很大的压力。此外,祁彪佳还认为减少官府的干扰,也是劝借时要注意的,“真文忠公所谓不计产、不遣官、不抑价,大得劝分之妙”⑥。官府的干预和强制,使劝借变成了抢夺,富民因此产生了强

① 张萱:《西园闻见录》卷四〇《蠲赈前·前言》。

② 张萱:《西园闻见录》卷四一《蠲赈后·前言》。

③ 董其昌:《神庙留中奏疏汇要·户部》卷五《万历三十六年八月念三日李一鹄本·跋语》,燕京大学图书馆 1937 年排印本。

④ 祁彪佳:《祁彪佳集》卷五《救荒全书小序·宏济章》。

⑤ 祁彪佳:《祁彪佳集》卷五《救荒全书小序·广恤章》。

⑥ 祁彪佳:《祁彪佳集》卷五《救荒全书小序·宏济章》。

烈的逆反心理，所以祁彪佳的这个主张具有很强的针对性。

（二）贫富相资论与田主赈济佃户的主张

明后期与保护富民利益的思想并行的，是“贫富相资”的思想。这种思想实质是前者的延伸和完善，它认为保护富民的利益，实际也是保护贫民，因为贫富之间是一种相辅相成的关系，谁也离不开谁。贫民佃种地主的土地来维持生活，富民靠贫民的佃种来获得收益；贫民为田主贡献，富民救济贫民。具体到救荒上，这种思想则主张田主赈济佃户，乡里自相救济等。

贫富相资的思想应是早已有之的，在明代明确提出这种说法并进行论述的，据目前掌握的材料，则是正德以后的事情。前面介绍过的顾清在正德末嘉靖初说：“天之生人，其不齐久矣。人之有贫富，犹指之有短长，贫富之相资，犹大小指之相为用也”，“今嫉人之富者而割以资贫，犹截指之长者以续短，长者则受痛矣，短者果可续之而使长乎”[①]。与顾清同时代的著名学者陆深也有同样的看法，他针对江南禁止富民放贷一事说：“江南放债一事，滋豪右兼并之权，重贫民抑勒之气，颇为弊孔。然亦有不可费者，何则？富者，贫之母，贫者一旦有缓急，必资于富……正如人有两手，贫富犹左右手也，养右以助左，足以便事，一等好功名。官府往往严禁放债之家，譬如戕右以均左，则为废人矣。”[②]他认为只要处置得法，放债也是救荒一策。

赵完璧在嘉靖时针对灾荒中的贫富相资及富民的重要作用，发表了这样的意见：“盖人情：富相倍则下之，百则役之，万则仆之，此自然之理也。故上富之家待而举火者五六十人，最下者亦不减二三十人……大都邑有千人之富则天地不能灾矣，邑有五百人之富，则岁岁可无饥矣。”他还说：“使富者日贫，贫者无依，不幸而遇饥荒之岁，彼此不相顾，有无不得通，不坐以待毙，则率为不逞矣。”[③]

顾清、陆深、赵完璧等人所说的贫富相资，主要侧重在富民对贫民的资助上，强调的是富民的重要性，是贫民对富民的依赖。自嘉靖以后，思想者同时还从贫、富的相互辅助作用进行思考。

徐阶在嘉靖中期说：“大家有田而不能耕，必属以佃户，佃户欲耕而不足

① 顾清：《东江家藏集》卷三九《回吴巡抚禁戢家人疏》。
② 陆深：《俨山外集》卷四《河汾燕闲录》。
③ 张萱：《西园闻见录》卷四〇《蠲赈前·前言》。

食,必以仰大家。其情与势,不啻主仆之相资,父兄子弟之相养。故大家于佃户虽或不能无虐,而不敢甚虐者,惧莫为之耕也;佃户于大家虽不能无负,而不敢尽负者,惧莫为之贷也。”这种相互依赖的关系维系了一种相对的平衡,而平衡的破坏必将使各方都受伤害,“债不可取偿,其始若止病于大家,而不知佃户无所仰给,则不免于坐毙”,官府不允许收租是破坏这一平衡关系的因素,于是他提出田主赈济佃户的主张。他说:“为今之计,请罢去新令,开谕大家,使各恤其佃户,合闾阎已离之情,敦末世已浇之俗。则不必糜帑藏、烦吏卒,而民可无失。”①

徐阶主张田主赈济佃户,反对官府禁止田主收租,他认为这可以一举数得:乡村的风俗变得纯厚,官府无钱粮之费,百姓生活有所保障。而官府的禁止收租的效果则正好相反。显然,徐阶与那些单纯主张保障富民利益的人的观点,是不完全相同的,他是把保富放在了一个更大的背景下考虑的,即保富的原因和意义是,富民与贫民是一种相资的关系,田主对佃户的赈济是对官府救荒的辅助,没有了富民的收入,就没有了佃户的保障,就没有了官府的赋税。他在这里,对保富思想进行了系统的概括,对贫富之间的相资关系进行了具体的说明,并明确提出了田主赈济佃户的主张。这些在明代救荒思想的发展上,具有很大意义。

贫富相资,与“田主赈济佃户”这一主张有着密切的联系,并逐渐成为后者的重要理论依据,晚明讲“田主赈济佃户”者,大多要谈到贫富相资。万历年间,唐鹤徵对于这个问题发表了一通很有代表性的意见,他说:

> 夫赈之难,在开报之不公也,里胥之侵克也,守宰之烦苦也。信矣!予尝谓惟业主之各赈其佃仆则无是也。四郊之民,除稍有已业者原不在赈例,其余畴不以佃种为业者乎?故举佃仆赈之,尽民矣。
>
> 亩贷米一斗,佃田十亩之家得米一石,不独救死两月,可为作息之资矣。业主常靳焉。夫亦未之思乎?夫佃人终岁耰锄,手足涂地,幸而丰熟,半入业主,稍不顺成,则入者居七八,存者一二矣。是其尽筋力之勤,忍啼号之痛以奉业主,其常也。即云彼资我田以生,我田独不资彼以艺乎?则贷之云者,非直谋彼之生也,亦为我田之利;且非直令其与之也,犹

① 徐阶:《世经堂集》卷二二《复吕沃洲》。

令估值而偿。在佃仆也，若或贮之，可以有求即得而无恐；在业主也，虽或与之，实则以故易新而无失……终无所给，田必污莱，我亦何利焉！[①]

唐鹤徵认为，佃户对田主的贡献是巨大的，他们不仅至少要向田主缴纳一半以上的收入，并且通过他们的辛苦劳作，使田主的土地得到种植，获得收益。因此赈济佃户是完全必要的。而且，赈济佃户，不是一种单纯的回报，实际是一种投入，是一种延续再生产能力和获得新收益的手段。只看到佃户是依靠田主土地生存，而不体恤佃户的做法，最终使田主的利益受到损害。唐鹤徵还认为，佃户是需要赈济的百姓的主体或全部，他们获得了赈济，就意味着赈济之事取得了切实效果。

唐鹤徵对贫富相资的阐述，其深度和完备程度是其前人所未达到的，即使如徐阶虽然明确提出了田主赈济佃户的主张，但他对贫富相资的解说也远不如唐鹤徵。这意味着人们对贫富相资的认识，经历了一个逐渐深入的过程。而这个过程，实际是如何看待佃户对田主的贡献的过程，和田主如何才能真正保护自己根本利益的过程。当真正认识到佃户对田主的重要性时，贫富相资的"相"字才有了完整的内涵，这个理论观点也才具有了实实在在的立足地。于是，田主真正保护自己利益的手段也就明确了，对佃户的赈济就更是顺理成章的事情了。

从现象上说，田主赈济佃户至迟在正德时已经存在，那时此形式的救济，应该还是一个个孤立的存在，虽然是具有良好效益的形式，但还不是大多数人的思想内容，也没有作为一种政策主张明确提出。嘉靖以后，情况的变化使"田主赈济佃户"成为思想和主张的内容，并在社会上主要是江南地区产生了十分广泛的影响，在救荒中以此为论者以及身体力行者，颇不乏人。明末的陈继儒应是比较典型的。

陈继儒是松江华亭县人，在《赈荒条议》中，他认为"田主与租户，痛痒相关"，彼此有着相同的利益，一损俱损，易于激发田主的责任意识。而救荒的目的，是为了使生产延续下去，"救荒之意，为田设也"，同时，田主的救济"既报其平日胼手胝足之劳，又救其目前逃亡饿殍之苦"。这个阐述十分明确直接，既概括了主佃关系，又将救济佃户的实质和意义指明。

---

① 唐鹤徵：《赈济说》，见《古今图书集成·经济汇编食货典》卷一〇一《荒政部艺文八》。

作为一个富有的地主，陈继儒的田主赈济佃户是有具体方案的。“若田主各自接救佃户，种田一亩者，付米二升，种田十亩者，付米二斗……平时借作工本米，凶年借作性命米。工本米至冬月补偿，性命米至丰月补偿，各立券为准，不还者告官追究。此官府不赈之中，而民间暗寓赈济之法”，他认为，按照这个方案，华亭县就可节省官米三万九千石，且可收到“直捷”“均匀”等效果。“性命米”是本意上的荒年救济，而“工本米”则是平时帮助佃户维持生产和生活的资本，这表明陈继儒的方案是救荒与生产并重的，这是他“救荒之意，为田设也”思想的具体体现。

与其他人一样，陈继儒认为，田主救济佃户在技术操作上有许多优于官府赈济的地方，“赈饥之事，官府既不能遍及乡村，又不能确定灾伤之重轻与饥户之真伪，惟田主与佃户，痛痒相关，情形又实，凡田之果荒与否，家之果贫与否，不待踏勘而彼此灼然，莫可掩饰者”。对田主赈济佃户这一方式的肯定，实际是对官府赈济中所存在弊端的批评，显然，陈继儒之主张此议，也是为了避免官府赈济的弊端。但是，不能以此认为陈继儒仅仅是从技术上主张田主赈济佃户，他是将这一方法看成为解决救荒的一个根本性策略的，他说：“仁人首倡，转相劝谕，由城而镇，由镇而乡，由吴而越，由吴越而推之于他方被灾之处，岂非根本简便之良法哉!”[①]将田主赈济佃户之法推而广之，行于所有受灾的地方，赈济问题也就解决了。我们知道，唐鹤徵曾说过“举佃仆赈之，尽民矣”，这个思想已涉及田主赈济佃户的广泛性和适用性的问题，但可能是由于他是在就事论事，没有将此点展开和说透，而陈继儒在这一点上则明确地将其上升为救荒的根本性策略，这是关于这一主张的更深一步的论述。此进步还应当与官府救荒能力的更为降低有关，反映了陈继儒及他所代表的人们，对振兴官府荒政的深深失望。

田主赈济佃户的主张，只是“贫富相资”思想影响下诸多主张中的一种，此外还有提倡按里甲等居住单位进行社区救济的，有主张按宗族为单位富有者救济贫困同宗的，有主张富民专门救济若干户贫民的“专救”等等。

社区救济，即共同生活在一个居住单位里的富民对其贫困的邻人实施救

① 陈继儒:《赈荒条议》,见《古今图书集成·经济汇编食货典》卷一一〇《荒政部杂录三》。本部分所引陈继儒的话,出处均同此。

济，如里甲、都图等。嘉靖时的唐龙说："贫富相周，有无相济，此邻里之义也"[①]，王廷相的建会立义仓的主张也是体现了这样的思想。

关于社区救济，明代文学名家袁宗道在万历时说："令上赈之则难，令下民自相赈则易也。里之厚赀者所捐若而百则旌之，若而千则爵之，若而万则厚爵之，富民有不竭蹶以趋者乎……宜令耆民廉平者偕里之富好施者，临其聚落招给焉，蔑不暨矣。"[②]与袁宗道同时曾任吏部侍郎的徐显卿在《与李兵道论救荒书》中云："分都分图，就中殷实之家各令出米以供煮粥……地愈近则人愈少，食粥者与施粥者素相识面，彼既感德，此益乐于布德。"他认为这种方法对于激劝富民出粟救济很有好处，"岂惟殷实之民乐从乎，等而上之，或举监生员或士大夫，各量其终岁有余者，可给吾前后比邻之饥民，无不乐输于官。甚有富户，田连阡陌，合一二里饥民皆其佃户，岂容他人出米救济其佃户乎？"[③]显然袁、徐二人是十分推重社区救济的，认为其简便有效，特别是施与者的积极性容易被调动起来。

社区救济虽有诸多好处，但其本身也存有一定问题，明末的祁彪佳在其《救荒全书小序》中进行了分析。他首先对这种救济方法的兴起和益处发表了看法："救荒之惠欲其普，救荒之法欲其简。盖不简则不核，不核则富者规避，贫者冒滥，惠不普也。州邑民稠地广，稽劝难周，于是有里赈之法。"随后他指出："然里有大小、有贫富，画地而赈，则小者贫者饥民何赖焉？裒多益寡，通融搭附，要不失于从简之意而已。"[④]他认为，以里为单位"画地而赈"的问题有二，即里有大小、贫富之分，户数少且富民少的里，其饥民是难以获得救济的。他提出，在从简的原则下，适当打乱里的界限，互通有无，就更能收到好的效果。

祁彪佳在救荒问题上有许多很深刻的认识，上述对里赈的分析就是他人所未言的。除此外，他还对"专救"的主张加以重申。所谓"专救"，是指富民直接救济若干饥民，直到其脱离饥饿生死线。这个主张在祁彪佳之前就有人提出过，祁氏认为此法可行。他说："救荒者类普而赈贷之耳，然或资给于目前而

① 张萱：《西园闻见录》卷四〇《蠲赈前·前言》。
② 袁宗道：《捐赈二事策》，见《古今图书集成·经济汇编食货典》卷一〇三《荒政部艺文十》。
③ 徐显卿：《与李兵道论救荒书》，见《明经世文编》卷三九六，张萱：《西园闻见录》卷四〇。
④ 祁彪佳：《祁彪佳集》卷五《救荒全书小序·宏济章》。

匮乏于后日，是则中途弃之，似不救等耳。司成倪公乃立人救一命之说，自夏及秋，使必免于沟壑。夫使普救千万人而复捐委者，何如专救一二人而必使生全乎？”[①]专救的主张是明末才出现的，在当时并未产生很大的影响，但祁彪佳能敏感地注意到它，说明他对救荒问题的关注程度是十分深入的。

“专救”，这种完全基于道德准则和人文关怀的救济方式，在后世的扶贫救困中被广泛采用并演化为多种形式，而它之能在明后期出现，是个值得认真思考的事情。我们以为，它至少反映出当时在一部分人的思想里已经明确：衡量救荒效果的标准是保存了多少生命，它体现了救荒行为的真正价值。而这一点，我们认为是很有意义的。

在明后期，提倡宗族救济的人很多，在实际生活中也有很多实例。提倡者认为富有的人应追本思源，对本宗族的贫民实施救济，帮助他们度过难关。此种救济方法的提倡与实施，自北宋就开始了，在整个明代一直为人所称道，明后期，它作为“贫富相资”的一种具体形式，提倡者就更多。但明后期人们在主张宗族救济时，比之其他时期，理论上并没有什么特别的贡献，故在此就不展开叙述了。

关于明后期的“贫富相资”论及其影响下的救荒主张，有几个现象需要注意。

首先，“田主赈济佃户”的主张虽然以“贫富相资”为理论依据，但并不是等到贫富相资理论成熟之后才出现的。换言之，该主张是在贫富相资论出现的早期就提出了。如果单从思想或理论范畴而言，理解这种现象会很费周折，但如果从明后期特别是嘉靖以后救荒的社会背景下来理解，就很容易了。田主赈济佃户，讲的只是主佃之间的赈济关系，完全不涉及其他方面。我们知道，具有赈济力量和职责的另一个存在是官府，而这里却将官府排除在外，而这正是嘉靖以后提出田主赈济佃户主张的直接原因，亦即反对官府侵害田主（富民）的权益，减少官府救荒的弊端。明后期，官府荒政已经举步维艰，弊端百出，贫民难得实惠。作为掌握社会财富的主要人群，富民成为政府救荒的重要依靠力量，于是劝借、禁止富民收租等等政策纷纷出台，而官府胥吏的强迫、侵渔以及佃户的抗租等诸多现象伴之而生，从而给富民带来很大负担。我们注

① 祁彪佳：《祁彪佳集》卷五《救荒全书小序·宏济章》。

意到,无论是徐阶、唐鹤徵,还是其他持此论者,都提出田主赈济佃户的方法更有利于救济灾荒,徐阶说“不必糜帑藏,烦吏卒,而民可无失所”,唐鹤徵说“赈之难在开报之不公也,里胥之侵克也,守宰之烦苦也……惟业主之赈其佃仆则无是也”,为了强调此种赈济的覆盖能力,唐氏还特别说需要赈济的人都是佃户,“举佃仆而赈之,尽民矣”,这种赈济的范围可以使需要赈济者无遗漏,换言之,他们认为田主的赈济完全可以代替官府,富民具有一定的行使官府职责的能力。这表明,嘉靖以后人们提出“田主赈济佃户”,是一种在权益受到侵害时的无奈选择,目的是另辟蹊径,以田主的主动作为消除官府干涉,尽量保护自己的权益;同时,这也可以看作是富民欲图发挥救荒主动权的一种尝试。这就是说,救荒的现实背景,使他们选择了这样的救荒形式、提出了此种救荒的主张,而思想认识和理论的完善则是在实践中逐步完成的。①

其次,怀有贫富相资思想、提倡田主赈济佃户者,主要是南方特别是江南地区的地主士绅,而北方地区的地主士绅对此发表意见的很少。造成这种差别的原因,我们目前还不十分清楚。一些研究者认为,这与江南地区商品经济的发展和社会分工发达、资本主义萌芽的较早出现促使租佃制度、雇佣劳动制等生产关系的变化有关②。这是有道理的,佃户对于延续生产的重要性,在明后期已为江南地主所充分认识,解决佃户荒年的生活问题直接关系到田主的利益,陈继儒的“救荒之意,为田设也”,明确地阐述了这种思想。但这只是原因之一,此外应该还有其他原因,如官府对主佃关系的介入力度的加强,引起了田主的逆反心理,这是田主赈济佃户主张出现的重要背景,也是直接诱因。再如,江南地主士绅对政府荒政的失望,也导致了富民独自救荒意识的加强。另外,这一地区是思想活跃的地方,冲破传统束缚的意识相对较强,这一思想

---

① 关于晚明“田主赈济佃户”的救荒主张,可参考日本学者森正夫先生的《十六至十八世纪的荒政和地主佃户的关系》(见《日本学者研究中国史论著选译》第六卷,中华书局1993年版)。在文中他从阶级对立和阶级矛盾的角度,对此问题进行了深入的研究,指出:“这种集团抗租,指明了当时的阶级矛盾、阶级斗争的展开方向。乡绅、士大夫的救荒论,是根据对这一方向的认识而提出的;通过救荒论,可以清楚地看到当时的阶级矛盾,特别是作为基本矛盾的地主与佃户关系的特征。”

② 伍继涛、阎建新:《明后期江南地主救荒思想探源》,《华东师范大学学报》1988年第2期。文章云:“租佃制度的发展和变化,提高了佃户的地位和经济力量,削弱了他们对地主的封建依附,地主不可能再像过去那样,单纯凭政治的宗法的力量对农民进行剥夺,不得不更多地借助于经济手段。雇佣劳动制的发展更加强了这一趋势……这就促使江南地主在灾荒来临时,主动提出赈济自己的佃户,以此稳定主佃关系,维持现行的经济秩序。”

背景也会影响到救荒主张。

再次，倡导贫富相资、小范围救济的人，绝大多数并不是单纯主张这种救济方式，而是将其作为诸多救荒方法的一种。如徐阶在提出“使民自相恤”的同时，还提出“兴官籴”等建议①，再如陈继儒的《救荒条议》中，“田主赈佃户”只是改漕折、禁遏籴、平粜、散赈等方法中的一种②。可见，人们虽然坚信田主赈济佃户的实效，但他们并不认为此策可以作为唯一的救荒手段。

综而言之，这些关于富民救荒的思想主张，既是对传统救荒思想的继承，更是对传统思想的补充发展。如“田主赈济佃户”，是以生产关系来划定救济范围的一种形式，这种划定在明后期之前是没有的。明后期与“田主赈济佃户”同时流行的救荒主张如宗族救济、社区救济（里社赈济），或是按血缘关系，或是按地缘关系来划定救济范围，它们在明后期之前都可找到思想源头，但田主赈济佃户则不是这样。因此明后期的关于富民救荒的思想主张是很有价值的。

明后期关于富民救荒的种种思想和主张的出现，有富民维护自身利益、反对官府荒政腐败等直接原因。同时，农民在生产关系中的重要地位的逐渐被认识，也是这些思想主张的背景。

① 徐阶：《世经堂集》卷二二《复吕沃洲》。

② 陈继儒：《救荒条议》，见《古今图书集成·经济汇编·食货典》卷一一〇《荒政部杂录三》。

第六章

对明代卑幼人法律地位的考察

本章具体考察的是明代妇女、雇工人与奴婢的法律地位。

从20世纪80年代起，明代妇女逐渐受到更多学者的关注。研究的角度不同，根据的材料不同，关于明代妇女社会、法律的地位也有不同的结论。[①] 以明代妇女的财产权而论，邢铁、高崇认为"元明清时期妇女的继产权与宋代相比似不见有明显的增加或减弱"，并指出"妇女的继产权既不像希望享有的那样多，但也不像习惯所认为的那样少"[②]。白凯（Kathryn Bernhardt）在其 *Woman and Property in China：960—1949* 一书中，则认为明代初期，妇女在财产权上发生了至关重要的变化，相对于宋朝而言，从明初开始，妇女财产权受到很大的剥夺。另一方面，从明代中期开始，与对妇女贞节要求的强调相配合，法律对于妇女的财产权又有相应的保护和提高。[③] 阿风对明代妇女财产

---

① 可以参见邓前成：《明代妇女的贞节问题》（《四川师范大学学报》1989年第6期）；林时民：《对明代妇女贞节观念的若干思考》（《中华文化复兴月刊》19卷8期）；许周鹤：《论明清吴地妇女的经济地位》（《苏州大学学报》1993年第4期）；陈宝良：《明代中后期妇女解放思潮论纲》（《天府新论》1989年第1期）；藤新才：《明朝中后期妇女问题新识》（《西南师范大学学报》2000年第2期）；《从明律看封建家庭的夫妻关系》（《松辽学刊》1992年第4期）等文。

② 参见邢铁、高崇：《宋元明清的妇女继产权问题》，《河北师院学报》1996年第1期。

③ Kathryn Bernhardt, *Woman and Property in China, 960—1949*, Stanford University Press, 1999, pp. 3—4、47。此书中译本作《中国的妇女与财产：960—1949年》，上海书店2003年版，第3—4、47页。

权的考察更为具体。通过对明清时期徽州妇女在土地买卖中的权利与地位的讨论，他认为妇女的土地买卖行为一方面受到国家和宗族的承认，即妇女在财产处理中的权利受到一定的保护，同时，也仍以“主盟”的形式迎合法律与习惯的要求，即明代妇女在财产权上仍受到很大的限制。①

明代雇工人的法律地位在20世纪60年代初就曾得到深入关注。就法律条文的层面而言，雇工人亦良亦贱，处于凡人与奴婢之间的法律地位基本上成为学界共同的认识。② 但是“雇工人”这一概念的出现在历史上具有怎样的意义，在这一点上，学者各有说法。③ 这与如何确定明代“雇工人”一词的确切含义有直接的关系。万历十六年(1588)，根据都察院左都御史吴时来的提议，形成了明朝政府唯一有关雇工人的条例，这也是明政府唯一一次对雇工人所作的明确界定。由于对其他相关法律材料缺乏深入的挖掘，学者对明代“雇工人”一词的界定简单化为对万历十六年题例的诠释，并由此对万历十六年题例提出了不同的评价：或认为十六年的题例中，短工被赋予了凡人的地位，因此具有进步性；或认为十六年题例中将长工仍置于雇工人的地位，则认为十六年题例与社会现实不符，有主观阻止历史前进的意思。④ 因为对“雇工人”一词的概念仍然模糊，对万历十六年题例的评价似也不尽全面中肯。

明代后期的奴变问题曾一度成为学者讨论的热点。从对奴变原因的探求中，明代奴仆的社会地位得到了关注。⑤ 学者普遍认为奴仆的地位在明代是低下的，证据可归结如下：(1)奴仆均立有卖身契约，身份上首先与凡人不平等，而削籍十分困难；(2)他们不能与普通人通婚，法律与社会均不容许；(3)同

---

① 阿风：《明清时期徽州妇女在土地买卖中的权利与地位》，《历史研究》2000年第1期。

② 以周良霄《明律“雇工人”研究》(见《文史》第15辑)一文论证最为明确。

③ 参见周良霄：《明律“雇工人”研究》；欧阳凡修：《明清两代“雇工人”的法律地位问题》，见《新建设》1961年第4期；嵩峰：《明代的义男买卖与雇工人》，《山东大学学报》1988年第4期；田培栋：《关于明代后期“长工”的身份地位问题》，《北京师院学报》1982年第3期。

④ 分别参见周良霄：《明律“雇工人”研究》和田培栋：《关于明代后期“长工”的身份地位问题》。

⑤ 可参见谢国桢：《明季奴变考》，《清华学报》1925年2卷1期；《明清之际吴中的奴变》，《江苏研究》1936年2卷11期；《明清之际徽州奴变考》，《学风》1937年7卷5期。傅衣凌：《明季奴变史料拾补》，《协大学报》1949年第1期。吴晗：《明代的奴隶与奴变》，载《历史的镜子》，生活书店1946年版；《明末南方的“佃变”、“奴变”》，《历史研究》1975年第5期。韩大成：《明代的奴仆》，《历史论丛》第三辑，齐鲁书社1983年版。胡寄窗：《明代奴隶制度》，《新中华》(复刊)1948年6卷13期。南炳文：《从“三言”看明代的奴仆》，《历史研究》1985年第6期。吴振汉：《明代的主仆关系》，《食货月刊》1982年12卷4、5期；《明代奴仆生活概况——几个重要问题的探讨》，《史原》1982年12期。

等罪行下,法律对奴婢的处罚较凡人明显加重;(4)奴婢可以作为财产被主人处分;(5)奴婢的婚姻由主人主持;(6)奴仆没有独立的经济权;(7)奴仆子孙一般不能读书应试。但学者也认为,明代的奴仆与奴隶社会的奴隶是不同的,因为:(1)家主对奴仆不能惩治过重,杀死奴仆国家仍要追究刑事责任;(2)明代的主仆关系,在经济上是"相资相养",在伦理上则有"父子之义",加上明末"良知"之学的兴盛,也有学者认为"明代主仆关系的确有了极大的改善"。

以往关于明代妇女、雇工人与奴婢法律地位研究的价值不言而喻,但是,从以下几个方面看来,有关研究仍有待推进。首先,在资料的运用上,法律材料的挖掘利用相对不足。学者对《大明律》的关注和利用较多,对明代条例的关注明显不够;而较之法律条文,学者对法律具体实施的关注更少,对具体案例的关注更为欠缺。其次,基于资料等多方面的原因,以往对于明代妇女、雇工人与奴婢法律地位的表述相对笼统,缺乏深入的研究和具体的结论。从法律条文的比对中,妇女、雇工人与奴婢的地位较低这一点是比较明显的,但其表现和实施却远为复杂与生动,以往的研究对后者的深入似乎不够。还有,在社会历史不断变化发展的背景下,明代妇女、雇工人与奴婢的法律地位也有变化和发展。这在"雇工人"这一领域更为明显。以往研究在动态考察明代妇女、雇工人和奴婢中似有缺憾。

本章对明代卑幼人的研究主要依据明代的法律资料进行,具体包括三个部分:一,律与例。《大明律》作为根本大法,终明一代未有改变,而明代的条例则充分、及时地反映了时代的变化。通过对《大明律》与各条例的比对,通过各时期条例的比对,国家对妇女、雇工人与奴婢法律地位的规定可以有所反映。二,律注。明代的律注存世较多。律注注解律条,也是对现实法律关系的一种注解,而律注者本人的法律思想也可由此得到反映。通过律注,明代妇女、雇工人与奴婢的法律地位得到比较理性的体现。三,判牍。如果前面两种材料着重的是法律的规定,对判牍的研究则是基于对司法实践的关注。从判牍中,明代妇女、雇工人与奴婢的法律地位得到最为切实的反映,而律条落实的程度也由此可以得到明确的体现。明代现存判牍在区域上比较分散,时间上则比较集中,大致以万历以后为主。[①] 为了比较集中地说明问题,本章利用的判牍

① 参见〔日〕滨岛敦俊:《明代之判牍》一文,《中国史研究》1996 年第 1 期。

主要为反映松江府的《云间谳略》、宁波府的《折狱新语》和徽州府《纪谳语》[①]。

选取明代松江府、宁波府和徽州府的判牍资料，其目的与本章关注的重点有关：较之明初，明代中后期妇女、雇工人与奴婢的法律地位是否出现了变化，如果确实发生了变化，这些变化又是什么？基于中国地域之广阔，社会发展之不均衡，要从整体上描述这一发展过程具有相当的困难性。东南沿海一带经济文化的发展在明朝一直处于领先的地位，那么在法律关系中，在判牍集中，这样的领先地位是否也有相应的反映？

本章具体考察明代妇女、雇工人与奴婢的法律地位。如果以明代法律意义上的“凡人”为界限，法律地位较“凡人”高的属特权者，法律地位较“凡人”低的为权利被剥夺者，则明代妇女、雇工人与奴婢显然属于后者。在政治、经济以及社会风尚均发生明显变化的明代中后期，作为法律地位低于“凡人”的这些人，他们在明代法律的规定与实施中是否也曾发生变化，这些变化是什么，这样的变化又有怎样的法律与社会意义，这些是本章试图回答的问题。

本章以“卑幼人”为界定，将以上各种人作为一个群体进行考察，希望对其法律地位的共同特征作出相应的讨论与分析。明代法律关系中的“卑幼”概念未有确定的内涵。明人以“卑幼”与“尊长”或与“家长”相对，称“父辈曰尊，兄辈曰长，弟辈曰卑，子辈曰幼”[②]。但“尊长”的具体内涵不同，“卑幼”的指代也有相应的区别。[③]

“卑幼”与“尊长”的关系具有一定的相对性，但其法律地位的不同却有明确的规定。如《大明律·刑律》“尊长为人杀私和”条规定：“凡祖父母父母及夫若家长为人所杀而子孙妻妾奴婢雇工人私和者，杖一百，徒三年。期亲尊长被

---

① 徽州府《纪谳语》为明末徽州歙县知县傅岩所作《歙纪》之第九卷，已故明史专家周绍泉先生抄录并惠赠，特以注明，以表感激和哀思。

② 《大明律例据会细注》卷三《户律》“卑幼私擅用财”。高举：《大明律集解附例》卷四“户律”“卑幼私擅用财”条下，亦列“弟辈为卑，子辈为幼”之词，并注明是为“旧注”所云。

③ 如《大明律·名例》“称道士女冠”条规定，“凡称道士女冠者，僧尼同。若于其受业师，与伯叔父母同。其于弟子，与兄弟之子同”（本文引用之大明律均取自《明会典》，下文不再另注）。《大明律例据会细注》注解曰：“僧尼道士须亲授经教，方是弟子，若盗师则卑幼私擅用财”（《大明律例据会细注》卷一《名例》“称道士女冠”）。则师为尊长，徒为卑幼。又《户律》“尊卑为婚”条规定，“凡外姻有服尊属，卑幼共为婚姻及娶同母异父姊妹，若妻前夫之女者，各以奸论”。《细注》注解云，“尊属则外祖父母舅姨妻之父母也。卑幼则外侄外侄女外甥，外甥女外甥婿，外孙女婿也。此外不得混认”（《大明律例据会细注》卷之三《户律》“尊卑为婚”）。则外祖父母舅姨妻之父母与外侄外侄女外甥外甥女外甥婿外孙女婿形成对应的尊长与卑幼关系。

杀而卑幼私和者，杖八十，徒二年。大功以下各递减一等。其卑幼被杀而尊长私和者，杖八十。受财者计赃准窃盗论，从重科断。”卑幼人在法律中明显处于弱势的地位。

本章“卑幼人”的概念由此而来。妇女、雇工人与奴婢并不完全与“子辈”、“弟辈”等同。条文有时将“子孙”与“奴雇”并举，如《大明律·刑律》“发冢”条规定，其子孙弃毁祖父母父母及奴婢雇工人毁弃家长死尸者，斩。“若子孙于祖父母父母及奴婢、雇工人于家长坟墓薰狐狸者，杖一百；烧棺椁者杖一百，徒三年；烧尸者，绞。”至于妇女，在不同社会关系中，也并不限于“子辈”、“弟辈”的地位。但是，妇女、雇工人与奴婢仍可以成为明代卑幼人的代表。《大明律·刑律》“谋杀祖父母父母”规定，“凡（子孙）谋杀祖父母父母及期亲尊长外祖父母、夫、夫之祖父母、父母，已行者，皆斩。已杀者，皆凌迟处死。”“若奴婢及雇工人谋杀家长及家长之期亲、外祖父母若缌麻以上亲者，罪与子孙同。”明代律家高举纂注云：“盖奴婢雇工人虽无伦理而名分之重与子孙不异故也。”①相对于法律地位更高的男性和家长，明代妇女、雇工人、奴婢在法律地位上更具从属与低下的卑幼特征。

第一节　晚明妇女的法律地位

与雇工和奴婢相比，妇女的法律地位需要考察更多的问题，同为妇女，但妻妾有别，姑妇不同，在室女与出嫁妇也不完全一致。在本章关于明代妇女法律地位的讨论中，以上的差别会得到相应的关注，但是明代妇女的一般法律地位如何将是本章主要的考察对象。

一、奁约与选嗣

明代妇女的财产权主要仍在女子对父家财产的继承与孀妇对夫家财产的继承两个方面。

自唐以来，女子对父家财产的继承基本停留在以下两个方面。其一，以妆奁形式的分产。其二，以户绝女的身份对父家财产的继承。明初《大明令》规

① 高举：《大明律集解附例》卷一九。

定："凡户绝财产果无同宗应继者，所生亲女承分，无女者入官。"[①]基本是对历史的承继，终明一代，在法律层面上似未见变化。妆奁本是室女出嫁，父母给予的一种馈赠，并无法律上女子分产的意义，只是行之既久，成为分产的事实而已。正是因为妆奁本不是法律规定的女子应得财产，在父母过世，甚至在父母在世时，兄弟与姊妹之间为妆奁所起的财产纠纷十分频繁。明代也是如此。

值得注意的是，在明代中后期的一些案例中，在一些地区，关于妆奁，开始有"奁约"或相应的所谓"笔券"出现，更重要的是，"奁约"为官府所承认，并成为解决因妆奁而起的财产纠纷的关键证据。

《云间谳略》记载如下案例。上海华亭县监生王家齐在监，父王用卧病，妹与夫姜维熊往侍汤药。王用爱女德婿，于"前奁田外复立遗嘱另田三十亩与维熊"。后家齐归，"以遗嘱非父的笔，执父业子承之说谕佃户执租不吐"。甚至就此欲退其妹当年奁嫁之田。讼起。关于妆奁之田，官府断云："其前奁田，原有奁约可券，听维熊管业。"[②]因为王家齐之妹能够出示奁约，官府以此为依据，仍以妆奁归其妹所有。

而《折狱新语》则有相反的案例。浙江宁波府人傅尧都为已故阮圻之婿。为与阮圻之妾分争阮圻所留之财产，傅尧都以"奁田七十亩"告官。折狱人李清遂有问曰："夫所云奁田七十亩者，果系圻所与，将心与乎？抑口与乎？胡索其笔券而不得乎？"为此否定了傅尧都的诉求。[③]

尽管目前还未发现明代奁约的原件，对于在多大的范围或多大程度上，"奁约"或"笔券"有所行用也还是有待进一步研究的问题，但是这一时期，官府在解决有关妆奁的纠纷中，对"奁约"或相关文书的认同和依赖仍是值得注意的历史现象。一方面，以往在解决类似的纠纷中，官吏本身的意志甚至情感在其中起到很大的影响，对于"奁约"法律效力的认同，在一定程度上保证了或者限制了官吏意志的干扰。更重要的是，在"奁约"或相关文书的帮助下，妆奁可以成为女子的法定财产，受到法律的保护，不受兄弟或同宗族人的侵夺。

孀妇对夫家财产的继承更为复杂。《大明令》规定，"凡妇人夫亡无子守志者合承夫分，须凭族长择昭穆相当之人继嗣，其改嫁者，夫家财产及原有粧奁

---

① 《大明令·户令》，《皇明制书》本。

② 毛一鹭：《云间谳略》卷七"一件假盗扎诈事"。

③ 李清：《折狱新语》卷三《产业》"叛抄事"。

并听前夫之家为主。”又规定：“凡无子者，许令同宗昭穆相当之侄承继，先尽同父周亲，次及大功小功缌麻，如俱无，方许择立远房及同姓为嗣……并不许乞养异姓为嗣，以乱宗族。立同姓者亦不得尊卑失序，以乱昭穆。”白凯认为《大明令》以上的规定，限制了孀妇对夫家财产的继承权。她认为宋代孀妇对夫家财产的继承是直接的，而自明初详细并明确规定侄子承继之后，孀妇对夫家财产的继承只具有监护的性质，并不实质上拥有财产。另一方面，她认为宋代妇女在选嗣上有更大的自由，明初的规定使明代妇女在选嗣上受到很大的限制。①

但从实际情况看来，《大明令》的以上规定，在实施中有很大的弹性。至弘治十三年(1500)颁行之《问刑条例》，相关条例便有规定：“凡无子立嗣，除依律令外，若继子不得于所后之亲，听其告官别立。其或择立贤能，及所亲爱者，不许宗族指以次序告争，并官司受理。”②较之《大明令》，在选嗣的问题上，《条例》给了很大的自由。这一改变主要出于人情，以维持家庭的安定与和谐为宗旨。这一规定可能深得人心，一时立嗣之事大有偏离律令之势。故而就在《问刑条例》颁行之后不久，便有新例出台以作补救。新例称：“无子立嗣者，本为宗祀及终老之计。但近年以来，军民之家亦有不谙律例，妄择取立。合无通行内外衙门，凡无子立嗣，务要遵照律例，其间有择立贤能或亲爱者，亦要昭穆相当，伦序不失。”③至嘉靖间重修《问刑条例》，在弘治《问刑条例》相关规定的基础上，在“不许宗族指以次序告争”之前，特别加入了“若于昭穆伦序不失”一句，以作限定。此后，法律条文再未改变。在实施中，则多取协调或中庸之道。如李清《折狱新语》记载如下案例。胡氏在夫张世禄亡故之后，立子承嗣。张存睿为张世禄嫡侄，张存璐为张世禄堂侄。存睿不得于胡氏而存璐颇得胡氏之心，胡氏欲舍存睿而立存璐为嗣，讼遂起。张世禄之叔“诟谇及于胡氏，责其所立非次”。判官认为张世禄之叔“斯言是也”，但同时指出：“……试问存睿既立，而登堂拜母时，相见何颜，况又有存璐睥睨其侧？则内橐渐徙，而外情不

---

① Kathryn Bernhardt, *Woman and Property in China, 960—1949*, pp. 47—48.

② 白昂等编：《问刑条例》，《皇明制书》本。

③ 《大明律直引所附问刑条例和比附律条》，《户例》“立嫡子违法”。据杨一凡在《中国珍稀法律典籍集成》乙编第二册的“点校说明”，《大明律直引》所附问刑条例系“弘治《问刑条例》和弘治十三年后续定的例、《比附律条》混编而成。”

接，戈将日斗矣。”故判云：“两废不可，偏立亦不可。惟合存睿、存璐而兼存之，则亦古人立亲立爱之说也。”[①]是对上述法律条文较好的运用。

这一案例也充分体现出道德人情的因素对法律的影响。在妇女继产的问题上，这一特征十分明显。上文提到监生王家齐的案例。王家齐执父业子承之说，拒绝其父在奁田之外再拨田三十亩归其妹的遗命。法官并不对王家齐“父业子承”的法律根据进行批驳，只指出，“兄妹同胞，原非路人，父临没而妹氏代渠送终，即不有遗言，母氏无恙，命家齐以三十亩与亲妹，家齐能逆不与乎？即家齐念妹之代养，念妹之同根，不由父母之命，而割所有以遗亲妹，抑岂非常破格为天地间必无有之事乎，况父言在耳，家齐当从治命”，法官指责“家齐几无人道矣”。他要求家齐将三十亩田折银归其妹。[②]这样的现象在中国古代的司法中殊为常见。因此，总体而言，尽管妇女在法律明文的规定中，如财产权上，受到很大的限制，在司法实践中，未必就是事实。从形成于明代中后期的案例看来，这一点更为明显。

二、抑勒通奸与殴骂自尽

夫妇法律地位不平等，在中国古代确为事实，然国家法律在丈夫对妻子的权力上也有限制。如《大明律·户律》“典雇妻女”条规定：“凡将妻妾受财典雇与人为妻妾者，杖八十；典雇女者，杖六十。妇女不坐。若将妻妾妄作姊妹嫁人者，杖一百。妻妾杖八十。知而典娶者各与同罪，并离异，财礼入官。不知者不坐，追还财礼。”此虽以风化为考虑[③]，但其中对于妇女权利也有所顾及。雷梦麟《读律琐言》在该律文下有注释云：“典雇妻妾与人，是既已归其夫，又使其从人，是失节也，故杖八十。典雇女与人者，虽失其身，苟不归焉，犹可以从一而终也。”[④]则显然开始以妇女本身的损失为考虑。雷梦麟此说广为同时及以后的律家所转引。[⑤]

① 李清：《折狱新语》卷二《承袭》“抄寡事”。

② 毛一鹭：《云间谳略》卷七“一件假盗扎诈事”。

③ 常见的衙门公告格式如下：“若受财典雇，太伤风化之端。近访得所属州县有等丧心之徒，偶值饥寒所迫，不顾闺门之正，有将妻妾典雇与人而受财者，或将妻妾妄作姊妹而嫁与人者。若此颓风一倡，遂使伦理荡然，纲常扫地，可恶莫甚焉。若不严禁，深为华夏之羞。”见《刑台法律》所附告示格式。

④ 雷梦麟：《读律琐言》卷六《户律》“典雇妻女”。

⑤ 如陈省《大明律例附解》、王藻《大明律例附解》、苏茂相《大明律例临民宝镜》等在“典雇妻女”条下均引雷梦麟《读律琐言》之论。

又《大明律·刑律》"纵容妻妾犯奸"条规定:"凡纵容妻妾与人通奸,本夫奸夫奸妇各杖九十。抑勒妻妾及乞养女与人通奸者,本夫义父各杖一百,奸夫杖八十,妇女不坐。并离异归宗。若纵容抑勒亲女及子孙之妇妾与人通奸者,罪亦如之。"与《大明律》"典雇妻女"条相类。然"抑勒通奸"较"典雇"为重。

值得注意的是,明代前后期律家对该条之注释也有不同。成化间刊行,形成时间可能更早的张楷的《律条疏议》,在该条下有注云:"纵妇为奸者,本夫之情不异于奸夫奸妇,各杖为宜。逼勒成奸者,本妇之志被夺于本夫,奸妇不坐为当。"①只解释律条本身。而万历以后刊行的《大明律例据会细注》,对该条之注释则颇值得关注:"抑勒妻妾与人通奸,或因贫令妻妾卖奸度日,是夫自绝义,若奸夫奸妇有谋殴杀伤,并从凡论。"②雷梦麟《读律琐言》在《大明律》"出妻"条下指出,"夫妇之道,联之以恩,断之以义,待之以礼。三者备而后正始之道无愧焉"③。亦即,恩、义、礼存,夫妇之道存,妻妾自须尽妻妾之道,从属于其夫,但是,若夫抑勒妻妾与人通奸或卖奸,是夫绝义于妻妾,则夫妇之道不存,夫妻可以处于平等的法律地位,若妻妾与同奸者将夫或殴或杀,妻妾与奸夫均以一般身份的人受到惩治。妻妾对于丈夫的不平等法律地位具有相对性和条件性,在这里体现得十分明显。

《细注》关于"绝义"与"并从凡论"的观点以律文"离异归宗"为依据。然从律文"离异归宗"到律注之"自绝义"、"并从凡论",仍有因社会发展,司法实践相应予以调整的背景。嘉靖十四年(1535)刑部题准事例内一条指出:"近来内外问刑衙门遇有男女尊卑相犯,于律应离异者,不论其情犯关系比常深重,不拨于纲常名分已有统属,往往俱以凡人科断",为纲常计,要求天下问刑衙门,"各从本律科断,不得妄生异议,致罪有出入。其间或情犯稍有不同,而于法制似为太重,事变所遭或异,而于大分不甚有碍者,听各该原问衙门临时斟酌议拟奏请定夺"④。从刑部题准事例看来,一方面,在有关男女尊卑的案例中,"以凡人科断"的行用已经频繁;另一方面,尽管中央司法部分要求天下问刑官吏遵照成宪处理有关案例,同时,仍给予问刑官根据具体情况,酌情减轻处理的自由。

① 张楷:《律条疏议》卷二五。
② 不著撰人:《大明律例据会细注》卷一〇《刑律》"纵容妻妾犯奸"条下注。
③ 雷梦麟:《读律琐言》卷六《户律》"出妻"。
④ 《刑部事宜》卷一。

夫妻同居，因殴骂而导致对方自尽者，是比较常见的社会现象。一般而言，男子地位高，女子柔弱，夫殴骂妻自尽者更为频繁，故而《大明律·刑律》有“夫殴死有罪妻妾”的规定：“凡妻妾因殴骂夫之祖父母父母而夫擅杀死者，杖一百。若夫殴骂妻妾因而自尽身死者，勿论。”歙民程文汤女嫁黄四十，嫁一月即遭回禄，蓄豚又瘦，夫妇怨贫，未免归咎妇之时命。妻以为生不如死，遂自尽身亡。其父有告，不准。判词有云，“四十不能安贫，变起闺阁，稍儆”①。另一方面，《大明律·刑律》“妻妾殴夫”一条规定：“凡妻殴夫者，杖一百。夫愿离者听。至折伤以上各加凡斗伤三等，至笃疾者绞，死者斩。故杀者凌迟处死……过失杀者各勿论。”并不涉及因殴骂夫而致夫自尽者。律文“威逼人致死”一条也未涉及相关内容。雷梦麟《读律琐言》认为“律言威逼期亲尊长，不言子孙威逼祖父母父母，妻妾威逼夫之祖父母父母及夫，非故遗之也。诚以父为子纲，夫为妻纲，以祖父母父母及夫之尊于其子孙妻妾，殴之可也，出之可也，致之死可也，乃为其威逼死焉？尚可以为纲乎？且子孙之于祖父母父母，妻妾于夫及夫之祖父母父母，其事皆不得自专，曷因事而用威也。既无所因事，又威不能加于所尊，而谓之威逼可乎？此律之所不载也。”②

若雷梦麟解释是为事实，则社会的发展远出乎明初法律制定者之预料。就妻妾殴骂致夫自尽一节，嘉靖《刑部事宜》列举正德十二年以来的相关案例，如正德十二年(1517)二月，刑部云南清吏司犯妇汪氏打吓伊夫蒙章自尽，嘉靖八年(1529)十月，浙江清吏司犯妇聂氏殴打其夫刘恕自尽，嘉靖十四年(1535)福建清吏司犯妇叶氏逼打其夫李升投河等等，类似案件的发生似比较频繁。③

在所谓妻妾殴骂夫逼令自尽之罪名下，其具体情节差别很大。《大明律直引所附问刑条例和比附律条》之《刑例》有“人命”一条，规定，“妻将夫殴打，又行吓说，你每日将母打骂，我去告你，以致夫自缢身死，比依威逼期亲尊长致死者罪，绞。”则丈夫确有将母打骂情况，有畏罪自尽的嫌疑。故而类似案件在法司定罪之后，均须奏请皇帝定夺，经多官会审定罪处置。嘉靖间，则以比威逼期亲尊长致死定绞上请者多。嘉靖十四年间，犯妇薛氏因事生忿，既肆骂凌逼其夫毕奉，又持泼将其殴伤，致令其夫当夜自缢身死。法司官对此案件定罪奏

---

① 傅岩：《歙纪》卷九《纪谳语》。
② 雷梦麟：《读律琐言》卷一九。
③ 可参见《刑部事宜》该部分所列相关案件。

请中，指出，妻“殴骂夫，逼令自尽身死，虽与殴死者法难例论，又与殴至笃疾者情更不同。既不可与常人并论，又无正律可拟。惟此，依威逼期亲尊长致死之律，庶于情法为称，所以自来问刑衙门凡遇此等人犯，俱比依前律问拟”[①]。

明代一部分律家对妻妾殴骂致夫自尽而比依威逼期亲尊长致死条有定罪过轻之看法。如《琐言》认为，妻于夫有三年之服，以威逼期亲尊长律处绞，“要皆不察人字之义”。他们认为妻妾殴骂致夫自尽应该比殴律处斩。[②] 也有律家对此抱苟且的态度，曰：“近时议者皆以妻妾威逼夫死比期亲尊长，夫虽三年之服，然律文止于期亲尊长，故他无可比，比此亦不为失。”[③]实际操作中，类似案件上请之时，一方面，多因“情可矜疑”，另一方面也怜及匹夫之愚无知也，相关案件减轻处置的情况较多。对于上文提到的薛氏案例，圣旨仍认为“这犯妇比附律条太重”。嘉靖十六年(1537)，法司再次上奏，圣旨云：“你每议的是。今后凡妻妾殴骂夫因而自尽身死者，竟坐绞。会审之日奏请，不用比律，著为令。”此事收录于《嘉靖新例》之《刑例》部分[④]，但并未被收入于稍后修订之《重修问刑条例》。《重修问刑条例》一条规定，凡子孙威逼祖父母、父母，妻妾威逼夫之祖父母、父母致死者，俱比依殴者律，奏请定夺。并不涉及妻妾威逼夫自尽。[⑤]

嘉靖年间关于妻妾殴骂致夫自尽案件的处理，反映出朝廷和司法官吏在这一事件中的矛盾态度。从伦理纲常的角度，或以律文所设定的夫妻的法律关系而言，夫妻关系远非卑幼与期亲尊长的关系可比，若子孙威逼祖父母、父母，妻妾威逼夫之祖父母、父母致死者，俱比依殴者律，奏请定夺，则妻妾殴骂威逼夫自尽身死者，亦应比殴者律，加重处置。比依期亲尊长处置此类案件，与伦理的要求不合，定罪量刑上也有过轻的嫌疑，这是律家不满的地方，可能也是嘉靖间一度取消“比律”的原因。然在司法实践中，妻妾对于丈夫的法律从属关系并不与伦理纲常要求的相对应。律家虽然不满，终未提出要以殴者律对待；在上请的案例中，朝廷甚至还指出，即便按比依威逼期亲尊长，仍属处

① 《刑部事宜》一卷。
② 雷梦麟：《读律琐言》卷一九。
③ 王藻：《大明律例附解》卷一九引《管见》所注。
④ 参见《嘉靖新例·刑例》“妻妾殴夫”。
⑤ 顾应祥等编：嘉靖《重修问刑条例》。

置过重的事例。妻妾殴骂威逼丈夫自尽身死，定绞刑上请，已是极致，不能按照伦理的要求再作更动。《大明律例据会细注》在律文“威逼人致死”条下注云：“妻妾嫌夫贫窭，时常打骂，或诬夫不孝，致夫自尽，引例比绞。”①实际上，嘉靖十六年(1537)“著为令”的规定仍在实施之中，但它终究没有进入《重修问刑条例》，似官方仍无彻底承认司法事实的勇气。

三、告诉

与前后朝代相同，明代也以法律的形式限制妇女的告诉权。一方面，洪武元年颁行之《大明令》即有如下规定：“凡妇人……一应婚姻田土家财等事不许出官告状，必须代告。若夫亡无子方许出官理对，或身受损害，无人为代告，许令告诉。”②洪武三十年(1397)《大明律》重申此事，规定：“其年八十以上，十岁以下及笃疾者，若妇人，除谋反叛逆子孙不孝或己身及同居之内为人盗诈侵夺财产及杀伤之类，听告。余并不得告。官司受而为理者，笞五十。”③此外，《大明律·刑律》“干名犯义”一条规定：“凡子孙告祖父母父母，妻妾告夫及夫之祖父母父母者，杖一百，徒三年。但诬告者，绞。”限制妻妾对夫及夫之尊长的告诉权。此律文的例外是“其告谋反大逆谋叛窝藏奸细及嫡母继母慈母所生母杀其父，若所养父母杀其所生父母及被期亲以下尊长侵夺财产或殴伤其身，应自理诉者，并听告，不在干名犯义之限。”

从《纪谳语》与《云间谳略》的记录看来，明朝有关妇女诉讼权的限制基本在执行之中。首先，妇女告诉者相对数量小。《纪谳语》共收录154个案例，其中妇女告者只有8条。同样，《云间谳略》所见七卷173件案例中，妇女告者也仅为8件。另外，妇女告者，其诉由相对集中。从《纪谳语》与《云间谳略》所收录的案例看来，大致包括以下几个方面：其一，告儿不孝。如《纪谳语》第23条妇女汪阿程讼子之不养，35条方阿卜讼子不孝。其二，夫为人杀害。如《云间谳略》周氏告杀夫事④，《纪谳语》139条重喜告官索夫事。其三，子为人杀害。如《纪谳语》104条，玉老雇佣于人而病亡，玉老母告官。其四，孤寡之妇女告

① 不著撰人：《大明律例据会细注》卷八。

② 《大明令·刑令》。

③ 《大明律·刑律》“见禁囚不得告举他事”。

④ 毛一鹭：《云间谳略》卷一“一件杀夫事”。

争财产。如《云间谳略》吴氏之告争财产[1],《云间谳略》告妇张氏护产事[2]。

然而,在法律规定的范围之内,具体实施中的情况也颇值得关注。比如讼子不孝一事。妇女讼子孙不孝,为法律所允许,此法律条文的设定,本为伦理计,然明代妇女利用法律规定,为自身争取权利的情况发生十分频繁。以上述方阿卜为例。方阿卜为方七老继母。在亲叔方至正的安排下,七老已将生母汪氏原奁产百金之内割三分之一为继母养送之资,法司认为已经"克尽子道",然方阿卜仍讼七老于官。法司责备方阿卜,云"女流妄谓不孝二字,可以恃而无恐"。从此责备中,可见当时妇女讼子孙不孝一事与法律修订本意的违背。类似情况在弘治以前大约就有频繁出现,因此,在弘治十三年(1500)颁行之《问刑条例》中,即有如下的条例形成:"继母告子不孝,及伯叔父母兄姊伯叔祖、同堂伯叔父母兄姊奏告弟侄人等打骂者,俱行拘四邻亲族人等,审勘是实,依律问断。若有诬枉,即与辩理。果有显迹伤痕,输情服罪者,不必行勘。"[3]与以后方阿卜事可以互为印证。

其次,即使夫死而有子,或一子亡而有余子在者,妇女在告官中仍具有特别的地位。歙民方文潢之弟文津受佣于族人方佛等,津坠江死,其母已经讼佛于休宁,并归供结案。而文潢复"以母名驾词讼"无涉之方喜寿。法司指出文潢"挟母捏诬,姑念无知,拟杖"[4]。文潢本可直接告官,然则须以母名驾词讼者,则说明母在类似案件中的特别地位。至于妇女讼夫之命也有类似的情况。华亭县告妇曹氏之夫杨鸿为罢吏胡应忠致伤而死。杨鸿二子各有所求,一子杨寿"苦称父由病死,曾扶其母告免检";另一子杨天则"苦称父由殴死,又屡扶其母告亟检",法司不满兄弟矛盾之态,然在结案中,"杨天、曹氏亦愿以埋葬卒事"的态度显然占有很大的分量。[5]

孤寡容易为族人或乡邻侵害,故法律对夫亡无子或子弱孙幼之妇女予以告诉之权。从所见的相关案例来看,一方面,固然有受害而起讼词者,如告妇

① 毛一鹭:《云间谳略》卷二"一件为剿杀事"。
② 毛一鹭:《云间谳略》卷九"一件劫烧事"。
③ 白昂等编:弘治《问刑条例》。
④ 傅岩:《歙纪》卷九《纪谳语》。
⑤ 毛一鹭:《云间谳略》卷四"一件买和人命事"。

吴氏,受族人悍仆之欺凌而有告官之举。[①] 另一方面,也由此可见一些较为极端的事例。如松江府黄鲫生前曾卖田于乔宦,后乔宦又将田转卖给大成,大成又转卖于唐模辑,其间田易数人,时过十年,而"鲫妻薛氏一旦挈幼孙黄恩以劓杀鸣府",法司也认为告诉本身"于理于法俱左"[②]。又如告妇张氏,夫死子亡,唯余二幼孙。夫之侄孙吴芳觊觎家产,也是事实,然并无侵凌实据。张氏之仆误以牛践吴芳之禾,受芳等笞责。"氏遂以劓寡鸣县",县未结案,芳又与氏寻隙,"偶张氏厨灶失火,延烧数椽,遂以烧抢赴控"[③]。李清《折狱新语》也记载如下案例:宁波府妇人火氏,卖小屋四间于尹静与陈吾道,火氏以得价不足,迭告不休。李清称"府、厅两署,皆其叫噪之场矣……今审明后,火氏犹匍匐李署,叫号不置"。李清认为,若尹静与陈吾道"复以火济火,恐雌焰以煽而炽矣",故"合于尹静名下,姑断银一两与之"。李清解释曰:"盖钱有流泉之义,其象为水,或以沃火氏之烈焰,而止其燎原,未可知也。"[④]

大致说来,女子告父、妻妾告夫的情况比较少见;此外,夫在,妻告者比较少见。但是,若从以上各方面的案例看来,明代妇女似已在一定程度上拓展了自己告诉的权利。

同时,尽管在绝对数量上,妇女告者仍占少数,从明初以来,妇女介入讼事的总体数量可能处于不断的增长中。弘治《问刑条例》中形成两条条例,涉及妇女讼事。其中一条规定:"军民人等干己词讼,若无故不行亲赍,并隐下壮丁,故令老幼残疾妇女家人抱赍奏诉者,俱各立案不行,仍提本身或壮丁问罪。"又一条规定:"各处军民,奏诉冤枉事情,若曾经巡按御史、布按二司官问理,及法司查有原行见监重囚,或在配所拘役等项,令家人抱赍奏告者,免其问罪,给引照回。其被人诬枉重情,见监未结,法司查无原行者,并军役户婚田土等项干己事情曾经上司断结不明,或亲身及令家人老幼妇女抱赍奏告者,各问罪,给引照回,奏词转行原籍官司,候人到提问。"[⑤]

此后,地方也多有类似的禁约告示。如《云间谳略》所收"禁牵告妇女约"

---

① 毛一鹭:《云间谳略》卷二"一件为劓害事"。

② 毛一鹭:《云间谳略》卷二"一件为天诛三害事"。

③ 毛一鹭:《云间谳略》卷九"一件劫烧事"。

④ 李清:《折狱新语》卷三《产业》"茕冤事"。

⑤ 白昂等编:《问刑条例》。

一则云："近见奸棍或借孀妇出告为奇货，或箝闺女词内为诈局。非驾言孤寡被吞，即耸告淫污不俭。"禁约规定："今后除奸拐重情外，凡孀妇不得已讼事许令亲属代投代诉，凡词内牵及妇女概不准提。如各棍仍蹈前辙，唆妇女者与告妇女者一概反坐，仍枷号痛责以惩薄恶。"①

关于律文"干名犯义"一条中特殊设定的对于妻妾告诉权的限制，律家指出其原因为，"卑幼于长，义当恭顺，纵有过恶，非所宜言。故情亲者告，即杖徒，诬即处绞。情疏者告，即坐杖，诬亦减科"。然"谋反重情，为国除患；父母被害，为己报仇。或被尊长侵财，或殴本身成疾，皆听自告，不在干名，以其不得已也"②。关于一般设定的对妇女告诉权的限制，律家大多认为其原因在于，老弱病残者不得加刑，妇女则于法犯徒流，却止杖一百。"恃赎而告他人，恐有害人之意，故非重不理。此律所以为防人心之具也。"③

这中间隐含了妇女见识浅短、容易为奸棍等利用的意思。有律家也指出这一点，在律文"见禁囚不得告举他事"条下注云："盖患其智昏识浅，或缘罪得勿论而受人教令故诬平人也。"④故而在妇女有于理于法均有不合之告诉时，法司常常归咎于不明事理或不法之奸棍。如上述方阿卜告子不孝，法司认为是"无情之词"，并就此而认为必是其亲子方善老之意。又如上述告已卖十年之田之薛氏，法司也认为"非氏本意，则姚德与黄希孟挑之也"。为此，无论是条例还是禁约，在妇女告诉一事上，均重点惩治男子对妇女的利用，或挑或诱或挟妇女告事。在所有告事之妇女中，可能也不乏受男子之挑之诱之挟的情况，若说明代告事之妇女均受了男子之挑唆诱挟，当也不是事实。而国家三令五申禁止妇女以各种原因介入讼事，却也从另一方面透露出明代中期以后妇女在讼事及告诉中比较频繁的信息。

四、特殊刑名与独坐夫男

上述"禁牵告妇女约"禁止奸棍牵告妇女，"致使幼妇弱女箕踞公庭，遭稠众之捱挤，受舆皂之呵斥，妇德阃范废弃尽矣"，反映出明代法司官吏对于介入

① 毛一鹭：《云间谳略》卷一〇。

② 张楷：《律条疏议》卷二二"干名犯义"。

③ 张楷：《律条疏议》卷二二"见禁囚不得告举他事"。雷梦麟《读律琐言》、陈省《大明律例附解》、王藻《大明律例附解》、不著撰人《大明律例据会细注》、苏茂相《临民宝镜》等均有类似的看法。

④ 不著撰人：《大明律疏附例》卷二二《刑律》"见禁囚不得告举他事"下注。

讼事之妇女的一种态度。尽管禁约最后仍落实到妇德阃范，然从言辞中体现出为妇女生理特征考虑的对妇女的保护观念。禁约提到"幼妇弱女"，是为证明。《大明律》中，针对妇女而设定的一部分特殊刑名正由此而来。

这些特殊刑名包括：(1)与男性之老幼废疾者一起，法律给予犯罪妇女更多赎免的机会。《大明律·名例》"工乐户及妇人犯罪"条规定："其妇人犯罪应决杖者，奸罪去衣受刑，余罪单衣决罚，皆免刺字。若犯徒流者，决杖一百，余罪收赎。"《读律琐言》注释该条云："妇人应徒流者，不任徒役之事，亦决杖一百，余罪收赎。"[①]《大明律》所定赎刑范围仍属较窄，除了犯奸之妇女，法律认为不须再惜其廉耻，至去衣决罚外，其余罪行的惩治中，均考虑到了妇女的特殊性。(2)针对女性的生理特征，限制监禁和在监禁中设定相应的保护措施。(3)对犯罪妇女之刑讯与执行时间设立一定的限制。《大明律·刑律》"妇人犯罪"条规定："凡妇人犯罪，除犯奸及死罪收禁外，其余杂犯责付本夫收管。如无夫者，责付有服亲属邻里保管，随衙听候，不许一概监禁，违者，笞四十。若妇人怀孕犯罪应拷决者，依上保管，皆待产后一百日拷决，若未产而拷决因而堕胎者，官吏减凡斗伤罪三等，致死者杖一百徒三年。产限未满而拷决者减一等。若犯死罪，听令稳婆入禁看视，亦听产后百日乃行刑，未产而决者杖八十，产讫限未满而决者杖七十。其过限不决者杖六十。失者各减三等。"

另一方面，所谓"幼妇弱女"也不单指妇女的生理特征，很大程度上是对妇女的智力、见识和法律能力的评判。《大明律》在设定特殊刑名的同时，多处设置"独坐夫男"，是以以上对妇女的认识为背景的。

"独坐夫男"是指妇人犯罪，由家中的夫即丈夫或男即儿子，即成年男子来承担法律责任。如《大明律·户律》"盐法"条规定，"凡妇人有犯私盐，若夫在家，或子知情，罪坐夫男；虽有夫而远出，或有子幼弱，罪坐本妇。"又如《大明律·礼律》"亵渎神明"条规定："凡私家告天拜斗焚烧夜香燃点天灯七灯亵渎神明者，杖八十。妇女有犯，罪坐家长。""若有官及军民之家纵令妻女于寺观神庙烧香者，笞四十，罪坐夫男，无夫男者，罪坐本妇。"

律家注解也不讳言。何广《律解辩疑》在上述《户律》"盐法"条下有议曰：若夫在家，虽不知情，亦合坐罪。若无夫，有子知情者，罪坐其子；不知情及幼

---

① 雷梦麟：《读律琐言》卷一。

弱者，不坐。又曰：妇人犯私盐，何独坐其夫男？心有疑而未明。解曰：妇人有三从之道：在家从父，适人从夫，夫死从子。既嫁而无夫男者，坐于本妇。虽有夫之伯叔之类，律条不载。及妇人入寺观烧香，亦如之。[①] 在上述《大明律·礼律》"亵渎神明"条下，张楷《律条疏议》"谨详律意"也认为："天地列宿神明，皆非私家所奉，妇女有犯此罪，必是家长纵容。""若妻女烧香寺观，非教令亦是纵容，罪坐夫男。非累及也。"[②]《刑台法律》在同条下也明确指出："妇女无知，识事由家长，故罪也。"[③]

从明代中期开始，《大明律》所设以上针对妇女的两个方面的内容均有一定程度的变化。

随着明代赎刑行用范围的扩大，妇女犯罪赎免的机会多于律文之规定。弘治《问刑条例》一条规定：妇人有犯奸盗不孝并审无力，与乐妇各依律决罚。其余有犯笞杖并徒流杂犯死罪，该决杖一百者，审有力，与命妇军职正妻，俱令纳钞。关于监禁及执行，似也更为正规。《大明律例据会细注》提到，"凡审有罪妇人，必先问其有无身孕"，并补充律文云：未产而拷决不堕胎，产限未满而绝不至死，并依不应，杖[④]。似可见一斑。

更值得关注的是"独坐夫男"的发展。一方面，在明代的中后期，妇人犯罪而夫男受惩的案例仍比较常见。如《纪谳语》记载，歙民汪六寿远出多年，家人以为病没，其母遂将其妻嫁人，登鲜嫂为媒。后六寿归，起讼。虽六寿妇之嫁由其母也，相关之人仍有惩治，登鲜嫂不明真相辄为媒妁，本身无惩治记录，其夫程守"纵妻朦妁"，得杖[⑤]。又如潘继文之兄继武为人佣贩而亡，其母兴词诈财。"（继）文虽以词非己出为解，彼妇人岂能工两造哉？亦应为母坐惩。"[⑥]律家还指出："招内人犯至二三人以上者，须以罪重者一人为招首……妇女与男人共犯，妇女之罪虽重，犹不得为招首，先男而后女也。"[⑦]

但与此同时，律家也开始专门指出，"独坐夫男"并不是绝对的、普遍的、无

---

① 何广：《律解辩疑》卷八《户律·盐法》条下注。

② 张楷：《律条疏议》卷一一。

③ 《刑台法律》卷一一。

④ 不著撰人：《大明律例据会细注》卷一一《刑律》"妇人犯罪"。

⑤ 傅岩：《歙纪》卷九《纪谳语》。

⑥ 同上。

⑦ 雷梦麟：《读律琐言》附录"招议之式"。

条件的。

首先，若夫男不知情，或子幼弱，是否“独坐夫男”可酌情考虑。苏茂相《临民宝镜》在《户律·盐法》条下注云，夫虽不知情，亦合坐罪，子不知情，则不坐。子幼弱，矜其无知，亦止坐本妇。① 弘治《问刑条例》一条规定：凡将妻妾作姊妹，及将拐带不明妇女或将亲女并居丧姊妹，嫁卖与人作妻妾使女名色，骗财之后，设词托故，公然领去；或瞰起程，中途聚众行凶，邀抢人财者，除真犯死罪外，其余属军卫者发边卫充军，属有司者发口外为民。媒人知情罪同。若妇人有犯，罪坐夫男。若不知情及无夫男者，止坐本妇，照常发落。

其次，《大明律例据会细注》明确指出，“凡称罪坐夫男，必律有明言方可，无则不可妄坐”②。将“独坐夫男”限制在律例规定的范围之内。同时，在《刑律》“妇人犯罪”条下，律家又特别指出不能“独坐夫男”的一些事例，例如：“妇人犯奸并违法为婚，各有正条外，其余与男夫同犯，妇人虽尊长亦独坐男子。若同男夫侵盗诈骗等项有赃及杀侵人曾下手，仍以凡人首从论。”③

《大明律》有关妇女的条目共计约 27 条，经过将近二百年的发展，到万历《问刑条例》，有新例出现的条目仅有 9 条，其中修改 5 条，新增 4 条。从法律条文的层面上看，到明代中后期，明初确定的妇女法律地位的基本格局没有改变。相对于男子，妇女在法律上仍明显处于从属的地位，唐氏与邻人顾魁奸而杀死亲夫，仍被凌迟处死④。法律文书中，如“故妇人之四德，以顺德为先，而女子之三从，惟从夫最重”也仍是基本的用词⑤。甚至，《大明律·刑律》“妻妾殴夫”条规定：妻妾与夫，“过失杀者各勿论”。《读律琐言》注解曰：“过失杀者，如夫过失杀妻妾，妻过失杀妾与妻妾过失杀伤夫，各勿论。一则其分尊，在所当原；一则其情亲，则所当矜也。”⑥然《大明律例据会细注》却指出：“妻妾过失杀伤夫，《指南》、《管见》俱比过失杀伤父母，似不可依。近来多比殴期亲尊长条，各减本杀罪二等上请。《法家裒集》改依过失杀人准卑幼殴杀尊长斩罪收

① 苏茂相：《大明律例临民宝镜》卷三。
② 不著撰人：《大明律例据会细注》卷四《户律》“盐法”。
③ 不著撰人：《大明律例据会细注》卷一一《刑律》“妇人犯罪”。
④ 毛一鹭：《云间谳略》卷八“一件地方人命事”。
⑤ 《刑台法律》卷二〇。
⑥ 雷梦麟：《读律琐言》卷二〇所录“妻妾殴夫”判语一则。

赎，于为得中也。”[①]

但是，或者零星或者个别，或者微弱甚至模糊，在明代中后期，妇女的法律地位仍可看出上述几个方面的变化。奁约的出现，选嗣方面的一定自由度，给予妇女在继产或财产权上一定的有利地位。在禁止丈夫抑勒妻妾通奸，和妻妾殴骂丈夫致其自尽的问题上，均涉及妻妾与丈夫的法律关系。明代中后期法司在以上两个问题中的态度表明这一时期妻妾与夫从属法律关系的相对性，妻妾与夫的法律关系与伦理的要求存在距离这一点也比较明显。妇女的告诉权虽然在条文中没有根本的变化，但明代中后期的妇女也在一定程度上利用了法律为自身谋求权利，而且法司予以容忍。从妇女的生理特征出发，《大明律》为妇女设置的特殊刑名在明代中期大致得到了比较好的实施。然以妇女法律能力较低为出发点的特殊条文，如“独坐夫男”则在明代中后期逐渐出现更多限制，即妇女为自己法律行为负责的机会较明初增加了。

第二节　明代的雇工人

本节对雇工人问题的讨论将集中在以下两个方面，其一，雇工人的内涵。其二，雇工人法律地位的变化。

一、“雇工人”：对万历十六年新题例的再认识

明人称：“归惯听赎曰典；计佣受值曰雇。”[②]雇倩或雇佣，在明朝以前已是常见的社会现象。元刊本《新编事文类要启札青钱》“公私必用”类目下已经列有“雇女子书式”、“雇小厮契式”、“雇脚夫契式”等。[③]《大明令》中“户令”下一条称，“凡民年八十之上，止有一子，若系有田产应当差役者，许令雇人代替出官，无田产者，许存侍丁，与免杂役”[④]，亦取此意。但“雇工人”与一般雇倩佣工之人并不完全等同。“雇倩人是临行用财雇之，非本家雇工人。”[⑤]“雇工人”

---

① 不著撰人：《大明律例据会细注》卷八。

② 不著撰人：《大明律例据会细注》卷三《户律》“典雇妻女”。

③ 《新编事文类要启札青钱》卷一一“公私必用”，日本古典研究会本，第755—757页。

④ 《大明令·户令》。

⑤ 苏茂相：《大明律例临民宝镜》卷一〇《刑律》“死囚令人自杀”。

作为特定的词汇，在明以前甚至明初的一段时间内似未有行用。[①] 但在洪武中期的律文中，有关雇工人的条目基本成形[②]，洪武三十年(1397)最后修订之律文中，雇工人条目更为规范。如《大明律·名例》"亲属相为容隐"条规定："凡同居若大功以上亲及外祖父母外孙妻之父母女若孙之妇，夫之兄弟及兄弟妻有罪，相为容隐。奴婢雇工人为家长隐者，皆勿论。若漏泄其事及通报消息致令罪人隐匿逃避者，亦不坐。"又如《大明律·刑律》"发冢"条规定："其子孙毁弃祖父母父母及奴婢雇工人毁弃家长死尸者，斩。""若子孙于祖父母父母及奴婢、雇工人于家长坟墓熏狐狸者，杖一百；烧棺椁者杖一百，徒三年；烧尸者，绞。"

律家以"本家雇工人"与一般雇倩之人相对，所谓"本家雇工人"就是指上述法律条文中出现的与"家长"相对应的雇工人而言，但是律文"雇工人"到底指代或包括哪些人，他们具有怎样的共同特征，明代律文律注仍未有进一步的明确表述。如律家高举只说"若雇倩佣工之人，与奴婢终身服役者不同，而与良善等辈之人亦异"[③]等等。

"雇工人"一词的内涵因此一直比较模糊，可以说律文所说"雇工人"这一概念从明初以来就一直是不明确的。由此导致司法实践中颇多的纷乱。雷梦麟《读律琐言》在《户律》"立嫡子违法"条下注解曰：庶民之家当自服勤劳，若有存养奴婢者杖一百，即放从良。庶民之家不许存养奴婢则有官者而上皆所不禁矣。故律言奴婢殴家长，奴婢为家长首，冒认他人奴婢，岂尽为功臣之家言哉？但功臣之家有给赐者，而有官者皆自存养耳。问刑者每于奴婢之罪，遂引

① 就笔者所见而言，"雇工人"一词在明以前的文献中几乎不见。明初颁行之《大明令》中也还未见"雇工人"一词。比如"刑令"下关于同居亲属相互容隐一条，《大明令》中的规定为："凡同居大功以上亲及外祖父母、外孙，若孙之妇、夫之兄弟及兄弟妻有罪，许相容隐。或奴婢为本使者，亦勿论。其小功以下相隐，减凡人三等。犯谋反、恶逆，不用此令。"乃改《唐律》相关条目之"部曲奴婢"为"奴婢"。关于"同居亲属相互容隐"的律文，在洪武六年，曾有修改，但修改以后的条文仍未出现"雇工人"的字样。可参见《明太祖实录》卷八四。就亲属相互容隐一条而言，目前所见最早的律文为洪武十九年序刊本，何广的《律解辨疑》，其《名例》"亲属相为容隐"条下有注问曰："家长为奴婢、雇工人隐否？解曰：奴婢、雇工人为家长隐，家长不为奴婢、雇工人隐者，为贱隶者也。"

② 从以上关于亲属相为容隐的条目中，可以看出洪武中期的律条中，似已经出现有关"雇工人"的条目，只是目前所见《律解辨疑》，其律文并不全录，因此其相关内容不能与洪武三十年律进行比较。

③ 高举：《大明律集解附例》卷二〇《刑律》"良贱相殴"。

雇工人科之，误矣。[①] 万历年间，上海县乡民顾良携妻投巨室庄英“为仆”，“其意本欲借室家图温饱耳”，未料庄英悦其妻，并据为己有，又借他事残害顾良至于双目失明。判牍云：“查律殴雇工人至笃疾，罪止于徒，以此罪英，尚不足酬惨毒之十一，姑念法无可加，再断英出银十两，助良再娶，并断田十亩给良出姓过活。”[②]这在司法实践中可能是普遍存在的。为此，廓清雇工人的内涵，界定其具体所指，一直是明代法司的重要任务。经过逐渐的发展变化，其努力首先在弘治《问刑条例》中得到了体现，弘治《问刑条例》一条规定：“义父母殴杀故杀义子者，若过房在十五岁以下，曾蒙恩养；或十六岁以上，曾分有财产、配有室家者，依殴杀乞养异姓子孙律坐罪。若过房虽在十五岁以下，恩养未久；或十六以上，不曾分有财产、配有室家者，依故杀雇工人律坐罪。其告义男夫妇殴骂者，行勘明白，亦依前拟岁数，若曾蒙恩养及分有财产、配有室家者，取问如律。若恩养未久，及不曾分有财产、配有室家者，俱依雇工人殴骂家长律坐罪。”[③]在此基础上，嘉靖重修《问刑条例》进行了修订：“凡义子过房，在十五岁以下，恩养年久；或十六岁以上，曾分有财，配有室家，若于义父母、及义父之祖父母、父母，有犯殴骂侵盗恐吓诈欺诬告等项，即同子孙取问如律。若义父母及义父之祖父母、父母殴杀故杀者，并以殴杀故杀乞养异姓子孙论。若过房虽在十五以下，恩养未久；或在十六以上，不曾分有财产，配有室家，及于义父之期亲，并外祖父母有违犯者，并以雇工人论。义子之妇，亦依前拟岁数，如律科断。其义子后因本宗绝嗣，或应继军伍等项，有故归宗，而义父母与义父之祖父母、父母，无义绝之状，原分家产，原配妻室，不曾拘留，遇有违犯，仍以雇工人论。若犯义绝，及夺其财产妻室，与其余亲属，不分义绝与否，并同凡人论。”[④]至万历十六年(1588)，又有著名的吴时来新题例颁行，该条例规定：“今后官民之家凡倩工作之人，立有文券，议有年限者，以雇工人论；止是短雇日月，受值不多，以凡论；其财买义男，如恩养年久，配有室家者，照例同子孙论；如恩养未久，不曾配合者，士庶之家依雇工人论，缙绅之家比照奴婢律论。”[⑤]

① 雷梦麟：《读律琐言》卷四《户律》“立嫡子违法”。

② 毛一鹭：《云间谳略》卷一“一件露抢事”。

③ 白昂等编：弘治《问刑条例》211条。

④ 顾应祥等编：嘉靖重修《问刑条例》302条。

⑤ 姚思仁：《大明律集解附例》卷四《户律》“立嫡子违法”条下所附。

在社会不断发展变化的要求下,条例是对《大明律》相关条文的重要补充。有关“雇工人”的条目,《问刑条例》三次修订,有所增修的就是以上三个条目。这三个条目实际均不涉及雇工人的法律地位,而都在厘清雇工人的概念。

具体而言,弘治《问刑条例》首先将义男中过房在十五以下,恩养未久和十六以上,不曾分有财产,配有室家者,归入雇工人的范畴。至嘉靖条例,则在此基础上,将以下一部分义男也包括在雇工人的范围之内:其义子后因本宗绝嗣,或应继军伍等项,有故归宗,而义父母与义父之祖父母、父母无义绝之状,原分家产,原配妻室,不曾拘留,遇有违犯,仍以雇工人论。万历十六年条例与前弘治、嘉靖问刑条例一脉相承,但对“雇工人”的概念界定更为明确。首先,一般雇倩工作之人与“雇工人”的区别得到了法律的明确规定;另一方面,在弘治、嘉靖条例的基础上,对划入雇工人之内的义男再作了界定。至万历十六年新题例的规定,明初以来一直比较模糊的“雇工人”概念已经比较清楚,它具体指代的主要有两部分人:其一为一般雇倩佣工人中立有文券,议有年限者,另一部分则为士庶之家恩养未久未曾配有室家的义男。《大明律例临民宝镜》在吴时来题定之例下注云:“立有文券,议有年限者,谚云长工也;止是短雇者,佣工也。财买义男照义子过房在十五岁以下例引断。”①大致就是这个意思。

立有文券是指雇工人与家长之间写定一种书契。文券的格式大致如下:

> 立雇约人某都某人,今因生意无活,自情托中帮到某都某名下替身农工一年,议定工银若干。言约朝夕勤谨,照管田园,不懒惰。主家杂色器皿,不敢疏失。其银归按季支取,不致欠少。如有荒失,照数扣算。风水不虞,此系天命。存照。②

文券议定年限,一方面说明雇倩之人对于家长的义务,比如上文所言“朝夕勤谨,照管田园,不懒惰。主家杂色器皿,不敢疏失”。另一方面也要说明家长对于雇倩之人的责任,包括工钱及其支取方式,以及“风水不虞,此系天命”。

这样的书契是雇倩之人成为雇工人的标志,也是司法实践中确定施害人或受害者是否为雇工人的证据。比如《纪谳语》记载如下案例:歙民胡大谦受雇于姑苏程正伦,四月辞回,五月暴亡于途。坊里呈鸣,本县亲简。地方备棺

① 苏茂相:《大明律例临民宝镜》卷二《户律》“立嫡子违法”。

② 徐三省:《世事通考》,转引自张传玺主编:《中国历代契约会编考释》,第1096页。

盛垫。谦母以命讼,判牍称,“雇有契,报验有人”,谋杀之词过矣。同书又载,歙人潘继武领潘嗣辉银往闽贩苏木等,道殁。弟继文在外,其母兴词,谓武系合本。判牍云,辉能出武手帐并雇工券,而文无有据。由此认定“此徽俗雇工陨身诈钱惯套也”。所谓“契”、“雇工券”均指雇工人与家长之间签订之文券而言。

雇工人支取工钱,在议定之年限内,依属于家长,为家长劳作,由家长提供饭食。明末宁波府乡民高四先因“餬口不给,曾佣雇杨三家”,汲水落井。判牍云:“夫四一赤手穷民耳!其佣于杨三也,绝其乳哺,立刻饿煞。”[①]同时,雇工人本身似不能置办产业。下文提到嘉靖间著名的卢柟案中,王隆先为卢柟雇工人,为因左手病疮甚,卢柟谓王隆曰:“汝之病殆不可事事,给汝直,复若业,何如?”王隆曰“诺”,遂由张杲代替了王隆。[②] 又如《纪谳语》中,金阳老佣于吴生员段铺,然向无立锥,自此私置有田屋。会计之日,亏吴生员本百余金。吴访其族,始知其置产之过。阳老恨金四高多嘴,由此遂起讼事。

义男在历史上由来已久。义男与义父母之间关系特别[③]。义男中恩养未久,未曾配有室家者,以雇工人论,其原因大致在两个方面。其一,恩养未久,未曾配有室家,则义男与义父母之间恩义尚浅,不足构成尊长与子孙的关系。另一方面则与儒家的道德传统有一定的关系。“恩养年久义子配有室家者,于家长妻殴则依义子,奸则依雇工人,因无子奸母之律也。”[④]

在以上各条件成立的情况下,在司法实践中均可以以“雇工人”处之,尽管其具体指代时会各各不同。比如上述雇工人王隆被卢柟又称为“佣工人”,上文《大明律例临民宝镜》中又称为“长年”。海瑞《备忘集》“吴吉祥人命参语”记载,建德县民吴吉祥与“义父”吴湘、堂叔吴镧各居另食,吉祥投吴湘家“佣工”,

---

① 李清:《折狱新语》卷四“一件真命事”。参看华东政法学院法律古籍整理研究所:《折狱新语注释》,第212页。

② 卢柟:《蠛蠓集》卷一“上魏安峰明府辨冤书”。

③ 明朝末年宁波府,王炀为王荣义男,王恩为王荣继子。因荣分产不均,王炀与王恩子起讼。判牍云:“夫世所谓继子者,生安知怀橘为何物,死安知刻木为何形?想口不祷松鹤,而心欲咒菌蟒,惟耽耽于一块土之人掌耳!若义子者,虽曰寄生,不作飞花,故为之父若母,反有飞鸟依人,人自怜之之意。而未可曰彼视予犹父也,予不得视彼犹子也。荣之厚界英、杰,无乃为是乎?”见李清:《折狱新语》卷二“一件占产事”。

④ 苏茂相:《大明律例临民宝镜》卷九《刑律》“奴及雇工人奸家长妻”。

打死吴镧，问拟吉祥“雇工人殴小功亲死者斩”①。如此等等。

历来学者对万历年间刑部尚书吴时来的十六年新题例多有关注，对其历史意义多有纷争，但如果从雇工人条例的发展脉络来看，题例之性质与上述弘治、嘉靖条例并没有根本的区别。一部分学者因为吴时来条例将“短雇日月，受值不多”的雇倩之人排除在雇工人的范围之外，因此认定条例具有进步性，但若从义男的角度而言，若将本条例与嘉靖条例对照，则一部分雇工人因此条例而在法律上形同奴婢。“义子于义母可依雇工人奸家长妻，义父妾减一等，还须查新例，分别缙绅士庶之家论拟。”②此其一。另一方面，吴时来上述题例题定于万历十六年正月二十二日，而从姚思仁《大明律集解附例》所附万历十三年(1585)以后的新题例看来，万历十六年正月二十二日题定事例还包括了《刑律》“强盗”下一条，“窃盗”下一条，“谋杀祖父母父母”下一条，“斗殴及故杀人”下一条，“伪造印信历日等”下一条等等。目的均在于使条文设置更为细密，从而使司法实践中的量刑更具合理性。“雇工人”条例的设定显然也具有同样的特征。

二、雇工人法律地位的变化

尽管万历十六年题例并不具有如一些学者所认为的重要历史意义，“雇工人”概念的廓清本身仍具有重要的法律意义：这是明初《大明律》确定以来，雇工人法律地位发生变化的一个重要方面。

其原因在于，正如上文所说，雇工人是一个流动的群体，而不是固定的一个阶层。因而，他们的法律地位也是不确定或绝对的。一方面，雇工人的法律地位低于凡人，此“凡人”只局限在此雇工人所属的“家长”，而不是泛泛的凡人，除去家长以外，雇工人与凡人处于相同的法律地位。因此法律条文中，雇工人犯罪之处罚均与家长相对而言。如《大明律·刑律》“奴婢殴家长”条规定：“若雇工人殴家长及家长之期亲若外祖父母者，杖一百徒三年，伤者，杖一百，流三千里。折伤者绞，死者斩。故杀者，凌迟处死。过失杀伤者各减本杀伤罪二等。殴家长之缌麻亲杖八十，小功杖九十，大功杖一百。伤重至内损吐血以上，缌麻小功加凡人罪一等，大功加二等。死者各斩。”“若家长及家长之

① 海瑞：《备忘集》卷二“吴吉祥人命参语”。

② 不著撰人：《大明律例据会细注》卷一〇《刑律》“亲属相奸”。

期亲若外祖父母殴雇工人非折伤勿论，至折伤以上减凡人三等，因而致死者杖一百徒三年，故杀者绞。若（奴婢雇工人）违犯教令而依法决罚邂逅致死及过失杀者各勿论。”另一方面，雇佣之人与雇佣者之间只有符合上述确定的条件，彼此之间才形成法律意义上的“雇工人”与“家长”的关系，才由此而形成相对于家长而言的雇工人法律地位的低下，否则雇佣之人仍不属“雇工人”，其法律地位也不发生相应的变化。

从弘治《问刑条例》以来，新例不断廓清“雇工人”的概念。这些条例的出台保证了将明代的“雇工人”只限定在一定的范围之内，也保证了将雇工人的法律地位限定在一定的前提条件之下。从某种程度上说，这是对雇工人法律权利的一种保护。反映在司法实践中，犯罪者或受害者本身是否为雇佣之人并不重要，重要的是他与相应的受害者或加害者是否构成雇工人与家长的关系。在明代中后期，这一点似已成为司法之常识。

嘉靖年间著名的卢柟案中，学士卢柟之雇工人王隆左手病疮甚，于是以张杲代隆，后张杲盗场麦，卢柟告官后张杲出逃，为蹋房扑死。杲母讼官，称被卢柟打死。审判定罪的核心就在张杲为谁的雇工人，是卢柟还是王隆的雇工人。如果是卢柟的雇工人，家长打死雇工人，卢柟罪不至死，如果是王隆的雇工人，则卢柟与张杲属凡人相殴至死，卢柟则有抵命之罪。于是，“夫张杲一人也，在前卷为王隆雇工，樊公为卢柟雇工，殷公复作王隆雇工，及柟奏辩，张公询得其情，仍作卢柟雇工，而翁公复改作王隆雇工”。政治的倾轧，人情的关系，法律的公正与否，最后均落实在张杲与卢柟是否构成雇工人与家长的关系。蒋知县以张杲为王隆雇工以陷害卢柟，樊公以张杲为卢柟雇工，则定卢柟之罪为“家长殴雇工人至死应徒”。卢柟之狱最后在知县陆光祖任上得到平反，罪名为非故意殴死雇工人论徒，定罪之根据仍在确定张杲为卢柟雇工人。①

另外值得指出的是，在社会的层面上，雇工人之地位仍然较低，在用词中将雇工人与奴仆混为一谈仍是常见的现象。上述吴吉祥殴杀人命，建德知县问拟吴吉祥“雇工人殴小功亲死者斩”。死者之子仍鸣告不已，参语认为告者“止是不欲吉祥贱人抵伊父命，故牵扯吴湘不肯休歇”。因而感叹“不告奴仆而

① 卢柟：《蠛蠓集》卷一“上魏安峰明府辩冤书”；亦可参见李洵：《说“卢柟之狱”》，《史学集刊》1994年第3期。

诬指主人以求抵敌，今日人情之常"[1]。但在法律的层面上，却是另外的情形。首先，在明初确定的律条中，针对同一家长，针对同种罪行，雇工人与奴婢所受的惩治或轻重有别，如《大明律·刑律》"干名犯义"条规定："若奴婢告家长及家长缌麻以上亲者，与子孙卑幼罪同。若雇工人告家长及家长之亲者，各减奴婢罪一等。诬告者不减。其祖父母、父母、外祖父母诬告子孙、外孙、子孙之妇妾及己之妾若奴婢及雇工人者，各勿论。"或相提并论，如《大明律·刑律》"奴及雇工人奸家长妻"规定：凡奴及雇工人奸家长妻女者，各斩。若奸家长之期亲若期亲之妻者，绞。妇女减一等。若奸家长之缌麻以上亲及缌麻以上亲之妻者，各杖一百流二千里，强者斩。妾各减一等，强者亦斩。然至明代中后期，从各律注看来，各律家已经普遍认为雇工人与奴婢之法律地位的不同。如雷梦麟《读律琐言》注解《刑律》"干名犯义"条云："雇工人又减奴婢之罪一等，为其义稍轻也。诬告者各不减，以其情可恶也。"[2]高举也认为："若雇工人终系异姓，与奴婢为有间矣。故(雇工人)告家长及家长缌麻以上亲得实者，各减奴婢罪一等。"[3]

而若比较明前后期律家对《大明律·刑律》"奴及雇工人奸家长妻"一条的注释，则雇工人法律地位的变化也有反映。张楷《律条疏议》在此条下"谨详律意"云："以贱淫贵，以奴忝良，于情至污，在事极丑，故家长之至亲、期亲必加绞斩，缌功之属，和亦坐流。妾和虽减等就徒，强者亦处死不贷。在此之名分虽异，在彼之犯上则同也。"[4]强调基于伦理尊卑而来的重刑。而明末《大明律例据会细注》该条下注则云："奴雇之于家长分为甚严，而相聚事使恐易溷亵，故重以防闲之。若家长及家之期功以下亲奸奴雇妻者，未免挟狎，律无著罪，合依不应杖，不可引例。"[5]似着重点有所转变。

与明代妇女一样，明代的雇工人，如果单从法律层面而言，其法律地位在明代后期发生的变化并不明显。但是，从弘治《问刑条例》开始，法司努力于雇

① 海瑞：《备忘集》卷二"吴吉祥人命参语"。

② 雷梦麟：《读律琐言》卷二〇《刑律》"干名犯义"。

③ 高举：《大明律集解附例》卷二二。

④ 张楷：《律条疏议》卷二五《刑律》"奴及雇工人奸家长妻"。

⑤ 《大明律例据会细注》卷一〇《刑律》"奴及雇工人奸家长妻"。《大明律例临民宝镜》卷九有类似之注，唯"故重以防闲之"，"重"作"重法"。

工人概念的廓清，这一过程一直到万历十六年还有记录。概念的廓清对于雇工人法律地位而言具有重要的意义，《大明律》所规定的雇工人“亦良亦贱”的身分随着雇工人概念的廓清更加明确，雇工人卑下的法律地位的暂时性和相对性也得到了更好的体现。

第三节 明代奴婢的法律地位

一、明代的奴婢

明代，《大明律》“立嫡子违法”条规定：“若庶民之家，存养奴婢者，杖一百，即放从良。”律家解释如下：“庶民下贱，本当服勤致力不得存养奴婢，惟功臣家有之。庶人而存留畜养是僭分矣，故杖一百，其存养男女即放从良。此别贵贱之等，是皆正伦理厚风俗而窒乱源，律所以为垂世立教之书也。”①但也不尽然。高举在《大明律》“良贱为婚姻”一条下还有说明：“按，奴婢或以律有发付功臣家为奴之文，遂谓非功臣之家不得有奴婢，则此条似专为公侯家设也。不知立嫡子违法条内明开庶民之家存养奴婢者杖一百，是止禁庶民家不得有奴婢矣。言庶民则有官者不禁矣。使止许公侯家有之，则律中称凡存养奴婢者杖一百何也？或明言非公侯之家亦可也，而何专言庶民耶？盖功臣与官员家俱得存养奴婢，律言给付功臣家为奴者，详其文，籍没子女无所着落，故钦给功臣家耳。详见《文献通考》。今问刑者每遇奴婢殴家长之类，辄舍正律乃引用雇工人律，亦舛矣。”②实际上，律文规定的功臣之家和官员之家，自然蓄有奴婢，而从判牍看来，广大庶民之家存养、买卖奴婢的现象十分普遍，在《纪谳语》、《折狱新语》、《云间谳略》等各判牍集中，奴仆无论作为原告和被告，其出现都甚为频繁。

明代奴婢形成的主要途径是买卖，或卖男女或卖己身，或全家投靠，其根据则是文券。明人徐三省《世事通考》“文约类”中，奴婢买卖的格式如下：

卖男契书格式

某都某人，今亲生男立名某，年登几岁。为因家贫，日食无借，或因欠

---

① 高举：《大明律集解附例》卷四《户律》“立嫡子违法”。

② 高举：《大明律集解附例》卷六《户律》“良贱为婚姻”。

少官粮,情愿托中引到某宝(家),得酎(酬)劳银若干。立契之日,一并交足。本男即听银主抚养成人,与伊婚娶,终身使用。朝夕务要勤谨,不敢睬闪懒惰。如有此色出,自某支当,跟寻道还。倘有不虞,系即己命。本男的系亲生,并无重宜(叠)、来历不明等事。今欲有凭,立文契并本男手印为照。①

现存买卖奴婢的文书也有较多的发现。如嘉靖三十年(1551)徽州胡音十卖儿婚书,其文如下:

立卖婚书十二都住人胡音十,今因缺食,夫妇商议,自情愿将男懒囝,乳名昭法,命系辛丑年三月十五日申时,凭媒浼中出卖与家主汪名下为仆,三面议作财礼银叁两伍钱整。其银当日收足。其男成人,日后听从家主婚配,永远子孙听家主呼唤使用,不得生心异变。如有等情,听从家主呈公理治。恐后无凭,立此卖男婚书存照。

长命富贵,

婚书大吉。

嘉靖三十年二月三十日立婚书人胡音十(押)书

媒人胡永道(押)

中见人汪玄寿(押)②

契书说明买卖所得银两,仆人与家主的关系与义务等。如所卖男属幼男,主家就需为之婚配;如系成人,主家要为其提供宿食等。仆人则须尽心伺候家主。文契与双方是否落实文契说明之义务是司法断案中确定双方是否构成家主与仆人关系的关键。

松江府唐元为曹榴妻侄,榴先投靠韩廷咸故父韩春元,唐元倚榴存活,亦归韩氏家有年,遂"即未卖身为仆,而依庇宇下,居然笼中物耳"。后唐元生子四人,能以力农自活,廷咸固不即收为奴,隐隐欲寄一空名为爪牙相制之计。唐元携子远窜,"盖不欲以身傍曹榴致冒奴名耳"。廷咸告捕急,唐元自经死。唐元与韩廷咸之间是否存在仆主关系?官府有如下分析:"夫元与廷咸有主仆

① 徐三省《世事通考》,转引自张传玺主编:《中国历代契约会编考释》,北京大学出版社 1995 年版,第 1011 页。

② 原件藏安徽省博物馆,转引自张传玺主编:《中国历代契约会编考释》,北京大学出版社 1995 年版,第 823 页。

之分，则以曹榴之故，而元固非榴子也。夫元为榴子，则为廷咸奴；元不为榴子，又安得终为廷咸奴。且唐元租廷咸之田则偿租米，住廷咸之房则出赁钱，俱有付度可券。真为奴者，固如是耶？”尽管判牍仍称唐元一案，“终难以凡人威逼律论，唯断令唐伸兄弟归宗自立，免追埋葬”①，但官府对于奴仆之界定是值得关注的。

尽管律文有限制庶民之家蓄奴的规定，到明代中后期，功臣官民之家所蓄奴仆总体数量大，而且形式、名称也因此而趋于复杂。《大明律》有关奴婢本身的法律条文没有变化，条例增修的部分数量也小，但仍有一定程度的反映。如《大明律·刑律》“盗贼窝主”一条本不及奴婢人的内容②，弘治《问刑条例》初立例，规定：“各处大户家人佃仆，结构为盗，杀官劫库，劫狱放火，许大户随即送官追问。若大户知情故纵，除真犯死罪外，其徒流杖罪及窝贼三名以上，属军卫者发边卫，属有司者发附近，各充军。”又一条规定：“皇亲功臣管庄家仆佃户人等，勾引外处来历不明之人，窝藏为盗，坐家分赃者，问发边卫充军。其该管家长参究治罪。”嘉靖、万历《问刑条例》在此基础上又作了修订。③ 可是，反映在司法实践上，《纪谳语》所录 154 个案例中，以奴仆事起讼，或奴仆直接成为告人或被告的就达 24 个；《云间谳略》现存 173 个案例中，则达到 42 个。

二、“良贱有别”

比较而言，在本文关注的各卑幼人中，奴婢的身份变化较小，其“贱”的特征一直明显并得到不断的强调。

首先，奴主之间同罪异罚现象仍然明显。《大明律·刑律》“谋杀祖父母父母”条规定：“凡（子孙）谋杀祖父母、父母及期亲尊长，外祖父母，夫，夫之祖父

① 毛一鹭：《云间谳略》卷九“一件人命事”。

② 《大明律》该条规定，凡强盗窝主造意，身虽不行，但分赃者，斩。若不行又不分赃者，杖一百，流三千里。共谋者，行而不分赃及分赃而不行皆斩；若不行又不分赃者杖一百。窃盗窝主造意，身虽不行但分赃者为首论；若不行又不分赃者为从论。以临时主意上盗者为首，其为从者，行而不分赃及分赃而不行，仍为从论。若不行又不分赃者笞四十。若本不同谋，相遇共盗，以临时主意上盗者为首，余为从论。其知人略卖准窃盗为从论，免刺。若知强窃盗赃而故买者，计所买物坐赃论，知而寄藏者减一等。各罪止杖一百。其不知情，误买及受寄者，俱不坐。

③ 嘉靖重修《问刑条例》第 279 条同 187 条，唯去“窝贼三名以上”字样。280 条同 188 条，唯在“皇亲功臣管庄家仆佃户人等”后加“及诸色军民大户”，“窝藏”后加“强盗二名以上，窃盗五名以上”，“问发边卫充军”后改为“若有造意共谋之情者，各依律从重科断。干碍勋戚参究治罪”。万历《问刑条例》273、274 条同嘉靖重修《问刑条例》。

母、父母，已行者，皆斩。已杀者，皆凌迟处死。”“若奴婢及雇工人谋杀家长及家长之期亲、外祖父母若缌麻以上亲者，罪与子孙同。”又《大明律·刑律》“杀子孙及奴婢图赖人”条规定：“凡祖父母、父母故杀子孙及家长故杀奴婢图赖人者，杖七十徒一年半。若子孙将已死祖父母、父母，奴婢、雇工人将家长身尸图赖人者，杖一百，徒三年；期亲尊长，杖八十，徒二年；大功、小功、缌麻各递减一等。”以上规定仍在明代中后期的司法实践中行用。万历年间，松江府路允直奴阿继以主酷打难堪，与路伊之仆设计将家主杀死。遂定阿继凌迟处死，路伊之仆潘阿计斩。判牍云：“二凶一磔一斩，庶谢允直幽魂于冥冥也。”[①]明末歙县，乡民项棨等颇为不法事，族之封君多有戒谕。棨遂起杀心，持斧入封君家，不得封君，杀封君之仆德端。凶器等一应可证。判牍云：棨“自无逃于故杀之律，尚呶呶以主仆为辞。按其族谱，棨与德端之主枝派分于永乐年间，历十五世，名分虽存，袒免服尽，以良贱律，殴他人奴婢坐绞，信为不枉。况诛其意，实欲推刃封君，端以卫主罹厄者乎？”[②]两相比较，同罪异罚明显。

良贱的观念在婚姻和两性关系中体现尤为突出。《大明律·户律》“良贱为婚姻”一条规定：“凡家长与奴娶良人女为妻者，杖八十。女家减一等。不知者不坐。其奴自取者，罪亦如之。家长知情者减二等，因而入籍为婢者，杖一百。若妄以奴婢为良人而与良人为夫妻者，杖九十，各离异改正。”

甚至，即便奴婢从良，律家仍有贱之之意。《大明律例据会细注》注上条律文云：婢放从良后而娶为妻问不应杖离[③]。范永銮，正德九年进士，在《大明律》户律“娶亲属妻妾”条下，他注解曰：“婢虽经放从良，终系贱隶，娶为妻者，坐不应离之。”[④]至于《大明律·刑律》“良贱相奸”一条，律家在注解中表达更为明确。该条律文规定：“凡奴奸良人妇女者，加凡奸罪一等，良人奸他人婢者减一等，奴婢相奸者，以凡奸论。”张楷“谨详律意”云：“贱而加贵，法必倍于常人，贵若污贱，是非出其同类，二贱相与，非辱非凌，坐以凡奸，亦本制也。”[⑤]雷梦麟《读律琐言》亦云：“奴奸良人妇女者，加凡奸一等，犯良为僭故重之也。良

① 毛一鹭：《云间谳略》卷九“一件地方事”。

② 傅岩：《歙纪》卷九《纪谳语》。

③ 《大明律例据会细注》卷三《户律》“良贱为婚姻”。

④ 范永銮：《大明律》卷六。

⑤ 张楷：《律条疏议》卷二五。

人奸他人婢减凡奸一等，从贱为辱，故矜之也。”[①]高举《大明律集解附例》纂注：“男女相奸，均为有罪，而良之于贱，尊卑不同，故以奴而奸良人妇女者加凡奸一等，以良人奸他人婢者，减凡奸一等，贵贱之别也。奴之于婢，本同等类，故自相奸者，以凡奸论。”[②]《大明律例据会细注》也说：“奴犯良为僭而良妇不能自惜，故加重；良从贱为辱，而奴非良比，故减轻。”“若他人奴有故归宗或自居，犯奸良人即从凡论，不可加等。”[③]可见其基调一直没有变化。

此种观念也深入司法实践。赵相为王氏仆，马骥幼时，“属赵相，卵翼如己子”。后赵相从嫁，骥虽逡巡出姓，官府认为“骥与王门虽无主仆实据，然良贱供案定矣”。以后马骥欲谋娶王门之女婉姐，官府认为这是“欲借秦晋以盖腥膻之气”，并指出假令王女琬姐尚在，自当勒骥吐退另配名门，今幸琬姐已死。骥谋未谐。判牍虽然也认为马骥与王氏不存在仆主关系，但仍断“第追出庚帖付王门之达者，俾知骥所自出，且令骥与王永不得讲婚姻之好耳”[④]。

主仆之分在司法中多有影响。歙县汪志、梅黑铁等“皆人奴，而村落之蟊贼也”，多行不义，判牍云：“五犯于该图枷示满日，与窝卖之金郎冬、元各杖责，令自立保守地方干结，并着家主收领，嗣后凡遇失盗，即拘追究，仍出示通知。”[⑤]松江府钱奉山、陆少庄之奴王郗四、梅二参与强盗，判牍云其主“盗情虽与无干，而蓄养凶奴驯至为盗，且先事不闻禁缉，事后不闻首发”，钱奉山与陆少庄均被断出银两给予苦主，并受杖惩。[⑥] 松江府徐曾孙不满仆徐有成卖己生事，令仆洪训、文华治之，致令双瞽。判牍云曾孙刻薄少恩，为“念系主仆之分，而惨酷异常之事又实系凶奴下手，姑以不应拟罪，仍请薄饬，以全朝廷恩典”。并指出“倘不逞者再摭旧事以讼故主，则三尺固难贷耳”[⑦]。

三、奴婢法律地位的变化

恩义是奴仆与家主关系存在的主要前提之一，恩义存则家主与奴仆的关系存，恩义绝则奴仆在司法中可以等同于凡人。恩义绝包括很多方面。明代

---

① 雷梦麟：《读律琐言》卷二五。
② 高举：《大明律集解附例》卷二五。
③ 不著撰人：《大明律例据会细注》卷一〇。
④ 毛一鹭：《云间谳略》卷三“一件玷官炙诈事”。
⑤ 傅岩：《歙纪》卷九《纪谳语》。
⑥ 毛一鹭：《云间谳略》卷二“一件为急救劫杀事”。
⑦ 毛一鹭：《云间谳略》卷九“一件杀命事”。

中期以后，奴婢在家长之间的买卖频繁，家长若卖奴婢，奴婢与旧家长之间恩义绝，彼此之间有犯，则同凡论。何广《律解辩疑》在《刑律》"妻妾骂故夫父母"一条下，设置问答如下：问曰奴婢骂旧家长者，以凡人论，何也？答曰奴婢者，贱隶驱使之役也。主使奴婢不(服)，又才卖与他人为奴婢，此恩绝义断。若有相骂旧家长，故以凡人论。① 杨信之伯祖杨鳌为朱门老仆，有田房少许而无子，杨信父嗣之，杨信假田房，又以已实非杨鳌之后，渐萌跋扈之意。朱方遂"以信夫妻四口并田房尽鬻于王登"，登知前情，止受所鬻田房，而听信自出姓归宗。朱方见此，又勒杨信身价银十金。于是起讼。判牍云："今信既不帖然为役，则朱方夺其所有而鬻之，亦人情耳。第既已鬻其田房，则不应并鬻其家口。既已转鬻于王登，则不应复索勒于杨信。信业不有其田房，则且不有鳌，又安得有朱氏乎？奈何方既鬻之而又迫令自赎耶？原勒身价十两宜断还杨信。"②

或出居。家长与奴仆之间恩义关系的表现之一是经济与生活上的相依。家长给奴仆提供衣食等经济的扶持，如果家长将奴仆逐出，或奴仆出居在外自存，亦属恩义相绝之内容。何广《律解辩疑》在《刑律》"谋杀故夫父母"条下议曰，律设大法，理顺人情。谓将奴婢逐出，或转卖与人为子孙，即放从良，难同在家谋杀家长之律，故"以凡人论"。③ 雷梦麟《读律琐言》在《刑律》"妻妾殴故夫父母"一条下也有注解曰："子孙之妇妾原有伦理者，夫亡改嫁伦理犹存，故与舅姑同。奴婢原无伦理，徒以义聚者，出居在外则义绝矣，故以凡论。"④高举纂注亦云："奴婢与家长合则有恩，散则无义，故相殴者，并以凡人论。"⑤松江府杨应龙幼时为陈应元抱养婚娶成立，后应元立嗣陈九德，应龙遣出自活。嗣后"情断义绝，绝不往来，至应元物故而应龙既不奔丧，又过门而抗母龚氏，致氏令九德控之嘉定，坐杖结案"⑥。判牍称双方属于义绝。又徐傅为蔡岩继子，后蔡岩复立犹子蔡言为承祧，傅退田归宗。徐傅即属出居在外⑦。

---

① 何广：《律解辩疑》卷二一。
② 毛一鹭：《云间谳略》卷七"一件叛剿异变事"。
③ 何广：《律解辩疑》卷一九。
④ 雷梦麟：《读律琐言》卷二〇。
⑤ 高举：《大明律集解附例》卷二〇。
⑥ 毛一鹭：《云间谳略》卷七"一件挟官陷死事"。
⑦ 毛一鹭：《云间谳略》卷四"一件剪盗事"。

或从良。从良有很多途径。《大明律例据会细注》在《刑律》“奴婢骂家长”一条下注云：“婢奴既犯绞刑，其妻妾子孙悉放从良，后与家长有犯，依凡人论。”[①]也有主人恩典，主动让奴仆归宗从良的情况。松江府上海县，“奴仆王逾、王送因何氏适王门，为从嫁仆，何氏夫死子夭，颇钟爱从仆，故二仆俱优裕室家，若素封也。且遗嘱谓身死即令出姓”[②]。但从良一途中，最为频繁行用的还在“赎身”。从有关判牍资料看来，奴仆赎身自立在明代中后期相当频繁。卖身有文契，赎身则有退状。张应奎先以身若妻孥自鬻于周粟，再鬻其前妻子子彦夫妇，子彦外父朱岳不欲以女为奴，倍价回赎。“赎价则有领状，还人则有退状”。粟欲得应奎父子，判牍以领状、退状为据，云：“此岂独非人情，且无官法矣。”[③]奴仆赎身自同良人，在社会地位上仍受到一定的歧视。如吴魁茂、汪稚高为中表兄弟，稚高之仆高大祥质于魁茂。因无礼法，为魁茂殴伤而得以赎身自立。法司告诫大祥夫妇云：“嗣后遇故主魁茂，莫谓券已获遂平遇也。”[④]但在法律地位上，赎身奴仆和故主与凡人均处于同等的地位。高黑九赁叶时宠屋，曾“立券以身质，此非自鬻为奴比也”。宠老，黑九子社明备银十两赎券，券亦毁，为立退约，有“永远无干子孙，不得牵扯”之语。然宠子时采又将社明子四庆冒鬻本族人，四庆馈钱十两赎券。宠孙又将四庆名投应天方姓。告彼处关提。庆凭张观应等备三十金，始得返券。判牍云：“夫黑九自赎之后，于叶已绝，即在身已无干涉。况子若孙三世，赎且五十金，末路又从方氏改良。何叶尚滔复唆德生情诈害，率众窘辱耶？诸叶皆强横，滔实为首，杖之。”[⑤]

“义难复聚”最值得关注。严继成，幼失所依，从外祖抚育，从朱姓。继成父母兄弟则久为蔡宗之仆。因婚姻事，继成与蔡氏起讼，官府断为：“蔡宗行贿求证，意在徇私，然以主仆之分，欲存冠履，姑免坐赃；继成以仆讼主，义难复聚，合断出两(契)七两五钱，并代县断十金，俱给蔡宗，听其出姓。”[⑥]又华亭县人“高忠生于蒋电，继于张伦，而电与伦皆蒋贞厮养也。查贞曾售伦于国琦之

① 不著撰人：《大明律例据会细注》卷九。
② 毛一鹭：《云间谳略》卷九“一件图命抄家事”。
③ 毛一鹭：《云间谳略》卷九“抚院周批青浦县告人张炯等状”。
④ 傅岩：《歙纪》卷九《纪谳语》第56条。
⑤ 傅岩：《歙纪》卷九《纪谳语》第63条。
⑥ 毛一鹭：《云间谳略》卷七“一宗抄剿大冤事”。

父，则忠真琦仆耳。虽忠以吏役出居，骑墙于良贱之间，然未敢抗礼于琦也”。后忠渐有跋扈之意，“琦因告府批县，忠亦诳宪批府”，“两造亲族欲为息讼计，议忠以四十金酬琦，以忠出姓”。后以故主蒋贞阻而未成。“忠且徘徊于将出将入之际，趑趄于不良不贱之途”，遂再起讼。官府认为忠诞妄可恨，“第主仆以意聚，强项如忠，琦能保其终为己畜乎”。遂定忠出四十金给琦，并断银三两给贞，稍示不忘水木之意，听忠出姓归宗。并认为“蒋贞以已卖之仆复多翻弄，亦应并杖。”[①]又青浦县薛孝鬻身于盛廷祯“执役”已久，遇疾病危，判官认为当时“廷祯宜加抚恤而廷祯却置而不顾。孝无以自存，欲卖妻，廷祯又授意仆王继娶之。孝妇与王继不和自经死。薛孝遂有告。判牍云：“……独恨（廷祯）以御下之薄使孝不有其妻”，致氏非命，与王继并杖。“薛孝以仆讼主，且诪张其词，幻如鬼蜮。本宜反坐，第念妻以病鬻，复以鬻毙”，姑与操笔之邵恭并杖。“孝讼祯，祯必仇之，断令薛孝出姓”。[②]

一般奴仆与家主起衅，官司会以恩义相劝。居观学与顾可容仆主起讼，判官劝云，“自今以后，观学当还可容以仆事主之分，可容当抚观学以主蓄仆之情……则两得之矣。”[③]但在家主迫害奴仆至一定程度，或奴仆与家主起讼反目，总之双方再无恩义可言时，官司则以“义难复聚”的名义，或令家主直接让奴仆归宗，一般作为被迫害奴仆的一种补偿；或令奴仆出资赎身，解除双方的家主与奴仆关系。

恩义断绝的因素增加，家主与奴仆之间的关系相合、中断频繁，明末宁波府推官李清遂有以下认识：“夫明州所谓家奴，非有世臣之谓也。惟去来一任自便，而可名雁臣耳。来则君之视臣如犬马，去则臣之视君如国人，挥手辞主不称外臣。想主仆而定君臣之分者，未可遽律此地之苍头。”[④]家主与奴仆关系在明代中后期日趋松散，而且此种松散也为法司所承认，并在相当程度上影响了司法实践，在明初《大明律》中所有提及但并不充分承认的奴仆法律地位低下之相对性得到了更进一步的明确化。

与此相关，从明代中后期开始，与雇工人一样，很多律注在注解律例关于

---

① 毛一鹭：《云间谳略》卷一“一件豪恶事”。

② 毛一鹭：《云间谳略》卷四“一件打死事”。

③ 毛一鹭：《云间谳略》卷七“一件势抄事”。

④ 李清：《折狱新语》卷四“诈伪”，“一件叛诈事”。

同罪之下，奴婢与凡人不同的处置办法时，不再以奴婢的法律身份较凡人低为原因。如雷梦麟《读律琐言》在《刑律》"奴婢殴家长"条下曰："夫子孙过失杀父母、祖父母，杖一百流三千里，而奴婢过失杀家长，反坐绞罪，何也？盖子孙常多恭谨，故从轻以矜其不幸；奴婢易生轻忽，故从重以严其防。"①《大明律例据会细注》也有类似的解释："子孙过失杀祖父母，止罪以流；奴婢过失杀家长而反坐绞者，盖子之于亲，无不敬爱，轻以恕不幸也。奴婢于主，恐其狎辱，重以严其防也。"②《大明律例临民宝镜》亦云："夫子孙过失杀祖父母，杖百流三，奴婢过失杀家长，反坐绞罪，何也？盖子孙常多恭谨，故从轻以矜其不幸之犯，奴婢易生轻忽，故从重以严其妨也。"③

奴婢定罪之比附于良人，尤值得关注。雷梦麟《读律琐言》在《刑律》"奴及雇工人奸家长妻"条下有言曰："庶民之家不许存养奴婢，士大夫之家皆得有之。然奴及雇工人虽无伦叙而于家长其分为甚尊，若与家长妻女通奸者，奴及雇工人并家长之妻女各斩，盖以尊卑之分虽悬隔，而同居义聚，易于相犯，不重罪之，无以严其防也。然家无二长，自家长而下，其亲属尚多，若奸家长之期亲及期亲之妻，奴及雇工人处绞，妇女减一等。夫和奸男女同罪而此不同者，奴及雇工人之犯义重，而妇女之犯刑轻也。若奸家长缌麻以上亲及缌麻以上亲之妻，奸夫奸妇各杖一百流二千里，犯义犯刑轻重相若也。强奸者斩，通缌麻以上言也。若奴及雇工人奸家长妾及奸家长期亲以下缌麻以上亲之妾，各减奸妻罪一等，强者亦斩。夫律言奴及雇工人殴家长，则有家长殴奴及雇工人之律，此言奴及雇工人奸家长妻，不言家长奸奴及雇工人之妻者，岂律故遗之哉？盖家长之于奴及雇工人本无伦理，徒以良贱尊卑相事，使若家长及家长之期亲以上奸奴及雇工人之妻者，是尊者降而自卑，良者降而自贱，其辱身已甚矣。在婢又服役家长之人，势有所制，情非得已，故律不著，罪各问不应杖罪为当。今问刑者多比附奸同母异父姊妹徒罪，非律意矣。夫同母异父姊妹，皆为良人，与己同辈，婢下贱者安可比哉？又律言奸亲属妾者减妻一等，以其贱故杀之也。婢尤贱者，不尤当杀乎？若比徒罪是与妾无异矣，岂其平哉。"④尽管律

① 雷梦麟：《读律琐言》卷二〇《刑律》"奴婢殴家长"。
② 不著撰人：《大明律例据会细注》卷八。
③ 苏茂相：《大明律例临民宝镜》卷七。
④ 雷梦麟：《读律琐言》卷二五。

家不予赞同,但当时司法实践中将奸奴婢比附奸同母异父姊妹的做法却值得关注。

还不尽于此。尽管主仆有分,但在法律实践中,国家利益和人情因素均得到了考虑。仆周环妻沈氏与陈章有奸,主夏惠喝令周环与兄周佩殴死,又嘱环杀妻弃尸。判牍云,"若听其私忿杀章,复以指奸杀氏而两置不究,将视人命如草菅"。"环等获奸擅杀,罪将何解,第与沈秀、杜有邦之捏告所犯皆在革前,姑从末减,夏惠供吐不实,亦得并拟"。[①]

又徽州府赵牛儿为赵族之仆,牛儿远出久不归,未索。牛儿妻信佛,赵汝亨盗其铜佛三尊。判牍云:"虽有主分,主岂可有盗行乎?"牛儿妻死,邻人欲葬赵山,诸赵阻之。官府认为,"亨既吝此一块土而又欲携其子观灵、观寿立领,俟牛儿归交还,汝亨犹捏控不休,真无赖之棍也,不可胜诛,责而逐之"[②]。

明代的判牍中,尤其是基层案件的审理中,因为涉及的大多为钱粮细故,官司决断中虽有是非对错,然为惩治擅起讼事,将双方各予惩治,即所谓"均杖"、"并拟"的情形出现频繁。此种处断方式本适用于凡人或法律地位平等的双方,但从判牍记载看来,主仆之间也有各受惩治的情况。[③]上海县罗成为罗芳"家奴",因背主挈妻逃出,舍匿表兄杨文秀家,芳告县缉之,途遇起衅。判云,"今罗成夫妇虽已悔过入笠,然一屈于势,再输于法,匪其心之好也",应与纳叛之文秀并杖以惩;罗芳虽以主执奴,"乃必填赃充斥,以为兵端,今细鞫固了无一实也,亦应并杖"[④]。等等。

明代中期,在社会经济文化发展的背景下,奴婢与家主之间的关系日渐松散。通过各种途径,奴婢可以解除与家主之间的隶属关系,成为独立的"凡人"。司法认识到这样的社会现实,并在司法实践中予以了相应的调整。尽管较之明初与明代中后期,在法律条文的层面上,奴婢法律地位有所提高这一点还不明显,但在司法实践中,奴婢法律地位低下的相对性更为明确,从另一方面说,在明初,奴婢作为一个阶层,处于绝对低下的法律地位这一法律意识和实践比较明显,至明代中期以后,似有减弱。

---

① 毛一鹭:《云间谳略》卷九"一件劫杀大变事"。

② 傅岩:《歙纪》卷九《纪谳语》第 147 条。

③ 毛一鹭:《云间谳略》卷四"一件打死事"。

④ 毛一鹭:《云间谳略》卷七"一件恳诛大盗事"。

结 语

从明初《大明律》的规定和这一时期的有关律注看来，妇女、雇工人与奴婢处于明显的卑幼的地位，相对于男子与家长，其所处的法律地位明显较低，并具有相当的从属性。

明代社会的发展变化从多方面影响了妇女、雇工人与奴婢的法律地位。较之明初，从明代中后期的律例、律注与判牍各种材料中，均可看出这一时期妇女、雇工人与奴婢的法律地位的变化。

其主要的变化大致可以概括为以下几个方面：首先，无论是妇女、雇工人还是奴婢，其"卑幼"的地位以及相应的法律方面的弱势性不是绝对的，而是相对的。这一点在《大明律》中虽有反映，但并不明显[①]，明代中期，因为人口流动的频繁和伦理观念在一定程度上的改变，这种相对性不断得到强化，在律注和司法记录中得到了更好的反映。其表现在：1.所谓卑幼乃相对于尊长而言，如果诉讼双方不构成尊长与卑幼的关系，妇女、雇工人，在法律地位上与凡人是平等的；奴婢作为一个阶层的更低法律地位也出现了很大的松动，尤其在司法实践中更为明显。2.卑幼与尊长之间的关系或以恩或以义相联系，前者如子孙与祖父母、父母，夫与妻妾；后者如雇工人、奴婢与家长。恩义存，则卑幼与尊长的关系存，恩义绝，则卑幼与尊长的关系不存。尊长关系存，卑幼若与尊长发生诉讼，卑幼处于弱势的法律地位，否则，妇女、雇工人以及奴婢，均以凡人论。张楷《律条疏议》在《刑律》"干名犯义"条下有谨详律意，云："卑幼于长，意当恭顺，纵有过恶，非所宜言……义绝则非亲，故女婿告言妻尊者，依常人拟断。"[②]恩义绝包括很多方面，除上文列举奴仆与家长之间的义绝以外，律家提到的还有如妻妾被出[③]，抑勒妻妾与人通奸或因贫令妻妾卖奸度日[④]，抑

① 如《大明律·刑律》"妻妾骂故夫父母"条规定："凡妻妾夫亡改嫁，骂故夫之祖父母父母者并与骂舅姑罪同。若奴婢骂旧家长者，以凡人论。"

② 张楷：《律条疏议》卷二二。

③ "妻妾被出，是为义绝，若犯旧舅姑，则同凡论。夫亡改嫁，伦理尚存，有犯故夫之祖父母、父母或殴或杀或骂，并与舅姑同。"见不着撰人：《大明律例据会细注》卷八《刑律》"妻妾殴故夫父母"条下注。

④ "抑勒妻妾与人通奸或因贫令妻妾卖奸度日，是夫自绝义，若奸夫奸妇有谋殴杀伤，并从凡论。"见不著撰人：《大明律例据会细注》卷一〇《刑律》"纵容妻妾犯奸"条下注。

勒卖奸不从，因而殴伤或殴非明白正娶之妻等①。较之明初，法家在律注中予以界定的以及在司法中行用的"恩义绝"的情况增加了。3.不仅是恩义绝，即便恩义不绝，在视国家利益为更重，或以人情不堪的情况下，卑幼与尊长的关系仍不在司法实践中起到其应该的作用。《大明律》继承传统的亲属相为容隐之律，律家解释云："奴婢、雇工人与家长，又恩义之相联属者，故有犯而为之容隐，皆得勿论，许其为亲者讳也。"②但是，明末律家苏茂相说得最为明白："容隐是知情藏匿不行首告，故为抵讳，曲为遮护、扶捏之类。亲属相犯招称，须叙高曾祖父伯叔兄弟子侄生系次第，照服定罪。惟劫囚、窃囚逃走，虽服亲亦同常人论，与囚金刀解脱，虽子孙于祖父母、父母止减狱卒一等，二律与比互异者，盖此是未犯到官，未曾入禁，罪人尚在家庭，恩可以掩义也。彼二条是已入狱之囚，义以断恩也。又卑幼别籍异财，尊长殴伤卑幼，皆不准其容隐而必罪者，谓分析恶其叛亲，殴伤原不准首。又尊长盗骗卑幼，被其告发，则尊不免罪耳，不干名。又如婿在远方，妻父母将女改嫁，或逐婿而别嫁其女，或容女与人通奸，而婿告发者，又殴妻至折伤、抑妻通奸、有妻再娶，以妻为妾，将妻妾典雇与人或妄作姊妹嫁人，而妻与妻父母告发，俱不准容隐。"③

有明一代，《大明律》因为祖制所定，未曾进行修订，条例虽然比较及时地对社会问题做出反映，总体上说，法律条文的改变一般滞后于司法实践。就以上对于明代妇女、雇工人与奴婢的研究看来，关于明代中后期妇女、雇工人与奴婢法律地位的变化，司法实践的反映比法律条文的反映要清晰得多。另外，本文选取的判牍集中在经济文化相对发达的几个地区，至于以上的变化具有多少普遍性，还有待研究。尽管如此，从以上的研究中，还是可以得出以下的结论：明代中后期妇女、雇工人与奴婢作为卑幼之人，其法律地位有所提高，对于相应的尊长的法律从属关系有所减弱。

日本高桥芳郎《宋—清身分法的研究》一书包括了作者对宋至清各代特殊身分人的研究，如"宋元代的奴婢、雇佣人、佃仆的身分"，"明末清初期奴婢、雇工人身分的再编与特质"等等。作者总体认为，宋代消灭了良贱制，元代蒙古

① "勒妻卖奸不从因而殴伤或殴非明白正娶之妻，并依凡论者，议（应为"义"）绝也，名不正也。"见苏茂相：《大明律例临民宝镜》卷七《刑律》"夫殴死有罪妻妾"条下注。

② 高举：《大明律集解附例》卷一。

③ 苏茂相：《大明律例临民宝镜》首卷下"名例律"，"亲属相为容隐"。

族入主，复活了这一良贱制，并为明朝所继承。作者虽然也指出明初的良贱观念等并不能与汉唐的良贱观念特征等相提并论，但这一特征仍构成明代各阶层身分发展的总体背景。① 作者分析了明代雇工人与奴婢的性质，对万历十六年题例予以了特别的关注。作者也认为明朝万历十六年题例并没有给明代雇工人与奴婢带来根本性质上的改变。② 但作者对于明朝本身雇工人与奴婢法律地位的变化也就此而有忽视。实际上，明初法律与法律的观念虽不免受到元朝的相对落后因素的影响，明代社会本身的发展对法律与卑幼人法律地位平等的变化具有更重要的推动。另一方面，有明一代妇女、雇工人和奴婢法律地位的变化，《大明律》以外，在司法实践中可能得到更充分的反映。

① 高桥芳郎：《宋～清身分法の研究》之“前言”，北海道大学图书刊行会 2001 年版。

② 高桥芳郎：《宋～清身分法の研究》，第 286—296 页。

第七章

军户与社会变动

明代户籍制度承袭元制，根据配户当差的原则，将全国人户分类编成军、民、匠、灶、医、卜等户籍，以承当不同的差役，但和元代户籍存在转换机制不同，明代的户役是“役皆永充”，不得变乱。在各类人户中，军户的数量仅次于民户，居第二位。根据永乐二年(1404)左都御史陈瑛所说：“以天下通计，人民不下一千万户，官军不下二百万家”①，军户占到了全国人户的五分之一②。作为国家的暴力机器，军队建设为历朝政府所重视，明代也不例外。为保证军士的来源，明朝政府对军户的控制远较其他人户严格。可见，军户是明代为政府最严格控制且数量庞大的一个群体。研讨这一群体的变化对于了解晚明社会变化的实际很有帮助，这是本章的立足点。

第一节 晚明原籍军户社会地位的改变

明代军户数量庞大，这一庞大人口当然不能全部从军，因而也就自然分成了由在卫服役军士及同军士一同生活的亲属组成的卫所军户和在原籍生活以

---

① 《明太宗实录》卷三三，永乐二年八月庚寅条。

② 王毓铨：《明代的军户》(《历史研究》1959年第6期)一文认为明初军户所占比例应为六分之一，但在其《明代的军屯》一书中又修正为五分之一，中华书局1965年版，第232页。

供送军装为主的原籍军户两部分。明初,军户社会地位很低,以致形成"人耻为军"的社会风气。不过随着明代社会经济形态的急剧变化,军户的地位也发生了相应的改变。为使论述更有条理,以下对这两种军户分别进行讨论。

第一篇系统研究明代军户问题的文章是王毓铨的《明代的军户》。该文认为明代军户包括世袭元代旧军户和新发军户两种并对新军户的五种来源——从征、归附、谪发、垛集、抽籍一一作了考释;军户的地位在军、民、匠、灶"四民"中最低,接近奴隶,与贱民的地位等同;封建国家或国家的代表皇帝对军户拥有强制支配权的原因在于军户对军田只有占有权或使用权,没有所有权。"种什么地就得当什么差",承当军役是军户向军田所有者——皇帝缴纳地租的一种形式。

李龙潜《明代军户制浅论》①一文在此基础上前进了一步。他将军户分为在营军户、郡县军户两类讨论,并对王毓铨"种什么地就得当什么差"的观点提出否定意见,认为军户对军田有所有权,军户向政府缴纳的是同民户一样的赋税而非地租。军户当军差缘于封建国家的超经济强制。军差不是实现土地所有权的经济形式,而是实现封建国家权力的法权形式。

周远廉、谢肇华《明代辽东军户制初探》②、王廷元《略论明代辽东军户》③以及丛佩远《明代辽东军户的反抗斗争》④等三篇文章侧重于区域性研究,对辽东军户的来源、军户及军士的受剥削情况以及军户的反抗方式进行了分析,观点大致相同。

台湾学者陈文石的《明代卫所的军》⑤一文对军户制度的分析较为全面。文中对卫所军的来源、军籍与军户、军户的义务与权利、军士在营生活资料来源等六个问题进行了探讨。对于《明史·兵志》所论明朝卫所兵制"盖得唐府兵遗意",陈文提出否定意见,指出在军士的来源、军户经济条件、服役期限与日常生活、装备费用、军籍与继替、家庭优免、社会地位、军队屯田等八个方面存在明显的不同,只是在兵、将关系和征调上有类似之处而已。

---

① 《北京师范学院学报》1982年第1期。
② 《社会科学辑刊》1980年第2期。
③ 《安徽师范大学学报》1980年第4期。
④ 《史学集刊》1985年第3期。
⑤ 《中研院史语所集刊》第48本,第2分,1978年版。

顾诚《谈明代的卫籍》[①]一文探讨了卫所军户的特有户籍——卫籍的形成原因、过程，并对由卫所管理的卫籍人口的组成、卫籍人口与州县军户之间的区别与联系以及卫籍对明代人口分布的影响等提出了自己的看法。

罗香林《中国族谱所见之明代卫所与民族迁移之关系》[②]一文首次将族谱资料引入军户研究，分析了卫所设立与军户家族移徙以及边区开发、汉文化推广的关系。

目前，就笔者所知，对军户制度研究用力最深的是台湾学者于志嘉。军户制度研究的第一部专著《明代军户世袭制度》[③]即是她的作品。这部20余万字的著作以世袭法为中心，探讨了卫所军士和军官的身份是如何被固定起来，以及清军与武选的问题。

此后，于志嘉将军户区分为卫所军户、原籍军户和寄籍军户三种分别展开研究。1986年，她发表了《试论族谱中所见的军户》[④]一文。该文利用族谱资料，对军丁赴卫家属是否随行、军伍出缺时何人补伍以及军装盘费如何供办等问题进行了深入分析。

1990年，于志嘉连续发表《明代军户の社会的地位について——科举と任官において》[⑤]、《明代军户の社会地位について——军户婚姻をめぐつて》[⑥]两篇文章，从科举、任官、婚姻的角度对"军户地位低下"的传统观点提出了质疑。

随后，于志嘉又撰写了《再论族谱中所见的明代军户——几个个案的研究》[⑦]一文，利用《豫章罗氏族谱》、《山阴白洋氏宗谱》，对两个军户家族在事业、婚姻上的发展，军役负担对家族的影响和实际分担情形进行了个案分析，指出随着家族的繁衍，赴卫服兵役的人数在族中所占比例极小，军役负担对家族的影响较明初已大为减轻。原籍军户通过不同途径积累财富或跻身上层，间接提高了军户的社会地位。

---

① 《北京师范大学学报》1989年第5期。
② 台北《大陆杂志》第39卷第10期，后收入《大陆杂志史学丛书》第四辑第五册，第83—92页。
③ 台北学生书局1987年版。
④ 《中研院史语所集刊》第57本，第4分，1986年版。
⑤ 《东洋学报》第71卷第3、4号。
⑥ 〔日〕《明代史研究》第18号。
⑦ 《中研院史语所集刊》第63本，第3分，1993年版。

以上几篇文章重点在原籍军户的探讨。对在卫军户，于志嘉《试论明代卫军原籍与卫所分配的关系》①、《明代两京建都与卫所军户迁徙之关系》②两篇文章对此进行了研究。前文对明朝政府在分配卫所时故意把同一县的军人分散到各卫，远离原籍，"南北互易"的传统看法提出了否定意见。后文以两京建都为中心，分析了卫军调卫对军户家庭迁徙的影响等问题，指出明廷为有效控制卫军，规定在调卫时在营家属需同时迁徙。但洪武、永乐年间未严格执行，单身赴卫、到卫再娶的现象很普遍。由于永乐迁都，南京卫军调动频繁，使军户家族分处数地，为日后家族成员之间的关系投下莫大的变数。

从总体上看，军户研究的成果并不是很多，留下的空白还比较多或研究深度不足。在史料的应用上偏重文献资料，对于存世的大量文书档案资料的利用还很不足。

一、明初军户低下社会地位的形成

进入北宋以后，商品经济有了很大发展，新的经济因素在孕育，雇佣劳动在盐业等个别领域已经出现。作为上层建筑的政治、经济乃至文化制度也相应有了很大改变。在经济制度上，私有大地产制最终确立，中央政府彻底放弃了用政权的力量大规模干预土地所有权划分的努力，客户的地位和权利也急剧提高。在军事制度上，放弃了从百姓中征兵的义务兵役制，改为实行以招募为主要途径的职业兵制度，使绝大部分人口可以把全部精力投入到生产和流通领域，顺应了时代的发展潮流。但是，这一从中、晚唐开始的中原汉地的社会变革却随着金人入主中原和以蒙古族上层为首的元朝的建立被中断。就军事制度而言，金朝的猛安、谋克制度使世袭兵制重现于中原汉地。全民为兵原本是北方游牧渔猎民族的共同特点，但在金朝建立后，这种制度被推广到汉地，部分汉族民众被纳入猛安、谋克制度当中，如"汉人王六儿以诸州汉人六十五户为一谋克"③。元朝灭金后，原有的蒙古军数量有限，无法控制广大领土，不得不大量佥发中原汉人中的中上等民户为军，旧户籍由民籍改为军籍。根据元太宗十三年(1241)八月的官方统计，原金朝旧地的汉军户已占到了总人

① 《中研院史语所集刊》第60本，第2分，1990年版。
② 《中研院史语所集刊》第64本，第1分，1993年版。
③ 《金史》卷四四《兵志》，中华书局1975年标点本，第993页。

口的 1/7,个别地区甚至达到了 1/3[①]。受北方政权影响,在南宋军队中也出现了"号手军"等名色的世袭军人。随着元朝的统一,这种世袭军户制度被全面推广到了江南地区。

明朝的军户制度直接承袭于元朝,但也有所改变。首先,元朝的军户由于要自己配备常用兵器,因而对经济实力有相当的要求。成吉思汗时规定"汉人有田四顷、人三丁者佥一军"[②],太宗以后明确规定北方汉人"以中户为军,上下户为民"[③],如"贫不能役,则聚而一之,曰合并;贫甚者、老无子者,落其籍"[④]。此外,元朝政府还根据国防形势的变化不时放遣军户为民,如至元八年(1271)"汰不胜军者户三万户,一丁者亦汰去"[⑤],军户脱籍为民的机会比较多。明朝则不同,佥发军士以户内人丁多少为准,并不考虑财产状况,而且佥发数量极大,占到了总人口的 1/5。这其中虽然有从元朝继承的旧军户,但新佥军士当不在少数,尤其在曾经进行过"垛集"征兵的山西、辽东、浙江、湖广、广东等地区。在新佥军户里面,有一大批是从北宋开始数代没有再接触过兵戎的,尤其在江南地区。这批军户对新的职业存在明显的不适应,不适应必然带来生活的混乱,在军役承袭上的混乱不一正是这种问题的表现[⑥]。除了不适应之外,沉重的军役负担剥夺了相当一批经济实力弱小的民户借乱世束缚小,乘机摆脱贫困的机会。明初经济凋敝,百废待兴,对普通百姓而言,既是灾难,也是机遇。大乱之后,旧有的加在百姓身上的束缚以及压迫力量或多或少的在崩解,普通百姓可以获得较多的自由发展的机会,如佃农可以开垦无主荒地,成为自耕农。但无论怎么发展,都有一个前提,即是相对自由之身。军户恰恰被剥夺了这个条件。在同处于被剥削阶级的时候,经济条件往往是社会地位的决定因素,所谓"笑贫不笑娼",即是这种观念的产物。明初的军户,尤其是第一次被佥发,没有丝毫准备的新军户,经济条件的低下,决定了他们社会地位的低下。生活在农业文明中的汉地百姓安土重迁,向来对当兵不感兴

① 陈高华:《论元代的军户》,见《元史论丛》第一辑,中华书局 1982 年版,第 75 页。
② 《元史》卷一四九《郭宝玉传》,中华书局 1976 年标点本,第 3521 页。
③ 《元史》卷一五五《史天泽传》,第 3659 页。
④ 《元史》卷九八《兵志一》,第 2508 页。
⑤ 《元史》卷一五九《商挺传》,第 3740 页。
⑥ 家谱资料中显示,军役承袭包括以子、弟、侄、义男以及兄弟数房轮流承役等形式。

趣，当兵是受人歧视的，魏晋南北朝的兵户是这样，宋朝的军人也是这样的地位。对明初军户而言，元朝军户的生活、地位是直接的见证。

与元朝军户有较多脱籍机会不同，明朝军户军役永充，只有以下几种情况允许军户解除军役：

1. 户下有丁入仕，且官至兵部尚书[①]，或相应级别，获得皇帝特许。如邝埜，以兵部左侍郎为帝优宠，于正统时除籍。[②] 顾佐，"以子能盖父之愆"，于正统元年除户内军役[③]。

2. 与朱明宗室通婚[④]。

3. 户下只有一丁，已充生员，且考试有成效，准许开伍卒业[⑤]。

4. 得到皇帝特旨。如洪武时的李彦才、陈质、唐庸，宣德时的鲁舆，等等。

5. 本身正在承担特别劳役，如皇陵户[⑥]。

对于普通军户而言，要达到以上条件比登天还难。这种僵化不变的户籍制度基本封死了明初军户通过其他途径致富的门路。

其次，元朝兵制中有一个特别的"放散"制度，即在营军士休假制度。"常制以三月一日放散，六月一日赴限"[⑦]，汉军则为"二八放散"，假期长达六个月[⑧]。在和平时期，政府还会放散大批暂时多余的军人回家，休养生息，转由地方奥鲁管辖，待用兵时再佥起从征。对于临时因灾害导致贫穷的军户，为维持其从军能力，政府还会予以赈济。明朝军户则根本没有这种待遇。这一方面是由于明初大规模战争不断，军队长距离调动频繁，致使大批军士的服役地

---

① 《明史》卷九二《兵志四》："户有军籍必仕至兵部尚书始得除。"中华书局 1974 年标点本，第 2258 页。

② 万历《湖广总志》卷五三《献征七・邝埜传》，《四库全书存目丛书》本。

③ 《明英宗实录》卷一五，正统元年三月庚辰条。

④ 如《宣宗实录》卷九〇，宣德七年五月丁亥条记载，靖江王佐敬奏，本府诸将军之子娶南丹等卫旗军之女，请除军籍，俾得随住。宣宗批示：既联婚宗室，岂当仍居卒伍？令悉除之。不过与宗室联姻之后是否要除军籍取决于本人的意愿，官方并不强求一致。像德清蔡氏三世蔡文渊之曾孙蔡震尚英宗淳安公主，同族的蔡汝楠于嘉靖十一年会试时的登记户籍仍为官军籍（《德清蔡氏宗谱》卷六《科第谱》、卷七《总支・文渊公支》和《明清进士题名碑录索引》）。

⑤ 万历《明会典》卷一五四《兵部三十七・勾补》，台北新文丰出版公司影印万历十五年刊本，第 2148 页。

⑥ 《英宗实录》卷六一，正统四年十一月己未条。

⑦ 《元史》卷九九《兵志二・宿卫》，第 2534 页。

⑧ 《元史》卷一六二《李庭传》，第 3798 页。

日渐远离原籍，动辄千里之遥，不具备定期给军士放假的条件；一方面是由于明初军士逃亡的现象既很严重，放假会给军士提供更多开小差的机会。军士只有在父母病重、妻子生产等特殊时候才可以暂时回家照料。军士长期在伍服役，势必使劳动力较少的军户生活受到严重影响，日渐贫困。而赈济原籍贫穷军户，却根本不在明朝政府的关心范围之列。

此外，元朝虽然也存在罪犯“出军”制度，但数量有限，明朝则将谪发罪囚为军作为卫所军人的重要来源，“三流常设而不用”，充军成为“降死一等”的唯一重刑①。明初更是“以重典刑乱国，良民多坐微眚隶斥籍”②。谪民为军与勾补军户户下人丁相比，在效率上优势明显，但这却将从征、归附、垛集等其他来源的军士降到了同罪囚一等的地位上，在心理上无论如何是难以接受的。明初谪发军人一般因小过而充军，尚令人同情。承平以后，谪充军士往往确系犯了重罪，和这些人为伍，难免心生耻念。“承平日久，人耻为军”③现象的形成与此有密切关系。

以上诸多原因造成了明初军户社会地位极其低下。不过，明朝军户的社会地位有一个由低到高的发展、变化过程，地位低下只存在于明初的几十年。经过军户的不懈努力以及社会形势的变化，到晚明，军户已经取得与民户在事实上平起平坐的地位，实现了回归主流社会的愿望，在某些方面甚至还高于民户。此时的明朝正处于中国社会由传统社会向近代社会转型的过程当中，因而军户和明朝政府这一对立面的冲突也就成为在社会转型中新旧两种力量较量的曲折的反映。

二、军户改变户籍的努力与成效

明初，军户数量占到了全国人口的五分之一左右，具体到不同地区，又有所不同，以徽州府为例，洪武四年(1371)，实行了户帖制后，全府军户只有6661户，占总户数的5.69%弱，其中祈门县只有39户军户，仅占全县人户的0.6%。洪武九年(1376)，根据形势的需要，再次厘定人数，军户上升至8883户，占总户数的比例达到8.4%，其中祈门县军户达到232户，占总人数的

① 《明史》卷九三《刑法志一》，第2301页。

② 沈德符:《万历野获编》卷一七《恩军》，中华书局1959年标点本，第428页。

③ 《天下郡国利病书》原编十三册《河南·怀庆府志·京边戍议论》，《四库全书存目丛书》影印涵芬楼辑《四部丛刊三编》影印手稿本。

3.6%，猛增了5倍[①]。但和全国平均20%的比例相比，仍有不小的差距。浙江省由于曾实行垛集征兵，军户比例较高，如杭州府余杭县洪武九年(1376)军户为1638户，占总人户的16.57%[②]，接近全国平均数。而在边境省份，由于临近国防前线，土著居民被征发为兵的比例更高，加上不断被充发去的罪谪军户，使这些地区的军户比例一直居高不下，像陕西省，军卫户数到嘉靖年间仍占到41.4%以上(150554/363027)[③]。贵州省，原为少数民族聚居区，汉族人口大多为永乐以后迁入的军卫人口，军户反比民户多出5589户[④]。

由于明初军户总体上的低下地位、卫所军官的科敛酷害以及进入中期以后对清勾的恐惧，对自由发展的渴望，致使逃脱军伍，改变户籍的想法弥漫于军户中间，特别是生活贫苦的中下层军户之间。经过长期的努力，取得了显著的成效。试举几例：

徽州府，弘治五年(1492)军户为4392户，较洪武九年(1376)减少了4491户，占原有军户的50.56%[⑤]；

杭州府仁和县，成化八年(1472)军户有2857户，嘉靖二十一年(1542)减至776户，另有150户为丁尽户存户，锐减了72.8%[⑥]；

杭州府余杭县，洪武九年(1376)有1638户军户，成化八年(1472)减至526户，减少了67.9%[⑦]；

江西省清江县，国初原额军户为5692户，崇祯六年(1633)仅存1142户，减少79.94%[⑧]；

浙江海盐县，万历四十三年(1615)以前累计充发军户7315户，万历四十三年清查，仅存200有奇，不足原额的3%[⑨]；

浙江省浦江县，原有并以后充发军户共1606户，嘉靖年间在册军户只剩

① 弘治《徽州府志》卷二《户口》，《四库全书存目丛书》影印弘治刻本。
② 万历《余杭县志》卷二《籍产志·户口》，《四库全书存目丛书》影印万历刻本。
③ 龚辉：《全陕政要》卷一《户口》，《四库全书存目丛书》影印嘉靖刻本。
④ 嘉靖《贵州通志》卷三《户口》，《四库全书存目丛书》影印嘉靖三十二年刻本。
⑤ 弘治《徽州府志》卷二《户口》。
⑥ 嘉靖《仁和县志》卷三《户口》，《四库全书存目丛书》影印光绪钱塘丁氏嘉惠堂客武林掌故从编本。
⑦ 万历《余杭县志》卷二《籍产志·户口》。
⑧ 崇祯《清江县志》卷三《户产志》，《四库全书存目丛书》影印崇祯刻本。
⑨ 天启《海盐县图经》卷五《食货篇二之上·户口》，《四库全书存目丛书》影印天启刻本。

180户，减少了88.75%，其中100户还是毫无意义的丁尽户存户①。

那么，军户是通过什么手段摆脱军籍束缚的呢？

1. 利用管理上的漏洞或战争期间钤束不严的机会逃亡，这是明初脱逃军伍最简单的方法。据《明史》载："起吴元年十月，至洪武三年十一月，军士逃亡者四万七千九百余。"②可见立国之初军士逃亡的现象已经很严重。洪武三年(1370)十一月二十六日是户部奉旨开始清理天下户口，实行户帖制度的起始时间。结合朱元璋在诏旨中命军士"都教去各州县里下著绕地里去点户比勘合……比不著的，便拿来做军"③的做法，大都督府此时清点军数，应有借清理天下户籍之机会，清理补充军伍的目的。不过清理户籍以及从洪武十四年(1381)开始实行的黄册制度对遏止军士逃亡并没有起到多大作用，以致明朝于洪武十六年(1383)即不得不派给事中潘庸等分行清理天下卫所缺伍士卒。

由于废除了元朝由奥鲁管理州县军户的制度，明初勾补军伍改为派卫所军士凭都司或兵部颁发的勘合，直接到卫军原籍勾取。这种方法不仅收效甚微，且给这些肩负勾军之责的军士以合法脱伍的机会。谪戍兴州的故元进士范济曾以在伍四十余年的亲身经历，阐述了这种方法的弊端："凡卫所勾军，有差官六七员者；百户所差军旗或二人或三人者，俱是有力少壮，及平日结交官长，畏避征差之徒，重贿贪饕官吏，得往勾军……是以宿留不回。有违限二年三年者，有在彼典雇妇女成家者。"④

为便于清勾工作的开展，明朝于宣德五年(1430)批准兵部尚书张本的建议，豁免了"自洪、永来勾军之无踪者"⑤。大批军户由此解脱了军役的困扰。

2. 向有关主管人员行贿，更改户籍。"清勾军役，洪熙以前其弊在军旗，宣德以后其弊在里胥。弊在军旗，其里分住址犹不能没，军丁尚可寻；弊在里胥，则姓名乡井俱各混乱，军丁遂至消耗。⑥"这是吏部右侍郎周经对勾军作弊问题的分析，可谓切中要害。洪武二十一年(1388)明朝开始编制军黄册，其中军

---

① 嘉靖《浦江志略》卷三《册籍》，《四库全书存目丛书》影印天一阁本。

② 《明史》卷九二《兵志四·清理军伍》，第2255页。

③ 《戒庵老人漫笔》卷一《半印勘合户帖》，中华书局1982年标点本，第34页。

④ 范济：《谐阙上书》，《明经世文编》卷二九，中华书局1962年影印本。

⑤ 《明史》卷九二《兵志四·清理军伍》，第2256页。

⑥ 《孝宗实录》卷七五，弘治六年五月壬申条。

户户口册掌握在州县行政官员手中。卫所派遣旗军勾补,充其量是“通同有司里老人等作弊,将有勾者捏故回申,无勾者捱转攀指”①。军户名册仍完好保存在州县官员手中,随时可以调阅,以纠正作弊旗军的错误。

正统元年(1436)以后,明朝开始派遣定期的专职清军御史负责清军。清军御史的工作程序是:接收兵部转递的卫所缺军册籍→交省级清军官员→下发至州县→州县凭“清勾册”,转令吏典和里老等人根据军户户口册,按籍取军→派长解执文件解军到卫,卫所收军开印信批单→长解回籍,缴还批单→州县呈文回报清军官员。

在这一程序中,军户户口册成为清军能否成功的关键。明制:黄册十年一造,军黄册与黄册同时编制。黄册编制由州县吏员具体负责,因而买通吏员成为窜改户籍的唯一条件。明代官员薪俸很低,吏员更甚,更改户籍事关自身及子孙家族的生活,军户自然会尽最大努力来填饱吏员的胃口。

和前代不同,明代已进入一个文牍主义盛行的时代。明知文册会被窜改,难以发挥应有作用,却不思改革良方,仍然把完善、改良册籍作为治弊良策。洪武二十一年(1388)明廷已下令攒造卫所逃故军册、卫所收军册和州县军户户口册三种文册,以便相互对核。以后陆续改良、增造,发展到嘉靖初年已有“军册、黄册、格眼册、额民册、编军册、惠军册、顺里册、类姓册、地名册、鱼鳞册、奏益册”等“名色多端,参互考验”②的册籍。造册越多,军户贿买里书吏胥窜改册籍的机会越多。册籍一乱,明廷又倾向于编造新册,陷入恶性循环。

频繁造册对官府无用,对军户却有大用。数以万计的军户正是藉此得以摆脱了军役的困扰。

3.为方便军士清勾,明朝曾颁布多部《军政条例》,从其日渐严密的规定中可以间接反映出军户在直接逃亡和行贿吏典窜改户籍文册之外,还有一些更为隐蔽的脱军换户方法。归纳起来有以下几点:

现役军士冒领文引,脱离军伍,于邻境别地另立民户籍③。

应继军户于别州县冒用他人户籍或寄入民籍异姓户内,以本户作丁尽户

---

① 《皇明制书》一二《军政条例》页1a,《北京图书馆古籍珍本丛刊》影印镇江府丹徒县刻本。

② 《世宗实录》卷六,正德十六年九月丙子条。

③ 《皇明制书》卷一二《军政条例》页3a。

绝，开豁军伍。这种方法在浙江、直隶苏松等军户众多的地区尤为流行[①]。

以买到的小厮、义子或婢女的丈夫冒名代替应役，若有事故，则以其后人继补。本户军户表面户籍不变，但军役已经移花接木，转移给他人[②]。

将儿女私自过房、典卖或入赘民籍别家，以使后代摆脱军役困扰，本户作户绝开豁[③]。

明初军士调动频繁，且调防距离往往动辄几千里。调卫频繁，管理必然相对混乱，一些军士乘机更改姓名、乡贯，隐瞒原籍原卫丁口，致使本军事故之后，无从勾补。户下族属转而成为"迷失卫分"的军户[④]。

此外，军士另有逃回原籍附近潜住、诈死、投充生员、投充势要之家伴当、出家为僧为道等脱免军伍的方法，由于只是解脱了个人，并不影响户下其他人丁替补军役，户籍并未改变，故此处不予讨论。

结合前文所引诸多方志资料来看，到明代晚期，已有至少一半以上的军户成功的脱离了军户行列，回归到主流社会当中。当政者虽然知道这些军户并没有真正消亡，但畏惧民间情伪欺隐之弊难查，也只好写上一笔"难保必无"了事[⑤]。

三、晚明原籍军户的生活实态

（一）原籍军户社会地位的逆转

明朝已处于封建社会晚期，政权体制非常完善，对整个社会的控制也较前代严密。军户身处社会下层，虽然有种种机会脱军入民，但终归是以身试法，成则矣，不成则面临更为残酷的惩罚。因此，相当多的军户选择了接受现实。接受现实不等于坐以待毙，为了改变生活窘境，军户们发奋图强，勤治家业。由于地位低下，军户较民户更具有危机感，压力更大，因而付出的努力也就更大。明制：军户不得分户。虽然立法意旨在于保证军役的完成，但在客观上防止了军户由于分家析产，造成复苏缓慢或骤兴骤败的现象出现。经过不懈的努力，军户从明中期开始出现明显的分化。生活转好的军户开始谋求通过入

---

① 《皇明制书》卷一二《军政条例》页16a。
② 《皇明制书》卷一二《军政条例》页4b—5a。
③ 《皇明制书》卷一二《军政条例》页7a、16a。
④ 《皇明制书》卷一二《军政条例》页8b。
⑤ 嘉靖《浦江志略》卷三《册籍》。

仕、联姻等方式摆脱低下的社会地位，生活状况不佳的军户则向更底层坠落，被迫铤而走险，谋求脱去军籍，转为民户。

军户的这种两极发展，对后代而言，都是好事。不同的是，脱逃军籍终归有违国法，后代虽得实惠，但出于"为尊者讳"的目的，往往隐而不宣或含糊其辞。我们所能见到的大多是当时人宏观上的描述，个案实例很少。而"勤于治业，家始饶裕"是祖先的莫大功绩，后世子孙必然大书特书，以彰显祖宗功业。这类个案在私人传记、族谱等史籍中保留了很多。在阐释军户通过家族奋斗回归主流社会这一问题时，个案资料无疑更为生动、具体，且更有说服力。

在记述军户个体发展的史料中，族谱无疑是第一选择。作为一家之史，族谱作者对曾为家族发展做出重要贡献的祖先一般会重点记述，或单独立传。在记载家族人口繁衍、婚姻关系等方面，族谱也有着先天的优势。不过，族谱资料也有一些缺陷。首先，由于历时久远，大批的明代族谱或毁于兵火，或由于抄录有限而湮没无闻，流传下来的很少。有关明代军户的资料大多保留在清朝及民国时期所修族谱对祖先的追述部分中。这类族谱往往只重始祖，对始祖以下子孙的发展、奋斗历程往往一笔带过或只字不提。其次，明初"谪充"军众多，一些后世子孙对罪谪充军颇感不快，往往隐而不谈。像《善和程氏仁山门支谱》，如果没有《窦山公家议》等史料辅证，根本看不出程家是军户。而贵州卫所的充军户，则一概以"填南"作掩护①。另外，由于族谱的撰修没有固定的体例、规范，族人因某些过失还可能被摒弃谱外，只字不提，不同地域对撰修族谱的重视程度有很大差异等原因，使族谱资料难以全面反映不同时期、不同地域的军户自我努力解放自己的历程，利用起来有一定的限制。

在笔者所见到的众多族谱当中，《（祈门）善和程氏仁山门支谱》②、《夏氏家乘》③、《陶氏家谱》④、《德清蔡氏宗谱》⑤等谱记录较为完整全面。特别是在蔡氏谱中，保留有一份三世祖蔡文溥的"自叙年谱"，详细记录了蔡家的充军缘由、在卫生活实况、退役后艰难起家以及官府百般刁难等情况，弥足珍贵。以

① 详见本书附录一：《贵州安顺屯堡社会调查报告》。

② 康熙二十一年刊本，辅以周绍泉、赵亚光点校的《窦山公家议校注》，黄山书社 1993 年版。

③ 夏刚纂修，雍正二年刊本。

④ 陶谋嘉修，光绪四年义庄藏版。

⑤ 蔡兆骥、蔡宝善重修，民国九年活字本。

下将以这几户为主，对军户摆脱困窘状态的种种努力与成效做一简单分析。

德清蔡氏，元朝时处于社会上层，始祖蔡舜卿曾任福建观察使，尚元长公主蒙古鄂氏。舜卿生有三子，长子嗣宗，次子可宗，三子士宗。蔡氏的遭难始自洪武十三年（1380）嗣宗坐事拘系至京。由于已“异居分析”，可宗、士宗暂时逃过一劫。不过躲过了初一，没躲过十五。洪武二十四年（1391），可宗由于女婿何德琏烧毁逃军册，连坐，家产抄没，全家发配兴州中屯卫充军。此后，蔡嗣宗卒于南京，二子亦先后早逝；蔡士宗无后，蔡家仅存蔡可宗一支。

蔡可宗未至兴州即病逝于临清，军役由长子蔡文溥顶替。蔡文溥在卫期间，曾借外出勾军之机，三次回乡，一次奉父骨还乡安葬、一次还原籍迎娶妻子章氏，另一次不明，而且曾私自在家经商逾一年之久。尽管如此，经济条件并未得到多大改善，还曾遭到强盗洗劫，“客囊殆尽”，妻子章氏和幼女也先后忧疾而死。

洪武三十一年（1398），太祖驾崩，建文帝即位，下赦令：“凡军一子当役，余得归籍。”[①]母亲卫氏决定留次子文渊在卫承役。以后蔡家军役即由文渊一支承袭下来。弘治年间，因承役的蔡宣染病，经合族共议，改由蔡家三弟蔡文浩的孙子蔡绳继役，军役转到文浩一支，此后再未改动，直至明亡。

建文元年（1399），蔡文溥奉母携弟返回家乡。此时的境况是“故园桑梓尽为王产，只椽片瓦俱非吾有，耆老依稀，儿童莫识”[②]，只得暂时寄住故叔士宗旧居和母舅家中。生活境遇已近于赤贫状态，较一般军户还要差很多。不仅如此，蔡家在回籍之后还先后四次遭到军役骚扰，并吃了六次官司。其中永乐六年（1408）为刁军所诬，锦衣卫指挥亲率官校拘捕至京，三法司会审四十日，才昭雪放还，险些家破人亡。

恶劣的生活条件，频繁的官司、军役的困扰并没有将蔡家打垮，相反，更锻炼了蔡家弟兄的韧性，提升了改变困窘局面的决心。一家人“苦自树立”，于回乡当年，即赎回“前抄祖业”。经过十多年的努力，蔡家已是“兄弟各业田园七十余顷，房屋千余间，食指数百口，亲丁五六十人”[③]，成为当地赫赫有名的大户。

---

① 《德清蔡氏宗谱》卷三《玉泉公谱序》。以下正文中未加注释的引文，均采自卷三《蔡氏文溥公自叙年谱》。

② 《德清蔡氏宗谱》卷三，蔡文浩：《修辑宗谱序》。

③ 《德清蔡氏宗谱》卷三《修辑宗谱序》。

宣德四年(1406),蔡家被点充粮长,经济实力得到官方的承认。

洪武三十一年(1398)蔡文渊代役时,并未约定军役由文渊一支固定承担,但文渊从军不久即加入"靖难"军,积功升至怀远卫前所百户,进入官军户群体。

永乐二十一年(1423),文渊子能袭职[①]。正统十四年(1449)蔡能随征土木堡,护驾有功,升副千户。天顺元年(1457),参与南宫之变,超升为正千户,赐券世袭,功业达到最高峰。

就在文渊一支飞黄腾达之时,不幸降临。蔡能之子蔡宣袭职不久,患风疾不能行走,被迫于成化五年(1469)优给归家。经合族商议,军职改由宣之族弟蔡绳承袭,军役由此转到文浩一支。[②] 蔡绳之子蔡中孚,弘治九年(1496)中进士,进入文职行列。军职直接由中孚长子蔡希贤承袭。正德年间,为方便侍祖,希贤改调至湖州守御千户所,以后再未变动。

家财万贯,终究只是个富翁而已,几度蒙冤,险遭牢狱之灾的蔡文溥深知,家富人足,正为他人垂涎,要想长久出人头地,没有官方势力的支持和保护是不行的,何况还担着一个粮长苦差。仲弟文渊仅仅是个百户,远不足以担起护家重任。要撑起保护伞,还需多方努力。为此,蔡家一方面谋求入仕,一方面争取与官宦之家联姻。

在仕途方面,蔡家可供利用的唯一资源就是财富。正统六年(1441),浙江发生饥荒,蔡文溥以族长身份命令子纲、雄及侄凯出粟赈饥。蔡纲因此捐得七品职衔,旌"义泽延休"。蔡凯亦得七品承事郎荣衔。捐来的官毕竟只是荣誉职务,除了可以享受减免部分差役的优待外,并没有多少实际意义,而且代价太大。要入仕途,关键还在于培养子孙进学。为此,蔡文溥于正统七年(1442)将家产中拨出二部分作为不得分割的祖产,一部分供粮长役费,另一部分专供子弟学习之用。

蔡家的努力不久即在第二代身上得到回报,文浩三子英进了太学,只是没能有更大的成就。又经过近五十年的积垫,蔡家终于在仕途上迈出决定性的一步。文浩的曾孙蔡中孚于弘治八年(1495)中举,次年中朱希周榜进士,后官

① 《德清蔡氏宗谱》卷七《总支·文渊公支》作"永乐十一年"。

② 蔡宣有子蔡琳,后袭祖故职为怀远卫千户。估计蔡绳改袭时,蔡琳尚年幼。待其长大成人,军职已久为文浩支所据。其何以在有人袭职之外,另袭一职,原因不明。不过蔡琳无后,文渊一支军职至此终结。

至贵州按察司佥事。此后，蔡家一发而不可收。四世蔡玘（以蔡可宗为一世），嘉靖元年（1522）中举，仕至福建延平府同知。五世蔡汝楠，嘉靖十年（1531）中举，次年中进士，仕至兵部右侍郎。蔡氏中进士的还有万历年间的蔡善继、蔡亦琛、蔡官治，其中蔡亦琛仕至弘光朝东阁大学士。可见，到晚明，蔡家已由一个地方富户发展成为诗礼传家的名门望族。

相比入仕的艰辛，蔡家在同官宦联姻方面的成就更早。宣德三年（1405），文溥之女福真嫁给县尹魏嵩之子，魏大人成为蔡家第一把保护伞。宣德八年（1410），文溥嫡长子雄聘贵溪严尚书孙女为妻。成化二年（1466），蔡文渊的曾孙蔡震尚英宗淳安公主，蔡家进入皇亲行列，在婚姻关系上达到了顶峰，再不惧势要势力的骚扰和打击。宣德、正统年间，明朝重文轻武的社会风气已渐浓重，蔡家在官的只是一个小小的百户，如果不是家财万贯，想必难与缙绅结亲。这也从一个侧面说明对军户婚姻起决定作用的不是户籍，而是经济实力。

与德清蔡氏类似的是同为“谪发”军户的祁门程氏。程氏十六世祖程弥寿，明初从江西行省参政邓愈下江西有功，封行枢密院都事，镇守浮梁景德镇，后称病归家不出。弥寿生有三子：长子佐，为后世东房之祖；次子仪，为西房之祖；三子仕，出继别户，无后。程佐，洪武时“县佥本户吏役，命佐公往充，后罢归闲。时法网严密，犯者连坐。适有他处闲吏抵法，乃概将同时闲吏尽发充军”①，配军辽东辽阳，较之因女婿犯法而连坐充军的德清蔡氏更为不幸。程氏充军之时尚未分户，因而程弥寿这一支全体沦为了军户。

程佐充军不久即病逝于卫所。洪武二十二年（1389），勾取户丁补役，其时程仪已故，仪子还春“在病”②，由弥寿做主，命程佐长子程庭春补役。考虑到军差繁重，又系“众家户门”，为防止以后长孙程还春“恃尊凌卑”，程弥寿于建文二年（1400）立下文书，命程佐、程仪两房后人必须轮流替补军役，如有违，“将此文告官，准不孝论”③。

与德清蔡氏不同，蔡氏谪充从军时家产抄没，已是一贫如洗。程氏世居祁门，程弥寿又曾为官，颇有一些积蓄。为保证日后子孙及时供送军装盘缠，接

---

① 《窦山公家议评注》卷八《东西军业议》，第127页。

② 《窦山公家议评注·叙家议》，第1页。

③ 《窦山公家议评注·高祖仁山公遗嘱军役文书》，第137页。

济在卫后人，程弥寿在临终之前，遗嘱将存留未分田产作为军业田保留下来①，除服役子孙因为“当军繁重”，可以“听自发卖”外，其他任何人不得买卖此族产②。军业田由两房共同管理，除缴纳赋税外，其余收入作为供送军装之用。这笔族产当时已经可以收租 232 秤，每秤 18 斤，合计 4176 斤，约合现代计量单位 3.34 吨。虽然祁门距辽东远隔几千里，但三吨多的收入应该可以满足日常军装的需要。

程佐去世时，次子程新春仅九岁。待其长大成人之后，感念父兄军役之苦，发愤图强，“蚤岁辛勤起家，日益饶裕，晓节资产，甲于一乡”③。后世子孙继续努力经营，到万历三年(1575)，程家利用军业族产的收入又陆续购进、开垦多处地产，收租达 524 秤 6 斤 10 两，及租银 1 钱 3 分④。连同旧管族产，合计租入 756 秤以上。万历二十四年(1596)，“分称收各处租谷共计贰仟玖佰肆拾陆秤十二斤”，较万历三年增加了近三倍，泰昌元年(1620)进一步增加到 3116 秤 7 斤⑤。经济实力呈迅速膨胀之势。祁门地处徽州，程氏作为徽州大姓，一般以经商为主，务农只是末业。从善和程氏的田产都出佃与人经营来看，其家亦应以从商为本业，田租收入应不是其收入的主体。合族实际收入远在 44.9 吨粮食以上。

在经济实力迅速提升之时，程氏人丁也很兴旺。十九世时东房尚只有新春兄弟二人，西房只还春一人。到二十一世时，东房已有 29 孙，西房有 8 孙。二十二世时东、西房进一步增加到 66 孙和 17 孙。以后又有进一步增长。

可见，在明初尚有一定难度的军役负担，随着程氏人丁的繁衍和经济实力的增加，到明朝末年，已不致有多大的困难。甚至有可能因为军业田地丰厚收入的存在，使军役后继人选的产生较为顺利。

① 德清蔡氏族产中也有军业田一项。其中包括房屋六间、店房一所，并资本及良田 30 亩，桑地 10 亩，山 150 亩，牛马车船若干。另有义男 18 人，使女 4 口。这笔财产是由蔡文溥主持，正统八年为文渊 5 子 2 婿分家析产时所留，名义上是作为长子、百户蔡能的进京往返之费，实际上具有军业田产的性质。

② 《窦山公家议评注·高祖仁山公遗嘱军役文书》，第 136 页。

③ 《窦山公家议评注·窦山先生程公行实》，第 5 页。

④ 原书“年分称收各处租谷共计”后缺文，此为笔者计算得出的各项租入之和。其中高家坞塘田租缺载未计。

⑤ 《窦山公家议评注·银谷议》，第 99 页。

人丁、事产的增加，使程氏家族中直接参与军役的人数只占一个很小的比例，那么，其他成员又过着何种生活呢？

徽州程氏向以经商闻名，《善和程氏仁山门支谱》中虽然对此并无明确表述，但从谱中仍可发现一些蛛丝马迹。东房二十四世良信[①]，"经营多干济才"。东房二十五世程琪[②]，谱称，"客广陵，徽西盐务多赖之"，业盐是明代徽商的主要经营项目之一，程琪显然是一位长期在扬州地区经营的成功盐商。

程氏留有军业族产，在军业田未确立之前，各家已有一定的地产。虽然从《窦山公家议评注·田地议》等反映出来的是这些土地都是租给他人经营，但本家至少要在管理上花费相当精力，以保证其顺利完租和续买田产。联系徽商发财后常要回乡大量购置田产的习气，程氏子孙中有相当一批人以务农为职业应无异议。

在务农经商之外，业儒是程氏子孙的一个主要出路。这里既有利益上的考虑，又有家族传统的因素。从利益上讲，永乐二年(1404)规定："令生勾军，有见任文武官及生员、吏典等，户止三丁者免勾；四丁以上者，勾一丁补伍"；宣德七年(1432)，"令故军户止一丁，为见任官者，开伍"[③]。对军籍官僚、生员的优待多多。从家族传统上讲，程氏从东晋新安太守程元谭开始，"家世载德，代有显者"，属传统的书香门第。十六世祖程弥寿幼年"嗜学不群，励志经史"，十七世程佐也曾因善文学而一度官居工科给事中。虽然程佐因此而招祸，但程家尚文的传统并未受影响。十八世程新春在经济条件改善之后，随即出资创设窦山书院，"贮书数千卷，延经师以教"子孙，而且新春"每旦入书塾目其所授，而暮则验其日进文学，虽祁寒暑雨无间"[④]，对子孙的学业要求极为严格。

由于家学传统和程新春的严格管束，程氏子孙在业儒入仕的道路上成

---

① 谱中未载生卒年月。根据其父原淳生于嘉靖壬寅年(1542)推断，良信应大致生于嘉靖四十年(1561)左右，"经营"应在万历年间。

② 程琪父良叙生于嘉靖戊午年(1558)。程琪大体应生于万历初。

③ 万历《明会典》卷一五四《兵部三十七·勾补》。

④ 《窦山公家议评注·窦山书院记》，第10页。

就较早[①]。新春子载显,正统六年(1441)中举,仕至韩王府左长史。到二十世、二十一世时,程氏科举事业进入巅峰状态,尤以载显一支为盛。载显子程泰,景泰五年(1454)中进士,累官至河南左布政使;侄程文,成化十三年(1477)中举。孙程杲,弘治六年(1493)中进士,历任江西左参政;程昌,正德三年(1508)中进士,终于四川按察使,《程氏宗谱》、《窦山公家议》即由其主持编纂而成;程昊,成化二十三年(1487)中进士[②],预修实录。

但自此以后,程氏子弟的科举之路变得日渐坎坷。自二十二世东房程锐正德五年(1510)乡试中举,西房程镐中贡元之后,"嗣是而后近百年,朝更六代,值运遭阳九,甲第乏人"[③],直到崇祯十五年(1642)才有二十五世程姓考中个举人。这期间,二十二世廷钫"科举七次,才高未售"、大镠"科举十次"未中。二十三世登瀛"屡科未售"、宗潜"九科未售",尝尽了科举的苦头。晚明程氏出现成功的商人与科举上的失败应有一定关系。

虽然科举不利,但程氏业儒的子孙并不见少。谱中记为邑庠生、邑廪生、太学生、贡生、府泮、增广生、府庠生等字样的后人数量众多。不能通过科举入仕,部分族人转而降格以求,谋求充任低级官吏或吏员,以脱去平民的身份。二十一世程旦充淮府典膳。二十二世镔,由太学生任征事郎;廷钟由贡授乐安县丞。二十三世原洽任鸿胪寺序班。二十五世文选为光禄寺署丞。二十六世维城任卫经历,等等,均为其例。

程氏子弟亦有出任学官,或专心治学,为人师表者。二十世程复,"邃于春秋,学者多宗之",著有《明善斋稿》一书。二十二世程镠,"贡任剡县训导"。二十五世程姓,崇祯时"任如皋教谕,升授和州学正"。

中国文人向来有不为良相,便为良医的济世信条。程氏子孙亦不乏业歧黄之士。二十三世宗孟,"以医名世";宗尹,充太医院吏目,虽然是吏员,但于医术绝非一窍不通。二十六世程迅,生于万历三十四年(1606),"以医名世";

---

① 德清蔡氏与之相比,缺乏家学传统。虽然其祖上在宋元时也是显贵,但到蔡文溥时已消耗殆尽。其父病故时文溥21岁,此前伯、叔已故。文溥11岁即充里正在官服务,16岁时随叔父外出经商,后又多次吃官司,充宪司库役一年,基本上没有什么时间学习。蔡氏历经50余年的积淀才培养出一个举人,与家学的丧失有相当关系。

② 谱中误为"弘治丁末进士"。

③ 《善和程氏仁山门续谱旧序》。

大有，嘉靖三十八年生(1559)，“儒医济世”。

程氏二十三世宗洋，“武略，选授京营守备”。宗洋之父生于嘉靖元年(1522)，保守推算，宗洋应出生于嘉靖十八年(1539)前后，任守备不会早于嘉靖三十五年(1556)。程氏祖军戍辽阳，即便已积军功升为军官，由边镇调至京营的可能性也很少，除非是有特殊功绩和才华的高级武官。但高级武官在京营不会只做一个中级军官守备。结合嘉靖时期对武举十分重视来看，程宗洋应是通过武举进入军队系统，后因有武略而升授守备。这是晚明武人地位回升，吸引普通百姓投身军旅的一个实例。

军户的婚姻状况被前辈学者视为影响其社会地位的一个重要方面。程氏宗谱中对子孙婚配的记载不甚详细。在二十五世以前有记载的59位原配夫人中，汪姓占了23位，且多为“城东”或“城西”汪氏，显示程氏与同城汪姓之间存在世代婚姻关系。汪姓与程姓同为徽州大姓，在徽商群体中占有重要地位。两家世代联姻，对于经营上的互相扶持，社会地位的共同维护有重要意义。

程家女性的外嫁，谱中不载。《窦山公家议》中也仅记有程新春的两个女儿，“长适城西大家子谢景春，次适湘溪宦族子郑克己”。[①] 虽仅有一代的资料，但显示出程氏在与官僚家庭联姻方面必有所成就。

在《夏氏家乘》中，军役反映在余姚兰凤成家村一支。与蔡氏、程氏原系官宦家族不同，夏氏成家村一支世代务农为生，且明初已是“无町畦”，属佃户或“游食”阶层。夏氏军役起自十三世，其时家有三兄弟，按照明初“三丁抽一”的抽籍原则，由二弟夏兴道充役，“配军淮安”。前文提到的蔡氏、程氏均属谪充军，按照南北互易的惩治办法，俱发往北方边境缺军卫所。夏氏因是“垛集”，只发附近卫所。尽管如此，夏氏仍觉得是“横遭无妄”。

夏氏军役的承袭，谱中并未明确记载，只知道长房夏兴贤之孙显忠曾经补伍，后“以老年归家”。以后兴贤及三弟兴民房内均未见有服军役的记载。

明初，并未对军士赴卫是否应携带家属做出明确规定。但由于军士要长年在卫服役，军士家属，特别是妻小，常常主动赴卫团聚或由军士接到卫所随营生活，乃至出现个别军士冒取他人妻子的事件[②]。随着在卫人口的增加和

---

① 《窦山公家议评注·窦山先生程公行实》，第6页。

② 《大诰初编·军人妄给妻室第六》，见《全明文》第一册，上海古籍出版社1992年版，第589页。

清勾工作的开展，明朝政府发现直接从在卫余丁中勾丁补役远较从原籍勾丁容易，遂从制度上对军士赴卫携家属问题做出明确规定。正统元年(1436)八月，根据兵部尚书王骥的提议，下旨："各处起解军丁并逃军正身务要连当房妻小同解赴卫着役。若止将只身起解，当该官吏照依本部奏准见行事例，就便拿问。委无妻小者，审勘的实，止解本身。"[①]其意图很明显，即希望在卫军士能够在卫成家，繁衍后代，以形成自我补充机制。夏显忠生于洪武辛酉(1381)年三月，卒于景泰壬申(1452)年，享年72岁。其退伍归家当在正统初或宣德末。其后补伍之人应是携妻赴卫。淮安卫临近苏州，经济较为发达，宣德间既有民户冒充军士余丁，"填街塞巷，开铺买卖"[②]的现象出现。夏氏服役子孙虽未必携大量亲属赴卫营生，但在卫生活应该不会很艰难。《夏氏家乘》卷三《世谱》载兴道一房"家庭间和气翕然可掬……子孙固属延绵。不居此地，若挨行次谱入，恐观者目乱，另谱数页于后"[③]。夏氏后人有移居杭州、海宁、嘉兴等地生活者，但都不属兴道一支。兴道一房即不与本族同居一地，最大的可能是在卫安家后已世代繁衍，成为淮安定居居民。若此，则军役当为兴道一房世代承袭，兴贤、兴民两房只保持供给军装的义务。

夏氏明初无寸土可耕，供给军装是一项沉重的负担。但经过一段时间的努力，家境渐显宽裕。长房十五世显忠"治生，家饶业裕"，侄夏珏亦以"善治生"闻名。兴民之子宗淳"以例入监"。按：例监始于景泰元年(1450)，"以边事孔棘，令天下纳粟纳马者入监读书"[④]，宗淳能纳粟入监，说明到景泰年间夏家的经济状况已有明显改善。此后，夏氏经济水平进一步提高。长房十八世夏仪，"尝捐资浚夏盖湖新港五里许"。明道"由才干常(疑为"尝"之误)为万石长，乡里敬服，人咸称之"。"万石长"即"粮长"，非富室大户无力充。三房十六世夏璧"输粟赈饥，荣膺七品章服"，如无坚实的经济后盾，绝不会买这个徒有虚名的芝麻官做的。

夏氏发家的另一个途径是经商。长房十七世夏鎜，"营利江湖，溺死"；夏

---

① 《皇明制书》卷一二，《军政条例》，页12b。

② 周忱：《与行在户部诸公疏》，《明经世文编》卷二二，中华书局1962年影印本。

③ 在雍正二年刊本《夏氏家乘》中并未见到兴道一房谱系，或系本刊本有缺页；或即修谱时因故根本未补上兴道一支的谱系。

④ 《明史》卷六九《选举一》，第1682页。

铭,"贾于淮扬,溺死"。三房十六世夏莹,"性放达,狭赀经营,惜乎溺死"。叔侄三人皆以从商为主,只是运气不佳,一道溺死。

在官场找靠山是军户的共同想法。夏氏子孙中也有多人试图通过科举步入仕途,只是都没有成功。三房十四世宗淳因为是例监,为人所轻。宗淳后任南京刑部司务,是从九品的小吏。其妻父谢大使,亦属吏员。三房十五世忠良,曾"任广东肇庆府阳春县",是任知县还是县丞等佐贰官,谱载不清。查《明清进士题名碑录》,并无夏忠良。其充其量只会是个举人,或由吏员转升。长房二十世夏轮,"由吏三考,选福建漳州府宁阳县典史",终于山东鲁王府经历。始终执着于科举的也有,像长房十七世夏金,即"勤于学问,虽试不利而益励厥修"。

真正使夏家光耀门庭,得与势宦交结的不是业儒,而是从医。长房十九世夏篪,"业医,授诚意伯,冠带终身"。以医术而授伯爵,荣宠为明代所仅有。长房十九世大有,"勤于学问,屡试不利。弃儒就医,鸣于江浙"。大有子邦赐,"心弘经济,业富岐黄。致缙绅之延学,俾藩邑之弛声"。

夏氏另有看破红尘,出家为僧者。长房二十一世弘正,"剃度南海,法名大澄,号涤烦",后创上塘寺,"称上塘寺始祖"。二十二世顺生,曾为夏氏宗长,后亦"出家上塘,住持,法名慈圆"。

《夏氏家乘》虽然记载简略不详,但从以上记述中亦可以看出,随着时间的推移,夏氏成家村一支已由明初的一文不名,发展为正统、景泰年间的小康,进而膨胀为地方大户,广有家资。人丁、事产的增加,使原本沉重的军役显得微不足道。很多子孙通过充吏、业医等途径,脱去平民的身份,进入强势阶层。这些都直接间接地提高了夏氏的社会地位。

苏州陶氏,原籍凤阳府定远县。一世祖蚕哥,自布衣从明太祖征北平,屡立战功,后阵亡。赠右都督府都督佥事,世袭指挥使,管正千户事。属从征军中的幸运儿。二世缠儿,"以孤童袭职……屡立战功,授龙骧卫游击,晋威海卫参军。赠武德将军,以病归里"①。三世俊,"以龙骧卫千户调卫苏州郡",后在征交趾的战争中殒命。赐葬吴县十一都二十五图,始家于吴。陶俊长子茂,成化戊子(1468)年中武举,袭千户职。次子英,成化间中文举,终江西吉安府理

① 《陶氏家谱》卷二《世系源流述》。

刑。三子芳，由贡生，任教谕。此时的陶家除人丁不旺外，其他方面都比较不错，在官军户中也属中层。但从成化年间开始，陶氏出现大的滑落。

成化年间，吴中大饥，陶茂夫妇、长子陶毅、次子陶宏及次孙长寿先后殒命，陶茂弟陶英、陶芳无后，陶家只剩下陶茂三子陶广和4岁的孙子陶恩。陶广，早年出赘闵氏。为避贪妇家财产之嫌，“捐其资产，携妻徙居”。正在“勤生业、家渐裕”之时，“连遭父母兄弟五丧，殓葬皆身任之”。悲惨之状不亚于明初军户。

成化大饥，在《宪宗实录》有记载[①]。《德清蔡氏宗谱》卷三《玉泉公谱序》中也称“成化间赤地千里，饥民相望”。唯其不同的是，陶氏祖上积累的财富在此次灾荒中荡然一空，蔡氏则“发粟赈济，活民百万”。二家明初截然不同的生活境遇此时完全逆转。

虽然有世袭武职支撑，使陶氏能够逐渐恢复元气，但成化年间遭受沉重打击的阴影似长久未能消除。八世应鳌，“克勤家业”；九世元相，“苦心经营，家乃小康”；九世服尧，“以勤俭起家”。可见陶氏的生活水准在八世以前尚未得到完全恢复[②]。七世陶凖，“躬耕养亲，不入城市”，其侄应隆亦“隐居”家下，此时（大抵嘉、隆年间）的陶氏充其量是个农村中小地主，与前面提到的蔡氏、程氏、夏氏的事产众多、家大业大不可同日而语。另外，陶氏除一世、三世系临阵战没外，其他袭职子孙大多是因病归里，身体都不是很好，且四世陶英、陶芳，五世陶毅，八世陶胄等均无后。其或许有家族遗传病存在，否则成化间一门连丧祖孙五人，未免过于巧合。不管这一推论能否成立，有一点可以肯定，即陶氏直到晚明人丁才渐有增加，与陶门男丁的身体状况不佳，有必然联系。

以上利用族谱资料，介绍了德清蔡氏等四个军户家族的发展全貌。从中我们可以发现，在被纳入军户系统之初，除苏州陶氏因从朱元璋起事较早，积功进入高级军官行列，不受军役困扰之外，另外三户初始时的景况都很悲惨。德清蔡氏家产抄没，父亲赴卫途中客死异乡。余姚夏氏家无寸土，仍被三丁抽一，军装全无所出。祁门程氏本无军役，因其他闲吏犯罪而遭连坐充军，父、兄

① 《宪宗实录》卷九四，成化七年八月甲辰条载：“浙江财赋所出，今重罹水患，不可不虑……缺食之民，赈以官粮。”

② 陶氏六世仅存陶恩及陶广子凯二人。恩后袭祖职。凯曾与巨商结交，试图通过经商来改善家境，但从其孙应鳌仍需“克勤家业”来看，此次从商并不成功。

先后客死远方,较之别户更添几分无奈。但是,在巨大的经济和精神压力下,族内余众和衷共济,经过几代人的努力,先后摆脱了经济上的困境。经济上的解放和子孙的繁衍,使军役的负担逐渐退化到一个微不足道的地位。军业族产的存在,更是减掉了军户户下成员的军装负担。明初对军户尚有严密约束的"军籍",到成化以后对其已不存在多少实际意义。相反,军籍的存在可以使原籍军户心安理得的享受政府给予的差役减免政策。明中期以后卫所军力大减,政府不得不从普通民户中抽充"民壮"来担负部分地方守御任务,军户则可以不充民壮。虽然局部地区曾出现"军户随田附籍,亦复编及"的现象,但遭到了守"法"官员的反对①。

军役的减轻,使原籍军户户下族众可以抽出精力去务农、经商,或者通过入学读书,博取功名,进而跻身名流仕宦群体。即使科举不成,亦可承充吏员或纳粟买官进入基层官僚队伍,为族众撑起保护伞。财富的积累和声望的增加,使不少达官显贵愿意与之联姻,进一步提升了军户的社会地位。

经济上的积累各户情况不同,但到正统、景泰年间分化趋势已很明显。成功者此时已步入小康,甚而成为地方大户。有了财富,还需权力的保障。知识的积累需要更多的时间。到成化、弘治年间,仕途的努力开始见效。根据《明清进士题名碑录索引》随机进行统计可以发现,永乐十三年(1415)乙未科,军籍考生中进士者为47人,占总数的13.4%,与大多数军户尚未在经济上翻身的背景相一致。而到弘治十五年(1502)壬戌科,军籍进士已达到88名,占总数的22.2%。若加上14名官军籍进士,则占到了总数的25.7%。此后,军籍考生中进士比例大体保持在25%左右。如万历四十四年(1616)丙辰科,军籍(含官籍)进士为87名,占25.3%。崇祯元年(1628)有84名,占23.8%,考虑到明朝中后期军户数量呈持续下降趋势,军籍进士已经远远超过了明朝军户占全体人户的比例,说明军户较其他人户谋取政治保护的愿望更为强烈,付出的努力更大。综合经济和政治两方面考虑,笔者认为将原籍军户地位发生质的转变的起始时间定在成、弘年间较为合适。另从苏州陶氏的发展可以看出,成、弘年间也是部分官军户走向下坡路的转折点。这其中有相当一批到晚明也未能翻身。可见,不论是官军户还是普通军户,到成、弘年间都出现了某种

---

① 万历《广东通志》卷九《兵下·民壮》,《四库全书存目丛书》本。

与明初景况截然相反的发展趋势。

明朝军户的发展,还在另外一个方面发挥了意想不到的作用。

宗法制度是东方社会特有的产物,它贯穿于中国历史的各个发展阶段,在当今社会仍有一定影响。在唐中叶以前,宗法制度以血缘伦理为主要联系纽带,强调世家门第,等级性很强。自唐中叶开始,随着政府放弃用政权的力量干预土地分配,土地流转合法化,且速度日渐加快,经济因素对传统宗法制度形成强有力的冲击,"民间之卑凌尊,少凌长,后生侮前辈,奴婢叛家长之变态百出"[①]。统治者为维护统治的社会思想基础,有意识地将还保留在人们心目中的孝悌观念发扬、强化,并与百姓多聚族而居的实际相结合,通过建祠堂、修宗谱、制定族规家法、建置义庄族田等形式,将血缘和地缘结合在一起,力图使宗族成为具有浓厚政治色彩的基层社会组织,通过它来辅助完成州县政府所无力完成的行政事务。

明制:军户不得分户。这一制度将经济因素强行从家庭事务中抽出,目的在于防止家庭成员之间因为经济利益的冲突分门另灶而影响的军役的达成,但这在客观上推动了新型宗族制度的发展。承平之际,三世成族,较之不受分户约束的民户,军户更易成为人丁事产众多的大族。在栾成显整理的《万历三十年(1602,休宁县里仁乡)二十七都里长户人丁土地情况表》中,十个里长中有四户为军户,且人丁、地产都稳居前六名[②],可见此制影响之大。合户共居,孝悌观念更易深入。军役承袭需有明确界定,族谱于此有不可替代的作用[③]。虽然先祖设置学田、军业田、赋役田等族产意在解脱族众的负担,但在客观上成为维系家庭成员长期共处的经济纽带。

宗族的发展对地方行政有一定帮助。明朝后期对地方守御发挥过一定作用的乡兵,很多即由宗族所组织。王守仁所提倡的"乡约"组织到晚明也与宗族紧密结合,乡约长及其下设的辅助职务,一般由宗族长及其助手出任。"乡

① 管志道:《从先维俗议》卷八,转引自李文治:《明代宗族制的体现形式及其基层政权作用》一文,《中国经济史研究》1988年第1期。

② 栾成显:《明代黄册研究》,中国社会科学出版社1998年版,第212页。前六名中的另二户为匠户,按明制,也不得分户。

③ 明代勾军时往往以族谱为依据。如四川顺庆府南充军户索轲拒服兵役,伪造轮流替役合同文书,欲令长房后人替役。长房执"宗枝"呈官,得免。此"宗枝"即"宗谱"。此案例散见于《四川各地勘案及其它事宜档册》,《北京图书馆古籍珍本丛刊》影印嘉靖抄本,第691、692、721、762、843等五页。

约"往往同宗族家规一同制定。而宗族规章大多对诸如按时完纳赋役，不得违法乱纪等做出明确规定，其处罚甚至比国法还要重。部分族规甚至明确规定族中忿争，必须报经族长处理，不得报官，违者"罚于祠"，俨然成为一级变相的政权组织。

凡事有利就有弊。明朝政府不曾想到，宗族势力的过分膨胀本身也是对中央政权的威胁。与隋唐以前不同，明代宗族中发挥主导作用的不是辈分最高的长者，而是所谓"绅衿"，即曾取得功名——不论是进学还是捐监，乃至成为官僚阶层成员的族内子弟。如萧公权所说："士大夫的利益未必就一定和朝廷的利益完全一致，这一点是显而易见的……（朝廷和士大夫的）利益始终不能融为一体，当把它们结合在一起的那种互利局势发生剧变时，它们也许就会分道扬镳"、"不担任官职的士绅，和平民知识分子一样，都更多地关心自己和自己家族的利益，而无意于帮助帝王去安邦定国。因为除了士绅，他们还是家长、纳税人，也许还是地主，他们的利益有时也会因朝廷的政策或者地方政府的管理不当而遭到损害或受到威胁"①。这种利益上的冲突发展到一定程度，会呈现出明显的离心化倾向。虽然宗族势力的分离化倾向在清代显现的更为明显，但在明代已经露出苗头。崇祯年间震惊朝野的徽州地区宗族势力聚众诛杀百余名过境官兵的"黔案"即为一例。尽管事出有因，但地方宗族势力不呈报官府即擅自行动，显示在族众心目中，只知有族长，不知有官府，而地方行政当局则已无力对此进行有效干预②。

进入明朝晚期，中国社会发生巨大变化，呈现出由传统社会向近代社会转型的趋势。在这一转变中，作为旧的社会形态的代表，明朝政府眼见旧的政府运行机制失灵，却束手无策，政治上一片混乱，腐败横行，一幅末日景色。地方宗族势力的恶性膨胀导致基层政权失控，也是其表现之一。

具有讽刺意味的是，明朝政府制定的军、匠户不得分户的政策恰恰为宗族势力的发展提供了政策支持和客观上的推进作用。从这一角度上讲，作为旧的社会形态的代表，明朝政府恰恰是在努力地为自己培育着掘墓人。

---

① 转引自《中国的现代化》一书，吉尔伯特·罗兹曼主编，"比较现代化"课题组译，江苏人民出版社1995年版，第116—118页。

② 关于"黔案"，可参看周晓光、张健：《论明季"黔案"》一文，《学术界》1993年第3期。

（二）原籍军户与在卫亲属关系的淡化

在原籍军户逐步摆脱低下社会地位的同时，他们与在卫服役亲属的关系则呈日渐淡化的趋势。其主要原因有以下几点。

1. 替役补伍亲子化

明初，政府对军役由何人替补并无明确规定，只要求是户下精壮男丁，因而补伍形式多种多样，有兄弟几房轮流补役，如祁门程氏；有由父母指定补役人选，如德清蔡氏；有以女婿补役，如邵武卫副千户姬小二[①]，等等。后来，替役人选逐渐制度化。根据岳正的记载，其勾补顺序为“继绝以嫡，嫡绝以支，支绝以同姓”[②]，军士亲生子孙为第一选择。岳正，官军籍。正统十三年（1448）探花，天顺元年（1457）入阁。以其阁臣的身份和军籍出身，此记载当无误。那么，这一勾补顺序起自何时呢？据《明会典》记载：洪武二十三年（1390），“令老疾军有子一岁二岁该纪录者，皆与正粮。候成丁收役，不许别勾，以乱队伍”。[③] 依此令，只要军士有子，不论是否成丁及户下有无精壮户丁，均以亲子替役。但是，在洪武二十六年（1393）编定的《诸司职掌》中并未收入此令，而是要求继续以“壮丁”代役[④]。《诸司职掌》未收入二十三年的规定，原因似可归结为当时大规模的战争尚未完全结束，国家对军士仍有迫切需要，暂时无法接受幼子纪录，培育十余年才为国家所用的“条件”。虽然暂时搁置，但作为“祖制”，必被保留下来，于条件成熟后予以实施。岳正的记载印证了这一点。此外，成化十三年（1477）七月，朱永奏陈军务时亦称“军伍多以嫡继”[⑤]。但是，对于兵部而言，勾亲子纪录虽然于军伍无缺，于现实军伍终无实效。因此，他们更倾向于勾精壮户丁。类似的规定如成化十二年（1476）规定：今后清解军士，有司务要面审年力精壮之人，相验年貌，批内开注起解[⑥]。成化十三年（1477）规定：今后清理，除有册清勾、逃故等项军士，即于本户选取壮丁，拘连妻小，差人解补[⑦]，等等。这类规定虽然存在，但清军官员未必认真执行。因

---

① 嘉靖《邵武府志》卷四《邵武卫职官表》，《四库全书存目丛书》影印嘉靖刻本。

② 岳正：《送张鸣玉诗序》，《明经世文编》卷三二。

③ 万历《明会典》卷一三七《兵部二十・老疾》，第 1936 页。

④ 《皇明制书》卷五《诸司职掌・兵部・收补军士》。

⑤ 《宪宗实录》卷一六八，成化十三年七月壬午条。

⑥ 霍冀：《军政事例》卷四《解军要审壮丁》，《北京图书馆古籍珍本丛刊》影印嘉靖三十一年刻本。

⑦ 《军政事例》卷三《行查差拘迷失》。

为选取精壮需要军户、里老、邻居等协同进行，若户下有多名壮丁，还有相互推诿的麻烦，远不如勾取亲生子孙来得容易。晚明名士姚希孟在《代当事条奏地方利弊》中称"（世戍）但以其长子长孙入伍"[①]，可见，补伍亲子化在晚明已经成为惯例。在晚明的勾补个案中，也可以见到类似的情形。如四川成都府崇宁县军户杜尚明，嘉靖十七年（1538）被勾补北京羽林卫军役。杜时年已78岁，只有一子，仅六岁。虽然族内尚有杜尚德、杜宽等男丁多人，清军官林某仍以其子纪录，而未勾旁支壮丁[②]。类似的例子在明代文艺作品中亦有所体现，如山东即墨县于家庄人于大郊，祖上顶当兴州右屯卫祖军一名，既是"嫡支嫡派承当充伍"[③]。当然，若军户内部已有明确的补伍办法，使勾补可以顺利进行时，官方并不强求一致。

补伍替役的亲子化，解脱了大多数军户户内男丁的军役负担，使之可以安心去从事其他职业，有利于集中精力提升本户的经济和社会地位，进而反过来为在卫亲属提供更大的帮助。

2.军士在卫立籍，形成自我补充机制

明代卫所军士服役时间很长，让军士和家属几十年分居显然不利于军队建设。明初既有军士携家赴卫、家属自发赴卫团聚等现象发生。为稳定军伍，政府对于军士起取家属赴卫团聚提供了一定的帮助，如军士唐闰山告取妻室，即由兵部颁勘合，着原籍地方政府代为护送至卫[④]。但军属随卫居住的无序化，使卫所人口分布非常不均衡，部分条件好的卫所人口迅速膨胀，以致军士月粮不足养赡，迫使明廷几次下令将卫所多余人口遣返原籍，"惟留其父母妻子于京师"[⑤]。但随着时间的推移，明朝政府发现无家口在卫的军士易于逃亡，有家口的军士则较稳定，且勾补时可径从在营家口中抽丁补役，远较回原籍勾丁容易。为此，明廷对政策进行了修正，除要求人口过多的卫所继续组织多余人口返乡外，明确规定补役户丁赴卫需携妻前往。

---

① 《明经世文编》卷五〇一。

② 《四川各地勘案及其它事宜档册》，第777页上。

③ 见凌濛初《拍案惊奇》卷一四《酒谋财于郊肆恶，鬼对案杨化借尸》，上海古籍出版社1992年版，第143页。

④ 《大诰初编·军人妄给妻室第六》。

⑤ 《太祖实录》卷一八二，洪武二十年闰六月乙卯条。

起解军丁并逃军正身赴卫必须携妻小同行的政策于正统元年八月开始实行。妻小同行可使军士有久居之念，并可免清勾之苦而军伍得实用。因此明廷在正统元年之后一再重申此制。如《军政事例》卷二《逃军连妻递解》条(正统二年，1437)；卷三，《行查差拗迷失》条(成化十三年，1477)；卷四，《解军抄招》条(弘治十七年，1504)；卷四《批内有妻而无解到》条(正德六年，1511)，等等。另据于志嘉在《试论族谱中所见的明代军户》一文中考证，在嘉靖十年(1531)以前似已有起解户丁无妻小者，由家族出资给娶的惯例。嘉靖十年正式立法通行全国。于的依据是《南枢志》卷九二《处妥勾以绝逃军》条。笔者未能找到《南枢志》，在《军政事例》、《皇明制书·军政条例》等书中也未能见到相关记载，但从有关案例及明人对解军之苦的论述中可以看出，晚明确实存在合族乃至里甲出资为补役户丁娶妻的现象。前者如嘉靖二十六年(1547)四川顺庆府索轲伪造族内补役合同一案。索轲伪造的合同上称："宣德八年(1433)二祖议处索荣出军丁，索仲明、索茂出军妻二香解卫"。虽是伪造的文书，但若无相应的社会实况，索轲断难编出索仲明、索茂"出军妻二香"的条文。后者如(天启)《海盐县图经》卷五所载，"旧规起解军犯，点佥本军该图里递长解一名。军犯无妻者，该解代为之娶。"

军士携妻赴卫虽然不能根除军士逃亡的积弊，但确实使相当一批军士安心服役，并在卫繁衍。条件好的甚至聚集成族，丁口众多。如辽东"某卫呈报各户余丁名册"中所载：梁通即梁英下余丁 14 丁；孙弼下余丁 27 丁；金辉下余丁 13 丁；徐聪下余丁 10 丁……[①]嘉靖四十一年(1562)，兵部题准：凡不系在卫所生之丁，并不许勾取当军[②]。虽然此令并未得到严格的贯彻执行，但有一点可以肯定，即在卫人口自我繁衍，自我补伍替役的机制已经形成，且基本能令官方满意。否则明朝政府不会冒着军伍缺员的风险免去原籍军户替补军役的义务。佥妻同行的政策到崇祯十一年(1638)有所松动。当年，上谕兵部：编遣充军，止拘本妻，无妻则已[③]。免去了同族、里甲为之娶妻的义务。表明此时的卫所兵制于明朝政局的稳定已无甚作用，明廷终于开始着手废止

---

① 《明代辽东档案汇编》，辽沈书社 1985 年版，第 216—221 页。

② 袁黄：《了凡杂考》第十一，《宝坻政书》卷一〇《防倭二议》，《北京图书馆古籍珍本丛刊》影印万历三十三年建阳余氏刻本。

③ 《明史》卷九三《刑法一》，第 2302 页。

军户世袭充军的祖制，寻找其他整饬军队，提高军力的办法。

在血缘纽带日渐失效的明代社会，随着补伍的日趋亲子化和卫所军士在卫立籍自我补充机制的形成，维系原籍军户和卫所军户之间联系的纽带就只剩下军装了。"军装"，全称为"军装盘缠"，指由原籍军户提供的军士起解到卫和在卫生活的费用，此后又加上了为无妻军士娶妻费用。明初，军装供送的时间、数量政府均未规定，完全由原籍军户和在卫军士自行协商决定。到弘治五年(1492)，政府始明确规定"五年一送军装"。规定原文如下：

> 各处清军御史督令有司清军官员将……不奉册勾之家以五年为率，着令户下应继人丁给与供送批文，就于户内量丁追与盘缠，不拘多寡，明白照数开写批内，仍管解该卫当官，给与本军收领。取获本卫印信结领黏附回缴。若彼处军中十分富足，不愿供送者，听其告明本卫，备开黏结批回，以免下次再去供送。如是营中故绝无人，就将应继人丁收补……若军户家下富足，自愿不时供送盘缠者，听从其便。①

此令中有以下几点应予注意：①军装按丁征收，不拘数额。由于原籍军户人口、财力差距很大，势必造成卫军所得差距悬殊，人为拉大贫富差距。②军装由应继人丁供送，若遇军中军士故绝无人，则直接补伍替役；③军装先交卫所军官，再转交军士，军官可乘机从中渔利。对军士最有利的应对办法是顺水推舟，以之为"买闲"之资，结果导致军伍进一步空虚；④在卫军士富足，自愿舍弃，不要军装者，可报官停送。

在卫立家年久，家给人足，放弃原籍亲属供送军装的确有人在。停送军装使两地亲属间的联系纽带不复存在，致使相互间失去联系。以武进臧氏为例，臧氏始祖世隆生贵二、贵五、贵十、贵十一四子。贵十长子贤七，充北京彭城卫军。谱中仅记录贤七生子旺，旺生钊，钊以下失载，显然是失去了联系。贵二子宁十三的后人，谱称"寓京无考"②。武进与北京远隔几千里，宁十三之后人长期住京，以致与故乡亲属失去联系，最大的可能是与贤七一房共同生活，或是贤七一房在京立足稳定之后，宁十三的后人前往投奔。与这二支相反，贵十一之子宁七生子申三、申五，申三长子士恭，洪武初遣戍北平卫，后调陕西永昌

① 《军政事例》卷三《五年一送军装》。

② 臧凤生：《(武进)管庄臧氏(六修)宗谱》，光绪二十四年宝善堂活字本。

卫。士恭生二子孟金、孟忠，“孟金之后居前宅，孟忠之后居箬峡”，显然士恭的后人并未离开原籍。由于有直系亲属在原籍，士恭及其后人与原籍保持了长期的联系。谱中虽未涉及军装，但从贤七、士恭两支的实际情况看，前者属在卫立籍，不需户下供给军装，后者则相反。荆南庄氏的情况与之类似。八世禄一，明初充军辽东复州卫，后改调镇江卫。以后户众只知其在镇江发展，而不明其支脉传承，显然已无联系，更谈不上军装了[①]。卫所军士独立发展最典型的例子要属何孟春一家。何孟春的高祖重二十五公充军偏桥卫，曾祖福十三公生于卫所，距何孟春不过四代，而何孟春居然对此已全然不知。到弘治辛亥年(1491)，奉祖父之命回乡扫墓时，何孟春才通过族内老人的介绍了解此事。而故乡郴州的族众对偏桥卫的亲属也只是“闻名而已”，并无切实的联系[②]。

负责供送军装的应继户丁因为有到卫即被补伍的危险，往往借故推托，不及时供送。在卫军士为索军装，要么贿赂军官，诈称故绝，等补役户丁到卫，“多方恐吓，而户丁只得将所有盘缠尽数递与，方得批内带回听继”[③]；要么买通军官，私持公文，回乡自取。由于原籍军户和卫所军户的血缘关系一代比一代疏远，无论采用上述哪种方式，都难为原籍军户所接受。对于后者，连官方也称之为是“骚扰百姓”[④]。顾诚在《谈明代的卫籍》一文中曾举了曾省吾的例子。曾省吾，万历初任工部尚书。明初，祖先曾永四充发安陆卫军。早年联系紧密，“安陆与(故乡)彭泽往来相闻无间”，而到了嘉靖年间，原籍军户为逃避提供军装的责任，竟将祖宗牌位付之一炬，拒绝承认这门远亲。像这样将事情做绝的似乎不多，大多数原籍军户采取的是拖拉推诿战术。凌濛初《拍案惊奇》卷一四《酒谋财于郊肆恶，鬼对案杨化借尸》典型地反映了原籍军户的这种心态。山东即墨县于家庄人于大郊，祖上顶当兴州右屯卫祖军一名，“虽则是嫡支嫡派承当充伍，却是通族要帮他银两，叫做军装盘缠，约定几年来取一度，是个旧规”。万历二十一年(1593)军士于守宗遣家丁杨化回乡取讨。杨化到

① 庄林初：《荆南庄氏宗谱》，光绪十一年天宠堂刊本。

② 何孟春：《余冬序录摘抄六》，《纪录汇编》卷一五三。

③ 杨秦：《题为清理军伍以苏民困事》，《军政事例》卷五。

④ 《军政事例》卷一《不许给文卖军回家》。此令正德十年颁布，嘉靖四年重申，说明并未得到切实遵守。

即墨后，于家七拼八凑，才凑了二两八钱。于大郊见"这些族中人怕他蒿恼，巴不得他去的"，起了劫财之心，将杨化灌醉勒死。杨化失踪十几天，果然无人过问。后杨化借尸还魂才雪了冤仇。

由于清勾困难，明朝于正统元年(1436)开始推行鼓励军士在卫立家兴业的政策，由此造就了很多在卫独立发展，与原籍亲属关系疏远，可以自己解决生活来源的大家族。保守的明朝政府未能正视这一点，反而于弘治五年(1492)推出原籍军户定期供送军装的规定。对于在卫军士而言，不论现有生活条件如何，有一笔外财，总不是坏事。曾省吾一家生活小康，仍按例回乡催取军装；于守宗有钱蓄养家丁，仍不忘故乡的几两小钱，都是典型的例子。此制不但于振兴军伍无补，反而造成卫所军户与原籍军户之间的诸多矛盾。双方力量对比悬殊的，要么放弃军装，要么拒不承认这门远亲；力量大致均衡的，则有扯不清的麻烦。即便协商解决了，感情上只会更加淡漠。

感情上的淡漠对于双方各自的独立发展有利无弊。那些与卫所亲属失去联系的原籍军户既不承担军役，又可享受免丁免役的优待，明显比普通民户高出一块。即便是仍有一定联系的原籍军户，由于大多有军业族产的存在，负担也很小。相比那些既要出资供养卫军和募兵，又要承担民壮等役的民户，生活要好得多。可以肯定，相当多数的在晚明仍保持军籍的军户，在经济和社会地位上至少已取得了与民户相等的地位，甚至比之更高。另外，卫所军户与原籍军户之间纠纷的增加和相互独立发展的趋势，促使一些关注现实的士大夫开始思考改革现行军户制度的方法，使之顺应时代发展潮流。这一点后文将专门阐述。

除以上诸多因素之外，明朝政府为维护卫所兵员补给而制定的清勾制度，在实际运行中也起到了一定的拉近军户与民户的社会地位的作用。

清勾，原则上只在军户中进行，由于制度上的弊端和执行中的失当，反而严重的影响了民户的正常生活。这一点在明人的记述以及前人的研究中已经有充分的介绍，此不赘述。这里要说明的是军户承担替补军伍之役，有清勾之扰，理所当然。对于民户之言，凭空承担造册之费、选长解解军、受清军人员骚扰等弊害，纯属无妄之灾。清勾之害，"十四在军，十六在民"。① 对于军户，通

① 王世贞：《议处清军事宜以实营伍以苏民困疏》，《明经世文编》卷三三二。

过合法或非法手段脱逃军伍，成是幸运，不成只怪运气差，心理压力是有限的。民户本无军役，一旦为清军官员误勾，或被佥解军，耗银费力，如同飞来横祸，心理上无论如何难以接受。在这样的条件下，民户被强制着向军户靠拢，军、民两户的地位在日趋接近。二者距离的拉近，对于突破从元代开始确立的人为的户籍、职业界限，实现新经济因素发展所需要的最大限度的人口的地域和职业自由流动，有重要意义。

第二节　晚明卫所军户的生活实态

和原籍军户不同，卫所军户有一个形成过程。明初，大部分军士是单身赴卫服役。随着战事的减少，军士家属开始自发地赴卫团聚，卫所军户渐趋形成。正统元年新军服役必须携妻前往的规定给这一趋势施加了一个强刺激，大大加速了卫所军户的形成步伐。卫所军户的出现，改变了卫所原来单纯的军营性质，使卫所管理中的民政事务日渐增多。这一变化对于卫所军户社会地位、生活状态的改变有着至关重要的影响。

在古代中国，“国之大事，唯祀与戎”，建立和维护一部强大的军事机器是统治者的首要任务。具体到明朝，蒙古的军事压力长期存在，维持军力的强大更显迫切。但与这种愿望相反，明朝政府的军事优势仅仅保持了几十年即迅速下滑，被迫对蒙古转入长期的战略防御。军力强大与否取决于士兵的素质，除了由于士兵来源庞杂，白面书生、老幼弱病充斥其间，战斗力不一外，军士生活条件艰苦，致使士气低落是重要原因。导致明代中前期卫所军户生活困苦的原因主要有：

第一，军士月粮寡少。

明制：普通军士月饷仅粮一石，且不能足额发放，只身在卫或谪充军士还要相应扣减。卫所军士不但有守卫疆土的职责，还有承造军器，修补城池、堤防等工作，这类工作的费用一般按照“军三民七”的比例出办。这30%的费用概由军士负担。除了这类固定工作之外，清勾军伍等临时工作所需造册纸张、笔墨之费也要由军士承担。北边军士另有朋合养马，马死赔补等开支。以如此寡少的月饷承担如此繁复的工作，可供军士及家属生活、置办军装的费用就所剩无几了。即便如此，月饷还不能及时发放。如直隶河间、沈阳、大同三卫军士自正德七年(1512)至嘉靖四年(1525)，长达14年未支月粮。[①] 嘉靖年间，朱纨巡视东南时，亦见漳州卫月粮少支3个月，铜山等所缺支20个月，泉州、高浦等所，缺支10个月，“无一卫一所开称不缺者”[②]。

由于百姓在缴纳粮税的过程中经常受到管理军仓的军人刁难，明初原由卫所管理的军仓于宣德十年(1435)被强制转归地方行政系统管理，只有辽东、甘肃等附近没有府州县的边卫仍旧[③]。卫所军人的月粮因此相应的改由地方政府发放。地方官员站在维护地方利益的立场上，对于所辖地区百姓的生活更为关心，一有灾荒即上书请求蠲免，即便未获批准，也不会过分催逼百姓，以免激生民变。税粮征缴上的拖延必然影响到卫所。虽然朝廷不时下旨催办，严令“勿得坐视其困”，但效果并不明显。而州县官员吏典的腐败更加剧了这一军地之间的矛盾，“或各县吏书受贿歇阁缓征，或已运在仓而该仓吏书故掯不发，或已征给付解头延不上纳。甚有狡猾之徒串通吏书，粮不入廒，虚出仓收。乘各军日食空乏，暗行兑会，或伍折或六折。贫军无奈，只得隐忍”[④]。

除此之外，由于明中期以后月粮基本是本折兼支，军士尚有折钞、折银、折草等与市场价格不符，间接被政府克扣军饷转移财政压力等问题存在。

第二，卫所军户差重役繁。

由于清勾原籍军户效率低下，明朝政府逐渐把兵源补给的重点转移到在卫生活的余丁身上。起初只是佥点余丁顶替逃故正军屯田或守城，即“例军”。进而直接佥选精壮余丁团操战守，原由正军承担的军伴等差役也改由余丁承担，使正军与余丁的界限日渐模糊。最后，明朝政府索性放弃一个军户只出一丁服役的原则，直接抽余丁为正军，史称“抽垛”。佥补余丁和抽垛的实行，使一户多军成为普遍现象，“尽户皆无空闲之人”[⑤]。对于边方军户而言，就地服役尚属轻役；对于担负有定期赴边戍守任务的腹里卫所的军户则是苦不堪言。如在湖广，“一户之军，差至七八。有兄戍粤西，弟守武冈者；有叔充城操，侄赴

① 《世宗实录》卷四七，嘉靖四年正月辛巳条。

② 朱纨：《阅视海防事》，《明经世文编》卷二〇五。

③ 《英宗实录》卷七，宣德十年秋七月己卯条。即便是临近没有州县的边卫，后来也有很多被改为行政官员遥管。如宁夏六卫、洮河卫、和州卫、岷州卫于正统元年改由山西布政司管辖(《英宗实录》卷二二，正统元年九月辛酉条)。

④ 范涞：《两浙海防类考续编》卷之六，《四库全书存目丛书》影印万历三十年刻本。

⑤ 《宝坻政书》卷一〇《防倭二议》。

远调者；有班满回家，而屯局门哨之差且骈至者。昔以数户垛一军，今以数军累一户。在垛户丁繁者犹可言也，单户孑身，倏来倏去，岁无宁日，终归于毙耳"①。

除屯田、守城之外，卫所军户尚有充当军伴、"坐守城铺、捉军、里老、军牌旗吏直厅把门解禁坐户军并"等杂泛差役②。在边境不设行政区划的地区，军士另有驿传等苦差。

第三，贪暴武官的百般压榨。

军官欺压军士在史籍及前人的研究成果中多有反映。武职另有一大劣迹，即为自己及亲信冒功领赏。这直接剥夺了普通军士以军功升迁，进入武官群体及以赏赐改善生活的机会，使之看不到前途和出路。

困苦的生活迫使卫所军户积极寻找解脱办法，明朝政府为维护政权的稳定也不得不做出相应的调整。

一、卫学、武举与军民户之间的互动

明初，太祖朱元璋倡导教化，以学校为教化之本，于郡县广建学校。随着卫所人口的增加以及承平之后卫所军官多不识文理而受窘、影响工作，卫所官兵子弟的教育问题逐渐提上日程。朱元璋历来反对"文武异科"，希望各级学校能多培养出一些文武兼备的人才。在卫设学，授予这些武夫以文学之道是实现文武并重的一个途径。

卫学的师资设置大体与郡县学相同，一般为教授一员，训导二员。武官子弟称武生，军中俊秀称军生。不过卫所教育一般并不始于此。明初，大批知识分子或垛集，或谪充，进入军户群体。这些人对于军卫教育的开展，往往起到奠基的作用。如在大同，文臣沈良、盛春于洪武三十一年（1398）谪戍应州，"世传儒业不废"。大同威远卫设于正统三年（1438）。为补军士之不足，大量谪充罪人被编发本卫。进士王彰、潘洪、汪宾等先后因罪谪戍于本卫，"庠生及将门子弟多受学焉"③。在溆浦，萧孚、康浩"以戎籍隶溆"，"时皆乌合介胄，兵民杂处，罕有通字文者"，萧、康二人以儒学授人，溆浦始有"蒙师"，二人被后人称为

① 郭维贤：《酌议两省班军疏》，《明经世文编》卷四〇六。

② 赵伸：《筹边疏》，《明经世文编》卷二三四。

③ 正德《大同府志》卷九《寓贤》，《四库全书存目丛书》影印正德刻嘉靖增修本。

“萧康两夫子”[①]。类似的例子还有很多,恕不赘述。

对于卫所教育产生积极影响的另一群体是受命任官于边徼、卫所的文职官员。这些人出身士林,往往以推广教育为己之重任,以所辖地区“盛产”文士为政绩。他们的作用主要反映在二个方面。一是奏请设立或恢复卫学。二是促使卫学的设施、制度更为完善,使之同州、县学处于同一起跑线上。明代州、县学有廪膳生员、增广生员、附学生员等名色以及岁贡、选贡等待遇,得充贡生即可入国子监,进而授官,这是明朝知识分子在科举之外进入仕途的一条重要途径。这些在明初都与卫学无关。卫学有岁贡,始自成化二年(1466),其制为每二岁贡一人,与县学相同,且“平时不给廪食”[②],显然处于劣势地位。文官对于扭转这种不利局面发挥了重要作用。以辽东为例,成化年间开贡时都司学四年贡三,当时府学为岁贡一;广宁学三年贡二,各卫学二年贡一,与州、县学相同。弘治以后,岁贡改为府学岁二人,州学二岁三人,县学岁一人,辽东卫学则仍循旧例。正德十年(1515),巡按御史刘成德“为人才渐盛,奏请疏通。以都司比府,广宁比州,各卫比县,其贡法遂与有司同”[③]。在延绥镇,由于军费有限以及不受重视等原因,榆林卫学一直没有廪膳。嘉靖八年(1529)巡抚萧淮始设月米三斗、菜银五分,奖给“遇考优等者”。后又经巡抚部光先、刘葵、郑汝璧、宪副萧大亨等筹划,渐增至月给银五或七钱。万历三十七年(1609),由提学道段猷显改称廪膳生员,“始与府学等矣”[④]。领受廪膳,对于军官子弟影响不大,对于中下层军户子弟则有着重要意义,家贫学生可凭此摆脱辍学的命运。

在卫学之外,尚有社学,“延师以教民间子弟”,进一步扩大了受教育面。卫所社学大多也是由文职官员主执创设的,像榆林社学始自余子俊、大同社学始自韩雍,等等。除此之外,一些好儒的文臣还曾出资设立私营性质的书院,如延绥先后出现过榆阳书院、兴文书院等。

① 《续澉水志》卷七《隐逸》,《四库全书存目丛书》影印嘉靖三十六年自刻本。

② 陆容:《菽园杂记》卷六,中华书局1985年标点本,第74页。另据《世宗实录》卷九六,嘉靖七年十二月甲戌条载,“生员不食廪十年以上,起贡如例”。可见不食廪反而成了卫学生的入贡条件。对于家贫的学生,显然增大了负担。

③ 嘉靖《辽东志》卷六《人物·岁贡》,《辽海丛书》本。

④ 康熙《延绥镇志》卷二之一,《四库全书存目丛书》影印康熙刻乾隆增补本。

卫学、社学以及书院的出现,为卫所军户子弟摆脱低下地位提供了一个途径。入了卫学,即成生员,可以参加乡试。中试即为举人,可以进一步参加会试。即便未中进士,也可以举人身份出任低级文官。退一步讲,即使未中举人,也可以通过岁贡、选贡乃至例贡等途径,谋得一官半职。即便是一无所成,仅存一个生员的身份,也可以大长门风,在社会上受到与民户生员的同等礼遇,因而悉心向学成为卫所军户子孙的重要目标。朔州卫丁氏,年二十余夫亡,苦心抚育三子,后长子以国子生任陕西吴堡知县。大同后卫军仲海妻董氏,二十余寡,抚三子,"长子能甫数岁即令向学。及长承役,以谋略见闻,功升指挥"①。丁氏、董氏二家,若无卫学的存在,想必难以复兴家业。根据高艳林的统计,天津三卫先后有 11 人中进士,27 人中举,99 名岁贡。进士中官生 2 人,军生 8 人;举人中官生 7 人,军生 18 人;岁贡中官生 19 名,军生 79 名②。军生占了绝大多数,反映了普通卫所军户子弟同有所依靠的武官子弟相比,摆脱受压迫、受歧视地位的心情更为迫切,学习更为用功。另据孙承泽《天府广记》记载,成化二十二年(1486),江阴卫军杨俊中第 85 名举人;弘治十七年(1504),骁骑右卫总旗柴虞中第 89 名举人③。现役军人何以被允许参加乡试尚不可知,但有一点可以明确,即这一现象肯定有利于卫所军户。

卫学教育对于军官的培养也发挥了一定作用。一批军官子弟逐渐改变了纨袴习气,讲求经世济用,这对于部分改善其属下卫所军户的生活条件,调整官兵关系有相当好处。如江恩,"故诸生,袭父职为(通州守御千户所)千户。有志经济而限于官,故凡稍可展布所学辄尽力为之。时上官征尺籍羡丁钱,名为无田屯种,甚病贫卒。恩乃上书请罢之。书凡十五上不得请,后卒得请除焉"④。

卫学、社学等卫所教育的发展,使卫所军户有了一个摆脱困苦生活,突破户籍界限,进入主要由民户出身的士人组成的官僚、士绅群体的平台。虽然军籍在形式上尚难解除,考虑到官宦士绅阶层享有的特殊待遇,军籍身份在事实上对这些成功的军户来说已没有多少实际的约束。不过,卫所军户在治学上

---

① 正德《大同府志》卷二二《人物·列女》。

② 《明代天津人口初探》,《明史研究》第七辑,第 87 页。

③ 孙承泽:《天府广记》卷一七《贡院·试额》,北京出版社 1962 年标点本,第 212 页。

④ 万历《通州志》卷六《名臣》,《四库全书存目丛书》影印万历刻本。

的努力还只是军户向民户靠拢的单向流动，真正起到既有利于卫所军户跻身主流社会，又促使部分民户向军户逆向流动的平台是武举。

武举始创于唐，废于元。明承元制，沿用元代军官世袭制度。正统以后，军政日渐废弛，军官子弟率多纨袴不堪用。土木之变后，明军一败再败，军官世袭的弊病暴露无遗，重开武举，多渠道选拔将才被提上日程。天顺八年(1464)，明朝重开武举，但不久又废止，直到弘治六年(1493)才又开设。

武举初开时以"策略"为重，武艺次之。后因各军镇长官概由文官出任，作战指挥全然不由武将决定，以及"策略"难修，不利于速见成效等原因，考试重点渐由"策略"转向"技勇"，即武功。"技勇"常人较为容易练就，利于普通军户中举。

武举初设时，由于重文轻武之风的影响，民户子弟参加武举者较少。嘉、隆以后，由于军事形势的变化，武举录取名额的大量增加，轻武之风渐有改变。张居正上台后，推行军事改革，授予蓟辽总督谭纶以专断之权，禁止巡抚、巡按、巡关御史等文官干涉军务，授予戚继光总理蓟州练兵事务兼镇守，总揽蓟州军务大权，大大提高了武将的权力和地位，一改自北宋以来沿袭数百年的以文制武、重文轻武的军事体制。武将地位的提高，大大冲击了重文轻武的社会风气，使大批民籍子弟开始转向文武并重，乃至弃文入伍。崇祯四年(1631)，明思宗又开武举殿试，从而形成文、武并重的局面①。与之相配合，思宗又于崇祯十年(1637)下令府、县学皆设武学生员②。对重文轻武之风进行了进一步的荡涤。

晚明社会风气的改变，可以从《山阴县州山吴氏族谱》③中得到明确证实。吴氏始祖均礼，洪武四年(1371)立籍浙江山阴县二十一都民户。吴氏初始亦以业儒为主，门下府、州、县学生员众多，其中学业最优者当属一支大分统大房之吴兑。吴兑，嘉靖进士，历官至兵部尚书。因官居显位，得荫长子有孚为锦衣卫正千户、荫侄有端为锦衣卫镇抚。成、弘以后，武官世职渐由世官向世爵转化，高官显要荫子为世袭武职者屡见不鲜。如于谦，宪宗时昭雪平反，授其子于冕为府军千户，准世袭。斯时轻武之风已盛，于冕不屑于与武夫为伍，经

---

① 《明史》卷七〇《选举二》，第1709页。

② 《明史》卷六九《选举一》，第1690页。

③ 吴国槃修，道光十九年刊本。

努力转为文阶，迁应天尹[①]。与于冕不同，吴有孚并不耻于为武夫，相反却亲自参加武举考试，并中万历十五年(1587)会举，后积功升至都指挥，任至山东副总兵。有孚育有二女，长适新建伯王先进子，次适知州祝彦子。从于冕、吴有孚对世袭武职的不同态度和婚姻关系来看，到万历年间，重文轻武之风已有相当大的改变。吴氏族人弃文从武，一支大分最早始于七世吴遴。吴遴祖父吴洪，娶兵部侍郎陶寿之女，父吴谧，补国子生。从祖、父的生活年代和婚姻关系来看，此时并无投笔从戎的迹向。吴遴，嘉靖二十四年(1545)生，后授金吾卫正千户。吴遴父、祖均非显宦，此武职肯定不是恩荫得来，只能是其通过武举，历官积功而得。吴遴有二子，长子国光，万历十三年(1585)中顺天武试第七、十六年(1588)第三、十九年(1591)乡试解元，后任职瓜州江防；次子晃以书法闻名于世。可见此时的吴氏尚属文武并重。此后吴氏一支大分基本上都是以武职闻名，文职成功者仅十世、有孚子孟登仕至云南永昌府知府。吴遴等投笔从戎的具体原因谱中未予说明，不过参看二支三分吴显忠的传记可知应是与文举不利有关。吴显忠，少时以“能文”闻名，但三次应试一无所获，遂弃文习武，“究黄石韬钤，为万人敌”，隆庆元年(1567)中浙江武魁，万历二十年(1592)中武进士，累官至副总兵。与其类似的还有七世之吴大斌。大斌“六岁而孤，天资高迈，能博闻强识，幼应童子试，不售，乃弃举业，肆力于六经子史及兵法律例诸书……遨游海内，以冀其遇，至辽左，遂寓居焉。凡族人有志四方者，多往归之”[②]。吴大斌不仅自己弃文从武，还以己为榜样，带出了一大批族人。

修文不成而习武者之外，吴氏族中另有一些已授文职，又改武阶的族众。如一支二分十世之吴家相，初授江西德化县主簿，后调福宁卫经历，随部援黔时改任守备，以后历升至参将，进阶正四品明威将军。一支四分九世之吴惟尊，由候选县丞改授锦衣卫百户。县主簿为正九品、卫经历为正八品、县丞为正八品，均属卑下文职，一般由文举人或国子监生充任，没什么前途。一般得中举人往往要多次尝试会试，二人很快就放弃儒业，出身监生的可能性更大一些。文职从正九品的杂职晋升至正四品，希望微乎其微，家相受族人影响，及

① 王世贞：《名卿绩纪一·于谦》，《纪录汇编》卷九七。

② 《山阴县州山吴氏族谱·叙传记》。

时改弦易辙,算是顺利达到了建功立业的目的。惟尊虽仅终于正六品百户,但较之不知何年才能实授的候补八品县丞,总是强上许多。

进入晚明,社会风气有了很大改变,对旧的社会价值、社会秩序形成很大的冲击。武举的开设和军事改革带来的武人社会地位上升,给业儒不成的知识分子提供了另一建功立业的途径。这些原由业儒开始的考生知识结构较之卫所考生更为完整,不仅"技勇"高强,且谙晓兵律之学,精于"谋略",更接近朱元璋所渴求的文武全才。这些武举人进入明军领导群体,对于提高军队战斗力、延缓明王朝灭亡发挥了重要作用。这还是次要的,更重要的是,它打破了金、元以来军队系统自我补充,自我代谢的封闭坚冰,打破了沿袭三百余年的封闭的职业户籍制度。卫学和武举的并存,对于实现军户与民户间的双向流动有着重要意义。

传统中国的社会价值观在宋以前讲求"出将入相",尚武轻文。宋以后由于科举制度的发展逆变为重文轻武。这一社会观念一直延续到明朝中叶。晚明以后,张居正改革和武举的日渐完善极大的冲击了这种价值观,致使形成一股尚武之风,连文人墨客也讲论起武学。隆庆四年(1570)以前参加广东武举乡试尚不满五百人,"今至千人有奇,有以激之故也。拔三十人于千人,盖取之尤,重激之也"①。尚武之风兴起,不等于尚文之风衰落。从吴氏族谱来看,吴氏族众仍是文武并重的,只是武学上的成就更大一些。可见,经过几千年的发展,中国人的价值观终于从侧重于一端发展到文武并重。这一变化具有划时代的意义,对于晚明社会的进步以及后世清王朝的发展都产生了难以估量的影响。

二、均徭、一条鞭法的引入与卫所管理之行政化趋势

随着卫所军户人口的增加以及明中期以后大量佥派余丁替补由正军逃亡留下的空缺和承担杂差,一些在行政系统成功运用的徭役编派制度逐渐被引入到卫所管理之中。首先引进的是均徭。

均徭法为柯暹所创,初行于江西,后为中央政府采纳推行于全国。此法将杂泛差役中相对固定的经常性差使单独编为一类,编造均徭文册,根据各户丁粮多寡均派徭役。据笔者所见,军中最早引入均徭法的是山西行都司。"先

---

① 吴国伦:《广东武举乡试录序》,《甔甀洞稿》卷四〇。

是,都御史许进巡抚大同,议各卫所空闲舍余照民间均徭例,每丁出银四钱,以给公需,上下便之。”①许进巡抚大同始于弘治元年(1488),均徭法当于弘治初年被引进。从“每丁出银四钱”来看,当时已有银差、力差之分,但似未考虑户等的因素。

首次提到卫所均徭审编户等的是柳应辰。《武宗实录》中载其上言:“顺天、永平二府并各卫所差役不均,审户虽有三等九则之名,而上则常巧于规免;论差虽有出银出力之异,而下户不免于银差。”②

《全辽志》卷二《赋役·徭役》中详细开列了辽东各卫力差项目、人数以及银差征银数。从中可以看出以下几个问题:一是均徭银“岁三等审编,增损不一”,并未按中央政令五年一编。二是“所纳柴炭并外折银两俱系屯种军余出办,今皆准免”,并不再遇冬收操。三是均徭涵盖寄籍人口。寄住卫所的民籍人口属卫所代管,既然将其编入均徭,势必应在其子女教育、粮差、司法等方面予以考虑,这是卫所管理趋于行政化的一个动因。

嘉靖末年,卫所军户的户等审编已混乱不堪,随着一条鞭法在局部地区成功推行,卫所均徭渐渐为人所厌弃,一条鞭法成为其最佳替代品。

对军卫引入一条鞭法的研究,始自于志嘉《明代江西卫所军役的演变》③一文。该文较全面地研讨了一条鞭法在南昌卫的推行原因、过程及方案。文中指出南昌卫推行一条鞭法改革的起因在于卫所军官违法役占军余,导致卫所军户大量逃亡。后因军余谭国镇等上告,经巡抚陈有年等协商“会议”,报中央政府,于万历十四年(1586)十二月获准实行。民间推行的一条鞭法,是以田地多少为标准,量地起丁,并总括府县赋税杂役,一归于田,计亩征银。原承差役,改由官府雇募或买办。卫所推行一条鞭法的目的是遏止军官占役军士、余丁,所以征银标准不是田产,而是丁数。根据万历《新修南昌府志》的记载可知,南昌卫万历十五年(1587)实行的一条鞭法大体如下:

南昌前卫、左卫原额正军 11200 名,见在食粮正军 3546 名,“不议征徭”。余丁分在城、屯丁两类。在城余丁 2604 名,分成上、中、下三则,分别纳银 2 钱、1 钱 5 分、6 分。屯田余丁不分等则,前屯实在 3000 余丁,每丁纳银 5 分;

---

① 《武宗实录》卷七一,正德六年正月乙亥条。

② 《武宗实录》卷一九,正德元年十一月乙酉条。

③ 《中研院史语所集刊》第 68 本第 1 分。

左屯实在2500余丁,每丁纳银6分5厘。前左屯田余丁所纳屯田子粒共正米16319石,每石另派银1分。"丁田二项共派银捌百玖拾玖两柒钱伍分伍厘"①。以后每三年清审一次。所征收的银两大部分用于募役。不过卫所各项徭役仍然是尽量雇募余丁,如应役余丁不足,方可雇民应役。

实际上,在南昌卫之前,一条鞭法已经在江南操驾快船、马船的卫军中实行。快船于卫军,有修船赔补、编审需索、衙门随意差遣诸苦,"万历十四年(1586),驾部倪君博采公议,将快船改同马船事例,额减为五百只,官募江、济二卫人驾之,而总计每船每年出差物力应费之数,均摊派算,每船记一年约用银三十两。而于旧日各卫领船之丁损多益寡,每船定派一百丁,每丁出银三钱,以供一船一年之费。而认丁之法,只计物力,不计人口,富者或一人而认二三十丁,贫者或二人而共一丁,大约如田土条鞭之法而制加详,计每年输银兵部一万五千余两。疏奏,得旨允行,于是百年之积困一朝而苏"②。

此后实行一条鞭法的卫所,笔者已知有贵州都司,《黔记》中详细记载了贵州各卫万历二十五年(1597)"条鞭岁用上中下丁差并屯粮地租银"数③,可见贵州诸卫实行的一条鞭法保留了军户户丁等则的划分并参考了军屯粮额,更接近行政系统实行的条鞭法。甘肃诸卫,始于万历十七年(1589),经巡按徐大化题准实行④。湖广镇远、清浪、平溪、偏桥四卫,蔡复一在《筹边录·议四卫练兵募兵》⑤中曾提出募练之军免"条鞭银"的建议。徐州卫和徐州左卫,《明徐州蠲免房租书册》中明确记载了二卫雇募的总甲、小甲、灯夫、更夫、火夫等的数量及报酬数,这些杂役本由军余承担,本册则反映出两卫已有民户应军卫差役的现象,军民户之间的差异已经在客观上消除。

均徭法和一条鞭法在卫所中的推行,对于减轻卫所军户的徭役负担、限制军官对军户的剥削压迫无疑是有帮助的。均徭中的银差和一条鞭法中的纳银代役显示经济因素已渗透到军事系统中。经济因素一旦成功渗入,必然会突

---

① 万历《新修南昌府志》卷九《军差》。《日本藏罕见中国地方志丛刊》本,第173页。屯田余丁不分等则估计是与当时屯田占有关系混乱,不易厘清有关。直接按缴纳子粒额派银,虽然会使部分屯田为官所占却仍代赔子粒的余丁有损,于官方却是一操作简便、理论上也说的通的办法。

② 顾起元:《客座赘语》卷二《快船》。中华书局1987年标点本,第52页。

③ 《黔记》卷一九《贡赋志上》,《北京图书馆古籍珍本丛刊》影印万历刻本。

④ 《神宗实录》卷二〇七,万历十七年正月癸亥条。

⑤ 《天下郡国利病书》原编第25册《湖广下》,页120a。

破重重阻力，扩大自己的"势力范围"，对原有的组织秩序产生严重地冲击，而这些冲击对于处于被压迫地位的卫所军户无疑是有益的。

卫所人口的增加，特别是本身不预军役的军户人口的增加，给卫所管理提出了很多新问题，促使卫所管理中的民政性因素日渐增加，除了上文所提到的完全由民政管理制度中借鉴而来的均徭法、一条鞭法之外，尚有很多。比如屯田管理中的粮头制度，"犹内地粮长也"，其"将各卫屯户分上中下三则，或独立为之，或数家协济以充此役"[①]，与嘉靖以后粮长的轮充、朋充之法十分相似。又如里甲制度，虽缺乏有力史料证明，但在《□□□呈报军丁逃故差役无人抵补名册》[②]中提到"上城甲首王真"，依稀可见里甲制的影子。保甲法，北宋王安石所创，晚明经王守仁的大力鼓吹，在城市、乡间得到广泛推行，对于防御小规模匪贼、农民起义军以及和睦邻里等发挥了一定的作用。海道副使谭纶将其引入卫所之中，令不食粮（卫所军户）"照依保甲之法编定守城，如百姓守城之例，不得以无粮藉口"[③]。至于统计军户人口、收管寄住民户等更是典型的民政事务。

卫所管理的行政化趋势使相当多的卫所官员"不为不可胜之算，而勤于勾当词讼，若有司然"[④]。由于军官与士兵之间因世袭形成的主奴关系使军官在管理中缺乏行政官员所具有的"父母官"意识，致"卫所无名之徭百出"[⑤]，引起很多文臣的反感。像劳堪提出卫所之丁应三年一审，"编如民也"，且"是编也，不必付其长也，而取诸两镇，若山西州县吏之良；远而取诸北直隶，若山东、河南州县吏之良。有不有谓有、无谓无、众曰众、寡曰寡者乎？"[⑥]甘肃巡抚李若星更是直接提出了在辽东、甘肃添设知府以去"武弁之陵轹"，以"抚循其（百万军民）疾苦，保护其妻孥"的建议[⑦]。一些一线官员虽无长篇大论，但通过实际行动切实介入到卫所事务当中。南昌卫的一条鞭法改革即是在行政官员主导下实现的。又如司法领域，军讼向来属之镇抚，通州知州张承恩通过"平法为

① 《穆宗实录》卷二九，隆庆三年二月癸未条。

② 《明代辽东档案汇编》，辽沈书社 1985 年版，第 141 页。

③ 郑若曾撰，邓钟重辑：《筹海重编》卷九《实军伍》，《四库全书存目丛书》影印万历刻本。

④ 万表辑：《皇明经济文录·九边编·经略总考》，台北广文书局 1972 年刊本。

⑤ 劳堪：《宪章类编》卷二九《官军户说》，《北京图书馆古籍珍本丛刊》影印万历六年自刻本。

⑥ 《宪章类编》卷二九《抽丁说》。

⑦ 《天下郡国利病书》原编第 18 册《陕西上》。

治”,取得军户的信任,“讼者并听之”[①],广东万州地区军卫吏甲不听州县钤束,“致使梗化之民每以军家为障蔽”[②]。在巡按御史戴璟的主执下,军卫吏甲不得不于每月朔望赴所在州县投递,听从州县管辖,直接打击了纵容军士的万州所官员。行政官员介入卫所事务,在军屯管理上反映的最为明显。由于行政官员介入屯田管理与晚明屯军的自耕农化有密切关联,非本章篇幅允许,以后将专文讨论,此处从略。

三、卫所军户的自我努力与晚明兵役制度的改变

发展卫所教育、引进民政管理制度,都是政府行为,卫所军户受益者的形象体现的较为充分。与之相应,卫所军户亦通过多种途径谋求自身的解放。官兵之间的相互需要甚至使其结成利益共同体,通过“阶级合作”,共同对抗朝廷整顿。

(一) 纳职、充吏与例监

公开卖官以解燃眉之急是封建政府经常使用的办法,往往也是其政治走向腐败的标志。处于封建社会晚期的明王朝也未能跳出这个陷阱。土木之变,使明王朝面临空前危机,军费开支急剧增加,无力负担的明朝政府只好饮鸩止渴,开文武官员、军民纳粮升授职之禁。景泰二年(1451),基于文职升授事关国家政权大势的考虑和“例重”应者寥寥的现实,明廷下调了纳粮额,并停止文职纳粮升授。普通军士、余丁只要纳粮 600 石,即可授试百户,注本卫管事。与前代只授官一人不同,明代的纳职可以“子孙承袭”[③],既便本人犯法受惩,子孙仍可承袭前职,与世袭武官同,可谓是一本万利的美事。因此,凡有一定经济实力的军户,皆愿纳职。以后,明朝政府也发现这是亏本的买卖,开始加以限制,先是于正德三年(1508)纳银补官令中强调“俱止令终本身,不支俸”[④],后又于正德十年(1515)规定正军遇例纳银冠带,必须户下有两名以上余丁方可,以免“躲避差役”[⑤]。上有政策,下有对策,卫所军户自有应对办法,只赚不赔。如宣武卫正军李还纳银冠带后,以五岁幼子纪录承役,“通计十年

① 万历《通州志》卷六《列传》。

② 嘉靖《广东通志初稿》卷三二《军制·禁谕刁军》,《四库全书存目丛书》影印嘉靖刻本。

③ 《英宗实录》卷二〇〇,景泰二年正月丁未条。

④ 《武宗实录》卷三七,正德三年四月乙亥条。

⑤ 《军政事例》卷一《正军纳例》。

纪录月粮连闰当得三十七石有奇，纳银之费足以抵偿”[①]。

告纳军职之外，另有参充吏员者。吏员虽止优免本身，但费银较少，一般军户可以承受。考虑到军政败坏多有吏员篡改册籍、营利舞弊之“功”，充吏于军户得利并不见得少多少。从《定辽左卫军政兼管屯指挥佥事造报现役吏典承差候缺丁忧吏农等姓名年甲籍贯方册》等档案资料[②]中可以看出，纳充吏承一般只需银20两左右，纳吏的正军、余丁占了相当比重。

纳粮入国子监始于景泰元年(1450)，虽“仅得选州县佐贰及府首领官”等异途卑职，但对于没有什么才学，只是因“征发繁重，多(贿)求入(卫)学”[③]的军舍而言，倒不失为一条捷径。因为若按照先入卫学，再求得廪膳、岁贡入监的程序，这些滥竽充数的学子显然没什么机会。

(二) 买闲、顶首与投充

上中户可以财求官、求吏，普通军户也有自己的办法。明初，由于世袭兵制本身的内在矛盾，导致大量军士逃亡。起初军官尚依令严行清勾，但不久即发现这是一大利源，可以乘机吃空额，私吞军饷，乃放弃清勾，转而故意迫害军士，逼之逃亡，甚至故意卖放军士。

对于已在卫住成家业的卫所军户而言，逃亡显然代价过高。对军官而言，全伍脱逃难免为上级发现，也需要留一批军士充门面。于是“买闲”成为官兵之间相互利用的好办法。所谓“买闲”即士兵定期向军官交纳一定数量的钱财，以换取自由，军籍保留不动，月粮仍归军士。这种官兵之间的“合作”，成、弘以后泛滥全国。明廷虽心知肚明，却无能为力。

军士为交纳月钱，纷纷投身到商品经济潮流当中。“向者兵士受粟布于公门，纳月钱于私室。于是手不习击刺之法，足不习进退之宜。第转货为商，执技为工，而以工商所得，补纳月钱。”[④]即有生活来源，本色发放的月粮也就难为军士所接受了，加之发放的月粮中往往掺杂糠秕，更不为军士所喜。在北京，京卫军士，“太仓之粟朝受而夕粜”[⑤]；在南京，军士索性不赴军仓领粮，直

---

① 许完：《题为陈愚见以裨军政事》，《军政事例》卷五。

② 《明代辽东档案汇编》，第244—280页。

③ 《孝宗实录》卷一八二，弘治十四年十二月辛未条。

④ 《明史》卷一七六《刘定之传》，第4693页。

⑤ 王锡爵：《永折漕粮碑记》，《天下郡国利病书》原编第六册《苏松》。

接将粮票卖给市人[①]；在北边，边关将士亦“视米豆如泥沙，止欲金钱”[②]。面对这一现实，明廷中一些有识之士提出“移饷铸钱，以钱给饷”的建议。认为“铸钱之息，每一百万可溢二十万，遂可减司农之额，或以供军前别需”，于上有利；于下“又无砍凿折耗之患”[③]。而一些迂腐的官员则不顾实际，提出要废折色、行本色。像太原知府黄洽中不顾民间反对，坚持退还银钱，令百姓缴纳本色，以本色给军。结果卫军坚决不领粮，险些引发兵变。最后落个军民齐怨，丢官罢职[④]。

军士“买闲”，回营听点必然受到很多干扰，以至营中军士过少。为应付上级检查以及临时性差遣，军官往往临时募人充数。在九边，“有游手流徙人等，当春秋防则召而与粮，防毕任其所之，此谓冷补谨守之将也；有用热补法泫者，当委出、差点时，量募半月或十日支吾，既惯伎俩已熟，总兵而下莫不能知，但不败事则称为能将矣。又有全不预募者，直至大阅，巡关查点，则招集乡夫，谓之痒补，止一时之急也”[⑤]。战事不断的九边尚且如此，京卫和腹里卫所可想而知。

和军士“买闲”相对，军中又出现大批“顶首”军人。顶首，即给予军官一定钱财，冒脱伍军人之名，混入军伍，目的在于赚取顶首钱与月粮之间的差额。军官既得“买闲”月钱，又得顶首钱，虽然比占夺逃军月饷获利少，但可以免去遇上级差点，临时募人的麻烦。

和军士“买闲”，脱伍改业不同，“顶首”对一些人丁不多，缺乏从事其他职业的能力或信心的军士而言，不失为一种营利手段。类似的例子，笔者在史籍中尚未见到，但在明人小说中有所反映。东鲁古狂生所撰《醉醒石》第九回“逞小忿毒谋双命，思淫占祸起一时”中提到的军人施材即是一例，施材家中有三间房，一间自住，两间出租，另有“两名军粮，一名自己当差操，一名每月用二钱四分，御马监买闲。一月共支两石糙米，每石卖票与人，也得八百黄钱，值银一

---

① 何良俊：《四友斋丛说摘抄三·史三》，《纪录汇编》卷一七六。

② 李清：《三垣笔记·附识中·崇祯》，中华书局1982年标点本，第225页。

③ 张燧：《经世挈要》卷一《关门外铸钱屯田》，《北京图书馆古籍珍本丛刊》影印崇祯六年傅昌辰版筑居刻本。

④ 李中馥：《原李耳载》卷上《粮征本色》，中华书局1987年标点本，第114—115页。

⑤ 《宝坻政书》卷一〇《防倭二议》。

两。尽够买煤烧、买酒喝。"[①] 此处所谓"买闲"，实际上是顶充御马监逃军之名，且收获是七钱六分，三倍于投入，可算是笔好买卖。

"顶首"发展到后来甚至成为衡量卫所军户贫富的一个标准。在山西三关，因军费少，无力招募壮丁，只能用卫所军户顶充，"然于祖军中少加遴选，脆弱亦不至于此。而又为顶首所拘。壮者未必有钱，有钱者未必壮。即使韩白复生，亦不能使有顶首之祖军横行□□也"[②]。

卫所军户买闲、顶首的主要原因在于军官的腐败，但与明朝政府的政令不一，政出多门亦有密切关系。卫所军制有二大弊病无法克服，一个卫所立足于守御，兵营性质较浓。若按祖制，有事任命总兵，从各卫调兵出战，需要很多时间，无法适应晚明"边患孔棘"，军队必须具有迅速反应能力的需要。二是军士服役期过长，从 15 岁到 60 岁，致使军中老幼掺杂、战斗力不一。为适应现实的需要，以反应较迅速、兵将相识、强调野战为特点的营兵制逐渐成为明代兵制的主流。营兵主要抽选卫所中的精壮组成，以后并行抽选、招募及征调民兵。营将由卫所军官中调用，辅以部分武举或招募。卫所军一旦被抽选入营，本身既脱离原官统辖，卫所成为其"老家"，待若老疾再发还原卫，不过月粮仍于卫所支领。这种"收操在营，食粮在卫"的两头管理体制，难免产生"卫虚于伍，卫不问营也；粮冒于庾，营不问卫"的弊病，致"营卫书识与卫所印官共为奸利"[③]。另外，营兵选补检验并不由营将，而属之卫所军官。卫所军官作弊的机会很多，"及发之该营，往往投验者精强，到营者老弱"。而营兵每年一次沙汰，即不属卫所，也不属营将，而属"京营科道职方司之事"，于是"军之奸而求入者，则雇请精强；求退者又故装老弱"[④]，弊端百出。卫所军户可利用的漏洞很多。

由于买闲、顶首是官、军之间"阶级合作"的产物，在面临上级检核时，往往能暂时形成同盟，共同对抗"敌人"。嘉靖年间，大同发生破虏堡守备韩勋，为把总千户徐胜等伙同军士刘文爵等迫害至死的大案。翁万达在《凶恶武职主

① 《醉醒石》，上海古籍出版社 1992 年版，第 75 页。

② 《经世挈要》卷四《山西・祖军顶首》。

③ 余懋衡：《覆营务整饬疏》，《明经世文编》卷四七二。

④ 史可法：《史可法集》卷一《上留都军政八事疏》，上海古籍出版社 1984 年出版，第 7 页。

使堡军逼死守备，乞正国法以遏乱萌疏》[1]中虽然未能讲明做案动机，但破虏堡远在塞外，军士向不乐往，买闲、顶首之事应有很多，韩勋之死估计应与此有关。否则若仅仅是因为徐胜等"凡事辄要专擅，节被韩勋斥怪"，不牵涉军士利益，军士们未必会参与其中。

雇募、顶首之军初只用于应付上级点验、承充工役等工作，发展到晚明，竟至用于作战。以京营为例，崇祯时外调"剿贼，皆沿途无籍之徒代顶。将领利于扣粮，游棍利于扰抢……归营则本军依旧充伍"[2]。卫所之军安坐家下，丝毫不闻刀枪之声，比之民户还要逍遥。

在明代史籍和前人的研究中，对军官占役军士呈一边倒的否定态势。但役占军士是否是无偿的？若确实是严酷剥削，军士何以不逃、不反抗？有明一代军人叛乱很多，但很少有兵变是因为被役占引起的。在以往的研究中，我们对于对立阶级之间关系的研究过于重视斗争的一面。唯物史观认为，斗争性和统一性是事物矛盾的一对相反相成的属性，二者相互联系、不可分割，斗争性不能脱离统一性而存在。片面强调阶级之间的斗争，会使人的注意力过分集中于王朝的两端——阶级斗争时期，而忽略对立阶级之间的"合作"的研究。在阶级社会，激烈对抗的时间并不长，更多的时段内，对立阶级之间是处于相互妥协，谋求共同发展的状态。历史研究工作者在分析、运用史料的过程中必须首先摸清史料作者或提供者的立场，否则很难理解一些现象。对待批评军官占役的史料也应注意到作者的立场问题。他们的目的在于敦促决策层拿出治理军队腐败的办法，下决心打击世袭武职的贪暴之风，不把军官描写的极其凶暴、贪婪、丑恶，何以起到令皇上触目惊心的效果？

实际上，对于军官占役军士应根据地域、时段等因素做具体分析。比如在九边，出征、守城等任务很重，军饷又时常不能按时足额发放，与其战守，经受风霜之苦，还不如投到军官门下或衙门里做军伴、差役、屯田夫。为了让军士种好自己的田土，军官势必要给其提供一定的生产工具以及相应的休息时间，以维持其最低限度的再生产能力。何况在部分地区，政府还运用行政力量对

① 翁万达：《翁万达集》卷六，上海古籍出版社 1992 年版，第 176 页。
② 《三垣笔记·附识上·崇祯》，第 173 页。

军户种植军官田土做出了一些有利于军户的硬性规定[①]。至于军伴,虽然要时刻随侍于军官左右,但比之出战应役总要强一些。由于军伴的威仪形象事关军官体面,做战时又要仰仗他们保护自己,军官对军士必须给予一定的照顾,以结腹心。江南则相反,卫所驻地经济较为繁华,军士"买闲"从事四民之业更有利于改善生活,占役则恰恰剥夺了他们致富的机会,当然会招致其反抗。这也是一条鞭法首先应用于东南卫所,而不是九边的原因之一。

由于军士投充问题较为敏感,因而在明人作品中很少涉及。不过细细翻检一下,仍可发现蛛丝马迹。如王万祚《足兵训武疏》中称凤阳留都营军"不备战守而备工差,临操不比技艺而比工钱"[②]。可见军士们充役并非无偿,而且为军士们所喜。对于军士而言,这可是月粮、行粮之外的一笔外财。在云南,"荷戈持戟皆疲癃老弱之卒,而精锐豪猾冒厮役牢步之名。至其散粮也,在各衙门跟役皆得循例告给,而城操各军随大班支散者,多为管屯各官以兑支敷军,空名与之,有终岁而不霑半菽者。劳逸相悬,苦乐相异,毋怪乎私役愈众,城操愈虚也"[③]。在九边,边军舍余人等投托镇守、军官门下充当义男、家人的现象很严重,致令朝廷几次下旨查核禁治[④]。

总之,经过长期的努力,卫所军户已大多摆脱了困苦生活,生活来源日趋多元化。据谭纶的描述,浙中温台等沿海卫所军户,"家道殷实者,往往纳充吏承;其次赂官出外为商;其次业艺;其次投兵;其次役占;其次搬演杂剧;其次识字,通同该伍放回附近原籍,岁收常例;其次舍人皆不操守。即此八项居十之半,且皆精锐。至于补伍食粮,则反为疲癃残疾老弱不堪之辈"[⑤],清楚地反映了卫所军户的生活实态、职业的多元化以及贫富的分化[⑥]。浙中卫所地处经

---

① 吕坤:《实政录》卷八《体下情》载,山西地方政府规定"军士父兄妻子与将官种地者,比照民间佃户,斟酌分与租粮。至于正军,不许私占耕农,违者参究如例",北京图书馆古籍珍本丛刊影印万历二十六年赵文炳刻本。

② 《天下郡国利病书》原编第八册《江宁庐安》。

③ 《天下郡国利病书》原编第卅二册《云贵交趾》。

④ 事例可见于《宪宗实录》卷一一,天顺八年十一月乙亥条;《孝宗实录》卷一八八,弘治十五年六月壬子条等。

⑤ 《筹海重编》卷九《实军伍》。

⑥ 卫所军户的贫富分化属正常的现象,民户乃至官僚群体都存在这一问题。笔者认为,不全面考查各个层次军户的生活、发展情况,很难对军户生活实态做出准确的评估。以往对军户的研究往往过分偏重于军户下层,因而对军户的生活水准估计很低。

济发达地区，军士谋生的手段较多。内地以及边方卫所军户虽然不会有这么多的机会和途径，也应有适合自己的办法，差距不会太大。

不仅在卫在营军士可以多种途径谋生，班军亦然。如戍清浪卫班军抵哨即为参守等官"卖闲"，"聚之城中，听其经营生理"，即使戍堡者也不过是"织草履、开歇店"而已①。

有一点需要引起特别注意，即军士买闲这种原本被厉行禁止的行为在晚明有被认可和接受的趋势。如在《万历三十七年(1609)铁岭游兵汎河懿路备御等营纳银军人名册》残档中，详细开列了纳银军士的名单，且纳银数额分一钱、五钱、六钱、八钱几档②。结合《孝宗实录》所载"办纳舍余，每丁岁纳银一两，中九钱，下六钱，免其差操"③可知，从明中期开始，明廷即允许部分军人纳银代役。只是《孝宗实录》语焉不详，且只提及舍余。《铁岭》档则明确记载纳银者是军人，而且是以战为主的营兵。作为晚明主力部队的营兵尚可依贫富等级纳银代役，以守御为主、渐趋预备役化的卫所军应该也可以。由于资料的缺乏，尚难断定此制是否通行于全国。如果确实是那样的话，则需对明朝后期的军事运行体制做重新评价。目前只能肯定一点，即随着商品经济的发展，经济因素已渗透到明朝军事体制的中心层。军士选拔、服役不能以财富多少为条件是保持强大军事实力的一个前提。明朝军队中的这一现象是前朝所未曾出现过的，说明商品经济已经强大到可以腐蚀、瓦解旧有统治结构核心部件的地步。如果按此趋势正常发展下去，传统的封建统治必然会瓦解，新的经济基础和社会制度必将萌生。

（三）晚明兵役制度的演变

军户为改变生活困窘状况而做出种种努力，其取得成功之时，亦即明朝军政败坏，军户制度瓦解之时。军户制度破坏的直接结果是晚明兵役制度发生了重大改变，突出表现在募兵制度的实行。

募兵制度在中国有悠久的历史，汉、唐、元代都曾于王朝后期采用。在东汉、宋朝，募兵制更是其主体兵制。明代募兵最早出现于宣德九年(1434)十

① 蔡复一:《筹边录·酌议四卫兵饷》。《天下郡国利病书》原编第廿五册，《湖广下》。

② 《明代辽东档案汇编》，第126页。

③ 《孝宗实录》卷一七八，弘治十四年八月壬申条。

月。斯时,明廷榜谕边境,"有愿奋勇效力剿贼立功者,许赴官自陈"[①]。不过在嘉靖以前,募兵和弘治二年(1489)以后出现的"民壮"都是卫所军的辅助,并不是主要的兵役制度。

嘉靖年间,国防形势空前紧张,募兵制度得以迅速发展,渐成为国家正式兵役制度。募兵制的长处在于:其一,所募均为精壮,战斗力很强;其二,募兵饷粮、军装等完全由政府提供,带有职业雇佣军性质,因而可以随用随募,"事平旋罢"[②];其三,募兵地域性很强,一般以土著居民为主,禁止召募无籍流民,便于管束。不过自戚继光募义乌兵败倭寇后,浙江兵渐为各地所喜,纷纷跨省来募,募兵土著的原则逐渐被打破。

一般认为,募兵在明代后期的国家常备军中并不占绝对多数,募兵最多的边镇,也不过"居半"而已[③]。不过从笔者掌握的一些资料来看,这一点似有重新估算的必要。从《中所等所为报天启二年十一月份官兵支米数目事清单》[④]残档来看,某卫中、右、后、前四所存留官兵共计212员名。其中官27员,祖军52名,募军133名,募军远多于祖军。明代募兵主要用于营兵,少数补入缺军卫所。卫中募军尚且占多数,募兵在军队总量中应占主导地位才对。另外,从此档中可以看出,募兵与祖军的月饷均为一石,与嘉、万时募兵月饷远高于卫所军的情形大不一样,联系到募兵土著化的建议,募兵制度或在天启、崇祯年间有一新的变化。唯史料缺乏,尚难确论。

对于明朝政府而言,募兵制也有着相当多的弊病。一是募兵饷额过高,政府负担沉重。募兵土著,杀贼破敌,"守家之役耳",战斗力很强。但若要其远戍,因有身家门户之累,"半有不愿行者"[⑤],必须提高饷额,厚利吸引。提高饷额一方面使政府负担沉重,一方面又滋生出两种不好的现象。一是培养了一批以应募为生的流氓无产者。这些人"方应募于江北,忽应募于浙东。方以得募价而留,忽以满募限而去。譬如借倩之人,主人不得而羁之,安得而练

① 《续文献通考》卷一二二。

② 《天下郡国利病书》原编第二册《扬州·堀港营》。

③ 如李渡:《明代募兵制简论》一文,《文史哲》1986年第2期。

④ 《中国明朝档案总汇》(一),广西师范大学出版社2001年版。

⑤ 戚继光:《戚少保奏议》卷三《兵机十事》,中华书局2001年版,第75页。

之?”[①]二是地方政府阻挠本地人民应募。按明制，募兵需由地方政府供给路费、鞍马等物。民户应募首先减少了本地的纳税人口，还要出资供其消费，两头吃亏，地方政府自不乐从，以致有“怒其人而窘索其家”者[②]。

募兵制的第二个弊病是政府不易控制。虽然募兵权集中于中央，较大规模的募兵都由中央直接派人去招募，但一线人员毕竟是军官。加之营兵制下兵将相识，容易结成小集体，进而衍生为与政府离心的军阀。

由于作为祖制的军户制度并未废止，加之募兵存在种种弊病，一些朝臣在旧制影响下对募兵制提出了一些改革建议，这些建议或多或少都带有一些军户制度的影子。建议之一为募兵终身。如吕坤提出“招募受赏军人止是终其本身。果逃，则取当房儿男补役，恶骗赏也。果老且死，子孙亦不清勾”[③]。这种“止终本身”的建议与募兵只募精强的本义背道而驰，只会把卫所军老弱混杂的弊病带入募兵当中。不幸的是，在旧制的影响下，类似建议不仅被采纳，还被引申为募军世袭，回到军户世袭的老路上。如正德四年(1509)有旨，大同募兵“后有老死及逃者，俱于本丁亲族内勾补”[④]。建议之二为募兵土著化，如顺天巡抚刘日梧总结招募之利时称其利之一为“即永在营，以边为家，亦如守台南兵，渐至生长子孙，自为保守”[⑤]，显然是在募兵终身戍守的前提下，借鉴了卫所军士赴卫必须携带妻小以利在卫安家的经验。这一建议在明朝仅获得局部实施，入清后为绿营兵制所接受，绿营兵必出于土著是其基本原则之一。

晚明卫所军户生活状况的改变还体现在官兵关系的改变上。正统四年(1439)，明廷下令严禁“各卫所指挥千百户与所管旗甲、军余互相婚姻”，“违者比亲民官娶部民妇女律论罪”[⑥]。尽管其表面上的立法目的在于防止官兵之间形成裙带关系，以至于军官“徇情废事”[⑦]，但暗中隐含有明显的维护等级秩序的目的。可在晚明的永定卫，却是“官贫兵富，至相结为婚姻，以长幼为坐

① 《筹海重编》卷九《慎募调》。
② 《翁万达集》卷八《条陈边务以裨安攘疏》，第229页。
③ 《实政录》卷六《风宪约》。
④ 《武宗实录》卷五三，正德四年八月丁卯条。
⑤ 《神宗实录》卷五六七，万历四十六年三月戊子条。
⑥ 《英宗实录》卷六二，正统四年十二月丁丑条。
⑦ 同上。

次"[①]。成化年间，武职冗滥，俸给不时，一些武官只好向富裕军士借贷。"本卫军士有子本家，其亲管官旗至俟门而仰面焉。冠履倒置，无人为救正者。弘治初，大司马始禁各卫所官旗不得预指俸粮贷钱，其富者不得写人俸粮以营利息。欲正名分，意非不善。而贫富偶，俱怒其不便，其禁遂革"[②]。明廷试图用政权的力量来维护统治阶层的地位，在经济力量的冲击下，一败涂地。这既展现了商品经济对旧的社会体制的巨大冲击力量，又说明官兵关系倒置已发展到无法人为改变的地步。等级秩序是封建社会赖以存在的基础之一，虽然卫所军户只冲击了它的冰山一角，但其瓦解崩溃的结局已清楚地显示了出来。

第三节　军户地位的改变与晚明社会变迁之关系

一、晚明士大夫对军户世袭制度的批判与改革建议

由于军户世袭制度的内在矛盾无法解决，致使以其为基础的卫所制度大受影响，军士逃亡现象严重，清勾十分艰难，军备日渐废弛。面对这一情景，一些忧国忧民的士大夫纷纷对世袭军户制度提出批评和改革建议。

笔者所见最早的批评意见出自成、弘间的陆容。陆容的批评主要集中在两点。一是世袭制度，他以府军前卫幼军在取消世袭之后截然不同的表现作论据，指出世袭是"隐匿脱漏之弊"的根源[③]。二是武职地位过高，认为"什伍之兵，官军之食，修固城隍，缮完兵器之财，皆自府州县出"，人为将文、武分离，"一切右武"是不合常理的。承平日久，兵政不立，兵威不振，"正坐此也"[④]。与陆容意见相仿的还有嘉、万间的田艺衡。他在《留青日札》中说："古之武事出于一，今之武事出于二。古者，相即将也，民即兵也。后世文武分而将相异任，兵农分而军民异籍。于是天下事如血脉之不通，肩臂之相使，无怪其联属之甚难矣。况卫所、有司之不相统摄，钱粮、刑名之各为总理，变起于仓猝之

① 《天下郡国利病书》原编第廿五册，《湖广下·岳州府志·土田》。

② 何孟春：《余冬序录摘抄五》，《纪录汇编》卷一五二，本段文字语义不是很通顺，怀疑有缺文或刻板有误。

③ 《菽园杂记》卷八，第99页。

④ 《菽园杂记》卷三，第31页。

际，而取办于行移之间。此虚文之所以日烦，而实效之所以难责也。”①

陆容等虽然对现行军事制度颇为不满，但畏惧“律令有变乱成法之戒”，不敢公开上书，只是在私下发发牢骚。并非所有人都这般胆小，丘濬就是一个。丘濬，景泰进士，弘治四年(1491)以礼部尚书入阁，深得皇帝赏识。或许正是因为有此依托，他才敢于首倡改革之议。丘濬的改革建议分两种。其一为保留军户世袭祖制不动，在局部恢复征兵制度。即在顺天等京畿五府，以完善的里甲制为基础，仿卫所制，一里设两队，每队 50 人，各立一总甲。队下设 5 小甲，每甲 10 名。合 10 队为一都甲，属之州县，逐级达于五军都督府。甲中人另立军籍，“不以户而以丁”。“每丁自备军装、器械，如军伍制”。平时农耕、定时操练，战时应召入伍②。这实际上是局部恢复隋唐府兵制的建议，虽然系统，但理想化色彩过浓，缺乏实践价值。

丘濬的第二个建议更为大胆。他提出在饥歉之年官买民间所鬻之子，“因其旧姓，赐以新名，传送边郡。编为队伍，给以粮赏，配之军士之家，俾其养育，死者不许勾丁”，藉此来充实边方军伍。对于经费来源，他指出：“惟今江南之人有谪戍西、北二边者，勾丁补伍，有如弃市。及至戍所，多不得用。今后遇有荒岁，预借官钱买之。待后于江南民户有隶戎武于极边者，愿出五百缗以上者，除其尺籍；出三百缗以上者改隶近卫。如此则除一军得百军，移一军得四十军。随其所得，抵补还官。数十年之后边境之军日增而南方之伍亦不缺矣。”③

买幼男补军，乍看起来颇为荒唐。但这一建议有着特别的意义，即其首次把经济因素引入到军政管理当中，试图用经济杠杆来解决边军逃失和卫所军南北易换的问题。这在中国历史上还是第一次。这是商品经济发展，经济力量已开始冲击旧有社会管理体系的一个折射。丘浚的建议虽然未获实践，但对后世颇具启发意义。

嘉靖六年(1527)，御史丘养浩提出停止清勾蓟镇逃故军士，募兵以补原额的建议，第一次提出废止清勾④。嘉靖三十年(1551)，户科给事中何光裕建议

① 《留青日札》卷三七《非武备》，上海古籍出版社 1992 年标点本，第 701 页。

② 丘濬：《定军制议》，《明经世文编》卷七四。

③ 丘濬：《恤民之患》，《皇明名臣经济录》卷九，四库禁毁书丛刊影印嘉靖二十八年刻本。

④ 《世宗实录》卷七六，嘉靖六年五月庚辰条。

“令各处解补者出装银”，用于“广收土著”[①]，明确提出“军装银”的概念。万历三年(1575)，工科给事中徐贞明条上《亟修水利以预储蓄，酌议军班以停勾补疏》，提出“勾军东南，离其骨肉……宜照班匠事例，免其解补而量征班银以资召募”[②]，首次将同样不准分户的匠户拉出来，与军户对比。

在军、民、匠、灶四种人户中，户役最重的实际上是灶户。“盖军户则十年取贴军装，匠户则四年轮当一班。盐户既与军民诸户轮当本县十年之里长，又轮当盐场之总催、团首、秤子、埕长……又军发诸户递年均徭、驿传之编，凡民正米一石只派银二钱上下；盐户每年每丁既纳银二钱五分，每粮一石纳银五钱五分……轻重悬绝”[③]。但到成、弘以后，灶户的生活也有了很大改变。成化间，经都御史彭韶、御史林诚争取，将水乡灶户“尽归民役，其折色银归粮耗带征”[④]，将滨灶盐课改为本、折兼纳。弘治二年(1489)，明廷又将滨海灶户原征收本色的，占全部本色盐课60%的常股盐改折，进一步扩大了折色范围。盐课折征，放宽了对灶户的约束，灶户可以通过多种途径换取银钱完纳盐课。虽然仍有种种束缚，但已有了改换生活方式的政策基础。

和匠户、灶户相比，唯一没有任何政策松动的只有军户。徐贞明以匠户为例，提出军户兵役折征的建议，应该说是符合社会发展趋势的。此议一出，郧阳巡抚王世贞立即表示赞同，但兵部尚书谭纶认为“祖宗定为兵制与班匠不同，且西北地广人稀，无人应募。补偏救弊尚有可以持循，因噎废食，恐遂不可救药”[⑤]，予以否决。万历十一年(1583)，巡按御史徐鸣鹤旧话重提，建议“令军籍人户征军装银三两六钱，类解各边别募”[⑥]，仍被兵部以祖宗定制难改为由否决。

崇祯十五年(1642)，军役纳银的建议有了转机。三月，崇祯帝接受朝臣建议，准许原判充军人犯可以纳银赎罪[⑦]。军役局部纳银替代令朝臣信心大增。京西屯抚方孔昭率先提出免全部军籍为民籍的建议，较之局部纳银代役的建

① 《世宗实录》卷三六九，嘉靖三十年正月丙申条。

② 《神宗实录》卷四四，万历三年十一月己酉条。

③ 《天下郡国利病书》原编第廿六册《福建·兴化府志·盐课》。

④ 《天下郡国利病书》原编廿二册《浙江下·嘉兴府志》。

⑤ 《神宗实录》卷四四，万历三年十一月己酉条。

⑥ 《神宗实录》卷一三九，万历十一年七月己亥条。

⑦ 孙承泽：《山书》卷一五《军犯纳赎》；另见《明史》卷九三《刑法一》，第2302页。

议大大前进了一步。崇祯十七年(1644)正月,户部尚书倪元璐代之上告:“盖以凡军之家,原有一支当军他卫者,每十数年归宗勒取军装,累数百金,其说以为勾补故绝也。夫军之绝者,屯田为人所占;其不绝者,亦既长养子孙承户矣。祖籍军名似堪除豁,合为听纳军装银两免其勾补,改为民籍,天下必大感悦。只一籍百金计之……千万可立致。”[①]倪元璐出任户部尚书之前官居兵部右侍郎,此议可以说是间接的第一次从兵部发出废止军户世袭制度的声音。可惜再次被以“祖制不可变”为由否决。不久,明亡,军制改革最终未能实现。

二、折班与经济因素向军政系统的渗透

从丘浚开始,不断有人提出以征收军装银代替军户亲身服兵役的建议,反映出处于封建社会晚期的明王朝,统治阶级中的一些有识之士已经开始摒弃传统的超经济强制手段,试图利用经济杠杆来调节国家大政所牵涉到的各方利益。这是商品经济日趋繁荣,开始冲击旧有经济基础及其上层建筑的体现。虽然在军役改革上经济因素未获得质的突破,但通过“折班”[②]显示了它的潜在力量。

明初实行定点防御,根据防御区域的难易程度分别设置卫和所。随着军政的腐败,卫军逃亡严重,一些重点国防区域的防御兵力明显不足。为此,明廷不得不从腹里卫所抽调部分精壮军士定期到京师或边境协助守御。这些兵士被称为“客兵”,享受国家拨给的“行粮”,这一制度被称为班军制度。班军制全面推行是在土木之变以后。此时留卫未逃的军士大多已土著化,定期远戍,背井离乡,且需自备盘缠,对军士而言,是很痛苦的事。加之大量从卫所军户中征募余丁顶补正军,使一户两三名军士同时赴班的现象大量出现,其困难程度可想而知。此外,由于规划不力,另有班期过长问题困扰班军。如清浪卫戍永定卫等地班军,一次要“远戍五年”[③]。

由于赴班辛苦,军士多不乐从,纷纷买闲逃避。班军失期或班军不及额,领班军官要受处罚。为免于处罚,军官纷纷私自召募补足。万历《通州志》载:“通地边江海,自昔无入卫之军。而京班之制起自正统己巳之变,二百年来颓

① 倪会鼎:《倪元璐年谱》卷四,中华书局 1994 年标点本,第 67 页。

② 现有“折班”的研究成果有梁森泰《明代后期班军的折班》一文(《江西师大学报》1988 年第 3 期,第 106—110 页)。

③ 《天下郡国利病书》原编廿五册《湖广下》,蔡复一:《筹边录·酌议四卫兵饷》。

敝已极……闻之近年京操称能办者，至京师往往借贷招募壮勇之夫补班军亏欠之数，尽额补给赴工。比其返也，查扣在所月粮陪补。故官无欠军之罪，而军无勾扰之忧，此或一策也。”[①]《天下郡国利病书》中有一段谈论山东青州赴京班军的内容，文字与万历《通州志》多有雷同[②]，其中或许有抄袭模仿的可能。撇开这个不谈，有一点可以证明，即班军私自纳银代役的现象并非个别，且方志编写者对此持认可，而非批判的态度。

这种自发的折班在嘉靖朝开始为朝廷所接受，在局部地区实行。如嘉靖二十年(1541)准山西按察副使胡松议，停山西、河南戍大同班军，扣粮招募土著抵补[③]。万历四年(1576)，扣征河南戍大同班军工食，以募修筑长城的工匠[④]。

明朝政府为保证兵源，鼓励军士在卫立籍，以土著化消解其思乡思亲之念。但土著化的负面效果很明显。即使军士逐渐丧失机动、野战能力，安土重迁。这又造成了明中后期班军的有名无实。上班军士不习戍地风土，起不到防守作用。由于戍地艰苦，班军百计营脱，军官也乘机取利，将班军“卖闲”。面对无用的班军和贪婪的军官，有识之士纷纷提出改革意见。卫所祖制虽然不可改，正统间才出现的班军制度却可以改。作为卫所制、军户世袭制象征的月粮不能免，令班军纳价免役，以班价银招募土著兵就成了改革论者的首选。因为有先例可循，晚明士大夫关于免班纳银的建议明显比停清勾、纳军装银的建议多。但和后者的结局一样，折班制度到明亡也未能在全国范围内推行。

折班制未能全面推行的原因，除了军事系统不容许经济因素过多存在之外，与明朝募兵制运作不利有关。如前文所述，晚明募兵存在经费不足、边地兵源有限以及募兵素质较差等弊端，这使得明廷无法彻底放弃已经腐朽的卫所世兵制度。折班实行的前提是能募到战斗力强的士兵，否则还不如使用军饷低的卫军、班军。明代使用班军的地区主要在京师和边境。边地缺少兵源，经常无人应募；京营军队有“居重驭轻”的战略用途，对军兵素质有较高要求。这注定了折班只能用于局部或临时招募夫役的时候。

---

① 万历《通州志》卷三《经制志·武备》“编者按”。

② 《天下郡国利病书》原编第十六册《山东下》。

③ 《世宗实录》卷二五三，嘉靖二十年九月辛亥条。

④ 《神宗实录》卷四六，万历四年正月丙午条。

虽然仅在局部地区实行，但意义很大。它是晚明商品经济发达，封建人身依附色彩浓重的军户制度受到冲击，超经济强制开始失效的反映。解除超经济强制，建立新型军事系统是社会发展的必然趋势，这要求社会组织方式、政府管理能力有一个质的改变，明王朝显然不可能拥有这些能力。因此，它只能眼睁睁看着自己的统治基础被一点点腐蚀而无能为力。折班的踯躅难行是其表现之一。

如果说募兵尚有先朝成例可循，"随用随募，事旋既罢"只是经济因素在明朝军事系统中的初步体现；折班是在中国历史上首次出现的从超经济强制的劳役兵役制向以经济利益为主导的雇募志愿兵役制过渡的中间阶段；正规军士纳银代役则是经济因素渗透到军事机器核心的表现。前文已经举过铁岭卫的例子，此处再举一例。隆庆《丰润县志》载："原额守城屯操舍余二百名，守城操军五百名，边操舍余五百名。后改出备冬银及充边操。"[①]缴纳备冬银代替服役的除了舍余，必然包括部分操守正军。同一单位同兵种军士服役无差别是维护士气，保持战斗力的基本条件之一。如果公开允许部分家境好的军士纳银代役，势必大大打击无力纳银军士的士气。这条铁律在明朝居然也被打破，说明旧体制下的封建政府已到了被新的社会因素冲击的连最核心的统治机器也无力维护的地步，形将走入坟墓。

结　语

明初，传统旧势力一统天下，十分牢固。承袭于前代的军户世袭制度、卫所制度将几百万军户严格地束缚住。军户对封建政府的人身依附关系较之元朝还有所加强，不仅脱籍机会很少，待遇也有所下降。大批新发军户由于传统价值观作祟和多方面的不适应，生活十分艰苦，进而造成军户社会地位普遍低下的局面。随着国民经济的复苏、发展以及政府对基层控制能力的日渐削弱、顾此失彼，原籍军户通过逃亡换籍、力田治学等途径逐渐翻了身，取得了与主流民户平起平坐，甚至在个别方面还处于优势的地位；卫所军户也利用买闲、投充等方式脱离了军伍管束，改从四民之业。即便是仍在行伍的军士，家境也

① 隆庆《丰润县志》卷一一《兵制·诸兵》，《四库全书存目丛书》影印隆庆四年刻本。

有所改变。科举、例监、纳吏等制度又为军户打开了通往社会中上层的大门。晚明尚武之风,不仅改变了入宋以来重文轻武的社会价值观,还直接冲击了“军民以籍为定”的旧体制。大批文人投笔从戎与大批军户研习文墨相对应,形成军、民之间的互动机制,不仅间接提高了军户的社会地位,还将二千多年来中国人在文、武孰重问题上的摇摆拉回到正常的层面上,为社会的演进创造了条件。

兵农合一是封建社会分工不发达,管理体制简单的产物。对军户的超经济压制是其唯一的手段。成、弘以后,商品经济发展迅速,工匠可以纳班银代役,民户也可以纳银代役,连灶户亦有纳折色的优待。赋役制度的改变对铁板一块的军户制形成了强有力的冲击,募兵制在此条件下应运而生。与前代募兵制度不同,明代募兵制度具有近代志愿兵役制的特点。募兵保持“良家子”身份,装备完全由政府提供,募银以民间雇值为参照物适当上浮,是专业化、非世袭的职业军人。募值是否合理,直接决定了募兵能否成功以及兵源素质的高低。这一经济因素的介入,决定了募兵对封建政府的人身依附相当松弛。募兵的出现及作用的提升,使卫所军户的作用日渐下降,政府对其管束因而放松,使军户的人身依附关系也随之松弛。尽管募兵制因为种种原因未能取代卫所、军户制,但其弃农专兵,以经济利益为调节杠杆的发展趋势已清楚的显示出来。至于募兵制度在明朝晚期出现向旧的卫所兵制倒退的趋势,是社会转型时期的正常反复,并不影响对社会发展取向的判断。

进入宋代,商品经济发展迅速,在盐业等个别领域,已有新型生产关系出现。但由于金属货币供应量的严重不足,货轻钱重的现象长期存在。通货紧缩制约了经济的发展。进入15、16世纪,西方资本主义发展迅猛,大量白银流入中国,适时地解决了贵金属货币不足的问题,使饱受压抑的商品经济获得迅猛发展,远远超过前代。商品经济的发展要求生产关系相应变革,这是封建政府不可能做到的。商品经济只能寻求自我突破,即对旧体制展开持续的不懈的腐蚀。军中“买闲”、屯田私有、军官以银争募精壮家丁等都是其反映。与此同时,一些对现实敏感的士大夫为扶持摇摇欲坠的旧厦,不断提出主动引入经济杠杆改革军政的建议。军装银、折班是典型的例子。而军士折银代役的出现则远远超跃了改革的范畴,直接腐蚀了军队的核心。

经济的发展改变了相当一批人的观念。原本被奉为圭臬的节财则民富的观念遭到批判，类似"彼以粱肉奢则耕者、庖者分其利；彼以纨绮奢则鬻者、织者分其利……上之人胡为而禁之"①的观点大行其道。被守旧势力斥责的"军人寄庄"，此时也为人所赞赏，认为"寄庄富室乃贫民之所依，可有而不可无"②。至于军中冠履倒置，更是经济因素冲击的直接体现。

在商品经济大潮的冲击下，落后的上层建筑日趋衰朽。"国之大事，唯祀与戎"，最为统治者重视的军政系统，在明代也出现了与商品经济发展、社会变迁相适应的人身依附的减轻、经济因素的大量渗透，说明晚明社会已处于社会转型的关键阶段。

不过，旧的事物不会拱手退出，必然要做垂死挣扎。明朝政府为整顿军政而实施的鼓励募兵土著化、阶段性的抽选卫所精壮组成"选锋"、"战锋"等都是挣扎的表现。卫所制度最终未被废止、军户世袭制度延续到清末等说明旧的社会体制还远未到彻底瓦解的地步。可以这样讲，晚明经济领域的变化已经初步具备了推动社会转型的条件，并已经取得了一定的成功，但尚未到促使社会发生全面质变的地步。军事领域发生较大变化而未解体，证明封建上层建筑尽管驾驭社会的能力在不断削弱，但在总体上仍控制着社会的演进。这种社会发展的不平衡性，为后来清兵入关，重整旧的社会体制，发挥旧的社会管理体制的余热，暂时阻断中原汉地社会发展进程创造了条件。从某种意义上讲，这也是新的社会形态在站稳脚跟之前必然要经历的曲折和反复。

① 陆楫：《蒹葭堂杂著摘抄》，《纪录汇编》卷二〇四。

② 《天下郡国利病书》原编第八册《江宁庐安·上元县·寄庄议》。

第八章

东林党、复社与晚明政治

自20世纪30年代以来，党社问题的研究逐渐受到学术界的重视。谢国桢《明清之际党社运动考》一书比较全面地论述了党、社的来源、背景以及发展衰落的过程。它将党社运动纳于社会运动和国家的政治背景中去认识，因而得出了许多创新的见解。继谢书后，有学者开始把东林、复社完全视为政党并开始有了阶级分析。中华人民共和国成立以后，史学界开始以唯物史论为指导，力图进一步揭示东林党的性质，因而研究者比较注重对东林党政治主张及阶级属性进行探究。在“文化大革命”前这一时期，研究达到了一定的深度，大部分学者基本上对东林党持肯定态度，但很少再涉及政党特征问题。不足的是，不同的意见太少。另外对复社的研究也极少见到。“文革”结束以后，随着思想的解放，党社问题的研究进入了新的阶段，新材料的大量使用，深入并扩展了问题的研究，不同的观点有所增多。国外学者对东林党及复社研究也十分重视，其中以日本学者的研究较有力度。值得注意的是，有的学者提出了一些新的观点，如沟口雄三的“前近代思想”论。这些观点拓宽了人们的视野，将研究进一步引向深入。

纵观党、社问题的研究过程，大部分学者肯定了东林党和复社在历史上的进步作用，但对某些问题的看法互有差异，有的学者提出了与传统观点完全相反的意见。综合各时期的研究情况，分歧主要表现在以下三个方面。

第一，关于东林党的性质。

谢国桢认为"党争的发生，至少是一种人民自觉的现象，同时与国家政治的制度也很有关系"。"诗文的结合而变为政治的运动"。① 李季认为"齐、楚、浙三党的人……降志辱身投到代表大地主利益的太监魏忠贤的名下，形成一大联合战线"。又说地主阶级中一般贤明的分子意识到灭亡的痛苦，自然地结合起来，形成一个左翼，力求政治清明，藉以减少大地主与中小地主、地主与农民间的矛盾。② 侯外庐认为他们反映了自由主义的前辈中等阶级的政治要求，实际上承认他们是资产阶级的前身，将东林党的思想列入启蒙思潮之中。③ 李洵的观点与之相似，也认为是江南中小地主与城市反封建的中等阶级趋向的联盟。④ 许大龄认为他们代表中小地主阶级的利益。⑤ 左云鹏、刘重日认为主要代表江浙地区非身份性地主与商人阶级利益。⑥ 刘志琴认为代表在社会上被称为富民的中小地主阶层。⑦ 樊树志则认为东林党根本不存在，仅有东林书院，讲会不是为了议论政治，而是议论儒学。⑧ 小野和子指出，东林党人的基础或主要的依赖阶层是中小地主阶层。⑨ 沟口雄三认为东林党"是指与工商阶层也有些联系的中小地主阶层"，他对东林派的思想给予了较高的评价，将其视为中国前近代（近代前期）思想。⑩

第二，关于东林党的历史作用。

学界对东林党人的阶级属性、党议性质的看法，虽有所差异，但主要的分歧并不在此，而在于东林党的历史作用，是积极的还是消极的，是进步的还是反动的。侯外庐认为东林党对封建社会起瓦解作用，他们"利用数百年来就存

① 谢国桢：《明清之际党社运动考》，中华书局1982年版，第1、10页。

② 李季：《中国内乱外祸历史丛书》第10册《东林始末·序言》，神州国光社1939年版，第13、9页。

③ 侯外庐：《论明清之际的社会阶级关系与启蒙思潮的特点》，《新建设》1955年第5期。

④ 李洵：《明末东林党的形成及政治主张》，《东北师范大学科学集刊》（历史版）1957年第3期。

⑤ 许大龄：《试论明后期的东林党人》，载《明清史国际学术讨论会论文集》，天津人民出版社1982年版。

⑥ 左云鹏、刘重日：《明代东林党争的社会背景及其与市民运动的关系》，《新建设》1957年第10期。

⑦ 刘志琴：《论东林党的兴亡》，《中国史研究》1979年第3期。

⑧ 樊树志：《东林非党论》，《复旦学报》2000年第1期；《东林书院的实态分析》，《中国社会科学》2001年第2期。

⑨ 〔日〕小野和子：《东林党及其政治思想》，转引自沟口雄三：《中国前近代思想的演变》，《所谓东林派人士的思想》，中华书局1987年版，第363页。

⑩ 〔日〕沟口雄三：《中国前近代思想的演变》，《所谓东林派人士的思想》，第405、341页。

在的书院形式，作为进行政治活动的基地，作为联络组织'同志'的场所"，具有改革经院，推翻偶像的进步作用。顾宪成等人在政治上要形成一种左右朝廷的政治势力，他们反抗专制制度，代表了资本主义萌芽时期的进步思潮。① 李洵认为东林党的斗争是中小地主或地主阶级的改革派反对贵族大地主专政的斗争。东林党人的斗争目的就是为了解除贵族大地主对江南地主势力和城市势力在政治上和经济上两重压迫。② 刘志琴的文章虽然也认为东林党人大都是有田产或资产的中小地主阶层，被称为富民，而且体恤铺行，但对其评价却较低。就当时的情况下，在有些方面，她认为是历史的倒退，起了反动的作用。③ 小野和子认为"东林党已经在摸索一种新的政治体制"，"这是在向限制君主权的方向迈进"④。沟口雄三认为"东林派人士无疑是明末新的、具有社会性、政治性的政治势力"，他们"对抗皇帝一元化的专制统治"，"希望能限制豪强专横的制度"⑤。黄仁宇给东林党的评价甚低，他说："东林运动只实现了一个政治目标。它彻底阻挠了万历皇帝改变继位的顺序的企图。"⑥法国学者谢和耐则认为书院是自由争鸣的中心，并认为"儒教"往往更多的是反对派手中的武器，而不是一种官方的意识形态；他将东林党视为改革派，将复社看成"是一个政治——文学圈子"⑦。

第三，关于东林党和复社的政党特征问题。

谢国桢说："'党'与'社'是在吾国近古，政治上和社会上很要紧的一种运动，与辛亥旧民主主义革命国民党的兴起很有关系，要知现在党的建设，不能不知以前党的来源，和他的背景。"⑧李季认为"明代已达到前资本主义时代的

---

① 侯外庐主编：《中国思想通史》第二十五章《东林党争的历史意义及其社会思想》，人民出版社 1960 年版。

② 李洵：《明末东林党的形成及政治主张》。

③ 刘志琴：《论东林党的兴亡》，《中国史研究》1979 年第 3 期；《东林悲歌、千古绝唱》，载《东林学术研讨会、薛福成学术讨论会论文资料集》，江苏文史资料编辑部 1998 年版。

④ 〔日〕小野和子：《东林党考》，载《日本学者研究中国史论著选译》第六卷，中华书局 1993 年版，第 299 页。

⑤ 〔日〕沟口雄三：《中国前近代思想的演变》，《所谓东林派人士的思想》，第 484 页。

⑥ 〔美〕牟复礼、〔英〕崔瑞德编，张书生等译：《剑桥中国明代史》，中国社会科学出版社 1992 年版，第 588 页。

⑦ 〔法〕谢和耐著，耿昇译：《中国社会史》，江苏人民出版社 1995 年版，第 371—372、379 页。

⑧ 谢国桢：《明清之际党社运动考》，第 10 页。

末期”。肯定了东林与复社即是政党。复社“后来的行动完全是一个政党的行动，而他的组织比东林严密，人数也比其多至数十百倍，故他不是一个普通的文社或诗社，而是一个实实在在的政党”[1]。李洵说：“东林党在当时已经不完全是一个封建性的政治集团，而是江南地主势力与城市反封建的中等阶级趋向联盟的政党。”但他又说：“东林党虽然是以江南地主势力为主体的政治集团，但并非单一的阶级政党，一开始就带有社会上反对贵族大地主专政的各阶层联盟的特点。”[2]建国后学界在研究党、社问题时，使用东林党这一名称，一般是为了指代清楚，因而延续了明末以来的叫法，并未将“党”字赋予近代政党的涵义。樊树志的文章认为晚明史上的所谓党，是朋党的党，非政党的党。党争，指官僚派系之间的斗争，与民间人士无关。东林书院的创办者顾宪成、高攀龙等人是被革职下野的官僚，朝中党争与他们无干系，故东林书院也非朋党。[3] 沟口雄三指出：“在文献资料中，称东林派为东林党似乎更正确一些。”[4]小野和子说：“东林党是在万历十年代至二十年代围绕国本论的激烈政治斗争中形成的。”[5]她解释：“这种朋党，既不是过去的同乡集团，也不是以座主、门主关系而形成的那种私人性质的结合。它正是以‘天下之公’、‘天下之理’所形成的‘公党’。”[6]黄仁宇强调“东林党不是这个用语的现代意义的政治党派”，但却承认它是“东林集团”。[7]

笔者认为分歧的实质是在封建社会处于解体的时期，东林党和复社的思想主张和政治活动，是要强化专制皇权体系，还是弱化、改造这一体系。这是判断其性质和作用进步与否的分水岭。英国在资产阶级革命后，不断通过议会对君主制度进行改造。斯图亚特王朝复辟，辉格党作为资产阶级的代表可谓非封建王权体系，但并不主张彻底废除君主制度，而是要求限制王权。资产阶级不断改革议会，削弱国王的权力，最终实现了资产阶级的君主立宪制政

① 李季：《中国内乱外祸历史丛书》第10册《东林始末·序言》，第5、3页。

② 李洵：《明末东林党的形成及政治主张》。

③ 樊树志：《东林非党论》，《复旦学报》2000年第1期；《东林书院的实态分析》，《中国社会科学》2001年第2期。

④ 〔日〕沟口雄三：《中国前近代思想的演变》，《所谓东林派人士的思想》，第343页。

⑤ 〔日〕小野和子：《明季党社考》，京都同朋舍1996年版，第11页。

⑥ 〔日〕小野和子：《东林党考》，载《日本学者研究中国史论著选译》第六卷《明史》，第299页。

⑦ 〔美〕牟复礼、〔英〕崔瑞德编，张书生等译：《剑桥中国明代史》，第575、580页。

体。这一过程说明，封建制度的废除可以是一个不断改造的过程。那么明末东林党与复社是否表现出与皇权这一体系相分离的特征，是应该弄清楚的问题。与之相关的是东林与复社是否已具有政党的特征，因为从学术界的研究来看，将东林党与复社再视为官僚集团内部的朋党，已经难有说服力；如果又不是政治集团，那么它们究竟是什么？或者真如有的学者认为的那样，东林党这一集团或联盟根本不存在，东林书院仅仅是为了讲学，与政治无关。这将有待深入研究。

第一节　发展与倒退的两种走向

从明初到万历的200多年中，社会经济有了一定程度的发展，尤其在江南地区粮食作物品种扩大，经济作物普遍种植，如当时水稻仅苏州地区就有近四十种，并推广了双季稻的种植。多种经济作物的种植，促进了家庭手工业和集市贸易的发展。副业和家庭手工业门类众多，有种桑养蚕和丝织、织布和织席、水产和捕捞、家禽家畜的养殖、水果蔬菜的种植、茶叶的种植和制作、花卉的培育、蜜蜂的养殖、采石等等。纺织工具也有了改进，出现了改机。《农政全书》记述了全国丝织生产的布局："今天下蚕业疏阔矣。东南之机，三吴、越、闽最伙，取给于湖茧。西北之机，潞最工，取给于阆茧。"①苏州的丝织业已经扩大到农村，"成、弘以后，土人亦有精其业者，相沿成俗。于是盛泽、黄溪四五十里间，居民乃尽逐绫绸之利"②。早在弘治年间，太仓州出产的棉布"岁商贾货入两京，各郡邑以渔利"③。当时全国许多地区都种植了棉花，"江花出楚中"，"北花出畿辅、山东"，"浙花出余姚"。中原地区的"棉花尽归商贩，民间衣服，率从贸易"④。据徐光启说，"苏、杭、常、镇之币帛枲苎，嘉、湖之丝纩，皆恃此女红末业，以上供赋税，下给俯仰。若求诸田亩之收，则必不可办"⑤。商业的

① 徐光启：《农政全书》卷三一《蚕桑·总论》，中华书局1956年版。
② 乾隆《吴江县志》卷三八《生业》，民国石刻本。
③ 弘治《太仓州志》卷一《土产》，清宣统元年《彙刻太仓旧志五种》本。
④ 钟化民：《钟忠惠公赈豫纪略·救荒图说·劝课纺绩》，《荒政丛书》卷五，《守山阁丛书》本。
⑤ 徐光启：《农政全书》卷三五。

发展扩大了白银的使用范围,"民间输官之物皆用银"[①]。

农村副业和家庭手工业的发展,推动了商品的流通,加上人口的增长,在经济发达的地区,形成了众多的新兴市镇。人口的增长以苏州府为例,天顺初年有里 3436 个,到了嘉靖、隆庆时,已经增加到 4071 个。按每里 110 户计算,苏州一府至少也增加了 69850 户[②]。隆庆时,嘉定县还未有市镇,到了万历时,已涌现出十五个市镇。包括八市七镇。当时"有商贾贸易者谓之市,设官将禁防者谓之镇"[③]。昆山县达到十一个,分为五市六镇。吴江县,弘治时仅有三市四镇而已,嘉靖时市增至七个[④]。吴江县的盛泽镇,"明初仅为村,居民止五六十家,嘉德间倍之而又过焉"[⑤]。震泽镇,明成化中,仅三四百户,"嘉靖间倍之而又过焉"[⑥]。这些城镇与以前受政治、军事影响而兴起的城镇不同,它们是由于经济力量的推动形成的以手工业和商业为主的经济中心,因而其功能及内部社会关系都发生了变化。

城乡物资交流十分活跃,万历《嘉定县志》载:"商贾贩鬻,近至杭、歙、清、济,远至蓟、辽、山、陕。其用至广,而利也至饶。"[⑦]据归有光说,嘉定县的新泾镇,在四十年前尚为荒野,"今起为市,商贾凑焉"[⑧]。另外它的罗店镇、南翔镇、大场镇、黄渡镇、江弯镇、清浦镇也都是在几十年时间内新兴的市镇[⑨]。

城市手工业的发展也十分可观。如苏州府以纺织业最为普遍。"吴民生齿最烦,恒产绝少,家杼轴而户纂组。"[⑩]与纺织相配套的还有染坊等等。当时苏州"绫锦、苎丝、纱罗绸绢皆出郡城机房,产兼两邑",两邑即长州县和吴县。苏州尤以东城织业最为兴盛,"比屋皆工织作,转贸四方,吴之大资也"[⑪]。

城市商业和手工业的发展,吸引了越来越多的农村人口进入市镇。城市

---

① 顾炎武:《日知录》卷一一《银》,甘肃民族出版社 1997 年点校本。

② 洪焕春编:《明清苏州农村经济资料》,江苏古籍出版社 1988 年版,第 34 页。

③ 乾隆《吴江县志》卷四《镇、市、村》。

④ 同上。

⑤ 同上。

⑥ 乾隆《震泽县志》卷四《疆土》,清光绪十九年吴郡徐元圃刻本。

⑦ 万历《嘉定县志》卷六,明万历三十三年刊本,台北成文出版社有限公司《中国方志丛书》本第三期。

⑧ 归有光:《震川先生集》卷二〇《李惟善墓志铭》,上海古籍出版社 1981 年点校本。

⑨ 万历《嘉定县志》卷一《疆域》。

⑩ 《明神宗实录》卷三六一,万历二十九年七月丁未,中研院史语所校印本。

⑪ 嘉靖《吴邑志》卷一四《土产・物货》,明嘉靖八年刻本,《天一阁藏明代方志选刊》续编,第十册。

人口逐渐增多，在江南一些城市，出现了市民阶层，他们主要从事手工业和商业。在纺织业中，最早出现了资本主义的雇佣关系。如《西台漫记》载：

我吴市民，罔籍田业，大户张机为生，小户趁织为活，每晨起，小户百数人，嗷嗷相聚玄庙口，听大户呼纺，日取分金为饔飧计。大户一日之机不织则束手，小户一日不就人织则腹枵，两者相资为生久矣……而东城为织罢织，小户相向错愕，以为死旦夕耳。①

“罔籍田业”，即与土地分离。“大户”显然是由于积累了一定的货币并将其变为资本去购买劳动力以增殖财富的手工业资本家，“小户”也就是“机手”或“织手”，属“自由的”工人，已经脱离了任何生产资料，出卖劳动力不受拘束。资本主义生产所必需的两个条件都已存在，这种情况在江南地区并非个别现象，因此说从传统社会向近代社会的过渡已经起步。

嘉、万以后，农村副业、家庭手工业的兴盛，城乡物资交流的扩大，城市工商业的发展，货币的普遍使用，人身依附关系的减轻，市民阶层的扩大以及资本积累的开始，这些冲击着人们的观念，要求发展生产，追求财富，上下求银，成为社会的发展趋势。

东林党中相当一部分人属于中小地主阶层。其中有的人，包括顾宪成、高攀龙的父亲都是靠经营土地和易货而起家的。东林党的著名人物汪文言本身就是徽州巨商。他们有着积极向上的进取精神。总之，经济的发展、社会的变迁是东林党和复社产生的物质条件。正如恩格斯所说：“一切社会变迁和政治变革的终极原因，不应当在人们的头脑中，在人们对永恒的真理和正义的日益增进的认识中去寻找，而应当在生产方式和交换方式的变更中去寻找；不应当在有关的时代的哲学中去寻找，而应当在有关的时代的经济学中去寻找。”②

虽然经济有了一定的发展，但日益腐朽的君主专制统治却严重地阻碍着社会前进的步伐。

明代权贵、宗室占田自英宗已开始。“或赐或请，不可胜计”。宪宗即位，没曹吉祥地为宫中庄田，皇庄之名由此始，以后庄田遍郡县。弘治二年(1489)，仅畿内皇庄就有五座，共地二千八百余顷，勋戚中官庄田一百三十二

① 蒋以化：《西台漫记》卷四《纪葛贤事》，明万历刻本。

② 恩格斯：《社会主义从空想到科学的发展》，《马克思恩格斯选集》第3卷，人民出版社1972年版，第425页。

座，共地三万三千余顷。武宗即位，一月之内，建皇庄七处。神宗赐潞王田四万顷。福王分封，也援潞王例。因群臣力争，乃减其半。潞王租银止四万两，而福王二省租银即已达四万六千两。其他各地王府占田也十分惊人。如成都府，“自灌抵彭十一州县开堰灌田”，“为王府者有十七，军屯十二，民间仅十一而已，赋额除正供外，岁进金扇四万八千四百余两，丝绢四千四百匹。”[①]福王之国后，派承奉往山东丈田，原每亩三分，加至五分，又派王府伴读阎时往汝州丈田征租，每钱又加收五分。土地大量兼并，地租随意加征，严重影响了农民的生产热情，阶级矛盾激化，农村经济受到严重阻碍。

除了对土地的大量兼并外，对社会生产破坏严重的还有矿监税使。神宗于万历二十四年(1596)六月批准了府军前卫副千户仲春的开矿之请[②]，二十六年(1598)又准千户赵承勋奏请，向各地派榷税之使。[③] 直到万历四十八年(1620)神宗死为止，矿税之弊才停止，形成长达二十多年在全国范围内的疯狂掠夺。这期间，“中使四出”“无地不开”，“矿脉微细无所得，勒民偿之。”时高寀在福建，据张燮《税珰考》载：

> 不论有矿无矿，但与富人庐墓相连处，辄命发掘，必饱行贿乃止。其应开之山，聚徒跃冶，竟得不偿失，虚縻县官为名而已。[④]

虽然神宗在万历三十三年(1605)“始诏罢采矿，以税务归有司”，但税使不撤。榷税的时间大大长于采矿，对手工业和商业的破坏也更严重。《明史·食货志》载：

> 奸民纳贿于中官，辄给指挥千户札，用为爪牙。水陆行数十里，即树旗建厂，视商贾懦者肆为攘夺，没其全资。负戴行李，亦被搜索。又立土商名目，穷乡僻坞，米盐鸡豕，皆令输税。所至数激民变，帝率庇不问。[⑤]

税监的横征苛敛，极大地摧残着城乡的手工业和商业。如“马堂在临清横甚”，“中家以破产者大半，近远罢市”[⑥]。织造太监孙隆驻苏州督税，城中积棍营充

---

① 《明神宗实录》卷四二一，万历三十四年五月丁酉条。

② 《明史》卷八一《食货五》，中华书局1974年点校本。

③ 同上。

④ 张燮：《东西洋考》卷八《税珰考》，中华书局1981年点校本。

⑤ 《明史》卷八一《食货五》。

⑥ 文秉：《定陵注略》卷五《军民激变》，北京图书馆藏抄本。

委官,"分列水陆要冲,乘轩张盖,遇贩过商,公行攫取,百价腾贵,民不堪命。又机户牙行,广派税额,相率改业"①。

黑暗的专制统治,使市民走投无路,相继爆发了万历二十七年(1599)四月的临清民变,二十八年(1600)正月和二十九年(1601)三月的武昌民变,二十九年(1601)六月的苏州葛贤领导的民变,二十九年(1601)九月的景德镇民变,三十一年(1603)正月的山西民变。三十四年(1606)三月云南民变。三十六年(1608)五月辽东税监高准激变锦州,四十二年(1614)四月福州民变等等。所征税银,进入内府的仅是一小部分,即"大约以十分为率,入于内帑者一,先于中使者二,瓜分于参随者三,指骗于土棍者四"②。万历二十四年(1596),福建巡抚袁一骥上疏揭露高寀私吞税银:

> 在闽一十六年,总得数十余万金,每进税银杠数动逾百计,驿递钞关可查。一至德州,先以其半假作商货,分途窃运,及抵雄县,又以十之六七,公行装入文安,厚藏私室。所献皇上,曾不满百中之一耳。③

另外,高寀每年在福建榷税银六万,但给朝廷的监疏中只有五万三千五百,其六千五百明系侵匿。仅这一项,十六年"所积何止十万"。这种侵匿在税监中是普遍的。

自万历二十五年(1597)至三十三年(1605),"诸珰所进矿税银几及三百万两,群小藉势诛索,不啻倍蓰,民不聊生"④。开矿榷税遭到了全国人民的反对,绝大多数朝中官员也都要求罢止。东林党人在这一问题上表现得更为坚决。其中以李三才的上疏最有代表性。明神宗派遣矿监税使的二十多年中,正是东林党形成和日益发展的时期。反对朝廷掠夺民财,缓解社会危机,是东林党形成的经济原因。

明神宗是一个专制、怠惰、昏庸的皇帝,加上有严重的心理变态,朝政被他弄得面目全非。自万历二十年(1592)以后到万历四十八年(1620),神宗基本上不郊、不庙、不视朝。中外臣工所上奏章也都大多留中,缺官不补,对日益严重的民族危机也置若罔闻。形成这种极不正常的原因很复杂,最根本的还是

① 崇祯《吴县志》卷一一《祥异》,明崇祯刻本,《天一阁藏明代方志选刊》续编,第十册。
② 文秉:《定陵注略》卷五《军民激变》。
③ 张燮:《东西洋考》卷八《税珰考》。
④ 《明史》卷八一《食货志五》。

专制，其次是无能。张居正当朝十年，给他造成的心理上的阴影，始终不能消除，但又无能力治理国家，因此庶政多废，却又不放权。形成了中国历史上君主高度集权又疏于理政的特殊时期。他试图以黄老学说为自己的怠政找到借口，在万历十四年的殿试中，他出的策试题是如何能像古帝王一样做到无为而治，进而提出怎样处理赏罚问题。因为“上古无为而治，不赏而民勤，不怒而民威于铁钺”，而儒者之论治，却说“有功不赏，有罪不罚，虽唐虞不能化天下”①。显然他对儒家的学说有了怀疑。东林党人顾允成恰逢应廷试，他抓住了神宗的思想要害，予以大胆的抨击。反对以“一己之私”掩“天下之公”的专制做法，指出“内宠之将威”和“群小之将逞”的危险。最后指出赏罚标准：“其赏也，与天下公其好；其罚也，与天下公其恶。”②读卷官说：“此生之言何为？便堪锁榜矣！”③保守势力的代表王锡爵将其排名易至二百二十三名。明神宗的专制、独裁与无能表现在许多重大问题的决策上。国本问题、福王就藩问题、矿税之弊问题、缺官不补问题、辽东战事问题、发内帑问题等等。这些问题一拖就是几年、十几年，甚至二十几年。给国家的政治、经济、军事等方面造成极大的混乱和难以挽回的损失。冯从吾上疏说：“人君之举动与士庶不同，士庶久不理家，则家事废，其为患也小而易弭；人君久不理天下，则天下之事废，其为患也大而难图。”④反对专制独裁，希望改革腐朽政治是东林党产生的政治原因。

神宗的“无为”、怠政对当时社会的思想界不可能不产生影响。明代万历以后思想界不断有人倡导“统合三教”，其实质仍是“总归佛门”。高攀龙早在万历二十年(1592)就曾上《崇正学辟异说疏》，指出：“今高明之士半已为佛老之徒，”并告诫神宗要“今日对病之药，正在扶持程朱之学，深严二氏之防”⑤。他认为佛氏最忌分别是非。一个时代的思想不是孤立存在的。思想界空谈心性、不务实学的风气与明神宗静摄、怠政相一致的。因此东林党人反对“谈空说玄”，主张经世致用是有针对性的。他们希望改变学术界和统治者不务实的弊病。高攀龙说：“天下不患无政事，患无学术。学术者，天下之大本也。学术

① 顾允成：《小辨斋偶存》卷一《策·廷试制科》，文渊阁《四库全书》本。
② 顾允成：《小辨斋偶存》卷一《策·廷试制科》。
③ 顾宪成：《泾皋藏稿》卷二二《先弟季时述》，文渊阁《四库全书》本。
④ 冯从吾：《请修朝政疏》，载《皇明经世文编》卷四九四《冯恭定奏疏》，中华书局1962年影印本。
⑤ 高攀龙：《高子遗书》卷七《崇正学辟异说疏》，文渊阁《四库全书》本。

正，政事焉有不正。”[①]思想斗争与政治斗争一向紧密相连，东林书院的建立，与抵制释、道二教对国家的政治影响有直接的关系。

万历二十六年(1598)秋，顾宪成和高攀龙会苏、常之友于二泉之上，与管志道辨无善无恶之旨，这次辩论是引发重建东林书院的原因之一，见《东林书院志》：

> 观听者踵相接，至无所容。于是泾阳先生倡议曰：“百工居肆以成其事，吾辈可无讲习之所乎！”乃集同志数人醵金数百，卜筑杨龟山先生讲学遗址，相传所谓东林者，与诸友栖息其中，每月集吴越士绅会讲三日，远近赴会者数百人。[②]

遏制思想界消极颓废的思潮，通过正“学术”以图新政治，挽救社会危机，是东林学派和以东林学派为核心的东林党形成的思想上的原因。

第二节 从依附到参与的政治文化嬗变

一、专制皇权体制外的政治结盟

与东汉时的“朋党”、唐代的“牛、李党”以及宋代的“元佑党”、“元符党”不同，明末东林党和复社都提出了带有近代色彩的反传统的思想主张。作为中小地主、商人和市民阶层的代表，他们自觉地参与政治的活动以及对国家和社会政治生活造成的影响是前所未有的。东林书院重修后，于万历三十二年(1604)十月九日、十日、十一日召开第一次讲会。会上明确提出“卫道救时”[③]的宗旨。除了每年一次大会外，每月还有三日小会。黄宗羲说：“每月三日远近集者数百人，以为纪纲世界，全要是非明白”，而“小人闻而恶之”[④]。黄宗羲在《端文顾泾阳先生宪成》中说：

> 先生论学，与世为体。尝言官辇毂，念头不在君父上；官封疆，念头不在百姓上，至于水间林下，三三两两，相与讲求性命，切磨德义，念头不在

① 叶茂才：《高攀龙行状》，雍正《东林书院志》卷七《列传一》，光绪七年据雍正刻本重刻本。

② 叶茂才：《高攀龙行状》，雍正《东林书院志》卷七《列传一》。

③ 雍正《东林书院志》卷二《院规》。

④ 黄宗羲：《明儒学案》卷五八《东林学案一·忠宪高景逸先生攀龙》，《明代传记丛刊》本，台北明文书局1991年版。

世道上，即有他美，君子不齿也。故会中亦多裁量人物，訾议国政，亦冀执政者闻而药之也。天下君子以清议归于东林，庙堂亦有畏忌。①

顾宪成为东林书院所作《会约》中，并未强调禁谈朝政，相反在《九益》中却有《广见博闻》一条：

一人之见闻有限，众人之见闻无限。于是或参身心密切，或叩诗书要义，或考古今人物，或商经济实事，或究乡井利害。盖有精研累日夕而不得，反复累岁月而不得，旁搜六合之表而不得，逖求千古之上而不得，一旦举而质诸大众之中，投机遘会，片言立契，相悦以解者矣。②

既是“考古今人物”、“商经济实事”、“究乡井利害”，就不可能不涉及朝政，也不可能不品评人物。“究乡井利害”则难免“评有短长”、“议乡井曲直”。钱谦益少时曾随他的老师省谒里居的顾宪成，所见如下：

凝尘蔽席，药饔书签，错互几案，秀羸善病人也。已而侍公于讲席，衰衣缓带，息深而视下，醇然有道者也。及其抗论天下大事，风行水决，英气勃发，不可遏抑如此。③

钱谦益亲眼目睹顾宪成在讲学时抗论天下大事时的风采，是东林书院议论朝政的佐证。顾宪成在《会约》中岂能明文提倡同道公开议论朝政，仅《广见博闻》第六条所倡导的和钱谦益的回忆即可以说明问题。

天启二年（1622），高攀龙应起废之诏北上，由于形势变化和政治斗争的需要，继之主盟书院的吴桂森申订《东林会约》，首先他明确告诫：

---

① 黄宗羲：《明儒学案》卷五八《东林学案一》，台北明文书局《明代传记丛刊》本。大致相同的文字也见于《明史》卷二三一《顾宪成传》。有的学者认为《明史》中的“这种说法其实源出于仇视东林书院的一些官僚之口”，“是不着边际之论”（见樊树志：《东林书院的实态分析》，《中国社会科学》2001年第2期）。《明儒学案》一书的撰写始于康熙八年，它的成书时间，根据黄宗羲《明儒学案序》所说，在“丙辰之后”。丙辰即康熙十五年。又据吴光考证，确切年代应在“康熙十七年，最晚不后于康熙十八年”。黄宗羲卒于康熙三十四年。书成后，即有抄本流传，作者在世时已有刻本问世。清廷在康熙十八年才下诏修撰《明史》，大约在康熙三十年时，万斯同审定的初稿完成，雍正元年，王鸿绪进呈《明史稿》，雍正十三年《明史》定稿，乾隆四年正式刊行问世，因此这段话最早并非见于《明史》。黄宗羲曾为《明史》的修撰做出了巨大的贡献，不仅直接提供史料，还对许多重大问题予以解答。我们虽然不能断言这段话源出于黄宗羲之口，但至少在成书早于《明史》的《明儒学案》中先已有之。另外重要的一点是，黄宗羲是东林党人黄尊素之子，在不情愿将东林书院与政治联系在一起的情况下，仍坚持这样的说法，就不可能是不着边际的议论了，对父辈的评说，黄宗羲不可能人云亦云地采用仇视东林书院官僚的说法。

② 雍正《东林书院志》卷二《院规·九益》。

③ 钱谦益：《牧斋初学集》卷三〇《序三·顾端文公文集序》，上海古籍出版社1995年标点本。

顾先生表章朱子之规，详矣确矣，无以加矣。然在今日，时运既移，造位亦别，不妨因事丁宁，共期永久遵行。①

所陈四款中，增加了“绝议论以乐时”，其中有：“自今谈经论道之外，凡朝廷之上、郡邑之间是非得失，一切有闻不谈，有问不对。一味勤修学业，以期不负雍熙，是为今日第一时宜也。”②可见重新申订这一点，是“时运”“时宜”使之然，东林党人重新立朝，不得不谨慎行事，以免再授人以柄。当时的形势急转直上，东林“众正盈朝”，政治精英们已非昔日在野身份；东林核心人物大都在朝中，政治舆论的中心也不可能还在东林书院。如吴桂森所言“时运既移、造位亦别”，因此“不妨因事丁宁”。吴桂森增订会约，反而证明了东林书院前后策略不同。华贞元所作《吴觐华先生传》中有这样的对话：

先生尝谓余曰：“凡事放得下，惟放东林不下。”余则谓：“凡事放得下，故放东林不下，放不下者何？天理民彝不容泯灭者也。”③

顾宪成并不否认东林主持清议。《顾端文公年谱》载有万历三十八年(1610)八月，有人认为时局纷纷，东林大会不宜复举，顾宪成坚持举行，说：“吾辈持濂雒关闽清议，不持顾厨俊及之清议也。”④黄宗羲在《明儒学案》中赞誉：

数十年来，勇者燔妻子，弱者埋土室，忠义之盛，度越前代，犹是东林之流风余韵也。一堂师友，冷风热血，洗涤乾坤。⑤

无需再做解释，他们将东林与政治的关系揭示得十分清楚。

另外要注意的是，《明史》、《明史稿》中所述：“故其讲习之余，往往讽议朝政，裁量人物。朝士慕其风者，多遥相应和，由是东林名大著。”⑥黄宗羲说的是“会中”，而不是“讲习之余”；而清朝修纂《明史》的官员，都是政治上倾向东林的人，他们显然注意回避了“会中”的说法。即使这样说，也有一定道理。“讲习之余”，也就是在会讲之外，而非是正式讲学之时，这是可以理解的。每年一次的大会和每月一次小会期间，惠临者不仅有“近则邑之衿绅”，“远则四

① 雍正《东林书院志》卷二《院规·吴觐华先生申订东林会约》。

② 同上。

③ 华贞元：《吴觐华先生传》，《东林书院志》卷九《列传三》。

④ 顾与沐：《顾端文公年谱》卷三，清光绪三年刻本。

⑤ 黄宗羲：《明儒学案》卷五八《东林学案一》。

⑥ 《明史》卷二三一《顾宪成传》。《明史稿》列传第一一〇《顾泾阳先生传》，台北文海出版社影印横云山人集本。

方之尊宿名硕"，而且"草野之齐民，总角之童子，皆得环而听教"[①]。即使每月三日小会，"远近集者"[②]也达数百人。此刻"讽议朝政，裁量人物"显然不一定都合时宜。会上不涉及时政，不等于会下也不涉及。东林书院的活动，不仅仅限于每年一次大会、每月一次小会，那是他们全部活动的一部分。如万历四十一年(1613)冬，"特延钱启新先生过东林讲《易》，凡两阅月，开关启籥，人人会心"[③]。书院还筑书室、精舍，供长居者"栖息其中"。"院内书室多为学人分寓"[④]。高隆《张弦所先生传》载：

甲辰下弟归，适泾阳先生与先忠宪公创起东林书院，左右翼以精舍，约六人为筑，先生首任其一，解橐授工。与诸公切偲砥砺其中。[⑤]

东林书院修复后，薛敷教喜曰："此吾归宿地矣。""自是恒居东林。"[⑥]安希范"别扫一室，栏竹砌花，读书会友于中"[⑦]。刘元珍也"捐资筑讲舍"[⑧]。

顾宪成等人不仅一向留意朝政，而且直接干预。万历三十五年(1607)五月，曾移书刚刚入阁的叶向高："近日辅相，以模棱为工，贤否溷淆。"并且"引张禹、胡广为戒"[⑨]。万历三十七年(1609)，吴中水灾异常，里居的顾宪成致书漕运总督李三才：

今吴中诸父老且匍匐万里，叩关而请，诚有不得已者。意欲丈借鼎言大司农赵老先生之前，破格一处。言出于赵老先生则足以取信于皇上，言出于丈，则足以取信于赵老先生。此非区区一人之意，实东南亿万生灵之所日夕嗷嗷忍死而引领者也。努力！努力！此地财赋当天下大半，干系甚大，救得此一方性命，荫丝保障俱在其中，为国为民，一举而两得矣。嗟乎！茫茫宇宙，已饥已溺，曾几何人兴言及此，益忍泪不住矣。万万努力！万万努力！[⑩]

---

① 雍正《东林书院志》卷二《院规·九益》。
② 黄宗羲：《明儒学案》卷五八《东林学案一·忠宪高景逸先生攀龙》。
③ 雍正《东林书院志》卷二一《轶事一》。
④ 同上。
⑤ 高隆：《张弦所先生传》，《东林书院志》卷八《列传二》。
⑥ 高攀龙：《薛以身先生墓志铭》，《东林书院志》卷八《列传二》。
⑦ 雍正《东林书院志》卷二二《轶事一》。
⑧ 雍正《东林书院志》卷八《列传二·刘本孺先生传》。
⑨ 谷应泰：《明史纪事本末》卷六六《东林党议》，中华书局1977年点校本。
⑩ 顾宪成：《泾皋藏稿》卷五《简修吾李总漕》。

万历三十八年(1610)五月,吏部主事王三善乞勘李三才。顾宪成遗书叶向高、孙丕杨为延誉:“三才至廉至淡漠,勤学力行,为古醇儒,当行勘以服诸臣心。”[1]书被御史吴亮刻于邸抄公之于众,于是攻三才者大哗。御史徐兆魁以东林为口实,疏攻顾宪成以在野之身干预朝政,就连为其辩解的光禄丞吴炯也不得不承认:“惟宪成贻书救三李,诚为出位。”[2]顾宪成等人“无念不在国家”的政治参与意识与东林这一学派的思想主张是一致的,可谓互为表里。他们反对阳明空谈心性,主张“讲”“习”结合。高攀龙说:“学问通不得百姓日用,便不是学问。”[3]他还说:“学问必须躬行实践方有益。”[4]邹元标表示得更明确:“学问与政事原无两事,以为有两事者自生障碍。”成勇也认为:“道统之传,在实践不在空言。”[5]东林书院落成后,有人对讲学表示疑惑,认为“讲学迂阔而不切,又高远而难从”。《东林会约》中有《二惑》,回答了这一问题:

> 且所为笑者,谓迂阔而不切耳;所为骇者,谓高远而难从耳。窃惟伦必惇,言必信,行必敬,忿必惩,欲必窒,善必迁,过必改,谊必正,道必明,不欲必勿施,不得必反求。学者学此者也,讲者讲此者也。凡皆日用常行、须臾不可离之事,曷云迂阔?又皆愚夫愚妇之所共知共能也,曷云高远?此其不当惑者也。[6]

关于讲学,顾允成曾喟然发叹说:“吾叹夫今人讲学,只是讲学耳。”“任是天崩地陷他也不管”,所讲“在缙绅只是明哲保身一句,在布衣只是传食诸侯一句”[7]。

“志在世道”的宗旨,讲学与社会实践相统一的方式,表明东林一开始就不是一个单纯的学术流派。由于在政治方面的影响和对社会问题的关注与参与,以顾宪成、高攀龙等人为核心的政治集团很快形成,这一集团从专制皇权体制分离而出,反映了传统社会政治关系的松动。周顺昌并未参与东林讲学,却成了著名的东林后七君子。殷献臣曾就他与东林的关系直接问过周顺昌:

---

① 蒋平阶:《东林始末》,《中国内战外祸历史丛》书本;《明史》卷二三一《顾宪成传》。
② 《明史稿》列传第一一〇《顾宪成传》。
③ 高攀龙:《高子遗书》卷五《会语》。
④ 同上。
⑤ 雍正《东林书院志》卷二二《轶事二·成实慈先生》。
⑥ 雍正《东林书院志》卷二《院规·二惑》。
⑦ 顾宪成:《泾皋藏稿》卷二二《先弟季时述》。

"兄后进，何缘遽入东林？"周顺昌回答："曩吾司李福州，其人之与吾同调者，皆东林一脉，盖臭味所投，自有不谋之合，岂真揭揭焉。"[①]时人论周顺昌虽与周起元、缪昌期、周宗建、黄尊素同死狱中，却有二异：

诸公昌言盈廷，身履虎尾，以争胜负。势既剥肤，难免同尽。公以局外林间之身耻不与党人，举世喑哑，一人谔谔，以及于难，一异也。槛车四出，闻者掩涕，然亦在贤士大夫则然，独公自单门穷巷，东西南北贩夫、樵笠咸咨嗟，愤发甘与俱死，二异也。[②]

开始，周顺昌并没有被列入《天鉴点将录》，所列诸人斥之为党，周顺昌慨然说："此度辽有不与之耻也。"于是"益愤发无所顾忌"[③]。缪昌期的情况与周顺昌相似，万历四十一年(1613)中进士，改庶吉士，"有同年生忌之，扬言为于玉立所荐，自是有东林之目"[④]。缪昌期受到攻击，反而以此为荣，他说："予了不为所动。"且说："顾泾阳先生知我，以小友进我，我真东林也。"[⑤]万历末年当东林党人日就摧折时，顾大章慨然曰："昔贾彪不入顾、厨之目，卒西行以解其难；余向与东林疎，此正可以彪自况也。"[⑥]诀别前作偶语曰："故作风波翻世道，长留日月照人心。"并嘱后人："此他日祠堂对联也。"[⑦]这不仅表现了通达生死的豪迈气概，而且放射出变革社会的精神。周顺昌、缪昌期、顾大章自觉与东林为伍，尤其是周顺昌，甘愿站到受迫害之列，说明共同的思想认识和主张是东林党这一政治集团形成的根本原因，他们的结合从一开始就是政治性的。虽然这一群体还没有形成比较严密的组织系统，斗争有时还处于分散和自发的阶段，但他们积极要求参与国家事务、反对专制、保护促进经济发展的目的是一致的。

顾宪成、高攀龙等人对地方行政的干预也史有所载，徐兆魁说："郡邑行事偶相左，必令改图"[⑧]并非捏造。顾宪成、高攀龙对江南巡抚周孔教的影响甚

---

① 雍正《东林书院志》卷二二《轶事二·周蓼洲先生》。
② 黄煜：《碧血录》，《中国内乱外祸历史丛书》本。
③ 黄煜：《碧血录》附录《人变述略》。
④ 《明史》卷二四五《缪昌期传》。
⑤ 雍正《东林书院志》卷二二《轶事二·缪西溪先生》。
⑥ 吴应箕：《熹朝忠节死臣列传》，《中国内乱外祸历史丛书》本。
⑦ 钱谦益：《牧斋初学集》卷五〇《墓志铭一·赠太仆寺卿顾公墓志铭》。
⑧ 《明史》卷二三一《顾宪成传》。

大，据高世泰《周怀鲁先生传》载：

及巡抚江南，适顾端文公与先忠宪公兴复东林书院。公偕督学杨公、观察蔡公过东林，率诸士大夫讲正心修身之学。遂与顾端文、先忠宪订为石交。每事咨询，疏稿多属两先生鉴定，而公之善政亦满江左。如举劾各属贤否，请停织造止派诸疏，戊申救荒请蠲请赈诸疏。凡此，皆公一片真精神……后晋秩总河，三吴诸父老日夜北走，叫阊阖，乞直指邓公。特疏以请，上不允，特加慰勉曰："大得民心，久著劳绩。"促赴河任。公遂行，先忠宪公乃同顾端文公辈，扁舟卮酒以送之。[①]

高攀龙在《致周怀鲁中丞》中有云：

迩者伏见大疏及一应文移，真足仰酬苍苍之意，俯慰林林之望。

可见不只给皇帝的上疏，就连一应文移周孔教都交与高攀龙过目。高攀龙在信的末尾还告诫：

然又有事外之念焉，今杜监部实司农耳目，不可不使之与台台同心。密有揭报，刘税监实内庭耳目，不可不使之自为税计，预报灾伤，此亦一助也，伏乞采择。[②]

于此，高攀龙干预地方行政以及联络在朝官员已一目了然。周孔教不仅参与讲学，而且"每事咨询"；"立朝疏言甚多"[③]，由于疏稿多属顾、高鉴定，建言与政绩与东林有直接的关系。杨涟为常熟县令时，正值东林大兴，"每遇讲会，必至无锡，与顾宪成、高攀龙探性理之要，询治道之原"[④]。杨涟是在任官员，"询治道之原"，不能不涉及时政。周顺昌归乡后"好为德于乡，有冤抑及郡中大利害，辄为所司陈说，以故士民德顺昌甚"[⑤]。批准并支持顾宪成等人修复东林书院的常州知府，东林党人欧阳东凤，早在万历二十九年(1601)到任后，即复龙城书院，集讲学与咨政于一堂，"每以春秋集五邑绅衿于祠中，讲学问政。凡农桑水利，人才赋役，无不咨究。而于激浊扬清，抑强扶弱，尤惓惓焉"[⑥]。龙

① 高世泰：《周怀鲁先生传》，雍正《东林书院志》卷九《列传三》。
② 高攀龙：《高子遗书》卷八上《致周怀鲁中丞》。
③ 雍正《东林书院志》卷二二《轶事二·周怀鲁先生》。
④ 雍正《东林书院志》卷二二《轶事二·杨大洪先生》。
⑤ 《明史》卷二四五《周顺昌传》。
⑥ 高攀龙：《高子遗书》卷一〇《记·毘陵欧阳守记略》。

城书院的恢复早于东林书院，一开始就不是一个单纯的讲学之所，因此这位知府批准复建东林书院并非出于偶然。

同善会是东林学贤们典型的社会政治、经济活动之一。顾名思义，它以"明善为宗"，目的在于"力辟吴门无善无不善的宗旨"①，表明东林派人士"志在世道"，"躬行实践"的政治抱负和学术主张。讲学与实践互为表里，是东林学派与众不同之处。同善会先由钱一本倡行于毗陵，每岁数举，"会者人有所捐，聚而储之，见有隐于中者，施之，于是无告之人寒者得衣，饥者得食，病者得药，死者得槽，同会者人人得为善"。在东林书院讲习的陈幼学闻之欣然，认为"夫学，岂托之空言，将见之行事，此其为行事之实"②。于是无锡东林诸贤仿钱一本的做法"畅其义于邑中"，"好义者百余人应之，忠孝节义之贫者有助，鳏寡孤独之贤者有助"③。高攀龙、刘元珍、陈幼学、叶茂才、安希范五人主持，高攀龙还作《同善会序》，并亲自赴同善会讲话。他在一次讲话中说："这同善会今日是第十四次了，会友有百余人，人人皆出自心自愿，可见善是人的本心。"④同善会的建立源于"天下原为一身"、"桑梓一体"的思想。一开始也有人反对，认为"林中人不应为蛇足者"，而东林党人却认为"痌瘝一体，如救头面"⑤，"自身痛痒不自知，可以称人乎！"⑥

同善会的倡行很有影响，崇祯年，高攀龙的弟子陈龙正效法无锡的同善会，也在家乡兴办了这一组织。⑦ 复社成员归庄与友人陈济生等人在昆山组织同善会，并作《同善会约序》，云：

> 其事创于梁溪高忠宪公、毗陵钱启新先生；其法详于武塘陈几亭先生书。十年前，吾邑亦行之，会乱而止。去年复续行之。郡城无闻焉，宜吾友皇士（陈济生）之恻然于心，而与诸子率先为之。⑧

东林后裔刘永澄之子刘近思，"仿忠宪同善会于乡，贫者病者，死无棺者，皆有

① 钱谦益：《牧斋初学集》卷八六《题跋四·题同学会言》。
② 高攀龙：《高子遗书》卷九上《序·同善会序》。
③ 《明史稿》列传第一一〇《刘元珍传》。
④ 高子龙：《高子遗书》卷一二《题跋杂书类·同善会讲话》。
⑤ 黄宗羲：《明儒学案》卷六〇《东林学案三》。
⑥ 高攀龙：《刘本孺先生墓志铭》。载雍正《东林书院志》卷八《列传二》。
⑦ 陈龙正：《几亭全书》卷二四《同善会讲语》，《四库禁燬书丛刊》本。
⑧ 归庄：《归庄集》卷三《序·同善会约序》，中华书局 1962 年点校本。

所给。尤加意宗党，昏嫁丧葬，咸为经画，数十年不怠”[①]。崇祯十四年(1641)，太仓大旱，曾为复社成员的陆世仪“约同志数人为同善会。日聚银米拯饥民，全活无算”[②]，复社领袖张溥对此十分支持。

东林党人平日“济世”、“救民”的活动也十分突出，社会影响也很显著。万历十六年(1588)，吴中大祲，饿莩盈道，据顾宪成说，其弟允成“廪木仅有粟百石，辄捐其半以赈，一时士民翕然从风，是岁也，饥而不害”[③]。又如华允诚素精岐黄，“里中有危难症，虽下贱，得请按脉。处方投剂多效”[④]。

从这些参与书院讲学的东林党人的社会活动可以看出，他们是一群“志在世道”，有理想、有主张的热血之士，是通晓士农商贾“躬行实践”的社会精英；而不是只议论儒学、不关切国事民瘼的山林隐士，更不是所谓的“书呆子”。

虽然有人考证东林书院的名联：“风声、雨声、读书声，声声入耳，国事、家事、天下事，事事关心”并非全由顾宪成所作，上联由陈以忠出，下联由顾宪成对。[⑤] 但它集中反映了东林先达的思想境界及政治抱负，尤其该联的思想精髓主要在下联。东林书院依庸堂还有另外左右联，曰：“坐闻谈论人，可贤可圣；日用寻常事，即性即天。”[⑥]该联为邹元标贺书院落成题赠，后由复社成员归庄敬书，同样反映出“志在世道”，崇尚实学的精神，与“三声三事”联有异曲同工之妙。“三声三事”的实质表现了人在政治上主体意识的增强，从完全依附向独立自主转变，是形成独立政治人格的开始。

黄宗羲《东林学案》的前言前后矛盾，他一口一个“东林”，却又说：“然则东林岂真有名目哉？亦小人者加之名目而已矣。”接着他又说：“熹宗之时，龟鼎将移，其以血肉撑拒，没虞渊而取坠日者，东林也。”他先说：

> 乃言国本者谓之东林，争科场者谓之东林，攻逆奄者谓之东林，以至言夺情奸相讨贼，凡一议之正，一人之不随流俗者，无不谓之东林，若似乎

① 陈嘉淑：《刘近思先生墓志铭》，载刘近思《四朝大政录》，明清史资料汇编三集第一册，台北文海出版社印行。

② 陆允正：《府君行实》，见《桴亭遗书》册一，清光绪二十五年刻本。

③ 顾宪成：《泾皋藏稿》卷二二《先弟季时述》。

④ 雍正《东林书院志》卷二二《轶事二·华凤超先生》。

⑤ 顾文璧：《东林“三声三事”名联的来历和作用问题》，载《东林党学术研讨会，薛福成学术研讨会论文资料集》。

⑥ 雍正《东林书院志》卷一《建置》。

东林标榜，遍于数世，东林何不幸而有是也？

后又说：

数十年来，勇者燔妻子，弱者埋土室，忠义之盛，度越前代，犹是东林之流风余韵也。[①]

“东林之社”、“东林人”，甚至“吾党”，都是顾宪成、高攀龙、钱一本对东林的自称。黄宗羲不情愿承认东林是一个政治团体，但又对东林党人及其后人的政治活动十分敬仰，大加赞颂，实际上还是承认了它的政治影响和作用，不能自圆其说。

考察东林书院，不能不说到首善书院。天启初周宗建、邹元标、冯从吾在京城建首善书院，叶向高为之题写碑记。当时高攀龙“在都中以政暇讲学于首善书院”，与东林“三千里外遥相应和”，冯从吾、邹元标闻东林有吴桂森继续主持，“群然向往，脉脉神交”[②]。首善书院开讲后，缙绅士庶环听者人数众多，以至于庙院不能容纳。兵科朱童蒙上言：“宪臣议开讲学之坛，国家恐启门户之渐，宜安心本分，以东林为戒。”[③]刘宗周上疏解释说：“会广宁告陷，人多迁之者。从吾曰：‘今日正不可不讲学。’此其意图自远矣。”[④]可知书院的建立，政治意义已经超过了学术意义，那么东林书院又何尝不是如此呢？参与首善书院讲学的几乎全是在东林讲习之人，黄宗羲却说“京师首善之会，主之为南皋、少墟，于东林无与”[⑤]，这是不正确的。《明史》载，刘宗周“入东林书院，与攀龙辈讲习，冯从吾首善书院之会，宗周亦与焉”[⑥]。当时东林“华燕超（华允谋）也偕华凤超（华允诚）往受教”，二人与高攀龙同里，华燕超在万历时就曾“游东林，奉教于钱启新先生”[⑦]。华凤超受《易》于同郡钱一本，登天启二年进士，《明史》说：“从同里高攀龙讲学首善书院”，后“先后旋里，遂受业为弟子”[⑧]。周宗建为著名的东林后“七君子”之一，冯从吾为顾宪成在京任职时所传弟子，

① 黄宗羲：《明儒学案》卷五八《东林学案一》。
② 邹期桢：《吴觐华先生墓志铭》，《东林书院志》卷九《列传三》。
③ 雍正《东林书院志》卷二二《轶事二·邹南皋先生》。
④ 刘宗周：《刘蕺山集》卷五《奏疏五·条列风纪疏》。
⑤ 黄宗羲：《明儒学案》卷五八《东林学案一》。
⑥ 《明史》卷二五五《刘宗周传》。
⑦ 高世泰：《华燕超先生传》，《东林书院志》卷九《列传三》。
⑧ 《明史》卷二五八《华允诚传》。

被公认为东林四君子之一，高攀龙、刘宗周、华凤超直接参与了讲学，华燕超、华凤超又分别为钱一本、高攀龙的弟子，怎么能说与东林没有关系？

关于东林党中参与书院讲习与未参与讲习人士之间的关系，是需要明确的问题。许多著名的东林党人都没有被列入东林书院道南祠，有鉴于此，康熙二十四年(1685)九月，东林后人钱肃润、高菖生、孙绎武等人希望"将理学与气节俱行，前贤赖后儒继起"，拟将周顺昌、左光斗等十人入祠。事载《东林书院志》：

> 公请崇祀道南，以翼道统，以励儒修。事具呈，列举周公顺昌、左公光斗，周公宗建、姚公希孟、李公应升、杨公廷枢、李公若愚、胡公时忠、赵公玄祉、华公允谊十人。事不果行，今惟周蓼洲、胡慎三两公入祠。①

以后"东林后学于道南一祠议出议入，各持意见，聚讼纷纭"。由于争论较大，不得不报江苏巡抚汤斌定夺，汤斌的批示如下：

> 顾、高诸先生皆兴复东林，同堂讲习，其祀于东林固宜。启祯以后，号东林者几遍天下，其间直节清修，力排阉竖，扶植纲常者，皆可与顾、高诸先生争烈。然此可谓之东林党人，而与书院无与也。若尽举当年号东林君子者而入之，恐道南俎豆无地可容，而其间或有名实不相副者，亦无辞以拒之矣。为今日计，当仿前人厘正忠定诸先生遗意而为之，亦绍述前贤之一端也。②

从汤斌的批示看，入祠与不入祠的标准是"同堂讲习，其祀于东林固宜"，即使如左光斗、周宗建、李应升等殉节英烈也未被列入。也就是说当时入祠的范围很狭窄，没有完全以政治的标准去衡量，而主要以师承和参与书院讲习以及与东林有特殊关系为原则。然而汤斌将东林书院与东林党之间的关系却说得一清二楚。首先他承认了"与顾、高诸先生争烈"的为东林党人，其次，只有参与"同堂讲习"的才属于东林书院之人。实际上他限定了入祀东林书院之人的概念，并没有说东林书院或参与东林书院讲习的人不属于东林党，亦即，东林党人不必都要参加过书院的讲习。汤斌的结论，当时得到了普遍的认可，"识者

---

① 雍正《东林书院志》卷二一《轶事一·东林轶事》。据同书卷一三《祀典·配位缘起》载，胡时忠(胡慎三)于康熙二十五年被批允从祀，而周顺昌则于康熙五十二年才被批允入祀。

② 《锡山志》，载《东林书院志》卷二一《轶事一·东林轶事》。

以为不刊之论"[1]。

政治文化的变迁是政治变迁的外在表现形式。传统的依附型的政治文化是专制集权的政治结构得以稳定的政治文化基础是依附型的政治文化，而东林党人倡导"国事、家事、天下事，事事关心"，主张"纪纲世界，全要是非明白"，于是"讽议朝政，裁量人物"，刘宗周还要求崇祯帝与臣下"分任其咎"，这种以独立政治人格为基础的参与型政治文化构成对传统的政治文化的冲击。这种冲击可以导致政治文化的变迁，而政治文化的嬗变将最终引起政治制度的变革。

二、反传统的思想主张

（一）东林党的政治主张

反对专制独裁，要求民主，是东林党人政治上的一个突出特征。刘宗周说："天下事可以一人理乎！"[2]主张"以天下之聪明为大聪明"，"以天下才任天下事"[3]。薛敷教年十五补诸生，正值海瑞抚南都，见后十分赏爱，曰："生宁独文人，必忠义士。"高攀龙在《墓志铭》中说他年纪虽小，却"慨然以天下自任，每从方山先生阅邸报，有不平，目眦欲裂"[4]。与东林诸君子为性命之交的刘永澄，"官不过七品，其志以为天下事莫非吾事"[5]。

东林党人普遍有"天下一体"的共识，而且进一步深化了"天下为公"的思想。如高攀龙说："天下原是一身，吾辈合并为公，即天下如一气呼吸。"[6]师事高攀龙的陈龙正，"留心当世之务，故以万物一体为宗"[7]。他们认识到"吾辈合并为公"，将自身作为"公"，即"天下"的主体，有了作为国家主体的意识，这是观念上的进步。倡行同善会，将自己与"贫者"看成为一身，也是东林党人在认识上超出了同时代人的地方。对人的地位的认识是社会发展与否的根本性问题。基于对"公"的认识，高攀龙进一步指出：

---

① 雍正《东林书院志》卷二一《轶事一·东林轶事》。

② 刘宗周：《刘蕺山集》卷二《奏疏二·除京兆谢恩疏》，《文渊阁四库全书》本。

③ 刘宗周：《刘蕺山集》卷四《奏疏四·敬陈圣学疏》。

④ 高攀龙：《薛以身先生墓志铭》，雍正《东林书院志》卷八《列传二》。

⑤ 黄宗羲：《明儒学案》卷六〇《东林学案三·职方刘静之先生永澄》。刘永澄万历四十年起职方主事，未上任而卒，年仅三十七岁。

⑥ 高攀龙：《高子遗书》卷八下《书·答刘心统二》。

⑦ 黄宗羲：《明儒学案》卷六一《东林学案四·中书陈几亭先生龙正》。

君子不随时不足以有为,所谓随时者,随风土之宜,顺人情之公。就往事之有过,不及及时有为以利益斯民耳。今之所谓随时,只随俗而习,非弊也。[①]

他将不能及时有利斯民,看成是以往的过错。有了"天下一身"的认识,东林党人常自觉或不自觉地把自己与皇帝对立起来。顾宪成在万历十四年(1586)秋入京补官,曾与阁臣王锡爵有过一次对话,见《小心斋札记》:

王相国谓予曰:"君家居且久,亦知长安近来有一异事否?"予曰:"愿闻之。"相国曰:"庙堂所是,外人必以为非,庙堂所非外人必以为是,不亦异乎?"予对曰:"又有一异事。"相国曰:"何?"予曰:"外人所是,庙堂必以为非,外人所非,庙堂必以为是。"相国笑而起。[②]

在皇太子的册立问题上,东林党人认为"天下事非一家私事,盖言公也,况以宗庙社稷之而可付之一人之手乎!"他们认为立皇太子问题是天下之公,而郑贵妃乃是皇上一己之私,"以私而掩公,以一己而掩天下,亦已偏矣"[③]。由于东林党人一向反对专权,因此他们对张居正柄政期间权侵六部的做法十分不满,这是东林党人反对张居正的根本原因。张居正当国时,顾宪成即与魏允中、刘廷兰同称三解元,他们上书申时行,"言时政得失,无所隐避"[④],张居正称其为"三元会",说他们"日评隲时事,居然华衮斧钺一世矣"[⑤]。张居正病,"倾国为望祷,业署宪成名",顾宪成"走马削去"[⑥]。顾宪成认为:

我太祖罢中书省而设六部,惟恐其权之不散,严分宜以来,内阁合六部而揽之,惟恐其权之不聚。散则互钤,权臣不得行其私,国家之利也;聚则独制,各人不得守其职,权臣之利也。[⑦]

他以明初"惟恐其权之不散"为先例,目的是为了削弱集权,实质是削弱皇权,

① 高攀龙:《高子遗书》卷八下《书・答钱心卓》。

② 顾宪成:《小心斋札记》卷一七,载《顾端文公遗书》,清光绪三年刻本。此处用"庙堂"二字,而有些史籍却将"庙堂"二字改为"内阁",笔者认为是为避"天子"之讳,《小心斋札记》为当事人顾宪成自述,所载为原始材料。

③ 顾宪成:《泾皋藏稿》卷二二《先弟季时述》。

④ 黄宗羲:《明儒学案》卷五八《东林学案一・端文顾泾阳先生宪成》。

⑤ 高攀龙:《高子遗书》卷一一《墓志铭・南京光禄寺少卿泾阳顾先生行状》。

⑥ 查继佐:《罪惟录》列传一〇《顾宪成》,《四部丛刊》三编本。

⑦ 高攀龙:《高子遗书》卷一一《墓志铭・南京光禄寺少卿泾阳顾先生行状》。

这是专制制度瓦解、民主制度建立的必然路径。明初朱元璋统治下的情况与明中后期有很大差别，朱元璋分政六部是为了将所有的权力握在自己手里，与顾宪成所要实现的目的有本质的不同。另外，张居正柄政十年，在明代历史上是一个特殊的时期，他的做法的确在许多方面超越了内阁的职责。严格地说，这种专制并不是历史进步的方向，因而其缺乏社会基础的改革也难以获得成功。他死后，情况则完全不同，朝廷大权由神宗一人独揽，内阁并不能左右政局，但东林党人担心“二三群小伺察而得之”，尤其认识到若“与皇上为一”，救之更难。如顾允成指出：

寄之此辈，则居正之专尚与皇上为二，此辈之专，且与皇上为一；与皇上为二则救之也尚易，与皇上为一，则救之也倍难①。

对内阁阁臣的任免，钱一本主张公开实行选举：

自来内阁之臣一据其位，远者二十年，近者十年，不败不止。嵩之鉴不远，而居正蹈之，居正之鉴不远，而时行又蹈之。继其后者庸碌罢驽，或甚于时行，褊隘执拗，又复为居正。若非大破常格，公天下以选举，相道未可言。②

明代内阁并非行政中枢，而是皇帝的议政咨询机构。它的职能是备顾问，贡献意见，代天子言。钱一本主张选举，不是指府、部、寺、院的官员，也不是指地方行政机构的官员，而是专指内阁议论之臣。即作为议政的辅臣，应该由选举产生。这无疑有了一种民主议政的要求。实行选举，必然伴随任期制的建立，否则选举将失去意义；而选举、任期，则具有代议制度的基本特征。“公天下以选举”，“使国家命相之大任”彻底摆脱皇帝“特简”或“阁臣援引”的束缚，实现权力由君主或少数权臣向多数人手中的转移。政治上的选举是民主的直接体现，通过选举来改变国家政治生活完全由皇帝一个人决定的方式。钱一本的这一设想表明，东林党人政治参与意识进一步提高，他们希望对国家行政决策施加更大的影响，开始萌生了变革政治体制的意识。

关于为政的标准，高攀龙认为：“君子为政，不过因民之好恶。”③他进一步阐述：

---

① 顾允成：《小辨斋偶存》卷一《策·廷试制科》。

② 《明史》卷二三一《钱一本传》。

③ 高攀龙：《高子遗书》卷八下《书·与欧阳宜诸二》。

君子之所为，直要通得天下人才行得。若守定一己独见，虽真心为国为天下，也行不去……此岂但众人不从，即同志中也不从，须是天下人，无论贤、智、愚、不肖都通得方可行也。”①

以天下人通得才可行去判定是非，是一种以客观世界为标准的认识论，抛弃了以君主为中心的束缚，体现了人文主义的精神。关于如何处理民与国的利益关系，高攀龙主张：

窃惟天下之事有益于国而有损于民者，权国为重，则宜从国；有益于民而有损于国者，权民为重，则宜从民，至无损于国而有益于民，则智者不再计而决，仁者不宿诺而行矣。②

虽然在他看来国与民仍处于对立的位置，但民的地位已经明显提高，几乎到了与国相等的地位。尤其提出“有益于民”即使有损于国，也须“权民为重，则宜从民”，更是难能可贵。总体上说，东林党人的思想体系已经与传统的皇权体系相悖离，带有近代民权的色彩。君主专制社会君与臣民的关系是一种依附关系，“朕即国家”，“国”实际是君主的代称。高攀龙提出“权民为重”的原则，是对依附关系的一种否定。由于衡量是非的标准不同，东林党人的许多看法与众不同，显得十分尖锐。高攀龙就曾说：“与其得罪千古，无宁得罪一时。”③如他认为天子不应有私财，万历二十年(1592)在劝神宗发内帑一事上，他建议：

臣以为宜许户部都得以通融出入，有事则暂借为边方之用，不致天下急赋敛而激生他变，无事则仍补足原数，以备不时之需，既明示天下，以天子无私财而实则府库之财，未有非其财者也。④

这样一来，内帑成了户部的储备银，神宗当然不会接受。天启元年(1621)，高攀龙起光禄寺丞，至京后，见“穷民赤体者，满街衢”，日暮时分，哀号之声，悲惨万状。他上疏说：“臣日在东门恭陛下膳羞，慨然叹曰：‘满目穷民，不过费陛下一朝之享而足也’。”⑤他要求熹宗立发光禄寺库银四百两，仓米一百石，并委

① 高攀龙：《高子遗书》卷五《会语》。

② 高攀龙：《高子遗书》卷八下《书·四府公启汪澄翁大司农》。

③ 高攀龙：《高子遗书》卷八下《书·答王无咎》。

④ 高攀龙：《高子遗书》卷七《疏·今日第一要务疏》。

⑤ 高攀龙：《高子遗书》卷七《疏·圣明亟垂轸恤疏》。

本寺官员督制衣服，“随米给散，务令人受实惠”。

针对崇祯帝对大臣的猜疑以及由此而引起在决策上的失误，刘宗周大胆提出皇帝应与大臣分任其咎。他说：

> 然岂无一人足以当皇上之信，而皇上以情面之说概事猜疑，法大小臣工尽在皇上积疑中，日积月累，结为阴痞。有识者固已忧之，一旦国事至此，诸臣负皇上任，使不忠诚无所逃罪，业已天威震叠，轻重伏辜，而臣以为皇上亦当分其咎。[1]

他不仅这样说，而且也这样做。崇祯十五年(1642)刘宗周在召对中说：“十五年来，皇上处分未当，致有今日败局。乃不追原祸始，更弦易辙，欲以一切苟且之政，牵补罅漏，非长治之道也。”[2]如此当面指责当朝天子，极为少见。天下事都要是非分明，是东林党人一贯的主张，注意到责任的划分，无疑是扩大权力的一种平等要求。在传统政治文化中，个人完全没有合法地位，臣民完全依附于君主的权力；而要求君主与臣民“分其咎”，则是对这种依附性政治文化的冲击，是对传统社会君主权威的挑战。能有这样的认识，基于对国家事务的参与意识，是政治思想上的跨越。刘宗周的上疏称为《冒死陈言疏》，“冒死”当非虚语。黄宗羲说他的老师“立朝危言危行”[3]，于此可见一斑。

对辽东战场军事指挥体制的改革建议，同样体现了东林党人分散君主权力的意向。他们抱有改革国家政治的强烈愿望，高攀龙提出“事穷则变，变则通，如之何坐而待毙也”[4]。天启二年(1622)，继廷臣推荐孙承宗后，高攀龙上《破格用人疏》，他认为天下事已不可测，“敌人长驱而入不可测，山海关能否坚守不可测”，“在非常之时，岂守寻常之格”，因此他建议：

> 宜特设一防御大臣，专理守战。招豪杰如协理詹事府事、礼部右侍郎孙承宗其选也……果其用之，当以学士兼尚书、都御史职衔，如在外总督之任。于京师开府行事，与部院名位相并，职事相通，庶几行无窒碍。更

---

① 刘宗周：《刘蕺山集》卷二《奏疏二·冒死陈言疏》。

② 黄宗羲：《黄宗羲全集》第八册《明儒学案》卷六二《蕺山学案·忠端刘念台先生宗周》，浙江古籍出版社1985年点校本。

③ 黄宗羲：《黄宗羲全集》第一册《思旧录·刘宗周》。

④ 高攀龙：《高子遗书》卷八下《书·答袁节寰中丞二》。

别发帑金数万，令其修举庶务，不至支用各部，担延日月。[①]

高攀龙的建议，基本上被采纳。不久，拜孙承宗为兵部尚书兼东阁大学士，又命以阁臣掌部务，后又以原官督山海关及蓟、辽、天津、登莱诸处军务，发帑金八十万，便宜行事，不从中制[②]。明代内阁大学士兼掌兵部事，且督师在外，均前无先例，实为一创新之战时体制。战时体制的实质，仍在于分权于下，将高度专制集权的决策方式打破，从而可以不失战机，使决策建立在可靠的基础之上。天启朝孙承宗在关四年，修复大城九、堡四十五、练兵十一万，拓地四百里，屯田五千顷，岁入十五万。如此功业，与体制上"便宜行事，不从中制"有直接的关系。对毛文龙，高攀龙曾说："毛帅自是敌起以来一出色人物，虽不可尽信，要岂可尽疑。"[③]

东林党人十分关注刑法问题，高攀龙门生陈龙正于崇祯十一年(1638)上《养和》《好生》二疏，说："回天在好生，好生无过减死。"他认为"狱情至稳，人命至重，故不贵专信而取兼疑。他还认为"四方罪犯无甚穷凶奇谋者"，不应罪案一成立，就诛磔，"亦宜有所惩戒，何犯者若此累累？"十三年又建言皇帝"听言省刑"。[④] 华允诚于崇祯五年(1632)六月上疏崇祯帝："愿陛下尚德缓刑。"[⑤]刘宗周向崇祯帝进《祈天永命之说》，他说："法天之大者，莫过于重民命，则刑罚宜当宜平，陛下以重典绳下，逆党有诛，封疆失事有诛。一切诖误，重者杖死，轻者谪去，朝署中半染赭衣，而最伤国体者，无如诏狱。"[⑥]他主张废掉锦衣之狱与东厂，认为这是人主的"私刑"。又上《条例风纪疏》，曰："请自今一切轻重狱词专听三法司听断，不必另下锦衣。"[⑦]而崇祯帝却说："法司、锦衣皆刑官，何公何私……假有贪赃坏法，欺君罔上，皆不可问乎？"刘宗周反驳说："掌锦衣者，皆膏梁子弟，未必读书知礼义，每听寺人役使，即陛下问贪赃坏法、欺君罔

① 高攀龙：《高子遗书》卷七《疏·破格用人疏》。
② 《明史》卷二五〇《孙承宗传》。
③ 高攀龙：《高子遗书》卷八下《书·答袁节寰中丞二》。
④ 《明史稿》列传第一一三《陈龙正传》。
⑤ 《明史稿》列传第一四三《华允诚传》。
⑥ 《明史稿》列传第一四一《刘宗周传》。
⑦ 刘宗周：《刘蕺山集》卷五《奏疏五·条例风纪疏》。

上者，亦不可不付法司也。”[①]东厂、锦衣卫私设刑狱，是明代高度君主专制制度在司法上的反映，称之为“私刑”是十分恰当的，东林党人从“重民命”这一思想出发，要求将这一弊政废除，符合社会发展的要求。从刘宗周和崇祯帝君臣之间的对话可以看出，双方思想体系实难相容。

明朝皇帝，多数佞佛。明中叶以后，以皇帝为首的最高统治集团日趋腐败，明神宗昏庸怠惰，好佛更甚。《万历野获编》卷二七《释道》，有《京师敕建寺》可证：

> 本朝主上及东宫与诸王降升，俱剃度童幼替身出家……今京师城南有海会寺者，传闻为先帝穆宗初生受釐之所，今上万历二年重修，已称钜丽。本年又于城之西南隅鼎建承恩寺，其壮伟又有加焉。今上替身僧志善，以左善世住持其中，盖从龙泉寺移锡于此。其在城外者曰慈寿寺，去阜成门八里，则圣母慈圣皇太后所建，盖正德间大珰谷大用故地，始于万历四年，凡二岁告成。入山门既有窣堵坡高入云表，名永安塔，华焕精严，真如游化城乐邦。所费甚多，盖慈圣既捐帑，各邸俱助之，因得速就如此。至五年之三月，今上又自建万寿寺于西直门外七里。先是京师有番经汉经二厂，年久颓圮，穆皇命重修未竟。上移贮汉经于其中。其正殿曰大延寿，阁曰宁安。重楼复榭，隐暎蔽亏，视慈寿寺又加丽焉。其后垒石为三山，以奉西方三大士，盖象普陀、清凉、峨眉，凡占地四顷有奇，亦浃岁即成。时司礼故大珰冯保领其事，先助万金，潞邸及诸公主、诸妃嫔，以至各中贵，无不捐资。其藻绘丹雘，视金陵三大刹不倍蓰。盖塔庙之极胜，几同《洛阳伽蓝记》所载矣。予再游万寿时，正直寺衲为主上祝釐，其梵呗者几千人，声如海潮音。内主僧年未二十，美如倩妇，问之亦上之替僧，但怪其太少。盖志善者已谢世，此又代职者，自承恩移居此中耳。时上从内府赐出永乐间所铸铜钟，内外范《华严》全部，婆娑环读，此身真在忉利天宫也。以上诸刹，俱帝后出供奉之羡，鸠工聚材，一以大珰涖之，有司例不与闻。民间若不知有大役，亦太平佳话也。先是万历二年，仁圣太后也出羡金，建仁寿寺于城南数里，直至十三年始报竣。

神宗曾说：“朕惟佛氏之教，具在经典，用以化导善类，觉悟群迷，于护国佑民，

---

① 《明史稿》列传第一四一《刘宗周传》。

不为无助。”还将续入藏经四十一函，并旧刻藏经六百三十七函，颁发给云南鸡足山华严寺①。统治者的行为对士大夫集团及思想界必然产生影响，“万历而后，禅风寖盛，士夫无不谈禅，僧亦无不欲与士夫结纳”②，思想界“三教合一”的主张十分盛行，这种趋势对社会的发展极为不利。东林党人坚决抵制释、道二教对国家政治及学术的影响，特别对佛教的唯心论做了无情的批驳。因此顾宪成、高攀龙等人反对释、道二教不是一个单纯的学术问题，而主要是一个政治问题。

高攀龙自揭阳归乡后，曾专门参究过佛、道二家的精典，得出结论：“其精微处，吾儒具有之，总不出无极二字，弊病处先儒具言之，总不出无理二字。观二氏而益知圣道之高，若无圣人之道，便无生民之类，即二氏亦饮食衣被其中而不觉也。”③在给顾宪成的信中说：

> 龙自正月以来，尽取佛书读之，颇能究竟其旨，今日谈学者，都将佛宗来证圣学，实无有知吾圣人之道者……正如南辕北辙，如何合得？④

从这时开始，高攀龙不断对释、道二氏，尤其对佛教予以抨击。

万历二十六年(1598)秋，顾宪成与高攀龙会苏、常诸友于二泉之上，“与管东溟辨论无善无恶之旨，观听者踵相接，至无所容”。管志道一贯主张三教合一，而“实主佛学”。东林党人以“卫道救时”为宗旨，在政治斗争中主张是非分明，因此他们坚决反对“佛氏一切平等”之说，认为佛教“最忌分别是非，如何纪纲得世界？纪纲世界全要是非明白”⑤。严瑴在《东林或问》中说：“儒佛如薰莸水炭之不相入，儒以理为宗，佛氏以了生死为宗。”“邪固不能兼正，正亦不能兼邪，吾道本大，何必兼二氏而见其大。”⑥高攀龙致信管志道说：“圣人之道通于幽明，而二氏之学不可以治世。”还说明太祖不废佛、道二教，不过是其“阴翊王度”，使其信徒各守其教，“未尝合之使一也”。他对王阳明也表示不满，说：“今之阳尊儒而阴从释，借儒名以文释行者，自阳明以后更大炽。”⑦

① 引自郭朋：《明清佛教》，福建人民出版社1985年版，第35页。
② 陈垣：《明季滇黔佛教考》，河北教育出版社2000年版，第334页。
③ 华允诚编：《高忠宪公年谱》，清光绪二年刻本。
④ 高攀龙：《高子遗书》卷八上《答泾阳论儒佛善字不同》。
⑤ 叶茂才：《高攀龙行状》，雍正《东林书院志》卷七《列传一》。
⑥ 严瑴：《东林或问》，雍正《东林书院志》卷一七《文翰三》。
⑦ 高攀龙：《高子遗书》卷八上《答刘直洲》。

钱一本的抨击更为直白和尖锐，对僧道不事生产极表不满："僧道不事农业，善为术惑弄愚民。祖宗朝深察其奸，独严其禁。"关于释道不生育，尤其嗤之以鼻：

> 儒哀人之有鳏寡，释惟恐人之不为鳏寡，而多方教人之为鳏寡。人人斩绝生男育女之事，人物消杀都尽，而释之能事备矣。其用心亦至惨至刻，而谓之大慈大悲，何居？自二氏入来，不为僧即为道，如天下有十万僧道，便是十万人不生育了；如天下有百万僧道，便是百万人不生育了。人道生生中，被他暗地里消了许多。

针对佛教的唯心主义宇宙观，钱一本说：

> 释亦天地所生，直欲打破天地；释亦父母所生，就行弃绝父母，此成何等学问……充塞宇宙皆实理，而荡荡为无；人心全体皆实理，而驰之以空，其为天下害，甚于杨、墨。[①]

对佛、道的祸福因果说，他作如下批判："圣贤以义理率人，释老以祸福恐喝人，使人怀一片祸福心以向善，皆假善耳！"[②]他认为小人看经念佛是求福免祸，"何曾是为善去恶"，此正是自私自利之弊也；佛教教坏了人的一生，"心术不好了，如何尚谓之暗助王纲"！他嘲笑三教合一说：

> 今欲贯三教为一，并天下学校寺观为一堂，聚天下士子僧道于一堂，皇家有此法制否，直是不容于尧舜之世。[③]

刘宗周批判佛氏"只言一心，心外无法，万法归空，依空立世界"；他说佛氏"忍性割爱，逃亲弃君"，"佛氏之言心，可谓丧心之极"[④]。

不唯顾宪成、高攀龙、钱一本，刘宗周，东林学派诸君子都极力反对佛、道二教，更不赞成三教合一的主张。这不仅是因为传统的儒家一向抱有"正心、修身、齐家、治国、平天下"的政治理想，也是因为东林党人在学术上一贯坚持"以世为体"、"躬行实践"的科学态度，最重要的是希望通过端正学术以图新政治，使统治者和士大夫们"不再浸淫于佛老之说"，摆脱佛、道消极颓废的思想

---

① 钱一本：《黾记》卷一，明万历四十一年刻本。

② 钱一本：《黾记》卷一。

③ 同上。

④ 黄宗羲：《黄宗羲全集》第一册《子刘子学言》卷二。

影响，以期皇帝“毕举圣王之精神，一奋天下之意气，维新矣”[①]。东林对释、道的批判，影响到其后绪复社的思想主张。黄宗羲对佛、巫深恶痛绝，他说：“何谓蛊惑？佛也，巫也。”“佛遂中分其民之作业矣”，“巫遂中分其民之资产矣。”[②]

顾宪成等人对“无善无恶”之说的批判，政治目的十分明确，他们以“明善为宗”，希望改变是非不明的“混沌世界”。然而其“理论深度和理论分析不足”[③]，据钱谦益说，东林讲学开始后，管志道曾与顾宪成“往复辩析，先后数万言，梁溪虽未能心服，度终不能夺公而止”[④]。尽管如此，东林的自由讲学活动和东林党人的斗争，却推动了社会的政治发展，促进了思想的更新。

管志道“一贯三教，而实主佛学”[⑤]，一旦发展为思想界的主流，后果是严重的。东林党人反对宗教迷信，在思想领域有力抨击了二教的唯心主义，坚持了唯物主义，肩负起历史的责任，因此刘宗周说：“佛老之害自宪成而救。”[⑥]

东林党人十分同情人民的疾苦，在对待农民起义的态度上，以刘宗周最有代表性。他认为“流寇之遍天下也，原其始祸之日，皆由朝廷严刑重敛威暴其下，使之偷生无路，悔罪无门，以有今日”[⑦]。崇祯九年(1636)，皇帝召问刘宗周“人才兵食及流寇猖獗等事”，刘宗周回答：

> 流寇本朝廷赤子，抚之有道，则还为民。今急当以收拾人心为本，收拾人心当先宽有司参罚，参罚重则吏治坏，吏治坏则民生困，盗贼由此日繁。[⑧]

这时明末农民战争已进行了九年，起义军已攻下凤阳，烧毁了朱元璋的祖坟，并进入河南，刘宗周还能对朱由检说出“流寇本朝廷赤子”的话，是很不容易的。对“流寇”，未见有丝毫指责之意。崇祯十四年(1641)，农民战争已成燎原之势，刘宗周仍坚持以前的看法，上疏说：

---

① 高攀龙：《高子遗书》卷七《疏・崇正学辟异说疏》。
② 黄宗羲：《明夷待访录・财计二》，中华书局1981年版。
③ 侯外庐、邱汉生、张岂之主编：《宋明理学史》，人民出版社1987年版，第580页。
④ 钱谦益：《牧斋初学集》卷四九《行状三・朝列大夫管公行状》。
⑤ 高攀龙：《顾宪成行状》，雍正《东林书院志》卷七《列传一》。
⑥ 刘宗周：《刘蕺山集》卷一《奏疏一・修正学疏》。
⑦ 刘宗周：《刘蕺山集》卷四《奏疏四・辞少宰疏》。
⑧ 《明史稿》列传第一四一《刘宗周传》。

所司莫承德意，卒未有以天地父母之心相感喻者，一抚再抚，每同儿戏。惟其恩信不立，是以负固愈坚。自此廷议一意用兵，日驱数十万生灵于锋镝之下，无不玉石俱焚，更坚天下从贼之心。而今者剿与抚两穷矣。

他进一步建议"悉捐天下剿饷金钱改为牛种庐舍之资"，给以农民"经理农田"[①]。由于立脚点不同，刘宗周所发议论，常有独到之处，许多看法和建言是皇帝根本无法接受的，因此崇祯帝斥其为"偏党"[②]。

顾宪成提倡"以天下为任，不以一部为职"，正所谓"国事、家事、天下事，事事关心"。东林党人"不论立朝居乡，无念不在国家，无一言一事不关世教"[③]。因此他们上疏言事，往往超越本身官职所掌范围。高攀龙万历二十年(1592)为行人，上《崇正学辟异说疏》，称："故不避僭越之嫌，迂阔之诮，冒昧上陈。"[④]天启二年(1622)为大理寺丞，为推荐孙承宗并改革体制上《破格用人疏》，自称："臣以腐儒越庖言事，罪以出位"。[⑤] 又上《释群疑销隐祸疏》，称："事关安危大计，臣下皆可直言，臣不敢辞出位之罪。"[⑥]营缮员外郎华允诚在崇祯五年(1632)，愤温体仁、闵洪学乱政，上《陈三大可惜四大可忧疏》，说："即治臣以出位僭越之罪，臣有余荣矣。"[⑦]并"治棺"停锡山，嘱家人以身后事。

由于自明中叶以后朝中斗争激烈，当时凡非科道官建言者，世必诟之为出位，指为"好名"、"为取寻捷径"、或指为"多行不韪，计画无之，聊借以盖丑而脱计纲也"[⑧]。顾宪成认为，明兴二百余年，"说论往往出于他曹"，而并非出于言官，并举张居正当国时，言官相率赞颂、保留、祈祷，又举当时"维崧等合纠起鸣，本属公议"，而"皇上诘责，所以辄惶恐推避"。他说，"使人之得以出位而言"的原因，在于"台省之为也"。[⑨] 邹期相在《叶茂才行状》中则完全否定了出位建白为"旁器"的说法，比起顾宪成更显得直截了当：

---

① 刘宗周：《刘蕺山集》卷四《奏疏四・辞少宰疏》。

② 高攀龙：《顾宪成行状》，雍正《东林书院志》卷七《列传一》。

③ 章嘉桢：《祭文》，载于《顾端文公年谱》卷一。

④ 高攀龙：《高子遗书》卷七《疏・崇正学辟异说疏》。

⑤ 高攀龙：《高子遗书》卷七《疏・破格用人疏》。

⑥ 高攀龙：《高子遗书》卷七《疏・释群疑销隐祸疏》。

⑦ 《明史稿》列传第一四三《华允诚传》。

⑧ 顾宪成：《泾皋藏稿》卷一《睹事激衷恭陈当今第一切务恳乞圣明特赐省纳以端政本以回人心事疏》。

⑨ 高攀龙：《顾宪成行状》，雍正《东林书院志》卷七《列传一》。

官台谏者，自为天子耳目臣，他曹出位建白即目之为旁嚣。不知天下事非一家私议，何正何旁，期于至当而止已。①

出位建言，反映了东林党人参与国家政治并力图影响决策的强烈愿望。

明朝规定，外国人不得在境内自由居住，并严禁中国人与外国人交往。明中叶以后，倭寇在东南沿海的杀掠以及葡萄牙人的骚扰，使明人对外国人更加怀疑和不信任。长期封闭的政策，造成了中国人的与世隔绝；妄自尊大，盲目排外是明廷对外的一贯态度。然而东林党人对耶稣会士的传教活动却表现得异常开明，对他们带来的科学知识十分看重。

利玛窦在他的《中国札记》中多次谈到与中国知识分子的交往和友谊，在这些人中东林党人占有一定的比例。其中提到的著名人物除徐光启以外，有郭应聘、叶向高、余继登、曹于汴、冯琦、郭正域、刘元珍、孙玮等。此外，他与邹元标也有过书信往来。这些东林党人在耶稣会士与中国知识界的交流中起了举足轻重的作用。

在对待基督教义的态度上，较有代表性的是邹元标《答西国利玛窦》，曰：

得接郭仰老已出望外，又得门下手教，真不啻之海岛而见异人也，喜次于面。门下二三兄弟，欲与天主学行中国，此其意良厚，仆尝窥其奥，与吾国圣人语不异。吾国圣人及诸儒发挥更详尽无余，门下肯信其无异乎？中微有不同者，则习尚之不同耳。②

邹元标的回信诚挚而友好，虽然认为天主学与中国圣人语不异，但并没有丝毫排斥之意，这对于当时放开眼界了解世界、打破思想禁锢是非常必要的。

最早批准利玛窦等人在广东肇庆建立居留点的明朝官员是时任两广总督的郭应聘。据《利玛窦中国札记》载，就在耶稣会教会代表团的希望几乎快要破灭的时候，郭应聘派人至澳门送交了一封由他“亲自批准的信，邀请耶稣会的神父去肇庆接受国家赐予的一笔财产，修建一所教堂和房屋”③。这是利玛窦等人在明朝内地正式传教的开始，中西交流史上新的跨越，在东林党人郭应聘的直接推动下得以完成。

另外两个著名的东林党人叶向高、郭正域，早在任职南京时，就与利玛窦

---

① 邹期相：《叶茂才行状》，雍正《东林书院志》卷八《列传二》。

② 邹元标：《愿学集》卷三《书·答西国利玛窦》，文渊阁《四库全书》本。

③ 利玛窦、金尼阁著，何高济、王遵仲、李申译：《利玛窦中国札记》，中华书局 1983 年版，第 157 页。

有过不少交往，彼此十分熟悉。他们支持他在南京城中居住，并帮助寻找住所，叶向高还曾有意将自己的住宅让与利玛窦。[1]

利玛窦到达北京后，得到了在京任职的曹于汴的热情帮助。在利玛窦正式拜望他之前，曹于汴却意外地先访问了利玛窦。当利玛窦问他“怎么会首先来访像自己这样一个很少为人所知的人”时，曹于汴回答：“因为我从某些途径听说你是一位模范人物，传播一种教导人们如何正当生活的教义。”[2]从那以后，他们的友谊不断增进。曹于汴还亲自修改要求让利玛窦留居北京的奏章。因此，利玛窦说：“没有人比吏部一个官员（曹于汴）对他的帮助更大了。”[3]当时人们与外国人接触仍十分谨慎，正如利玛窦所说：“实际上，他们大多数人都不愿与神父打交道，惟恐由于里通外国而失宠。”[4]对于东林党人为什么主动结交利玛窦这个问题，曹于汴的回答，反映出政治上的一种反文化现象，是对主流政治文化的逾越。

东林党人，时任礼部尚书的冯琦“批准了他们在北京城的身份，从而免除了任何干扰之忧。他还下令把钦定给他们的米粮和补助金按规定发放给他们”[5]。传教团从此获得了明朝政府正式合法的承认。后来，利玛窦还将在京期间与冯琦和吏部尚书李戴的谈话作为《畸人十篇》中的前两篇，即《李太宰问》和《冯大宗伯问》[6]。冯琦是东林学派的重要人物，他与传教士的交流和讨论，表明其思想上的开放与活跃。

因反对税监陈奉而著名的湖广佥事冯应京，在任时曾派他的学生刘元珍[7]请教当时居住在南京的利玛窦。冯应京被械送入狱，刘元珍也随同入京。《利玛窦中国札记》载：

> 一当神父们从四夷馆的拘留中获释，这个学生就去找他们，说明他来访的原委。行过常礼和赠礼后，他就选利玛窦神父为他的老师。[8]

---

① 利玛窦、金尼阁著，何高济、王遵仲、李申译：《利玛窦中国札记》，中华书局1983年版，第343页。
② 同上，第409页。
③ 同上，第409页。
④ 同上，第409页。
⑤ 同上，第425页。
⑥ 同上，第425页。
⑦ 同上，第429页。刘元珍与冯应京的关系有待进一步考证。
⑧ 同上，第429页。

如果德礼贤对这一史实考证无误，显然刘元珍曾专门向利玛窦学习过。和利玛窦的直接接触，对刘元珍这一东林名宿不会没有影响。

当时东林党人对基督教之所以感兴趣的一个重要原因，在于"利玛窦批驳了佛教"。利玛窦认为它是一种伪宗教，"使人背离得救的道路，同时他却赏识儒教的积极价值，但不把儒家看成是一种宗教，而是一种建立在自然法则基础上的哲学"①。并认为佛教"在道德伦理方面与道教和佛教相对立，而与基督教相一致"②。东林学派一贯反对释道二教，并对三教合一的主张坚决抵制。利玛窦对佛道二教的看法，十分符合东林学派的思想主张。《利玛窦中国札记·1978年法文版序言》中有这样一段记述：

> 在问到基督教法的主要内容是什么的时候，徐光启博士就非常确切地用了四个字来概括："驱佛补儒"，也就是说"它驱除（佛教的）偶像并补足儒生的教法。③

徐光启的概括具有一定的代表性。

叶向高入阁后，"曾在北京的家里两次款待过利玛窦神父"。万历三十八年（1610）利玛窦在北京逝世，叶向高"深感悲痛"，并努力在朝中帮助庞迪我请求神宗赐予一块墓地以安葬利玛窦。④ 叶向高认为，仅就翻译《几何原本》一书的贡献，就应该赐予葬地。礼部的奏请，在叶向高的支持下，终于得到神宗的批准。叶向高有《赠西国诸子》诗，充分肯定了双方文化交流的意义：

> 天地信无垠，小智安足拟，爰有西方人，来自八万里。蹑屏历穷荒，浮槎过弱水，言慕中华风，深契吾儒理。著书多格言，结交多贤士，淑诡良不矜，熙攘乃所鄙。圣化被九埏，殊方表同轨，拘儒徒管窥，达观自一视。我亦与之游，冷然得深旨。⑤

叶向高与庞迪我的交往也很多，《利玛窦中国札记》中有载：

> 那位阁老本人对庞迪我神父尤其客气，甚至请他进入他的收藏室。

① 《利玛窦中国札记》，第429页。刘元珍与冯应京的关系有待进一步考证。
② 同上，第688页。
③ 同上，第663页。
④ 同上，第623页。
⑤ 刘侗、王奕正：《帝京景物略》卷四《天主堂》，北京古籍出版社1980年版。

他学习这些日月星辰图非常敏捷，不久就学会了如何进行调节日晷，而且非常喜欢用他来做实验。①

这些记载反映出东林党人尊重知识、尊重科学的态度。

虽然耶稣会士们的思想理论体系属于欧洲中世纪的经院神学，但他们带来的科学知识却大大开阔了中国知识界的视野，欧氏几何的求证方法以及演绎推论的思维方式，有助于促进中国传统思维形式的改变。法国学者谢和耐说："从全面来看，中国第二次'文艺复兴'的倾向本身已由耶稣会传教士们的影响所强化。"②而事实证明，当时与利玛窦等人有过交往的东林党人，在这一强化过程中，几乎无一例外地起到了非常积极的作用。作为一个整体考察，在明末的政治集团中，东林党人明显地表现出了一种最早的开放意识。

（二）东林党的经济主张

社会经济的发展、手工业和商业的兴起，冲击着传统封闭的自然经济。明中叶以后，许多官僚缙绅的家世都是地主兼商人。如李开先的舅父是大商人。汪道昆的父亲、祖父皆为盐商兼地主。李梦阳祖上也是业贾起家。王世贞的父亲是地主兼官僚，祖父是商人兼官僚。归有光先世"皆以高赀雄乡里"，明初法令严急，士大夫不敢出仕，归有光"曾祖始以诸生登科"③为吏。李攀龙的祖父乃是历城大贾，兼放高利贷。茅坤归乡后，"用心计治生，家大起"④。刑侗的"家资巨万"⑤；他的祖上也是地主兼商人，收放高利贷；本人官陕西行太仆寺少卿。另外属于商人兼地主的，如华亭唐默，"父亲以贾起家，积资雄一乡"⑥。这些人的家庭不仅买地，而且同时经商或兼营高利贷，说明了土地私有化的发展和资本的积累，对于君主专制制度的瓦解无疑起了促进的作用。钱一本当时说："古人仕则不稼，今人仕则并为商贾，鱼夺琐细牙侩之利，亦无所不至。"⑦从政治地位和经济地位上说，东林党人也统属于这一阶层，因此他们能够提出有利于经济发展的主张。

---

① 《利玛窦中国札记》，第628页。

② 〔法〕谢和耐著，耿昇译：《中国社会史》，江苏人民出版社1995年版，第393页。

③ 归有光：《震川先生集》卷一一。

④ 《明史》卷二八七《茅坤传》。

⑤ 《明史》卷二八八《邢侗传》。

⑥ 李延煜：《南吴旧话录》卷一四《闲逸》，民国四年铅印本。

⑦ 钱一本：《黾记》卷一。

东林领袖顾宪成就不卑货殖，这一点可见他所作的《明故处士景南倪公墓志铭》：

昔司马子长著《货殖列传》，谈文者以为千古绝调。予特嘉其取善之周，不择巨细。乃世人卒讳言富，即为子若孙者阐扬先懿，亦惟恐以富掩也，相习而为讳。夫此何足讳也，富而好礼，可以禔躬；富而好行，其德可与泽物，顾人之用之何如耳。

他又说：

吾锡故有东湖邹公望、桂坡安公国，其人皆翩翩豪举，其名与资俱倾一时，本之各有所长，非苟而已也。予以为国家得若人而用之，必有裨于会计。即不然，而一乡有若人，可备一乡缓急；一方有若人，可备一方缓急。作史者仿子长遗指，采而列之《货殖》，附于陶白诸人之后，岂为过哉。①

顾宪成认为这种经济人才不仅能有益于一方，而且能有益于国家的财政，给予了很高的评价。顾宪成之所以有这种看法，一方面与他的家庭有关，另一方面是因他在万历八年(1580)成进士后，授户部主事，曾在张居正手下，直接参与《万历会计录》的编纂，有较强的经济意识。东林党的著名人物赵南星、李三才都参与了这项工作②，他们在许多方面形成共同的主张与此不无关系。

顾宪成的先世皆为处士，其父南野公“长于贾”，买田地，并主乡里事，属于经商又兼地主的乡绅，死后“遗田三百亩”。但顾宪成兄弟四人并不靠此田为生，顾宪成的二哥对其母说：“儿辈俱以长大，得自生活，愿以此为赡族之资。”③顾宪成的大哥顾性成，号泾田，也是经营地主。④ 其二哥顾自成，号泾白，“以资起家，东林之复，经营擘画，皆出其手”⑤。这样的家庭背景，使顾宪成比较关注经济的发展，万历三十一年(1603)至三十二年(1604)，无锡地区

---

① 顾宪成：《泾皋藏稿》卷一七《明故处士景南倪公墓志铭》。

② 见张学颜等编《万历会计录》卷一，明万历十年刻本。

③ 顾宪成：《泾皋藏稿》卷二一《乡饮介大兄泾田先生行状》。

④ 顾宪成：《泾皋藏稿》卷二一《奉祝伯兄伯嫂双寿六十序》：“每遇夏秋二收；即有年数，颦而称佃人之艰，不求盈。”又《乡饮介大兄泾田先生行状》：“有佃积逋不偿，……至除夕，遽遣人贻之粟二斗，钱百文，……戊子、己丑间，连年大祲，兄检箧中，得券数纸一一手自裂之，曰：‘当此朝不饔、夕不飧，无令渠辈胸中犹有这些子在也。’”

⑤ 钱士升：《赐余堂集》卷九《孝廉泱之顾公墓志铭》，清乾隆四年刻本。

“税棍愈思、金阳等，所在恣行，民不堪命”，牙行赵焕“慨然发愤”，具呈抚院尽暴其奸，愈思等人恨之入骨，将赵焕“杀而沉其尸于河”。顾宪成义不容辞地致书浒墅关使，为地方“代为一鸣”，同时陈述遍布各处的税棍，以严禁漏税为名，敲诈勒索的弊政。他说：

> 敝里人至城市货而归，至中途兴塘等处，各税棍必指为漏税，诈而取之，往往只剩得一空手……窃计敝里之去城则四十里也，去浒墅则百里也。贸迁在四十里之近，输税在百里之远……又况所市者，类皆小民日用饮食之需，不必辗转行贩，谋子母也。长此不已，只出里门便应有税矣，只一蔬一腐皆应有税矣，民何所措手足乎……凡为漏税之说者，公乎？私乎？抑亦假公行私乎？窃恐官受其名，彼亨其实，民受其害。①

浒墅关位于苏州府长洲县，是大运河上七个钞关之一。明代中后期，钞关除了征收船钞外，也负责附近地区的商业税征收，但重复课税是明朝税政管理上的一个普遍的问题，严重限制了商品经济的发展。

高攀龙也十分关注商贸问题。天启初年，天津抚台李懋明上疏，中有复商税一款，高攀龙针锋相对，上《罢商税揭》：

> 加派之害以岁计，商税之害以日计。商税非困商也，困民也。商以贵买决不贱卖，民间物物皆贵，皆由商算税钱。今税撤而价不减者，实由矿税流祸四海，困穷加以水旱频，仍干戈载道，税撤而物且踊贵，况复而宁知底极乎。②

高攀龙认识到国家征收商税对整个经济的破坏，并指出万历朝矿税之祸的深远影响。他在《揭》中还说：“夺民之财，非生财之道也；生财之道，生之，节之，两端而已。”他认为征收商税是“夺民之财”，完全站到百姓一边，而不是国家、君主一边，表现出“民财”不可随意掠夺的思想。限制税收，就是限制皇权，这在13世纪以后西欧国家的历史上看得十分清楚，批准税收是英国议会和法国三级议会的一项重要职能，这一职能成为长期限制王权的重要手段，对资本主义的发展起了十分有利的作用。

高攀龙在《解头问》中同样提出应取消白粮的钞关复税。他说“民出财力，

---

① 顾宪成：《泾皋藏稿》卷四《柬浒墅榷关使者》。

② 高攀龙：《高子遗书》卷七《疏·罢商税揭》。

辇输以供国家”,“岂贡赋之米反当税耶?”他进一步辩驳,如果说“非税粮,税私货耳”,则“粮有定额,船亦有定额,所带几何,而不使劳民自润乎”[①]。漕运旧例,“有土宜换枣之说,沿袭既久,并带客货”[②],万历时所带日多,不仅民运带货,军运也带,而且运军以此为生计,这是公私两便,甚至是以私济公的事,反映了社会经济的变化。

高攀龙在《申严宪约责成州县疏》中专列一款,以保护铺行免受官府侵夺。见下:

> 本县每日供给,顺照时价给现银与市民,两平易买,不得倚官减值,亏短赊欠,不得纵容买办人索取铺行钱物。[③]

以上主张都体现了东林党人要求保护农民和市民利益,扶植工商业发展的利民思想。

万历年间,在反对矿监税使的斗争中,东林党人表现尤为突出,中外官员不断有人上疏,在劝谏中,以李三才在万历二十八年(1600)五月所上《请停矿税疏》最为尖锐,他直接质问皇帝:“皇上爱珠玉,人亦爱温饱;皇上忧万世,人亦恋妻孥,奈何皇上欲黄金高于北斗,而不使百姓有糠粃斗升之储?皇上欲为子孙千万年,而不使百姓有一朝一夕之安!”[④]他还说:“四海脂膏,横填于帑藏”,实乃“国家所以受病之势,与国家所以致乱之机如此”[⑤]。言辞如此激烈,如同声讨之檄文,为臣子中所仅见。被列为《东林党人榜》中第二号人物的叶向高,入阁前就曾上疏要求神宗撤回矿监税使。万历二十六年(1598),叶向高补皇太子讲官,掌左春坊事,以东汉“西邸聚钱,中珰肆虐”为鉴,上《请止矿税疏》。[⑥] 不久又上《再请止矿税疏》[⑦],请撤临清税珰马堂。入阁后于万历三十

---

① 高攀龙:《高子遗书》卷七《疏·解头问》。

② 杨士聪:《玉堂荟记》卷下,借月山房汇钞本。该书同卷还载:“运军以此为生计,视船如家,甚爱惜之,其有浅阻之处,自雇剥船,公私两济,盖未有私货得达而反忧官粮之不达者……迩以运事迟滞,一切严禁,间遇私载,则没入其货而加重罪焉。运军日贫,商贩裹足。剥载既已无力,一旦浅阻在前,惟袖手观。诿罪于河道,且有烧船以图赖,弃船而潜逃者矣。何者非所爱也,自古王道本乎人情,利之所在,人争趋之,乃因以集事,故私不妨公,王者所不靳也,不然适足以致误而已。”民运与军运反映的问题是相同的。

③ 高攀龙:《高子遗书》卷七《疏·申严宪约责成州县疏》。

④ 李三才:《请停矿税疏》,《皇明经世文编》卷四二一。

⑤ 李三才:《力陈国事病徭疏》,《皇明经世文编》卷四二一。

⑥ 叶向高:《纶扉奏草》卷一《请止矿税疏》,明刻本。

⑦ 叶向高:《纶扉奏草》卷一《再请止矿税疏》。

六年(1608)五月,又以“辽东军变”、“恐全辽之地,非复国家有矣”为由,上《请处分辽事揭》。[①] 万历四十二年(1614)五月,接家乡福建抚按官员揭帖与亲友书信,“为税监高寀激变事”,上《请撤税监高寀揭》。[②] 撤回高淮和高寀都与叶向高向神宗言其利害有直接的关系。

高攀龙认为江南除了白粮解运之外,解役最重者有四项,即硃漆解、茶蜡解、皇砖解、胖袄解,“四者皆足以破民家而杀其身”。他提出“官民两利”的办法,即点三年之内无粮长重役的上户为主,量其所费,与贴户若干,贴户出钱,主者办解,然后交由官解。官也择其可任之人,如此“民出钱以饩官,官出力以惠民,官民两利,计莫善于此”。另须详开某件时价、工价,以知解户之费,并须详开沿途所需费用,以知解官之解,“解户务在多与贴而不困其力,解官务令多与糈而不苦行”。于是“上下相便而可久也”。这种民、官结合的解役办法,主要目的在于减轻人民的力役负担,使民不再“趋役于三千里外”[③]而导致破产,本质上是力役折银的一种改革。后来当解军之役改为官解后,高攀龙十分高兴,致信无锡县令林宰说:“敝邑解军之役,民间最为重累,近易官解,百年疾苦一朝去之。”[④]后来,他还提出“白粳、糙粳、菉豆、稻草四项南粮”,也“改折委官解京”,既得年年足额,又可略省水脚费,“充抵别需”,即“但省民间之浮费,不亏国家之正额”。[⑤] 解役改为折银是人民对国家人身依附关系的一种减轻,意义十分重大。

在田赋的征收上,他认为“久逋带征,徒饱吏胥皂快耳”,甚至欠户出杖钱,雇人受杖,“民间费无限之钱,国家何曾得锱铢之赋”。他认为加派之害,在于田亩的查对,不毛之地原无九厘之额,加派后,今有九厘之加。应该将各府田粮之则,合成田粮,一亩加一亩之派。“地力既均,民不偏苦。”[⑥]这样做可以减轻地少之民的负担并鼓励荒地的开垦。

从高攀龙的文集中,可以看到许多有关救荒的建议,表明他对人民的疾苦

---

① 叶向高:《纶扉奏草》卷二《请分辽事揭》。
② 叶向高:《纶扉奏草》卷二七《请撤税监高寀揭》。
③ 高攀龙:《高子遗书》卷七《解头问》。
④ 高攀龙:《高子遗书》卷八下《与林平华父母》。
⑤ 高攀龙:《高子遗书》卷八下《四府公启汪澄翁大司农》。
⑥ 同上。

十分重视。万历三十六年(1608),三吴地区横罹水害,在给江南巡抚周孔教的信中,具体交待了赈灾办法,如他说:"今民间虽未甚缺食,危急已在冬间,宜先知应赈人户之数,然后可预处米谷,预立给散之法。"①并列三款供其采择,还细致地说明了"审户"、"给散"二事所应注意的问题。再如《答周来玉》云:"谓天下事皆当顾日后,不当狥目前,惟救荒只宜顾目前,不宜虑日后。何者?民既无食,近患已在目前,远忧岂在日后耶。"②在《申严宪约责成州县疏》中,对州县积储备赈和民间社仓救荒,都提出了具体意见,积储条曰:

积储,民之大命,丰无所储,荒无所赈,尚可称民父母乎?必须随宜设法,使一县积谷足备一县赈济。③

社仓条曰:

社仓是救荒良法,各乡劝缙绅及名家自造仓厫,自放自收,不可以官府与之。其法量人户种田多少,人口多少,以二分息于青黄不接时借贷。又必二三十户连名保借,欠者即同保内人户摊赔。小荒减利,中荒捐利,大荒连本米。下熟征催,官府给与印信、文簿,为究治奸顽使之可久。④

《申严宪约责成州县疏》是高攀龙在天启四年(1624)任都察院左都御史时准备上呈的奏疏,其中与百姓生活直接有关的条款占相当大的比例,集中地体现了他"天下一身"的思想。除了已经提到的一部分条款外,还有"课农桑开民衣食之源、开垦境内荒芜田土、养济院不时查核防止吏胥添捏诡名混冒、救济极贫待毙之民、钱粮办纳必使小民先知其数、征银不加火耗、严防库吏书侵欺之弊、各役工食银须按季放给,上司铺陈不得借办铺户等。如救济极贫待毙条曰:

州县极贫待毙之民大约可计,每岁动支预备仓谷,城中四门择寺观宽绰者煮粥,每人米五合,即可苟延残喘。自十月十五日起,正月十五日止,孤老有粮,不许混冒,约费米百余石耳。设诚行之,利济不少,所当委任得人,稽查出纳,无成虚文。

又如征银不加火耗条曰:

征银不加火耗,即颂声遍地,此亦易事,何海内寥寥信矣。立志高远

① 高攀龙:《高子遗书》卷八下《致周怀鲁中丞》。

② 高攀龙:《高子遗书》卷八下《答周来玉》。

③ 高攀龙:《高子遗书》卷七《疏·申严宪约责成州县疏》。

④ 同上。

者之难，所宜猛省。

高攀龙说："臣谨条画，州县所当持行者，令自抚按而下以递相约。"[①]他希望皇帝敕令刊刻成书，发各差御史颁行天下，由都察院按例核查天下州守县令。明代各省巡抚实际自宣德以后便成为一省的最高行政长官，高攀龙利用都察院的监察体制，力图在全国整肃吏治、防止抚按州县各级官府伤民，以保障正常的社会经济、生活秩序，可谓用心良苦。但天启四年(1624)七月，高攀龙因疏劾崔呈秀而被迫回籍，该疏没有来得急上呈。

据刘宗周说，明代北方种植水田实自光禄寺少卿周应中始。万历初年周为真定知县时，"引滹沱河以通水利，教民种稻田，后徐尚玺贞明踵而行之"[②]。万历十三年(1585)尚宝司丞徐贞明上《水利、军班二议》，提倡水田，又著《潞水客谈》以毕其说。"已而顺天巡抚张国彦、副使顾养谦行之蓟州、永平、丰润、玉田，皆有效"。十四年(1586)徐贞明进少卿，于直隶永平开水田二万九千余亩。事实证明，北方水田的开垦在万历初期，已经有了许多成功的经验，是可行的，东林党人的主张并不是毫无根据。但朝中的阉人、勋戚所占之田多在北方，"恐水田兴而已失其利也"，极力抵制并"蜚语闻于帝"。正如吴人伍袁华所说："北人惧东南漕储派于西北，烦言必起矣。"[③]起初阁臣申时行等态度积极，"以风霾陈时政，力言其利"。但屈于朝中权贵和神宗的压力，很快又一反前态，对神宗说："臣等愚意也，只要开垦荒地，不是要尽开水田。"[④]

万历四十七年(1619)左光斗奉命出理屯田，上疏说：

> 方今东事正兴，筹边无策，十八万枵腹之兵，待八百万画饼之饷。催外解之檄如火而不可得来，求内解之涕如雨不能得去。只有漕运一脉，而民力已竭……以臣所闻，京以东，畿以西、山以东、两河南以北，荒原一望，率数十里，高者为茂草，洼者为沮洳，岂尽其地哉？不垦耳。其不垦者，苦旱兼苦涝也。其苦旱与涝者，唯知听命于天，而不知有水利也。一年而地荒，二年而民徙，三年而地与民尽矣。[⑤]

---

① 高攀龙：《高子遗书》卷七《申严宪约责成州县疏》。

② 刘宗周：《刘蕺山集》卷一四《墓表、行状·光禄寺少卿周宁宇先生行状》。

③ 《明史》卷二二三《徐贞明传》。

④ 申时行：《召对录》，丛书集成初编本。

⑤ 左光斗：《题为足饷无过屯田屯田无过水利疏》，《皇明经世文编》卷四九五《左宫保奏疏》。

接着在疏中条陈屯田水利“三因十四议”。左光斗的建议被诏准允许，于是“水利大兴”。邹元标于途中见到后说：“治天下岂不以才哉，人苟有才，天气地力皆可得而变也。”[①]“三十年前，都人不知稻草何物，今所在皆稻，种水田利也。”[②]由此可知，左光斗在京畿地区所推行的水田，也获得了成功。如果不是因为后来魏、客专权，东林党人遭到迫害，北方的稻米种植还会进一步推广。继左光斗之后，科学家徐光启也“每有志兴西北水利”。崇祯三年(1630)徐光启上《钦奉明旨条画屯田疏》，再次提出垦种水田的建议。他科学地、全面地阐述了垦田和用水的具体实施办法，还亲自实践，“买田天津，辟草莱而耕之，人遂有仿而行之者”[③]。徐光启的建议也“因言事者议论不协”而作罢。

在北方兴修水利，推广水田，是促进农业生产力发展的有力措施，它使原有的种植结构发生了变化，不仅可以提高粮食产量，还有望改变白粮全部依赖江南的被动局面，因此具有重要的经济意义和战略意义。政治可以促进经济的发展，也可以制约它的发展，东林党人在北方推广水田的成功与失败即可说明这一点。

明中叶以后，皇室宗亲生齿日繁，岁禄倍增，成为日益严重的社会问题。据万历三十二年(1604)统计，明朝开国以来宗室造入玉牒的共有十三万人，“见存者不下八万”[④]。为了减轻农民的负担，挽救国家财政危机，许多东林党人都提出了改革这一弊症的方法。刘宗周在万历四十一年(1613)四月上《条陈宗藩疏》，提出了《议爵》、《议福》、《议官》、《议教》、《议养》、《议制》、《议亲》等一系列的改革方案，其中最重要的是《议养》。他说：

> 国家之待宗室也，夺四民之业而岁给口粮，计不下数百万石。世世云礽与天无极，长此安穷封爵之？禄且不给而况于口粮乎？亦终坐毙而已。

刘宗周提出自亲王以下各授田。列为庶宗者则编插都鄙，给以庐舍，佃种公族之田，岁视丰欠而赋之公族，供亲王以下之岁禄，免除国家租庸调。宗藩“听工商自便，各从生理，则举藩国之内自亲王以下世世不必烦县官一粒，而庶

① 邹漪：《启祯野乘》卷五《左忠毅传》，1936年故宫博物院排印本。

② 《明史》卷二四四《左光斗传》。

③ 徐骥：《文定公行实》，《徐光启集》下，上海古籍出版社1984年版，第562页。

④ 徐光启：《徐光启集》卷一《论说策议·处置宗禄查核边饷议》，第14页。

宗亦得以世守常业，少免饥寒之困矣”[1]。另外他还提出亲王常禄之外，不赐庄田。刘宗周的改革方案，严格限制宗藩占田，由国家授以固定田额，给以世守，自己经营，国家不支岁禄，且听其工商自便。这样做一方面可以制止无休止的占田和日益增加的岁禄供应，另一方面，也可以迫使宗室成员直接参与生产经营，并可从事其他行业，改变完全寄生的生活方式。他称此为“以宗人养宗人，而无竭泽之患”，于国于民都有利。限制土地生产资料的占有，对于削弱皇权、制止宗藩势力对社会经济的破坏，是非常重要的。

万历四十一年(1613)，神宗决定赐福王庄田四万顷，举朝哗然。东林党人叶向高连上《封还内传福王明春之国揭》、《请福王之国密揭》。叶向高说：“祖制二百余年，无此制度。”[2]“亲王禄米，不过万石，即养赡名目，亦是添设，岂可过多。”“如使亲王各割一大郡，则天下土地已尽。”[3]结果神宗同意减少一半，诏赐二万顷，地跨山东、河南、湖广。刘宗周的《条陈宗藩疏》就是在这场激烈的抗争中上呈的，可谓反其道而行之，很见魄力。他说：“迩者福王开国，常禄之外不赐庄田四万顷资赡养乎？臣以为赐履所入即常禄矣，而复禄之乎？禄不过万石，而侈至四万顷乎？”[4]当中贵徐进为福王到山东督赋，分守登、莱的山东右参政东林党人姜志礼抗疏曰：

> 自高皇帝迄今累十余世，封王子弟多矣，有赐田二万顷，延连数十郡者乎？继此而封，尚有瑞、惠、桂三王也。倘比例以请，将予之乎，不予之乎？况国祚灵长，久且未艾。嗣是天家子姓，为援今日故事以请，臣恐方内土田，不足共诸藩分裂也。

他以“所辖二郡，民不聊生，且与倭邻，不宜有藩府庄田以扰兹土”[5]为理由反对。姜志礼的上疏，言辞激烈又在叶向高之上，被神宗贬三秩为广西佥事。

宗藩禄米及占田问题早就成为严重的弊症，徐光启在万历三十二年(1604)即上疏提出“以田易禄”，“将军以下各以次受地，自为永业而息之”，使

① 刘宗周：《刘蕺山集》卷一《奏疏一·条陈宗藩疏》。
② 叶向高：《纶扉奏草》卷一七《封还内传福王明春之国揭》。
③ 叶向高：《纶扉奏草》卷一七《请福王之国密揭》。
④ 刘宗周：《刘蕺山集》卷一《奏疏一·条陈宗藩疏》。
⑤ 《明史》卷二三七《姜志礼传》。

其“导之本业”[①],但他说得尚欠具体。刘宗周的建议,神宗不可能接受,但他的思想会产生社会影响。

陈龙正还向崇祯皇帝阐明“财非折色”,“本色为财”,“菽粟为本,金银为本”。“设处”、“搜括”、“加派”,皆损下之事,“民日病而国奚由足?”他提出招南人巨贾垦荒于畿辅、河南、山东,而且提出垦荒之地,“累朝永不起科”的建议。京仓之积,边军之饷可采用“平籴”、“拜爵”或“中盐”的办法,不专倚数千里之外转运。民间加派也可尽除。[②] “永不起科”的政策曾推行于明前期。明初,“山东、河南多是无人之地,洪武中,诏有能开垦者,即为己业,永不起科”[③]。宣宗朝“又令北直地方,比照圣祖山东、河南事例,民间新开荒田,不问多寡,永不起科”[④]。这一政策从正统、景泰时开始遭到破坏,以后由于皇庄对不起科地大肆侵夺和一条鞭法的实行而彻底废止。[⑤] 陈龙正再次提出“永不起科”政策,与明初有所不同的是“招南人巨贾垦荒”,通过平买等方式向国家供粮,体现出更直接的商业目的,在生产方式上有别于明初无地农民的开荒。

从东林党人的主张看,他们对社会各类问题十分熟悉,并不是那种只顾讲学快活,脱离实际而“谈空说玄”的夫子,说他们当政后一筹莫展,毫无建树是不符合事实的。由于他们具有天下一身,“桑梓一体”的认识,因而能够“留心当世之务”[⑥],时刻关注国计民生,在朝敢于直言上谏;“处江湖之远,随事必为吾民”,并将此视作“士大夫实事也”。[⑦]

(三) 托古图新及对早期启蒙思想家的影响

与欧洲 15 世纪中叶以后文艺复兴时期的复古主义相类似,东林党人多以托古的方式提出各种有利于政治民主和经济发展的主张,为了便于说明,下边再做简单回顾。

刘宗周以“尧舜劳于求贤而逸于任人,故能成无为之治”[⑧]为理由,要求民

---

① 徐光启:《徐光启集》卷一《论说策议·处置宗禄查核边饷疏》。

② 《明史稿》列传第一一三《陈龙正传》。

③ 顾炎武:《日知录》卷一〇《开垦荒地》。

④ 夏言:《勘报皇庄疏》,《皇明经世文编》卷二〇二。

⑤ 田培栋:《明代社会经济史研究》,北京燕山出版社 2002 年版,第 82 页。

⑥ 黄宗羲:《明儒学案》卷六一《东林学案四·中书陈几亭先生龙正》。

⑦ 高攀龙:《高子遗书》卷八上《书·答朱平涵》。

⑧ 刘宗周:《刘蕺山集》卷二《奏疏二·除京兆谢恩疏》。

主，反对君主独裁，干预并参与国家政治。他以“昔日禹、汤罪己，其兴勃焉”[1]为前范，要求皇帝“分任其咎”。

高攀龙以周公立泉府，“欲其如泉之流而不滞”[2]为先例，倡导“天子无私财”之理，目的在于让神宗发内帑，借为边用。

顾宪成以“自古未有关闭门户，独自做成的圣贤；自古圣贤未有离群绝类，孤立无与的学问”[3]；还以“讲学自孔子始”[4]，圣人在外，“必闻其政”[5]为理由，创立东林书院，实现自由讲学，“卫道救时”的政治目的。

左光斗以“禹功明德，惟是平水土、濬沟洫而已”[6]，请开京畿水田。目的在于调整失衡的农业结构，扩大生产，减轻国家对江南人民的剥削。

刘宗周“请亲王而下各授田如古之制”[7]，实则限制明朝皇室对土地的疯狂掠夺，改变禄米供给渠道，减轻地方财政负担，以解救社会危机。

这种例子很多，不必尽举。显而易见，以上这种主张在形式表达与实际内容之间存在着矛盾，抛开旧的形式，显示出一个不容于专制主义皇权的思想体系。东林党人思想主张的主要特点，是有了“吾辈合并为公”的相对独立的人格意识，因而他们不再事事以君主为最高权威而裁定一切，也不再以是否对君主和国家有利为判定是非的标准，而是以“通得天下”为标准。尽管这种认识还不十分彻底，但已初步体现出一种非君的人文精神。东林党人的进步思想和反抗专制的斗争实践，直接推动了明末清初思想界的启蒙运动，黄宗羲、顾炎武等早期启蒙思想家的思想，都与东林党人的思想有直接的继承关系。为了比较，不得不再做重复。

李三才等人对神宗的无情指责，影响到黄宗羲等人对君主的认识。李三才说：“皇上爱珠玉，人亦爱温饱；皇上忧万世，人亦恋妻孥，奈何皇上欲黄金高于北斗，而不使百姓有糠粃斗升之储？皇上欲为子孙千万年，而不使百姓有一

---

① 刘宗周：《刘蕺山集》卷二《奏疏二·冒死陈言疏》。
② 高攀龙：《高子遗书》卷七《疏·今日第一要务疏》。
③ 雍正《东林书院志》卷三《会语一》。
④ 高攀龙：《高子遗书》卷一一《墓志铭·南京光禄寺少卿泾阳顾先生行状》。
⑤ 高攀龙：《高子遗书》卷八上《书·与泾阳论东林》。
⑥ 左光斗：《题为足饷无过屯田屯田无过水利疏》，《皇明经世文编》卷四九五《左宫保奏疏》。
⑦ 刘宗周：《刘蕺山集》卷一《疏奏一·条陈宗藩疏》。

朝一夕之安?"黄宗羲则认为君主为"天下之大害",君主"以天下利害之权皆出于我,我以天下之利尽归于己,以天下之害尽归于人……视天下为莫大之产业,传之子孙,受享无穷",以及"敲剥天下之骨髓,离散天下之子女,以奉我一人之淫乐"。[①] 唐甄认为"凡帝王者皆贼也"[②]。他们在认识上的飞跃,显然受到东林党人斗争实践的启发。

东林党人认为"天下原为一身,吾辈合并为公","合天下言人","合四体言身"[③],有了朦胧的"公天下"的认识。继他们之后,黄宗羲、傅山、王夫之等人提出更为完整、清晰的"公天下"的观念。东林党人已将国与民的利益分开,有了"损国""损民"和"权国""权民"的比较,顾炎武的概念更清楚一些,他区别了国家与天下,认为"国家"是一人一姓所有,天下则为人人所有。[④]

东林党人已经有了"公是非"的观念,如提出"君子之所为,直要通得天下人才行得……须是天下人,无论贤、智、愚、不肖都通得方可行也",刘宗周说人主应"以天下之是非为真是非"。王夫之则说:"是非者,天下之公是公非也。"[⑤]黄宗羲说得更明确:"天子之所是未必是,天子之所非未必非。"[⑥]

东林党人普遍具有富民观念,赵南星先于黄宗羲提出"士、农、工、商,生人之本业"[⑦]的思想。顾宪成不卑货殖,认为"富""何足讳也,富而好礼,可与褆躬;富而好行,其德可与泽物"。唐甄认为"立国之道无他,惟在于富"[⑧]。高攀龙提出"有益于民而有损于国者,权民为重,则宜从民"的思想,高度不在启蒙思想家之下。

陈龙正建议"招南人巨贾垦荒","累朝永不起科",国家以平籴等方式购粮,开荒者无人身依附性的赋税义务,这种思想与王夫之"若土,则非王者之所私也"[⑨]的说法,本质上十分接近。

---

① 黄宗羲:《明夷待访录·原君》。

② 唐甄:《潜书》下篇下《室语》,中华书局 1963 年增订本。

③ 高攀龙:《高子遗书》卷九上《序·同善会序》。

④ 顾炎武:《日知录》卷一三《正始》。

⑤ 王夫之:《周易外传》卷七,中华书局 1977 年点校本。

⑥ 黄宗羲:《明夷待访录·学校》。

⑦ 赵南星:《赵忠毅公文集》卷四《寿仰西雷公七十序》,清康熙刊本。

⑧ 唐甄:《潜书》下篇上《存言》。

⑨ 王夫之:《噩梦》,古籍出版社 1956 年点校本。

东林党人认为“天下事非一家私事”，“天下大矣……非徒以一人理天下也”，并提出如果皇帝“不信仁贤”，“当分任其咎”，应“以天下之聪明为大聪明，广开言路，合众论之”，“以天下才任天上事”。这与黄宗羲听说的“分治之以群工”相一致，他在此基础上又进一步提出了“天下为主，君为客”①的主张。

刘宗周反对君主有私法和私刑，他说：“五刑五用系之天讨，非人主所得而私也。”②认为锦衣卫之狱属人主私刑。黄家羲进一步认识到君主之法是“一家之法，而非天下之法也”，应以“天下之法”取代“一家之法”。③

如此类比，还可以举出许多，在此不能一一罗列。通过比较，可以发现东林党人与黄宗羲等人的思想已十分接近，区别仅在于认识程度上的差异，而非本质上的不同，两者属同一体系，并有前后传承关系。黄宗羲等明末清初的思想巨匠不是凭空出现的，黄宗羲为东林之后，他与顾炎武均加入复社④，东林与复社不可能对他们没有影响。他们直接继承并发展了东林党人的许多具有近代民主意义的思想，成为早期启蒙思想的集大成者。

第三节　政党萌芽的孕育

一、不讳言“党”及“朋党”理念的变化

在中国古代社会，“朋党”一词一向带有贬意，所谓“君子群而不党”，是士大夫们应有的一种操守，但明末东林党人对“朋”和“党”有了不同于前人的看法。首先他们并不避讳言“党”。东林书院成立之初，曾规定有《四要》、《二惑》、《九损》等院规。《九益》中有“……凡此皆致益之道，协而崇之，是在吾党”，《九损》中有“……凡此皆致损之道，协而屏之，是在吾党”，还有“因复缀其说，与吾党共商焉”⑤。“吾党”一词，原为“同乡”、“乡党”之义。如孔子说：“吾

① 黄宗羲：《明夷待访录·原君》。

② 刘宗周：《刘蕺山集》卷五《奏疏五·条列风纪疏》。

③ 黄宗羲：《明夷待访录·原法》。

④ 黄宗羲在崇祯三年加入复社，顾炎武则与“同里同学，同心同向”的归庄同入复社。

⑤ 雍正《东林书院志》卷一《院规》。

党有直躬者”,“吾党之直者,异于是”。[①] 如果书院成立伊始,“吾党”指的是“同乡”、“乡党”,似乎还说得过去,因为最早参与筹建的是以无锡地区为主的吴中之人。但书院落成后,邹元标曾致信祝贺,在《柬东林书院诸同盟》中说:“……从此普天皆邹鲁矣,吾党皆见逐于清时者……”又说:“吾党肯从青山、白石、良朋、胜地、寻绎千古真脉……”[②]邹元标是江西人,与顾宪成等人称不上同乡。刘宗周在《与黄石斋少詹一》中说:“学术不明,人心不正,而世道随之,遂有今日之病。一丝九鼎,独赖吾党清议。”[③]刘宗周为浙江山阴人,黄道周是福建漳浦人,二人也非同乡。刘宗周在给周起元的信中说:“举祖宗二百五十年金瓯之天下,一旦付之铜驼荆棘中,吾党与有罪焉。”[④]周启元为福建海澄人,与刘宗周也非同乡。即使同邑之人,称“吾党”,也并非同乡之意,如顾宪成在《柬高景逸》中说:

> 昨闻本孺有疏,不觉喜而欲狂,此正为天地赞化育之,而又出于吾邑,又出于吾党,尤不胜私喜耳。[⑤]

刘本孺即刘元珍,无锡人。但顾宪成先已说“出于吾邑”,后又说“出于吾党”,显然“吾党”已非指同乡、乡党。这种自称在东林党和复社众人的文集中极为常见,如顾宪成《小心斋札记》中有:“季时曰,仁卿一日苦心,吾党不可不知。”[⑥]高攀龙《答熊坛石操院》中有:“新法之行,吾党亦与有过经历。”[⑦]在《顾季时行状》中说:“钱启新先生尝言,吾党不乏有心人,至推有眼者,须首季时也。”[⑧]钱谦益为周宗建写的神道碑中,称:“嗟我于公,同籍同方。我为党魁,慬而后亡,悼往抚今,有泪盈眶,刊文碑石,过此尽伤。”[⑨]。复社领袖吴伟业在《与子暻疏》中,毫不掩饰自己为复社党魁,他说:“先是吴下有陆文声、张汉儒

---

① 《论语·子路第十三》。《辞源》“吾党”条释义为:“我的同乡。党,乡党。”见《辞源》,商务印书馆1979年修订版,第485页。

② 邹元标:《柬东林书院诸同盟》,《东林书院志》卷一七《文翰三》。

③ 刘宗周:《刘蕺山集》卷七《书二·与黄石斋少詹一》。

④ 刘宗周:《刘蕺山集》卷六《书一·与周绵贞年友》。

⑤ 顾宪成:《泾皋藏稿》卷五《柬高景逸》。

⑥ 顾宪成:《小心斋札记》卷五。

⑦ 高攀龙:《高子遗书》卷八下《书·答熊坛石操院》。

⑧ 高攀龙:《高子遗书》卷一一《墓志铭·顾季时行状》。

⑨ 钱谦益:《牧斋初学集》卷六二《神道碑铭一·赠太仆寺卿周公神道碑》。

之士，吾以复社党魁，又代为营救，世所指目。”[①]在他们的语汇中，“党”既然不是“同乡”、“乡党”之意，又不讳言称“党”，至少应该是“同道”、“同志”、“志同道合”之意。这一变化，显示出东林党人强烈的相对独立的社会群体意识。虽然他们没有直接自称“东林党”，但其核心人物一方面称自己为东林或“东林人”[②]，另一方面又毫无顾忌地大量使用“吾党”这一称谓，自然十分容易被魏阉和其他政敌称之为“东林党。”查继佐注意到了这一点，在论陈龙正时，曾有如下看法：

> 惕龙之论兵饷，果能祖是意而究行之，诚非所用，即垦荒足边，亦属伟议。而苦以“东林”二字，卒无所见。嗟，杏坛之聚，几三千人，而不闻为口实。往公山见南子，知不以杏坛为名也。且对叶公复自称吾党，而究杏坛不以为党名何哉！[③]

东林党人对“党”的概念，的确有超越前人的认识，既然自称其党，便有君子之党与小人之党的分别，如钱一本说：“人之过也，各于其党。是君子之党，差处亦其是处；是小人之党，是处亦其差处。”[④]在钱一本看来，小人可以有党，君子也可以有党。他主张不要惧怕小人以“党”字倾君子，也没有必要以无党自命。他说：

> 后世小人，动以“党”字倾君子，倾人国，不过小人成群，而欲君子孤立耳。或有名为君子，好孤行其意，而以无党自命者，其中小人之毒亦深。[⑤]

高攀龙也有相似的看法：

> 党者，类也。欲天下无党，必无君子、小人之类，而后可如之何讳言党也。夫君子何党之有。上恶党，故小人之党，反目之为党，一网而君子尽矣。故君国者，不患党，要在明辨其党。[⑥]

刘宗周的认识则更进一步：

---

① 吴伟业：《吴梅村全集》卷五七《与子暻疏》，上海古籍出版社1990年标点本。

② 雍正《东林书院志》卷二一《轶事一》：“景逸先生作《洪平仲传赞》，有云：‘余与平仲同称东林人。’东林人行辈不一，如逯确斋中立、陈思罔嘉训、丁慎所元荐、刘本孺元珍，与公为一辈。此六人者，绝不相类，而相欢，何也？朋友同于道也。”

③ 查继佐：《罪惟录》《传》卷一〇《陈龙正》。

④ 钱一本：《黾记》卷一。

⑤ 钱一本：《黾记》卷三。

⑥ 高攀龙：《高子遗书》卷一二《题跋杂书类·题三太宰传》。

率天下之人而树私交以背君父，岂非人主之所甚恶？而其事实有不然者，君子以同道为朋，能自绝于小人为党。

他甚至认为：

若小人安得有所谓党者，各营其私，竞济其恶耳。及其一日见外于君子，辄自谓之孤立，而转以恶名加君子曰"党"。①

他否认小人有党，而君子以同道为朋，以自绝于小人为党，几乎将党视为正人君子的代称，给"党"、"朋党"这一概念做了新的诠释，改变了贬义的内涵。

复社领袖吴应箕说："小人指君子为朋党，君子亦自以为党而不辞。"他认为小人标榜自己无党，是以"无党而扫除有党之人，则正人必先蒙其害"，在舆论上形成"祸莫大于人臣之有党，尤莫大于党势已成，而邪者不娇之以无党，则别之奈何不务尽也"②。侯方域少年时作过《朋党论》，说："无朋则无党，"还指出了专制君主与"朋""党"之间的对立关系："夫主上居深宫之中，与臣庶隔绝，长恐天下之欺己而密以为防。群天下之人而有朋，群国家之臣而有党，此岂人主所乐闻哉！"③归庄为钱谦益祝寿，赞扬他"朋党非所讳，官僚自夷跖"④。这些反映出东林、复社关于"朋党"、"党"不同于以往的理念。

由于观念的变化，东林人不忌讳称"党"，也不十分在乎有"门户"之嫌。阉党造《天鉴点将录》，被"罗列诸正人斥为党"⑤，周顺昌见未列己名，"大以不与党人为耻"⑥天启四年(1624)，叶向高在政治斗争的关键时刻挂冠去国，高攀龙深表遗憾：

可惜福清相公被"门户"二字压倒，竟令全局折而入于小人。嗟乎！此是何等事，一代安危，千秋名实，掷而不顾，乃区区顾一时赞讥得失耶。要之，气运如此，尚何言哉。⑦

实际斗争中也是如此，万历时因救李三才，攻东林者不绝，顾宪成致书高攀龙：

---

① 刘宗周：《刘蕺山集》卷四《奏疏四·敬陈圣学疏》。

② 吴应箕：《楼山堂集》卷九《策·别邪正》，《丛书集成初编》本。

③ 侯方域：《壮悔堂文集》卷七《论·朋党论上》，清顺治刻增修本。

④ 归庄：《归庄集》卷一《诗词·寿钱牧斋先生三十六韵》，中华书局1962年点校本。

⑤ 黄煜：《碧血录》附录《人变述略》。

⑥ 查继佐：《罪惟录》卷一五《清介诸臣别传下·周顺昌》，江苏古籍出版社1986年点校本。

⑦ 高攀龙：《答朱平涵相国》，雍正《东林书院志》卷一七《文翰三》。

"大会只照旧为妥，世局无常，吾道有常，岂得以彼妇之口遽易吾常，作小家相哉！"[①]天启四年(1624)高攀龙回籍后，即使形势险峻，仍没有完全停止东林书院的活动，他要求"同邑相知，作小学生规行矩步，他邑同心者，有便则过之"，只是"不敢以大会累人"。[②]

到了康熙二十六年(1687)，东林后人熊赐履[③]所作《重修东林书院》中，更是无所顾忌，如说"抚今追昔，反而内求吾党"，"吾党之声誉日隆"，"愿吾党有志之士"，"且为吾党劝也，吾党其亦有以许之否"。江苏巡抚汤斌"与顾、高先生争烈"，"可谓之东林党人"的说法，与东林后人对他的批示的认可，也表明了东林后人对"东林党"这一称呼的接受以及时人的普遍看法。

英国近代政党辉格党与托利党在其萌芽时期，各自的名称都来源于对方的漫骂，均为贬义。"辉格"是宫廷党对政府反对派的蔑称，意为"强盗"；而"托利"则是政府反对派对宫廷党的回敬，也是"匪徒"之意。后来双方都习惯地接受了能表现自己特征的诬称。从钱一本提出"小人之党"与"君子之党"的不同概念，到刘宗周自甘为"朋"为"党"，再到钱谦益、归庄"朋党非所讳"[④]，可以发现社会在转型时期，政治文化上所表现出的某种类似的变迁，一种萌芽状态的近代政党意识。

万历三十二年(1604)东林书院落成，大会四方之士，顾宪成为会主，有人说："久绝此会，为东南领袖，风动四方，真千古一事矣。"[⑤]其他闻风而起者，有毗陵经正堂、金沙志矩堂，荆溪明道书院，虞山文学书院，"皆捧珠盘，请先生莅焉"[⑥]。

东林以前的明代文人讲学、结社，其地域界线十分明显，即"讲坛有领袖之人，因有某地之目。"自东林书院讲学开始后，由于参与者共同的思想倾向和一

① 顾宪成：《泾皋藏稿》卷五《柬高景逸》。

② 高攀龙：《答朱平涵相国》，雍正《东林书院志》卷一七《文翰三》。

③ 熊赐履为熊祚延长子，登顺治戊戌进士，熊祚延为高攀龙从子高世泰入室弟子，"精研《高子遗书》，得东林先贤洛、闽一脉"。见钱肃润：《熊祈公先生传》，《东林书院志》卷一一《列传五》。

④ 有的学者说"东林人士并不自诬为党"，并认为"不论在朝的官员或在野的人士，都不会自称志同道合者为朋党"(见樊树志：《东林书院的实态分析》，载于《中国社会科学》2001 年第 2 期)，这一说法不十分准确。东林人士虽不自诬为"党"，却习惯于自称为"党"；刘宗周"君子以同道为朋，能自绝于小人为党"以及归庄、钱谦益"朋党非所讳"都可以说明问题。

⑤ 顾与沐：《顾端文公年谱》卷三。

⑥ 黄宗羲：《明儒学案》卷五八《东林学案一・端文顾泾阳先生宪成》。

致的政治主张，地域界线逐渐被打破，形成了各地同道公认的领袖，关于这一点，《东林或问》设有问答，可以为证：

曰："东林属吴地，而素衣乃以关中冯少墟系之东林，何也?"曰："……自万历甲辰顾、高倡学梁溪，于是，前乎此而讲学者，以东林为应求；后乎此而讲学者，以东林为宗主。盖不啻濂洛关闽之齐一众心矣。况冯公师事泾阳，尤所谓声气同而道脉合者，不系之东林而谁系焉。"曰："邹南皋亦与梁溪倡和，而必舍邹而从冯，何也?"曰："此素衣之定识也。"①

冯从吾（冯少墟）系陕西长安人，曾筑关中书院，与顾宪成、高攀龙、钱一本并尊为"东林四大君子，盖论道不论地也"②。冯从吾追附东林，并非仅仅因为他是顾宪成早年受业京邸的弟子，更重要的是见解一致，如他所说，即使与老师"别近三十年，所见不约而同，可谓甚奇"③。邹元标，江西吉水人，建吉水仁文书院。他曾应顾宪成等人之托，为东林书院作《依庸堂记》及依庸堂楹联。高攀龙在复简中说：

当今之世，于此三者，非先生谁与归耶。某等既得泾阳先生为之仰归，又得先生指示周行，将日孜孜焉。④

邹元标在给东林诸人的书柬中称"东林书院诸同盟"，并以"吾党"共称。邹元标为王学弟子，他的理学传承与东林并非一脉，"东林之教，源本程朱"⑤。双方的学术思想不完全一致，即使如此，却结成同盟关系。如果没有共同的政治基础，是不可能殊途同归的。邹元标曾致信顾宪成：

海内同心，真修如兄。不得促膝时时商量，我怀如何……弟今无别念，但得诸兄弟聚首一番，便成好世界。⑥

刘宗周始受业于许孚远，孚远崇信王学，刘宗周后"入东林书院，与高攀龙辈讲习"。崇祯三年(1630)九月回籍，"筑证人书院，集同志讲肄"⑦。陈龙正，浙江

---

① 严瑴：《东林或问》，雍正《东林书院志》卷一七《文翰三》。
② 雍正《东林书院志》卷二二《轶事一·冯少墟先生》。
③ 顾与沐：《顾端文公年谱》卷三。
④ 高攀龙：《简邹南皋先生》，雍正《东林书院志》卷一七《文翰三》。
⑤ 雍正《东林书院志》卷二《院规》。
⑥ 邹元标：《愿学集》卷三《书·柬顾泾阳光禄》。
⑦ 《明史》卷二五五《刘宗周传》。

嘉善人，先师事吴子往，后“游高攀龙门”[①]，成高门弟子。高攀龙不辱止水，陈龙正敬汇老师遗稿编成《高子遗书》十二卷。安徽桐城方本庵倡道桐川，建崇实之馆。万历三十九年(1611)以七十二岁高龄会讲东林，作《东林今言》、《东林别语》。他所著《心学宗》、《性善绎》也由顾宪成、高攀龙作序。临别时，顾宪成题《千里同声卷》以送之，有：“先生不远千里，驾扁舟，携二三高足，俨然而临觃东林。”[②]之语。方本庵“亲与东林讲坛，且为顾、高两先生推重”，后许献建议补祀东林道南祠，只因顾、高师友位次已定，辈分上又不宜在钱一本，刘宗周之间，故未列书院道南祠，正所谓“诸贤不必以东林重，亦不必援诸贤以重东林也”[③]。万历三十七年(1609)，陈龙正的老师吴子往与杭州胡嘉胤也“入东林社”，胡嘉胤说：“泾阳先生为会主，而高、刘诸公翼之，予与子往及一方外楚人为客，列东西坐。”[④]

综上所述可知，东林书院的门户是开放的，并不以地域为界线，参与讲习之人中许多都不是三吴地区的。正如顾宪成所倡导的那样：

> 有一乡之精神，则能通乎一乡，有一国之精神，则能通乎一国，有天下之精神，则能通乎天下，有万世之精神，则能通乎万世。[⑤]

这种“通乎天下”的联盟是历史上所没有的，已经超出了以往文人结社、讲学的规模，其政治意图相当明显，它的领袖也不仅仅是单纯学派的领袖。崇祯二年(1629)，张溥合并大江南北诸社为复社，直接继承并发展了东林党人的事业。可以说没有东林书院便没有东林党，没有东林党，也不会有复社这一更为广泛的政治集团。

东林党人根本不否认政治领袖的存在，顾宪成对申时行说：

> 君子在朝，非君子自能在朝也，本之君子之领袖为之连茹而进也。[⑥]

他所说的领袖已经越出了学术的范畴，具有政治派别或政治集团领袖的某种属性。高攀龙不仅继顾宪成主盟东林，在朝时的影响也颇大，天启时，“忠宪尤

---

① 《明史稿》列传第一一三《陈龙正传》。
② 顾宪成：《题千里同声卷赠方本庵》，雍正《东林书院志》卷一六《文翰二》。
③ 雍正《东林书院志》卷二一《轶事一·东林轶事》。
④ 顾与沐：《顾端文公年谱》卷三。
⑤ 顾宪成：《小心斋札记》卷一。
⑥ 顾宪成：《泾皋藏稿》卷二《上相国瑶翁申老师书》。

君所忌,坐以党魁”。杨涟论魏忠贤二十四大罪被重谴后,阁臣魏广微等乘机倾陷正类,华凤超“义形于色,有奋志除奸意。高攀龙审时度势,认为‘吾子姑留此身待用,不必尽入其网’,乃止”[①]。对阉党的斗争,高攀龙认为应讲究策略,不同意杨涟疏劾魏忠贤的做法。他对社内同志说:“今日之事,未能用倒仓之法,唯有上下和衷,少杀其毒耳。”[②]但事发后并不畏缩,据《东林书院志》载:

> 天启乙丑,景逸有小札贻先生(张泰严)云:“杨、左、魏之不免也,的矣。即弟辈彼亦不放过,此不足为异。天下事要硬脊梁汉担者,正在此一本好戏文,丈试凭几观之。”[③]

于手札,可见高攀龙铮铮铁骨的政治领袖风范。叶茂才在为高攀龙所作的《行状》中称:“至于掌宪内台,为众贤之领袖”,他说高攀龙的死:

> 惟是吾党失一良友,海内失一斗山,在朝在野失一规矩准绳之君子,不能不为世道三叹息也。[④]

如此评价,表明高攀龙在同道眼中不仅是书院领袖,而且是政治领袖。

除了“东林四大君子”外,还有东林八君子,即顾宪成、顾允成、高攀龙、安希范、刘元珍、钱一本、薛敷教、叶茂才,他们共同形成了东林党的核心。叶茂才因建言而“直声震一时”,对邪议“奋身以抗”,人皆服其勇。高攀龙不辱止水死,使者将逮其子,叶茂才救免之”。邹期相在《叶茂才行状》中说:

> 毗陵殁,偕端文、忠宪肩之。端文殁,偕忠宪肩之。忠宪以不辱身殉,吾师独肩之。清风正气,皎然孤行于天壤间,岱宗峙而群峰仰,溟渤王而百谷趋。吾党倚焉,一邑倚焉,海内正人君子倚焉。[⑤]

二、控制国家权力的意向

万历朝册立皇太子一事,一直是东林党人十分关注的问题,他们曾为此付

---

① 雍正《东林书院志》卷二二《轶事二·华凤超先生》。

② 黄宗羲:《明儒学案》卷五八《东林学案一·忠宪高景逸先生攀龙》。黄尊素也有相同看法,据《明儒学案》卷六一《东林学案四·忠端黄自安先生尊素》载:“疏之将上,副院谓同志曰:‘魏忠贤者,小人之城社也,塞穴薰鼠,固不如堕城变社耳。’先生曰:‘不然。除君侧者,必有内援,公有之乎?一击不中,凶愎参会矣。’”又据《先拔志始》载:“应山遂草二十四大罪之疏,桐城左公赞之甚力,而徽商之澄江缪昌期,澄江谓:‘此事非可轻言。夫击内者,只争呼吸间耳,一不中而国家随之。况今且内无张永,外无文襄,可几幸乎?’桐城默然。”

③ 雍正《东林书院志》卷二二《轶事二·张泰严先生》。

④ 叶茂才:《高攀龙行状》,雍正《东林书院志》卷七《列传一》。

⑤ 邹期相:《叶茂才行状》,雍正《东林书院志》卷八《列传三》。

出了二十多年的努力。他们将立储看成为天下之公事，而不是皇帝的一家私事，不允许皇帝独断专行。万历十四年(1586)顾允成赴殿试，他在对策中阐述了在册封皇太子问题上公与私的区别：

> 皇太子，国之本也，忠言嘉谟，国之辅也，两者天下之公也。郑妃即奉侍勤劳，以视天下，犹为皇上一己之私也。今也，以私而掩公，以一己而掩天下，亦已偏矣。①

顾允成在大廷对策，指切时事，无所顾忌，这在当时是很少见的。万历二十一年(1593)正月，神宗决定将三皇子并封王，仪制清吏司主事顾允成与张纳陛上《恭请册立皇太子疏》，顾宪成也偕同官上疏。顾宪成在疏中说："天下事非一家私事，盖言公也，况以宗庙社稷之计岂可付之一人之手乎。"②内阁只有王家屏敢于直谏，被放归；"申时行、王锡爵皆婉转调护，而心亦以言者为多事"。王锡爵一意顺从，还站在神宗的立场上与朝臣辩论，顾宪成遗书王锡爵，反复辨论，陈说利害。内阁站在神宗一边，必然成为舆论所指的对象。

英国两党曾因王位继承问题进行过长期的斗争，王储问题表面上是皇家的私事，实则不然，英国王位继承问题牵扯着深刻的宗教矛盾，明代万历朝国本问题，影响着政局的发展方向，一旦福王即位，名不正而言不顺，必然实行更加专制的做法以维护其统治，这对社会的发展是极为不利的。"国事、家事、天下事，事事关心"，已非专利皇权体系的观念，初步具有了近代社会的民主意识。

明代内阁是皇帝的议政咨询机构，并非行政权力机构，更不是行政中枢，但张居正当国时期，首辅权力膨胀，他死后，神宗开始亲政，一刻也不放松手中的大权，内阁又恢复为辅政机构。万历十年(1582)以后的内阁，完全是皇帝的御用工具，神宗有意挑选"软熟"之人担任阁臣，而阁臣因惧怕再蹈张居正的前车之鉴，并不敢越雷池一步，因此东林党人与内阁之间的矛盾与斗争，实际上是与皇帝的对抗。关于这一点，钱谦益有一精辟比喻：

> 夫江陵所用之人，良马也；江陵以后所用之人，雄狐也，黠鼠也。江陵能御良马者也；江陵以后，能豢狐鼠已耳。国家之事，与狐鼠谋之，则良马

① 顾允成：《小辨斋偶存》卷一《策·廷试制科》。

② 顾允成：《小辨斋偶存》卷二《策·恭请册立皇太子疏》。

必将迁延负辕，长鸣而不食。[①]

在申时行的《召对录》中可以看到具体的例子：

上曰："如今用人，那一个不是朕主张？二主事肆言，却说不是朕独断，好生狂妄。"时行对云："皇上天纵聪明，乾刚独运，即今朝廷政事，各衙门章奏，无一件不经御览，无一事不出圣裁，司属小臣，不知妄言。"上曰："臣下事君上，也有个道理，他每把朕全不在意，朕非幼冲之时，如何说左右簧鼓？先生每拟的太轻，还改票来。"[②]

此对话在万历十五年(1587)三月十三日，所谓改票是指申时行遵旨对王德新、顾宪成票拟罚俸，但神宗执意要重处，最后"时行等不能毕其说，乃叩头退"。内阁一味曲从皇帝的例子很多，因本章不专门讨论内阁性质问题，这里不能一一列举。

东林党是一个广泛的政治集团，他们的政治倾向和主张，与中小地主、商人、城市市民的利益相一致。他们反对君主个人的独裁专制，希望本集团的代表人物进入国家的重要部门，以推行自己的主张。他们不满意内阁完全服从皇帝的意志，推举李三才入阁，即能表现出东林党人希望控制内阁的目的。由于一方面要反对独裁和内阁的保守做法，另一方面又力图改变内阁的人选以推行自己的主张，因此他们对内阁的态度，表现得表里并不一致。邹元标说：

"夫朝廷之政，辅臣安得总之。内阁代言拟旨，本顾问之遗，遇有章奏，阁臣宜各拟一旨。""未闻三公可尽揽六卿之权，归一人掌握。"[③]

顾宪成也说："散则互钤，权臣不得行其私，国家之利也，聚则独制，各个不得守其职，权臣之利也。"[④]而东林党人的实际做法却完全不同。内阁缺人，有人建议不当专用词臣，"宜与外僚参用，意在三才"[⑤]，后都御史也缺员。于是围绕李三才入阁入内台，在朝野引起了轩然大波。东林党的对立面邵辅忠立刻上疏弹劾李三才"大奸似忠，大诈似直，列具贪伪险横四大罪"[⑥]，御史徐兆魁继

① 钱谦益：《牧斋初学集》卷三〇《序三·少保梁公岬忠录序》。
② 申时行：《召对录》。
③ 《明史》卷二三一《邹元标传》。
④ 高攀龙：《高子遗书》卷一一《墓志铭·南京光禄寺少卿顾泾阳先生行状》。
⑤ 《明史》卷二三二《李三才传》。
⑥ 同上。

之疏劾。顾宪成对李三才十分推崇，致信李三才，认为他有大才，“最能断大事”，还说：

> 凭轼而观时局，千难万难，必大才如丈，卓识如丈，全副精神如丈，方有旋转之望。①

他还对高攀龙说：“其人诚世道所赖，故于朝于野惓惓，为天下共惜其宝，诚见其大也。”②后赵南星认为：“使淮抚为经略、为中枢，东事必不至败。”东林党人主张限制内阁的权力，政归六部，却又极力推举李三才入阁，凭着李三才的“英迈豪隽”，又“好用机权，善笼络朝士”③，一旦入阁，不可能仅充任一名“代言之臣”，顾宪成、高攀龙、赵南星的评价已经说明了这一点。让李三才入阁或为经略，与沈一贯、王锡爵等人在阁有本质不同。沈、王等唯皇帝命是从，完全依附君主的权威；而李三才“诚世道所赖”，并不是皇帝一个人的代言，而是多数人利益的代表，是政治参与的体现。

明朝内外官员的考察，规定三年初考、六年再考、九年通考。京官六年一察，五品以下官员不称职者，或降或罚；四品以上自陈述职，去留由皇帝定夺。外官三年一察。京察也称大计，一般由吏部尚书、考功司、文选司郎中、吏科都给事中、都察院左都御史等官员主持。万历以后，每临京察，朝中保守势力与东林两党的斗争便异常激烈。

癸巳京察，也就是万历二十一年(1593)大计，时任考功司郎中的赵南星与吏部尚书孙铑秉公澄汰。南星的原则是“大约先邪佞而次贪鄙，严要津而宽散秩”。据《东林本末》载：

> (赵南星)清夜篝灯，精心衡量，有虫巢于耳而不知。遇一权势姓名，则奋腕抑之。而所斥都给事中，则其姻家；所斥吏主事，即冢宰甥也。嗟夫，国家二百余年有此铨司哉！④

这次京察因得罪朝中执政者，使“政府大不堪”，赵南星被指为专权植党，斥为民，论救赵南星的官员十数人全被罢斥，“一时善类几空”。其中包括李世达、赵用贤、陈泰来、顾允成、薛敷教、张纳陛、于孔兼、贾严、李桢、曾乾亨、孟化鲤。

---

① 顾宪成：《泾皋藏稿》卷五《简修吾李总漕》。

② 高攀龙：《顾泾阳先生行状》，雍正《东林书院志》卷七《列传一》。

③ 《明史》卷二三二《李三才传》。

④ 吴应箕：《东林本末》下《癸巳考察》，中国内乱外祸历史丛书本。

高攀龙因申救诸臣而语侵阁臣，于当年十一月被贬为揭阳县典史。[①] 顾宪成时任吏部考功司员外郎，在这次京察中，鼎力相助赵南星和孙鑨。由于顾宪成在抗论三王并封中，与王锡爵反复辩论，又在京察中力矫以往"内计去留，先白阁臣"[②]的做法，被调任文选司郎。在文选司，"所推举率与执政抵牾"[③]，在会推阁臣一事上，顾宪成因举故大学士王家屏而大忤帝意，于二十二年(1594)五月被削籍为民。这次京察后，赵南星白首林居，孙鑨也去位，后被列入《东林党人榜》。因此，吴应箕说："诸君子被祸也，争并封未尽者，大计尽之，大计未尽者，会推又尽之。自顾泾阳削归，而朝空严实，东林之门户始成。"[④]"而诸子以高邑废者虽死不悔，于是曰党也"。吴应箕说："真所谓君子亦有党矣。"[⑤]癸巳京察后，政治阵营开始分野，东林党的形成应该追溯到这时。

以后还有万历二十七年(1599)的己亥京察和万历三十三年(1605)的乙巳京察，"贤者数十年而不胜"。但乙巳京察，虽然沈一贯力庇私人钱梦皋等，但尚有守正不阿之士，"公论已稍伸矣"[⑥]。

这时东林书院讲学已经开始，影响日益扩大，加上朝野对李三才入掌总宪的呼声很高，以沈一贯为首的朝中保守势力惧怕辛亥京察将对自己不利，"于是以东林为纲，以淮抚秦党为目，结成一大网，无人不推入其中"[⑦]。当时"祭酒汤宾尹、谕德顾天埈各收召朋徒，干预时政，谓之宣党、昆党，以宾尹宣城人，天埈昆山人也"[⑧]。

万历三十九年(1611)辛亥京察，吏部尚书东林党人孙丕扬、侍郎萧云举、副都御史许弘纲主其事，考功郎中王宗贤、吏科都给事中曹于汴、河南道御史汤兆京、协理御史乔允升佐之，"众正任事"，在阁臣叶向高的配合下，"力结此局"。但"小人之忿愈逞，君子之身愈危"。这次京察，举国分为二党，"曰西北，

① 谷应泰:《明史纪事本末》卷六六《东林党议》。
② 同上。
③ 《明史》卷二三一《顾宪成传》。
④ 吴应箕:《楼山堂集》卷七《国朝纪事本末论》,《会推阁员》。
⑤ 吴应箕:《东林本末》下《癸巳考察》。
⑥ 吴应箕:《东林本末》上《门户始末》。
⑦ 同上。
⑧ 《明史》卷二二四《孙丕扬传》。

曰东朝，其实东林也；曰昆，曰宣，其实南也”[①]，门户始分。这次京察后，正直大臣大批被逐，《东林本末》载：

大臣如：孙丕扬、王图、孙玮、王象乾、吴达可、翁正春、张养蒙、孙慎行、吴桂芳、叶向高、崔景荣、徐宗浚、陈荐、次第逐矣。京堂如：朱吾弼、胡忻、叶茂才、朱国桢、朱世桢、郭昌、朱延禧、南师仲、朱光祚、冯上知、欧阳东凤、吴正志、金士衡、吴炯等，次第逐矣。科臣如：曹于忭、李瑾、张国儒、李成名、孙振基、张键、梅之焕、麻禧、叚然、熊明遇、张笃敬、韩光佑、次第逐矣。台臣如孙居相、汤兆京、吴亮、彭端吾、李邦华、周起元、徐良彦、吕图南、陈一元、王时熙、马孟祯、刘若星、魏云中、张五典、□吉人、刘兰、史学迁、荆养乔、史记事、钱春、潘之祥、宋槃、吴良辅、吴允中等，次第逐矣。部寺如：孙鼎相、邹存谦、刘崇文、张凤翔、张养才、鲍应鳌、韩万象、贺烺、沈正中、李朴、涂一榛、常澄、庞时雍、刘宗周等，次第逐矣。[②]

以后万历四十五年(1617)的丁巳京察，以及万历四十七年(1619)的己未外察，由刘廷元、李征仪、亓诗教“居间把持，一手握定”当时叶向高已去国，李三才削籍。正人君子被逐“如风扫残云，雨摧坏块，靡有孑遗”[③]。王之寀革职、窦子偁、陆大受皆被斥。其时“有齐、楚、浙三方鼎峙之名，齐为亓诗教、韩浚、周永春；楚为宫应震、吴亮嗣；浙为刘廷元、姚宗文，势张甚，汤宾尹辈阴为之主”[④]。

吴应箕说，癸巳尚矣，乙巳则邪正并立，而邪不胜正；辛亥则君子退，小人日进，而不胜邪；丁巳则廷无君子之踪。[⑤] 但实际上，癸巳京察后，赵南星削籍，孙铣归乡，十几名论救官员被逐，辛亥京察后，包括孙丕扬、叶向高等大批东林党人也被迫辞职，都不能说取得胜利。这期间，不断有人向神宗建议起用罢免官员，但均不被接受。仅孙丕扬一人，先后推毂林居耆硕有沈鲤、吕坤、郭正域、丘度、蔡悉、顾宪成、赵南星、邹元标、冯从吾、于玉立、高攀龙、刘元珍、庞时雍、姜士昌、范涞、欧阳东凤等，又曾请起故御史钱一本等十三人，故给事中

① 吴应箕：《东林本末》下《辛亥京察上下》。

② 吴应箕：《东林本末》上《门户始末》。

③ 同上。

④ 蒋平阶：《东林始末》，中国内乱外祸历史丛书本。

⑤ 吴应箕：《东林本末》上《门户始末》。

钟羽正等十五人[①]，神宗不用旧人，一概报罢。总地来说，癸巳京察后，东林党人立朝的时间很短，在政治风云中基本处于劣势，在专制皇权和朝中保守势力的打击、排斥下，大部分主要人物长期谪居林下。但作为社会进步势力的代表，他们以各种形式，不论在朝还是居乡，仍然坚持斗争。东林书院的创立，即是在朝廷反动势力的残酷压迫下，企图通过自由讲学的方式进行斗争的手段。因此从明末激烈的新旧势力的斗争背景上分析，东林书院完全是政治斗争的产物，而不是与政治毫无关系的讲学之所。

关于顾宪成、高攀龙等人是否甘居林下，不愿再仕，也是需要说明的问题。顾宪成自万历二十二年(1594)被削籍归里后，直至四十年(1612)去世，一直乡居在家。万历三十六年(1608)，曾“起南京光禄少卿，力辞不就”[②]。顾宪成未出山应指三十六年(1608)十月以后，因为在此之前的十五年中，“中外推荐无虑百十疏，帝悉不报”[③]，天子不召，如何再仕？万历三十六年(1608)被召时，距他去世已不到四年时间，说他二十年不仕是不准确的。《明史》说“力辞不就”，于事实不符，这次未能到任的原因有以下几点：

第一，身体原因。顾宪成的健康状况的确不佳，起光禄寺少卿时，年已六旬，“两眼昏花，两耳重听，起居尚须扶掖”[④]。他当时致信李三才：

> 弟也少不自爱，壮而善病。乙未、丙申之间濒于死者屡矣，幸而获生。今年且六十矣，所谓耳聪目明、手轻足健，一一不有；所谓耳重目昏，手迟足钝，一一不无。[⑤]

他于第二年二月启行，不意十五年前眩晕病陡发，不能前，延医调理至八月，勉强启行；行至丹阳又加剧，又不能前，吏部第二次宽限。他在辞呈中说：“入山惟恐不深，入林惟恐不密，恝然置安危理乱于不问，以自便其身，图臣之所，大

---

① 《明史》卷二二四《孙丕扬传》。

② 《明史》卷二三〇《顾宪成传》。

③ 同上。

④ 顾与沐：《顾端文公年谱》卷三。

⑤ 顾宪成：《泾皋藏稿》卷五《简修吾李总漕》。

耻也。”[①]他认为置天下安危于不问，是可耻的。[②] 顾宪成的眩晕病，大概很严重，他在给李三才的信中提到“乙未、丙申之间，濒于死者”，即指当年罢归后重病未愈的状况。顾宪成写辞呈时已在万历三十七年(1609)八月以后，从这时算起，不到三年就病逝了，足见当时他已风烛残年。这期间，仅看顾宪成会讲不辍，并不能证明他无病。自恳恩休致后一直调理，三十九年(1611)四月“抱恙闻刘永澄静之至，欣然倒屣”。六月“有仲兄泾白公之丧，公时已少衰”。即使在万历四十年(1612)五月二十三日正寝前，还于当月月望“会讲东林者三日”[③]。

第二，难舍书院。东林书院建于万历三十二年(1604)，他致信李三才：

> 东林之社是弟书生腐肠未断处，幸一二同志并不我弃，欣然共事相与，日切月磨于其中……一旦委而弃之，既有所不忍。[④]

他认为时局艰难，非大才如李三才不可。顾宪成主盟东林仅四年，正处于声气日广之时，一旦放弃，书院的发展势必受到影响。再者，南京只是留都，并不是全国的政治中心，若论政治上的影响，还不如继续主盟东林。

第三，不愿为诸君子先。当时“罪籍诸君子计且二百余人”，其间有去国在他之前的，也有科名在他之前的，又有摧折困顿十倍于他的，还有与他一同被谴者和因为他受到“波累”的，皆寂寂无闻。顾与沐说：“公与邹、赵诸公并在废籍，而恩命首及。”[⑤]因此顾宪成在给李三才的信中说：“弟何颜而先之乎?”[⑥]这三个原因中，最主要的还是健康的影响。

高攀龙的情况有与顾宪成相似的地方。万历二十一年(1593)十二月，因劾首辅王锡爵，谪广东揭阳，添注典史，二十二年(1594)七月赴任广东，半年后“遭亲丧，遂不出，家居垂三十年。言者屡荐，帝悉不省”[⑦]。高攀龙在广东为

---

① 顾宪成：《泾皋藏稿》卷一《闻命亟趋屡牵夙疾恳乞圣恩俯容休致事疏》。

② 有的学者似乎没有注意到这句话的完整性，将句子结束在“以自便其身”之后。其实话还没有说完，尚有“图臣之所，大耻也”。结果出现了截然相反的理解。顾宪成给皇帝上辞呈，不可能如此放肆地说自己“入山惟恐不深，入林惟恐不密，恝然置安危理乱于不问，以自便其身”，而且这样说也与辞呈上下文的意思不相一致。见樊树志：《东林非党论》；《东林书院的实态分析》。

③ 顾与沐：《顾端文公年谱》卷三。

④ 顾宪成：《泾皋藏稿》卷五《简修吾李总漕》。

⑤ 顾与沐：《顾端文公年谱》卷三。

⑥ 顾宪成：《泾皋藏稿》卷五《简修吾李总漕》。

⑦ 《明史》卷二四三《高攀龙传》。

官仅七个月，贬为一县典史，官职尚不入流。这样低的官职更不容易重新启用。三十年中天子不召，高攀龙即使有心再仕，也难以如愿。天启改元，起为光禄寺丞，升少卿署寺事。当时高攀龙已“为一时儒者之宗”，同顾宪成并称于世，与三十年前不可同日而语。临行前，他对叶茂才、吴桂森等东林诸友说：“毕竟此事为吾辈究竟。”[1]不论入朝为官，还是在野乡居，高攀龙向友人阐明过这样的原则：

> 当今世界交丧，无计挽回，惟是诸君子深明此事，则或出或处，总是撑住乾坤。[2]

从以上的情况看，并不能得出高攀龙不问政治只作闲人的结论。天子不召，家居三十年而不仕，非不为也，实不能也。

东林党希望掌握国家权力，并在国家事务和体制运作中处于主要的地位是无可非议的。这是君主专制社会末世，近代因素出现后，君主权力衰落并被逐渐分解的必然过程，是民主形式发展史上的普遍现象。

万历末年，齐、楚、浙三党为政，吏部用人不能自主。光宗、熹宗即位时，身为吏部尚书的东林党人周嘉谟，“大起废籍，耆硕满朝”。泰昌元年（1620）八月，周嘉谟上奏，列上万历朝王德完等因建言获罪诸臣三十三人，于是王德完、孟养浩、钟羽正、满朝荐等悉起部、寺诸官。[3] 接着，天启元年（1621），刚刚起废还朝的邹元标首进和衷之说，“因荐涂宗浚、李邦华等十八人，帝优诏褒纳。”隔了两天，又“请召用叶茂才、赵南星、高攀龙、刘宗周、丁元荐，而恤录罗大纮、雒于仁等十五人，帝亦褒纳”[4]。邹元标还与东林党人御史房可壮，参事公鼐等人，欲举用李三才，但因言路不与而作罢。邹元标虽倡和衷之说，实际上所荐举的大部分仍是东林党人和政治倾向相同的旧臣，如查继佐所说“所汲引贤达，皆与客魏水火”[5]。十二月他又言万历四十五年（1617）京察不公，“专禁锢异己，请收录章家顺、丁元荐、史记事、沈正宗等二十二人，由是诸臣多获昭

---

① 雍正《东林书院志》卷二一《轶事一》。
② 高攀龙：《高子遗书》卷八上《书・与刘云峤一》。
③ 蒋平阶：《东林始末》。
④ 《明史》卷二四三《邹元标传》。
⑤ 查继佐：《罪惟录》，《传》卷一〇《邹元标》。

雪”，“帝纳其言”[1]。由于辽东战局吃紧，刘宗周又题请应急起李三才为兵部尚书。至此“东林方盛，众正盈朝”，“向者三党之魁及朋奸乱政者，亦渐自引去，中朝为清”[2]。

天启三年(1623)大计京官，即癸亥京察，东林党人抓住机会，时任左都御史的赵南星“以整齐天下为己任”，议黜先朝结党乱政的给事中亓诗教、赵兴邦、官应震、吴亮嗣四人，并作《四凶论》。其他官员的澄汰，全如万历二十一年(1593)任考功司郎中时主京察所定，齐、楚、浙三党所荐之人，一律奏止不用。不久赵南星为吏部尚书，更加“搜举遗佚，布之庶位”。据《明史》载：

> 高攀龙、杨涟、左光斗秉宪，李腾芳、陈于廷、佐铨，魏大中、袁化中长科道、郑三俊、李邦华、孙居相、饶伸、王之寀辈悉置卿贰。而四司之属，邹维琏、夏嘉遇、张光前、程国祥、刘廷谏亦皆民誉。中外忻忻望治，而小人侧目，滋欲去南星。[3]

吴应箕说：“邪正之消长，政府其本，而京察则其候也。”[4]至天启三年(1623)癸亥京察，东林党人已经基本上占据了朝中要职。

对于权力的争取，还突出地表现于熹宗即位前的“移宫”事件上。光宗只当了一个月的皇帝便去世了，皇太子朱由校不足十五岁，东林党人控制住熹宗，便可以控制朝政。但他们忽视了一个特殊的情况，那就是朱由校的生母和光宗的正宫都已不在人世，后宫异常空虚。当时唯一与熹宗有关系的只有光宗的爱妾李选侍，她曾抚视过朱由校和崇祯帝。光宗死前曾三次召见周嘉谟、杨涟等人，催促册封李选侍为皇贵妃[5]，以便使朱田校有所托付。原定九月六日册封选侍，因光宗去世，而另改日期。东林内部意见并不一致，“周嘉谟等人”虑皇长子无嫡母、生母，势孤子甚，欲共托李选侍。[6] 而杨涟、左光斗等人执意清除李选侍，以防止其垂帘听政。他们并没有遵照光宗的遗命行事，而是另搞一套，其目的是自己控制小皇帝，牢牢抓住朝中大权。按传统的君臣之义

① 《明史》卷二四三《邹元标传》。

② 《明史》卷二四一《周嘉谟传》。

③ 《明史》卷二四三《赵南星传》。

④ 吴应箕：《东林本末》上《门户始末》。

⑤ 第一次在泰昌元年八月二十五日，第二次在八月二十六日，第三次在八月二十九日。分别见《明光宗实录》卷七，泰昌元年八月庚午条，八月辛未条和八月甲戌条。

⑥ 《明史》卷二四四《杨涟传》。

衡量，这种做法并非忠君，而是不忠不孝。光宗死于泰昌元年(1620)九月初一凌晨，当日左光斗立即上疏请肃清宫禁。[①] 于是在外廷的逼迫下，光宗死后仅两天，即九月初三，李选侍就被排挤出政治舞台。但结果对东林党人来说，却事与愿违。后宫无人主持，客观上给魏忠贤一伙专权乱政提供了大好机会，小皇帝朱由校也因孑然一身而不得不依靠魏、客集团。以杨涟、左光斗为首的东林党人因缺乏斗争经验而犯了一个严重的错误，丧失了一个本来可以极有作为的历史时机。[②]

天启初年，齐、楚、浙三党势力大减，在朝中基本上失去了政治优势。但东林党人与魏客一伙的矛盾日趋尖锐。天启二年(1622)言官周宗建等首劾魏忠贤，魏阉"于是谋结外廷诸臣"，顾秉谦、魏广微率先谄附，"霍维华、孙杰之等人从而私之"[③]。到天启四年(1624)杨涟疏劾魏忠贤二十四大罪，双方的斗争已无法调和，东林的反对派"欲藉忠贤力倾诸正，遂相率归忠贤，称义儿，且云：'东林将害翁。'以故，忠贤欲甘心焉"[④]。东林党人没有争取到皇帝，魏、客一伙与齐、楚、浙三党的联合，使政治力量的对比发生了急剧的变化，朝中"善类尽空"，东林党人被一网打尽。

关于万历朝和天启初年政坛上的重要人物李三才、叶向高有必要再做补充说明。李三才与顾宪成早在万历初就曾共同参与《万历会计录》的编纂，以后两人的友谊不断发展，三十多年间始终保持书信往来。直到万历四十年(1612)春，顾宪成在病逝前仍与李三才通信。顾宪成故去后，李三才亲作《祭文》以表哀思。从《祭文》中可以看到他们之间由来已久的友情：

> 余少年寡识，间尝嬉戏，惟公正色相戒，勉余向学。始令熟玩诸子，潜窥古人检身之精；继俾博览诸史，历观古人康济之略。事事提警，时时惊觉。名为益友，实则严师。[⑤]

有人认为叶向高与东林毫不相干，这是不准确的。理由是：

其一，叶向高仕途中的转机与东林党人有直接的关系。万历二十六年

---

① 谈迁：《国榷》卷八四，泰昌元年九月戊寅条，北京古籍出版社 1958 年版。

② 参见张宪博：《再论"移宫"》，《中国史研究》2002 年第 3 期。

③ 《明史》卷三〇六《阉党・顾秉谦传》。

④ 《明史》卷三〇五《宦官・魏忠贤传》。

⑤ 李三才：《祭文》，《顾端文公年谱》卷一。

(1598)，礼部侍郎郭正域托人向内阁推荐叶向高补太子朱常洛讲官，是秋“升右春坊左庶子兼充皇长子侍班官”①。在此之前，叶向高任职南京，以外僚补太子讲官殊非易事，完全得力于与叶向高关系密切的东林党人郭正域。充太子讲官是日后晋升和进入内阁的重要阶梯。郭正域与叶向高的关系，钱谦益有精彩评论：

> 公在史馆，与福清叶文忠相厚善。公高明果毅，勇于担荷，福清乐易善柔，妙于调御。两人交相规切，心皆不以为然，而不相非也。福清大拜，而公溘逝，海内惜福清不得公自代，而福清亦用以为恨。②

其二，叶向高与东林核心人物一直保持着良好关系。天启初年邹元标、冯从吾建首善书院，叶向高为之做记。指出：“我国家三百年，所少者此一事耳。”③还极力向神宗推荐高攀龙、邹元标等人，万历四十二年(1614)致仕临行前仍上疏推荐邹元标。叶向高与东林的关系还表现在任用汪文言为内阁中书一事上。汪文言是东林党中的重要人物，《明史》卷二四四《魏大中传》云：

> 文言者，歙人。初为县吏，智巧任术，负侠气，于玉立潜入京刺事，输资为监生，用计破齐、楚、浙三党。察东宫伴读王安贤而知书，倾心结纳，与谈当世流品。光、熹之际，外廷倚刘一燝，而安居中以次行诸善政，文言交关力为多……益游公卿间，舆马尝填溢户外。

在刘一燝、韩爌的大力推荐下，叶向高举用其入内阁办事。“(魏)大中及韩爌、赵南星、杨涟、左光斗与往来，颇有迹”④。汪文言入内阁不是偶然的，安插他显然方便了内阁与外廷东林党人的联系。很快阉党傅櫆便“劾左光斗、魏大中交通汪文言，招权纳贿，命下文言诏狱”⑤。

其三，叶向高在做朱常洛讲官时，“所主对句仿写，指次明切，光皇喜见其

---

① 叶向高：《蘧编》卷一，1935年乌丝栏钞本。

② 钱谦益：《牧斋初学集》卷五一《墓志铭二·郭文毅公墓志铭》。

③ 吴应箕：《楼山堂集》卷一七《序·国门广业序》。

④ 《明史》卷二四四《魏大中传》。

⑤ 《明史》卷二四〇《叶向高传》。据《启祯野乘》卷一《叶文忠传》载：“兵部郎邹公维琏改吏部，众疑文言与魏给事大中所为，同乡不悦，遂劾二人并及左佥院光斗。”当时“言路横恣，凡用吏部郎，必咨其同乡居言路者”。给事中傅櫆、陈良训、章允儒以赵南星不先咨己，怒而交章力攻(见《明史》卷二三五《邹维琏传》)。后傅櫆名列逆案，罪名为：“赞导。结同宗潜通内廷，持异见显开始祸。”(见文秉：《先拨志始》卷下)

多髯飘洒,私告中贵曰:'此飞须先生也。'"[①]从那时起彼此结下了深厚的友谊。自争国本始,"邪者遂目诸君子为东朝之党"[②],"东朝,其实东林也"[③]。叶向高是太子朱常洛的坚决支持者,"全力为东朝"。朱常洛即位,"特诏召还"。

由于政治倾向一致,叶向高在阁期间,东林党与内阁之间不再有根本的利害冲突。因此,吴应箕说:"东林诸子奉福清为伦魁,沙汰江河,和调水火,海内服其忠。"[④]随着政治斗争的激化,叶向高越来越成为阉党控制朝政的障碍,"其时朝士与忠贤抗者率倚向高"[⑤]。天启四年(1624)七月,"御使林汝翥以杖内臣脱逃",诸阉怀疑藏匿在叶向高家中,"围其第而噪之"[⑥],至此阉党对叶向高的默恨变为公开。政治斗争是毫不留情的,叶向高名列《东林党人榜》第二位,公布时尚在人世,并未因他归乡而落网。阉党没有放过他,今人在研究晚明政治时,却将叶向高排除在东林党这一集团之外,令人难以理解。东林党是一个自然形成的政治集团,共同的立场和观点是他们结合的基础,如果以缺少严密的组织系统而否定它的存在,必然放弃对于政治斗争乃至社会发展方面的许多综合性分析。

三、东林党人的经济地位与社会基础

社会集团划分的根本依据是社会经济地位和利益要求。东林党人虽然属于中、小地主阶层,但确切地说应是这一阶层中经济地位较低的群体。这是他们思想上更接近下层群众并拥有广泛社会基础的根本原因之一。说他们是"富民","有资有产",未免过于笼统,应注意其资产程度。下面仅举一部分东林党人为例。

顾宪成幼时生活清贫,"家徒四壁"[⑦]。父南野公"豪杰士也,不能糊口,顾忾然慕范文正公为人",顾宪成称他为"能震者矣"。顾宪成为诸生时,有司饷膏火资其家,其父谓:"士不受人怜","必谢去之为快"。因家中财力有限,南野公"命伯仲治生,叔季治经;治生者佐治经者,故先生(顾宪成)与季时不问生

---

① 邹漪:《启祯野乘》卷一《叶文忠传》。

② 吴应箕:《东林本末》下《三王并封》。

③ 吴应箕:《东林本末》下《辛亥京察上下》。

④ 朱彝尊:《静志居诗话》卷一五,台北明文书局《明代传记丛刊》本。

⑤ 《明史》卷二四〇《叶向高传》。

⑥ 吴应箕:《启祯两朝剥复录》卷一,清初吴氏楼山堂刻本。

⑦ 顾宪成:《泾皋藏稿》卷二二《乡饮介大兄泾田先生行状》。

产”。顾宪成“于世无所嗜好，食取果腹，衣取蔽体，居取坐卧，不知其他。四壁不垩，庭草不除，帷帐不饰，一几一榻，敞砚秃笔，终日俨然冥坐读书、四方酬答而已”[①]。其弟顾允成“好以朴衣，不求华；食不求精，取给而已”，“间行里巷中，角巾布鞋，遇者不知其为谁，自谓木石可居，鹿豕可游也”。[②]

高攀龙的叔祖父高校，四十七岁无子，以高攀龙为子。与兄析产后，有负郭田五十亩，需早作夜息，程入量出。“时无二篮，衣必三澣。”死时积有千余金。高攀龙的生父太学公高梦龙（字德征，后以字为名），“堂始三楹”，“产始千算”。一件衣服缝补了二十年仍“服之无斁”，“所居一室，窗纸缀破裂，未尝易新”[③]。“产始千算”不一定有一千亩田。总之两家充其量仅为中等之家。

叶向高说自己“海上孤生，家世贫贱……臣母怀臣弥月，为倭所迫，徒步奔驰，产臣于旷野，旁无一人，自断其脐，复抱之而走，野栖露宿，饥饿不支，更数日臣父始觅得之……臣父母减衣损食，课臣读书”，“父母相继沦没，未尝受臣一日之养，草率营葬，不能成礼”[④]。

冯从吾，“不营产业，不畜妾媵，不赴宴会，不喜饮奕，即园亭图画之玩，亦弗涉也”。

马世奇，“家居角巾绨衣，绳床竹架。室不置鼎彝，堂不闻丝竹歌舞，闺阁子孙，不知朱紫纨绮为何物”。

欧阳东凤，“年十四丧父，哀毁骨立。母病呕血，跽而食之。举于乡，县令悯其贫，遗以田二百亩，谢不受”。万历二十九年（1601）守常州府，到任后，“五县饰供帐，所值千金。公至，尽撤还之，自制布帷瓦器，泊如也。日费钱不满百文，积公用千金，复龙城书院”。

龚廷祥，“家贫，岁获馆谷以奉二亲”，他曾对人说：“吾半生食贫，今又冷暑不能具肥甘轻暖之奉少博老母欢，奈何？”

黄道周，“家贫子幼，实为可怜”，谪戍后，黄景昉、陈演、吴甡等相继为其求宽。

邹期相说叶茂才“所居陋巷，门不得容轨，室不能布席。布衣蔬食，淡淡穆穆。升其堂无世俗辉煌，扁额止标‘三世无讼’四字，以诫子侄。薄田百亩，聊

① 高攀龙：《高子遗书》卷一一《南京光禄寺少卿泾阳顾先生行状》。

② 顾宪成：《泾皋藏稿》卷二二《先弟季时述》。

③ 高攀龙：《高子遗书》卷一〇《家谱·谱传》。

④ 叶向高：《纶扉奏草》卷二八《感触圣孝乞休第四十五疏》。

供饘粥，宴如也”。叶茂才自己也曾说：“吾上半生受贫之益，下半生受多病之益，惟贫故知节俭，惟病故知养。”

叶茂才的好友许世卿，“家贫有志”。万历十三年(1585)举于乡，放榜日与“同志叶茂才清谈竟日，人莫知其既捷也。衣食居室不渝其初”。《东林诸贤言行录》说他“清苦自甘，晚而益窘”。并载：“客有持橐金谓曰：‘此物易公片楮耳。’公直视曰：‘当谒客。’竟出门去，不顾。”

刘元珍，“少贫苦，故勤于理生，而恤人之穷，未尝意倦”。

贺时泰，“虽家贫日甚，仍夷然自如。尝遇岁除，不能具一杯羹，以一母鸡、豆二升易三日粮度岁”。

余玉节，受户部主事，“差榷临清关税，处脂弗润，惠商束胥，仅求及额。秩满旋里，囊无丰资，守先人田庐，曾无少益”。

陈幼学，“自少家贫，一日贷米仅得三斗，过雪桥上，堕水几死”，“移居陋巷，狐鬼纵横”。

薛敷教，“禔身严苦，垢衣粝食，终身未尝受人馈”。平时“出入不假肩舆，只随一老苍头”。

金铉，一生“贫约，自甘所居，不蔽风日”。

刘永澄，“十九举贤书，同年中召。静之饮酒，有娼佐觞，静之谢不往。二十而娶，家贫不能具新衣”。

魏大中，“家酷贫”，“数椽风雨不蔽”①；“举于乡，家人易新衣冠，怒而毁之”②。

周顺昌，“素贫，祖遗山田二十亩，不益一抔，蔽风数椽，寒暑也”③。

刘宗周未出生而父亡，“家酷贫，攜之育外家”。④ 黄宗羲说他“通籍四十五年，立朝仅四年。在家强半教授，敝帷穿榻，瓦灶破缶，不改儒生之旧”⑤。

从以上的情况可以看出，东林党人大部分并非出身于殷富之家，进入仕途后，也能为政清廉，所拥有的田产往往有限。家业的规模及政治态度表明他们

① 查继佐：《罪惟录》卷一三下《魏大中》。

② 以上未注出处的材料，征引于雍正《东林书院志》。

③ 查继佐：《罪惟录》卷一五下《周顺昌》。

④ 徐鼒：《小腆纪传》卷一三《列传第六·刘宗周》，中华书局 1958 年校点本。

⑤ 黄宗羲：《黄宗羲全集》第一册，《子刘子行状》卷下。

从属于中小地主中的较低层次。东林党人出身名门望族的是极少数，如于孔兼、王象春、刘一燝、韩爌、孙承宗、朱国桢、周宗建等，然而他们家道中落的为多。[①] 安希范虽属“江南世富”，但幼时“不为嫡母所容，育于周泾败屋颓垣，母子相吊”。

天启朝冤狱大兴，许多东林党人惨遭迫害。从阉党的“追赃”，也可以看出东林党人的经济状况。赵南星被诬“坐赃一万五千两，罄产不完十之一也”[②]。“南星家素贫，亲故捐助，始获竣”[③]。天启五年(1625)，杨涟入狱，捏赃二万，“涟素贫，产入官不及千金。母妻止宿谯楼，二子至乞食以养”[④]。左光斗“坐赃二万”，死后“赃犹未竟”，“长兄光霁坐累死，母以哭子死”，追赃仍不止，“由是诸人家族尽破”[⑤]。魏大中下诏狱，“坐三千”，其子学洢“昼伏夜出，称贷以完父赃”[⑥]。周起元被诬赃十万，“罄资不足，亲故多破其家”[⑦]。周顺昌，“坐赃三千”，诸生“征赃令急”，朱祖文“奔走称贷公间”[⑧]。周宗建“坐纳廷弼贿万三千”，死后，“征赃益急”[⑨]。

万历中后期反动腐朽的专制统治对社会经济造成严重的破坏，东林党人以“撑住乾坤”的精神进行了坚决的斗争。他们的各种主张和行为符合广大中下层民众的利益，斗争也得到群众的同情，因此，当朝廷残酷镇压迫害东林党人的时候，愤怒的市民，公开反抗黑暗的专制统治，形成了带有暴力特征的反专制的社会政治运动。

天启四年(1624)六月，都察院左副都御史杨涟劾魏忠贤二十四大罪，使东林与阉党的斗争达到了白热化。随后阉党对东林党人开始了全面镇压。七月，内阁首辅叶向高辞职仅仅是一个序幕，残酷迫害从十月迫使吏部尚书赵南星和左都御史高攀龙回籍为开端，到天启五年(1625)三月仅半年时间内，被削

① 见王天有：《晚明东林党议》，上海古籍出版社1991版，第23页。
② 吴应箕：《熹朝忠节死臣列传》，《太子太保吏部尚书忠毅赵公传》，中国内乱外祸历史丛书本。
③ 《明史》卷二四三《赵南星传》。
④ 《明史》卷二四四《杨涟传》。
⑤ 《明史》卷二四四《左光斗传》。
⑥ 《明史》卷二四四《魏大中传》。
⑦ 《明史》卷二四五《周起元传》。
⑧ 《明史》卷二四五《周顺昌传》。
⑨ 《明史》卷二四五《周宗建传》。

夺、降调、回籍的重要官员中的东林党人多达五十多人。五年正月改各地书院作忠祠，八月“东林、关中、江右、徽州书院俱行拆毁，变价助工”。从天启五年(1625)三月，御史周宗建、张慎言俱削夺，并由抚按提问追赃，御史黄尊素、李应升削夺，从此阉党对东林党人施以严刑拷问，何栋如、赵南星、王之寀、杨涟、魏大中等官员先后下镇抚司狱，逐日追比，开始更疯狂的迫害。[①]一系列剧烈的政局动荡，对社会造成巨大的影响，引起各阶层的广泛关注。

东林党人被逮，激起当地民众的反抗，其中以苏州民变的声势最大，称得上是一场规模空前的市民运动。了解周顺昌的政治态度，生活操守，责任意识，有助于揭示东林党人与社会中下阶层的关系。周顺昌之所以受到市民的爱戴和同情，与他敢于抗拒权贵、为官清坚、关切地方利病和平民化的生活方式有直接的关系。他先受福州推官，在闽七年。这期间正值税监高寀横征暴敛，终于激起民变，周顺昌“捕治税监高寀爪牙”[②]，保护了百姓的利益。由于苦心斡旋，为民请命，致使呕血病复发。他离任时，“福州绅衿暨民相率祖送，至有三百里而遥者”。他一生清贫自守，是东林党人中的典型。离闽时，“行李萧然，视初莅任时，不增一夫”[③]。在吏部任职期间，弊绝风清，馈送一概却之，“未尝受人一缗一楮”，“只以蔬腐过日，一切赏心乐事，都谢绝不行”[④]。从京城返乡时，“归装惟布被一床，残书数卷”[⑤]。当时士大夫在京为官，饮酒食肉，娶美姬以自娱，已是司空见惯之事。有人愿将自己的女儿给周顺昌作妾，被拒绝，他说：“吾盟心久矣，义不欲负吾糟糠妇也。”[⑥]他的夫人吴氏，“雅与公同心，身无纨绮，首无珠翠，食无甘旨，所举男子四，女子四，俱自乳”。周顺昌归里后，操守更峻，申说利病更勤，“市民爱戴亦更切”。周茂兰说他的父亲，“抵家杜门，半刺不入公府，所正色力持者，独乡绅大体，至地方利弊，尤呕心区画，以其身隐系维桑之重”[⑦]。周起元被削籍，“时无敢手板候于起元途者，顺昌独

① 以上所引材料，见吴应箕《启祯两朝剥复录》卷一、二、三。
② 《明史》卷二四五《周顺昌传》。
③ 殷献臣：《周顺昌年谱》，《周忠介公烬余集》卷四《附录》，丛书集成初编本。
④ 周顺昌：《周忠介公烬余集》卷二《与吴公如内弟书》。
⑤ 周茂兰：《鸣冤疏》，《周忠介公烬余集》卷四《附录》。
⑥ 殷献臣：《周顺昌年谱》，《周忠介公烬余集》卷四《附录》。
⑦ 周茂兰：《鸣冤疏》，《周忠介公烬余集》卷四《附录》。

为文以饯之，声情淋漓，指斥不少逊”[①]。魏大中被逮过姑苏，周顺昌“留连十日，以女许配婚，目中罔知国法”。他还怒对旂尉说：“若不知世间有不畏死男子耶！归语忠贤，我故吏部郎周顺昌也。”且戟手呼忠贤名，骂不绝口。[②]

由于周顺昌“好为德于乡”，朝廷逮者未至，已经群情愤怒，“号冤者塞道”。及至开读日，“一郡罢市，不期而集者数万人，号冤之声，上彻云霄，求抚按特疏保奏”[③]。此时周顺昌仍挂念着群众的疾苦，“时有贫士某，乃公素所恤者，不胜痛，向公而泣”。周顺昌对他说：“我一去不复返，谁恤尔者，我应哭尔，尔反哭我哉。”[④]缇骑的暴戾，激起市民更大的仇恨，请愿求保发展为武力冲突。《先拨志始》记载如下：

众心愤极，即夺巨挺反击缇骑，瞬息间万声鼎沸，虽黄童白叟皆攘臂奋勇，抚按不能禁，与郡邑俱披靡以出。缇骑毙者二人，余皆四下逃窜。而缇骑之至浙逮黄尊素者，挟势需索如故。众复走胥江城下，焚其舟，投其橐于河。缇骑仓皇星散，所赍驾贴遂失，不知所在。时众怒如城，公哀辞谕令解散，众弗应。当事乃匿公别署，扬言候旨始发，而俄以一夕调兵，水陆整旅，护公乘小舟渡关，泊旷野间，乃敢宣诏，从草莽毕事。[⑤]

在苏州市民反抗运动中，舍生取义的颜佩韦、马杰、沈扬、杨念如、周文元五人还曾商议，“拚死为国除害，合以千众下武林，杀税使，焚其府，以千众下昆山，尽顾秉谦之家，然后自囚请死，虽寸磔有余快”[⑥]。显然，市民运动有发展成为更大规模暴力斗争的趋势。

从市民运动的规模和参加者的成分上看，东林党人赢得了普遍的同情。参与民变的除有“诸生五百人”外，大部分为商人、手工业者和下层市民。如“彦佩韦父兄为贾，家千金”[⑦]，“未尝习吏部”[⑧]；“杨念如故业鬻衣”，不是商人，也是手工业生产者；沈扬为牙侩，“素好义”，这部分人与朝廷税监的矛盾一向

---

① 查继佐：《罪惟录》卷一五下《周顺昌》。
② 《明史》卷二四五《周顺昌传》。
③ 文秉：《先拨志始》卷下，清同治癸亥夏燮校本。
④ 朱祖文：《丙寅北行日谱》，知不足斋丛书本。
⑤ 文秉：《先拨志始》卷下。
⑥ 黄煜：《碧血录》附录《人变述略》。
⑦ 计六奇：《明季北略》卷二《周顺昌被逮》，中华书局 1984 年点校本。
⑧ 张海鹏：《五人传》，《周忠介公烬馀集》卷四《附录》。

十分尖锐;周文元是周顺昌的轿夫,属于下层市民。五人中彦佩韦"与有力者马傑善,遂传香盟众,马傑击柝号召"[①],杨念如、沈扬"虽素好义,皆不习吏部,并不习佩韦,时亦偕众求疏免逮"[②]。五人的身份和关系反映了市民运动的自发性和广泛性。东林党人的政治斗争与市民阶层的反抗结合在一起,二者不仅并行不悖,而且相得益彰。正如查继佐所言:

王节五百人,读书解大义故尔。佩韦等孱然市井,初未奉侍于吏部,生平见县尉薄,面赤声顿不成语,一旦临难,气雄百夫,搤虎吭而徒手斥辱之,竟使权珰气沮,缇骑不复出都门。五人即不生吏部,生如吏部者功归焉;而吏部得五人不死,死有生气。[③]

东厂刺事者告"吴人尽反,谋断水道,劫漕舟,忠贤大惧"[④]。魏忠贤对内阁说:"上怒甚,必欲尽诛为乱者。"[⑤]由于明朝财赋尽在东南,每年"京师仰东南漕粟以百万计",且当时运期在即,因此"以天变不畏之珰,而此时亦若有惴心"[⑥],未敢轻举妄动,只将颜佩韦等五人斩杀。从这时起,"奉旨拿解皆下抚按,不复遣缇骑矣"[⑦]。苏州市民的反抗运动遏制了东厂缇骑对江南的骚扰掠夺[⑧],打击了魏党的嚣张气焰,体现了城市市民阶层力量的进一步壮大和开始登上政治斗争舞台的新特征。时隔不到一年,苏州市民为五人建墓,东林旧宿文震孟题写了"五人之墓",墓门额云"义风千古",为复社名流杨廷枢之手笔,复社领袖张溥亲撰《五人墓碑记》,给予市民运动很高的评价,甚至认为魏忠贤的败亡都与五人有关:

且矫诏纷出,钩党之捕遍于天下,卒以吾郡之发愤一击,不敢复有株治;大阉亦逡巡畏义,非常之谋难于猝发,待圣人之出,而投缳道路,不可谓非五人之力也。[⑨]

---

① 计六奇:《明季北略》卷二《周顺昌被逮》。

② 张海鹏:《五人传》,《周忠介公烬馀集》卷四《附录》。

③ 查继佐:《罪惟录》卷一五下《周顺昌》。

④ 《明史》卷二四五《周顺昌传》。

⑤ 文秉:《先拨志始》卷下。

⑥ 朱祖文:《北行日谱》。

⑦ 李逊之:《三朝野记》卷三《天启朝》,荆驼逸史本。

⑧ 黄煜《碧血录》附录《人变述略》:"江南既数见缇骑以为常,而缇骑也视江南为熟游故道……凡此辈出,珰之儿孙及左右皆有贿,入则数十倍,利如市贩。"

⑨ 张溥:《七录斋诗文合集》卷六《五人墓碑记》,台北伟文图书出版公司影印本。

苏州市民反迫害运动发生在天启六年(1626)三月,称之为"民变;五月初六日已时,京城地震,并引发王恭厂火药局爆炸,时人称之为"天变"。熹宗和魏忠贤一伙对"二变"的态度很不相同。其时,被逮的东林诸君子先后到京,皆送镇抚司打问。缪昌期已于四月二十九日毕命,"天变"对魏忠贤等阉党根本没有影响,仅"因天变停刑始少缓须臾"①。六月十七日,周宗建、周顺昌均被酷刑致死,接着黄尊素、李应升、周起元相继毙于狱中,魏忠贤一伙杀人并不顾忌什么"天变",真正对他们有所遏制的是市民运动。

李应升被逮之日,常州也不约而同地发生了市民反抗运动。据《碧血录》载:

> 江阴李侍御就逮,常州郡城士民聚观者亦数万。方开读时,有发垂肩者十人,各挟短棍呼:"入宪署杀魏忠贤校尉。"士民号呼从之。诸尉踉跄走,越墙脱履,状甚狼狈。一卖蔗童子十余岁,抚髀曰:"我极恨矣,杀却江南许多好人!"遂从一肥尉后,举削蔗刀脔其肉,掷堵前狗食之。②

在此之前,天启五年(1625)四月,左光斗被逮前,"里人闻者无不泣下,将揭竿檄击缇骑"。行前,"父老子弟拥马首号哭,声震原野,缇骑亦为雪涕"③。又有数百人密约,跟随北上,"伏阙上疏",左光斗"譬以利害,至黄河始返"④。杨涟被逮入京时,"都城士民数万,拥道攀号,争欲礫官旂而夺公"⑤。

关于东林党人对待民变的态度,要做具体分析。当民众起来反抗朝廷时,被逮的东林党人往往劝阻他们。这固然是因为东林党人还没有进步到彻底抛弃忠君的思想,主要还在于他们普遍具有"桑梓一体"的观念,念切中下层群众的利益,注重对江南经济的保护,因而他们惧怕引起朝廷更残酷的镇压,使百姓蒙受更大的损失。周顺昌被逮后,本可效法高攀龙一死了局,但"民变"已起,只得北上。《周顺昌年谱》记有当时的情况:"二十四日,讹言愈起,乡绅股栗,四民失业,咸不宁厥居。公曰:'吾不赴,祸必不弭。我岂以一身累一邑哉。

① 李逊之:《三朝野记》卷三《天启朝》。

② 黄煜:《碧血录》附录《人变述略》。

③ 《明史》卷二四四《左光斗传》。

④ 计六奇:《明季北略》卷二《左光斗》。

⑤ 计六奇:《明季北略》卷二《杨涟惨祸本末》。

力请于两台求速起解。'"[1]姚希孟《开读本末》也云:"一鹭召介士环署卫之,顺昌亦一夕再徙别署。自分从此无生理,然恐以此株累里中父老子弟,死不瞑目矣。"[2]《丙寅北行日谱》为朱祖文亲历记述,云:

> 中有倡高景逸先生之说者,文谓:"公事与高先生微不同,高无民变,一自裁毕矣。公则多此一节,事须徐议。"于时万民拥塞,公赴阙之心如焚。文宽之曰:"俟民心稍息,公始可定行期,此时一动,变更不测。"公乃首□。

又曰:

> 逆料公心,民变日,伤其少年缇骑一人,未必不为报复。[3]

即使是视死如归的颜佩韦五人,也不得不考虑到朝廷的报复,他们曾想"下武林,杀税使",再"下昆山,尽顾秉谦之家"。后颜佩韦又说:"不可,吾侪小人,死何足惜!江南贤士大夫尚多,使置我辈而反借此倾诸贤,是吾辈累之也。"[4]因此,对被逮的东林党人,对待民变的态度要具体分析。未免简单化[5],即使是英国的资产阶级革命,最终也没有完全废除君主。

尽管东林党人的斗争有很大的局限性,毕竟引发了市民阶层的政治反抗。对此,《启祯野乘》的作者邹漪有这样的分析:

> 丑寅之间,矫诏四出,钩党之捕遍天下。诸君子自分无生理,既骈首就击无复辞。而其乡之士若民,固诚发竖眦裂,冀一大奋击,稍慑珰焰,卒蓄缩畏忌而不敢发。自五人奋臂一击,义声薄天,珰至胆落,大狱以止。虽五人义烈不可磨灭哉,微公有以致之,不及此。[6]

在反专制、反掠夺、求生存、求发展的政治和经济斗争中,东林党与市民阶层的利益要求是一致的。市民运动的自发性显示出,东林党在当时具有比较广泛的社会基础,是代表一定阶层和一定数量民众利益的政治集团。它的政治参与活动及对国家和社会政治生活所产生的影响,表明它已越出传统的"朋党"

---

① 殷献臣:《周顺昌年谱》,载《周忠介公烬余集》卷四《附录》。

② 姚希孟:《开读本末》,载《周忠介公烬余集》卷四《附录》。

③ 朱祖文:《丙寅北行日谱》,《知不足斋丛书》本。

④ 黄煜:《碧血录》附录《人变述略》。

⑤ 见刘志琴:《东林悲歌　千古绝唱》,载《东林党学术讨论会　薛福成学术讨论会论文资料集》,第42页。

⑥ 邹漪:《启祯野乘》卷五《周忠介传》。

范畴，传递出向近代政党转化的信息。

第四节　复社的政党化趋向

一、初步成形的组织系统

复社的前身是张溥、张采等人在天启四年(1624)倡办的应社。应社“合吴郡、金沙、槜李仅十有一人”①，他们是张溥、张采、杨廷枢、杨彝、顾梦麟、朱隗、王启荣、周铨、周钟、吴昌时、钱旃。在社中“效奔走以襄厥事者”为嘉兴府学生孙淳。开始时取友范围尚狭窄，后吴昌时、钱旃“谋推大之讫于四海，于是有广应社”。贵池刘城、吴应箕、泾县万应隆、芜湖沈士柱、宣城沈寿民也入会，因此复社“声气之孚，先自应社始也”②。张溥之所以能以应社为基础合并江南诸社而为复社，首先在于文社先重其人，后重其文的定社标准。《诗经应社序》曰：

> 此数人者，度德考行，未尝急于求世之知，而世多予之。其所以予之者，何也？则以其诚也。无意于名，而有其实，不婴念于富贵贫贱，而当其既至，皆有以不乱。是故先与乎其人，后与乎其文，为人之道，有一不及于正者，则辞之而敢就。既与其人，而文或有未至者，则必申之以正，因其材之所命而乐其有成，是以邪辟之意，无所形之于文，而四方之欲交此数人者，尝观其文而即知其人之无伪，则定社之大指也。③

实际上张溥强调的是一种政治标准。天启年吏部周顺昌被逮，应社成员徐汧、杨廷枢“倡率士民数千人，谒巡抚，欲令上书申救”④，诸生中日后成为复社名宿的还有王节、刘曙、郑敷教、刘羽仪、文震亨、殷献臣、王景皋、袁征、朱隗、沙舜臣、王一经等人。⑤ 缇骑索钱，徐汧与杨廷枢“敛金资其行”，二人因此名闻天下。⑥ 周顺昌赞徐汧“真岁寒松柏也!”张溥作《五人墓碑记》，曰：“吾社

---

① 朱彝尊：《静志居诗话》卷二一《孙淳》。
② 杨彝：《复社事实》，转引自《吴梅村全集》附录二《梅村先生年谱》卷一，上海古籍出版社1990年版。
③ 张溥：《七录斋论略》卷二《序·诗经应社序》，台北伟文图书出版公司影印本。
④ 温睿临：《南疆逸史》卷二《义烈诸臣列传·杨廷枢》，上海国光书局刊本。
⑤ 计六奇：《明季北略》卷二《周顺昌被逮》。
⑥ 徐鼒：《小腆纪传》卷一七《徐汧》。

之行为士先者,为之声义,敛资财以送其行。”

崇祯元年(1628),张采中进士,张溥以覃恩选贡入京师太学。张溥因“廷对高等”,当时“所贡天下士暨公卿雅流咸愿获交公,幸一望见”[①]。《复社纪略》载:

> 诸贡士入太学者俱愿交欢溥,争识颜面,因集诸多士为成均大会。是时宇内名卿硕儒,前为崔、魏摧折投荒削逐者,崇祯新政,后先启用,闻溥名皆愿折节订交,骚坛文酒,笈筐车骑,日不暇给,由是名满京都。[②]

有了这样的威望,在京期间,张溥又与杜麟征、王崇简结燕台十子社。当时崇祯帝即位不久,逆案未定,最先“在朝者惟有庶常黄石斋先生道周、郑崟阳先生鄤、项水心先生煜,晨星两三人,深相结纳”[③]。魏忠贤虽败,但阉党仍有相当的势力,天启朝蒙难、被废幸存的东林党人尚未完全昭雪和登用。《社事始末》云:

> 是时娄东张天如先生溥,金沙周介生先生钟,并以明经贡入国学,而先君子登辛酉贤书,夏彝仲先生允彝亦以戊午乡荐偕游燕市,获缔兰交。目击丑类猖狂,正绪衰息,慨然结纳,计立坛坫,于是先君子与都门王敬哉先生崇简倡燕台十子之盟,稍稍至二十余人。

他们中有米寿都、陈肇曾、杨廷枢、徐汧、罗万藻、艾南英、章世纯、朱健、朱徽、张采、宋征璧等。[④] 关于张溥在京的活动,门人吴伟业云:

> 先生以贡入京师,综观郊庙辟雍之盛,喟然太息,曰:“我国家以经义取天下士,垂三百载,学者宜思有以表彰微言,润色鸿业。今公卿不通六艺,后进小生剽耳傭目,倖弋获于有司,无怪乎椓人持柄,而折枝舐痔,半出于诵法孔子之徒。无他,师书之道亏,而廉耻之途塞也。新天子即位,临雍讲学,丕变斯民。生当其时者,图仰赞万一,庶几尊遗经,砭俗学,俾盛明著作,比隆三代,其在吾党乎?”乃与燕、赵、鲁、卫之贤者为文言志,申要约而后去。[⑤]

---

① 张采:《庶常天如张公行状》,《明文海》卷四三九,文津阁《四库全书》本。

② 陆世仪:《复社纪略》卷一,《中国内乱外祸历史丛书》本。

③ 杜登春:《社事始末》,《昭代丛书》本。

④ 杜登春:《社事始末》。

⑤ 吴伟业:《复社记事》,《中国内乱外祸历史丛书》本。

这可以看作是张溥成立复社的宗旨。据此可知，燕台十子之盟的政治斗争指向很明确。根据杜登春《社事始末》，当时张溥已经萌生了联络各社之意：

戊辰会试，惟受先、勿斋两公得捷，先君中副车。与诸下弟南还，相订分任社事，昌明泾阳之学，振起东林之绪，以仰副去邪崇正之新主。于是乎天如、介生有复社国表之刻。复者，兴复绝学之义。先君子与彝仲有几社六子会义之刻。几者，绝学有再兴之几……两社对峙，皆起于已巳之岁。

崇祯元年(1628)张溥在京期间的活动意义十分重大，为复社的成立创造了条件。复社成立前，“西泠严氏与金沙、娄东、吴门及江右之艾氏，皆鼎立不相下，迨戊辰，西铭先生至京师，始与严子岸定交，最欢”[1]。燕台十子之盟包括了江右和松江文人集团的核心人物。江右文人张、罗、陈、艾四家，有三人在盟，即使艾南英日后被复社所摈弃，但罗万藻、章世纯、陈际泰都成了复社中的著名人物。松江文人夏允彝、杜麟征与陈子龙，是几社六子中的三人，陈子龙在天启七年(1627)已与张溥、张采相交。严子岸即严渡，其父严调御与弟严武顺、严敕曾成立小筑社，称余杭三严。小筑社后来与张岐然(秀初)、江浩(道闇)所办读书社合并。张溥与严渡结识后，严渡返浙，“始大合两浙同社于吴门”[2]，共同加入复社。这样实际上张溥已经联络了江右、两浙、闽、松江以及北方的燕(都门)、赵、鲁、卫等地区较有影响的文社领袖。张溥与诸贤“为文言志，申要约而后去”，为进一步结盟铺平道路，否则仅凭孙淳往来联络各社，是不会成功的。因此复社的成立不是偶然的，它经历了前期思想上的共识和组织上的准备。

从应社到广应社，又从燕台十子之盟到复社，显然张溥等人有一个逐渐明晰的认识过程。“因其社而推大之讫于四海，则将引意以自明”[3]，“成于数人之志，而后渐广以天下之意”[4]。张溥等人的这种思想与东林党人顾宪成“有天下之精神，则能通乎天下”是一致的，只不过在外化形式上有所不同，在新皇即位，“丑类猖狂，正绪衰息”的局面下，张溥更注重组织上的联合与统一。因为各社分散的状态，显然力量过于单薄，无法形成一种社会力量去改变国家的

---

① 计东：《改亭文集》卷一〇《书·上太仓吴祭酒书一》，《四库存目丛书》本。

② 计东：《改亭文集》卷一〇《书·上太仓吴祭酒书一》。

③ 张溥：《七录斋论略》卷一《序·广应社序》。

④ 张溥：《七录斋论略》卷二《序·诗经应社序》。

政治。复社的成立，从一开始就酝酿着明确的政治动机。

崇祯二年(1629)，张溥"集吴越间俊造"，合诸文社为一，创立复社，是为尹山大会。根据陆世仪《复社纪略》和朱彝尊《静志居诗话》所载，统合于复社的诸社一共有十六个，它们是：江北匡社、中州端社、松江几社、莱阳邑社、浙东超社、浙西庄社、黄州质社、江南应社、浙西闻社、江北南社、江西则社、历亭席社、昆阳云簪社、吴门羽朋社、武林读书社、山左大社。[①] 尹山大会之际，名彦毕集于苕、霅之间，"远自楚之蕲、黄，豫之梁、宋，上江之宣城、宁国，浙东之山阴、四明，轮蹄日至"。大会影响深远，以后每年，陕西、山西、福建、广东、广西，"多有以文邮置者"[②]。社盟成功，没有一定的资助和认真的筹备是不可能的。吴江巨室吴氏、沈氏，"洁馆舍、庀饮食于其郊，以待四方之造请者"[③]。吴氏指吴翻(扶九)、吴允夏(去盈)，居吴江荻塘；沈氏指沈应瑞(圣符)。吴翻"籍祖父之资，会文结客，与孟朴最厚，奔走社事"。湖州孙淳渡淮、泗，历齐、鲁以达于京师，贤士大夫必审择而定衿契，然后进之于社。吴翻当时"出白金二十镒，家谷二百斛，以资孟朴之行"[④]。孙淳所涉地区十分广大，历时不会太短；因此，这次大会是经过认真准备的。杨彝说"复社始于戊辰，成于己巳"[⑤]，大概即指准备、酝酿的过程；与张鉴所说，"阅岁，群彦胥会于吴郡"[⑥]正相符合。在交通不便，通讯手段原始的情况下，费时一年的筹备并不奇怪。能够召开如此规模的集会在当时极不容易，必须具备社会政治和物质发展的相应条件。

第二年，即崇祯三年(1630)秋，南京乡试，"江淮宣歙之士咸在"，杨廷枢乡试第一，中解元；张溥、吴伟业皆魁选；陈子龙、吴昌时、吴继善、吴克孝、彭宾等复社中人也中式。"天如又为金陵大会"[⑦]。这次乡试和大会后，复社的影响进一步扩大，正所谓"娄东声气至辛未益广"。在该年秋闱落第的黄宗羲也参加了这次大会的活动，并被周镳招入复社。黄炳垕《黄梨洲先生年谱》载："太仓张天如先生为会于秦淮舟中，一时在会者杨维斗、陈卧子、吴骏公、万年少、

---

① 陆世仪：《复社纪略》卷一。

② 同上。

③ 吴伟业：《复社记事》。

④ 张鉴：《冬青馆甲集》卷六《文三·书复社姓氏录后》，吴兴丛书本。

⑤ 杨彝：《复社事实》，转引自《归庄集》附录一《归玄恭先生年谱》。

⑥ 张鉴：《冬青馆甲集》卷六《文三·书复社姓氏录后》。

⑦ 陆世仪：《复社纪略》卷二。

蒋鸣玉彭燕又吴来之，其以下第与者，公与眉生、昆仲而已。”[①]黄宗羲在《思旧录·周镳》中说：“庚午，南中为大会，仲驭(周镳)招余入社。”

崇祯四年(1631)二月，复社成员吴伟业举会试第一名，张溥与夏曰瑚又联第。三月殿试，吴伟业高中榜眼，授翰林编修，张溥选庶吉士。复社成员杨廷麟同选庶吉士，姜埰、左懋第、马世奇、张天机、杜麟征、陆奋飞、管正传、周之夔、刘士斗俱于是年中进士。这年春天张溥又与吴伟业、陈子龙、夏允彝、宋征璧、彭宾、杨廷麟、万少祺、杨廷枢、徐汧、杜麟征等人，“俱游长安”并“拟立燕台之社，以继七子之迹”，后因众人升落零散，“遂倡和乡里，不及远方”[②]。

有必要说明的是，这次燕台之社与崇祯元年张溥入京贡入太学时所结燕台十子之盟是两回事。然而至今学术界尚将二者看成同一次结社。蒋逸雪《张溥年谱》将燕台社系于崇祯元年(1628)[③]，而再未提到燕台十子之盟；冯其庸、叶君远《吴梅村年谱》只在崇祯四年提到“拟立燕台之社”[④]；何宗美《明末清初文人结社研究》只评述了燕台十子之盟[⑤]，而未涉及四年的燕台之社。杜登春《社事始末》载，崇祯元年，张溥、周钟以明经贡入国学，在京的还有杜麟征、夏允彝，并与“都门王崇简倡燕台十子之盟，渐至二十余人”。这些人中有米寿都、陈肇曾、杨廷枢、徐汧、罗马藻、艾南英、章世纯、朱健、朱徽、张采、宋征璧。不论是陆世仪的《复社纪略》，还是吴伟业的《复社记事》都说张溥在崇祯元年以贡入京师，而崇祯四年为入京应会试。另外两次结盟的人员区别很大，如张采、艾南英、周钟都是著名人物，如果他们参与了崇祯四年(1631)的燕台之社，陈子龙不可能不记；同样，如果吴伟业加入了崇祯元年的燕台十子之盟，杜登春也不会不述。而且按杜氏所说，崇祯元年的燕台十子之盟在一定程度上业已结成，还发展到二十余人；而崇祯四年的燕台之社只是“拟立”，二者名称相似，却不可混淆。

吴伟业以张溥门人连捷会元鼎甲，又获钦赐归娶，使张溥名噪更甚。有“士子出天如门者，必速售”之语。张溥于是与各分社社长相约，于崇祯六年

① 黄炳垕：《黄梨洲先生年谱》卷上，清同治十三年刻本。
② 陈子龙：《陈忠裕公全集》卷三〇《壬申文选凡例》，清嘉庆刻本。
③ 蒋逸雪：《张溥年谱》，齐鲁书社 1982 年版，第 16—17 页。
④ 冯其庸、叶君远：《吴梅村年谱》，江苏古籍出版社 1990 年版，第 42 页。
⑤ 何宗美：《明末清初文人结社研究》，南开大学出版社 2003 年版，第 176 页。

(1633)召开虎丘大会。[1]《复社纪略》载：

> 先期传单四出，至日，山左、江右、晋、楚、闽、浙，以舟车至者数千余人。大雄宝殿不能容，生公台、千人石，鳞次布席皆满，往来丝织，游于市者争以复社会命名，刻之碑额，观者甚众，无不诧叹，以为三百年来，从未一有此也。

如此规模庞大的组织，必须有统一的社规和内部管理。张溥"为之立规条，定课程"。复社成立时，张溥与周钟征约四方之文于各社，以通各处生气。后分工选文，"介生、维斗、子常、麟士、勒卣主吴，彦林、来之主越，眉生、岷铜、伯宗、次尾、道吉主江以上，大士、文止、士业、大力主豫章，曦侯主楚，昌基、道掌、仲谋主闽，泾岚主齐鲁之间。"[2]"又于各郡邑中推举一人为长，司纠弹要约，往来传置。"[3]社中联系有专人负责，湖州孙淳专司传递，"寒暑无间，凡天如、介生游踪所及，淳每为前导，一时有孙铺司之目"[4]。张溥曾说他"忘其身为取友是急，义不辞难，而千里必应。三年之间，若无孟朴，则其道几废"[5]。复社的几次大会，"名动朝野"，孙淳也劳苦功高。当时有好事者称赵自新、王家颖、张谊、蔡伸为四配；门人吕孚、周肇、吴伟业、孙以敬、金达盛、许焕、周群、许国杰、穆云桂、胡周鼐为十哲；张溥昆弟十人张浚、张源、张王治、张撙、张涟、张泳、张哲先、张漼、张涛、张应京为十常侍；另有"依托门下效奔走展财币者，若黄、若曹、若陈、若赵、若陶，则名五狗"[6]。张溥还"裒十五国之文而诠次之，目其集为国表，受先作序冠弁首。集中详列姓氏，以示门墙之峻，分注郡邑，以见声气之广云"，因此复社成员的身份是公开的。按目计之共七百五十一人，陆世仪说："从来社集未有若是之众者。"[7]这是较早的统计，到崇祯六年(1633)三月，张溥主盟召开虎丘大会，"至日，山左、江右、晋、楚、闽、浙以舟车至者数千余人"。吴翩《复社姓氏录》所收已达二千二百四十人，吴应箕《复社

---

① 由于陆世仪在《复社纪略》《总纲》中记大会时间为壬申(崇祯五年)，而在卷二中却记为癸酉(崇祯六年)，故虎丘大会的时间说法不一。何宗美考证为"崇祯六年"(见何宗美：《明末清初文人结社研究》，第181页)。

② 张溥：《七录斋诗文合集》，《古文近稿》卷四《国表四选序》，台北伟文图书出版公司影印本。

③ 陆世仪：《复社纪略》卷一。

④ 陆世仪：《复社纪略》卷二。

⑤ 朱彝尊：《静志居诗话》卷二一《孙淳》。

⑥ 陆世仪：《复社纪略》卷二。

⑦ 陆世仪：《复社纪略》卷一。

姓氏前后编》与其孙吴铭道《复社姓氏补录》共收三千零十三人，周同谷《霜猿集》有云："张溥……创复社，门人七千。"[①]以上情况表明，与东林相比，复社有了简单的章程和相对成型的组织系统，在内部初步实行各司其职的分工管理。

复社的活动并非如以往人们所认为的那样，仅仅有三次大会和众所熟知的几次社集。张溥《七录斋论略》卷三《国表序（代张受先）》云："春秋之集，衣冠盈路，视昔采兰之游，殆有甚焉。"这就是说一年内至少有春秋两次社集。"社集之日，胥闾之间，舟六七里，平广可渡，一城出观，无不知有复社者。"杜登春《社事始末》也云：

> 自辛未至辛巳，娄东之局，几比尼山。举天下文武将吏朝列士夫、雍庠之子弟，称门下士，从之游者几万余人。其姓名俱在金孺人会吊门籍，余入赘得阅之，亦一大观也。四方会吊毕，退而大集于虎丘，为复社最盛事。

又据朱倓考证："复社初起，四方造访者，舟楫相蔽而下。客既登堂供具，从者或在舟中作食，烟火四五里相接，如此十余年无倦色。"[②]社集以外，"孟朴诸子，简书之问，无月不出，文字之来，常若烟海之聚"[③]。由此可见，复社日常的交流活动是持续不断的。

值得注意的还有两次万人集会。一次是会吊张溥的嫡母潘氏，一次是张溥本人的葬礼。吴伟业所作《张母潘孺人暨金孺人墓志铭》云："崇祯己卯，孺人亡，有三年西铭殁，金孺人伤心尽痛，未逾期亦至于大故。"[④]据此可知，张溥的嫡母潘氏死于崇祯十二年（1639），生母金氏死于张溥身后。[⑤] 潘氏的葬礼，

---

① 周同谷：《霜猿集》，丛书集成初编本。

② 朱倓：《明季杭州读书社考》，载北京大学《国学季刊》1929年第2卷第2号。

③ 张溥：《七录斋论略》卷三《国表序（代张受先）》。

④ 吴伟业：《吴梅村全集》卷四八《墓志铭七·张母潘孺人暨金孺人墓志铭》。

⑤ 张鉴《书复社姓氏录后二》说"时适有西铭妻金之丧，会吊者不下万人"，有两处错误：一是误将张溥母说成"妻"，二是误将潘氏说成"金氏"，但会吊者不下万人还是有根据的。杜登春也误将潘孺人说成金孺人，因为金孺人在张溥之后逝去；而在潘氏、张溥故去，为金氏之丧，不大可能再有四方会吊毕，上万人退而大集于虎丘的规模。《社事始末》的下文为"时辛未同年周之夔者心窃非之"，周之夔作难之事在张溥逝世之前，而将其说成发生在会吊张溥生母金氏逝世之后，显然不对，因此杜登春将潘孺人说为金孺人是可以肯定的。另外达到万人的集会，在有关复社活动的记载中似乎只有张溥嫡母潘氏和张溥本人的葬礼，因此万人会吊潘氏后大集虎丘，应该是单独的一次聚会，与崇祯六年复社虎丘大会不相关，况六年的虎丘大会"至者数千人"，且是一次先期准备充分的大会。杜登春得阅"会吊门籍"，也证明确有这次虎丘社集。只是他误将潘氏记为金氏。何宗美已指出张鉴所说的"妻金"当为"潘孺人"之讹（见何宗美：《明末清初文人结社研究》，第184页），本文略做补充说明。

“会吊者不下万人”[1]，这的确是一次隆重的丧礼。“四方会吊毕，退而大集于虎丘，为复社最盛事”，而且杜登春还得阅门籍，应该说又是复社的一次大会。另一次万人集会是崇祯十四年(1641)张溥的葬礼，张溥死于是年五月，消息传出，“千里内外皆会哭”[2]。《社事始末》云：“海内会葬者万人。”张溥死后，复社的活动并未停止，十五年(1642)春“又大集虎阜”，据杜氏说，“维扬郑超宗先生元勋，吾松李舒章先生雯为主盟”，与会者有方以智、昌襄等诸人及其子弟以及“云间之后起”和“其它各省名流”[3]。因此，复社的大会不只三次。

各社统合为复社，其意义还在于不受国家控制的社会力量的整合、凝聚，它与君主专制体制相冲突，是社会政治由单维向多维的一种演变。

二、社会权威的形成

东林党人的失败，在一定程度上是由于缺乏严密的组织系统和相应的统一的领导，自发、分散的斗争使步调不能一致，导致了由优势变为劣势，以至一败涂地。在“移宫”和杨涟疏劾魏忠贤二十四大罪这样重大的行动上，都突出地表现出这一缺陷。复社则不同，张溥、张采的领袖作用表现为对社局政治斗争的更为有力的领导和控制，比东林党人顾宪成和高攀龙胜出许多。他们显然吸取了东林党人失败的教训，注意斗争的策略和统一行动，不仅在一定程度上控制了科举选士，而且几次大的政治行动都达到了预期的目的，政治上更加成熟。

政治领袖是在政治运动过程中产生的，他们注意总结历史的经验和教训，集中了众人的智慧，有较高的威望。《复社纪略》云：

> 复社声气遍天下，俱以两张为宗，四方称谓不敢以字，天如曰“西张”，居近西也；于受先曰“南张”，居近南也。及门弟子则曰“南张先生”、“西张先生”，后则曰“两张先生”。[4]

张溥对进门弟子的奖掖也不遗余力，每岁科举两试，有公荐、有转荐、有独荐，“赖其奖擢成名者数十百人”[5]。至使有人说：

---

① 张鉴：《冬青馆甲集》卷六《文三·书复社姓氏录后二》。
② 吴伟业：《吴梅村全集》卷二四《杂文二·复社纪事》。
③ 杜登春：《社事始末》。
④ 陆世仪：《复社纪略》卷二。
⑤ 吴伟业：《复社纪事》。

春秋两闱，天子徒然分遣座主，而孰元孰魁，孰先孰后，庶常已编定无遗人矣。座主房师，非门下士，即东林党人，待庶常以揭榜。[①]

天如的这种做法虽然有控制科举选士之嫌，但对于政治力量的发展却大有好处。

虽说“热中科名者乃乘而杂处其中”，但并不是没有标准，“若纨袴子、富家世裔不以文鸣者，虽费千金，莫得雁行”[②]。同里人陆文声“输赀为监生，求入社不许”[③]。尤其在政治上，复社的界线十分分明，时相温体仁弟温育仁要求加入复社，遭到拒绝。

张溥之所以名震天下，并非全在于他的文章学术，而特别与他的政治活动密切相关。魏忠贤败后，鹿城顾秉谦也被削籍，在家乡为邑人所逐，避居娄中。张溥于崇祯元年(1628)自京城南归后，与张采“率诸生驱之，檄文脍炙人口”。郡中五十余人敛赀镌石以记之，“由是天下咸重天如受先两人矣”[④]。顾秉谦无处藏身，献窖藏银四万于朝，寄居他县而死。[⑤] 这是二张直接领导的一场政治斗争。张溥的《五人墓碑记》堪为名篇，却不能不说与其鲜明的思想性有关。如文中指出：“亦以明死生之大，匹夫之有重于社稷也。”虽然“海内学者争及门，屦满户”[⑥]，但张溥“笃志五经诸史”[⑦]，文学史上的地位并不显赫。明代前后七子风行海内，中叶以后，文坛上涌现出归有光、公安三袁（宏道、宗道、中道）以及钟惺等“竟陵派”。同时代人中成就卓著者还有顾炎武、侯方域以及张溥的门生吴伟业，他们在文学上的地位都超过了张溥。他的学生吴伟业，青出于蓝而胜于蓝，崇祯四年(1631)会试第一，殿试一甲第二名。张溥在其后，中三甲第一。程穆衡《鞶帨卮谈》中评：“明末诗人，钱、吴并称，然前有迥不及吴处。”[⑧]赵翼云，有明一代，竟无诗人，“至末造而精华始发越”，“陈卧子沉雄瑰

① 周同谷：《霜猿集》。
② 王家桢：《研堂见闻杂记》，痛史本。
③ 《明史》卷二八八《张溥传》。
④ 陆世仪：《复社纪略》卷一。
⑤ 《明史》卷三〇六《顾秉谦传》。
⑥ 张采：《庶常天如张公行状》，《明文海》卷四三九。
⑦ 吴伟业：《复社纪事》。
⑧ 见《吴梅村全集》，《附录四・集评》。

丽”,“钱、吴二老,为海内所推”,而“梅村诗有不可及者”。[1] 吴伟业、钱谦益、龚鼎孳合称“江左三大家”,并以吴伟业为帜志的太仓诗人被称为“娄东派”。

张溥在文学上早年曾师法于金沙周钟(介生),陆世仪《复社纪略》卷一:

> 时娄文卑靡,两人有志振起之。溥矫枉过正,取法樊宗师、刘知几,岁试乃踬。闻周介生倡教金沙,负笈造谒之。三人一见,相得甚欢,辩难五昼夜,订盟乃别。溥归尽弃所学,更尚经史,试乃冠军。

黄宗羲对张溥有这样的评价:“天如亦自恃其才,下笔丰艳,遂无苦功入细。尝以泥金扇面,信笔书稿,故所成就,不能远到,为可惜也。”[2]这实际上是对张溥文章的批评。而他认为张采“其文质朴,过于天如”[3]。今人谢国桢有评:“天如的手笔,在摹仿古文当中,挟杂些八股的文调,到还不如艾千子的文章,清通可喜呢!”[4]我们在阅读张溥《七录斋集》中的文章时,大概都有这种同感。

然而作为一个政治活动家,张溥领导复社进行斗争所做出的历史贡献,已经远远超过了他的学术成就。陈子龙认为张溥政治上的才气胆略要远远超过文章,因此他在《七录斋集序》中慨叹:“世有奇伟之士,而仅号曰文士者,岂独古人之人不幸乎?”[5]他认为“文士”这一名称远远不能涵盖张溥的贡献,但由于时代的局限,他无法予以准确地表述。

东林党和复社的兴起,在政治上冲击了传统社会一向以皇帝为主的政治权威,以及以职官为本位的制度,权威不再完全取决于品秩;而君主权威的削弱意味着人们对传统社会体制的偏离。张溥在崇祯四年(1631),选庶吉士,不久便“以葬亲乞假归”,以后终生“曾未一日服官”[6]然而他在复社和士大夫阶层以及社会上,却具有极高的威望。一生不入仕途,却可以“遥执朝政”,这种社会权威在历史上前所未有。近代意义上的政党,“一般都由有经验、有权威、有影响力的精英集团来主持”[7],而政党政治的基本涵义之一,不外乎是政党

---

① 赵翼:《瓯北诗话》卷九《吴梅村》,人民文学出版社 1963 年版。

② 黄宗羲:《黄宗羲全集》第一册《思旧录·张溥》。

③ 黄宗羲:《黄宗羲全集》第一册《思旧录·张采》。

④ 谢国桢:《明清之际党社运动考》,第 131 页。

⑤ 陈子龙:《陈忠裕公全集》卷二五《七录斋集序》。

⑥ 《明史》卷二八八《张溥传》。

⑦ 梁琴、钟德涛:《中外政党制度比较》,商务印书馆 2000 年版,第 3 页。

以各种方式参与政治活动，对国家和社会政治生活施加影响。张溥、张采等人于专制皇权体制外建立政治组织，树立社会权威，冲击了传统政治体系，加速了政党萌芽的产生，具有近代进步意义。

三、复社对国家政治的干预

张溥不仅在社局内部的管理上显示出杰出的才干，在对地方及朝政的干预方面也表现得十分卓越。温育仁被拒之门墙之外，怀恨在心，"著《绿牡丹传奇》诮之，一时争相搬演"。复社诸门生深以为耻，飞书两张，求为洗刷。张溥、张采亲到浙江，"言之学臣黎元宽"，黎也是复社同盟，于是"禁书肆，毁刊本，究作传主名，执育仁家人下于狱。狱立而后归。当是时，粤中命社局者，争诵两张夫子不畏强御"①。张溥以庶常在籍，在地方有如此权威，并非普通文社领袖所能做到。

太仓州知州刘士斗到任后，"每事咨之，受先及天如告假归里，尝与瞻文（士斗）密切相左右焉"②。崇祯六年（1633），太仓受风灾，"斗米千钱，太仓漕无输，刘士斗念切民瘼，与两张谋救荒之策。采广咨博访，得府胥宋文杰言"③。张采著《军储说》，张溥作跋于其后。明代漕粮输运，有严格规定，不可以随便更改。二张主持救荒，变革漕规，也是少有之事。如果不是周之夔从中作梗，诚为救荒之善策。刘士斗解任日，"州民为之罢市，有愁叹者，有涕泣者，有愤愤不平者。其去也，千万人以石塞门，攀号不得出。"④十二月刘士斗改署昆山县事，由于运丁勒加赠耗，军民相殴。于是"追论之夔前揭"⑤，降四级调用。黎元宽和刘士斗均为朝廷官员，却对二张言听计从，足见张溥、张采作为政治领袖在地方上举足轻重的作用。州民对刘士斗的拥戴，反映了复社对地方行政的渗透与干预。

在周延儒再召入阁一事上，充分体现出张溥左右政局的才能。崇祯十四年（1641），朝中"郑三俊、刘宗周、黄道周等皆得罪"。时任礼部郎的复社成员吴昌时移书张溥："虞山（钱谦益）毁而不用，湛持（文震孟）相三月即被逐，东南

---

① 陆世仪：《复社纪略》卷二。

② 同上。

③ 同上。

④ 王家桢：《研堂见闻杂记》。

⑤ 陆世仪：《复社纪略》卷二。

党狱日闻，非阳羡（周延儒）复出，不足弭祸。”①张溥对国家的前景十分担忧，也认为“非起复宜兴，终是孤立之局”，决定争取周延儒，使其重返内阁以控制局面。于是与钱谦益、项水心、徐勿斋、马素修等人谋于苏州虎丘石佛寺，“遣干仆王成贻七札入选君吴来之先生昌时邸中”。吴昌时当时“手操朝柄，呼吸通帝座”，但皇帝身边，内臣密布内外，“线索难通”，王成熟背七札，再“一字一割，杂败絮中至吴帐。为蓑衣裱法，得达群要”。② 张溥对延儒说：“公若再相，易前辙，可重得贤名。”并密疏救时十余事，要他再出必行。还有材料说，张溥为门户计，鸠金二十万赂要津，才得宜兴再召。见《东林始末》：

> 初延儒既罢，丹阳监生贺顺、虞城侯氏共敛金，属太监曹化淳等营复相，至是得召用。

周延儒入朝后，尽反温体仁弊政，《明史》卷三〇八《周延儒传》载：

> 首请释漕粮白粮欠户，蠲民间积逋，凡兵残岁荒地，减见年两税。苏、松、常、嘉、湖诸府大水，许以明年夏麦代漕粮。宥戍罪以下，皆得还家。复诖误举人，广取士额及召还言事迁嫡诸臣李清等。帝皆忻然从之。延儒又言：“老成名德，不可轻弃。”于是郑三俊长吏部，刘宗周掌督察院，范景文长工部，倪元璐佐兵部，皆起自废籍。其他李邦华、张国维、徐石麒、张玮、金光辰等，布满九列。释在狱傅宗龙等，赠已故文震孟、姚希梦等官。中外翕然称贤……延儒曰：“（黄）道周……学与守皆可用。”……帝即复道周官。

张溥和周延儒的关系，在纲常有序的明代极其少见。崇祯四年（1631），张溥应会试，周延儒主考，初识张溥，“恨相见晚，恩礼倍至”。论资格，周延儒是张溥的座主，且年龄长张溥九岁，张溥即是其弟子，但实际地位却是张溥高于延儒。《复社纪略》载：

> 翰苑规制，庶常居造就之到，遇馆长如严师，见先达称晚进。公会隅坐，有命唯诺惟谨。溥任意临事，辄相可否，有代天言作诰命者，文稿信口甲乙，同馆皆忌之；有谮于内阁者，延儒犹委婉为解。③

由于温体仁对复社的敌视，张溥“缉其通内结党、援引同乡诸子，缮成疏

---

① 吴伟业：《复社纪事》。

② 杜登春：《社事始末》。

③ 陆世仪：《复社纪略》卷二。

稿，授伟业参之”。吴伟业因立朝未久，未敢直接参劾温体仁，但难拒师命，乃“取参体仁疏增损之”①，改坐温体仁同党蔡奕琛。温体仁欲重处张溥，周延儒又从中曲解。

如果说最初东林讲学的目的是“冀执政者闻而药之”，复社则力求直接获得重要职务，以控制朝政。这种通过执掌国家权力以实现其政治主张的做法，与传统的君主政治背道而驰。除了前边已经提到的张溥“鸠金二十万赂要津”，为周延儒营再相以外，复社还“于先达所崇为宗主”，将自身与东林结合在一起。与复社联系密切的东林党人，南直隶有文震孟、姚希孟、顾锡畴、钱谦益、郑三俊、瞿式耜、侯峒曾、金声、陈仁锡、吴甡等。两浙有刘宗周、钱士升、徐石麟、倪元璐、祁彪佳等。河南有侯恂、侯恪、乔允升、吕维祺等。江西有姜曰广、李邦华、熊明遇、李日宣等。湖广有梅之焕、刘弘化、沈维炳、李应魁等。山东有范景文、张凤翔、高弘图、宋玫等；陕西有李遇知、惠世扬等。福建有黄道周、黄景昉、蒋德璟、刘长等。广东有陈子壮、黄公辅。这些宇内名宿大部分为天启朝幸免于难的东林党人。关于他们的作用，《复社纪略》云：

> 诸公职任在外，则代之谋方面，在内则为之谋爰立，皆阴为之地，而不使之知，事后彼人自悟，乃心感之。不假结纳，而四海盟心，门墙之所以日广，呼应之所以日灵，皆由乎此。②

被时人视为东林党人的周镳，又于崇祯十一年(1638)亲自主盟，与复社诸名士发《留都防乱公揭》以逐废居金陵的阮大铖。③ 徐汧被马世英、阮大铖疏攻“自恃东林巨魁，与复社诸奸张采、华允成、杨廷枢、顾杲等狼狈相倚。”④钱谦益“以东林之末响为复社先”⑤。钱谦益等人身为东林党人又与复社紧密联系，直接领导并参与了复社的政治活动，因此刑部侍郎蔡奕琛说：“复社杀臣，谦益教之也。”⑥到了崇祯朝，复社已经与东林党结合在一起，他们有密不可分的关系。

---

① 陆世仪：《复社纪略》卷二。
② 同上。
③ 徐鼒：《小腆纪传》卷二一九《周镳》。
④ 徐鼒：《小腆纪传》卷二一九《徐汧》。
⑤ 陈敬廷：《吴梅村先生墓表》，《吴梅村全集·附录一》。
⑥ 吴伟业：《吴梅村全集》卷二四《文集二·复社纪事》。

随着复社的发展，其成员向国家体制中的渗透越来越显著，他们在政治过程中的作用有了逐渐加大的趋势。崇祯七年(1634)甲戌会榜发，新科进士多出复社，为了遏制复社势力进一步膨胀，蔡奕琛、温体仁等“思变取士之制，以禁其将来，且可进其私党”，提出暂行保举法，企图截断复社成员通过科举登进的道路。《复社纪略》载：

保举命下，社局主盟召集同志谓曰：“若等止行科举，吾等三年始得一出身，若保举，可岁岁登进矣。”乃传示各邑社长，推择经济博达之士，能兴道致治者，与材力智术能排斥异己者，汇造一册。①

吏部开送保举人员姓名，结果复社之人反居大半。蔡奕琛无可奈何地说：

社局诸人既得任职，自能有力进身，是入台省者较之两榜反捷，尔时参论吾党必力，患尤剥肤，是以保举适以自戕也。②

温体仁等人弄巧成拙的结果，说明复社的声势之广，所谓“士子出天如门者必速售”③，并非虚言。

三年以后，崇祯十年(1637)丁丑殿试状元为刘同升、榜眼为陈之遴、探花为赵士春，又皆为复社中人。在此之前，复社叛徒周之夔曾具《复社首恶紊乱漕规逐官杀弁朋党蔑旨疏》，疏中说：

同己者虽盗跖亦曰声气，异己者虽曾闵亦曰逆邪。下至娼优隶卒，无赖杂流，尽收为羽翊。使士子不入社，必不得进身，有司不入社，必不得安位。每一番岁科，一番举劾，照溥、采，操权饱壑，孤寒饮泣。恶已彰闻，犹为壅蔽。臣恐东南半壁，从此不可治矣！④

丁丑殿试的结果，表明周之夔所说并非全为恶语中伤。周之夔的上告被挫败后，复社对朝局的控制更为有力，《复社姓氏》云：“诸君子始终不肯认过，反与朝政相难，固结不可解。在廷宰辅，往往畏忌社中之人，惟恐得罪清议，甚至京师坐次有复社相公，竟席不敢言天下事。”⑤能对国家政治造成如此大的压力和影响，已经不是一个普通文社所能做到的了。复社逐渐形成了政党的

① 陆世仪：《复社纪略》卷三。

② 同上。

③ 陆世仪：《复社纪略》卷二。

④ 陆世仪：《复社纪略》卷四。

⑤ 谢国桢：《增订晚明史籍考》，上海古籍出版社 1981 年版，第 227 页。

某些特征。周延儒于崇祯十四年(1641)二月再召,五月初八张溥暴病而殁。杜登春慨叹:“徂闻其信而不及见其事,首其事而不能图其终,呜呼!泰山其崩,梁木其坏,复社之大局与国家之大运同归瓦裂矣,岂不痛哉!”①将复社领袖的生死与国家的命运相提并论,足以说明复社在政治上的作用,张溥逝世,“千里内外皆会哭”,“海内会葬者万人”,人们“忧社局之将衰,叹孤儿之无倚”②。

在促进社会政治变迁方面,复社的推进力度要大大超过他们的先驱东林党,这主要在于东林党与复社成分构成不同。前者基本是在朝官员,或被罢免的在野之臣;而后者走上仕途的人数并不多,即使有一些,但由于登进较晚,官阶也都较低;有些人考取了功名,也不一定入仕,大部分至明亡时依然是诸生。以几个复社著名人物为例:杨廷枢明亡后被鲁监国遥授翰林院检讨兼兵科给事中,实际并未做官。夏允彝授长乐之县。吴应箕虽以乡试副榜贡入京,却未登朝籍。陈子龙在崇祯朝授惠州推官,后改绍兴。张溥成进士后,改庶吉士,仅一年多,便以葬亲乞假归,从此终身未服官。张采曾任临川知县。官职稍高的吴伟业先授翰林编修,后历实录纂修官、东宫讲读、南京国子监司业,崇祯十四年以后,又晋左中允、左谕德兼侍讲、左庶子。但自晋左中允时就已里归,直至明亡,始终闲居不仕。杨廷麟、马士奇登崇祯四年进士,杨廷麟先授编修,后为职方主事召为左庶子;马士奇授编修,进左谕德、左庶子。另外如归庄、顾炎武、黄宗羲等不少著名人物,加入复社时均为诸生,至明亡未能登第。归庄在崇祯十五年(1642),仍应科试,始终不能取得乡试的资格。黄宗羲虽然取得了乡试的资格,但屡试不售。吴应箕在崇祯十五年(1642)才中乡试副榜。杨廷枢虽于崇祯三年(1630)举应天乡试第一,但以后却未能考取进士。侯方域、陈贞慧、冒襄以及早年也曾列名复社的陆世仪均为诸生。诸生沈寿民后举贤良方正,杨彝为岁贡生员。另外著名的东林党人后裔往往都没有取得科名。从社会等级上说,复社成员是一个更大的层面,他们比东林党人接触社会的范围更广,对深层的社会问题体会较深。吴应箕以草莽儒生谈天下事,有丰富的实政主张,曾拟《策》十篇,准备上呈朝廷。复社党魁吴伟业甚至与说书艺人柳敬

① 杜登春:《社事始末》。
② 同上。

亭交上了朋友，还写了《柳敬亭传》和《柳敬亭赞》，[①]这在东林党人中是难于见到的。

在专制政治中，除了少数人参与政治属于政治阶层外，其余的人没有资格参与政治。在明代，依据祖制，各类生员不能参与国事，因而属于无政治阶层；但复社却彻底改变了这一规定，他们与东林党人结合，将政治参与扩大到更为广阔的社会层面，由在朝里居的官僚阶层向社会知识界渗透。

四、复社的政治集会

崇祯九年(1636)八月，复社桃叶渡大会是一次纯粹的政治集会，是年，魏大中之子魏学濂等东林同难诸孤，俱应南京乡试。乡试场毕，“吴应箕与冒辟疆、陈定生、顾子方等大开桃叶寓馆，悉会天启阉难死者诸孤十三人”[②]。这次大会同难兄弟与政治形势密切相关。当时“怀宁阮大铖方避寇居金陵”，见四方多事，谈兵论剑，招纳游侠，“气焰反炽”。以至于金坛扬良弼不得不“赁寓马禄街，以身翼子一避之”。冒襄也出于同样目的，“出百余金，赁桃叶河房前后厅堂楼阁，作为寓馆”，供同社成员居住。据他说“食客日百人，又在通都大市，明日往来于余寓，怀宁敛迹矣”[③]。可见阮大铖的势力还是不小的。因此复社大会同难兄弟于桃叶渡也是为了声讨阉党阮大铖，以壮大自己的声势。他们“齐声詈大铖”，“大铖衔之刺骨”。于是“遂起留都防乱之议”[④]。从这时起，复社已有驱逐阮大铖之意。[⑤]

崇祯十一年(1638)八月，复社成员为声讨阮大铖，在南京上《留都防乱公揭》，开始了酝酿已久的政治行动。当时朝中的政治背景是，崇祯帝复用中官，于是逆案中人又弹冠相庆，企图死灰复燃。廷臣或荐阉党霍维华，或荐吕纯如。因逆案失官多年的阮大铖，先在怀宁创办中江社，后避居秦淮，又创群社，

---

① 吴伟业：《吴梅村全集》卷五三《传·柳敬亭传》；卷五三《赞·柳敬亭赞》。

② 夏燮：《忠节吴次尾先生年谱》，清同治六年刻本。

③ 冒襄：《同人集》卷九《往昔行跋》，《四库存目丛书》本。

④ 夏燮：《忠节吴次尾先生年谱》。

⑤ 留都防乱之斗争，早在这次复社桃叶渡大会时已初露端倪。夏燮《忠节吴次尾先生年谱》云：“秋先生(吴应箕)与冒辟疆、陈定生、顾子方等大开桃叶寓馆，悉会天启阉难死事之诸孤十三人。惟应山公子未至，时怀宁阮大铖方避寇居金陵，遂起留都防乱之议……崇祯十一年……时陈定生自荆溪过访，示以沈眉生扬嗣昌夺情疏，遂及大铖，于是先生(吴应箕)与子方、定生成《留都防乱揭》。”

“假借意气，多散金钱，以至四方有才无识之士，贪其馈赠，倚其荐扬，不出门下者盖寡矣”。除此以外，还“延纳游侠、选事之流”，“谈兵说剑，做客常满”，希望朝廷以边才再召。为了打击阉党气焰，挽救朝局，在东林党人礼部主事周镳和吴应箕的倡议下，联合聚讲南京的复社名宿一百四十人，发《留都防乱公揭》以驱逐阮大铖。《公揭》由陈贞慧、吴应箕执笔[①]，“东林子弟推无锡顾杲居首，天启被难诸家推宗羲居首”[②]。在复社的打击下，阮大铖“内衔日懼，独身逃匿于牛首之祖堂”，他指使心腹企图收买檄文，却“愈收而布愈广”[③]。

国门广业社是复社成立后才创立的文社，说是文社，也几乎发展成为一个政治组织。在与阉党阮大铖、马士英的斗争中，发挥了重要作用。国门广业社始举于崇祯三年（1630）[④]，据夏燮《忠节吴次尾先生年谱》载，“是秋（吴应箕）至应南都乡试，不第。大会复社之士张溥等于金陵，又与同里刘伯宗及芜湖沈崐铜（士柱）等，立约以自后三年一举行，更番主会”，又记崇祯六年（1633），“夏，（吴应箕）应南都试，金陵再举国门广业社……主之者为杨龙友（文驄）、方密之（以智）”。还记崇祯九年（1636），“夏，至金陵三举国门广业社”。再看吴应箕《楼山堂集》卷一七《序·国门广业序》：“自崇祯庚午秋，吾党士始合十百人为雅集……计其时为聚者三，主之者刘伯宗、许德先、沈崐铜也。癸酉则扬龙友、方密之再一举，而莫盛于姚兆若丙子之役。”

崇祯十二年（1639），金陵解试（乡试）后，陈贞慧、吴应箕四举国门广业社。夏燮编《忠节吴次尾先生年谱》载：“崇祯十二年，夏五月至金陵，始与归德侯公子（方域）定交。时四举国门广业之社，凡《揭》中之一百四十余人大半入会中，周仲驭亦至焉。于是留都防乱之揭传播南中。”夏燮在按语中特别说明：“先生（吴应箕）所序《国门广业之社》至丙子而止，己卯（崇祯十二年）四举，主之者为

① 黄宗羲：《黄宗羲南雷杂著稿真迹》，《陈定生先生墓志铭》，浙江古籍出版社1987年版。

② 徐鼒：《小腆纪传》卷五三《黄宗羲》。

③ 戴名世：《弘光朝伪东宫伪后及党祸纪略》，《中国内乱外祸历史丛书》本。

④ 在有关复社的研究中，均认为国门广业社举于崇祯十二年，如谢国桢《明清之际党社运动考》八《复社始末下》。何宗美《明末清初文人结社研究》第三章《复社及其思想、学术与文学上》和第四章《复社及其思想、学术与文学下》注意到南京自崇祯三年以后，“每逢秋试之期”，复社都要举行国门雅集。但没有确认此即为国门广业社之社事。如果看到吴应箕《国门广业序》中“自崇祯庚午秋……”“计其时为聚者三”等文字，并且查阅夏燮《忠节吴次尾先生年谱》崇祯三年的有关记载，便可得知，国门广业社始举于崇祯三年，每三年一次社集，一直持续到弘光朝。

先生与陈定生。”这次社集在复社成员上《留都防乱公揭》的第二年，加上参与者大部分为“揭中人”，因而它的政治色彩十分强烈。参加者有黄宗羲、张自烈、侯方域、梅朗中、沈寿国、方以智、冒襄、顾杲、周茂兰、吴道凝、陆符等人。文社成立后，“无日不连舆接席，酒酣耳热，多咀嚼大铖以为笑乐”①。这次社集“周旋数月”②为止。

《吴次尾先生年谱》没有明确记崇祯十五年(1642)五举国门广业之社，但云：“秋七月社中诸君子同集于刘鱼仲(履丁)河房，看怀宁《燕子笺传奇》。剧毕，先生(吴应箕)大骂怀宁。”如此说，五举也还是有的，可能规模略小于前几次。国门广业社的活动一直延续至弘光朝，“秀水姚澣大会复社同志数千人于秦淮河，聚其文为《国门广业》，才告销歇”。

复社在金陵的社集，往往“置酒招歌舞”，这也是与阮大铖等人斗争的一种形式。阮大铖常“以梨园子弟为间谍，每闻诸名士饮酒高会，则必用一二伶人阑入别部中，窃听诸名士口语。顾诸名士酒酣，辄戟手詈大铖为快。大铖闻之嚼齶槌床大恨”③。

关于社集，吴应箕在《国门广业序》中有过集中论述。他首先表明复社的社集并非如一般公子王孙、富室子弟的相聚：

> 南京故都会也，每年秋试，则十四郡科举士、及诸藩省隶国学者咸在焉。衣冠阗骈，震耀衢术，豪举者挟资来，举酒呼徒，争歌选伎，岁有之矣。而号为有气志能文章耻之。

接着他驳斥了世人对复社集会的非议，申明其主张和政治目的：

> 自崇祯庚午秋，吾党世始合十百人为雅集。其集也，自其素所期向者遴之，称名考实，相聚以类，亦自然之理也……夫吾党自庚午后，汇聚之士，半为升用，其本末固已见于天下矣。攻之者且四面至，物盛而忌，夫何怪乎！于是天下方以社事为讳。而姚子独于忧疑满腹，谗口张之日，大聚吾徒而盟之曰：“吾党所先者，道也；所急者，谊也；所讲求者，异日之风烈事功；所借以通气类者，此文艺；而假以宣彼我之怀者，此觞聚也。”……吉水诸公，至于都门聚讲，而邪者掊击不遗余力，善乎福清有言：“我国家三

① 黄宗羲：《南雷杂著真稿真迹》，《陈定生先生墓志铭》。

② 黄宗羲：《黄宗羲全集》第一册《思旧录·陈贞慧》。

③ 戴名世：《弘光朝伪东宫伪后及党祸纪略》。

百年，所少者此一事耳。”今吾党之聚，何敢自附前哲，然异已者不少矣。

姚子独毅然行之，一无所畏，因为其难者哉。[①]

这虽然是为《国门广业》写的序，却犹如一项声明，其政治目的溢于言表。

在君主专制体制下，只允许以皇帝为主的政治权威存在，而不允许在这一体制之外的社会权威的存在；因此纯粹的、社会的、民众的政治团体是要被绝对禁止的。复社之所以能够成立并发展，是由于它打着文社的旗号；如果公开以政治的面目出现，一天也存在不下去。随着复社对政治参与和干预的增多，其性质业已改变，逐渐演化成为一个政治组织。对此，崇祯帝已有所警觉，问周延儒有关张溥其人，周延儒搪塞说：“读书好秀才。”[②]崇祯帝仍然不信，诏征张溥全部著作缮写进览，显然他敏感地意识到另一种权威的存在。

值得注意的是复社成员中有一批人在明亡时投向大顺农民军，如周钟，“闯王陷京师，钟出降”，被牛金星所赏识，用为检讨。周钟向闯王上《劝进表》、《下江南檄》，劝农民军早定江南[③]，这一建议很有远见。庶吉士项煜也曾归顺农民军，并奉命祀泰山。[④] 刑科给事中光时亨“守东直门，城陷后，首迎降”，寄书其子云：“我受恩大顺，汝等可改姓走。”[⑤]以进士候选京师的武愫，以“吉服”迎闯王，授淮安防御使。[⑥] 为农民军所善待，并被授予官职的复社人士还有方以智、陈名夏、魏学濂、龚鼎孳、史可程、左懋泰、韩四维、张之奇、熊文举、缪沅、张元辅、钱位坤等，侯方域之父侯恂（名列《东林党人榜》）也在其中。而王孙蕙、孙以敬在农民军攻克北京之前，即已投入起义洪流。[⑦] 对他们归向大顺政权的行动完全以贪生怕死来解释，未免片面，至少他们认为明朝已无法挽救。吴应箕曾说：“今天下盗贼生于民贫，民贫由于官贪”[⑧]“贼非能亡国，而灭贼者自亡之”[⑨]。他在崇祯时，就“预料燕京之必不可能守，闻者皆笑其迂”[⑩]。复社

---

① 吴应箕：《楼山集堂》卷一七《序·国门广业序》。

② 《明史》卷二八八《张溥传》。

③ 徐鼒：《小腆纪传》卷一九《周钟》。

④ 徐鼒：《小腆纪传》卷一九《项煜》。

⑤ 徐鼒：《小腆纪传》卷一九《光时亨》。

⑥ 徐鼒：《小腆纪传》卷一九《武愫》。

⑦ 计六奇：《明季北略》卷二二《刑辱诸臣》、《从逆诸臣》、《从贼入都诸逆臣附》。

⑧ 吴应箕：《楼山堂集》卷九《策·塞贪源》。

⑨ 吴应箕：《楼山堂集》卷一九《客问·原乱》。

⑩ 伍崇曜：《楼山堂集跋》，见吴应箕《楼山堂集》，《附录》。

领袖周钟在政治、文学方面都有很高的威望，大顺政权如果能在北京站住脚，会有更多的复社成员步其后尘；事实证明，农民军对复社的降士礼遇有加。有人说党社运动没有和农民战争结合起来，而周钟等人立场的转变业已表现出这种结合的开始；在复社成员与大顺政权之间不存在一条不可逾越的界限。

复社通过有组织、有计划地策划，能在一定程度上控制国家取士和任职，与东林党相比，表明它在向近代政党转化的道路上，又向前迈进了一步。这种权力的分散和转移，瓦解着君主集权制度，是国家和社会政治上的进步。“凡政党都努力取得国家政权或参与对国家权力的控制，以实施其纲领和政策，对国家和社会产生影响”①，复社的活动已经预示出政党的一些基本特征。

五、复社对东林的继承和发展

（一）复社对明末学术的影响

复社直接继承了东林的宗旨和主张并能有所发展。陈廷敬说：“东南诸君子继东林之学者，号曰复社，虞山（钱谦益）以东林之末响为复社先。”②夏允彝认为东林、复社一脉相承，实为一党。他说：“平心论之，东林之始而领袖者，为顾、邹诸贤，继为杨、左，又继为文震孟、姚希孟，最后辈如张溥、马世奇辈。”③黄宗羲对复社的评价极高，赞誉不减东林。他说：

> 崇祯间吴中倡为复社，以网罗天下之士，高才宿学多出其间，主之者张受先，张天如……然其间模楷之人，文章足以追古作，议论足以卫名教，裁量人物，讥刺得失，执政闻而意忌之，以为东林之似续也。④

显然不只是执政者，他自己也将复社说得与东林无异。

复社成立伊始，张溥为该社立规条，定课程：

> 自世教衰，士子不通经术，但剽耳给目，几倖弋获于有司。登明堂不能致君，长郡邑不知泽民；人材日下，吏治日偷，皆由于此。溥不度德，不量力，期与四方多士共兴复古学，将使异日者务为有用，因名曰复社。⑤

这与顾宪成所说的念头不在君父、百姓、世道上，“即有他美，君子不齿也”，如

① 梁琴、钟德涛：《政党制度比较》，第3页。

② 陈敬廷：《吴梅村先生墓表》，载《吴梅村全集》，《附录一》。

③ 夏允彝：《幸存录》，《门户大略》，《明季稗史初编》本。

④ 黄宗羲：《南雷杂著稿真迹》，《刘瑞当先生墓志铭》。

⑤ 陆世仪：《复社纪略》卷一。

出一辙。其次，张溥认为学术仍不能脱离“生民之理”。他在《正风俗议》中指出：

风俗之不古也，士子为甚……天下争言士子之变，沦胥已极，几甚于尧时之洪水、周初之猛兽。要之，此其人不足以谓之士子也。其人虽含气之属，久绝于生民之理。①

这种观点与东林党人“志在世道”、“与世为体”的思想完全一致。

在发展上，复社更具体地提出了“兴复古学”的宗旨。东林党人曾提出了许多托古图新的主张和变革措施，而张溥则直接宣称“兴复古学”，在复古的旗帜下，继续从事政治斗争和进行社会改造，这一点比起没有完全摆脱理学束缚的东林党人是一个进步，在政治和思想斗争方面，为自己创造一个更加广阔的天地。张溥本人一生致力于“解经治史”②，不再“探究性理”。在他和吴伟业等复社领袖的影响下，不仅“文风为之丕变”，而且明末学术研究走上了更注重实际的道路，在一定程度上扭转了学术的发展方向。遵循“兴复古学”③，“务为有用”的宗旨，复社中的许多人都十分重视实际学问的研究。张溥为陈子龙等人编辑的《明经世文编》作序，曰：

余间语同志，读书大事，当分经史古今为四部。读经者辑儒家，读史者辨世代，读古者通典实，读今者专本朝。（略）客年与余盱衡当代，思就国史，余谓贤者识，大宜先经济。三君子唯唯。遂大搜群集，采择典要，名《经世文编》，卷凡五百。伟哉，是书明兴以来未有也。

由此可以看出，陈子龙等人在编辑《明经世文编》前，充分听取了张溥的意见，根据“宜先经济”的原则，“采择典要”而成书，而“宜先经济”自然是以“务为有用”为目的的。张溥本人十分重视治史，有《宋史纪事本末》、《南北史同异》、《历代史论》、《论略》、《读史管见》、《皇明经济书》、《历代名臣奏议》等，吴应箕有《启祯两朝剥复录》，文秉有《先拨志始》、《烈皇小识》、《定陵注略》等晚明史系列，刘心学有《四朝大政录》，曾投钱谦益、黄道周、吴伟业门下的邹漪，有《启祯野乘》、《明季遗闻》等。

黄宗羲主张做学问要有“经史之功”，他认为“学必源本于经术，而后不为

① 张溥：《七录斋诗文合集》，《论略》卷一《正风俗议》。
② 邹漪：《启祯野乘》卷七《张庶常传》。
③ 顾湄：《吴梅村先生行状》，《吴梅村全集·附录一》。

蹈虚;必证明于史籍,而后足以应务。元元本本,可据可依"[①]。这与张溥创立应社和复社时的宗旨如出一辙。张溥说:"应社之始立也,所以志于尊经复古者,盖其志也。"在应社内部,虽以评陟五经制义为主,然各有分工,"子常、麟士主《经》,维斗、来之、彦林主《书》,简臣、介生主《春秋》,受先、惠常主《礼》,溥与云子则主《易》"[②]。张溥等人的做法产生了很大的影响,"振振然白其意于天下,夫天下亦已知之矣"。后康熙七年(1668)黄宗羲讲学于鄞城,有五经会仿应社做法。[③] 崇祯初年,张溥入京师,对当时积弊已久的学术风气深恶痛绝,进一步强调"丕变斯民",提出"尊遗经"、"砭俗学"的号召。复社党魁方以智也强调只有经史结合才能客观地认识历史而不带偏见,他说:"经以穷理,史以征事,设身处地,自忘其心之成见而体之,乃能灼然天下之几,而见古人之心,此所谓鉴也。"[④]尹山大会标志着复社成立,而这次大会却是借吴江县令熊鱼山对张溥的邀请为契机。熊鱼山本为楚人,以文章经术为治,因"慕天如名,迎致邑馆",于是为尹山大会。不仅是黄宗羲,复社中一些著名的文坛奇宿,都深受张溥的影响。如吴伟业受业于张溥,"相率为通经博古之学",归庄称"生平经术师故翰林张天如先生"遗憾自己"以从游时晚,未得窥其精"[⑤]。他与顾炎武"同里同学,同心同向",早年一起加入复社。顾炎武认为:"故凡文之不关于六经之指,当世之务者,一切不为。"[⑥]"盖止为一人一家之事,而无关于学术政理之大者,则不作也"[⑦]。黄宗羲和顾炎武这两位明末清初的伟大启蒙思想家都曾加入过复社,黄宗羲与复社的联系尤为密切,这反映了复社在促进社会思想进步方面的重要作用。

黄宗羲在他的著作中记载了他与张溥和张采的交往。他们在崇祯元年(1628)相遇于京师,崇祯三年(1630)同试于南京,黄宗羲与沈寿民、沈寿国落第。黄宗羲与张溥、杨廷枢、陈子龙、彭宾、吴伟业、万寿祺、蒋楚珍、吴昌时等

---

① 全祖望:《鲒埼亭集外编》卷一六《甬上证人书院记》,《四部丛刊初编》本。

② 张溥:《七录斋论略》卷一《序·五经征文序》。

③ 蒋逸雪认为,"清代经学所以发达也",追溯其源,张溥等人的应社"提倡风气之功不可没也"。见蒋逸雪《张溥年谱》,第11页。

④ 方以智:《浮山文集前编》卷五《曼寓草中·史统序》,《四库禁燬书丛刊》本。

⑤ 归庄:《归庄集》卷五《书·与某侍郎》。

⑥ 顾炎武:《亭林文集》卷四《与人书二》,《四库禁燬书丛刊》本。

⑦ 顾炎武:《亭林文集》卷四《与人书十八》。

人聚于秦淮舟中。夜晚“宿于天如之寓”。崇祯七年(1624)黄宗羲与冯研祥同至太仓,“值端午,天如宴于舟中,以观竞渡,远方来执贽者纷然”。张溥好读书,“闻某家有藏书,”就于夜晚与黄宗羲“提灯而往观之”①。按黄宗羲所述,他与张溥的关系不可谓不近。与张采,他说:“余亦遇于京师。”崇祯七年时“亦在其家往还”②。崇祯九年(1636),黄宗羲与天启朝东林同难诸孤,大会于金陵桃叶渡。③ 崇祯十一年(1638),黄宗羲与复社成员顾杲等在南京上《留都防乱公揭》。崇祯十二年(1639),金陵应解试,陈贞慧、吴应箕四举国门广业社,参与者大多为《揭》中之人,黄宗羲也在其中。他说:“昆山张尔公、归德侯朝宗、宛上梅朗三、芜湖沈崐铜和如皋冒辟疆及余数人,无日不连舆接席,酒酣耳热,多咀嚼大铖以为笑乐。”十四年(1641)吴应箕与冯跻仲入太学,礼部陶英人邀饮,黄宗羲也在座。这一年张溥逝世。十五年(1642)入京应试,又与复社领袖周镳相晤,并与周延祚同试北场,与陆符读书于万驸马北湖园中半年之久。榜发后,周延儒曾荐黄宗羲为中书舍人,“力辞不就”。十六年(1643)到杭州,与沈崐铜、刘同升寓西湖。直到明亡,黄宗羲与复社名士的交往一直不断,不仅是实实在在的复社成员,而且在政治斗争中还时常扮演重要角色。这表明复社对黄宗羲思想的形成产生了重大的影响。没有明末东林党、复社对反传统的政治社会化的推动,没有社会个体在这一过程中的接触、碰撞,不可能产生黄宗羲、顾炎武等许多著名的启蒙主义思想家。

---

① 黄宗羲:《黄宗羲全集》第一册《思旧录·张溥》。

② 黄宗羲:《黄宗羲全集》第一册《思旧录·张采》。

③ 根据冒襄《同人集》卷九《往昔行跋》、冒广生编《冒巢民先生年谱》以及夏燮编《忠节吴次尾先生年谱》,可以断定复社桃叶渡大会当在崇祯九年秋。黄炳垕编《黄梨洲先生年谱》卷上云:“崇祯十一年……公又与诸死阉难者之孤,大会于桃叶渡。”显然时间不准确。因为《冒谱》和《吴谱》均将大会向前错推三年的可能性很小。但《黄梨洲先生年谱》在崇祯九年夏,却说:“(丙子)赴杭偕仲弟晦木公,叔弟泽望公应解试。”似乎黄宗羲在崇祯九年并没有在金陵,然而桃叶渡大会死阉难者之孤中,“惟应山公子未至”,黄宗羲与会又是不容怀疑的。根据《冒谱》“丙子八月十八日,子一聚同难之兄弟于丙子,时次第至者为缪采室、周子佩、子洁、左子正、子直、子忠、子后、周长生、顾玉书、高永清、黄太冲”,可知他们是“次第”而至,黄宗羲最后到达。如此说黄宗羲则是从杭州转赴金陵。根据《吴谱》的记载,崇祯十五年,南京秋闱的发榜日期为八月九日,大概每年的变化不大,杭州揭榜也不会太晚。姑且以九日算起,到八月十八日桃叶渡大会,十天的时间,从杭州到南京是足够的。至于《同人集》中说,乙亥冬,魏子一、黄太冲“以拔贡入南雍,同上下江诸孤以荫送监者,俱应南京乡试”,可能有误。因为《黄梨洲先生年谱》中记黄宗羲在九年二月“过长洲,谒文文肃公,过虞山,访钱宗伯。冯公留仙(元飂)招公入太仓守道署阅卷。既而冯公以勤王行,公随辞出”。这表明黄氏并未“以拔贡入南雍”,也没有应南京乡试,而是与其弟赴杭州应试。

（二）吴应箕的实政主张

在经世致用方面，复社领袖吴应箕有十分丰富的论述，涉及当时政治、经济、军事等诸多方面，具有一定的代表性。他对国家事务的关注，反映出复社这一社会集团强烈的政治参与意识。他甚至向阁臣钱士升表白："不肖草莽贱士，不自知其言之可用与否，又不自揣其愚妄，辄敢言天下之事，亦惟相公留意人材，虽不肖如应箕，亦使于拜命之日，得尽其狂。"①

他曾拟《策》十篇，"欲上之，不果"。在第一篇《持大体》中，对明代高度君主集权体制所造成的低效和政治腐败做了论述：

> 臣观自古极治之朝，其君相虽励精图治，常若无事然，非无时也，总纪纲，挈要领，一兵刑钱谷，各责之所司，而已不与，故其政即以不相陵侵而愈治，不至于繁碎而难周，此所谓大体得也。体失而后务为操切，操切之过，臣下奉行不及，则益工为欺蔽……是故得体而治，失体而乱。

接着他批评崇祯帝并指出其失体的危害：

> 手揽万机，躬亲庶政，至于闾阎铢两之奸，皆勤诏旨虽汉宣之精励，岂能及陛下之万一哉。然臣固有虑焉。事无大小，俱自上操，使天下皆重足而立者，欺罔之藉也，言无是非俱得达陛，使天下皆裹足而至者，奸佞之丛也。大臣无所执持，小臣相为朋比者衰乱之征也。是故欲惩贪而愈以风之，欲革弊而愈以启之，何也？失体也，且今日之失体者，何止一端，外而监司郡牧，侵守令之权。绣衣持斧，亲讼狱之事。内则刑名操练于三事，文牒持抱于诸卿，而陛下犹日责其治理无状，不知治理之所以无状，正由此也。故臣愿陛下宏揽大权，但无使主权得以下移，一切细碎之事，皆责之所司而上不问，厚诸臣以事权，即所以养其廉耻，别诸臣以职业……②

实质上，他提出的属于政治体制问题。虽然没有否定君主专制制度，但已经能够从行政体制的角度去分析国家在管理上存在的严重问题。其思想主旨是国家的基础权力应该加强，君主的专断权力应该削弱，让行政管理系统以更合理、更民主、更符合自身规律的方式正常运作，以实现其应有的能力。他提出的问题是明代政治上的一个重要问题。东林党虽然提出"天下事固匪一人

① 吴应箕：《楼山堂集》卷一三《书·上嘉善钱相公书》。

② 吴应箕：《楼山堂集》卷九《策·拟进策·持大体》。

所独裁”，但尚未将专制集权与行政效率、政治腐败相联系，这是吴应箕超越东林党人的地方。在当时能有此建言，实属可贵。

吴应箕认为农民起义“始于岁之凶欠，成于官之苛暴。急而去险，岂其天性然哉”[①]？这与刘宗周的看法是相同的。

对于体制上的缺陷，他认为阁臣“其于上下之间，诚有所难言者乎”，这与叶向高的看法一致。甚至认为“即使一二得君之人，亦尝公然揽权怙势，如昔分宜、江陵者之为”。黄宗羲在晚年对这一问题做了全面的论述，终于提出了“有明之无善治，自高皇帝罢丞相始也”。但吴应箕在给阁臣钱士升的信中指出：“岂一谨身奉上，谓遂可塞责哉！”他希望他“不妨有所执持，有所执持，然后所自为者。”[②]

吴应箕说：“天下之患，莫大乎害有所受，而民犹不知。”他认为“民财耗之于国家者十之三，耗于官吏胥役十之八，其余则以风俗之侈靡而蔽”。他以江南六郡为例，巡按应上赃罚四千余两。但他通过对县牒的查阅，发现仅一县就要上缴一半，这一半足够“一郡取之而有余”，那么“此外之金，在官乎？在私乎？而况藩省所属之多乎！”他还认为胥役自吏部到各部院，再到各司郡，“天下此辈不知几万万矣。其为民害，岂可以亿计哉？”因此，他提出“官则巡按之赃罚当罢，书役则各衙门顶首可革”。至于风俗侈靡，从京都之郡国，“嫁娶无节，燕会无度，妇人一簪之饰，一衣之费，辄值中产，而都市奇淫之设，日甚一日。所以天下之财，不见其消，有时而尽，盖为是也。”他看到由国家体制所造成的统治阶层对社会财富的巨大吞噬，是导致“民之物力竭尽无余”的重要原因。他说：“吾即从其所不知者而深为之备，则其所留者甚大，而民之财，亦日有所滋长而不觉。”[③]

复社接武东林，在辟佛上也毫不例外。当时，佛事盛行，吴应箕说，“南京根本重地，未闻绸缪兵食”，而崇祯二年(1629)“延江西法师讲经于南门”，男女夹杂，听者数十万人。崇祯七年(1634)杭州也有类于南京之状。十年(1637)，吴应箕寓于苏州虎丘，所见讲经会，僧俗各半，而妇女尤多；国家勋臣御使等官员竟为之倡率、护持、赞导。他批评说：“士大夫当多事之日，岂无职业？而遑

① 吴应箕：《楼山堂集》卷一〇《策·第五流贼》。
② 吴应箕：《楼山堂集》卷一三《书·上嘉善钱相公书》。
③ 吴应箕：《楼山堂集》卷九《策·拟进策·养民才》。

尽心于此!”他写了《虎丘书禅僧讲经事》,公开劝诫士大夫:“于此茫无有得者,而随俗跪拜,希有彻悟,岂不悖哉!书此以使士之好禅学者,贤而有所感焉。”①

吴应箕有鉴于官府平籴积谷之方徒具虚文,建议“于本里自建社仓,以十年为期,以千石为额,每年自出本谷三十石,夏散秋敛,遇欠蠲息”。他还“愿乡之同志皆行之”,或“一族而为仓数所,或数人而共立一仓,统以予法行之”。这种脱离国家体制的社会自救,是人们社会整体意识增强的表现,是社会政治的发展。吴应箕建立社仓的目的,是使乡人“知虽凶有恃,贫民不至于失生”,因此他说:“使民急而走险者,岂尽其过哉?”②

吴应箕注意到江南的物价,自米盐以下,蔬菜以上无物不贵。数年以来,价翻数倍,“官府屡禁,而价愈昂,民愈困”。限制物价,也限制了流通,如外省稻米不能输入,必然引起本地米价上涨,而“商贾富室获利无算,贫民至不堪命”。他认为这是官府以行政强制手段破坏了价格的自然调节,违反了货物交换的规律。指出:

> 物之贵贱以值,而价值高下有时,故价有四时不同,亦有朝夕顿异。不因时以计值,而强以令禁之,则商贾负贩之流,必以无利罢业而货不流。货不流而民之需愈急,则物之价愈贵,是有司之禁高价者。适所以长价,而欲便民者,反以困民,故数年以来,物价不平,皆坐是耳。

这种看法无疑是十分正确的,符合市场经济的规律,但是对价格全无管理也不行,于是他建议在保证市场价格自然调节的前提下,设置市平机制。即:

> 莫若所在立一市平,如城郭之内,择一公正有德之耆老,为市民素所信服者,立以为平。乡落之间,在十里二十里内,亦择立一人为平。盖近市之人,习之物之贵贱,而公正无私,人又可以取平。如物之自转运至者,则酌其地道之远近,量其本利之多少,物之自土著而有者,则可估物论价,于是物之时贵时贱,价之时增时减,平者皆可以意裁之者也,而买者卖者,俱于是取平,则商民两便,必无敢有腾涌以射利,而抗资以敝民者矣。③

排除行政干预,既全面放开物价,又有相应的市场管理,这一理念在今天也适

---

① 吴应箕:《楼山堂集》卷一九《书事·虎丘书禅僧讲经事》。

② 吴应箕:《楼山堂集》卷一二《议·募立社仓议》。

③ 吴应箕:《楼山堂集》卷一二《议·江南平物价议》。

用。

在军事上，吴应箕提出了更为科学的理念，即“兵者，专家之学也，习之久而后精，有功效而后见”。他说：“岂有不待更试，卒然拔之草野之中，而推毂于行伍之内乎？”建议崇祯帝“当尽创前格，而一更其制”。他认为以往企图通过“竭科目以求之，破资格以用之，厚封赏以招之”的方法迅速得到非常之士是不符合实际的。他建议兵部应成为“文臣习兵之府也”[①]，通过选拔、于“本部堂日夜讲求兵旅之事”、再加以考试以培养将才。吴应箕将军事提高到专家之学的高度，强调军事有它自身特有的规律，是认识上的一种进步。

吴应箕本一介诸生，终身未登朝籍，但“言论风旨，士争趋之，公卿以下视其臧否以为荣辱”[②]，对当时朝野影响很大。他以草莽儒生谈天下之事，不仅处处体现了“权民为重”的思想，而且对政治体制敢于大胆批判，在黄宗羲等人的启蒙思想尚未形成之前，可谓“前无古人”[③]。

结　语

明中叶以后，社会处于剧烈的矛盾运动中。一方面皇室、宗藩、朝中权贵对土地不断进行大肆兼并，另一方面土地私有化也在发展；一方面是朝廷对手工业、商业的疯狂掠夺，另一方面手工业、商业也在顽强地发展。总之，传统的所有制关系不断地人为地强化；而封建制度也不可避免地趋向解体。在发达的江南地区，东林党和复社在这样的背景下相继产生，是历史跨入近代社会时的一种必然现象。

东林党这一政治集团的起源，最早应追溯到万历二十一年（1593）的癸巳京察。从那时起逐渐形成了以赵南星等人为代表的在野反对派官员。万历三十二年（1604）东林书院落成，讲学开始，标志着以顾宪成、高攀龙等领袖人物为核心的东林党正式形成。这一社会集团中的大多数成员出身于中小地主家庭，有的还同时经商。他们的政治、经济主张，反映了中小地主、商

① 吴应箕：《楼山堂集》卷九《策·拟进策·储边材》。

② 温睿临：《南疆逸史》卷六《死事诸臣传·吴应箕》。

③ 伍崇曜：《楼山堂集跋》，见《楼山堂集·附录·跋》。

人和城市市民的愿望和要求,因此他们获得了前所未有的广泛的社会基础。政治上,他们反对君主专制独裁,要求民主,提出许多改革方案,力图通过掌握国家权力来对国家政治过程发挥作用。经济上,他们反对贵族土地兼并,反对掠夺民财,反对对商业的限制,提倡发展生产,发展商业。学术思想上,他们反对空谈心性,主张"躬行实践",并希望通过学术影响"政事"。以"学本端政本"。他们"裁量人物,訾议国政"希望统治者"闻而药之",因而讲学具有明显的政治意义,东林书院由此而成为当时的政治舆论中心。社会从君主专制体制向民主体制过渡,政治上的显著变革是扩大政治参与,明末东林党、复社强烈的政治参与意识和实践活动,是社会向近代转型的一种推动力量。

就总体趋势而言,政治文化的变迁总是呈现出从依附走向独立,从单维走向多维,从封闭走向开放。综合东林党与复社的思想主张和实际斗争的作用,可以看出他们与专制皇权体系相分离的趋势。东林党和复社有自己的政治主张和经济主张,有比较广泛的社会基础。东林党人有自觉联盟的形式,复社有初步成型的组织系统和基本的社规;他们都有起支撑和骨干作用的有权威和有影响的领袖人物,而且都力图在国家体制运作中占据主要地位以推行自己的主张。这些都构成了从传统文社向政党方向转化的基本要素。

中外学者对政党的性质和特征一向有不尽相同的看法。近些年,随着我国学术界对政党和政党制度研究的不断深入,在辩证唯物主义和历史唯物主义观点的指导下,对这一问题有了更为科学和精确的把握。如有的学者这样界定近现代意义上的政党:"所谓政党,就是代表一定阶级、阶层或集团根本利益的一部分最积极分子,为了通过执掌或参与国家权力,以实现其政治理想而结合成的具有政治纲领、组织章程、组织系统和一定群众基础的政治团体。"[①]还有的学者认为,构成现代政党的三个最基本的条件是:"必须有一套相对统一、为全体成员共同信奉的政治原则与纲领,必须有一套相对稳定与持久(不一定成形)的组织以及公认的领导人或领导核心,必须有夺取或

---

① 梁琴、仲德涛:《政党制度比较》,第3页。

控制国家统治权以实现自己的政治原则与纲领的追求目标。"并认为"现代意义上的任何政党都是以某种政治派别或集团为前身的。政党本身就是一种特殊的政治派别或集团"。[①] 综合分析明末东林党和复社的产生背景、政治主张、社会基础、组织状况、领袖作用以及对国家和社会政治生活造成的影响，可知东林党和复社已经越出"朋党"的范畴，作为政治集团已毋庸置疑，东林党的活动传递出向近代政党转化的信息，复社则在许多方面表现出政党化的趋向。

近代政党起源于英国，回顾英国政党发展的过程[②]，我们在考察东林党和复社时，应注意以下几个问题：

1. 英国两党在早期均不反对君主制度，而且托利党当时并不代表资产阶级的利益。这就是说，近代政党即使不属于王权这一体系，如辉格党代表资产阶级的利益，也不一定要求废除君主制度，何况并非所有的政党最初都代表资产阶级。所以我们在考察明末东林党和复社时，也没有必要一定要求他们必须彻底反对君主制度。

2. 英国政党的萌芽并非产生于资产阶级革命之前，在推翻查里一世的统治的过程中，并没有什么政党的作用。而政党的萌芽恰恰产生于斯图亚特王朝复辟后。因而，我们也不必苛求东林和复社一定要推翻明廷的统治，并且一定要在推翻明廷的统治之前就要表现出近代政党的威力。

3. 乡村党——辉格党、宫廷党——托利党，被视为现代政党的前身、萌芽。17 世纪末至 18 世纪初期，虽然英国的两党政治已经显露，但托利党和辉格党都没有系统的成文的纲领，没有全国性的组织系统，只局限于议会内

---

① 程汉大：《英国政治制度史》，中国社会科学出版社 1995 年版，第 299、298 页。

② 英国两党的萌芽可以追溯到 16 世纪宗教改革之后，当时教会内部有了天主教派、国教派和清教派，后又分化成国教派、长老会派和独立派。资产阶级革命开始后，长期议会中查理一世的拥护者称为"骑士党"(保王党)，国王反对派被贬称为"圆颅党"。王政复辟时期，国王仍能在很大程度上控制政府。这一时期，享有特权、占统治地位的集团，发展为宫廷党，宫廷党后又被辉格党讥讽为"托利党"。在宗教、政治上受到限制的政府反对派集团发展为"乡村党"，乡村党中主张废除詹姆斯二世的新长老会信徒一派被宫廷党诬称为"辉格党"。宫廷党——托利党，代表封建土地贵族和高级教士的利益，主张加强王权、限制议会。乡村党——辉格党，虽然代表资产阶级和资产阶级化的新贵族的利益，但也不反对君主制度，仅要求限制王权，扩大议会权力。工业革命后，19 世纪 30 年代初，辉格党推动议会改革，托利党改名为"保守党"，成为大地主占有者，金融贵族及大商人的阶级代表；不久辉格党也更名"自由党"，代表工业资产阶级的利益，两党都成为资产阶级的政党。(见《不列颠百科全书》(国际中文版)，中国大百科全书出版社 1999 年版，第 10 卷，第 191 页；第 3 卷，第 517 页；第 14 卷，第 402 页；第 4 卷，第 66 页；第 16 卷，第 264 页；第 18 卷，第 207 页。)

部的斗争。他们之间的斗争长期以宗教问题和王位继承问题为焦点。在发展过程中,就政党的萌芽状态而言,东林党和复社与他们有许多共同之处。就组织系统而言,东林党与复社,尤其是复社,比 17 世纪英国两党更为成型。

4. 英国的政党政治是一步一步发展成熟的,是一个渐进的过程,两党从萌芽发展为完全意义的近代政党,经历了 200 多年的漫长历程。我们过去习惯以 19 世纪欧洲成熟的资产阶级政党为标准,去衡量东林党和复社,而没有注意到西方政党长期的演变过程。

晚明时期,中国在没有受到西方近代化影响的情况下,其社会变迁,也完全属于一种原创性的渐进过程。东林党与复社的政治参与,在一定程度上冲击了传统的适合于专制集权的政治文化。通常,政治文化的嬗变将最终导致政治制度的变革,在没有其他因素的干扰下,它将找到适合自己的政治制度。英国社会的发展具有稳定的渐进特征,近代以后,民主政治发展的线索十分清晰。而中国的情况则不同,文明程度相对落后的满族贵族更加专制的统治,割断了社会内部民主运动的进程。与东林、复社有思想上直接继承关系的黄宗羲、顾炎武等启蒙思想家的思想难以产生广泛、深入的效果。从文明发展的角度看,这不能不说是一个历史的遗憾。

晚明时期,社会反传统政治的发展与朝廷专制主义集权政治呈现出不同的走向,朝廷政治腐败,而社会民主政治的因素却在增长。清廷为了实现社会控制,承袭并进一步加强专制集权统治,将社会重新整合到君主政治体制中,摧杀一切不利于这种整合的政治因素(包括观念),从而阻断了晚明社会近代化的发展。当然,历史的责任不应该完全由清朝统治者承担。造成这种社会变迁停滞的最根本的原因,还在于中国传统的政治文化和君主专制制度,我们尤其不可忽视明代高度强化的专制主义皇权对社会发展所造成的阻力。这种极端的专制制度从根本上压制了社会民主因素,造成了政治腐败、社会资源配置失衡和阶级压迫、剥削的深重,最终演化为整体国力的衰弱。因此满族贵族的统治并不是历史的必然。不过应该看到,从东林党到复社仅仅几十年的时间,就其社会政治组织的发展而言,速度并不缓慢。1840 年鸦片战争,再一次打断中国社会发展的进程。此时,中国已遥遥落后于西方,清政府逐渐成了“洋人的朝廷”,变为帝国主义统治中国的工具,社会变革的任务是彻底地反帝和推翻君主制度。明末与鸦片战争以后的社会性质不同，社会运动的方式和方向也因此而不同。

第九章

泰州学派与儒学的平民化趋势

思想文化转型是晚明社会整体转型的一个组成部分。由社会整体转型看,其中出现的一个明显迹象即是社会分层的加速,尤其是处于长期掩抑下的民间社会作为独立客体的渐次浮出水面。而这又必然会反馈到思想文化的层面,引起后者的一系列变化。大致上讲来,这种变化可以包括两个方面,一是民间社会自我意识的提高,从而直接进入一种自述式的文化生产活动之中,并借此表达自己阶层的理念与需求,他们已非过去那种沉默的缺席者,而是成为文化的主动制作者。另一是仕者阶层中的一些人受到来自民间社会现状的启发或冲击,开始调整对待这一底层社会的认识,并将新的感受融入到文化的阐述、表现等活动之中。[①] 而实际上,在民间自述与仕人认知之间又存在着有力的互动。这一取向于弘、正间渐成波澜,至嘉、万之年获得了更大的发展,在文学、宗教、儒学等各方面都有明显反映,从而形成一种知识下移的重大趋势。就儒学或更接近地说理学方面而言,虽然也在时代的推动和促进下已发生了较大的变故,但如实地看,由于其在概念体系、构成方式等方面存在的固有特点,在对民间社会发展趋势所作的反应这一点上仍远不如文学、宗教等表现得

---

① 由于明前期国家机制所造成的对人才与文化等的垄断,通过科举而进入体制的仕者,即所谓的文化精英们,主导了整个社会思想的进程。

那样广泛、深透，[①]及容易在短时期内就与民间性打成一片，但依然在其中的一重大流派——即泰州学派那里获得了某种积极的反响。通过对泰州学派思想中所含之平民主义要素的揭示与分析，似可窥视明后期社会变动在一个重大侧面所留下的刻痕，及理学作为一种较为确定的理论形态在应对底层社会问题时所可能运行的实际边际等。

毫无疑问，如果从表象上加以捕捉的话，泰州学派的平民主义属性似很明显的，这也使得相似的话题已为学术界作过频繁的论述。但我认为由于在学理上存在的疏略，这些论述多数是不能令人满意的，其中有些是因为缺乏必要的限定，或是对这一流派的复杂性认识不足，由此而易造成一种似是而非的论述表象。措而论之，比如，(一)长期以来，在对泰州学派下层属性的描述上，往往多是拮取少数几个代表人物如王艮、李贽等的零散言论作平面化铺述，以证其实有，未对整个流派的这一思想历程作系统的探察，自然各种分支观点的发展脉络更是处于十分模糊的认识状态，对一些相关的重要理论概念也未见有细致、连贯的逻辑分析。这至少能从一个侧面说明，该项研究还只是停留在一很初步的理解阶段上，一些基础的工作尚未开始做起。(二)一些论者为突出某一论点，便对那些可攫用的相关材料作单方面强调，而不顾及它们在整个思想构成体系中的位置，这就有可能夸大学派的平民主义属性，造成一种流派确认上的假象。而事实上，即便如王艮、李贽等为人引证最为频繁的思想家，其有关平民主义思想的论述在他们的整个论述体系中也都只占有部分的比重。他们的确对民间社会价值倾注了较多的关怀，尤其是那些来自于民间的思想家也将自己阶层的思维方式、生活态度等渗入到学术表述之中，由此而开拓了儒学发展的新境界，但另一方面，对一个思想家的考察也应关注主导性意识形态及其所构成的思想环境、包括学者本人的身份变化等对之带来的影响，而当其一旦进入到某种确定的思想体系中后，体系所固有的理论宗趣、论述程序也会在一定程度上限制他们对一些新的社会问题的思考，由此而出现另外一种

① 关于文学方面反映出来的民间化倾向可参见黄卓越《明永乐至嘉靖初诗文观研究》一书中的有关章节，对其早期的表现有所阐发。其中尤其值得注意的是稍早于阳明学派的前七子对民间社会兴起所作出的反响，无论是其理论主张，还是诗歌实践，均已表现出了对下层社会的积极关注。泰州学派的平民主义取向虽然主要体现为理学的表述，但在社会思潮的总体逻辑上是与前期的文学等领域中的民间化运动相承接的。

与民间化思想并不吻合,或对民间化思想有化解作用的倾向。此外,在泰州学人中对下层问题的关注,也只是体现在部分成员身上,其中以早中期的一些泰州学人如王艮、王栋、颜钧、罗汝芳等对之论述为多,又相对扩散至王襞、耿定向、何心隐等处。其他一些重要成员如赵贞吉等,则很少在其文集中能见到有关的表述,更多地还是从另外的思想运行方向上来切入泰州学派正在展开的主题。尤其是泰州学派发展至中期以后思想的重心开始转向,更多地偏重于对超越性心性本体的论证,对下层社会问题的思考力度已渐次减弱,只有少数的思想家如李贽、焦竑等在锐意于心性论上的激进式探求之外,仍未失对下层社会价值的申诉,尚保留着前期泰州学派的某些余风。因此,在强调泰州学派所显露的平民主义特征时,仍需要对这一思想成分的分布与变化有个基本估计,它体现为一种新的取向,在有些人物那里则是一些内含的重大要素,但还不能以"平民主义儒学"这一概念来涵盖整个学派。(三)也与以上提到的问题有一定关联,即由于疏于对完整的论述系统的把握,过去的研究多是孤立地从单向推进的意义上来描述泰州学派在这方面的理论作为,而对其中存在的各种复杂性往往估计不足。比如从理学的内在规定性来看,虽然它也重视由日常实践上来体道、践道,但其修习的目的,是为了成圣,成为道德完满之人。既然如此,它在处理圣/凡关系时就会存在着价值判断上的阶次,这一观念即便受到新的理念的挑战,但改变起来并不会是容易的,于理论上也会有一个疏通的过程,而不同的思想家之间于此也会存在着理解上的差异。而且,理学作为一种道德学说的本质,甚至心学的兴起也首先是出于道德上的吁求,决定了它主要地还会在这一层面上来演述新出现的平民主义的话题,其中所包含的旧有的道德规范性自然会限制它对平民阶层生活价值的认识。在新旧观念交替之际,改进的与守成的、开放性与闭锁性等要素会同时作用于思想家们的意识选择,并形成相互间的制约。事实证明,泰派学人在对待民间社会及其日常生活方式的态度上是存在着多重复杂性的,某一个体如此,作为学派群体更是如此,因而在论证其有所推进的一面时,自然也应当同时注意到那些相对滞后的、矛盾冲突的、包括枝节岔出的思想要素的纠缠等,由此才能把捉到变迁的真实脉搏。尽管不一定要将这些一概行诸笔墨,但在对之思想的处理过程中也应当做到心中有数,才能保证学术论证的合理性。(四)关于平民主义内容的确定,过去的研究也一直较为含糊,比如会将一些民生主义、民本主义等的内容也同时囊括在内。然而这些仍属于传统儒学的一般性内容，即便是倾力于心性之学的各种不同派别的理学家，在与社会政治实践相关的层面上也都会积极维持这一固有的关怀，在这方面，泰州学派并没有提供什么新的东西。泰州学派身上出现的平民主义要素之有别于过去的民生主义、民本主义，主要是在理学论述系统的内部，具体而言即在心性论的层面上引入了民间生活价值的意义，并从这一下降的端点上来部分地分解原来几乎完全贵族化了的理学的构成，如果缺乏这一层次上的分辨，泰州学派在这方面的理论独创性就会几乎无从谈起。

以上这些原因决定了，对泰州学派民间化取向及相关的平民主义思想的研究还有待于更具条理化的进一步深入，当然也包括对相关史料应作的重新梳理与认识。本章的工作将从这些已有的意识起步，希望对该课题的推进有一些如实的贡献。需要在此说明的是，作为"晚明社会变迁研究"这一著述的一部分，在进入对泰州学派思想结构的分析之前，也应相应纳入一些看起来属于较为表相的，却又是作为铺垫而不可缺乏的知识性探索与考订。

第一节　成分来源与讲会形式分析

泰州学派的创始如以王艮独立开讲、受徒为起端，当溯自嘉靖初年。据《心斋年谱》所载，世宗三年(1524)，阳明已令滞居会稽的王艮给来学诸生授课，越年，王艮又在复初书院、安定书院等处会讲，五年(1526)，泰州林春、王栋、张淳、李珠、陈芑等数十人前来随学，当为独立受徒之始①，也可将此看作是泰州学派成立的一个标志性事件。其后，泰州学派经过几代人的传承②，至少至万历朝后期还在流播之中，可知其延续时间之长，并由此形成了一可清晰辨认的、不同于其他当时活跃着的各种派系的思想统绪。

对于泰州学派平民主义路向的问题，学术界已从整个社会变迁如商品经济的发展、乡村的变化、人口的流动、社会意识成长等角度对之形成原因作了宏观方面的一些揭示，有其一定的道理，兹不再作详尽讨论。除此以外，泰州

---

① 参见《王心斋先生遗集》卷三《年谱》，清宣统二年刻本。

② 《明儒王心斋先生弟子师承表》厘为"五传"(载《王心斋先生遗集》)，实际上五传后还有流衍。

学派作为学术上的派别，也与儒学内部发生的范式转换及由此带来的概念重释、理论重心转移等有直接的延传关系，这是需要格外关注的。王艮自师从阳明以后才正式步入学术之途，泰州学派是从阳明心学中派生出来的一个支脉，因此其许多重要的思想胚胎仍出自于阳明心学。[①] 其中与后来发展的平民主义学说最相关联的两个主张即所谓“人皆可以为尧舜”与“百姓日用是道”，它们在王阳明的学术阐述系统中虽然还只是若干组合性元素，但却为晚明儒学在平民主义岔道上的展开埋下了重要的思想伏线。

“人皆可以为尧舜”是阳明为证明“良知”的普遍性，从而落实道德的普遍可践约性而提出的一个辅助性观点。阳明在其传教过程中曾多次提到这一思想，如《答陆原静书》中所云：“夫良知即是道，良知之在人心，不但圣贤，虽常人亦无不如此。若无有物欲牵蔽，但循着良知发用流行将去，即无不是道。”[②]于《书魏师孟卷》中又云：“心之良知是谓圣。圣人之学，惟是致此良知而已……愚不孝者，虽期蔽昧之极，良知又未尝不存也。苟能致之，即与圣人无异矣。此良知所以为圣愚之同具，而人皆可以为尧舜者，以此也。”[③]既然作为最高准则的“良知”是一种与生俱来的道德本性，那么就纯粹的意义上说是不存在圣凡、愚贤之间区别的。据几种资料反映，王艮在拜阳明为师以前即已有“此道贯伏羲尧舜以来，不以贵贱贤愚，惟有志者传之”[④]的观念萌芽，而在识阳明之后，则又将之与良知说联系在一起，如其《答朱思齐明府》一文中所曰：“良知天性，往古今来，人人具足。人伦日用之间，举而措之耳。所谓大行不加，穷居不损，分定故也”，又称之为“万物一体之仁”[⑤]，在《大成学歌》中又谓此同善之

① 过去的研究有过多论述王艮学派与阳明心学之间的差异，并以黄宗羲《学案》的分类来印证之，容易造成理解上的偏差。尽管二王之间于理论上的区别是存在的，也有若干他人提供的旁证史料可以证实王艮与阳明学术上的歧出，但王艮始终以阳明为尊师，并有许多史实可以证明王艮对阳明在情感上的深刻信赖（如奉其父守庵公如会稽，并让诸子侄均前往问学，将自己的家庭系托于与阳明的关联中，尤其是其子王襞九岁即送会稽，至二十八岁方回。阳明逝后，艮迎葬桐庐，约同志经营其家，并为照顾阳明遗子正亿事百方筹措等。就理论上而言，虽岔出的部分是明显的，但毫无疑问仍确定地属于良知学一脉。黄宗羲的分类也体现了他自己学术上的立场及其取舍，尚不能据以为定说。关于这一问题需要专题辩说，在此仅作为印证提示。

② 《传习录》中，王阳明《王阳明全集》卷二，上海古籍出版社 1992 年版。

③ 《王阳明全集》卷八。

④ 引自徐銮：《府志》所撰王艮传，《王心斋先生遗集》卷四。

⑤ 《王心斋先生遗集》卷二。

心:"尧舜之为乃如此,刍荛询及复奚疑","我说道心中和,原来个个都中和;我说道心中正,个个人心自中正。将中正觉斯人,便是当时大成圣"①,从而也使这种学术上的平等主义观更获得了心性论解释的基础。《传习录》中有一段记载王艮出游归来后阳明问其体会的对答,即所谓"见满街人都是圣人",可看作是他在阳明门下受教后的确实体察。而从王艮《答侍御张芦冈先生》中讨论"圣愚同性,今古一机"②论题的情况看,可知当时这一说法已较为普及。虽然在阳明与王艮之间,对待圣愚同心的观点仍会有学理指向上的一些差异,然就其延伸的意义上看,至少是为平民教育、平民参预学术活动等提供了理论上的依据。

其次是"百姓日用是道"的提法,从阳明现存的著述看,对这一观念的阐述似并不十分明朗,显然,阳明论学的着力点仍在与对旧的宋学体系的对称性论辩,并不关心学术与下层社会生活间的关系。当然,从其良知说,包括同心说的逻辑中则又是可能派生出相关思想的,如《传习录》中有一其与门人关于童子习道的对话记载,即表明了这方面已有的意识,其原话为:"洒扫应对就是一件物,童子良知只到此,便教去洒扫应对,就是致他这一点良知了。又如童子知畏先生长者,此亦是他良知处……我这里言格物,自童子以至圣人,皆是此等功夫。但圣人格物,便更熟得些子,不消费力。如此格物,虽卖茶人亦是做得,虽公卿大夫以至天子,皆是如此做。"③这一童子洒扫应对的例子实也是后来泰州学人经常借用的一个话头,说明在最一般的日常活动中也能致知,从而也与道相沟通。现存史料中能直接反映这一观点的见诸王艮《年谱》,其嘉靖三年条曰:"是年春四方学者聚会稽日众,请阳明公筑书院城中,以居同志。多指百姓日用以发明良知之学。大意谓百姓日用条理处,即是圣人条理处。圣人知便不失,百姓不知便会失。同志惕然有省。"由这一则记录看,似阳明曾有一个时期专讲过百姓日用的话题,但这则资料仍存在着一些可疑之处。首先,既然阳明有如此重要的思想烙印,却不见于阳明自己的《年谱》,或与阳明直接有关的其他史料,而出现在王艮的《年谱》之中,因此于事理上似难以通达。其次,王艮语录中有一则文字几乎完全同于上引,这有两种可能,一是撰谱者将

---

① 《王心斋先生遗集》卷二。
② 同上。
③ 《传习录》下,《王阳明全集》卷三。

王艮的话窜入至阳明的说法之中，另一是由于《年谱》在叙述上存在人称模糊的问题，真正的发话者本来应是王艮而非阳明。从逻辑上推断，后一种可能是极大的。从王艮总体思想的表露看，他对“百姓日用”观念的重视是一以贯之的，不仅叙述频繁，其重视程度也远逾阳明，而且是一种更有意识的选择。虽然泰州学人对这一命题的解释还会包含着相当的复杂性，但将之从儒学的概念体系中专门引出，并作为一项重要的思想原则即“道”之所在的基础予以阐发，从而不仅使得民间化生存与凡常生活的合理性得到新的揭示，而且也从一个间接的角度证明了下层社会介入“道”之学问的当然性。

阳明之后，学术开始出现多个不同方向上分流的趋势，虽然它们都源于阳明心学，未离良知说的立论基础，但各派在自己形成特色的过程中对阳明之学的取法是有区别的。泰派学人由阳明学说出发更偏重于一种开放性思想体系的构建，这其中便包括了视线下移的方面。可以说，圣愚同心说与百姓日用说在阳明的论述系统中只是两个一般性的、不怎么起眼的命题，甚至并不能借此来说明阳明对下层社会表示出的重视或兴趣，但至泰州学人那里则结合了自己对时代变化的感受与认识，将之作了更突出的，并有较为明确社会定位的表述，而这一工作又反过来突显了这两个命题在良知学体系中可能具有的理论张力。阳明、王艮以后，圣愚同心说与百姓日用说在思想界流播甚广，成了当时极为通行的理论概念，由此也可见出儒学正在发生的一些变异，而与这些通行的观念相伴而生、并能与之直接对位的一种现实效应，便是学术的民间化过程的积极展布，而这恰恰又是泰州学派（有别于其他学派）据以组织其学术的一种重要方式。从某种意义上看，学术的民间化过程也是平民主义思想得以连续性催发的现实媒介，同时，这一事实本身，又深刻地反映了晚明社会变迁与文化下移固有的特征。故此，对泰州学派平民主义的探讨，就不能不关注学术的民间化过程，以便能从这一重要的事实环节入手来加强对相关意义的理解。

考察泰州学派的平民主义思想及学术民间化的状况，应着重注意的是，一是其参与成员的身份，二是其学术传播与组合的形式。

一、学派成员的身份及来源问题

一般有关这一学派的研究都谈到王艮等人的下层社会身份与经历，这固然是重要的，但仍需对“无辈无之”的整个泰派主要学者的阶层归属状况作一总的观察，以便明其成员的实际构成。如是，并由习例上的等级观加以分疏，可首先将其析为两大类，第一类是进入政府体制中即为官的仕人，其中包括由进士出身与贡仕为官两部分。进士出身中“上自师保公卿，中及疆吏司道牧令”，职位分布甚广，高者如赵贞吉、李春芳等已云步台阁辅臣，殿元则有李春芳、焦竑，会魁则有林春、陶望龄等，在社会上均享有至高的声誉。泰州学派中这种尊卑同处，以道学而非职位相师从的现象正好说明了“圣愚同心”观念之深入人心，但同时由于身份、学历等带来的影响，也会使该流派思想具有相当的混杂性，其中一些人未必就有较为明确的平民主义意识。这一大类中以岁贡为官者也有不少，如王栋、朱锡、陈芑、戴邦等，但其所授一般都是地方微职如训导、教谕一类，后来之升迁也甚有限，或官及府佐等而止，社会、经济地位仍然是很低的。其中如王栋至五十六岁才经岁贡得江西建昌南城训导，后渐迁至深州学正，并署州事。[①] 而在岁贡前则仍长期处身于民间。这类人的社会地位远不能与进士为官者相比，属官僚体制中最为下等的一个阶层，思想状况应当更接近于民间。

第二大类是身处民间的布衣之士，即过去所称的“士农工商”等，其中也包含有两个不同层次的人。一是我们经常提到的农工医商一类，是最有代表性的底层民众。王艮出身于一盐丁，已有多种文本对之生平有较详介绍。王艮之后在泰派中较为著名的则有朱恕、韩贞、李珠、林讷、夏廷美等。其中朱恕为樵夫出身，因偶过王艮住处窃听，有味王艮之语，便常诣门听讲，饥则取水和糗以食，渐成学者。[②] 韩贞为陶工，由于所居蓬屋被抵债，便住于破窑之中。初闻朱恕讲尧舜、孔颜之学，从之游。后又由朱恕引之至安丰谒王艮。时心斋门下多海内名贤，韩贞布衫芒履，周旋其间，有卓然而立之姿。后卒业于心斋仲子王襞。[③] 李珠原以农民充州吏，事州守王瑶湖。闻学有感，遂弃吏职而从心斋游，“永决嗜学，躬体实践”[④]。林讷，由莆田往贾于淮南，遇韩乐吾，拜之受

---

① 《一庵年谱》，《王一庵先生遗集》，附《王心斋先生遗集》后。

② 见耿定向《樵朱陶韩二子传》，附《王心斋先生传后》，《耿天台先生全集》卷一一，武昌正信印务馆本。

③ 参见许子桂等撰：《乐吾韩先生遗事》，《韩贞集》附录，又附《颜钧集》后，中国社会科学出版社1996年版。

④ 李颙《观感录》，《二曲集》卷二二，中华书局1996年版。

学，奉侍左右，并随之肄陶。卒业于王襞，谓"独得其传"[①]。夏廷美，田夫出身，耿定向称其"夏叟"。因闻张甄山讲学而有悟，后偕数友往天窝从耿定向学，耿氏又引其向焦竑资学，[②]焦竑在其各种著述中对之学问屡有所赞，并称其"起田野中，却是一挺特丈夫，担荷此学甚力"[③]。但由于这些出身农工商医等的底层学者受到原有教育水平的影响，多数造诣不高，加之其讲学亦多无文字记录，故至后来他们的思想已难考认，这无疑留下了很大的遗憾。

二是未担当确定的生产活动，而以游学、隐居、任侠等为生平主要活动的民间人，由于中国社会构成的特点，这一部分人在当时社会上占据很大的比率。如仅以备考科试一项而言，明代自京畿而至边省，有些条件的家庭子弟一般幼岁即已入庠塾馆学，开始漫长的求学生涯，而长年滞留于科举大门之外，自然积压了大量以求学为生涯的人，许多人虽然后来放弃了科试，但未进入农工医商等行业，而是仍以文字或教学等为业，或以其他方式如家居、游居等度日，有些人则以诸生身份终老于世。这些人生活状况好坏不等，但生计不佳者仍为多数，处于社会下层，游离于官僚体制之外，因此仍属民间社会的一部分，思想上也有自己的鲜明特点。泰州名人谱中可归于这一类的平民思想家有颜钧、何心隐、邓豁渠、方与时等。如颜钧家世以儒为业，后家道衰落，贫不能继续学业，接触王学以后便长期出游，从事访学、讲学活动。为李贽称为"布衣之杰"的何心隐曾少补诸生，并且还在郡试中夺冠，闻心斋之学后即毅然弃去科举，长期以游学为生。邓豁渠与方与时情况较为接近，均曾少为诸生，因不愿学举子业，便弃家出游，直至入僧入道[④]，由此而被目为泰州学派中的两个"异人"。此外，王襞的情况似也应归入此类。他九岁即从其父王艮赴会稽问学，二十归娶后又过阳明宅八年。王艮殁后开门授徒，一直从事讲学之业，未进入过官场，也未从事过其他体力劳工类职业，仍在一般的士庶之民之列。而该学

---

① 李颙《观感录》，《二曲集》卷二二，中华书局 1996 年版。又《东崖年谱》隆庆六年条记："是年，莆田林讷、海陵储岐等来学"（载《王东崖先生遗集》，附《王心斋先生遗集》后）。

② 耿定向《夏叟传》，《耿天台先生全集》卷一一。

③ 焦竑《崇正堂答问》，《澹园集》，中华书局 1999 年版。

④ 也有学者已意识到泰州学派的游学与晚明丛林的游学间存在着某种互动，如陈永革《晚明心学的流变与居士佛学》一文中提到一句："泰州学派鲜明的平民意识和社会游学性格，与晚明丛林参道访学的学佛生活相互交融……"（载《阳明学研究》，上海古籍出版社 2000 年版）。除此之外，明中后期山人阶层中十分广泛的漫游参访活动也与儒者游学的兴盛具有相同的社会、人文背景，值得注意。

派中一些即便是来自农工医商等劳力阶层的，后来一经涉足讲学，实际上也有一些转化成了后一种人，脱离了具体的体力性职业，如泰州学派创始人王艮就是一个最明显的例子，其他如李珠，据稀有的一些资料可以得知，他在弃去原有的吏职之后，也主要从事于游讲活动。韩贞则在讲学的同时，后期主要以充童师职来维持生计。

过去对泰州学派的研究，多注意到几位代表成员所具的劳力者身份，而对民间构成的其他成分缺乏分析，显然是有局限的。加之，有些成员的职业身份也是处于相对变动之中的，这同样会引起他们在思想上所作的某种调整。由以上分析可知，民间出身的游讲之士在泰州学派中占有一定的比重，其中又包括两部分人，即一开始即非劳力者出身的，与由劳力者阶层上升为"士"的（如王艮），至少后一方面的选择可看作是他们的一种职业归宿。当然，对于由农工商吏进入讲学行列的学者来说，原有的劳力者身份与经历仍具有不可抹煞的意义，从而会与纯粹下层游讲之士出身的泰州学人有所区别，但共同的民间化处境及走游经历等又会使二者间在性格、观念等上存在着许多相似，故对之的考察又需意识到二者间已有的诸种趋同，包括在这一趋同的层面上来理解他们的思想特性。进而，即便是泰州学派中进士出身的贵族知识分子如罗汝芳、李贽等，他们及第为官之前或之后也曾有过长期的游士经历，与体制外各类型的社会成员间有着频繁的交往，以至使他们在思想与性格等方面也仍有接近民间士人之处（当然还有其他原因）。

下层游讲之士在正德后的大量出现与社会分层的加速有关，就其在社会结构中的位置来看，由于以儒为业的知识人特征，在整个民间社会中仍是地位相对最高的，处于贵族化、官宦化的传统知识分子等主导型阶层与农工商吏等劳力型阶层之间。[①] 也正是这种特殊的社会定位，使其一方面能够接受儒学思想体系的规导，并据此建构出一种成形化的学术表述模式，而单纯的劳民阶层则往往很难做到这点，另一方面又能汲取民间社会各层次上的价值需求，将正统儒学的固有观念与民间社会理念加以新的整合，使其理

① 过去曾有一些学者套用西方社会学的概念将出于民间的泰州学人看作是"市民阶层"的代表，这种定位显然还有失准确，无论是那些出身于盐戍陶网及农户等的下层平民，还是出身或后来转化为游士的泰州学人，均还不能将之笼统地归属为市民阶层。中国古代的士庶阶层中只有一部分属于市民。

论有别于贵族儒学的谨持、繁琐、保守，及具有开放性、活跃性、简明性，甚至实用性、叛逆性等的特点。

除此以外，就其下层游士的身份而言，在泰派学者的身上必然会表现出一些反映民间精神意识、且明显有别于传统理学或正统儒者的人生态度。仅举两点说明之，一是独立的人格与傲世精神。以那些下层劳力者出身的成员为例，如王艮初见阳明，并未因对方身处显宦而呈谦恭之姿，而是敢于居"上坐"，与之对辩。即便入了讲学行列，也一直"圭角未融"[1]，甚至于"往往驾师说上之"。在理论上王艮通过对"尊身"论的阐述强调了人格尊严对体制性权威的超越性意义，而其《泥鳅赋》则更是体现出一种在时代引发下产生的"纵横自在"，冲决樊笼的自由意识。[2] 韩贞这方面的事例也很多，初入泰学门下时，有人取笑他以蓑衣为行李，韩贞题诗壁间云："随我山前与水前，半蓑霜雪半蓑烟。日间着起披云走，夜来摊开抱月眠。宠辱不加藤罗上，是非还向锦袍边。生来难并衣冠客，相伴渔樵乐圣贤。"[3]又有记他"尝与诸名公论学"："有谭及别务者，辄大噪曰：'光阴有几，乃为此闲讯语。'或称引经书相辩论，则又大恚曰：'舍却当下不理会，乃搬弄此陈言，此岂学究讲肆耶！'诸名公咸为悚息。"[4]这两则事例显示了他对自性的持守，及对自己所属阶层的信念。[5] 比之贵族知识分子，由于这些平民儒者更少受到儒家经籍与礼教的规训，加之体制外的走游经历，也使其能够冲破一些规定性思维的束缚，从而更能以独立的精神来判断事物，而阳明良知说的传布又无疑对这种自我内在精神的开拓提供了新的启示。他如下层游讲之士出身的

① 《传习录》下，《王阳明全集》卷三。

② 《明史》卷二八三《王艮传》。

③ 《乐吾韩先生遗事》。

④ 同上。

⑤ 应当注意平民儒者对自己所属底层价值的维护，这也是其独立精神的一种表现。在理论上，王艮等泰州学者将"百姓日用"提到了圣道的高度，已从一个侧面证明了这一意识。以事实而言，另有如韩贞拒绝攻举子业，宁可归而业陶；拒绝乡饮，被列于衣冠之列；拒绝县令所馈白金，而宁受窭人之贫。(《乐吾韩先生遗事》)朱恕拒斥同情者使其免去樵作之劳的赐金，拒斥学使以官方身份对之的召见。(《樵朱陶韩二子传》)李珠劝说随学者不要放弃自己的吏役职业(李颙《观感录》)，等等，均属这种意识范围。

颜钧、何心隐、邓豁渠等也均能以独立豪迈的气概著称于时[1]，不是因于自己社会地位的低下而像过去那样显示出谦伏、阴顺的姿状，而是普遍有一种压倒王侯的气势。李贽后来对泰州学者的这一品行给予了高度的评价，如谓："盖心斋真英雄，故其徒亦英雄也。波石之后为赵大洲，大洲之后为邓豁渠。山农之后为罗近溪，为何心隐。心隐之后为钱怀苏，为程后台：一代高似一代……"[2]从中也可看到晚明社会分化的过程对下层独立品格的形成产生的重大作用。

二是游侠精神。在王艮的身上已能看到明显的儒侠特征，至颜钧、何心隐等下层游士处更有新的发展，王世贞记"嘉隆江湖大侠"即载颜、何二人事。邓豁渠与方与时等的经历中则又含有某种游方僧的性质。从我国早期尚侠的情况看，代表小生产者利益的墨家所倡扬的"兼相爱，交相利"等思想对这一风气的形成有一定的影响。既体现了下层社会对不合理秩序的不满与反抗，又与民间社会所崇尚的四海为家、平等互济、勤苦自养，以强取胜，仗义而为等观念相一致，以"义"为其最高的道德准则，从而与儒家所确认的以"孝弟"等德目为核心建立起来的等级化的宗法家庭式秩序模式具有性质上的明显差异。在中央集权过度集中、儒教势力覆盖严密的明前期，这种观念很难有生长的余地。而随着明中期以来社会变动的加剧，民间社会日益活跃，这种被长期掩抑的底层精神又重新流行起来，部分泰州学者所具的下层游士的性质，自然使他们很容易与以上所说的这种民间观念相沟通，并在自己的思维与行为方式中表现出来。虽然总体上看泰州学派仍未离儒家学术的主流轨道，然部分成员在实践中所重视的"交尽于朋友"、通财于不等等理念，已明显汲取了这种民间尚义论的思想，而颜钧的赴滇收葬徐樾碎骨，罗汝芳之倡募以脱颜钧于罪囚，何心隐之授密以除权嵩等，都实际上与他们所兼具的任侠精神相表里。王世贞则称之"借讲学而为豪侠之具"，大致也可看作是对这些下层游士状况的精确概括。

---

① 此间例证甚多，不一一枚举，仅引李贽言证之，如李贽《与焦弱侯》言邓豁渠"嗟嗟，以邓豁渠八十之老，尚能忍死于保定慵夫之手，而不肯一食赵大洲之禾……"(《焚书》卷二)《何心隐论》："公独往独来，自我无前者也。然则仲尼虽圣，效之则为颦，学之则为步，丑妇之贱态，公不尔为也……""人莫不畏死，公独不畏，而直欲博一死以成名。以为人尽死也，百忧怆心，万事瘁形，以至五内分裂，求死不得者皆是也。人杀鬼杀，宁差别乎。且断头则死，断肠则死，孰快。百药成毒，一毒而死，孰毒。烈烈亦死，泯泯亦死，孰烈。公固审之熟矣，宜公之不畏死也……"(《焚书》卷三)

② 《为黄安二上人三首·大孝》，《焚书》卷二。

二、学术传播与组织的方式

王阳明在官方体制以外讲学已采取开放的形式，广为接纳各方学者，同时也不限于读书人。如王艮赴阳明处论学，当时的身份只是一介灶夫，而阳明竟能"降阶迎之"，使其上坐，王艮由此成为阳明门下第一位以平民闻世的杰出学者。至王艮自己讲学之时，则更是贤愚杂进，勿论身份。如李春芳《崇儒祠记》记其造王艮庐请益的亲见："见乡中人若农若贾，暮必群来论学，时闻逊坐者，先生曰：'坐坐，勿过逊废时。'"①颜钧曾与王艮甫逝后即赴泰州，并游历泰、扬诸地，对王艮学说于当地民众中的影响也有亲身感受，其《自传》云："铎因留师祠，延会泰州、如皋、江都各盐厂，及扬州、仪真，各住二三月，受心师大成之旨者亦多，但未记录姓名有几千百众也。"②耿定向《王心斋先生传》在总结其讲学时亦云："时亲炙速肖，钦风兴起者，非独缨绣诗书士，虽荛竖工役一闻謦颜，咸若添雪其胸臆，而牖发其天机者。"③而朱恕、韩贞等在心斋门下学有所成的事例即是最好的明证。其时，韩贞布衣芒履周旋于讲会之间，王艮特意为其赋诗曰"莽莽群中独耸肩，孤峰云外插青天。凤凰飞上梧桐树，音响谣闻亿万年。"④由此可见其对下层参预讲学活动的热情首肯。王艮之讲学不仅教而无类，而且尤为注意以简易、生动、直指人心的方式感悟听众，这也与其基本的理论态度相一致，从而使文化程度不高的下层民众能迅速接受，并逐步地进入到这一讲说系统之中，达到学术普及的目的。这点在以上耿定向的引言中已有提及，其他资料对之也有叙述。王艮讲学方式的影响是巨大的，其后，王栋对王艮所开辟的讲学模式有一高度的概括，揭示了其在整个儒学史上所获有的重大意义，其文云：

> 自古士农工商业虽不同，然人人皆共此学，孔门犹然。考其弟子三千，而身通六艺者才七十二，其余则皆无知鄙夫耳。至秦灭学，汉兴惟记诵古人遗经者，起为经师，更相授受，于是指此学独为经生文士之业，而千古圣人原与人人共明共成之学，遂泯没而不传矣。天生我师，崛起海滨，慨然独悟，真超孔子，直指人心。然后愚夫俗子，不识一字之人，皆知自性

① 转引自《王心斋遗集》卷四。
② 颜钧：《自传》，《颜钧集》卷三。
③ 《耿天台先生全集》卷一一。
④ 《乐吾韩先生遗事》。

自灵，自完自足，不假闻见，不烦口耳，而二千年不传之消息，一朝复明。先师之功，可谓天高而地厚矣。[①]

这同时也从一个角度反映了晚明整个社会、文化转型给思想运行与理解方式带来的重大变化。在王艮的教学方式启发、示范下，后来的泰州学者也多注意在讲学中吸纳与感化下层民众，从而形成了一种确定的学派传统，倡导了民众参学、议学的风气。现将若干学者的讲学事迹例证如下：

如**韩贞**，记曰："远近来学者，门外屦常满，拳拳以明道化人为己责，虽田夫、樵子，未尝不提命之，厌其意而去。"[②]"无问工、贾、佣、隶，咸从之游，随机因质诱诲之，愿化而善良者以千数。每秋获毕，群弟子班荆趺坐，论学数日，兴尽则拿舟偕之，赓歌互咏。如别村聚，所常与讲如前。逾数日，又移舟如所欲往，盖遍所知交居村乃还。翱翔清江，扁舟泛泛，下上歌声洋洋，与棹音欸乃相应和……"[③]

李珠："惟以导人为善为功课，一时州县吏书皂快，感化迁善者甚众。"[④]

王襞："裨海以西，大江南北，无论鹖冠野服之夫，即缙绅章甫之士，闻其道者，咸伛偻问学。"[⑤]

颜钧：颜钧聚下层讲学有明确记载的有五，一为家乡之萃和会。二为豫章讲会，其《急救心火榜文》云："会集四方远迩仕士耆庶，及赴秋闱群彦，与仙禅、贤智、愚不肖等"[⑥]，约"得千五百友"[⑦]。三在京城聚讲，"市童、野叟、仆夫、奄人之群，亦征立身宅命之计……"[⑧]。四由京城赴淮扬、南京等时，"延会泰州、如皋、江都各盐厂……""……陈院勋臣以及闾巷庶人之子弟，倚门耸耳，有不可以数千纪。"[⑨]五在河间，当地官员"召州县官吏、师生、民庶近八千人，斋

① 《王一庵先生遗集》卷一。
② 《乐吾韩先生遗事》。
③ 耿定向：《樵朱陶韩二子传》。
④ 李颙《观感录》。
⑤ 《江西吉安府知州泰州草堰场袁株怀堂撰先生六十寿文》，《王东崖先生遗集》卷首。
⑥ 《颜钧集》卷一。
⑦ 颜钧：《自传》，《颜钧集》卷三。
⑧ 吴焕文：《纪游》，《颜钧集》附录。
⑨ 吴焕文：《记游》。

道禅林亦聚数千，听铎绪晰圣学……”[①]而未载录者当不在少数。

罗汝芳：罗氏是泰派中非平民出身者，然其讲学秉承其师颜钧，所至之处，广开讲筵，“居民无论老幼，咸聚观听”。一些会录还记下了其讲论生动，以至群体为之感染的场面，如于临安讲天下同心说，便有插记曰：“于是合堂贵贱，凡千百之众，皆同声感叹，谓：‘果然，我等人人皆可做得。’”[②]罗氏之聚众讲学给时人留下了相当深刻的印象，由此也得到了泰州后人的一致高度评价，如陶望龄曰：“心斋父子盛时，升堂谈道，万众咸集，既遑虽皂隶臧获，人人意满，若怀宝而去者。至先生会讲时亦然。”[③]周汝登也就其事而论：“自家居以及四方，妻奴童仆，族闾村市，以及通都大邑，缙绅士夫，千百徒众之相接聚，无一人不勉以学。”[④]李贽对之描绘最详：“若夫大江以南，长河之北，招提梵刹，巨浸名区，携手同游，在在成聚……至若牧童樵竖，钓老渔翁，市井少年，公门将健，行商坐贾，织妇耕夫，窃屦名儒，衣冠大盗，此但心至则受，不问所由也。况夫布衣韦带，水宿岩栖，白面书生，青衿子弟，黄冠白羽，缁衣大士，缙绅先生，象笏朱履者哉！是以车辙所至，奔走逢迎，先生抵掌其间，坐而谈笑。人望丰采，士乐简易，解带披襟，八风时至……同流合污，狂简斐然，良贾深藏，难识易见。居柔处下，非乡愿也。泛爱容众，真平等也。”[⑤]而平民化讲学方式也至罗氏而发挥到了极致。

邓豁渠：至泰州时的讲会“四众俱集，虽衙门书手、街上卖钱卖酒脚子之徒，皆与席听讲，乡之耆旧率子弟雅观云集”。由此而使邓氏从中感到“王心斋之风犹存如此”[⑥]。

焦竑：后有在新安的讲会“至则自荐绅先生以至儿童牧竖四方之人，莫不麕集。籍计之，得二千有奇。先生随机指示，言简意尽，一时闻者咸慢震踊跃，以为得未尝有……”[⑦]

以上主要还是就随时聚讲与一般讲会式而言的，在泰州学者面向民间的

---

① 颜钧：《自传》。

② 罗汝芳：《一贯编·四书总论》，万历间刻本，近溪门人熊傧编定。

③ 罗汝芳：《近溪先生语要序》，《近溪先生语要》万历间刻本。

④ 周汝登：《圣学宗传》，转引自《近溪子附集》卷一，明万历间刻本。

⑤ 《罗近溪先生告文》，《焚书》卷三。

⑥ 邓豁渠：《南询录》，万历间刻本，日本内阁文库藏。

⑦ 谢与栋《古城答问·小引》，《澹园集》。

讲学中，还有一种以乡村为固定传布单元的组织形式值得注意。其中最有影响的有颜钧的“萃和会”与“何心隐的聚和会”等。

颜钧之三都萃和会于罗汝芳《揭词》中有述，云其得心学之传并闭关修炼后“见父母，论伦理道义，不啻江河沛决，邻族争听，感为涕泣。一时兴起，联会数百人，皆传引室家，无不改旧从新，遂名三都萃和会。会中启发讲修，无非祖训六条”①，据颜钧《自传》所述，参加者为“众儿媳、群孙、奴隶、家族、乡闾老壮男妇，几近七百余人”，可见是一种由家庭扩散至族亲、村闾的群体性活动。由颜钧亲自主持敷讲，“士农工商皆日出而作业，晚皆聚宿会堂，联榻究竟”，有固定的聚集场所与时间。同文对下层民众对这种传授方式的反应，及道德意识的增长过程也有描绘：“如此五日十日，果见人人亲悦，家家协和，踊跃奋励，虽少小童牧，尽知惭悔省发，皆自叩谢父母长上……会及两月，老者八九十岁，牧童十二三岁，各透心性灵窍，信口各自吟哦，为诗为歌，为颂为赞。学所得，虽皆刍荛俚句，实发精神活机，鼓跃聚呈农览，逐一点裁，迎几开发。众皆通悟，浩歌散睡，真犹唐虞瑟，喧赫震村谷，闾里为仁风也。”这也从一个侧面证实了王门学者关于“人皆可以为尧舜”持论的现实可能性。

何心隐所拟想与组织的聚和会很有可能受到其师颜钧的影响，但在构造理念上比颜钧的萃和会有更进一步的推进。从相关的资料介绍看，聚合会属于一种以宗族为单位的社区组织（这也与何氏宗族在当时的规模与良好的经济状况有关，有其可操作性），是“乡学”的一种延伸，其最初的设想是先将原先分布于不同私馆学习的宗族子弟总聚于一祠，进行统一施教，统一饮食、住宿等，除了有利于教学双方的“舒畅精神”以外，也可摒弃固有的等级贫富等观念。会中的各种活动都受到“常条”的严格限制。经过一段时期的发展，达到“子弟不论贫富，其冠婚衣食，皆在祠内酌处”等②，并在经济上也能合族“计亩收租，会计度支，以输国赋”③，从而使之成为教、养一体的公共性社区。与这一模式相配套，会中又设率教、率养、辅教、辅养、维教、维养等职

① 罗汝芳：《揭词》，附《颜钧集》卷五《著会何敢死事》后。

② 《聚和率教谕族俚语》，《何心隐集》卷三，中华书局1982年版。

③ 邹元标：《梁夫山传》，参见《何心隐集》附录。

务，分级管理社区中的诸事务，最高级别的社区领导称为祠首。[①] 由此可见，何氏设想的这个族会已是将讲学所阐发的理念实体化了，通过较为严密的组织，将民众纳入到一种机制化、程序化的管理之中，以此来实现心学的"仁"化目标。从某种意义上讲，这一体系的构想，在一定程度上促进了民众的公共参预与平等主义思想的相应贯彻，但比之于颜钧的萃和堂，民众的道德自觉性反有严重减弱的趋势。

从以上所述内容中可以看到下层民众对讲学所怀有的积极响应。这与泰州学者所认定的讲学内容有密切的关系，如从颜钧、罗汝芳等的一些相关材料中可以了解到，他们面对下层所讲的主要还是"孝弟之道"、"恻隐之心"一类的，即所谓的"百姓日用之道"，是便于百姓理解与践行的，这自然多是在心学/良知学的理论基点上来阐述的，此外，与之配套，则又有乡约的制定，或在后来凝结为诗谣的形式，以便口传。百姓的响应也从一个角度证实了泰州学派对百姓道德觉悟（"人皆可以为尧舜"）的估计是准确的。在对待下层民众的态度上，泰州学者反对以刑政的方式来解决下层的道德秩序问题（如王艮[②]），也不赞同长期以来的只注重于学者的修养而不关心下层的道德心性问题，从而实际上是漠视与藐视民众的道德心性存在（在道德上作贤愚之间的画线，从而将民众视为未有道德感知、至少是未有进行道德开发的愚者，甚至于有以孟子的说法将民众喻为"禽兽"的），而是相反，不单在理论上，而且真实地认为底层百姓与学者不仅有共通的心理、共通的道德自觉性（也即良知），而且也有能力或天禀的潜力进行道德上的自救，成为德性完善之人。也正是出于这样的信任，泰州学人才会努力地将学术普及的目标移向民众，同时也是通过民间的舞台

① 过去一般认为《何心隐集》所收《聚和率教谕族俚语》与《聚和率养谕族俚语》为何心隐所撰。然所谓的"率教"文则明确以"茹藿"身份所撰，"率养"文以"茹芹"身份所撰。而从《聚和老老文》中所云"率教茹藿、率养茹芹、辅教声雅、世华、定宇、辅养声佩、慎夫、廷望、维教养明宇、辅宏、孔澜、卿耀相欲汝元撰文以老老焉。"知茹藿为聚和会之率教，茹芹为聚和会之率养，很有可能何心隐自己即所谓的"祠首"者也。

② 王艮在其《王道论》中对这一思想作了最为充分的阐述，这与泰州学派民众观的其他方面思想是配对或具有逻辑统一性的，其文曰："孔子曰：如有王者，必世而后仁。《书》曰：刑期于无刑。此王道也。夫所谓王道者，存天理，遏人欲而已矣。天理者，父子有亲，君臣有义，夫妇有别，长幼有序，朋友有信是也。人欲者，不孝、不弟、不睦、不姻、不任、不恤，造言乱民是也。存天理，则人欲自遏，天理必见。是故，尧舜在位，比屋可封，周公辅政，刑措不用，是其验也。盖刑因恶而用，恶因无教养而生，苟养之有道，教之有方，则衣食足而礼义兴，民自无恶矣，刑将安施乎……"从文句看来还是一般儒教所倡导的德教问题，但置于前后的历史语境中看，却是有鲜明针对性的。

来组合与开展一种他们认为更具广泛应用价值的学术,使民众与儒学之间建立一种畅达的通道,而不是像过去那样,两者间是处于分离状态的,即将儒学归之于精神贵族,而将民众看作一种非道德性存在的领域。由以上的这些例证也可以看出,泰州学派所进行的这一实践尝试还是收到了一定的效果,至少,包括那些较为正式的泰州学派成员在内,民间底层人士如此大规模、有意识地介入到儒学的学术理解与传播中来,在整个思想史上也当是无独有偶的。

以下分别对泰州学派几个重要观点作些分析,以明其在思想上对平民主义价值的认识。

第二节　关于“百姓日用是道”

“百姓日用”之说见于《周易·系辞》所曰:“一阴一阳之谓道。继之者善也,成之者性也。仁者见之谓之仁,知者见之谓之知,百姓日用而不知,故君子之道鲜矣。”《中庸》则有:“夫妇之愚,可以与知焉,及其至也,虽圣人亦有所不知焉”等的提法。历代儒者因释经而对之有过一些解释。由于中晚明社会结构与人文意识发生的变动,“百姓日用”论再次进入到泰州学派诸成员的视野之中,并通过他们的阐释与推演,获得了比以前更为丰饶及镌有特定时代精神指向的含义。

王艮作为泰州学派的始创者,其理论上的造诣与影响是多方面的。但由于本人即出身于下层的劳力者社会,对民间生活有深刻的体验,这种特殊的背景在与之同时的其他学者,即阳明以下的第一代学术传承者那里还是很少见的,这决定了他在对儒学的理解上也会更多地兼具底层关怀的视角,“百姓日用”说即其寄寓平民主义意识的一个最重要的话题。由当时学术发展的脉络看,王艮也是第一个对百姓日用论作出较为详尽阐发的思想家。

从《心斋年谱》的记载看,王艮曾在一段时期内专讲过日用之学的道理。除嘉靖三年一条以外,又如嘉靖七年条所载,王艮“集同门讲于书院。先生言百姓日用是道”,又十年条云:“是年四方从游日众,相与发挥百姓日用之学甚悉。”可见他对这一命题的高度重视。所惜并未留下较为系统与连续性的记述,只是在后人所辑的问答《语录》中存有若干零散的记录(若干信件的行文中也有只言片语提到此),语多甚简,但有些表述所呈示的意义仍是清晰的,其间也有一些思路上的可贯通性，通过对与之相关的言述加以梳理与概括，可以发现其中所含的几个理论要点，它们反映出了当时最杰出的平民思想家对下层价值的重新认识过程，及通过这一话题对明中后期儒学变革思潮所作的积极回应。王艮之后，如王栋、王襞、颜钧、罗汝芳、耿定向、杨起元、李贽、焦竑、周汝登、陶望龄等均在接续的思路上对王艮所涉的各种相关命题有不同程度的关注与表述，或仅是对王艮说法的肯定性延续，或有退步，或有增进、改进等，从而构成了具有相对连贯性的平民主义观念系统。

一、首先是圣人之道与百姓日用的关系

《中庸》解释“道”的特征，有“行远必自迩”等说，实际上包含了百姓日用之道的内容。然而自宋代开始的理学，由于注重于在认识论与心性论上对道体内含、达道过程等的演绎，及在穷理尽性、“费而隐”等层面上来推动对道的认知，尽管并未明确遗弃“日用”的含义（细绎理学家关于“日用”与“百姓日用”的解释，常常并非一个意思①），但在这个《中庸》里还较为显目的内容却已为那种反复进行的理论演绎所掩抑。王阳明所开辟的心学虽在圣凡同心的意义上提出了“良知”这样一个更为日常化的命题，但并未对之在后一方向上加以开拓，其良知说仍然限于在一般逻辑层次与概念关系上所作的演绎，进一步而论，其对“修道”“率性”等过程的论证实际上只适合于文化贵族的心理实践，而其所揭示的“无善无恶”及“太虚”“本体”等“第一义”上的圣人至境更是将其学说拔高到一种远离世俗的形上论巅峰。从宋明理学的运行方向看，虽然依然存在着圣凡一致的心性论起点，但由于演绎过程的精神化特征，故而使成圣之路变成了一种不断仰钻向上的过程，以致圣人之道与百姓之道间的差距变得越益之大。

从这个意义上来看王艮对日用之道的强调，则可对之价值有一更充分的认识。据王艮现存的文字资料，有数则直接论及圣人之道与百姓之道关系的：

> (1)……此学是愚夫愚妇能知能行者，圣人之道不过欲人皆知皆行，即是位天地育万物霸柄。不知此，纵说得真，却不过一节之善。②

---

① 在理学包括心学中所使用的“日用”概念，大多数情况下与“百姓日用”无关，主要是指一般意义上的日常践行。心学各派重视“日用”的意义，跟王阳明倡导的“知行合一”论有关，不能将之笼统地说成百姓之日用。因有些阐述中将二者混淆一起，故需要专门作此分辨。

② 《心斋年谱》。

(2)百姓日用条理处,即是圣人之条理处。[①]

(3)圣人之道无异于百姓日用,凡有异者,皆谓之异端[②]。

第一段引文出自《心斋年谱》所记王艮与另一心学家罗洪先的对话,当时罗洪先亲至泰州访艮,"述近时悔恨处,且求教益",王艮未正面回答,而是将之引向另一更开阔的理论层面。其中"此学",当是指"正己物正"的良知之学,也可扩大为在一般儒学意义上说。"能知能行"即又称为"知能"的说法,源自《中庸》二章"君子之道费而隐"以下的解释,从泰州后学对百姓日用问题的讨论看,多数都是依托《中庸》的这段描述而展开,当然王艮仍作了自己的诠解。从王艮的对话中可以体会出几层意义,一是认为百姓之道与圣人之道间存在着能现之间即**可能性**与**现行性**的差异,然所学之道的内容却是一样的;即于**道体**上是同源的(还不是从过程论上言),仅以这点而言,基本接近《中庸》的原意。其中所用的"不过"一语则对圣凡之道的对等性作了整体规定,即更强调了这种对等性。二是将对这一原则的把握看作"位天地育万物把柄"。《中庸》首章曰"中也者,天下之大本也;和也者,天下之达道也。致中和,天地位焉,万物育焉",从语句的因果关系看,王艮此处实际上是将"能知能行"内容的实行作为"致中和"的关键。朱子以为"中""和"二者反映了"道之体"与"道之用"间的关系[③],由此推断,王艮以为掌握了"能知能行"这一圣凡共有之道即日用之道,则自然是把柄了大本,进而以达道之用,即可"位天地育万物"。在这里,王艮是将《中庸》中出现的两段文字作了重新排序,由此而造成了理论结构的一种微妙变化,并借此来突出百姓日用之道在整个儒学阐述系统中的地位。三是文中所用"一节之善"一语值得注意,从上下文看,有两对所述关系与这一命题相关,一是"圣人之道"与"愚夫愚妇"之道,另一是"修己"之道与"安百姓"之道,在王艮看来,任何偏于一端的理论均非完整之善,由此而强调了圣学与百姓之道、修己与关怀民众间的联系。

第二段引文的内容也已不是仅仅提及圣凡二者在起点上的一致,而是强调一种"日用条理",是已经现实出现与使用的条理,由此已包含了现行的过

---

① 《语录》,《王心斋先生遗集》卷一。

② 同上。

③ 引自朱熹《中庸章句》。

程，即在过程上将圣凡置于对等的位置上。而在第三段引文中，王艮以排除法进一步论证了圣凡之道间的对等性，而凡有出此之外即异处的即被看作“异端”，这也可视为是对第一、二段文字的对证与追加强调，即超出百姓“能知能行”的便属异端之说，由此也从逻辑上排除了那些常与百姓日用条理无关的贵族化理学，甚至将之视为“异端”，这在当时无疑是一很激进的说法。而由以上表述看，王艮对圣凡之道的论述也与早期儒家“行远必自迩”、“登高必自卑”，尤其是“君子之道费而隐”的看法已有一定差异，并未以为圣人之道还有超越于百姓日用之道而可进一步追求的“高”、“远”、“费而隐”的方面，从而填平了圣凡在道体论上存在的差异。① 而这种对精神深度的有意识回避，将意义识别平面化，也是一般平民学说固有的特征。

王栋受学于其伯兄王艮，论学多受王艮的影响，然也精于思虑而有独到之见，周汝登言其见地“超卓”②，确非虚论。其对王艮“格物”说之推演最为详尽，同时很重视对“百姓日用之道”命题的阐释。王栋论圣凡之道的关系，也沿袭《中庸》的能知能行之义而有所发挥，从道之现行的意义来看，他认为比如作为“日用常行之道”的“事公卿父兄勉丧饮酒”，既是“愚夫愚妇与知能行之事”，也是圣凡通行之事，而孔子却说“何有于我”；又如“子臣弟友”之事，同样是百姓皆能知行之道，而孔子也说“丘未能一也”，其原因即在“及其至而无过不及，

---

① 《中庸章句》杂引孔子之言曰“君子之道，辟如行远必自迩，辟如登高必自卑。”此处之“远”与“高”意义并不确凿，“远”既可与所近之“身”对，指自身(家庭)以外的他人、天下，故《章句》又在同句下引《诗》曰“妻子好合，如鼓瑟琴；兄弟既翕，和乐且耽；宜尔室家，乐尔妻帑”；又可与眼前可直接把握的现象对，指未可知、未可把握的现象、道理、境界等，似与“高”的意义更接近，尤其是整段话是引于“费而隐”之后，用以敷衍子思“费而隐”之意的，故至少在引用者那里当也含有“费而隐”意义。子思原话为“君子之道费而隐。夫妇之愚，可以与知焉，及其至也，虽圣人亦有所不知焉；夫妇之不孝，可以能行焉，及其至也，虽圣人亦有所不能焉。天地之大也，人犹所有憾。故君子语大，天下莫能载焉；语小，天下莫能破焉……君子之道造端乎夫妇，及其至也，察乎天地。”圣人之不能知、行，是因为道(在道体)有“费而隐”的方面。朱子注此曰：“君子之道，近自夫妇居室之间，远而至于圣人天地之所不能尽，其大无外，其小无内，可谓费矣。然其理之所以然，则隐而莫之见也。盖可知可能者，道中之一事，及其至而圣人不知不能。则举全体而言，圣人固有所不能尽。”其对子思的理解大体不错，但似过于从知识论上言之，而未及“费”、“隐”所可能包含的精神上、境界上的意指。王艮之语第一段文字原出于此，但比较着看，王艮并没有子思所谓的圣人“不能尽”之“至”境的一段，而是谓“不过”，故略去了对与“迩”、“卑”相对存在的“远”、“高”的方面的考虑。王栋后来也有关于“行远自迩”的论述，其《会语》曰：“‘行远自迩’，下引妻子好合，此即造端夫妇之意，抑和妻子、宜兄弟，顺父母，皆家庭间事，故曰卑、迩。《书》云‘始于家邦，终于四海’《孟子》曰‘人人亲其亲，长其长，而天下平’，皆此意也。或以父母为高远，有是理哉?”也未将高、远释为“费而隐”之意，只是以一身以外带有道德关系的“四海”、“天下”看作“远”。

② 周汝登：《武林会语》，《东越证学录》卷三。

则信乎虽圣人亦有所不能尽”[①]。“不能尽”之说在《中庸》中是指因道在客观上存在的“费而隐”而使得人对之无法穷尽，而王栋则主要是从道德完善的意义上论之，故已对原意有所转用，避开了将之向高远莫测一翼引申的可能。而通过这样的论述有一点似是清楚的，即对圣人完满性表示出的质疑，由此而将之降至日常化的平面上，使之与百姓之道相平行，从而也可看作是在道体的意义上对百姓之道的一种肯定。

王艮之后学中，对日用之道体加以特殊张扬的有颜钧，值得注意，可看作是对王艮倡扬百姓日用之道的一种积极侧应。颜钧现存有数文专涉这一问题，如《耕樵问答·道原》一文论“日用即道”中所含的“不可须臾离也”之道理，实也是在论**道体**的特征，如谓：“须臾不离，盖通天地之大，无外际；虽隐微之小，无内隙也；达古今之久，无停息也；悬日月之明，察有无也。显著形器也，视自明，听自聪，言自信，动自礼。喜怒哀乐自宜节，孝弟慈让自顺德，家国天下自齐治均平。位天地，育万物，无有一人不禀具，自能中和，范围不遗……”[②]《日用不知辨》一文从“日”、“用”之概念内涵上解析日用道体的特征与其体用形成的方式：“夫日也，体曰阳精，运行为昼，亘古今而悬旋，为白日之明，曝丽天地，万象万形之生生化化也。夫用也，言在人身天性之运动也。是动，从心率性；是性，聪明灵觉，自不虑不学，无时无日，自明于视，自聪于听，自信于言，自动乎礼也，动乎喜怒哀乐之中节也，节乎孝弟慈让为子臣弟友之人也，故曰日用……”[③]这两段文字除了其所含有的心学背景以外，一是受到《易》学的思想的影响，将“日用”视为是由人天之道法则规定下的“生生”运行之理，另一是受到《中庸》的影响（包括文句），从而以“费而隐”的特征来描述此道，这与后来耿定向对日用之道的论说有思路相似之处。[④] 当然，两段话都是在“百姓日用

① 《会语正集》，《王一庵先生遗集》卷一。但细绎王艮几段相关话语的意思，王艮对圣人之境仍有分析，一是一般的圣人，另一是“至”圣，一般的圣人自然有不可“尽”处，而至圣则能“尽”，但“所谓惟圣者能之尽。盖指孔子圣之时者，而言千古一人而已矣，此之谓至圣”。孟子还不能算至圣。

② 《颜钧集》卷六。

③ 《颜钧集》卷二。

④ 耿定向：《警言》曰：“天下道理无论六经诸子之奥旨微言，只此百姓日用之常，究竟根原处，不特下学世儒参会不得，即至圣上贤亦难思议与知不得，即是妙悟玄解得亦自言说不得，而故哓哓然欲使俗学后生了了，劳矣。是故，学贵默识，惟自学不厌，即教之不倦。省之。”（《耿天台先生全集》卷一六）也将日用之道视为“费而隐”者。

不知"的命题下展开的，其中既有个"不知"的语境，表明了对百姓之日用已有某种负面的限制，又其"日用不知"实是对"百姓日用不知"的略说，故仍然可看作主要是在谈论百姓之道的问题。由上可见，由于赋予了日用之道以"费而隐"（似也可看作某种"远"，然其"远"、"迩"之间的性质基本对等，并非另有一个"远"）的特征，故比较王艮对之的论述，反而淡化了在王艮理论中已获得的现实等值性。但另一方面，由于将日用之道置于一种天道人心、亘古常行的形而上高度加以肯定，从而又更从另一层面上进一步突出与张扬了这一命题的意义。

二、其次是百姓日用之道与现成良知的关系

关于阳明发明"良知"说的成因，阳明本人曾对之有述，从世道人心来看，由于功利主义的盛行，使得"天下之人用其私智以相比轧，是以人各有心，而偏琐僻陋之见，狡伪阴邪之术，至于不可胜说"①。从学术上来看，由于"圣学既远，霸王之术传积渍已深，虽在贤知，皆不勉于习染，其所以讲明修饰，以求宣畅光复于世者，仅足以增霸术之藩篱"，在各类学术如"训诂之学"、"记诵之学"、"词章之学"的名义下，世之学者，"纷纷籍起，群起角力于天下"，"如人百戏之场，欢谑跳踉，骋奇斗巧，献笑争妍者……日夜遨游淹息其间，如病狂丧心之人，莫自知其家业之所归……"②甚至"后儒之所谓著察者，亦是狃于见闻之狭，蔽于沿习之非，而依拟仿象于影响形迹之间……"③阳明之论大体上也是针对明中期以来（当然渊源更早）已形成的社会氛围与学术状况而言的，是从其一种道德理想主义的角度对世俗风尚所作的一种判断与认识。用阳明的词汇来说，正是由于欲望的滥行、见闻知识的堆积等，使得人的道德良心为这些重重交织的"欲障"、"理障"等严重"障蔽"，而固有的道德哲学体系在功利化、形式化的过程中已失去对治人心的质实性功能，不仅无法担当起改造道德环境的人物，而且从某种意义上讲还因为它的"障蔽"功能而加助了人心失落的过程，因此撮出"良知"这一概念，正在于使人能够穿越障蔽，直求道德之本根，唤醒人所本有与已有的道德自觉，由此而在一新的起点上实现对整体社会的改造。

---

① 《答聂文蔚》，《王阳明全集》卷二。

② 《答顾东桥书》，《王阳明全集》卷二。

③ 《答陆元静书》，《王阳明全集》卷二。

对于阳明的想法，泰州学派的同人们给予了热烈的响应，这点可以从他们对阳明学术的不断推奖中得到证实。然而泰州学派在接受良知学的过程中，依然形成了自己特有的认知系统，这首先表现在对良知达及即如何“致知”方式的理解上，世以“现成”、“见在”、“当下”等的说法来描述泰州学派的理论特点，在一定程度上把握到了它的为学旨趣，而其有关百姓日用是道的学说则对之构成一种理论上的有力证明，而以百姓之道来说明良知现成之“易简”之旨，本身又反映出王艮对民间性的一种偏好。

王艮《语录》有谓：“愚夫愚妇与知能行，便是道，与鸢飞鱼跃，同一活泼泼地，则知性矣。”①语仍见《中庸》二章，但《中庸》引诗云“鸢飞戾天，鱼跃于渊”，是为说明“上下察也”，察于“君子之道，造端乎夫妇，及其至也，察乎天地”，“上”、“下”是指凡庸日常（“夫妇居室”）与费隐（“圣人亦有所不能焉”）二端。宋程子注此而谓“活泼泼地”，已有增出之意，非准确的原意。陈献章《夕惕斋诗集后序》言诗之妙用曾引之云：“故能枢机造化，开阖万象，不离乎人伦日用而见鸢飞鱼跃之机。若是者，可以辅相皇极，可以左右六经，而教无穷。”②则将之与“本真”之性的自发与百姓日用的顺化相联系，似兼纳《中庸》本旨，并兼具程子的附意。再来看王艮之论，显然已更偏向于“活泼泼地”的意思。其另有语句详释“鸢鱼”一词，如云：“良知之体，与鸢鱼同一活泼泼地，当思则思，思通则已。如周公思兼三王，夜以继日，幸而得之，坐以待旦。何尝缠绕。要之，自然天则，不着人力安排。”又谓“天性之体，本自活泼，鸢飞鱼跃，便是此体”③。可见已进一步将之用于对“良知之体”的解释，“活泼泼地”被形容为是“当思则思，思通则已”、“自然天则，不着人力安排”等，属于一种自然简易之道。由此看来，所谓的百姓“与知能行”之道或上所云之“条理”，也即良知在未障蔽的现成状态下的自然流行，不须人力，以故活泼而又能易简得之。

王艮所谓百姓日用之道的这一特征在其他论述中得到了更明确的呈示，如《年谱》嘉靖七年条所记王艮讲说“百姓日用是道”事：“初闻多不信。先生指童仆之往来视听、持行泛应动作处，不假安排，俱自顺帝之则，至无而有，至近而神。惟其不悟，所以愈求愈远，愈作愈难。谓之有志于学，则可谓之闻道则

① 《王心斋先生遗集》卷一。
② 陈献章：《陈献章集》卷一，中华书局 1987 年版。
③ 《王心斋先生遗集》卷一。

未也。贤智之过，于仁智之见，具是妄。一时学者有省。”①相似之论又见之《语录》：“或问‘中’，先生曰：此童仆之往来者中也。曰：然则百姓之日用即中乎？曰：孔子云百姓日用而不知，使非中安得谓之道……若智者见之谓之智，仁者见之谓之仁。有所见便是妄，妄则不得谓之中矣。”②王栋后来作诗，也重申了王艮的意思，如其《答友人首尾吟》曰：“著察当观日用民，一民还具一天真。看他用处皆条理，使若知之即圣神。智向智中惟见智，仁于仁上只偏仁。偏仁见智皆非道，著察当观日用民。”③通过将百姓之道与作为“智”、“仁”代表的经生文士、道学之士们的求道之术置于一起，从而更突显了百姓与道的命题式关联，前者虽地位卑处，然生活于道之中，后者虽以智以仁相称，但反而无法得到道，其原因即在道体是以自然流行和化运演方式运行的，故以智力或设定的道德原则来求之，反而愈求愈远，百姓自然得之的其中一主要原因恰在其心中本来即未有一个道的概念，无思无虑，不勉而中。王艮《天理良知说答甘泉书院诸友》一文对这种“知能”结构有进一步的解释，如谓“天理者，天然自有之理也。良知者，不虑而知，不学而能者也。惟其不虑而知，不学而能，所以为天理自有之理。惟其天然自有之理，所以不虑而知，不学而能也。故孔子曰‘知之为知之，不知为不知，是良知也’”④。从这一特定的意义上来说，不习知识反而在良知之呈现上成全了百姓，而这种以百姓与智仁之士加以强烈反比的论证方式，自然包含有对此前各种贵族儒学的批判。邹元标后来又曾借此道理说明王艮在晚明思想史上所取得的学术造诣，其《赞语》曰：“惟不事诗书一布衣，此所以得闻斯道也，盖事诗书者理义见闻缠绕胸中，有大人告之以心性之学，彼曰予既已知之矣。以泰州之天灵皎皎，既无闻见之桎梏，又以新建明师证之，宜其为天下师也。”⑤

王艮语中所举童仆往来视听，不假安排的例子与阳明所举童子之“洒扫应对”即是道的例子，都属于百姓日用即道的经典事例，这种指点领悟的方式在泰州学人中使用甚多。他如《心斋年谱》所载嘉靖十一年(1532)事，有王汝贞

① 《王心斋先生遗集》卷三。
② 《王心斋先生遗集》卷一。
③ 《王一庵先生遗集》卷二。
④ 《王心斋先生遗集》卷一。
⑤ 《王心斋先生遗集》卷四。

等人来随王艮学，“初，汝贞持学太严，先生觉之，曰：学不是累人的，因指旁斫木匠示之曰：彼却不曾用功，然亦何尝废事？”同样是以百姓日用的例子来说明道之所在，及学者求道的方式，百姓之生存方式本身即是道的载体。其所依据的原理，即所谓的当下性，大致可包含两个方面的意思，一是就道的存在而言，是道在当下，良知现成，二是就求道过程而言，是当下即悟，返身可得。王艮之后，泰州学派中王襞、韩贞、颜钧等多对直指良知的易简之法有近似的解释，尤以罗汝芳对之的演述最为充分。

罗汝芳讲学在泰州学者中最称善诱，这与其常以各种百姓日间举为来指点心性的作法有关。比较典型的如有指点童子捧茶的事例，当有学者怀疑童子也能“戒慎恐惧”这一深奥的理学功夫时，罗汝芳以为，虽然茶房到厅有许多门限阶级，但童子捧茶而来，却不曾打破一个茶瓯，故可曰“此捧茶童子，却是道也”[①]，从而使听者省悟。又如让诸生观“童寇击鼓敲钟，一音铿锵朗朗；诸乡老拱立而听，一句一字晓晓了了；以至诸吏胥执事供茶，亦一步一趋，明明白白。”从而证明“此道现前也”的道理[②]。又如举街衢间“大众车马之交驰，负荷之杂沓，其间人数何啻亿兆之多，品级亦将千百其异，然自东徂西，自朝及暮，人人有个归着，以安其生，步步有个防检，以全其命”，窥觑其“中”，总是心性“自有不能已者”[③]，可证明良知本身即能知善知恶，并在呈示过程中形成自然有序的秩序。而这种以百姓的日用行为来开启学人的思维，自然会含有百姓虽未经各种学虑，却反而能比学道之士更贴近于道的道理。

过去学术界对罗汝芳在泰州学派中的地位一直缺乏认识，多只限于在“明德”一线上来描述他的学术造诣，实际上他也是王艮之后于理学框架中对百姓下层问题涉及最多，即在“亲民”这条线上行走得最远的一位学者。其对“百姓日用之道”的论述也是从对《中庸》的演绎出发而结合其“赤子之心”的理论进行的，并借此而体现出其在“亲民”说与“明德”说间所作的一种贯通。如其专论《中庸》题旨的几段文字：

> 今且论天下“中”从何来，乃民受天地之中以生也。“庸”何从名，乃中等平常之人也。今此中等之人，名以庸常之辈者，义岂不谓各随己性，而

① 黄宗羲：《明儒学案》卷三四《近溪语录》。

② 《近溪语录》卷下，万历间刻本。

③ 《一贯编·四书总论》。

易简率直也哉！此简易率直，以为知其知，不须人思虑，却是阳明发越，而天命之照耀也。此简易率直，以为能其能，不须人学习，却是阳和充盎，而天命之活泼也。①

此书（注即《中庸》）须要先认“中庸”二字，即是平常二字也。故其首章语道即曰“率性”。率者，自然而然，不别加意思是也。又曰“不可须臾离”。须臾者，自朝至暮，无时而非率此性也。又曰“喜怒哀乐”。喜怒哀乐者本虽感而见，无事而非率此性也。故此个道理，克满于日用，发舒于性情，圣人与愚人一般，今人与古人一般。故善求道者，不求诸古只求诸今，不求诸圣，只求诸愚。盖识得今时愚人所知能的，便通得古时圣人所知能的了。夫子以世之学者，不晓得如此求道，往往慕于高远而失之，故将大舜来做个则样说道。天下皆称赞舜帝是大知，不知舜之所好问而察者，每在浅近之言，而其所循执而用者又只是下民之中。盖言有浅近，而理无浅近，浅近之言即理也。民有卑下，而中无卑下，卑下之民亦中也。试看今时闾阎之间，愚蠢之妇，无时不抱着孩子嬉笑。夫嬉笑之言语最浅近，闾阎之村妇最为卑下，殊不知赤子之保，孩提之爱，到反是仁义之实，而修齐治平之本也。且细细论之，则不惟舜之用中于民而已，鸢鱼飞跃而上下察焉，又用中于鸢鱼也。庭前意思自家一般，又用中于草木也。②

盖愚不肖夫妇之能知便是圣神之所以察天地，却不外造端于愚不肖夫妇之知能也，此乃《中庸》之所以为至处，又是从古及今之民所以鲜能处。今且说民之所以鲜能中庸，而中庸为德之至自见矣。大要自古以来人皆晓得去做圣人，而不晓得圣人即是自己。故凡说着圣人便去寻作圣一个门路，殊不知门路一寻，即去圣万里。③

“中”即天道，“庸”为平常，“中庸”在此即被释为平常之道，就心性而言便是一种普泛性的“知能”性结构，而又可推之于天命所发。其理论来源可溯自其师颜钧之“大中学”，如颜钧《论大学中庸》篇释“中”为“是妙运也，皆心之自能在中也”④等，属心性的“知能”结构，即日用妙运之道。而颜钧之说又来于

① 《一贯编·四书总论》。
② 同上。
③ 《一贯编·中庸》。
④ 《颜钧集》卷二。

王艮,如上引王艮释"中"为童仆往来者也,百姓日用者也即是。同时又均将之推为与天地自然之同体。[①] 然至罗汝芳处则以此概念来贯穿解释整个《中庸》的术语体系,其中最为核心的论点便是一道在百姓,二是率性为道,二者间又构成不可拆离的互证性逻辑关系。正是因为百姓之生活无不为道之率然流行,以故也是心性的最纯然呈示,通过百姓日用之事,最能见心性的本来面目。而这些都基于首先将百姓的"知能"结构作为"道"与"成圣"的起点这一逻辑前提,这也就是罗汝芳一再强调的"赤子之心",或阳明所措而论之的"良知",也就是所谓《中庸》所揭示的一个基本宗旨。道之难觅与道之不见,就在于将道作为另外一个目标来追求,而不是从百姓知能结构中直接呈示出来,将圣贤当作一个外在设立的标样来求寻,而不明白回到自己的知能结构中即是成圣。如上所举,罗汝芳以为恰恰是在最为卑下与浅近的村妇那里,我们可以发现道之真相,一种纯然未污的"赤子之心",而这点又恰好反证了汉以后的儒家文明及由之所筑垒而成的各种功夫论学说的严重缺陷。

以上几种观点基本上代表了泰州学派对"百姓日用是道"命题的正面解释。由于对道体的存在与呈示方式作出了新的解释,强调了"道"对更为普遍化、凡常化的百姓生活事实的依附性,这在一定程度上更改了旧儒在这一重大问题上所确立的理论基础。在泰州学派诸人看来,百姓日用的命题原来即是原始儒学(主要是《中庸》)用以建构其理论体系的一个认识论源泉,只是由于旧儒的另求他途与错误解释,使之长期以来为厚积其上的理论迷尘所掩盖,因此需要通过对原始经典的重读及对下层生活事实的直接感察,清除陈陈相因的历史蔽障,使道的真实意义获得重现。但另一方面,泰州学者中的一部分学者又在一定程度上改进了《中庸》的一些说法,即在早期儒家的基础上减略了向上一线的追求,使之更向平实的、故常的境界靠拢。相对于传统理学对"道"的抽象论述来看,虽然泰州学派心目中的道也最终还是属于一种普泛主义之道,但却突出强调了对"百姓"这一特定群体的具体依存,这在王艮的表述中尤显明确。这种具体性一是指百姓生存活动的实际内容如穿衣吃饭、温清定省、

① 罗汝芳上引所谓"……不惟舜之用中于民而已,鸢鱼飞跃而上下察焉,又用中于鸢鱼也。庭前意思自家一般,又用中于草木也",大意源于王艮"周茂叔窗前草不除,仁也。明道有觉,亦曰:自此不好猎矣。此意不失,乃得满腔子是恻隐之心。故其言曰:学者先须识仁,仁者浑然与物同体。"(《心斋语录》,《王心斋先生遗集》卷一)同体说与同心说在天人结构中是贯通的,仁亦贯穿天人。

洒扫应对等一类的,另一是指百姓这一相对存在的社会群体,以后者而言,实际上是在对道的论述中赋予了某种下层意识形态性,同时也就自然兼具了某种意义上的对抗性。如果联系到整个中晚明的社会变化,这一视角的产生应当是可以得到理解的。

第三节 从同心说至大同说

当然,如果从立论来看,“百姓日用之道”仍然首先是在最为一般的原则上被论述的,即所谓的人人同心,圣凡同心。正是因为存在着普遍的心理同构,凡庸之辈的心性构成才被看作具有普遍的认知价值。同心说的命题除了能够辅证“日用是道”的基本观点以外,还含有向其他意义方向延伸的张力,从而进一步发展出泰州学派对民间性问题的多层次认识。

人同此心的观点原为理学的一般看法,并不处于重要地位,至阳明处,为论证“良知”的先天普遍性而加强了对之的论证。王艮的“满街人都是圣人”则更多地含有对下层社会民众的道德信念,而使其由一般性命题向民众性意义方面倾斜,突出了民众性、大众性在此命题中所含的比重。这个转变无疑是十分重要的,它为后来泰州学人对同心说的阐发提供了一种观念上的导向。

泰州学派所述的同心说包含有两个方面的主要内容,一是将人心皆同,良知共有即所谓的“知能”结构的存在视为其道德哲学的起点,二是将天下同德,万物一体的社会实践作为其理想寄托的归属。王艮释《中庸》时谓“愚夫愚妇能知能行者,圣人之道不过欲人皆知皆行,即是位天地育万物”的解释实已兼备二义:由人人皆具的“知能”结构而至人人皆知与行的现行形式——即天地位育。又如罗汝芳释“中和”:“从喜怒哀乐未发处指出为天下之大本,从喜怒哀乐中节处指出为天下之达道,夫中和既大同乎天下。则圣人必天地万物皆中其中,方是立其大中,必天地万物皆和其和,方是达其大和。故德曰达德,道曰达道。”[①]即中为天下同心之起始,和为天下一体之归属,两者在完整的价值体系中是不可分离的,而且终端目标即“大同”世界又是更为重要的。此外,此处所指出的“大中”、“大和”也是由王艮而至颜钧,再由颜钧而至罗汝芳等,相

① 《一贯编·中庸卷》。

传以下的两个重要概念，表明了其尤为倾向于关怀天下普通大众的理论特性，而与过去对“中和”说（偏于个体）的解释区别开来。

然而，由这种起点而至终点并不是现成可以沟通的，泰州学派中的一部分学者以为儒学所要解决的中心问题恰恰是由这种对距离感的忧患而引起的，它同时也为儒学的展开提供了必要的理论张力。阳明对这一问题自然也是有所思考的，比如他在设想乡村秩序之重建时对乡约的重视即体现了这一思绪特征，在与顾东桥通信中论述唐虞三代风尚时也指出当时的“下至闾井、田野、农工商贾之贱”，皆能“同心一德”，“无有乎人己之分，物我之间”的和化状态[①]，并将之作为理想模式来推崇。但总体上看，由于其仍主要还限于理学既有的思维，偏于从人文主义的一般角度来构设自己的论说体系，加之更多关注的是对义理与概念的精细辨析，对超越性境界与洒落心态等的理论发挥，从而使其学说带有明显的精神化的特质，尤其是很难将普遍民众的社会与道德觉醒当作理论的中心议题来关注。阳明之后，在心学的分化过程中，其他多数的流派也主要是沿着阳明所确定的思维路径前行，关心个体的“修身”的问题，或趋于对心性本体的一般性论证。就这一点来看，“同心说”的阐述不仅找到了一种沟通民众社会的桥梁，而且实际上也赋予了泰州学派有别于其他心学派别而具更为广泛社会关怀的一种理论视野，而其论述则正好围绕着如何由一种潜能的同心而至达完成的同心，由抽象的同心而至达现实的同心——这样一种提升化的路径而进行。

就理论环节上看，首先需要探讨的是起点与终点之间的距离感是如何产生的问题，这就依然与百姓日用是道的提法有关。在多数描述中，“百姓日用是道”是被作为一种可能性结构，或仅仅是行为状态看待的，还不属于更为理性化的知觉状态上的判断，在后一方面，则往往使用另外一个命题即“百姓日用而不知”来说明之。泛义地讲，“不知”即是未由可能而达现实，或更未由行为状态而达知觉状态的根本原因，在同心说的起点与终点之间横亘的即是这一“不知”，进而也是百姓目前所存在的一种道德论上的不足。王艮曾多次谈到这点，主要有两方面的意思，一是如谓：“夫良知即性，性焉安焉之谓圣。知不善之动，而复焉执焉谓贤。惟百姓日用而不知，故曰以先知觉后知，一知一

① 《答顾东桥书》，《王阳明全集》卷二。

觉，无余蕴矣。”[①]同样的意思有：“良知者，圣也，安焉者，学也，故曰性焉安焉之谓圣。知其不安而安之者，复其性也，故曰复焉执焉便是贤。惟百姓日用而不知，故曰以先知觉后知，是圣愚之分，知与不知而已矣。此简易之道也。”[②]又如在讨论百姓日用是否为“中”的问题时，王艮以为：“孔子云：百姓日用而不知，使非中，安得谓之道。特无先觉者觉之，故不知耳。”[③]由此可知，圣愚之分仅在知与不知，而此道是存在与百姓日用之中的，即是可以在行为状态上来认定的，不是说还仅停留在可能状态。二是如谓：“百姓日用条理处，即是圣人之条理处。圣人知便不失，百姓不知便会失。”[④]“惟皇上帝，降中于民，本无不同……惟百姓日用而不知，故曰：君子存之，庶民去之，学也者，学此以修此中也。”[⑤]此也说已显露为行为状态中之道，但却有失，推其意，或为显而复失，或是部分失却，但其原因仍在于“不知”，即缺乏知觉状态上的自觉意识。王艮另处对这一类型的“不知”有一个具体的解释，其谓：“日用间毫厘不察，便入于功利而不自知，盖功利陷溺人心久矣。须见得自家一个真乐，直与天地万物为一体，然后能宰万物而诸经纶，所谓乐则天，天则神。”[⑥]即不知自己本有主宰而陷溺于功利之中。又曰：“人心惟危，人心者，众人之心也。众人不知学，一时忿怒相激，忘其身，以及其亲者有矣。道心惟微，道心者，学道之心也……”[⑦]即不知道心之用而引起喜怒哀乐失调（不“中”）。也正是因为这个原因，所以泰州学人提出了更为进一步的面对普遍大众的先知觉后知、先觉觉后觉，也即“学”与“讲”的问题。

前期泰州学派诸人对待百姓“不知”的看法在总体上是基本一致的，但或对之作了补充说明，或由于立足点上存在的某种差异，而对百姓“不知”的内含、性质有不同的解释。对泰州学者民间性立场的认识，不仅应当看到在“是道”论命题下所展示出的新的思想趋向，还应当关注其在“不知”论（泛义）表述中所含有的另外一种思想运行轨迹，实际上它也构成了对前一命题的某种存

① 《答徐子直》，《王心斋先生遗集》卷二。
② 《与薛中离》，《王心斋先生遗集》卷二。
③ 《语录》，《王心斋先生遗集》卷一。
④ 同上。
⑤ 《答问补遗》，《王心斋先生遗集》卷一。
⑥ 《语录》，《王心斋先生遗集》卷一。
⑦ 同上。

疑或限定，其中或与论者的身份意识(有些是变化后的身份意识)有关，或是出于某种反思性意识。以下我们通过几位学者的论述，来观察泰州学人对此问题的认识，及在他们之间所存在的一些认识差异，同时，也可借此了解泰州学派成员在百姓“不知”问题中所包含的对待民间社会的怀疑论态度及在这种态度后面潜藏的价值论取向。

如王艮门下第一代学者林春，受王艮与王畿的影响最深，其论学以率性无碍为旨，文人化色彩较浓，相对较少注意下层状况，但仍间有所涉。其《简萧忘味》一文在谈论道在“易简”时即涉及百姓与学人间的同异：“盖愚夫愚妇作用，乃其真体流行，特其不著不察，故谓之愚。吾人惟此真知，不假外求，较伶俐耳。初无异于彼，也不知此，正圣学真传。”[①]《赠洪子成南归序》曰：“今夫心之精神是之，谓圣通于古而同于人……天以是道畀于人，庶民去之，君子存之。惟圣贤者蕴之于中，真足以自主而不甘与庶民伍也。”[②]以为学者与百姓初心相同，但由于百姓不察，所以出现了二者间的分流。后一段文字则与王艮的用词相同，以“存”与“失”来解说“知”与“不知”的后果。再就是《于述意》一诗中的解释，如云：“……优游趣更深，翕聚心偏乐。不求世俗知，惟求吾心乐。乐之意云何？随处能先觉。觉后惟缉熙，便是先天学。我本古人心，天地吾其廓。嗟哉世俗颓，甘与私邪缚。摧陷与廓清，斯任吾当学。大言思不惭，应可称先觉。既生斯世人，当共斯人学。万物同一初，吾心宁独乐。”[③]诗篇在群体关怀的前提下，仍明显地表露了学者超越性精神境界的优胜性，这也是作者在其多篇文章中所力证的，并以为世俗大众在同有之初心丧失以后已处于严重的颓丧状态，从而也使其以一种救世/被救的观念模式来看待知识精英与大众间的关系。率性乐境等固然也是王艮哲学的重要部分，但林春对百姓之道的认识则已与王艮有一定的差异。林春在阐述这一问题时所流露出的贵族化、文人化理学取向也代表了泰州学派中一部分人的思想状况。

颜钧对“百姓日用不知”的思考不是偶然的，而是结合其整个理论体系的框架而展开，有一套成形的看法。从颜钧早年组织萃和会的经历可以看到他对民众参预道德建设的信心与热情，然而在其著名的文章《急救心火榜文》中

---

① 林春：《东城子文集》，海陵丛刻本。

② 《东城子文集》。

③ 同上。

则在“同心”、“日用”的议题下展示了他对百姓另一侧面的认识，如谓：“窃谓天地之所贵者，人也；人之所贵者，心也。人为天地之心，心为人身之主……应酬日用，自不虑而知，不学而能者也。故曰：是心也，人皆有之。贤者能勿丧耳，圣人能自贵，众人则皆不能惜重，瓦裂自败，而行拂乱耳目口体之运，不认本体为作用，道故不明不行矣。参赞者知贵之所在，而立学以养心，人而囿于教，心闲乎学，斯得所贵。”[①]由同心而至分化是在于众人未能依道而行事，从而导致“本体”与“作用”的分离，即虽然人人自心皆具道体，但百姓未将之体现为用，即其道体仍处于可能状态，未进入行为状态。依据颜钧《日用不知辨》中对“日用”的标准解释，“日”即体（天）之运行，“用”则属于人身之运动，两者融摄而为“日用”，如是而能“随时运发，天性活泼，应感为仁道也”，因而体、用之分离也即日、用之分离。而关于分离的原因，颜钧同文有所涉及，以为是“惜乎人生斯世，未有父兄养之以此，未有师友教之以此，所以一生贸贸罔罔，日用此生以仁，而皆不知此即己心之良知良能……”[②]从其表述看，此处之“道”当已呈露为行为状态，却因不知而失却。颜钧另有《辨性情神莫互丽之义》是从一个稍有差异的角度论述“不知”之原由，以为“性情也，神莫也，一而二，二而一者也”，二者是互丽而冥运的，性情是呈露为象形者的，神莫为无方体无声臭之默运，大致也类似体用间的关系。然而“群习远乎道，百姓日用而不知也”，由此而产生了二者的非一。此间又涉及了一个具体化的原因即“群习”，可看作是对以上抽象论辩的现世化解释，是“不知”的现世化体现。在颜钧的多篇文章中对此均有描绘，如《急救心火榜文》中所云的“即是煎习，俗态胶固，殊似乎坚冰沍冻，非一阳至，卒未能化……无乃世降风移，王者迹熄，圣学蓁芜，人心汩没，致流覆辙，莫愈今日。”以故学者有必要“倡明圣学”，以致“心合道同”等。《告天下同志书》是颜钧为倡导讲会而撰，其中更是以人之身心四体为喻，解说自己对大众社会的看法并阐述学者的职责：“君子之于天下，犹身之有四体也。天下之戴大君，犹四体之供元首也。元首统四体以成形，形生必气血以周运。气运弗周，似四体痿痹，则不仁矣。是故君子之学也，将以苏天下之痹者也。人心桀欲，不仁以极，身纳罟获，动招耻戮，其道穷也。道穷思通，势所必然。

① 《颜钧集》卷一。

② 《日用不知辨》，《颜钧集》卷二。

君乘其必然之势，而引之于豁达之衢，民将悦之，犹水就下，吾胡为而不丕正之乎。”[①]从该段表述看，似也贯穿了二分论的思维，即心与身之间的分离。很明显，这也是颜钧对当前社会现状的一种判断，即社会发展至今已失去了一种起主宰作用、并能周运气血的道德灵魂，以至四体痿痹而不仁，而兴普泛之学、使人人皆学的目的正在于唤醒民众的道德自觉，即道德上的“不知”，由不知而至知，这也是由道德实践的特殊性所决定的，只能从人的知性转变入手，由此而才能“苏天下之痹也”。以此来看颜钧的前后表达，在道在百姓的论题中，讲的主要还是一种可能性，即“知能”的潜在结构；而“不知”则是一种现实状况，与之相伴随的是“俗态胶固”、“人心汩没”等等，甚至于已经达到了“莫愈今日”的地步，就此而言，与王艮、罗汝芳等对百姓的看法也是有一定差别的。

再来看王栋对百姓“不知”的解说。其《会语》所载：“君子谓百姓日用是道，特指其一时顺应、不萌私智者言之。谓虽圣贤处此不过如是。惟其冥然暗合，而不知其即此是道、是性、是圣、是贤，故转眼便作跷蹊。非自私则用智，忽入于禽兽之域，而也不自知也。故与道合者才什一，而背于道者恒什九矣。”[②]由此可见对百姓的道德现状是很不满意的。在他处，王栋在谈论如何摆脱旧习等时，提出的一重要作法便是“将平时惯习世俗心肠翻然一洗”，“绝不甘心混在乡里常人中，虚生枉死”，又云：“学者但一时一刻在恶衣恶食上起念，便不是志道心肠，依旧作世俗情态。”[③]这可以看作是他对世俗大众社会的一种现实认识（与抽象地谈论日用是道时所作的评价已大不一样），仍基本限于旧的文人化理学的认知模式中。而从他的论述看，其中有一概念值得注意，即其以为日用是道在行为状态中还是成立的，只是所占比重的过少而已（十分之一），因而多少仍能将之看作是一现实原理，而非单纯是一可能性原则。也正因为有这样一个认识前提，王艮等当下直指百姓之道的作法及关于现在良知的理论才能解释得通。

以上所举三位早期泰州学者对百姓“不知”论的解说，及对下层百姓道德现状的估计，虽然有所不同，仍大致已可从中看到泰州学派中的主流派在处理这一现象时表现出的一般态度。区别当然是存在的，比如在中期何心隐就更

---

① 《颜钧集》卷一。

② 《王一庵遗集》卷一。

③ 《会语》，《王一庵遗集》卷一。

多是从差距上看待各阶层间的分化，而罗汝芳虽也较多谈论圣凡间的差异，对百姓之不足却常采取轻描淡写的方式，更多对百姓的心性自觉与道德自觉抱有充沛的信心。

就以上对百姓之不知的叙述看，几乎所有的泰州学者都使用了一种较为一致的比较式，即取百姓与学者作比较、凡愚与圣贤作比较，而其中又明显地含有一种至上而下的视角，以此而表明自己优越于百姓的地位（各人只是程度上、情感上有所不同）。不管自己原来的身份如何（比如是农工商等），但已非属于与百姓一体的人群，而是与不知者相对的知者，与概念上所说的“百姓”之间是存在着一清晰的差距的。同时，既然“不知”是一种缺陷性结构，因而在其逻辑的自然延伸过程中泰州学者便提出了先知觉后知的问题，即启迪民智的问题，其目的当然是为最终能克服此“不知”。而先知觉后知的表述也同时赋予了表述者一种心性学上重新确认的、作为思想启蒙导师的身份，很显然，这种强化后的社会化视角也为理学发展史充入了一些多少有些异样的东西。

以启迪民智的路径而言，泰州学人较为普遍地提出的是“学”、“讲”、“教”等的方式，这些词汇在他们的著作中不断地被论述，使用频率甚高，有针对一般而言的，也有专对百姓而言的。尤其是“教”概念的，更多涉及的是教民的问题，这跟早期王艮所提出的“师”的概念也有密切关系。“师”的意义指向是既要成为“帝者师”，也要成为“天下万世师”，这个来源于孟子式的假定，当然不是有关各种工具理性或知识理性之培养的（如举师、经师等），而是欲成为社会的精神导师，解决社会的灵魂问题；就面向社会而言，不是限于制度化形式或受制度化影响的学校教育，主要是一种普遍的社会教育、民众教育（有时也与学校教育有关）①。关于为师的命题学术界已作过一些探讨，虽然更有其所包含的深意需要作深入的发掘，但限于篇幅，今不再述。然而有些问题还有必要进一步追溯，比如在儒学发展的整个连续线上，为什么至明后期教民的问题

① 当然泰州学派也未放弃对制度内教育的重视，比如在学校教育中推行超功利性的道德教育等。这点王艮在《王道论》中即有说明：“今欲变通之（注：现有科举制），惟在重师儒之官。选天下之道德仁义之士，以为学校之师。其教之也，必先德行而后文艺，废月书季考之繁，复饮射读法之制。取之之法，科贡之典、祖宗旧制，虽不可废，当于科贡之外，别设一科，与科贡并行，如汉之贤良方正孝廉。”颜钧也在《耕樵问答·急救溺世方》中提议：“……又从而广搜有位无位、学德智仁堪称贤能者，取聘来京，均授孔氏心造，躬佩孝弟慈让，大学大道，衍教四方，丕易人心，期年归仁而有成，数月悦服而尊亲。”

(而不是那种有限的庠序之教的问题)开始在儒学的理论阐述序列中强烈地凸现出来,成为许多学者们所关注一个十分重要的课题?而此教民论除了与一般所述的泰州学派的下层出身、他们对下层社会固有的情感等相关以外,在泰州学派的义学表述系统中,甚至置于一般理学系统的表述中看,又是在怎样的概念前提下被确立与展开的,从而使之具有了理论的合法性及能顺理成章地展开?这一点同样是相当重要的,否则它就很难被理论化而转化为学术话语的一部分,并借此获得更为有效的理论说服力与表述力,只能作为一种偶然飘零的思想碎屑而存在,同样,从这点入手,也能看出泰州学派为自己所选择的切入时代问题的特殊角度。

先来看后面的问题。这首先与王艮以独特的领悟方式所阐述的"淮南格物"说有关。"格物"是儒家原始经典《大学》整个论述结构中处于关键位置的一个概念,理学各派都对之相当重视,并由之而引起学术上的分派,最著名的有朱熹与阳明的解释。朱熹释格物为穷尽事物之理,阳明则释此为"去其心之不正而归于正",而王艮通过对《大学》的整体细读,以为"格物之物即物有本末之物",从而将该篇中的"止至善"、"明明德"与"亲民"、"修身"与"平天下"置于本末论的框架中连贯起来,形成一完整的解释系列。虽然仍以"修身"为本,并以"修身"来带动"明明德",未离心学的基本宗趣,但相比较于其他心学流派而言,则尤其突出了"亲民"、"平天下"在其论说结构中的位置,以为《大学》所云之"大"即将自我的修身能够推之于天下,而非限于个体的完善。耿定向后来作《石经大学》篇,可看作是对王艮的这一提法的一种敷衍:"曰明德,一之真体也。曰亲民,一之实用也。曰至善,人己同原之宗,至一不二者也。是故明德者,必亲民,民亲矣,乃明德维己与人、一以贯之者也。古之欲明明德于天下者,岂故为是阔远哉?一之贯于天下者,其体本若斯之大也。然先之国与家,而推本于身心意知,始终本末、理本一贯。格物者,格此也……"①值得注意的是,这一论述在明德与亲民之间,已比王艮本人的解释更偏重于后者。王艮在释此时,又将《中庸》的"致中和,天地位焉,万物育焉"等的说法与之进行逻辑上的对接,将二篇的解释沟通起来,以《大》涵《中》,从而构成一心性论与经世论相统一的论说体系,即所谓的"大中"之学。这一取向在王艮初见阳明时二

---

① 《耿天台先生全集》卷一。

者的对话中即可见出，即其不同意阳明所云“君子思不出其位”的说法，而谓“某草莽匹夫，而尧舜君民之心未尝一日忘”[①]者。在解释为“师”之论时，王艮也是从这一角度推论的：“大丈夫存不忍人之心，而以天地万物依于己。故出则必为帝者师，处则必为万世师。”由[②]“良知”所具的不忍人之心而使天地万物依于己，从而产生了“师”的概念。[③] 又心斋及门弟子聂静所撰《语录原序》中论及为师的理由，即“非好为人师也，格物之实际也”[④]，最为直接表达了教民与格物之间的关系。时人又将这一“格物”论的发现视为“千载未明之学”[⑤]，这也从某种角度说明了特殊的时代变化对理论发明所产生的影响。后来的泰州学人大体未离这一基本学旨，由此也形成了泰派关心民物、关心社会，从“大”立学，本末兼顾的一以贯之的学术传统，并有别于心学其他流派。由上可见，教民论是淮南格物论的一自然延伸部分，即由其格物论而必然会引出教民论的思想。

以下可从颜钧《耕樵问答·晰行动》所阐述的内容，来看泰州学派教民思想是如何与王艮之格物论相生发的，其文曰：

> 夫“大”之方体也，曰明德，曰至善，曰知在格，曰意心身，曰家国天下也。夫“中”之主宰也，曰天命心，曰道睹闻，曰隐微独，曰天地万物也。总列张乎天道人心，流行日用，自具体强，不虑不学者也。云何系“学”乎“大”，以“庸”丽“中”，将焉取裁？……意必诚，心必正，身必修，家必治，天下必平，是为平章百姓黎民咸归亲亲也，此“学”之所以聚乎其“大”，立生己生人生天下之大本也……人人君子，人人中和，以为位育，不遗不过，此“庸”之所以承乎其“中”，达成己成人成天下之化道也。虽有两间作用之纷制，实本《大学》、《中庸》之自能。合而通之，心之乐，性之跃，学以橐，用为龠，日用流行，几活泼泼，百姓圣神，同此知能。[⑥]

① 《年谱》正德十五年条，《王心斋先生遗集》卷三。

② 《语录》，《王心斋先生遗集》卷一。

③ 耿定向《伊尹先觉论》在释孔子与伊尹作为“先觉”的理由时也以为是出于“彼其不忍之真机”，并赞王艮为孟子之后“一人而已”（《耿天台先生全集》卷一三）。当然这种赞扬又有进一步的限定，主要以为是在立志经世之愿而为先觉者，而又能“不在世味上求滋趣，讨烦恼者”方面。

④ 《王心斋先生遗集》卷首。

⑤ 《答问补遗》，《王心斋遗集》卷一。

⑥ 《颜钧集》卷六。

此中颜钧将《大学》、《中庸》二篇之主旨作了贯通式的解释，其中组合这一解释的内在逻辑便是王艮格物说。泰州格物说命题的要点之一是人与人之间的双向关联，故由己身之修而至天下道化，起点与终点之间构成了相互决定的关系，即所谓“本末原是一物”，并以为无论是《大学》还是《中庸》都无外乎此。进而，颜钧以“大同”说来概说终点上的目标，就《大学》而言是人人共此学，即大此学，以立天下大本；就《中庸》来说是人人致中和，即庸为中，以达天下化道。教民的含义自然已经十分充分地蕴含其中了。

颜钧以后，罗汝芳对王艮之格物说及“大中”学作了最为淋漓尽致的发挥，这与他对民众意义的倾心关注是分不开的，故其论学一般均能从“大”处入手，其自己亦云“圣贤学术须先见得大处，故《大学》、《中庸》开口便说个天下，正欲恢扩吾辈器局，联属天下以成其身。中则大中，和则大和，非是寻常小小家数”[①]。又曰：“孔子谓：仁者，人也，亲亲之为大焉。其将《中庸》、《大学》已是一句道尽。孟子谓：人性皆善，尧舜之道孝弟而已矣。其将《中庸》、《大学》亦是一句道尽。”[②]很显然，也是将《大》、《中》二篇的学旨缩连到淮南“格物”的意义上来解说，并且同时将起点与归属的内容均囊括在内了。较为全面地看待泰州学派的经世论观点，应当包含有养民与教民两个部分，而且如王艮、颜钧、耿定向等对养民问题也很重视，如王艮《王道论》等、颜钧《急救溺世方》等均对民生状态予以了急切的关心，但其理论关注的重心无疑是在教民的问题上，这跟其作为学者的身份有关。教民既是为“大”的一种推及过程（如大能载物），也是为“大”的一种实现途径（大同天下）。这点，罗汝芳对孔子教民事例的叙述可说是为之所作的一个最好的注脚，按其所论，也正因为孔子具有无不“覆载”之心，才有“有教无类”之实际，“后世形容之者亦曰：天地无弃物，圣人无弃人。推其在在精神，将我天下万物之人尽欲那之怀抱之中。所以至今天下万世之人，个个亲之如父，爱之如母，尊敬之如天地……真是浑成一团，太和一片。……”[③]而此，也是罗氏自己在讲学过程中努力欲去贯彻的。其他泰州学派成员广为接纳下层民众，普及道德学说的事实，当也可看作是对这一理论的

① 《一贯编·中庸》。
② 《一贯编·四书总论》。
③ 《一贯编·中庸》。

一种具体实践。[①]

“覆载”是泰州学人以“大”为“学”的天下观的一种表达方式。语出《中庸》,耿定向《伊尹先觉论》中释此:“《中庸》所谓无不覆帱,无不持载,并行不育,并育不害”[②]。早期王艮《勉仁方书壁示诸生》中述之曰:“夫仁者,以天地万物为一体。一物不获其所即己之不获其所也。务使获所而后已。是故人人君子,比屋可封,天地位,而万物育,此予之志也。”[③]就其关怀的边际来说,也就是不遗一物。颜钧在一般论述中也常使用这一概念,如谓“将驯知命乐天,以扬持载覆帱”[④],“成若生长收藏,止至覆帱中央”[⑤],“大成于七日三月之内,直善掀揭蒸丽覆帱之仁”[⑥],“时宜飞御乎性天之乐,莫御乎覆载持帱之大中”[⑦],等等。在王栋处,则以舜之好察的事例对之作了进一层的解释,如谓:“舜则不以有善自私,而以公善为乐。其视陶渔耕稼、深山野人,无不有可取

① 于此为“大”之论相一致,泰州学者对那种仅限于自我一身的“独善”思想,及其他理学派别满足于自我的道德修养与封闭的心性学解释、无视民情的作法等均持否定的态度,实际上后一种情况在当时心学界已很突出,从某种角度看,也是王学结构中相关要素(一种内趋型的心性探讨)发展的逻辑结果。早期王艮在论述其格物说时从其理论的构架出发,已对独善、隐世等提出了批评,如其《语录》谓:“洁其身于天地万物者,谓之遗末”。“孔子谓二三子以我为隐乎?此隐字对见字,说孔子在当时虽不仕,而无行不与二三子修身讲学,以见于世,未尝一日隐也。隐则如丈人、沮溺之徒,绝人避世而于鸟兽同群者。”又以讲学、教民为例:“……处不为天下万世师,是独善其身而不讲明此学,则遗末矣,皆小成也。”意谓仅有“修身”之本,而遗“天下”之末,仍为“小成”。由此,论理之结构又发生了倒转,即仅有本为小,必具末才可称大。所谓的“大成”之学,颜钧曾明确说过即是百姓的日用之学,即其云:“大成之学,不虑而日用不知者也。”(见《门人程学颜生母贞节得奏受旌序》)此后,王栋也对儒学中的自修派与高蹈派提出批评,如云:“后世学术不明,岂独异端害正混真,其最难辨者,隐以为高,尘芥禄爵,彼固自谓孔孟之徒,而世之诵法孔孟者亦莫不仰视歆羡爱慕,竟无辨其已为孔孟所不与者。盖天生圣贤,为民物也,故圣贤尽性必尽民物之性,必赞化育,而后与天地参。此辈虽高旷不群,凤翔千仞,然谓得圣人之清岸,然欲自称为孔孟之徒,则其洁身乱伦,同群鸟兽,是谓免于不同道也。可不辨哉!”(《会语续集》)另外,中期耿定向由其思想的总体倾向看,受王艮“日用”说、格物说、大中说等影响较深,以故对后来越益向超越性发展的心性之学表示不满,其与学界之争的一些文章便是以泰州前期的思想来批评王学的后期发展趋势,如其以泰州前期集中讨论的“中”的问题所展开的陈述:“百姓日用皆中也,常而不怪,直而不曲,故曰中。但不能知至至之,知终终之,此百姓之所以为百姓也。不独百姓,即贤智者不能知至至之,常求诸深远俶诡,是纳诸罟获陷井之中而莫知之避也。又或不能知终终之,常耽此虚见,色取行违,是择乎中庸而不能期月守也。用其中于民,其舜也与?吁,舜何人也,惟用此中而已矣。予侪何人也,愿好异而多曲哉。”(《用中说》,《耿天台先生全书》)

② 《耿天台先生全书》卷一三。

③ 《王心斋先生遗集》卷一。

④ 《明羑八卦引》,《颜钧集》卷二。

⑤ 《辨精神莫能之义》,《颜钧集》卷二。

⑥ 《履历》,《颜钧集》卷四。

⑦ 《耕樵问答·晰大学中庸》,《颜钧集》卷六。

者，则皆乐。然取之而与公同为善，是以一人之善达之为天下之善，诚天地覆载之心量也。此见吾人当以拳拳引接后进为心，不可俯视斯人，而有不屑同群之意。"[①]将自善而推向公善的说法与泰州格物论之思维是一致的，不仅由此暗含了对独善论与自修论理学的批评，并已明确将为善的范围落实到了底层民众。又如其引孔子之例而曰："孔子欲得中道，而狂狷亦在所思，乐育英才而鄙夫亦堪扣教，故包蒙藏疾，不弃一人，庸众二千，兼收并蓄，夫然后大以成大，小以成小，而造就曲成之盛……有道君子，欲以兴起斯文为己任，则必有包容荒秽之量，然后可以收熏陶长育之功。"[②]其中尤其突出地提到"鄙夫"、"荒秽"等，由之可知，覆载论的一个主要意思便是通过将容纳范围作最大限度的扩张，而可以将最底层的平民皆括入其理论关怀之中。

覆载之结果自然是人人同心的终极目标的实现，即始由良知之天生共有，而中经百姓不知的事实，及先知觉后知的启导，终至人心大同的结局。以泰州学派的圣愚论来解释，便是圣凡本来无别，因有知与不知、蔽与不蔽而产生了明显的差距，而通过以知化不知，去其蔽而至无蔽，则使广大的愚凡同登圣境，至达"百姓圣神，同此知能"，或云是在一更高的层次上返回原点的知能结构之中，"以我所知知民所知，天下共成一个大知；以我所能能民所能，天下共成一个大能"。[③] 泰州学人中如王艮、颜钧、韩贞对此"大同"化境均有描绘，尤以罗汝芳对之的铺陈、渲染最为繁富与不惜笔墨，从而将泰州万民同心的乌托邦理念推向了一造极的地步。[④] 鉴于篇幅关系，相关的论述不再于此罗举。由泰州学派一些人物对同心说的演述看，虽然其论证基点的建立受到阳明良知说

① 《会语续集》，《王一庵遗集》卷一。

② 同上。

③ 罗汝芳：《一贯编·四书总论》。

④ 但罗汝芳之大同说与王艮、颜钧等有所区别，需稍作说明。王、颜更多怀有一种现世的焦虑感，对当下的道德现状表示了不同程度的忧虑。而罗汝芳则以为大同的境界在明前期已经出现，故目前的工作主要是保守住，或增补所缺等，这同样是一种乌托邦虚拟。如其谓："往时儒先每谓天下太平原无景象，又云皇极之世不可复见。岂知我大明开天，千载一日，造化之底蕴既可旁窥，举世之心元亦从直指，尽数九州四夷之地，何地非道；尽数朝野蛮貊之人，何人而非道。虽贫富不同，而供养父母则一，虽贤愚不等，而数训子孙则一，虽贵贱不均，而勤谨生理则一。故芳自不才敢说天下原未尝不太平，而太平原未尝无景象……然其皇极世界，舍我大明，今日更从何求也……窃谓论治于今日者，非求太平之为难，而保太平之为急"。（《一贯编·四书总论》）故其在其他叙述中也往往是指点当时人人皆具良知，皆有善心的事实，来说明道德之性的现成固有等。

的明显启发，而阳明也曾对三代之大同境界表示出高度的仰瞻，但对百姓之是否能臻此大德化境并没有太多的信心，他更多关心的仍主要是士人的道德完善与精神完善的问题。然而这一视角至王艮、颜钧、罗汝芳等泰州学者处却发生了较大的变化，其中，一是将道德完善与精神完善的问题通过其道在百姓论与淮南格物论的阐释而大规模地转移到了百姓的论述层面上来，并同时相应地提出了教民、启蒙民众的时代议题。二是通过其既定的理论推演，使同心说的知能结构与完成结构直接、明确地贯通起来，由此而将"大同"世界作为一可完全兑现的事实接受下来。这既表明了泰州学人对下层社会的关怀已明显加强，同时也赋予了其理论更多非现实性的色彩。

此外，针对泰州学派围绕同心说已引发的这些论述，有些问题还需作进一步的补充说明与发掘。

第一由于泰州学派对同心说理论的强调论述，从而在理学发展的背景上突出了心性平等主义命题的意义，而泰派所云之心性其居于核心地位的又是道德主宰，因此也大致可将之称为道德平等主义(虽并非完全)，这种明显偏向于从下层社会角度所作的论证，理所当然地是平民主义思维的一个思想结晶。通过将平民大众置于与圣贤、贵族、文士等同一层次的价值水平上，由此而对世俗的等级观念构成了新的挑战。但需要指出的是，这种心性平等主义与过去的民本主义学说是有重大区别的，它并不是偏重于经济、政治等处境的改善，而是主要强调心性上的平等。这点并非是不重要的，因为，就儒学或理学为自己所确立的中心任务来看，对人之心性的探讨处于其实践哲学的最高层次，而道德确认作为对心性之本质与秩序的确认，具有最高的认知价值，(即其所谓"仁者，人也"，"大德必受命"等)，其他价值便均只属依附性的。由此可知，心性平等、道德平等的理念当是在最重要的层面上对百姓存在价值所作的一种肯定。而泰州下层学人所表现出的"出者必为帝者师，处则必为天下万世师"等的意识，即道德理性意识具有超越一切权力的意义，也可以说是对这一心性平等主义观的一种有力印证。

但另一方面，这种平等观又始终遭到现实论证的消解，这不仅是因为在道德知性的层面上存在的圣愚说等"上智下愚"观念体系对其平等主义论述实际具有的支配性，也在于这种平等观的展开始终局限于心性平等即道德平等的层面上，这样，在其心性论与道德论以外，泰州学人的观念中依然存在着较为根深蒂固的社会等级意识[①],这从一个侧面反映出了其平等主义观的有限性、局限性,因此在对之所作的评介上也是需要有所限定的。关于泰州学人的这方面意识有许多材料可以辅证,以几位下层出身的学者事例来看,比如王艮论尧舜与禹陶、孔子与颜曾之关系时,虽以为其间有同德之志,但在“位分”上是可以有“上下之殊”的;又如论子陵与光武的关系,以为子陵之不可称是因其有“狂奴之辱”;并以为“古之时百工信度”皆不可任越等。总起来看,王艮对固有的社会分工制度体系是取认可,甚至回护态度的,未在这方面表露出其权利平等意识。王栋以为圣人经世不以“时位”为轻重,但如“匹夫之贱”,则当“各随地位为之,亦自随分而成功业”[②]。颜钧在其教民箴言中也与王艮取同样的态度,劝导“士农工商。安分随宜”“各安生理”[③]等。可以说,泰州学人这种对现有社会分工体制,进而是政治、经济等级模式的惯例性认同与传统儒家的社会秩序观仍是基本一致的。

第二泰州学派对下层民众道德自觉的重视,不会单单是理论自身演进的结果,而是与整个社会变动的事实有着密切关联。随着一体化中央集权的逐渐涣解及社会分层的加速,民间社会已非作为沉默的群体而静卧于社会运作体系之下,而是表现出强大的自主性与亢奋性,其运动方式对帝国的政治、经济等均具不可低估的影响。与之相随,则又出现了有别于主流意识形态,而与世俗生活之变动相关的,带有某种情感性、功利性,甚至于推崇享乐、侠义、避世、反叛等的多样化的文化,尤其是正德以后,已演化为不可遏止的态势。由此而言,思想界对下层的关注,本身即产生于民间社会所带来的巨大冲击力,对百姓道德自觉的重视实际上是以变相的方式反映出了下层民众社会自觉与文化自觉的现实状况。而一些来自民间的学者本身即生活在这种活生生的状态之中,其本身便是这种自觉意识的积极载体。这就使得传统意义上的伦理哲学因视线的狭窄无法应对已经改观了的现状,及由此而需要通过适度的话语调整使之获得更广泛的阐释与运用功能。由这一视点来看待泰州学派提出

① 对于何心隐通财于有无的作法,并未构成对泰州学派等级观的否定。一是毕竟属于偶例,另一是即便是财产上的均分主张,也未取消何氏在政治上的强烈的等级论思维。另外泰州学派如王艮等提出的养民论也只是对民众经济条件的有限考虑。

② 《会语》,《王一庵先生遗集》卷一。

③ 《箴言六章》,《颜钧集》卷五。

的日用论与教民说等，可以发现潜藏在它理论体系中的特殊时代敏感性。

但是另一方面，泰州学派所主张的教民说，由其表述的内容来看，主要还是限于儒教的孝弟慈等具有道德整合性的传统概念，这点可从泰州学派的各种论述与讲学活动的内容中见出，百姓日用之道的内涵虽相对意义要更宽泛一些，但主要指的也还是百姓之日常伦理。其间，泰州学派诸人对明初太祖所订的"教民榜"都给予了相当高的评介，一般言及教民问题往往会引之作为道德教育的基本守则。如颜钧早期组织的乡里萃和会，"会中启发讲修，无非祖训六条"[①]，现颜钧集中有其当时自撰的《箴言六章》，自注乃"阐发圣谕六条"，具体标目则为"孝顺父母"、"尊敬长上"、"和睦乡里"、"教训子孙"、"各安生理"、"毋作非为"。王艮在《与南都朱友》一文中，对太祖榜文中"孝"之为道作了详尽的阐明，以为"榜文以孝弟为先，诚万世之至训也"，"盖孝者，人之性也，天之命也，国家之元气也"，"君子务本，本立而道生。孝弟也者，其为仁之本，与故亲亲而仁民，仁民而爱物，然而百姓有不亲者鲜矣"[②]。罗汝芳讲学也常推崇"六谕"，其称："高皇帝六谕真是直接孔子《春秋》之旨，耸动忠孝之心，不必距杨墨，人人知君父之恩之罔极也，宁非世道一大治，而天下后世获苏生也"[③]，而孔子之"亲亲之为大"、孟子之"尧舜之道，孝弟而已"不仅是孔孟的主旨，而且也将《大》、《庸》之旨一语道尽。这首先是因为这些道德教条即存在、融会于百姓的日用伦常之中，故求得天下太平不必如有人所传闻的那样需要借助异事的出现，如麒麟生，凤凰至之类的，只需在百姓中推行孝弟等节目即可，即其谓："如亲亲长长，则谁家无父母，谁家无兄长，亦谁不能孝，谁不能弟也，可见太平之福只在目前。"[④]就以上简要例举的这些材料看，大致可知泰州学人欲在下层民间所普及、及冀望于百姓所能"知"的内容，作为一种更具实践操作性的措施，则又体现于心学家所着力推行的"乡约"中。明后期出现的各种各样的乡约所设置的条款，其内容大体相似，其精神实质则均在试图通过这些日常可循的道德条例来规范民众的行为，并借此重建所谓明前期已有的上下有序、民各守分的乡间秩序。由此看来，对道德觉悟的倡导从某种意义上又

① 罗汝芳：《偈词》，转引自《颜钧集》卷五。
② 《王心斋遗集》卷二。
③ 《一贯编·孟子》。
④ 同上。

是为了规范民间正在浮升的、日趋多元化的社会自觉与文化自觉。当然从心学的视角来看，这种规范如果是要求于有效的，那么就应当成为民众自身的一种觉悟，通过短暂的启蒙而使提出的道德要求变为百姓的自我信念。当然，除了已经揭示的民间社会自主性上升的一般事实外，这些想法也与正德后大规模的民间动乱与地方骚乱的形势有较为密切的关系。以故，从泰州学派一些成员的文集中我们会见到，在理学层面上讨论的教民论至实践层次的落实上时，就往往变成了较为单纯的教育百姓遵守秩序一类的内容。这使我们看到了在《鳅鳝赋》以外的另外一种思路展开，及存在于泰州学派身上的多重复杂性。

第三泰州学派的不知说与教民说在后期所发生了一些明显的变化，不容忽视。如邓豁渠、焦竑均多次使用"不知"概念，但解释已不同于前辈。邓豁渠《南询录》谈及自己所悟道的主要内容之一即"知百姓日用不知的是真机，学者造到日用不知处是真学问"。又曰："学到日用不知，不论有过无过，自然有个好消息出来。"①如此看来，原被视为对道之不利的最大障碍"不知"，在此反而成了达道的境界，即不知便是日用之道本身的特征，而非其对立面。据其自己的解释是因为"事外无理"，而学者往往离开事去求得另外一种理、一种知，以至离道更远。因而学道也就是学如何返回到百姓的"不知"状态，"与百姓一般妥贴，才是道人本色。学百姓，学孔子也"②。邓豁渠谈论的这一问题，虽专有所指，但在意识上提供了另外一种认识的方向，对长期以来于"不知"论话题中已习焉不察地表露的压低百姓的观念是一种矫正。焦竑的一些文章，则对百姓的知性水平作了较高的估计，并以为有胜于儒者，如其《罗杨二先生祠堂记》曰："余谓是道也，老师宿儒所惑而不解者，妇人之所能言，童子之所可知者也。硕人名士所惮而不敢居者，愚夫自古所由者也。"③从而将"不知"的对象倒过来转为指向儒者。又在《书袁太史卷》中曰："学者日用而不知，不为凝滞所隔，则为聪明所乱，于是身在高堂广厦中，日向他人寻觅住处，又如忘已之头，狂走呼号，别求首领。"④谈到儒者的"不知"是因为为知识的固积与外求意识所障

① 《南询录》明万历间刻本，藏日本内阁文库。

② 《南询录》。

③ 《澹园集》卷二〇。

④ 《澹园集》卷二二。

蔽，因而反而不如处于纯真状态之百姓容易得道，由此甚至进而提出儒者向百姓学习的主张，这就又与邓豁渠的看法相近，如谓："愚夫愚妇于知能行的是中庸，彼隐怪于遵道者，亦何曾欠少？只是自信不及，向外求增，所以反失之。相传白乐天作诗，欲人易晓，蓄一妪于家，诗成则以问之。有不解，应时改定。今人学道，只以愚夫愚妇为师足矣。"①邓、焦二人的这些论述，从一个侧面反映了心学关注的重心已经发生了变化，去除各种定执与陈积的知识闻见成为后期心学展开的重要任务，由此，过去那种先存在着一个高于百姓的"知"反而成了直达"知"之实体的蔽障。

既然百姓"不知"的问题已被另一种新的思维所消解，教民说也就很难成立。在李贽那里，"教"的概念或教民说更受到其多方面的质疑，这与其整体思想的调整有关，其中，至少有几个观点是可措而论之的。一是对泰州格物说的重新辨明。王艮格物说，就理论上看，本末兼重，"明德"与"亲民"并举。但为立其学派宗旨，及克服心学其他流派专论心性的弊端，因而自王艮以下在泰州学派内部便存在着偏于强调经世、亲民一翼的倾向，甚至有较为极端的表现，这就自然造成了以群体性关怀的理由掩抑了对个体性生命的重视，②而这点显然与晚明社会发展的另一趋势是相背的。李贽在与耿定向的论争中所指出对方拘于"人伦之至"即一最为明确的例证。故此，李贽在论证明德与亲民的关系时，便有意突出明德的前提与功效，如其《寄周若庄》一文所论："明德，本也；亲民，末也。故曰'物有本末'……今之谈者，乃舍明德而直言亲民，何哉？不几于舍本而图末，薄所厚而欲厚所薄乎！"③其所谓"今之谈者"当然有明显的针对性，而使"末"在论述过程中实际占据了"本"的位置也的确是前期泰州学人可能形成的思路。又如《复京中友朋》中谓："既能明德，则自然亲民……今无明明德之功，而遽曰亲民，是未立而欲行，未走而欲飞，且使圣人'明明德'吃紧一言，全为虚设矣。"与之相对应，则在"学"与"教"之间，出现了"未能不厌

---

① 《崇正堂答问》，《澹园集》卷四七。

② 由此我们可以看到，"明德"与"亲民"二端关系的升降实际上成了明代心学内部发展的一种理论张力，应注意对之认识的变化。由阳明之偏于明德，而王艮等以亲民矫之，又因亲民之掩蔽了明德，又有李贽等以明德矫之，形成一种阐释的循环。但前一明德与后一明德又是不一样的。

③ 《焚书》卷一。

而先学不倦”[①]的现象。李贽在此着意强调了明德(学)在前,而亲民(教)在后的逻辑次序,并以为那些醉心于亲民、教民的学者由于丧失了“本”之基础,其施为便事实上成了无源之水,进而又往往流于虚假。[②] 从上面对淮南格物的描述中我们已能看到,教民说是亲民说理论的延伸部分,而由于亲民说之遭到怀疑,教民说也自然失去了立论基础。二,由其对泰州格物论的一段表述看,李贽借助于对明德的强调而意在回归的心性之“本”,也就是所谓的“己”。在与耿定向论辩的文章《答耿中丞》中,李贽更清楚地阐发了这一观点:“且孔子未尝教人之学孔子,使孔子而教人以学孔子,何以颜渊问仁,而曰:‘为仁由己’而不由人也欤哉!何以曰‘古之学者为己’,又曰‘君子求诸己也欤哉!惟其由己,故君子自不必问仁于孔子;惟其为己,故孔子自无学术以授门人。”[③]谓由己、为己,从教学论上看,是因为心性自足,故不必借助于教的方式(如先觉知后觉)而使之有获;从存在论上看,则各人有自己的存在价值,不必由他人强行输给其一种存在的价值。关于后一点,李贽在同文论之甚彻,如谓:“夫天下之民物众矣,若必欲其皆如吾之条理,则天地亦且不能……各从所好,各骋所长,无一人之不中用。何其事之易也。”这也是对日常之道的一种新解释,百姓各有所好,各在其所生存的道中,皆各能得而“中”“用”,而以“先知”面目出现的所谓仁教所起到的作用则恰构成对此日用之道的拘禁,即其所谓:“夫天下之人得其所也久矣,所以不得所者,贪暴者扰之,而‘仁者’害之也。仁者以天下之失所也而扰之,而汲汲焉欲贻之以得所之域。于是有得礼以格其心,有政刑以絷其四体,而人始大失所矣。”[④]在这样的说法中,以德教民的作法不仅未能抹平圣愚之间的界限,反而成了圣贤对百姓实施精神与身体笼络的一种借口。虽然李贽的表述有其自己的思维角度,但至少还是指出了教民论展开过程中所存在的一些巨大理论漏洞或偏差(包括对其他理论视角的掩蔽与压制)。这可以说是对泰州启蒙主义所具的重大负面性所作的一次深刻反思,从而也隐

① 《焚书》卷一。

② 关于虚假性的问题,李贽在与耿定向的争执中也对之作了较多的揭示,如虽谓“我为尧舜君民而出也,吾以先知先觉自任而出也”,实际上是儒者的“盖覆”之法,其在行为上则“分明贪高位厚禄”云云(《答耿司寇》,《焚书》卷一)。在李贽看来,在儒家所构制制度方式中,儒者往往可以以亲民这样一种非常道德化的名义博得进入政治领域的资本,进而去获得更多的其他利益,这样的看法无疑是相当犀利的。

③ 《焚书》卷一。

④ 同上。

在地透露出整个外在环境正在发生的一些新的变化。过去许多研究者对李贽的这一表述仅看作是对个性的单独张扬，虽然也契合李贽的原意，但由于对连贯的思想史语境不太了解，以故未能对包含于这些思想中的更深层面上的意义（针对性）作出必要的解释。而通过这样的论述，我们对当时发生于两位泰州学者即李、耿二人之间的这场思想论争的性质也可看得更为清楚了，除了其他方面的含义以外，这实际上也是泰州学派前期思想与后期思想间的一次剧烈碰撞，不管当时的思想界对之的反应如何，由于李贽所作的有力辩驳，从而使得风行一时的亲民说、教民说等陷入难以自拔的理论困境之中，由此，晚明平民主义也迈入到了一个新的境界之中。

第四节　对身、欲、利等物质性概念的解析

晚明社会转型是与经济要素与物质要素的巨大增长相联系的，在观念领域则相应表现为较为普遍的对利益追求、物质享受、世俗情欲等的肯定，民间的情况尤其如此，这与其日常生存活动本身即与物质性生产与消耗的事实紧密相连有关（为此，理学界又有以物质性与精神性这一对概念来界分百姓与圣贤的）。因此，对物质生命、世俗利益的认识，将反映出一学术流派对时代变迁及民间生活价值的基本态度。而关注泰州学派对这一问题所作的理论思考，也可进一步探测其平民主义思想所达及的深度。

泰州学派成员间虽有其相对一致的论学宗旨，但由于该派延续时间的绵长及成员构成的复杂，对同一问题即有多种意见，尤其是在关及理学核心要义的物欲问题上，几乎每人均有自己的表态，本文不可能对之作全面的反映。但另一方面，有些人物的看法仍然在学派的思想发展历程中会更具代表性，既在于这些看法含有某种转折性意义，对时代观念之推进起到了带动作用，也在于其思考所达及的深度等是其他一般成员所难以够及的，为此可以之作为分析的主要范型，借此宏观性地把握泰州学派在这一思想行进线索上的主要走向。基于以上考虑，我选择了王艮、罗汝芳、李贽这三个泰派发展史上最为关键性的人物作为重点考察与论述的对象，并将之视为这一问题推进过程中三个不同阶段上的代表。其他成员的意见则在有必要时做相应补充。

一、王艮的物欲观与保身论

王艮对物质性生活方式的重视，在过去的研究中也有涉及，如用其自谓的“衣食足而礼义兴”等，以证明对百姓物质生活的关注，但这些在只言片语中偶然表露的思想不仅远未达到一般儒家政治家对之的认知水平，而且在明正、嘉时期社会经济生活已普遍发展，功利主义观念普及人心的思想环境中，这种简单的学术声明也不具有任何特出的意义。因此，还是要回到其理学体系中，从其体系所运用的概念出发，并将之置于较为完整的理学发展的思想谱系之中，考察其在这一问题上究竟提供了什么样的思想元素与理论视角，以至于与旧说有所区别，或仅仅是对旧说的一种延续性论证而已，由此而进一步观察其在思想史而非社会观念史上所制造的意义效果。

其中最为重要的是王艮对物欲或功利欲的看法，总之为对“欲”的看法，这也是一个道德心性体系无法回避的问题。在此之前，阳明对“人欲”是取坚决的否定态度的，如谓：“人心是天渊。心之本体无所不该，原是一个天。只为私欲障碍，则天之本体失了。心之理无穷尽，原是一个渊。只为私欲窒塞，则渊之本体失了。如今念念致良知，将此障碍窒塞一齐去尽，则本体已复，便是天渊了。”[①]可知阳明是将人欲看作为本体之失的最主要原因，这样，他在理论的核心处便与程朱理学所主张的“存天理，去人欲”保持着高度的一致，如其曰：“学者学圣人，不过是去人欲而存天理耳”，“减得一份人欲，便是复得一份天理”[②]。故率即率此无欲之性，修即修此无欲之道。同时，阳明又将这一理论推之于对圣凡、圣愚界限的确认，如谓：“夫良知即是道，良知之在人心，不但圣贤，虽常人亦无不如此。若无有物欲牵蔽，但循着良知发用流行将去，即无不是道。但在常人多为物欲牵蔽，不能循得良知。”[③]由这种推理方式，至少是这种一般性的表述中，我们也能看到理学是怎样将“物欲”这样的符号永久性地贴到百姓、常人身上去的，去物欲的过程常常就变成了改造自己身上的凡俗性或曰“百姓化”的过程。

在王艮这里，显然已不仅在情感上，也在理论上偏向于对下层百姓的关瞩，这是他有别于阳明的重要之处，从某种程度上似也应对其物质观、功利观

---

① 《王阳明全集》卷三。
② 《王阳明全集》卷一。
③ 《王阳明全集》卷二。

有所影响。但由其一般论述看，王艮对物欲还是取否定性态度的。其在“百姓日用是道”的解释中，其所意指的“道”，实际上是一种人伦关系层面上的日常规则，即便是依附于穿衣吃饭、洒扫应对等日常之“事”进行的，也主要还是在此日常表象下贯穿的道德条理，即天命之“性”的自然流行，而人欲则恰好构成对之的逆违。这在其《王道论》对“王道”的论述中言之较明，如曰：“所谓王道者，存天理、遏人欲而已矣。天理者，夫子有亲，君臣有义，夫妇有别，长幼有序，朋友有信是也。人欲者，不孝不弟不睦不姻不任不恤，造言乱民是也。存天理则人欲自遏，天理必见。”[①]依然是对阳明天理/人欲对立论的一种复述。王艮推崇于“乐”的洒落境界，但这个看似带有某种情感性的“乐”却是在去物欲、去功利中获取的，如其曰：“仁者安处于仁，而不为物所动；智者顺利乎仁，而不为物所陷。仁且智，君子所以随约乐而善道矣。”[②]又于另处云“日用间毫厘不察，便入于功利而不自知”，“须见得自家一个真乐”，才能宰万物、主经纶[③]。其所作《乐学歌》也有相关叙述：“人心本自乐，自将私欲缚。私欲一萌时，良知还自觉。一觉便消除，人心依旧乐。”[④]显然此所谓“乐”是一种本体性的精神境界，与欲念无关，并属高度超物欲性的，因此有时王艮甚至将其推向一种无欲的“极处”[⑤]。

但仔细阅读王艮另外有关物欲等的论述，则其仍对欲念的概念有微妙的限定，这对进一步理解王艮的思想是不能随意含糊过去的。如曰：

> ……此仁也，所谓至诚不息也，一贯之道。人之所以不能者，为气禀物欲之偏。气禀物欲之偏所以与圣人异也。与圣人异，然后有学也。（《明哲保身论》）

> 天理者，天然自有之理也。才欲安排如何，便是人欲。（《语录》）

> 只心有所向，便是欲，有所见，便是妄……良知一点，分分明明，亭亭当当，不用安排思索，圣神之所以经纶变化而位育参赞者，皆本诸此也，此

---

① 《王心斋先生遗集》卷二。

② 《王心斋先生遗集》卷一。

③ 同上。

④ 《王心斋先生遗集》卷二。

⑤ 这可见于其叙周敦颐之乐境，如《语录》云：“周子曰：一者无欲也，无欲即无极。一即太极，无极是无欲到极处。”

至简至易之道。(《于俞纯夫》)

有心于轻功名富贵者,其流弊至于无父无君;有心于重功名富贵者,其流弊至于弑父与君。(《语录》)

第一则材料所论主要是讲“气禀物欲”之“偏”,有害于道,并未全然否定物欲。这跟《中庸》的意思是吻合的,并不是否定喜怒哀乐等情欲之存在,而只是欲其能“中节”。从王艮他处对《中庸》频繁性的熟练运用看,应当是基于《中庸》的原义而言的。第二、第三则意思相近,主要集中在对有意“安排”作否定判断,这跟王艮一贯的论学宗旨一致,即其以为良知之体自然流行,思则当思,行则当行,易简之极,一旦入了人为的、有意识的作用,便会阻隔这一自然流行过程。自然流行为天理,人为安排便称作人欲,从而也在理论的逻辑行进中对人欲作了限定,即专指“安排”而言的欲念。那么如果是按自然要求所发生的情欲、情感,比如如上所说的能够“中节”之情欲、情感等,是否就不会对流行构成阻碍或进而能予以认可呢？依此论述,在这段叙述中,王艮仍然为欲望等保留了可能存在的空间(虽然王阳明之论人欲也有从人为“安排”方面来限定的,但总体上看,仍与王艮的用意有所差别)。这一点在第四段文字中可得到更明确的证实,这样的叙述方式,实际上是将“功名富贵”中性化了,其本身未必就构成流弊,流弊的原因在于“有心”即有“安排”,或轻之或重之,均为流弊(比如王艮论证善行时认为,其作为对象,如有意为之,也可能导致恶)。这里尤其要注意“轻”之的用语,意即有意取消物欲、功利也会成为流弊。那么是否可以就能有意摒弃之呢？结论显然是否定的。这个结论也见之王艮《王道论》中的另一段话,他在论述以德行为社会的共同目标时,以为既如此,人人便能“不复营心于功名富贵之末,而功名富贵自在其中”,“自在其中”也可看作是自然流行的一种表现了。①

由以上分析看,王艮对待物质性、物欲性事实似有着两层次上的认识。就一般而言,即在天道人心(“道心”/“人心”)划分的意义上,物欲构成了对天理

① 再由王艮的其他论述看,对于关乎个人利益的科举、仕禄等,并不否定。这从其理论推论看,当在自然率性的层面上进行的。进一步,从其格物论(即“大”)的原则出发,王艮甚至是鼓励仕禄的,以便在从政过程中推行、实践“治国平天下”之抱负,而对有意隐而避利的做法则多执批评于否定态度(不能“大”)。由格物的顺序中导出的“亲民”(由“明德”而至“亲民”)是天则的自然流行,而为仕则不能不接受位禄,故也同样是非人为的。

的戕害，因此需要遏止。就限定的意义上而言，如果不是有意识的追求，或发生而能够中节的情感、欲望等，仍在天理流行的范围以内，从而有其存在的余地。二种解说皆有其针对性与意义，而总起来看，即在道德论的认定上，天理是具有独立命名价值的概念，而物欲则不能独立命名，也不存在独立的价值，只有被天理所完全主宰，在天理的流行中依附而出时，才有道德论上存在的理由。虽然对物欲的认可在王艮的理学构成中是以十分隐约、微弱，甚至于是否定的方式闪现的，这也是其难以超越固有理学论述体系之处，但毕竟在意识中为之留下了一隙合理存在的空间。

王艮在理论上的突破，主要表现在其对"身"的阐述中。《大学》有"修身"一节，为"明德"之总述，又为"亲民"之端始，其中又曰"自天子以至于庶人，壹是皆以修身为本"，王艮据此而以为立身便是立"本"，而亲民是"末"，本立而末未有不达者，身之重要由此可见。但既然按照《大学》的原义"修身"即是"明德"，那么对"身"的解释，便应当属于道德心性论意义上的确认，而修身实际上是修心或修性，这也是理学的最一般认识，王艮也多有关于此的论述可以证之，如其《复初说》中所云："治天下有本身之谓也，本必端，端本，诚其心而已矣。诚心，复其不善之动而已矣……"①又云："吾身犹矩，天下国家犹方。天下国家不方，还是吾身不方。"②显然，离开了道德心性论上的解释，是无法对"修身"作出准确理解的，而这也是王艮格物说的必由之意。但王艮对"身"的解释并不限于此，如谓："天下有道，以道殉身。天下无道，以身殉道"③，此中所说之"身"，即已非单纯的道德心性论能够涵盖，而是带有物质之身的含义。而在《明哲保身论》中，王艮更是将"身"作了物质性的说明，如谓："知保身者，则必爱身；如保能爱身，则不敢不爱人；能爱人则人必爱我，人爱我，则吾身保矣。"④并将这个所保之身，置于与《大学》的齐家治国平天下的互为性结构中来论述，来对应他的淮南格物说，即所谓的"本末一贯者也"，从而在内含上将之演绎为物质性与道德性相统一之身，并尤在其中凸出了物质性的维度。

那么王艮是否将"保身"或更常使用的"安身"的意义附会到"修身"的意义

① 《王心斋遗集》卷一。
② 《语录》，《王心斋先生遗集》卷一。
③ 《语录》，《王心斋先生遗集》。
④ 《王心斋先生遗集》卷一。

上去之后，使它们成了同一个概念了？有时看似这样，如其将安身与亲民、平天下对举时，以为安身是本，亲民、平天下是末，二者恰好构成本末关系，又毕竟同样是一个身，而这个物质性的身在"格物"的意义范围内又是必然贯彻了道德性在内的。但仔细分析他的说法，则在更主要的叙述中又有所区分。王艮曾在《答问补遗》中回答诸生对《大学》"止至善"的提问，以为"三纲领"中"止至善"是"明明德"与"亲民"之上所立的一个"极"，而"止至善者，安身也"，可知"安身"在"明明德"与"亲民"之上。"身之为本，是以明明德而亲民也"，即只有先安其身，才进而能去做明德与亲民、修身与为天下之事。但也可以换一个角度做逆向推理，如"修身立本也，立本安身也"，由此可知"修身"与"安身"也构成某种因果关系，前者有助于后者，从而又可证明两者不是一个概念，既然这样，"止至善"概念所指向的也即"安身"概念中的"身"，首先属于一种物质性生命的构架。

这也可以从王艮相关的叙述中予以进一步证明。首先是从安身与亲民的关系看，亲民属于格物论中的题中之意，但王艮以为亲民是有原则的，即离不开"身"这个尺度，这个身包含道德性（明德）与物质性两个方面，就后一方面言，"危其身于天地万物者，谓之失本。洁其身于天地万物者，谓之遗末"①。即经世不能因而危及其身，危身也即失本；但同时，仅仅停留在单纯保身的层次上，而不将自己的价值引向外部世界的责任，则失去了末。这段解释同样也未离淮南格物论的范畴，而其中所说的"身"明显是属于物质性的，但在与平天下等事的对比中则是属于"本"，就存在性上讲是更重要的。同类的解说在王艮的语录中还有许多。再是从安身与修身的关系看，如《语录》引："门人歌'道在险夷随地乐'。先生曰：此先师当时处险时言之，学者不知，以意逆志，则安于险而失其身者有之矣。"②此是提醒身之重要，并指出保身相对于心性之乐是更重要的。其下一段话则对身、心关系有具体的解释："有疑先生安身之说者问焉，曰'夷齐虽不安身，然而安其心矣'。先生曰：安其身而安其心者，上也；不安其身而安其心者，次之；不安其身又不安其心，斯其为下矣。"③此处之身与心显然是两件不同的东西，虽然王艮未有正面提出安其身而不安其心如

① 《王心斋先生遗集》卷一。

② 同上。

③ 同上。

何，这显然是不能认同的，但安身之重要性已由此可见。这一问题，在一些学者常引的另一段话中也言之十分清楚，即："即事是学，即事是道。人有困于贫穷而冻馁其身者，则亦失其本，而非学也。夫子曰：吾岂瓠瓜也哉，焉能系而不食？"[①]其中将安顿衣食之身也作为学的内容之一，未知安身之本这一日常之事而仅学其他的，不可谓之学。为了说明身的意义，王艮在表述中总是将其推到一种失却的边缘予以说明，从而突现它的唯一不可超越性，即物质性生命处于一切作为之上，如果物质性生命一旦消失，修身、明德、保天下等就失去了它实现的可能，在这种推理形式下，可以观察到王艮思想中彻底的唯物主义要素。当然，这个为王艮强调的物质性之"身"还属于一种最为基本的生存条件，即属于一个"在生存中"的问题，是一种多种可能性存在的物质性框架，而不是物欲，由此在逻辑上也便能与其整个思想体系的其他概念保持解释上的一致。

由于去欲论构成了理学的主调，王艮以前的宋明理学对于可能牵涉的"身"的概念也或取存而不论的姿态，或以天理的概念来充替、制约它，使之在道德论上没有独立存在的理由，甚至于将百姓对身体的体验与"禽兽"的概念相等同，或以道义的名义来取消身体的存在（如谓"饿死事小，失节事大"等），这样在理学无限地放大自已的抽象职任（如倡为"为天地立志，为生民立道"等）、醉心于心性论探索的同时，便忽略了支撑这些理念的物质性身体这一现实基础，而通过其理论所展开的思路也可看出其中包含的过于精神化、贵族化的阶层意识。就此而言，王艮对物质性身的强调是具有鲜明针对性的，这自然也归之于其平民出身的经历，即如果能换一种角度看，在未为理学意识形态所条理化的直接性经验中，身的存在自然是最为直接与实在的，由此也可见出，王艮是从最为平凡的平民感受上来体会儒学与理学的命题，从而对之加以相应改造的。此外，对独立存在的物质性身体的强调，还引出了另外两个相当重要的观念，一是由于物性生命总是以个体形式出现的，因而对身的肯定必然会引向对个体价值的肯定，这从王艮对各种安身、保身事例的分析中即可体会出来，比如危及或保护的都总是某一个体的生命，而这一个体的生命又是其他生命所不可替代的，等等。二是就身体存在——即在"存在还是死亡"的意义上，所有的人都是平等的，而安身、保身的意识也是圣愚皆同的，即其《明哲保身

---

① 《王心斋先生遗集》卷一。

论》中所云:“明哲者,良知也。明哲保身者,良知良能也。所谓不虑而知,不学而能者也。人皆有之,圣人与我同也”,这就进而在其所谓的“止至善”的意义上提出了一个具有凌驾其他命题之上的平等主义概念,并可作为对心性平等主义理论的一种补充。事实上,无论是在关于欲还是关于身的讨论中,我们都能看到一个平民者的意识在其中所发挥的作用,的确,王艮不是从单纯某一方面,而是多方面地为晚明平民主义理学趋势的形成奠定了思想上的基础。虽然其思想多通过对传统儒学命题的论证展开,但在其理论之根基处却时时透露出、并弥漫着强烈的平民思想的气息。

王艮之后,保身论观念除了少数后继者如颜钧等对之有微弱的嗣应之外①,并未引起多大的反响,其中一个主要的原因是这一解释在学理上与《大学》原意并不吻合,带有太多的主观拟测性,在思想上则与理学、心学的惯例原则相背较大。王艮对欲的表述尽管略有新意,但也因有很大的隐蔽性,故未受到下一代泰州学人的过多重视,去欲论仍然是当时理论的主流。直至再下一代罗汝芳的出现,才在这些问题上又有新的推进。

二、罗汝芳对气质、形色、私欲的论述

罗汝芳对物质性存在与需求的探讨同样是在理学规定的理论范围内进行的,因此并不一定就是直接针对平民的生存状态而言的,但正如我们已指出的那样,理学形态对社会变动的反映在许多情况下往往是以间接的形式出现的,由此更需要在一种整体的思想语境比如时代思想的总体走势及思想家本人所携带或已改变后的阶层观等方面,来考察其与社会意识的关联。同时还可根据思想家提出的命题及对之的解决方式,来探测其对当时社会发展所取的态度,及其在思想倾向上的大致归属等。

在这方面,值得注意的是罗汝芳对气质、形色、私欲等传统儒学概念所作的重新阐释,这些概念在过去一般都是遭受贬抑的,并都与物质性“身”相关。在这一重新阐释的工作中,贯穿了他以学术准世风的高度自觉意识,即其所谓

---

① 颜钧的一些言论表明它受到王艮保身论的直接影响,如其《急救心火榜文》中云“而安身尊道,柱立宇宙,无不持载覆帱者也”即较完整地保留了王艮的原意,同文又有“多士能如农用六永贞,人心丕正,明哲保身,老安少怀……”。他文也有使用保身说的,如《明尧舜孔孟之道并系以跋》所云:“学尼父之道,五十三年以安身运世”,《耕樵问答·晰大学中庸》:“如此安身以运世,如此居其所……”。或同样以淮南格物说解释身,如《扬州同志会约》:“身根大本,谓之己也”。但主要还是一些单元要素,未因此形成某种体系性逻辑。

的“教化风俗系于讲求学术，讲求学术急须明正经书”[①]。

关于“气质”这一概念，汉以来尤其是朱熹为代表的旧儒将之引入先天结构之中，从而以为是恶的行为根据，并借此引出去蔽功夫的重要性。罗汝芳以为孔子有“性相近，习相远”、“继之者善，成之者性”的说法，孟子则主“性善”之说，并未以为天性中即存有恶的要素，而是以为恶来自于后天。罗氏之力倡孟子的性善说，是因为性善的观念与他自己所推导的“赤子之心”说是相吻合的。因为不杂有恶质，以致只要天性的纯然展开这种易简的方式，即可达道，也正因此，“百姓的日用是道”（百姓在天性上是非恶的）才能在理论上说得通。因此，他以为孔孟之后二千年来儒者所执的意见即所谓“仁首以克治，性补以气质”[②]，“于德性也疑说有气质之杂”[③]均是错误的，这些意见的流行使得”讲解漫传，本旨弗顾，俗沿习而愈趋，症因药而益病”，因此需要在理论上对之作出澄清。根据罗汝芳的推理，气质之性本无善恶可言，而在天性之善的导向下，气质之性也同样可呈示为是善的，如其谓：“孔子所谓继之者善，成之者性，而曰性相近也。至此德性用于目而为视，视则色色不同；用于耳而为听，听则声声不同；用于鼻口而为嗅为食，嗅与食则品品不同”[④]，这里，将气质等同于身的感知系统，虽然多样，但互不妨碍。以下一段文字更是对气质作了充分的辩护：“气质之在人身，呼吸往来而周流活泼者，气则为之，子今欲屏而去之，非惟不可屏，而实不能屏也。况天命之性固专谓仁义礼智也已，然非气质生化，呈露发挥，则五性何从而感通，四端何自而出见也耶？故维天之命，充塞流行，妙凝气质，诚不可掩，斯之谓天命之性，合虚与气言之者也。是则，无善而无不善，无不善而实无善。所谓赤子之心，浑乎其天者也。”[⑤]偏于从生命气运的角度界定气质，由此认为人的生命是一个整体，人所具有的道德条理如失去了气质则或无法呈露，或只能是僵死的形式教条。因此，它应当属于天命固有，即天命之性含有气质之性，并受着天命之性的规导而呈示为善的性质，另一方面又与天命之性有一种一而非一的关系。故此，罗汝芳以为旧儒之说，“以不善

① 《一贯编·论语》。
② 同上。
③ 《一贯编·中庸》。
④ 《一贯编·论语》。
⑤ 《一贯编·孟子》。

委为气质之性，则不善之过，天当任之矣”，这“岂非古今一大冤枉”，因此也是天下古今的一场“极情冤枉”①。在以上对气质所作的辩护文字中，可以觉察到罗汝芳已具有的一种非单纯道德意义上的，而是整体意义上的关于“人”的生命意识。

关于“形色”，从罗汝芳的有些表述看，与气质基本上是同一个东西，有时也单独谈论。形色的概念来源孟子，即其所谓“形色天性”，罗汝芳以为孟子的这一提法相当重要，而其本人往往能通过对这一语词组合的阐释来传达自己的思想。其中有一段问答很有代表性：

> 问：“形色何以谓之天性？”罗子曰：“目视耳听、口言身动，此形色也。其孰使之然哉？天命流行而生生不息焉耳。”坐中偶有歌“人心若道无通塞，明暗如何有去来”之句，因诘之曰：“子谓明暗果有去来否也？”于是诸友论议……各各不同。久乃进一新生，问曰：“目视耳听果即汝天性耶？”曰：“即天性也。”曰：“汝目果常明耶，抑有时而不明耶？”曰：“无时而不明。”曰：“汝之目常无不明，而汝心之明却有去来，是天性离形色而形色非天性矣。”众皆悦然有省。乃复告之曰：“目之明亦有去来时也……光与黑任其去来，而心目之明何尝增减分毫也耶！”②

此段文字含有两层意思，一是形色即天性，这是从天道自然、人本性善的意义上来说，原来心与身即混为一体，即罗氏所云“心之在人体与天通，而用与物杂，总是生之而不容已，混之而不可二者也”③。二是形色也可能非天性，这是从实践差异、后天影响的意义上来说。也正是有后一方面，罗汝芳提出了以天性主宰形色的主张，这与罗氏他处所论以心宰身、以天命宰气质的看法是一致的，从而回到了形色与天命统一的论证思路中，并看起来似更看重于道德对生理的主宰性。但正如时人已发现的那样，罗汝芳之论形色天性仍与一般理学家不同，罗氏自己也为此解释到，要说异的话，也就异在语义的偏重上。而且，罗氏还以为孟子也带有这样的偏向，即“若论口气，则以形色稍重”④，甚至

---

① 《一贯编·论语》。
② 《一贯编·孟子》。
③ 《一贯编·论语》。
④ 同上。

谓“孟子形色天性章，重在一形字”[①]。而推重形色又是与有意矫正过去那种贬低、否定形色的道学取向与舆论风尚有关，如其谓“今说者多详性而略形，更觉无意味也，大要亦自世俗同情皆云此身是血肉之躯，不以为重，及谈性命便更索之玄虚，以为奇崛。”故通过对形色的有意强调便是想让世人明白：“吾此形色岂容轻视也哉！”[②]以下一段语之更彻：“孟子因当时学者皆知天性为道理之最妙极神者，不知天性实落之处；皆知圣人为人品之最高极大者，不知圣人结果之地，故将吾人耳目手足之形重说一番。如云此个耳目手足，其生色变化处即浑然是天下所谓最妙极神的天性，故我此个耳目手足之形，一切世间贤人君子都辜负过了他，惟有圣人之最高极大者，乃于此形之妙方为率履不越也。如此便见得万物皆备于我，我能诚于反身，即其乐莫大焉者矣……”[③]这段论述似已可看到王艮论“身”为“止至善”的影迹，而其借孟子之虑，实际上是在指出理学的精神化倾向在身的问题上所陷入的重大迷误。[④] 在论述过程中，罗氏还几次提到孔子所云“道不远人”之语，由此可知所谓的物质性生命即属一种日用之道。

在罗氏所评述的孟子与告子思想之异同的一章中，也同样可见到他对物质性生命所作的辩护。孟子之辨告子是先秦思想史上的著名论争，后儒每每提及，并对告子贬斥有加，其中便包括告子所云“生之谓性”，“食色，性也”的观点。罗汝芳以为虽然孟、告之间存在着差距，即“差在仁义分内外”上，但“辩亦止辩其义外，而未辩其谓食色也”，至于“生之为性”的说法，实为告子思想之最为透彻之处，“孟子心亦喜之，而犹恐其未彻也，故以白喻之，而以人物相混探之”[⑤]。因此告子也不是如后来儒者所疵论的那样，而是提出了许多重要的思想，并是为孟子“极为爱敬”的一位学者。其中，罗氏以为告子所言之“生”字实也古先所常言而未尝嫌于言者，“至孟子自道，则曰日夜所息、雨露所养，岂无

① 《一贯编·四书总论》。

② 《一贯编·孟子》。

③ 《一贯编·四书总论》。

④ 但罗氏与王艮的差异仍是明显的，罗氏虽云万物皆备于我之身，不可离身而求仁等，但未有如王艮格物论处理三条目时是在一种由末至本，再至大本的层次上来确立身的至善地位的。另外罗氏虽强调了身、形色的重要意义，但由整体的论述上看来，还是更为重视内在的道德确认，其身包括心与形两方面，心之部分对形之部分具有统摄性作用。

⑤ 《一贯编·孟子》。

萌孽之生，乐则生矣，生则恶可已，是皆以生言性也。嗜则期易牙，美则期子都，为人心之所同然。目之于色，口之于味，性也。有禽焉是，亦以食色言性也。”①既然如此，在古代可言者，为什么在今日便不可言说？显然，这里存在着一个理论上的误区，因此在今日便应当更加强对生理之事实的论说。而对告子与其所提出的这个思想要点的辩护，也显示了罗汝芳的理论勇气及在当时推动思想开放的意识。

关于“欲”。欲与身、形色等属家族相似概念，罗汝芳有时也用以相互说明，但由于欲的主动占有性、包括其可能具有的倾轧性特征，因此在理学体系中比之身、形色更易遭致非议，甚至被视作恶之源泉、万恶之首。即便如阳明、王艮等于多方面均勇于开拓的思想家在去欲论上也只能因循旧说，或行之不远。罗汝芳对欲的看法见于多处，由于陈述时间、地点有异，或问题本身较为复杂，因而有时会看似有一些歧出之处②，但主要的思路仍是明白的，并言之较彻的。

在这方面，罗汝芳是通过对历史的追溯而展开自己对欲的看法的，他以为对欲的危害性认识由来已久：“盖自虞庭便说道心惟微，果是心涵道体，神妙之难窥；人心惟危，亦果是心属人身，形迹之易滞。危而易滞，所以形迹在前者，满眼浑是物欲；微而难窥，所以神妙在中者，终身更鲜端倪？”③在对虞庭的这段文字的解释中，罗氏将微、危之原因归于一是可见（身），一是难见（道），而人易滞于可见，故皆偏于追求物欲，而弊于知道。虽然已以“危”之一字来形容物欲的有害性，将之归入贬义，但更从客观性上分析欲是如何变成“满眼”这一事实的，而这恰是有“危”的原因，并未直接从性质上否认欲，这种用语上的变化值得注意。而其中有关道体/人身关系的说法，实际上又返回到以上曾用的（心/身、天性/形色）命题方式与解释方式中，以此而论，那么欲望本身并非是恶的，而是因为心与身的割裂，天道与人欲的割裂，而造成身、欲之无定向性、

① 《一贯编·孟子》。

② 如罗氏在“问君子三戒”条下所述，意义便有差出，如既谓“君子生平心心在道，但有损于道，即心必思以绝去一切，岂不专在所戒？”这与其一贯思想相合，即不须专门设一戒的功夫。但又谓：“……以是言之，一切固当戒，而旧说三事果尤为重且专也。有志学道信不可不知矣，且戒之为言最为入道之首，而进德之先。”这在理论上与“能身”的说法不甚一致。

③ 《一贯编·论语》。

无规范性的发用，或欲之过于突显而覆盖了道体之存在，使人不知，才进一步成为负面性的东西。罗氏在另处解释阳明“莫谓天机非嗜欲，须知万物是吾身”时对欲的这种处境也有清晰表露，他认为如果志气在心性上安顿，则“天机以发嗜欲，嗜欲莫非天机也”；如志气稍差，躯体着了脚，那么“虽强从嗜欲以认天机，而天机莫非嗜欲矣”①，这也等于说，在率性以行的层面上，嗜欲是具有其充分合理性的。罗汝芳以为人身遮蔽道心即虞庭所谓道心惟微的情况，至孔子时有了改变，这有赖于“生”的概念的引入，即《易经》“乾之大生”、“坤之广生”之谓，由“生”又引出了“仁”。罗汝芳在解释此“生”时，将之看作是涵盖物质与精神在内的一种整体意义上的生命展开方式，而其中所包容的用意也是很明显的，即将物欲含融于一体运行的天机之中。

这样的解释中实际上也包含着一个“百姓日用而不知”的话题，从而与其另外一命题相连。在罗氏看来，“不知”是由于道之神妙难见，而身之形迹易滞。不知作为一种客观规律，是不虑而知，不学而能的，因而是“日用”者，是含有道或“中”的；但也可能因为失“节”而发展为满眼皆欲，即欲的过度突出，从而覆盖与损害于道。由于道本身是不能无所不能的，即“道不能弘人也”，这就“必待先觉圣贤的明训格言，呼而觉之”②，即唤起百姓之觉而使之成为圣贤。不管这样的论述在逻辑上是否有问题，至少，就百姓日用的意义上看，存在着两方面的功效，从而对之的判断也有两种分疏，一是作为单纯的日用者，欲是自然之道的体现，固然有其一定的合理性；另一是欲的过度，从而与道分离或相背。有了后一方面的限制，我们就能更清楚地看清罗汝芳对欲望的较为完整的态度，即其虽然主张从天机以发嗜欲，但这一天机在内含上是有意义规认的，天机的发生被看作是一种中节之和，因此而又自然反对任何欲望的放纵。

既然欲本身具有自然合理性，那么在功夫层面上反对去欲论，便是顺理成章之事。罗汝芳之反去欲比较集中地体现在对“克己复礼”命题的重释中。他以为孔子“克己”当按古义释为“能己”，这样，功夫就不应当是逆向而行的，总试图制止什么，而是顺时而行，以便推广自己所固有者。罗汝芳以为孔子“平生所以为学，所以为教，只是以仁为宗”，这个仁也就是孟子的“性善”，就是浑

① 《一贯编·孟子》。
② 《一贯编·论语》。

然一体之心体,“能已”就是由自己的这个仁、善、心出发,率然以行,由此便是天道的生生不已,功夫简单而效益见倍。罗汝芳在此举了一原宪的例子来说明这一问题,原宪其目的也在求仁,以为“心尚滞于形迹”,而将之原因归为怨、欲二端纷扰,于是“尽力斩伐,已到二端俱不敢行去处”,但孔子对这样的求仁方式却“颇觉伤残”,故只是“漫付之一叹,曰可以为难矣”[①]。罗汝芳认为不赞成这种刻厉的去欲方式是因为“怨、欲是人性生”,属于人性中固有的东西,要将之伐治至不行的地步,不仅很难,而且会因人为用力太甚而伤害生生之理。罗汝芳另有在“体仁制欲”条目下解释“好仁者,恶不仁者”之说法的一段文字,其中因为出现了“恶不仁者”这种逆向型功夫的句式,因此就有一如何根据顺行理论对之作出辩解的问题。罗汝芳认为虽然也谓二者不可偏废,但一则孔子言之是有先后顺序的,二则“细玩此章曰:好仁者无以尚之,则不仁之恶自不待言。曰恶不仁者,其为仁矣不使不仁加乎其身,则非为仁之外另去恶不仁,而不仁之恶,好仁足以该之也”[②]。大意谓以仁出发自然会排除不仁之行为,不须另再添加去恶之功。如不忍亲以其身为不善,既可称为“体仁”,也可称为“制欲”,体仁与制欲是一回事,不须另加制欲之功。而不有意去欲,只从仁体出发,将之推行,那么显然人欲是保存在最初的发用中的;或是根据仁体的实践对欲望的指向作出必要的调整,并非一开始就制服所有的欲望。不管面对的是哪种情况,这样的说明都给人欲留下了某种可留存的空间。从某种角度说,这与《中庸》的原义也是吻合的,即并不是去除掉“喜怒哀乐”,而是使之“发而中节”即可,故依然不会导致欲望发用中的失范,既如此,也就能在不失道德主旨的情况下而对人的物质性欲求作出了肯定。

相比较于前期王艮的思想,如果说王艮的论述更强调“身”的物质性框架,那么罗汝芳则侧重于对“身”所包含的具体内容如气质(气)、形色(形)、欲望、各种感受系统(眼耳口鼻)等的论证,并通过对这些要素的解说形成了一套较为完整的论述体系,由此而将王艮开辟的对物质性生命重视的思路作了更深入的推进。这些思想发生在罗汝芳而不是其他人的身上,当然不会是偶然的,这首先与其对王艮开辟的泰州学脉的深入理解与准确把握分不开的,虽然王

---

① 《一贯编·论语》。

② 同上。

艮学说中存在着几个可朝不同方面展开的理论走向，但其中最重要、也最具基础意义的仍是隐含于淮南格物论中的泛平民主义精神取向，泰州学人中如林春、王襞等走的是另外一条"向上"之路，颜钧、罗汝芳等则在兼备中始终未离格物论所引导的"向下"一线的路径，以后一方面而言，则自然会进入到对物质性生命关怀的思维层次。

当然，罗汝芳对身、形色、欲望等的肯定，在当时已非孤立之事。与之同时或稍后，泰州学派中的何心隐提出了"寡欲"论的主张，其文曰："性而味，性而色，性而声，性而安佚，性也。乘乎其欲者也，而命则为之御焉。是故君子性而性乎命者也，乘乎其欲之御于命也，性乃大而不旷也。凡欲所欲而若有所发，发以中也，自不偏乎欲于欲之多也，非寡欲乎？寡欲，以尽性也。"[①]其中所论是将"身"的感官本能看作"性"，这类同于"形色天性"的表述，而"欲"是另外的一个东西，也是身所"乘"者，显然是不可缺少的，当然，其理想状态则是能为"命"所主宰，表现为"发以中也"、"节而和也"的形态，何心隐以为既然"中""和"为不偏于多，那么就应当属于寡欲的范畴。这些看法与罗汝芳没有多大区别，虽不弃主宰，但其论证的目的主要还在为"欲"作出辩护。

三、李贽的物质生命观

相比之下，于罗氏之后，在整个泰州学派的思想经历中，对人的物质性生命需求作了最激进式张扬的当数李贽，并表现出一些有别于泰州前辈学人的鲜明特性。

首先，在李贽的论说中，这个"主宰"或"命"的超越性意义已不存在。李贽于《答邓石阳》一文中有一段话，对理解其这方面思想十分重要，文中云："穿衣吃饭即是人伦物理。除却穿衣吃饭，无伦物矣。世间种种皆衣与饭耳，故举衣与饭而世间种种自然在其中，非衣食之外更有所谓种种与百姓不相同者也。学者只宜于伦物上识真空，不当于伦物上辨伦物。"[②]一些学者据此而认为李贽非常重视实用性的日常活动，体现了泰州学派的一贯主张。这样的判断虽然也接近原意，但如仔细分析，其中还包含着与泰州学派其他成员并不完全一致的思想，这就是对物质性事实所具的第一性的强调。无论是朱子理学还是

① 《寡欲》，《何心隐集》卷二。
② 《焚书》卷一。

阳明心学，就对人的看法而言，“性”作为一种理道是第一位的，对人的生命具有主宰的作用。由《中庸》的“天命之谓性，率性之谓道”来看，“道”即“性”，那么百姓日用如果有“道”，也便首先是一种性道。而阳明、王艮的良知是性，罗汝芳的“生”、“仁”也均是某种性，它们贯穿于人的具体生存活动之中，对这些生存活动具有统摄性意义，从而也使生存活动具有意义。而人的带有欲望的活动之有可能在一部分学者那里得到认可，也是因为它们受到了这种抽象性道的支配，能为这些性道所涵盖。然而李贽却认为“除却穿衣吃饭，无伦物矣”，“举衣与饭而世间种种自然在其中”，则将具体的生存活动提到了前面，而其他的东西，这里当然主要指的就是各种条理、理道等则只是包含在具体的生存活动之中，是依附于前者或为前者所带出的，因此也就不受各种条理、理道等的支配，相反，也可以这样说，在正常的情况下，穿衣吃饭这种日常生存事实反而对理道具有制约性。这样也就取消了罗汝芳等置于生存活动与功利性欲望之上、并作为必然性来论证的天道、天理的实际意义。虽然，李贽受佛学的影响在后面补充了一个“真空”的概念，具有以空宗来消解理学种种有关天道、人伦等原则的作用，但依然不属理道范围，就李贽在佛学上所主的色空不二论来看（色即是空，空即是色），空与伦物又是一件东西，二者之间不存在谁决定谁的关系，而是互相依赖而存在的。

其次，与以上的思想相关，即由于不受某种统摄性原则的支配，李贽以为人的欲望的多样性存在本身即是一种合目的状态，即“万物得所”、“天下之人得所”[①]，是自我确认的，其合理性无须他人的认同。这点也体现在他的一般叙述中，即在谈论日常的功利性欲望内容时，往往带有一种认定的合理性，而不需要附会其他的道德判断等。[②] 由此，需要做的不是去遏止诸种欲望，而是导其自我发用与自我实现，李贽在《答耿中丞》一文中即曰：“寒能折胶，而不能

---

① 《答耿中丞》，《焚书》卷一。

② 可举例说明之，如在《答周友山》信中谈及各人的生活所好，其文云：“……各人各自有过活物件。以酒为乐者，以酒为生，如某是也。以色为乐者，以色为命，如某是也。至如种种，或以博弈，或以妻子，或以功业，或以文章，或以富贵，虽其一件，皆可度日。”（《焚书》卷一）又如《答周柳塘》：“……仍然亦自有过活良法。所谓君子用智，小人用力，强者有搬运之能，弱者有就食之策，自然生出许多计智。”（《焚书》卷一）这些的表述法也出现在其他的文章中，在理学看来是可作出评断的各种生活方式，在李贽看来既是人们的一种真实选择，那么便有其存在的理由，故也是超出他人评判之外的。而这种潜伏在叙述方式下的观念变化，应当是更为彻底的。

折朝市之人；热能伏金，而不能伏竞奔之子。何也？富贵利达所以厚吾天生之五官，其势然也。是故圣人顺之，顺治则安之矣。是故贪财者与之以禄，趋势者与之以爵，强有力者与之以权，能者称事而官，软者夹持而使……”其得出的结论即：“各从所好，各聘所长，无一人之不中用”。即各人对自己利益的追求俱是为发展自然所赋予的天性，因此具有天赋的合理性。甚至说到底了，圣教也是因于各种不同的欲望所立的名目，即其所谓“孔子知人之好名，故以名教诱之；大雄氏知人之怕死，故以死惧之；老氏知人之贪生也，故以长生引之，皆不得已权立名色，非真实也”①。真实者即背后在起着作用的欲望冲动，因此而均是通过导欲来实现其学术目的，这样，也就不是去否定欲望的问题，而是欲望成了实现世界多样性、推动各种有效机制建立的必要杠杆，由此又可将之看作为一种能超越主观伦理体系之上的客观之善。

从李贽的这些描述中可以看出，所谓的“百姓日用之道”也就是由各种欲望性功利而造成的日常生活表象，这与罗汝芳等描绘的由仁、善等天命所主宰的日用景观，或将单纯的欲望性功利视为日用之不善，是有很大区别的。李贽在几处便直接用“日用”一词来概述这些众生相，如在《答耿司寇》中所称之“种种日用”，即“自朝至暮，自有知识以至今日，均之耕田而求食，买地而求种，架屋而求安，读书而求科第，居官而求尊显，博求风水以求福荫子孙”②之类。在《答邓明府》中所提撕一番的“百姓日用处”，即“如好货，如好色，如勤学，如进取，如多积金宝，如多买田宅为子孙谋，博求风水为儿孙福荫”之类，并以为“凡世间一切治生产业等事，皆其所共好而共习、共知而共言者，是真迩言也”。这也是人之“本来面目”③，即“趋利避害，人人同心”④。就此而言，也就进而改变了早期泰州学派所主张的同心说内容，将道德论上的同心改换成了物质生存论上的人人同心，同时也将道德论上的平等改换成了物质生存论上的人人同欲，而人人之欲又皆具自己存在的理由。毫无疑问，这样的设论似已具备了早期自由主义的思维特征。

再就是李贽对物质性生命事实的肯定是建立在对道学的坚执否定的认识

---

① 《答耿司寇》，《焚书》卷一。

② 《焚书》卷一。

③ 同上。

④ 同上。

之上的，而不是通过某种疏通之后重新将之纳入到道德体系之中。在李贽看来，现有的儒学道德体系不仅存在着一个名实脱节的问题，即以道德之名目来促进功利性的企图，而且在落实到具体的实践中时，也存在着一个道德言说与生存行为之间的背离。比如在《答耿司寇》一文中，李贽指出，诸如耕田求食、买地求种这些实际行为中的"种种日用"，均是为自己身家而计，人人不出其外，但"及乎开口讲学，便说尔为自己，我为他人；尔为自私，我欲利他；我怜东家之饥矣，又思西家之寒难可忍也；某等肯上门教人矣，是孔孟之志也，某等不肯会人，是自私自利之徒……"云云，在行事之中与人同欲，即"亦好做官，亦好富贵，亦有妻孥，亦有庐舍"等，但一等讲学，则又谈真机、去欲等"不容已"之理。通过这种论证，李贽深刻地揭示了去欲论道德学说所具有的内在反日用性、反真实性倾向。更进一步看，万物之不得其"所"，不能按欲望的指向来达到自我实现之善，也在"仁者"对之的侵害，如其所谓"仁者以天下之失所也而忧之，而汲汲焉欲贻之以得所之域，于是有德礼以格其心，有刑政以絷其四体，而人始大失所矣"等①，其中"格其心"的说法也有阳明"格物"说的影迹。而就这个既定的意义上看，李贽认为去欲论道德学说不但未起到助成人性的作用，而是成了恶之源泉或帮凶，以复其"所"为名义，实际上则是使人大失其"所"。李贽以为，只要圣人在上，"万物得所，有由然也"，民间正常生活在原来是完全可以按其自身的运行轨道而臻于完善的，其灾难一是来自"贪暴者扰之"，一是因于"仁者害之"。在这样的论辩方式之下，也就必然同时也将以仁者之"师"为己任的淮南格物之学置于相当之不利的理论境地，由此也实现了泰州学派的又一次思想超越。

从以上可以看到，李贽关于物质性欲望的论述，始终紧扣百姓日用的话题展开，百姓日用的话题不仅充入了更为真实的内含，也成了其理论论证的一种明确的或潜在的判断标准。由王艮而至罗汝芳，再由罗汝芳而至李贽，泰州学派对物质性生命的认识经历了三个不同的发展阶段，其中，对待百姓日用的态度包括对之意义的解释也从一个方面左右着他们对物质性生命的看法。王、罗的不彻底性主要在于在他们的心目中还悬着一个圣人或圣学的难以摆脱的范型，虽然，他们也在自己有限的认识范围内从不同的角度对身体观、物欲观

---

① 《答耿中丞》，《焚书》卷一。

等问题作了积极的探索，并有新的开拓，但圣学的精神化原则（当然是有特定的内指性的）却一直在其中充当着主导性的作用，因此在价值认知层次上便依然有个圣/凡间的上下界分，这也顺理成章地被认作是精神原则与物质生命间的区别。相比较之下，李贽对圣人与圣学是取强烈怀疑态度的，包括了在性质与道德（策略）上的双重怀疑，这使他更能够倾向于较为彻底的平等观，以一种失去了“圣人”的视角来面对大众生活的价值，或有意识地以大众生活的价值来消解圣人存在的那个平面。在李贽看来，在失去“圣人”、“圣学”视角的遮蔽之后，生活反而呈露出了最为真实、动人的面貌，比如市井小夫、作生意者们对自己“身履是事”的谈论即比讲学者的语言更为“凿凿有味”，“令人听之忘厌倦矣”①。这个“真”在李贽的论述体系中是具有最高理论价值的，既然这样，那种伴随着这种利欲而存在的百姓日常生活之本身就会比圣学的各项原则更具合理性价值。也基于这一理论态度，李贽能够突破原有的儒学框架，并在对待世俗化需求的认识上超越他的泰州前辈。当然，从王艮、罗汝芳与李贽的思想对比中，我们也能感受到时代变迁对这一思想脉络的递进所产生的影响，除了思想家个人的因素以外，毕竟由嘉靖而至万历后期的这几十年中，外部的社会环境也已发生了令人惊叹的变化。由其与整个晚明社会变迁的关系看，我们既不能简单地将思想文化方面的变迁与经济社会等的变迁等同起来，归纳到一个本质性的单一原因上，思想文化之变迁尤其是思想史的变迁仍有其自身的“问题”与解决这些问题的独特逻辑，但同时，总体间的变迁又是相互影响、推促的，并且共同酿造了思想演进的一个氛围。

---

① 《答耿司寇》，《焚书》卷一。

附录一：

贵州安顺屯堡社会调查报告

在贵州中部的安顺地区，以安顺市为中心，东起平坝县城及长顺县西北，西到镇宁县，北起普定县城，南抵紫云县界，聚居着20余万被称为“屯堡人”的明朝入黔的军、民户后裔。其中安顺市境内约有18万人。作为汉民族中的一个特殊群体，屯堡人至今仍保留着大量明清文化的遗存，堪称历史的活化石。2002年5月16日至23日，“晚明社会变迁研究”课题组一行四人：万明、许敏、张金奎、黄卓越在贵州师范大学历史研究所所长张新民教授的帮助下，先后到位于安顺市东北约20公里的大西桥镇之九溪村、旧州、吉昌屯村，位于安顺市城东约15公里的七眼桥镇之雷屯、本寨以及地处安顺地区东北约30公里的平坝县天龙镇进行实地调查。在安顺调查期间，安顺市委宣传部李晓副部长、安顺师范专科学校屯堡研究中心孙兆霞老师以及贵州师范大学的田景星同学给了我们大力的协助，使我们在短短7天的调查中收获很多。现将调查所得报告如下，并就其中一些问题谈一些浅见。

安顺地区在元朝以前一直与中央政府保持若即若离的关系，元初始内附，接受中央政府设官管辖。元朝大德年间，于此设普定路，下辖习安、镇宁、永宁三州。洪武四年(1371)，普定路女总管适尔归顺明朝，明朝政府改普定路为普定府，仍由适尔管辖。但不久适尔又叛归云南的梁王。为削平梁王的旧元势力，朱元璋于洪武十四年(1381)命傅友德、蓝玉、沐英等统率30万大军南征。安顺“襟带楚粤，控制滇蜀”，是兵家必争之地，自然成为明军的首选突破口。当年十二月，先锋顾成攻克普定。为使南征军后勤补给线畅通，顾成奉命留守普定。次年二月，明朝政府在此设立普定卫，屯田戍守。不久又裁撤普定府，以三州之地(习安州于洪武十六年(1383)改称安顺)属卫。洪武二十三年(1390)，明朝在这一地区又续设了威清、平坝、安庄、安南四卫以及乐民、平夷等五个千户所，大大加强了本地的防卫力量。

九溪村是我们调查的第一站。九溪位于安顺市东南约27公里处，号称安顺第一村寨，自然环境得天独厚。它三面环山，一面临九溪河，森林覆盖率很高。三面山坡和九溪河岸有较厚的无烟煤层。九溪河水流势平稳，水量丰沛，土壤也较肥沃，非常适合卫所军人屯住。而且其位于安顺市、平坝县和旧州(原普定卫旧城)之间，交通便利，有利于工商业的开展。

据该村80岁老人牟士元讲，九溪村的开创者是洪武年间征南留戍的朱、冯、姚、余、梁、洪、童、吕、凌、陈等十姓军官。他们到了九溪不久，就把九溪的山川河流占为已有，至今当地的地名仍保留着十姓军官占田耕种的痕迹，如朱家冲、冯家山、余家凹、姚塘头等。到民国初年，九溪河从大坝到仙人坝的河段仍归朱家所有，外姓人要在河内捕鱼或在河畔建房仍然要向朱家交费。一般来讲，在条件允许的地区，军官应与屯军相邻居住，以便于管理。九溪村邻近的旧州等周边地区地势较为开阔、平坦，水流充沛，适合屯垦，估计当时十姓军官所管的屯军主要居住在这些地区。在九溪村的汪公庙中保存有一块光绪十四年(1888)立的石碑，碑文为：

> 奉普定县正堂段示，谨将原禀批示列后：据恳禀民凌兴科、陈乔法、陈启学、冯秉正、吕登云、朱桃发、朱国真，住奠安里九溪坝，距城五十里。为恳禀以重正供，便民遵纳事。缘民等十姓祖居上九溪，额载屯粮共八十六石零三升，自来管理□□□粮差□□九，田窄粮重，每年民等□□共纳银五□□□□□□□□稀少，屯田荒芜甚多，难以完成……

明代军屯到清朝基本上改为民田，但保留“屯田”、“屯粮”名色，从残存的碑文中可以看出九溪村在明朝确实是军屯区。在碑文中提到了朱、凌、陈、冯、吕五姓后裔的名字，证实这五姓确实是明朝的屯军后裔，至于其祖先是否是军官尚难断定。

牟士元老人告诉我们,十姓军官和他们的亲属当时主要居住在河边,逐渐形成后来的“大堡”。洪武二十一年(1388)傅友德二次南征以后,大量移民“填南”而来,大堡不能容纳,遂在旁边形成“小堡”。由于九溪的地理条件较好,移入的人口日渐增加,在大小堡之后又延伸出一条“后街”,从而形成目前的三条主街的格局。当时的人口已经有百余户。据说大小堡和后街的分界处的那口井建于明朝崇祯十一年(1638),主要供后街人饮用,同时作为大小堡和后街的分界。井边原来立有一块碑,现已无存。

九溪由于地理位置优越,人口增长很快。据介绍,在明朝军队进入之前,这里住有 30 多家青苗。明军进入后,土著苗民被迫迁往周边山寨,目前村中只有陈、张两姓的土著苗族后裔,几百年来风俗习惯已经与汉族无异,且相互通婚。民国年间曾经有 30 户花苗从附近山寨中迁来居住,现在只存杨姓一家。

大致到明朝天顺年间九溪的村名形成,当时称“九溪坝”,后简称九溪。九溪的人口在康熙二十二年(1683)达到 1203 户,5710 口。到咸同年间达到鼎盛,有 2000 余户,8000 多人。在咸丰《安顺府志》中有“九溪是座城,只比安平(今平坝县)少三人”的说法。其中朱姓有 200 多户,1000 多人,是村中第一大姓。太平天国起义,九溪人站在清朝政府一边,和太平军发生武装冲突,人口损失惨重。其中朱姓全族仅幸存 1 人。劫后余生的村民大量外逃,民国十四年(1925)又遭百日大旱,村民竟致互换小孩为食。此后九溪又历经战乱、饥荒、疾疫等灾难,到 1949 年解放时全村仅存 487 户,2300 人左右。建国以后,历经半个世纪的发展,九溪村目前有人口 1030 户,4100 多人。

随着九溪人口的增加,定居的姓氏逐渐增多。根据村中老人宋修文撰修的《九溪村志》记载,洪武年间九溪已经有三十多个氏族,明末至民国又陆续迁入二十多姓。[①] 随着时间的推移,开创九溪的十大姓中洪、童、吕姓已经在村中消失。姚姓人丁一直很少,现有的几家多为外姓子承祧。诸姓中始祖最有名的是顾姓,据 73 岁的王厚福老人介绍,顾姓始祖是明初征南名将,后封镇远侯的顾成。顾成长期镇守贵州,早期居住在安顺城内的顾府街,后来因为人口增加,陆续向外迁徙。九溪村原有一座顾成墓,后来顾氏后人在整理被盗的墓

① 《九溪村志》(第七稿)第三章第一节《氏族》,2000 年 5 月 31 日完稿。

葬时发现此墓的墓主不是顾成,而是他的儿媳俞氏。不过据此也可证明村中顾姓确实是顾成后裔。王厚福老人称九溪是屯堡的发源地,大概与村中有此“名人”墓葬有关。

开创九溪的十大姓以及后来迁入的诸多姓氏大多称其始祖来自江西、安徽、江苏等经济文化较为发达的江淮一带。原来只在屯堡地区内种植的山药、韭黄、小茨菇以及茭白据说都是从江淮一带传来的,其中山药当地称为“淮山”,确实带有一些外来的痕迹。另外村中传统的手工艺,如熬制糯米糖、麦芽糖等,据说也是由来自江淮一带的屯军带入贵州的。是否属实,还需严加考证。

随着人口的增长,九溪人多地少的矛盾逐渐凸显。由于此地位于往来安顺、平坝、旧州三地的交通要道,在人口的压力下,九溪人逐渐因地制宜的形成了亦农亦商,农忙务农,农闲经商的社会风气。九溪的传统手工业用一句话概括,即“煮酒熬糖推豆腐”,其中制糖最负盛名。熬糖技术的创始人是洪武十四年(1381)征南入黔的钟姓始祖钟大吉。熬糖的家庭最初只有三五家,后来发展到一百多户。生产多了必然要销售,基于“一寨人不养一寨人”(即商品不卖给本村人,不赚本村人的钱)的传统,米糖只能外销,因而成为九溪人经营的重要商品之一。据牟士元老人介绍,清代九溪有五六十家制糖,销售范围已经远达贵定、龙里、关岭、黄果树一带,其他村寨的人大多到九溪来批发米糖。米酒、水豆腐也是九溪人经营的重要商品。只是煮酒在民国三十年(1941)以后受临近的酒精厂停产影响,失去销售对象,迅速萎缩。水豆腐的生产规模则一直不是很大。

九溪商业在清朝中期以后发展迅速。有一首民谚:“邻村来了客人,如何招待出门?只走九溪一趟,包你样样办成”,反映出当时九溪商业经营的品种和数量已达相当规模。九溪商贩经营的品种除了酒、糖、豆腐之外,还有菜油、猪肉、盐、茶,等等,其中从事粮食贩运的“米贩子”最多,一度达到 200 多户。粮食主要从旧州、双堡等地购买,运到九溪水碾房加工成米。运米一般用马,以一人一马为主。据牟士元老人介绍,当年最大的米贩子拥有 200 多匹马,实力非同一般。

清朝嘉庆年间,九溪曾经出现过龙、狗场期,即辰、戌日的固定集市。咸丰以后因为战乱,赶场的人逐渐减少,赶场蜕变为后街的“赶街”,且以买卖粮食为主，经营品种大大减少。20 世纪 30 年代，九溪商业有所恢复，开始出现零星固定店面，但大多数商贩仍从事赶场经营。这种局面一直延续到建国前。1949 年以后，由于 1955 年开始推行的统购统销，九溪商贩销声匿迹。改革以后，本地经商之风再度兴起，且改变了以前的男主外、女主内的习惯，男女一同出门做生意，女性做生意甚至强过男子。表现最明显的是卖茶女。这些身着传统服装的女性肩挑茶担，走南闯北，在全国各地都能见到她们的身影。其中经营好的有的已经在大城市扎根，坐店经营；有的已经走出国门，把屯堡茶叶销售到东南亚地区。

据王厚福老人介绍，屯堡人和住在屯堡地区里的“客民”的区别主要有以下几点：

一是职业。屯堡人主要以务农为主，客民以经商为主。从九溪来看，这一标准并不适用，屯堡人经商的并不少。若回溯到明清时期，大抵可以成立。因为屯堡人的祖先很多是屯军，屯军的身分相当于国家的农奴，其本人与家属以务农为主实属必然。外来客民进入屯堡区，看重的是这里的市场，擅长经商是正常的。这种区别在我们后来调查的雷屯与本寨之间反映最明显。

在雷屯，我们发现两块断碑，拼和起来碑文大致完整。碑文标题为“屯科粮□”，正文为“普定县正堂鹤谕花户人等知悉，照的征收丁粮历有旧章，因弊窦迭生，小民受累，本县体察民情疾苦，力除弊端，永定章程。除丁银照旧另纳外，科粮每石折库平、库色银两八钱，屯粮每石折库平足色银一两五钱。较定发码，官民并执……”碑文中年份漫灭不清，不过据普定县设立于清朝顺治十一年(1654)可知此碑为清代所立。本文中明确提到“屯粮”、“科粮”，可知此地在明朝确实是军屯区，只是由于部分田土在明朝中后期已经转由屯军亲属或外来农户耕种，税则不同，才产生“科粮”名色。据此可知雷屯居民确实主要是明代屯军后裔，其至今仍以务农为主也反映了这一点。

本寨则不同，其居民的祖先大多为清初的商人。清朝雍正年间，政府下令贵州军田可以买卖，大批商人乘机到此购买土地并定居了下来。他们的土地并不都在本地，远的甚至在外县，经营主要靠手下人，带有经营性城居地主的特点。由于其祖先大多为商人，本寨人擅长经商在当地很出名。正是由于这种差异，雷屯人拒不承认他们是屯堡人，至今仍呼之为“客民”。不过本寨人却坚持认为自己是屯堡人。在清代，客民对作为明朝遗民的屯堡人是相当歧视的，目前贵州省把屯堡列入旅游重点开发项目，形势的变化使双方地位又有所逆转，本寨人主动向屯堡人靠拢似与此有关。

区别之二为屯堡人保持着明代的服饰，其中女性服装尤其突出。在村中我们看到，妇女普遍身着宽衣大袖的斜襟长袍，颜色以蓝、青、深粉等冷色调为主，基本见不到鲜艳的色彩。腰间系棉或丝质长腰带，结节垂于臀后。脚穿鹰钩尖头平底绣花软鞋，俗称"花鞋"，鞋帮较高，与小腿上的绑腿相连。衣领、襟边、袖口缀以不同的镶边。这种典型的屯堡服装以前老幼皆穿，一般为自制。现在受外部风气的影响，年轻一些的妇女已经很少穿着，而且已发展成为专业户制作、市场化销售。唯一不同的是外出务工的妇女，特别是卖茶女，常常主动穿上这种"另类"服装，行走各地，使屯堡服装发挥着标志性的工作服作用。

屯堡男子的服装一般为头包青布帕，身着扣边长衫，系腰带，穿布鞋或草鞋。不过现在已经很少有人穿，我们在九溪只见到一位老者穿这样的长衫。相反，在后来调查的天龙镇，穿传统服装的男女倒很多。这不是因为保守封闭，而是天龙已经开发成旅游区，居民有意着传统服装以供游人参观。

屯堡妇女的发式以前有"凤头鸡"之称，即发髻束于前顶，"状若鸡冠，故名"。民国年间，贵州省主席杨森强令屯堡人改装易服，于是演变为现在的样子：已婚妇女修面，挽发髻于后顶，上罩发网，插以金银玉石一类的簪子，头上裹一条白色或黑色的发带；未婚姑娘则梳独辫于脑后。随着时代的发展，这种发型主要保留在中老年妇女头上，年轻妇女已经普遍易装，即便在天龙镇，年轻的姑娘也不梳独辫，而是以披肩发等流行发式为主。

区别之三为屯堡妇女一直是大脚，俗称"大脚妹"，客民则裹小脚。一般认为，屯堡妇女保持天足是由于战争环境和从事农耕的需要。笔者认为，在元末明初，妇女缠足之风尚未盛行，主要存在于中上层妇女之间。屯军多为中下层民户出身，妇女保持天足是很自然的事。入黔以后，妇女是否缠足，取决于她的经济地位和社会地位。以王厚福老人的祖先，七世高祖妣鲍太君为例，她就有着一对"不满三寸金莲之足"①，可这并不影响屯堡人对王家的认同。可见，妇女是否缠足并不能作为其文化标识。

① 《王氏族谱·七世高祖妣鲍太君对本族活人之德绩》，民国初修，1956 年修订。

不过屯堡人总体生活水平不高，妇女一般要承担插秧、挑水一类重体力劳动，大多数妇女保持天足是必然的。但在条件允许时，她们也会主动向主流文化习惯靠拢。明亡以后，大批外来人口进入屯堡区，这些客民一般经济条件较好，受主流文化影响，妇女大多缠足。屯堡人作为明朝遗民，又保持着一双天足，难免要受客民歧视。“不接（娶）堡子妹”是最直接的表现之一。在这种氛围下，有条件的屯堡人会更加主动地向客民的时尚标准靠拢。大多数人则自觉不自觉的保持着旧习惯，以至于把是否缠足当成屯堡人的一个标准，并一直保留到现在。

第四个区别是语言不同，特别是屯堡人擅长讲“言旨话”，客民则不会。所谓言旨话即用四字成语、典故或俗语，只说出前三个字，留下后一个字，让对方去领会。知者一听就明，不知者则莫名其妙。例如问对方吃什么，回答“对河二（面）”，说明在吃面。类似的还有白皮细（肉）、瓜园小（菜）、哑口无（盐）、青山绿（水）等等。在屯堡，即便文盲也会说言旨话，而且会创新。随着时代的发展，九溪人的言旨话已经发展成为明语和言旨话混用，幽默而风趣，但年轻人会说言旨话的越来越少。

区别之五是屯堡人跳地戏、玩花灯，客民则不会。地戏，当地人称之为“跳神”，是一种带有神傩色彩的由屯堡村寨自行组织表演的集体娱乐活动。地戏均为武戏、忠君戏，没有反戏和情爱内容，一般在正月和七月演出。演出时演员面罩青纱，腰围战裙，背插战旗，额顶代表不同人物的木质面具（俗称“脸子”），手持刀枪一类道具，及一把纸扇，一块毛巾，且唱且舞。地戏演出不拘于程式，虽有一定套路，但又有很大的随意性，不用舞台，晒台地头皆可演出。

地戏演出用的面具平时要由专人保管，封箱保存，而且需要以香火供奉。演出时有一套严格的开场、开箱、扫场、踩财门等仪式。演出《征西》一类剧目时还要有专门的送帅、迎帅仪式，带有明显的神傩色彩。

屯堡地区一共有300多堂地戏。地戏的角色由固定人员出演，长年不变，演员均为男性。每个村寨有固定的演出剧目。九溪的地戏起源于清朝乾隆、嘉庆年间，一共有三堂，大堡跳《封神》（“黄飞虎出五关”一折），小堡跳《四马投唐》，后街原来跳《封神》“进五关”一折，现已改跳《五虎平南》。我们在九溪观看了小堡所跳的《四马投唐》中之“御花园”一折的VCD录像，后来又在天龙镇观看了地戏《穆科寨》的表演。从中可以看出，地戏唱腔高亢，但曲调单一，而且将帅兵卒的唱腔雷同，不因角色地位的变化而变化。剧中角色除道具有别外，尚未有生、旦、净、丑的行当划分，演员只戴面具，没有“勾脸”一类的化妆。每个角色在演出的同时还要承担临时介绍剧情的任务。剧中没有难度较大的念白，唱词字数较为固定，且帮腔的合唱很多，即主唱演员唱至结尾处留几字由众人合唱，以增强节奏感。地戏的音乐配器较为单一，一锣一鼓而已。从中可以看出，屯堡地戏大体处于戏剧的原生形态。地戏原本只在屯堡村寨演出，现在已经扩展到周边少数民族村寨。有些少数民族村寨也开始组织地戏班子，并突破了不演反戏的旧规，开始搬演《水浒》故事。

与充满神傩色彩的地戏相比，花灯的娱乐功能更为突出。花灯在中国有悠久的历史，流传甚广。九溪的花灯历史较短，20 世纪 40 年代才出现，在每年的正月和七月夜间演出。演出剧目以《白蛇传》、《柳阴记》、《秦雪梅吊孝》等情爱、生活剧为主，也可以临时自编自演，与演凝重的战争故事的地戏截然不同。配器在锣、鼓之外，还有胡琴、月琴等，演出的气氛轻松、祥和。

花灯角色一般只有旦、丑之分，丑角俗称“唐二”；旦角称“幺妹”，亦由男子扮演。演出时旦角身着女装，配一条假长辫子，男持扇、女持帕，且歌且舞，词句俚俗、夸张，常常惹人捧腹大笑。

九溪花灯初始时爱好者不多，以至于由于主要演员去世，角色不全而一度中断，改革开放以后才逐渐恢复。

综上所述，屯堡人的自我封闭和内聚性是比较明显的。明初开辟贵州，屯军以及其他汉族人以胜利者的姿态进入贵州，对自身的经济文化有着无比的优越感，不屑于与周边少数民族交流，自成一统。但相对偏僻的环境使他们的文化逐渐落后于内地。入清以后，大量来自主流文化区的客民进入屯堡，屯堡人的优越感顿时消失，转而成为被歧视的对象，想与外界交流都很难。屯堡人因而由当初的主动封闭转为被动、被迫的封闭保守。长期的封闭，使他们“顽固”的坚持自己的服饰、发式；坚持自己的宗教信仰，强力抵制清末基督教对贵州的冲击；甚至把大脚作为自己的一个标志，拒绝娶小脚女人。又如，老人是明清两朝地方治理的重要力量，在内地早已不复存在的这一力量在屯堡却顽强的生存下来。以九溪为例，1989 年成立的老年协会在村中发挥着重要作用，村委干部对老协的安排非常尊重，很少有反对的时候。

但是，屯堡毕竟不是世外桃源，六百年的风风雨雨，使封闭保守的屯堡人也在发生着缓慢的变化。建国特别是改革以后,这种变化的速度在明显加快。原以务农为本的屯堡人逐渐走向亦农亦商;经济条件尚可的家庭,女子也会缠足;传统服装、发式为青年人抛弃;男女婚配不再讲究说亲、讨庚、会亲、报期等一系列繁文缛节,崇尚自由恋爱、自主择偶等等,都是屯堡社会在发生改变的表现。这其中表现最明显的是风俗信仰。

以九溪为例。九溪村旧有汪公庙、五显庙、回龙寺、龙泉寺、青龙寺五座庙宇。其中青龙寺早已不存。五显庙也已拆除,仅在朱姓的一支家中保留一间晒神房,供奉五显菩萨,每年农历九月二十八日祭祀。汪公庙,在大堡,祭祀唐朝越国公汪华。建国后庙宇一度改成集体公房,1990 年由大堡村民集资重修,重塑金身。回龙寺在小堡,供奉如来佛,是典型的佛寺。后街的龙泉寺供奉的神祇比较复杂,前殿供孔子、关公,左侧为灵观尊者,右侧为三官殿;后殿供三世佛、十八罗汉、地藏菩萨和韦陀尊者。庙门前左侧供韩文公像,是佛、道、儒三教以及民间神道信仰的混合体,充分展示了中国人实用主义的泛神的传统观念。[①] 龙泉寺及神像建国后被陆续拆除,20 世纪 80 年代由后街村民集资重建了五间庙宇,只供佛像。据宋修文老人考证,诸庙宇都建于明末清初。

大、小堡和后街分别供奉不同的神祇,间接反映出三地居民祖先来源的不同。由于信仰不同,难免引发一些文化上的冲突,进而引起九溪人风俗信仰的改变与融合。以“抬汪公”为例(“抬汪公”的习俗普遍存在于屯堡村寨,后文将有详细介绍),原来在大堡非常盛行。据传说,有一年,大堡人“抬汪公”抬到小堡,怎么也抬不动了,只见空中两只老鹰打架,村民以为是汪公和五显神打了起来,遂不敢再前进,从此“抬汪公”活动也废止了。这则传说实际上反映的是大、小堡人在宗教信仰上的矛盾。小堡人信仰五显神,不信汪公,自然不会允许“汪公”在自己的地面上“横行”。

和大、小堡人信仰专一不同,后街人由于来源广泛,信仰庞杂,没有一股力量处于优势地位,更容易达成妥协,取得一致。发明“抬亭子”,让三街村民共同参与的任务自然要由他们来完成。所谓“抬亭子”,是九溪在每年春季举行

---

① 类似的现象我们在 18 日调查的天龙镇也曾发现。该镇有一座三教寺,中央供奉如来佛,左为玉皇大帝像,右为孔子牌位,三教主神共居一室。

的一项带有宗教性质的大型迎春活动。“亭子”用生铁扎成，由演员扮演成各种神仙，如玉皇大帝、观音菩萨、阎王等等，固定在亭子的铁杆上，抬着巡行全村。亭子的内容后来加入了很多戏剧成分，如“水漫金山”、“吕布戏貂婵”等。女性角色由男性扮演，扎于亭子顶端。宗教色彩日渐淡化，娱乐功能日渐加强。

九溪的“抬亭子”始于民国十八年(1929)，由后街的一些老者组织举办。当年这一活动影响很大，周边村寨的人纷纷来观看，热闹非凡。次年，大、小堡的老者经过与后街老人协商，决定以后共同举办这一活动，三街各扎亭子一架。在举办前由三街人分别通知各处村寨，并欢迎外村的地戏队来表演。亭子事先停于村外大龙潭，午时抬至活动场地，下午六时回村。亭子经过每家门前时各家要鸣鞭放炮，气氛浓烈。据说，当年活动时人山人海，临近村寨的生意人一早就抢占要道，小吃摊到处都是，和内地的庙会十分相似。

“抬亭子”活动在1956年以后停办，1997年经老年协会倡议，得以恢复，定于每年的正月初九，传说中的玉皇大帝圣诞日举行，村委会将其定名为“迎春会”。亭子由过去的人抬改成用汽车拉，每年扎五架亭子，另外根据每年的属相扎一象征性的物品安置在开路的彩车上。演员由九溪小学的学生担任，女角色也不再由男性扮演。村委会还有目的地在同期组织“花环队”、“腰鼓队”参加表演以及象棋、篮球等文体活动，从而大大淡化了“抬亭子”的宗教色彩，已经近似于一场纯粹的集体文娱活动。只有部分虔诚的中老年妇女还保持着在当天备香纸和用黄纸包封的纸钱——签张，进庙焚化，及花钱买一张黄纸印制的“朝天票”戴在头上的习惯。

发生与“抬亭子”类似变化的宗教性活动是“放河灯”。农历七月十五，俗称“鬼节”，很多地区都保持着在这一天祭祀祖先的习惯，九溪亦然。比较有特色的是九溪保持着在当晚放河灯为祖先“回家”照路的习俗。只是目前放河灯时会有大批人沿河行走观看，丝毫不怕打扰了祖先的清静归途。

相对而言，九溪保留宗教色彩较多的活动是“过河”。“过河”即佛教的“浴河”活动，目前在安顺只有屯堡区还存在。九溪的“过河”开始于民国十七年(1928)，以后只在农历龙、马、鸡年举行，以龙年最为重要。“过河”只有女性可以参加，目前只有40岁以上的中老年妇女参与。活动前，妇女要“坐忏”七天，向佛祖忏悔以前的过错,保证以后只做善事。当日,参加妇女要着传统服装,挂红布、吃素油,在九溪河畔扎好的道具中象征性的走一圈,表示已经洗脱罪孽。组织者要预先扎好观音像(观音负责将坐忏内容向佛祖汇报),请僧侣诵经拜佛。

在2000年春季,九溪曾由老年协会组织,村党支部、村委会以及年轻的男子协助,举办了一次规模空前的过河活动。据说有临近七个县的妇女参加,公安局专门派人来帮助维持秩序。参加者需要事先买票,每人6元。在"坐忏"期间,每人交1元/天。所收钱款主要用于活动组织,多余钱款作为基金,用于村中公益事业。由于村里没有和尚,诵经改由道士进行。可见,随着时代的进步,传统的宗教活动也已经发生局部改变。道士参与佛教盛典,说明组织者对其教规已经不太尊重,向参加者收费更是带有一定的变相募集公益基金的性质。严格的讲,这也是对佛祖的亵渎。

离开九溪,我们于18日到达吉昌屯村,调查这里著名的"抬汪公"活动。在屯堡区,流行"抬菩萨"活动,所谓菩萨,实际上指的是当地人所信仰的佛、道及民间诸神,如关羽、包拯、郭子仪等等,其中以"抬汪公"最为盛行。

汪公的原型名汪世华,字国辅,世居徽州,生于南陈至德四年(586),后避唐太宗李世民讳,去"世"字。隋末天下大乱,群雄蜂起,汪华亦乘机起兵,割据于徽州地区,自称吴王。唐高祖武德四年(621),汪华奉表降唐,被封为上柱国、越国公、歙州总管。汪华降唐后尽心王事,颇受宠信。为表彰其功业,在世时唐朝政府即"为华公立生祠于刺史厅西"。高宗永徽二年(651),汪华归葬歙州,当地父老呈请为之立祠祭祀。以后随着汪氏后人的"推广",逐渐遍布于徽州及周边地区,神道色彩也越来越重。对于一个为普通百姓所尊仰,以忠君爱民著称的前朝大臣,后代王朝自然会加以利用。宋真宗大中祥符二年(1009),敕封汪华为灵惠公;宋徽宗政和七年(1117),"晋升"英济王;元顺帝至正元年(1341),封昭忠广仁武烈英显王;明洪武四年(1371),封越国忠烈汪王大神。历朝诏封前后达九十二道①。

明初征南,大量徽州籍军士入黔,汪公祭随之被带入贵州。据说,历史上安顺九屯十八堡都有抬汪公的习俗,目前只保留在吉昌屯、西屯、五官屯等部

① 《汪氏宗谱·汪公祭的历史渊源》。

分村寨，以吉昌屯的规模、声势最大。

吉昌屯，原名鸡场屯，现有 859 户，3350 人，有田、冯、胡、汪、陈等姓氏。胡姓始祖胡世显，原籍徽州府歙县；汪姓始祖汪灿，族谱中称其为汪华第三十三世孙，汪华第八子汪俊的后裔；冯姓始祖冯友先，据说官至指挥使；田姓始祖田正，无官爵；田、冯、汪三姓始祖同时入住吉昌屯，后来在游泳时一同遇难。陈姓自称是闯王李自成的后代，至今祖墓碑记中仍留有“陕西衣冠原称李，黔南俎豆改为陈”的对联，是否属实，尚需查证。

吉昌屯原与狗场屯、鲍屯共抬一尊汪公菩萨。据三屯老人追忆，原来的汪公神像是“填南”时从徽州府休宁县梅林街直接迎来的，为三屯公祭。每年正月十八汪华生日那天，由上年迎回汪公的屯把神像送至三屯交界处的十八场，由另一屯接走，依次循环。相传，清末兵乱，三屯都想自己来保护神像，结果反而把神像及用具分抢为三份：鲍屯抢走神像、狗场屯抢走旗伞仪仗、吉昌屯抢得神像肩舆。自此以后三屯各自补全神器，独立祭祀。不过据我们收集到的文献资料来看，三屯分抢神像、用具的动机似乎并不单纯是为了在战乱时期主动承担护法职责。《王氏族谱·九世祖考文林郎正昌公之德绩》记载：“时有鸡昌屯、中所屯、狗场屯三处争执猪场甚剧烈，三方械斗，业已伤亡不少。有一次逢猪场期，正当三面倒戈之际，我正昌公不避锋刃，从中拦阻，且理直气壮，责彼斗者，于是一场干戈始告罢息。”王氏九世祖正昌生于清末，逝于民国初。这段记载中虽然未提及鲍屯，但明确揭示出吉昌屯和狗场屯之间存在严重的经济利益冲突，以至发展到武装械斗，这对“鸡狗二屯一家人”的民谚是个极大的讽刺。两屯冲突多年，自然难以再坚持轮流祭祀汪公的旧俗。三屯乘乱分抢汪公神像和用具与此应该有一定关系。

吉昌屯的汪公庙地处村中心，原为大佛殿。目前汪公庙的临街厢房为村委会办公场所的一部分，上方为一小型戏台，中央张贴有宣传贯彻“三个代表”的标语。戏台后面为汪公殿，高踞数级台阶之上，神像端坐于正殿神台之上。前有四根立柱，悬挂汪公神联。从汪公殿侧面的通道可达后殿，即大佛殿，供奉三世佛和观音、目连菩萨。不同属性的神佛共处一庙，反映出当地村民宗教信仰的多元性和泛神观念。

改革以后恢复的“抬汪公”活动在每年的正月十八进行。我们调查时已经是农历四月，自然见不到“抬汪公”的实况。不过村委会已经把当年的“抬汪公”活动录了像,制成 VCD。沈福馨曾经于 1990、1992 年到吉昌屯考察,撰有《贵州省安顺市大西桥镇吉昌屯村正月十八的“抬汪公”仪式》①一文,通过观看 VCD,我们发现,2002 年的“抬汪公”活动和沈氏十年前所见的“抬汪公”相比,已经有了相当大的变化。首先,十年前的抬汪公由村中百姓选出的 11 位大公无私、办事能力强的人员组成“十八盛会筹备组”,专门负责活动的策划和组织,村委会和村党支部的成员并不介入。十年后的“抬汪公”则由村支书亲自主持,市文化局等单位的领导莅临讲话,中央民族大学的外籍学者列席,形如一场文化活动的开幕式,而且被冠名为“迎春文化节”。原本在活动组织中发挥重要作用的老年协会现在已经不见踪影。其次,2002 年的抬汪公在诸多领导的致词中只字未题,录像中都是文艺表演、记者采访以及商贩买卖的内容,有关抬汪公的具体情形被全部删掉,村委干部的解释是担心被人误解成宣传封建迷信。和十年前隆重、严肃的迎神活动相比,2002 年的迎汪公被热闹的文艺表演、繁荣的节日经济所包围。联系汪公庙前悬挂的宣传“三个代表”的标语可知,目前的抬汪公活动,宗教色彩已经被有意的淡化。抬汪公正朝着文体商贸活动的媒介方向发展,其地位在日渐弱化。至于 2002 年“抬汪公”的具体情节,由于没有见到有关的录像资料,无法和十年前对比,非常遗憾。

汪公祭祀原本盛行于徽州及周边地区,入黔军士中的徽州籍军士把汪公信仰带到贵州也可以理解,但安顺地区的军士来源非常广泛,何以他们也接受汪公信仰,接受“抬汪公”呢?笔者认为,这与“抬汪公”活动中日渐增加迎春、文艺、商贸等活动有关。入黔移民基本上是汉人,文化相通,习俗相近,而且都是背井离乡,心理上有共通之处。因而当一地开展“抬汪公”活动时,临近汉民很容易接受并参与其中,使之成为大家共同的节日。活动时的文艺表演、商贩云集对所有人都是需要的、受欢迎的。至于是否真心信仰汪公倒是其次。从宗教学角度来讲,一种宗教要想获得广泛的认可,必须走世俗化的道路,将其宗教活动融入普通人的生活当中。“抬汪公”活动得到广泛认可,正是因为围绕它展开的一系列活动与普通屯堡人的生活息息相关。相反,在其宗教色彩浓重,“教规”严格时则不易为人所接受,九溪村发生的汪公和五显神的“两鹰

① 见沈福馨、王秋桂编:《贵州安顺地戏调查报告集》一书,台北施合郑基金会 1994 年版,第 206 页。

之争"即是明证。

离开吉昌屯,我们又先后到了天龙镇、雷屯、本寨等村寨,有关调查成果已经穿插于前文当中,此不详述。

短短一周时间,我们先后走访了六个屯堡村寨,尽管是走马观花,远远谈不上深入,但还是得出了一些具体的看法,这其中一些已经穿插进前文当中,另外一些对具体问题的看法,简要汇报如下。

一、屯堡文化得以保留至今的原因

屯堡人是一支典型的汉族亚人群,尽管其文化是否渊源于江淮一带尚需严格论证,但可以肯定他们保留了相当多的明、清时期内地汉族的文化习俗。历经六百多年的沧桑,入清以后客民的涌入以及周边少数民族的影响,他们何以能拒不融入主流汉文化,拒不与周边少数民族同化、融合呢?笔者认为主要有两大原因。

一是屯堡人的祖先是以胜利者、征服者的姿态进入贵州的,对自己的经济、文化以及军事优势是毫不怀疑的,对少数民族是非常轻视的。尽管在明朝中后期他们对"苗粟"十分依赖,"苗粟一日不至则饥"①,但无上的优越感并没有消失。清军进入贵州后,屯堡人的地位一落千丈,成为来自主流文化地区的客民的歧视对象。客民拒绝与他们交流使屯堡人由原来不屑与外界交流转为被动的封闭。几百年的封闭环境使他们自觉不自觉地保留下了自己的旧传统。

第二,安顺地区是明朝军队进入黔、滇作战的前哨阵地,是明军后勤补给线的关键一环,为维护明军在西南地区的战略优势,明朝政府在这里设置了大量卫所,大批军士在条件相对适宜的安顺地区戍守。根据嘉靖《贵州通志》卷四《兵防》的记载,明初普定卫有正规军士 8864 名,威清卫有 5960 名,平坝卫有 5890 名,安庄卫有 9976 名,安南卫有 5779 名,仅此五卫就有正军 36000 余名,连同各千户所军士和后来陆续迁入的军士家属以及"侨寓"人口,在此形成一个庞大的汉人集团。尽管后来有大批下层军士逃亡,但保留下来的绝不是少数。这些人占据了大量的肥沃田地,客民很难插入。在清代,由于"新垦之田土有限,滋生之丁口渐增,纵有弃产之家,不待外来客民存心觊觎,已

① 万士和:《义仓记》,《黔记》卷一六《学校志》,《北京图书馆古籍珍本丛刊》影印万历刻本。

为同类中之捷足者先登。此安顺府属虽系五方杂如，四达冲途，而客民之羼足无由，实基于此”①。现在屯堡人所指的客民，其实有相当一大批是从安顺城中迁入屯堡区的，如本寨，他们的祖先也是明初入黔的。如此大量的明初移民后裔，使他们可以形成合力，共同抵御外来文化的侵扰，维护自己的“纯洁”，这是那些呈点状分布，处于少数民族包围中的明军屯戍据点无法比拟的。

不过尽管势力庞大，终归受人歧视，加之明清易代之际大批屯堡人的生活受到严重影响，在生活的压力下以及对主流文化的向往，使屯堡社会自觉不自觉的发生了一些缓慢的改变。如入黔汪氏第14世汪方卓因生活无着，被迫改变对少数民族的态度而入赘苗族彭氏，承袭彭氏烟火。若干代后还宗时，此一支已经基本融入苗族，所以立誓“还姓不还俗，还宗不还教”，这是汉苗融合的一个典型事例。前文中提到的王氏七世祖鲍太君的小脚，更是主动向客民文化习俗靠拢。类似的事例在前文中已经多有提及，此处从略。

二、关于屯堡人的来源——对“征南”与“填南”说的理解

我们在调查中发现，安顺地区的屯堡人大多称自己是“调北征南”或“调北填南”的屯军或屯田民户后裔。以九溪村为例，我们在《九溪村志》中见到了开创九溪十姓的祖先以及后来陆续迁入村中的别姓祖先的来历：

朱姓，原籍安徽凤阳，始祖朱元正，洪武十四年(1381)奉命征南入黔。

冯姓，原籍南京应天府石灰巷，始祖冯友先，官指挥使，洪武十四年奉调征南入黔。

余姓，原籍江苏应天府，后迁四川重庆府，始祖余山，洪武十四年征南入黔。

凌姓，原籍江西河间府，始祖凌国饶，洪武十四年征南入黔。

陈姓，原籍江西石灰巷，始祖陈良元，洪武十四年征南入黔。

姚姓、梁姓始祖不明，洪、童、吕三姓村中已无。

其他相传为洪武十四年征南入黔，后来迁入九溪的姓氏见附录表1—1：

---

① 《黔南职方纪略》卷一，贵州人民出版社1987年标点本。

附录表 1—1

姓氏	原　　籍	始　祖	备　　注
顾	湖南湘潭	顾　成	洪武八年为先锋克普定，晋封普定卫指挥使
宋	南京应天府花柳巷	宋　忠	论功封武略将军，先卜居安顺
高	南京高家院洙泗巷	高蔡牛	
邓	湖北南阳	邓福元	
赵	江南太平府当涂县21都	赵兴旺	
肖	江西吉安府吉安县	肖　授	论功封武略将军，先卜居平坝
黄	江夏	黄金山	四始祖黄文选迁入九溪
胡	安徽歙县徽州府安定郡饭坑15都	胡宗文	论功封征南将军
汪	江南徽州府歙县梅林街	汪　灿	
田	江西	田文秀	
郑	河南荥阳府	郑洪佐	
吴	江苏无锡	吴起龙	
钟	四川	钟大吉	
雷	江西	雷　隆	原居雷屯，清初迁入九溪
全	江西抚州府临川县	全光华	
苏	江苏南京	苏明辅	
马	江西吉安府庐陵县小桥头马家村	马文章	
董	江西省班郡县石灰巷高坝子	董　成	

在上述诸姓中，汪、胡两姓后裔的主体居住在吉昌屯。《黔腹汪氏宗谱·入黔始祖汪灿公事略》①称汪灿“原籍江南徽州府(即歙县)，休宁县梅林街”，与宋修文老人的记述有一些出入。汪氏后人汪大章，弘治十二年(1499)中三甲第172名进士②，《明清进士提名碑录》记载其为贵州普定卫官籍，直隶休宁乡贯，可知汪灿确是休宁人。汪氏奉汉末躲避战乱移居歙县的汪文和为31世祖，谱中错将歙县与徽州府等同应与此有关。《胡氏族谱》关于祖先原籍的记载为“安定郡江南徽州府歙县饭坑，十五都开创六图”，大体与《九溪村志》相同。另外，雷氏原住雷屯，据笔者所见民国年间续修之《雷氏族谱》，“雷隆”应为“雷龙”之误。雷龙原籍为陕西凤翔府，后调江西建

① 汪希鹏主编，2001年10月印制。

② 《黔腹汪氏宗谱》误把汪大章弘治十二年中榜理解为得中第12名进士。

昌府。

《九溪村志》中尚记载有部分洪武初年征南入黔的姓氏。如凤阳府临淮县的张义,洪武五年(1372)随师征南,官至署指挥使,十四年(1381)晋升佥事,留守普定。洪武二年(1369)入黔的有徽州府歙县新安越树太和舍人鲍福宝,封振武将军;应天府人金益枝;山东平阳莱州府掖县牟世荣;原籍河南的沈思禹,奉调任安庄指挥使入黔。原籍不详的严天保,洪武六年(1373)征南入黔。记载为洪武二十一年(1388)征南入黔的只有江西人邹王宝。

《九溪村志》中记载为"填南"入黔的诸姓氏详见附录表1—2:

附录表1—2

姓氏	始 祖	原 籍	入黔时间	备 注
王	王崇德	江西太原洙泗巷	不详	先居安顺,清初分为三支,一支迁入九溪
谭	谭义武	四川彭水干沟鸡场	洪武二十二年	
黎	黎玉德	江西吉安府	洪武二十二年	
袁	袁再兴	不详	洪武二十二年	
翟	翟宏道	不详	洪武二十二年	
何	何其林	江南江宁府上元县石灰巷	洪武二十二年	
范	范文龙	湖南常德县范家湾洙泗巷晒谷坪	洪武二十二年	
陈	陈如云	江西石灰巷	洪武二十二年	
杨	杨彦清	江南,始祖宦游湘南	洪武二十二年	

九溪村地理位置优越,其他屯堡陆续迁入村中的人户很多。在我们走访的村寨中所接触的姓氏在九溪都能找到。《九溪村志》是宋修文老人多方走访各姓老人及抄录碑记所得,各姓始祖的情况大抵由其后裔提供。从各姓始祖的资料中可以发现以下两个问题:

一是不论是"征南"还是"填南",大多自称祖先来自长江中下游经济、文化比较发达的江苏、江西等地或安徽凤阳一带。只有四姓来自湖广、二姓来自河南,这其中还有两姓自称是高级武官之后。

二是有关原籍的记载多有错误,有些带有明显的假托痕迹。最典型的是朱姓,自称始祖朱元正是明太祖朱元璋的族兄。另据牟士元老人讲,五里屯朱姓的始祖朱元兴等也是朱元璋的堂兄弟。朱元璋称帝不久即大封皇族,"重念亲亲之道,勿问存没,凡我伯考兄侄,悉追封为王”[①]。倘若真是朱元璋的皇兄,到洪武十四年早该封王,不可能以普通军官的身分征战沙场,九溪朱姓明显有冒认皇亲的嫌疑。

另外,在很多姓氏的原籍中有相同成分,如洙泗巷出现了三次,而且分别处于南京、太原、常德三地;石灰巷出现了五次,分别在应天府、上元县、江西省。查阅洪武《京城图志》、正德《江宁县志》、嘉靖《南畿志》等史籍,在南京的街巷中并不存在洙泗巷和石灰巷,只在洪武《京城图志》中出现过一座石灰山,与石灰巷相近。高姓原籍中的“高家院”是安顺当地比较普遍的一种民居称谓。类似的还有董姓原籍中的“高坝子”。王姓原籍“江西太原”明显有误,查《王氏族谱·王氏宗祠讳谱诗并序》[②]可知,王姓“来自江西,郡出太原”,太原似乎是其郡望。范姓原籍“范家湾”、“晒谷坪”,显然是农村,不会出现“洙泗巷”这样典型的城市街巷名称。“湖南常德县”也不是明朝的政区名称。至于石灰巷,二支陈姓都只称是江西石灰巷,表述不清。董姓所谓“江西班郡县”并不存在。这里的“洙泗巷”、“石灰巷”是否具有与黄河流域的移民大都称自己来自“山西洪桐老槐树”类似的民俗学内涵,尚需考证。

原籍中另有一些明显错误,如凌姓,河间府在北直隶,不在江西。牟姓,错把山西平阳府与山东莱州府混为一谈,等等。

造成这种现象的原因是什么呢?

笔者认为,一是村志主要反映的是诸姓后裔的记忆,未经过严格考证。安顺地区在明朝几经丧乱,旧家谱损失严重。后修家谱,笔者调查所见最早的修于乾隆五十年左右,据明初已逾四百多年,后裔对祖先的了解难免有误。加之当地总体文化水平不高,出现一些明显的常识性错误在所难免。

第二,贵州在开发之前属化外“蛮荒”之地,朱元璋为保障湖广至云南的通道畅通和防范水西霭翠,于洪武十五年(1382)增设贵州都司、云南都司,并在交通要道和战略要地设置普定等卫所。卫所军“暂留江西、浙江、湖广、河南四都司兵守之”,待平定云南后再征发当地旧元军户顶补。但洪武十五年三月,傅友德奏报云南“屡经兵燹,图籍不存,兵数无从稽考”[③],无兵可用,南征四都

① 《明太祖实录》卷二九,洪武元年正月丙子条。

② 此谱重修于1956年,讳谱诗由十世孙元章撰写于民国元年。

③ 《明太祖实录》卷一四三,洪武十五年三月丁丑条。

司兵只好长期留戍。贵州地区原属少数民族聚居地，汉人很少，设卫置军更是只能从南征军中选调。安顺地区属普定卫管辖，九溪村开创十姓以及其他一些南征留戍的军士来自江南一带应该是可信的。但要说其中大多数以及后来"填南"来的大多数也是以江南人为主则未必可信。

这里首先应该弄清"填南"的性质。一般认为"填南"即明初大量签发内地人口到贵州地区屯种，即民屯。有些学者甚至明确说"（屯堡村落）凡由军屯军堡演变发展而来者，均带有'官'字；凡由农屯农堡和商屯商堡演变发展而来者，皆不带'官'字"①。笔者认为这种说法是值得怀疑的。明初为恢复经济，确实曾组织过几次大规模的政府性移民，填充人烟稀少的战乱重灾区，屯田生活。但主要是在江淮、河北一带。民屯需要几个基本条件，一是有大量的无主荒地可供耕种；二是有一个已经相对稳定的社会环境；三要有大量的无业或"闲散"人口供政府调配。贵州地区原属少数民族聚居区，土地各有其主。明初设卫屯田完全靠的是暴力抢占少数民族土地。由此引发了多次当地民族的武装反抗。在傅友德洪武二十一年（1388）南征东川之前，卫军与当地民族基本处于对峙状态，军地关系十分紧张，显然前两个条件并不具备。

"填南"诸姓都自称洪武二十二年（1389）入黔，笔者认为这似与洪武二十三年（1390）在贵州众建卫所有关。傅友德第一次平南之后，贵州境内只设有普定卫、平越卫等少量卫所。以少量卫军控制广大的少数民族，难度可想而知。洪武二十三年，明朝政府在平定东川之后，顺势在云贵地区大量增设卫所。前面所提到的平坝四卫以及龙里卫、新添卫、都匀卫等卫所都是在这一年设置的。建卫之前首先要征兵。此时明朝政局已经比较稳定，征兵主要通过"垛集"的方式进行。贵州卫所的军士主要从广西、湖广、四川等临近省份垛集。垛集一般是同一来源地区的军士分配到同一或临近卫所，这就使新建卫所的军士来源相对较为单一。如广西全州的垛集军基本派往贵州兴隆卫②，威清卫"卫戍军士皆湖广人"③，平坝卫军士由湖广长沙等地"三丁抽一"来"充实该地"④，等等。由此

① 王正贤：《安顺屯堡建筑之我见》，见《贵州少数民族爱国主义、屯堡人专辑》。贵州省民族研究所、贵州省民族研究学会编印，第32页。

② 嘉靖《广西通志》卷三一《兵防五》，《北京图书馆古籍珍本丛刊》影印嘉靖刻蓝印本。

③ 《黔记》卷四《舆图志一》。

④ 道光《安平县志》卷二《地理志·建置沿革》，贵州省图书馆复制本。

可以看出，安顺地区的明朝屯军不可能以江淮流域为主要来源地。如果说九溪等村寨原属普定卫管辖，卫军以留戍部队为主，江淮人口较多还有可能的话，原属平坝卫管辖的天龙镇等地的屯堡人也自称来自江淮一带则可信度很低。当地的一些学者曾经发现被称为“语言孤岛”的屯堡人的语言并不完全一致，甚至有较大差异，明初本地卫所军士大部分由周边不同省份垛集而来应该是重要原因。

目前持“填南”为民屯论者提出的原始证据，笔者只见到一条，即《黔诗纪略》中许一德所讲“黔自国初置行省，与诸藩迥异。我皇祖见獠夷盘踞，叛服靡常，诏以江南诸郡良家子量徙实功，又令各省商民随牒附籍职此，成一都会”[①]。笔者认为许一德的话难以作为直接的证据。首先，贵州设布政司在永乐年间，与朱元璋无关。其次在现存朱元璋的诏令中未见类似“以江南诸郡良家子量徙实功”的命令，许一德的话是否可信值得怀疑。

明初“法意主严，事率引例，故遣戍独多，每一州县无不以千数计”[②]。谪充军是明朝军队的重要组成部分，以至有“本朝军伍，皆谪发罪人充之”[③]的偏激说法。从《诸司职掌·刑部·合编充军》所载22款充军事例来看，除贩私盐、诡寄田粮等直接冲击明朝经济管理体制，“积年害民官吏”等确系危害百姓外，“无籍户”、“游食”、“不务生理”等款实际上针对的是失去了生产资料，无力承当种地、纳粮等国家法定差役的无业人口。结合明初谪充军基本都发边方屯种来看，这几款的制定在以罪囚补充兵士不足的立意之外，另有以暴力手段调整人、地关系，强制流民回归土地，徙居宽乡，从事农业生产的目的。贵州地属边远，“凡天下诸省官民之罹咎者，编发以充戎伍，连络如线”[④]，谪充军占有相当的比例。谪充军名义上属于发配的重犯，名誉上有极大的损害，因而不能排除谪充军的后裔为祖先讳而改称“填南”的可能。笔者在七眼桥镇《严氏家谱》中见到了一个证据。家谱中的“赞祖诗”中写道：

---

① 唐树义、黎兆勋、莫友芝编：《黔诗纪略》卷一《邹隐君公敢》，贵州人民出版社1993年版，第36页。援引者为郑正强，见《最后的屯堡》，贵州人民出版社2001年版，第103页。此外，在上引文字之后尚有“以故名虽编氓，实则流寓而已”等句，暗含有对良家子真实身份的解释。

② 天启《海盐县图经》卷五，《四库全书存目丛书》影印天启刻本。

③ 陆容：《菽园杂记》卷八，中华书局1985年标点本。

④ 嘉靖《贵州通志》卷五《提学道》，《天一阁藏明代方志选刊》影印嘉靖三十二年刻本。

大明洪武充军黔,留籍至此数百年。

枝叶不忘根底茂,涓流常记古渊泉。

…………

显然,严氏是充军而来。但其后人在谱中却讳称为“明初开辟黔省,奉命填南而来”①。

综上所述,笔者认为所谓“调北填南”实际上是洪武二十二年(1389)前后大量佥发贵州周边省份的民户以及谪发内地违法民户为军,以新军填充新建卫所,屯田戍边。由于此时经过二次南征,明军在贵州的优势地位已经确立,新发军士以屯田为主要工作,在某种意义上带有调发内地人口,间接移民,填充边境地区屯种生活的意味。

从元代开始,大量江西人向地广人稀的湖广地区迁徙,形成一次历时近百年的人口自发迁移高潮。贵州部分地区在明初属湖广管辖,不排除有部分江西人进入贵州的可能。清初,再度发生“湖广填四川”的人口自发迁徙。安顺屯堡地区的旧族谱在明末战乱中损失殆尽,后修族谱很多始于清代中后期,此时“湖广填四川”的印象在其头脑中仍有相当痕迹,受其影响,将明初佥发内地人口到贵州为军的政府行为理解为“填南”是顺理成章的事。“填南”作为一个中性词,也不失为充军后裔为祖先讳的可选办法。至于许一德的说法究竟是有意为明初内地充军人犯隐讳还是不了解明初实情,尚待详考。

那么,何以大批屯堡人在追述祖先来历时都有意无意的向江淮地区靠拢,在祖籍之前直接贯以“江西”、“南京”一类字样呢?

最早落籍贵州的屯堡人祖先确有很多来自江淮一带的奉旨平叛的军人。江淮一带既是帝乡,又是经济文化比较发达的地区,面对蛮荒化外之民,他们的优越感是不言自明的。后来充发的军士虽然未必来自江淮,但总归是中央军,在少数民族面前还是颇有自信的。入清以后,这些前明遗民的地位一落千丈,不仅满人歧视他们,就连后来迁入的汉人也因为他们的文化落后于时代潮流而不齿于与他们为伍。心理上的巨大落差使他们的内聚性明显加强。在内部互相认同,拒绝与外界融合,通过不同途径宣传自己的祖先来自江淮发达地

① 转引自陈国安:《安顺市七眼桥镇屯堡人历史及经济发展调查》,《贵州少数民族爱国主义、屯堡人专辑》,第16—17页。

区成为其提高自身地位,至少是满足自己的心理虚荣的重要手段。对于主动向江淮靠拢的屯堡人,纯粹的江淮军士后裔基于"同时天涯沦落人"的心理以及共同对外的目的,大多会睁一只眼闭一只眼,甚至主动为其作证。随着时间的推移,当年的做伪逐渐为后人广泛接受。只是由于祖先做伪手段不高明,留下了诸多的破绽,才给后人留下了查考历史真相的机会。

笔者这里想附带说明一点。一些学者认为屯堡人的来源除卫戍军人之外,大量随之来黔的家属是重要组成部分,这似乎是个误解。明初,政府并未明确规定军士赴卫必须携妻小同行,是否带家属完全由军士个人决定。从保留下来的族谱可以看出,很多军人是到卫后才娶妻成家,落籍安顺的,如汪灿。这就造成了经济发达地区的卫所军士往往携全家到卫,致使人口激增,迫使明朝政府不得不下令军士将当房家小以外的亲属遣回原籍,而经济落后地区的卫所则人丁寥落的现象。边境卫所军士长期与家属两地分居显然不利于军心稳定,所以明朝政府对于那些主动赴卫团聚的军士家属往往会提供一定的帮助。不过,鉴于普通军士的经济条件有限,明初随军到卫的家属大多是军官的家小。此外,由于军士心中仍然存有落叶归籍的幻想,即便在卫成家,也会不时的派子女回籍承业,以做将来归籍的准备,例如胡氏的二世祖玄德。又如赵侃,曾祖赵文政留戍普定,"遂家焉"。赵侃户籍应为普定卫籍,但他天顺八年(1464)中进士时的户籍却是直隶嘉定民籍,显然是后来归籍的。这就使在卫所人口由内地向贵州迁入的同时,还存在着回流现象。明朝政府出于让军士在卫安心服役以及在卫立籍,形成自我繁衍,在卫补伍的机制的考虑,明确规定军士赴卫必须携妻子同行是在军士逃亡已经非常严重的正统年间。正统元年八月,根据兵部尚书王骥的提议,明廷下旨:"各处起解军丁并逃军正身务要连当房妻小同解赴卫着役。若止将只身起解,当该官吏照依本部奏准见行事例,就便拿问。委无妻小者,审勘的实,止解本身"①。九溪村最后形成于天顺年间,间接反映了该村是到正统以后村中人口才有了较多增加,村落大体形成的事实。

另外,在卫军家属之外,大量主动迁到卫所附近的"侨寓"人口是屯堡人口增加的重要来源。据嘉靖《贵州通志》卷三《户口》载:"贵州四面皆蛮夷,所可

① 《皇明制书》卷一二《军政条例》,页12b。《北京图书馆古籍珍本丛刊》影印明镇江府丹徒县刻本。

知者，各府若卫军民之数甚寥落也。蜀中江右之民侨寓于此者甚众，买田宅长子孙者益多有之。”这些在此亦农亦商的侨寓人口对于屯堡人口的生活方式、职业选择有相当大的影响。屯戍人口的生活离不开这些人，逐渐将其视作屯堡人的一部分。九溪村王厚福老人所讲的屯民务农，客民经商织布正是这一现象的反映。

三、关于地戏的起源

屯堡地戏是怎样产生的呢？一种意见认为它源于明朝的军傩戏。这种说法肇始于民国《续修安顺府志》，志中称：“黔中民众多来自外省，当草莽开辟之后，多习于安逸，积之既久，武备渐废，太平岂能长保？识者忧之，于是乃有跳神戏之举，借以演习武事，不使生疏。”韩荣培则认为明代屯军要在正月、七月的农闲时节演武练兵，以备随时征战。后来由于杂姓人的增加，各姓将军唯恐武艺为他人窥视，于是转由各姓将军把手下的精兵强将组织起来，改成跳神队，在重大节日和农闲时节跳神，借以掩盖操练兵马的目的，并巧妙的接受将帅的检阅。从而使“跳神队伍逐渐取代了军队的武艺操练之术”①。笔者认为这类说法值得商榷。

首先，在明代史籍以及目前发现的实物资料中，都没有见到地戏创始于明代的证据，在所谓屯军的故乡江淮地区也没有地戏的记载。而号称屯堡中心的九溪村的三堂地戏明确知道是开始于清代中后期的乾嘉时代则是有力的反证。

其次，从我们亲眼看到的两堂地戏来看，演员的武打动作单调而简单，显然起不到演武的作用，娱乐功能更强一些，把它看作是明代屯军的娱乐活动可信度倒还高一些。另外，明代卫所军人演练武艺一般在教场进行，能见到的人有限。即便在田间空地进行，威武的军容正可以起到“干戈戚舞”的威慑作用，无需刻意掩饰。何况屯堡村寨中的杂姓绝大多数也是汉族，当时都是少数民族袭扰的对象，和屯军有着共同的利益，演武为其观看并没有什么不妥。此外，卫所军人需要时常演练的马上武艺在地戏中根本得不到锻炼机会。

第三，从地戏现存的开箱请神、踩财门、封箱送神等一系列与地戏剧情似相关又不相关的仪式来看，宗教色彩明显。安顺地区的卫所军士大多由湖广

① 《屯堡人的一个聚落——云山屯》，见《贵州少数民族爱国主义、屯堡人专辑》，第112页。

等地区垛集而来，原本“俗尚巫鬼”①。安顺地区的少数民族文化发展较慢，同样盛行巫傩。在两种文化的合力作用下，作为农闲娱乐活动的地戏带有浓厚的宗教神傩色彩是可以理解的。

因此，笔者认为，目前暂时把地戏定性为明代屯戍军士在巫风浸染下借鉴内地戏剧形式，改造发展而成的一种自娱自乐的，带有明显原生形态的戏剧更为妥当。

四、对谱牒资料的几点看法

屯堡人较多的保留了明清内地汉民族的生活习惯，及时撰修家谱是其表现之一。这些族谱资料对于了解屯堡人的历史非常有帮助。但和文博部门收藏的族谱相比，屯堡人的族谱有一些特别之处需要引起注意。

首先是明代旧谱因为战乱频仍，损失殆尽，目前为人们所掌握的族谱修谱时间一般较晚。在我们所收集到的六种族谱中，最早的修于乾隆五十年(1785)以后，最晚的成于2001年。由于修谱时已经和先祖隔了很多辈，加之修谱人的文化水平一般不太高，谱中文字较为粗浅，而且常常夹杂着一些明显的常识性错误。错误的表现主要有以下几点：

① 原籍记载有误。如《牟氏族谱》将山西平阳府和山东莱州府混称为“山东平阳郡莱州府掖县”。《王氏族谱》把太原错列入江西。

② 与明代保留下来的其他文献资料无法相互印证。如《全氏族谱》称始祖全日华、全光华是正德庚辰进士，但明代科举并无正德庚辰科，且《明清进士题名碑录》等资料中也没有全氏兄弟的名字。《雷氏族谱》称其祖先世居雷屯，在明朝世袭镇宁卫千户。但安顺地区在明朝只设有普定、安庄等卫，并无镇宁卫。明初此地设有镇宁州，洪武十五年(1382)划归普定府，十八年(1385)直属普定卫，二十三年(1390)于州内建安庄卫，家谱所载或为安庄卫之误。

③ 对史料解读错误。如汪大章得中弘治十二年(1499)三甲第172名进士，《汪氏宗谱》的作者却误解为得中第12名。

④ 与明朝的制度明显不符。如《雷氏族谱》记载始祖雷龙曾经因立功“赐我祖黄马褂一件”，赐黄马褂是清制，显然民国初年雷谱的作者对明朝的军功奖励制度并不了解。另外，可能是受“十八指挥定黔阳”的传说影响，族谱的作

① 《黔记》卷七《舆图四·平坝卫》。

者往往给祖先的头衔上安上“指挥”两字,如“千户指挥”、“百户指挥”等,这还不太影响对历史真相的认识。有些族谱则只说是“指挥”,如《汪氏宗谱》说始祖汪灿是普定卫前所指挥,很容易让人误解为汪灿是以指挥使身分行千户事,实际上根据汪氏旧谱可知汪灿只是前所一个百户。

其次,屯堡人的族谱中有许多明代官制中并不存在的职务和荣衔,究竟是确有其实,可以促进我们对明朝官制的研究,还是族谱作者妄加臆断,还需要进行具体研究。如《全氏族谱》中提到文官的散阶“上大夫”;《胡氏族谱》提到武官散阶“镇南将军”和“镇远将军参军”一职;《牟氏族谱》提到文官散阶“封林郎”等等。

不过,尽管屯堡地区的族谱资料有一些问题,但对于屯堡文化的研究还是有很大帮助的,比如可以纠正一些当代屯堡人的一些习惯说法。在前文中已经提到过屯堡妇女大脚、三村分抢汪公像原因的例子,这里不再赘述。

从总体上看,目前为有关研究机构或人员收集上来的族谱资料还不算多,考虑到屯堡人对修谱的重视程度,应该还有大量的族谱以及其他各类文献资料散落于民间,需要进行及时、有力的抢救性挖掘整理。

附录二：

主要参考文献

一、古籍文献

《明太祖实录》，台北中研院史语所校勘，1962 年影印本。
《明太宗实录》，台北中研院史语所校勘，1962 年影印本。
《明仁宗实录》，台北中研院史语所校勘，1962 年影印本。
《明宣宗实录》，台北中研院史语所校勘，1962 年影印本。
《明英宗实录》，台北中研院史语所校勘，1962 年影印本。
《明宪宗实录》，台北中研院史语所校勘，1962 年影印本。
《明孝宗实录》，台北中研院史语所校勘，1962 年影印本。
《明武宗实录》，台北中研院史语所校勘，1962 年影印本。
《明世宗实录》，台北中研院史语所校勘，1962 年影印本。
《明穆宗实录》，台北中研院史语所校勘，1962 年影印本。
《明神宗实录》，台北中研院史语所校勘，1962 年影印本。
《明光宗实录》，台北中研院史语所校勘，1962 年影印本。
《明熹宗实录》，台北中研院史语所校勘，1962 年影印本。

《崇祯长编》,台北中研院史语所校勘,1962 年影印本。
宋　濂等:《元史》,中华书局 1976 年标点本。
张廷玉等:《明史》,中华书局 1974 年标点本。
王绪鸿:《明史稿》,台北文海出版社影印横云山人集本。
谈　迁:《国榷》,中华书局 1958 年铅印本。
查继佐:《罪惟录》,浙江古籍出版社 1986 年点校本。
谷应泰:《明史纪事本末》,中华书局 1977 年点校本。
傅维鳞:《明书》,齐鲁书社《四库全书存目丛书》本。

王世贞:《弇山堂别集》,中华书局 1985 年版。
王世贞:《名卿绩纪》,《纪录汇编》本。
高　岱:《鸿猷录》,上海古籍出版社 1992 年标点本。
李　贽:《续藏书》,中华书局 1959 年版。
徐学谟:《世庙识余录》,《北京图书馆古籍珍本丛刊》本。
焦　竑:《国朝献征录》,上海书店 1987 年影印本。
何乔远:《名山藏》,江苏广陵古籍刻印社 1993 年影印本。
陈仁锡:《皇明世法录》,台北《中国史学丛书》本。
申时行:《召对录》,《丛书集成初编》本。
余继登:《典故纪闻》,中华书局 1981 年标点本。
毛奇龄:《明武宗外纪》,《中国历史研究资料丛书》本。
文　秉:《定陵注略》,国家图书馆藏抄本。
刘近思:《四朝大政录》,《明清史资料汇编》三集,台北文海出版社印行。
李逊之:《三朝野记》,《荆驼逸史》本。
吴应箕:《启祯两朝剥复录》,清初吴氏楼山堂刻本。
吴应箕:《熹朝忠节死臣列传》,《中国内乱外祸历史丛书》本。
邹　漪:《启祯野乘》,1936 年故宫博物院排印本。
蒋平阶:《东林始末》,《中国内乱外祸历史丛书》本。
吴应箕:《东林本末》,《中国内乱外祸历史丛书》本。
陆世仪:《复社纪略》,《中国内乱外祸历史丛书》本。
吴伟业:《复社纪事》,《中国内乱外祸历史丛书》本。

杜登春:《社事始末》,《昭代丛书》本。

王家桢:《研堂见闻杂记》,《痛史》本。

吴应箕:《留都见闻录》,清光绪铅印本。

温睿临:《南疆逸史》,上海国光书局刊本。

乐　水、包汝楫:《南中纪闻》、《砚云甲编》,《申报馆丛书》本。

夏允彝:《幸存录》,《明季稗史初编》本。

黄　煜:《碧血录》,《中国内乱外祸历史丛书》本。

朱祖文:《丙寅北行日谱》,《知不足斋丛书》本。

吴世济:《太和县御寇始末》,浙江人民出版社 1983 年点校本。

计六奇:《明季北略》,中华书局 1984 年标点本。

计六奇:《明季南略》,中华书局 1984 年点校本。

戴名世:《弘光朝伪东宫伪后及党祸纪略》,《中国内乱外祸历史丛书》本。

徐　鼒:《小腆纪传》,中华书局 1958 年校点本。

正　德《大明会典》,东京汲古书院 1989 年版。

万　历《明会典》,中华书局 1988 年影印本。

王　圻:《续文献通考》,现代出版社 1991 年影印本。

张学颜:《万历会计录》,《北京图书馆古籍珍本丛刊》本。

周之翰:《通粮厅志》,台湾学生书局影印本。

杨　宏、谢　纯:《漕运通志》,齐鲁书社《四库全书存目丛书》本。

霍　冀:《军政事例》,《北京图书馆古籍珍本丛刊》本。

杨时乔:《两浙南关榷事书》,隆庆元年自刻本。

贺凤山:《冬官纪事》,《宝颜堂秘籍》本。

何士晋:《工部厂库须知》,万历刻本。

《四川各地勘案及其它事宜档册》,《北京图书馆古籍珍本丛刊》。

《河南赋役总会文册》,《北京图书馆古籍珍本丛刊》本。

《四川重刻赋役书册》,《北京图书馆古籍珍本丛刊》本。

《明代辽东档案汇编》,辽沈书社 1985 年版。

《中国明朝档案总汇》,广西师大出版社 2001 年版。

《皇明宝训》,万历壬寅大有堂刻本。

张　卤:《皇明制书》,日本古典研究会1966年影印本。
劳　堪:《宪章类编》,《北京图书馆古籍珍本丛刊》本。
徐学聚:《国朝典汇》,明刻本。
张　萱:《西园闻见录》,燕京大学1940年铅印本。
范　涞:《两浙海防类考续编》,万历三十年刻本。
郑若曾撰,邓钟重辑:《筹海重编》,万历刻本。
郑若曾:《郑开阳杂著》,文渊阁《四库全书》本。
吕　坤:《实政录》,《北京图书馆古籍珍本丛刊》本。
张　燧:《经世挈要》,《北京图书馆古籍珍本丛刊》本。
张　陛:《救荒事宜》,齐鲁书社《四库全书存目丛书》本。
俞　森:《荒政丛书》,文渊阁《四库全书》本。
陆曾禹:《康济录》,文渊阁《四库全书》本。
张国维:《吴中水利全书》,明崇祯九年刻本。
徐光启:《农政全书》,上海古籍出版社1979年校注本。
宋应星:《天工开物》,江苏广陵古籍刻印社1997年版。
冯应京:《月令广义》,齐鲁书社《四库全书存目丛书》本。
李晋德著 杨正泰校注:《客商一览》,山西人民出版社1992年版。
《新编事文类要启札青钱》,日本古典研究会本。

朱元璋:《大诰续编》、《大诰三编》,台北学生书局《明朝开国文献》本,1966年版。
《皇明诏令》,齐鲁书社《四库全书存目丛书》本。
《大明律》,怀效锋点校本,法律出版社1999年版。
张　楷:《律条疏议》,洪武十九年序刊本。
戴　金:《皇明条法事类纂》,日本古典研究会本。
白昂等编:《问刑条例》,《皇明制书》本。
熊鸣岐:《鼎镌钦颁辨疑律例昭代王章》,上海《玄览堂丛书》影印本,1941年版。
陈　省:《大明律例附解》,隆庆刻本。
王　藻:《大明律例附解》,万历刻本。

《大明律集解附例》，台北学生书局 1970 年影印本。
《大明律直引》，《中国珍稀法律典籍集成》本。
《刑部事宜》一卷，明钞本。
《刑台法律》，万历三十七年刊本。
颜俊彦：《盟水斋存牍》，崇祯五年序刊本。
苏茂相：《临民宝镜》，崇祯序刊本。

董其昌：《神庙留中奏疏汇要》，燕京大学图书馆 1937 年排印本。
毕自严：《度支奏议》，上海古籍出版社影印崇祯刻本。
叶向高：《纶扉奏草》，明刻本。
郭尚宾：《郭给谏疏稿》，《岭南遗书》本。
王以宁：《东粤疏草》，浙江图书馆 1958 年油印本。
《御选明臣奏议》，台北商务印书馆影印文渊阁《四库全书》本。
万表辑：《皇明经济文录》，台北广文书局 1972 年标点本。
陈子龙等编：《明经世文编》，中华书局 1962 年影印本。
黄宗羲：《明文海》，中华书局 1987 年影印本。
陈梦雷：《古今图书集成》，中华书局 1934 年缩印本。
贺长龄等编：《清经世文编》，中华书局 1992 年影印本。

叶　盛：《水东日记》，中华书局 1980 年标点本。
王　鏊：《守溪笔记》，《纪录汇编》本。
黄　瑜：《双槐岁钞》，中华书局 1999 年标点本。
李　诩：《戒庵老人漫笔》，中华书局 1982 年标点本。
陆　深：《俨山外集》，文渊阁《四库全书》本。
何良俊：《四友斋丛说》，中华书局 1984 年标点本。
王　锜：《寓圃杂记》，中华书局 1984 年标点本。
谢肇淛：《五杂俎》，中华书局 1959 年标点本。
于慎行：《谷山笔麈》，中华书局 1984 年标点本。
张应俞：《杜骗新书》，百花文艺出版社 1992 年标点本。
陆　粲：《庚巳编》，中华书局 1987 年标点本。

顾起元:《客座赘语》,中华书局 1987 年标点本。
陆　楫:《蒹葭堂杂著摘抄》,《纪录汇编》本。
范　濂:《云间据目抄》,《笔记小说大观》本。
林　烃:《林氏杂记摘录》,江苏古籍出版社 1986 年版。
张　瀚:《松窗梦语》,中华书局 1985 年标点本。
王士性:《广志绎》,中华书局 1981 年标点本。
田艺蘅:《留青日札》,上海古籍出版社 1992 年标点本。
何孟春:《余冬序录》,《纪录汇编》本。
王临亨:《粤剑编》,中华书局 1987 年标点本。
李　乐:《见闻杂纪》,上海古籍出版社 1986 年影印本。
叶　权:《贤博编》,江苏人民出版社 1981 年版。
李中馥:《原李耳载》,中华书局 1987 年标点本。
朱国祯:《涌幢小品》,《笔记小说大观》本,江苏广陵古籍刻印本 1983 年版。
许仲元:《三异笔谭》,《笔记小说大观》本,江苏广陵古籍刻印本 1983 年版。
顾公燮:《消夏闲记摘抄》,商务印书馆《涵芬楼秘籍本》本。
刘士义:《新知录摘抄》,明万历四十五年刻本。
俞　弁:《山樵暇语》,齐鲁书社《四库全书存目丛书》本。
王文禄:《百陵学山》,商务印书馆 1938 年影印本。
周同谷:《霜猿集》,《丛书集成初编》本。
李延煜:《南吴旧话录》,民国四年铅印本。
蒋以化:《西台漫记》,万历刻本。
周玄時:《泾林续记》,《涵芬楼秘籍》本。
沈德符:《万历野获编》,中华书局 1959 年标点本。
刘若愚:《酌中志》,北京古籍出版社 1994 年版。
叶梦珠:《阅世编》,上海古籍出版社 1981 年点校本。
杨士聪:《玉堂荟记》,《借月山房汇钞》本。
袁　黄:《了凡杂考》,《北京图书馆古籍珍本丛刊》本。
朱国寿:《考成录略》,《北京图书馆古籍珍本丛刊》本。
顾炎武著,黄汝成集释:《日知录集释》,道光十四年刊本。
全祖望:《鲒埼亭集外编》,《四部丛刊初编》本。

张　载:《张载集》,中华书局 1978 年点校本。
张　昱:《可闲老人集》,《四库全书》本。
张　羽:《静居集》,《四部丛刊》三编集部,上海书店据成化本刊印。
徐　贲:《北郭集》,《四部丛刊》三编集部,上海书店据成化本刊印。
杨士奇:《东里集》,文渊阁四库全书本。
况　钟:《况太守集》,江苏人民出版社 1983 年点校本。
陈献章:《陈献章集》,中华书局 1987 年版。
章　懋:《枫山集》,上海古籍出版社《四库明人文集丛刊》本。
史　鉴:《西村集》,上海古籍出版社《四库明人文集丛刊》本,1991 年版。
顾　清:《东江家藏集》,文渊阁《四库全书》本。
李梦阳:《空同集》,文渊阁《四库全书》本。
王守仁:《王阳明全集》,上海古籍出版社点校本,1992 年版。
王守仁:《王文成公全集》,隆庆六年豫章谢廷杰刻本。
陆　深:《俨山集》,文渊阁《四库全书》本。
林希元:《同安林次崖先生文集》,齐鲁书社《四库全书存目丛书》本。
黄　佐:《黄泰泉先生全集》,康熙二十一年重刻本。
王廷相:《王氏家藏集》,台北伟文图书出版有限公司 1976 年版。
唐顺之:《荆川先生文集》,《四部丛刊》本。
王　艮:《王新斋先生遗集》,宣统二年刻本。
王　畿:《龙溪王先生全集》,万历十五年萧氏刻本。
罗洪先:《念庵文集》,上海古籍出版社《四库明人文集丛刊》本,1993 年版。
夏　言:《夏桂洲先生文集》,齐鲁书社《四库全书存目丛书》本。
徐　阶:《世经堂集》,齐鲁书社《四库全书存目丛书》本。
朱　纨:《甓余杂集》,齐鲁书社《四库全书存目丛书》本。
翁万达:《翁万达集》,上海古籍出版社 1992 年版。
张永明:《张庄僖文集》,《四库全书》本。
王世贞:《弇州山人续稿》,明刊本。
海　瑞:《海瑞集》,中华书局 1981 年点校本。
叶春及:《石洞集》,上海古籍出版社《四库明人文集丛刊》本,1993 年版。
庞尚鹏:《百可亭摘稿》,道光十二年刻本。

归有光:《震川先生集》,《四部丛刊初编》本。
汪道昆:《太函集》,齐鲁书社《四库全书存目丛书》本。
李维桢:《大泌山房集》,齐鲁书社《四库全书存目丛书》本。
王　栋:《王一庵先生遗集》,宣统二年刻本。
王　襞:《王东崖先生遗集》,宣统二年刻本。
颜　钧:《颜钧集》,中国社会科学出版社 1996 年版。
韩　贞:《韩贞集》,中国社会科学出版社 1996 年版。
林　春:《东城子文集》,海陵丛刻本。
赵贞吉:《赵文肃公文集》,万历十三年赵德仲刻本。
张居正:《张太岳集》,上海古籍出版社 1984 年影印本。
何心隐:《何心隐集》,中华书局 1981 年版。
耿定向:《耿天台先生全集》,武昌正信印务观民国十六年刊本。
李　贽:《焚书·续焚书》,中华书局 1974 年版。
许孚远:《敬和堂集》,齐鲁书社《四库全书存目丛书》本。
吕　坤:《去伪斋文集》,齐鲁书社《四库全书存目丛书》本。
吕　坤:《去伪斋集》,清道光刻本。
顾宪成:《泾皋藏稿》,文渊阁《四库全书》本。
顾允成:《小辨斋偶存》,文渊阁《四库全书》本。
高攀龙:《高子遗书》,文渊阁《四库全书》本。
焦　竑:《澹园集》,中华书局 1999 年标点本。
陶望龄:《歇庵集》,万历刻本。
杨起元:《杨复所先生家藏文集》,明杨见晙刻本。
赵南星:《味檗斋文集》,《畿辅丛书》本。
赵南星:《赵忠毅公文集》,清康熙刊本。
邹元标:《愿学集》,文渊阁《四库全书》本。
毕自严:《石隐园藏稿》,清康熙二十五年刻本。
陈龙正:《几亭全书》,清康熙四年刻本。
徐光启:《徐光启集》,上海古籍出版社 1984 年版。
周顺昌:《周忠介公烬余集》,《丛书集成初编》本。
刘宗周:《刘蕺山集》,文渊阁《四库全书》本。

徐　熥:《幔亭集》,上海古籍出版社《四库明人文集丛刊》本。
陈子龙:《陈忠裕公全集》,清嘉庆刻本。
张　鼐:《宝日堂初集》,明崇祯二年刻本。
张　溥:《七录斋诗文合集》,台北伟文图书出版公司影印本。
陈吾德:《谢山存稿》,嘉庆刻本。
钱士升:《赐余堂集》,清乾隆四年刻本。
叶向高:《蘧编》,1935年乌丝栏钞本。
祁彪佳:《祁彪佳集》,中华书局1960年版。
史可法:《史可法集》,上海古籍出版社1984年版。
钱谦益:《牧斋初学集》,上海古籍出版社1995年标点本。
归　庄:《归庄集》,中华书局点校本。
黄宗羲:《黄宗羲全集》,浙江古籍出版社1985年点校本。
顾炎武:《亭林文集》,上海古籍出版社1985年影印本。
顾炎武:《顾亭林诗文集》,中华书局1983年点校本。
侯方域:《壮悔堂文集》,清顺治刻增修本。
陆世仪:《陆桴亭先生遗书》,清光绪二十五年刻本。
吴伟业:《吴梅村全集》,上海古籍出版社1990年标校本。
方以智:《浮山文集前编》,《四库禁毁书丛刊》本。
吴应箕:《楼山堂集》,《粤雅堂丛书》本。
吴应箕:《楼山堂集》,《丛书集成初编》本。
计　东:《改亭文集》,齐鲁书社《四库全书存目丛书》本。
张　鉴:《冬青馆甲集》,《吴兴丛书》本。
冒　襄:《同人集》,齐鲁书社《四库全书收目丛书》本。
孙枝蔚:《慨堂后集》,齐鲁书社《四库全书存目丛书》本。
沈　垚:《落帆楼文集》,吴兴嘉业堂刊本。
李　颙:《二曲集》,中华书局1996年版。
龚自珍:《龚自珍全集》,上海古籍出版社1999年版。

丘　濬:《大学衍义补》,万历刻本。
罗汝芳:《一贯编》,万历熊傧刻本。

罗汝芳:《近溪先生语要》,万历刻本。
管志道:《从先维俗议》,齐鲁书社《四库全书存目丛书》本。
邓豁渠:《南询录》,万历刻本。
黄　佐:《泰泉乡礼》,台北商务印书馆影印文渊阁《四库全书》本。
周汝登:《圣学宗传》、《东越证学录》,万历刻本。
顾宪成:《小心斋札记》,光绪三年《顾端文公遗书》刻本。
钱一本:《黾记》,明万历四十一年刻本。
刘元卿:《诸儒学案》,万历刻本。
方学渐:《心学宗》,万历刻本。
陈龙正:《家矩》,清光绪四年,《槜李遗书》本。
陈盛韶:《问俗录》,清道光刻本。
张　溥:《七录斋论略》,台北伟文图书出版公司影印本。
黄宗羲:《明儒学案》,康熙刻本。
黄宗羲:《南雷杂著稿真迹》,浙江古籍出版社 1987 年版。
黄宗羲:《明夷待记录》,中华书局 1981 年标点本。
王夫之:《读通鉴论》,中华书局 1975 年标点本。
王夫之:《周易外传》,中华书局 1977 年点校本。
王夫之:《噩梦》,古籍出版社 1956 年点校本。
唐　甄:《潜书》,中华书局 1963 年增订本。

冯梦龙等:《明清民歌时调集》,上海古籍出版社 1993 年版。
凌濛初:《二刻拍案惊奇》,上海古籍出版社 1988 年版。
陈去病:《五石脂》,江苏古籍出版社 1985 年版。
西湖渔隐主人:《欢喜冤家》,吉林文史出版社 1999 年版。
李　渔:《觉世名言十二楼》,江苏古籍出版社 1991 年版。
《珍珠舶等四种》,江苏古籍出版社 1993 年版。
《古代珍稀本小说》,春风文艺出版社,1994 年版。
钱　泳:《履园丛话》,中华书局 1997 年版。
朱彝尊:《静志居诗话》,台北明文书局《明代传记丛刊》本。
赵　翼:《瓯北诗话》,人民文学出版社 1963 年版。

华允诚:《高忠宪公年谱》,清光绪二年刻本。
倪会鼎:《倪元璐年谱》,中华书局1994年标点本。
顾与沐等:《顾端文公年谱》,清光绪三年刻本。
蒋逸雪:《张溥年谱》,齐鲁书社1982年版。
冒广生:《冒巢民先生年谱》,清光绪至民国间刻本。
夏　燮:《忠节吴次尾先生年谱》,清同治六年刻本。
黄炳垕:《黄梨洲先生年谱》,清同治十二年刻本。

张　燮:《东西洋考》,中华书局1981年标点本。
严从简:《殊域周咨录》,中华书局1993年标点本。
郑舜功:《日本一鉴穷河话海》,1939年旧抄本影印本。
葛寅亮:《金陵梵刹志》中国佛寺志本。
周　晖:《金陵琐事》,万历刊本,台北成文出版社有限公司印行。
沈　榜:《宛署杂记》,北京古籍出版社1980年标点本。
顾炎武:《天下郡国利病书》,齐鲁书社《四库全书存目丛书》本。
王云翘:《西关志》,北京古籍出版社1990年标点本。
孙承译:《山书》,浙江古籍出版社1989年标点本。
孙承译:《天府广记》,北京古籍出版社1983年标点本。
孙承译:《春明梦余录》,北京古籍出版社1992年标点本。
屈大均:《广东新语》,中华书局1985年标点本。
余华瑞:《岩镇志草》,清乾隆留耕堂刻本。
冼宝干等纂:《佛山忠义乡志》,民国十五年刻本。
雍正《东林书院志》,光绪七年据雍正刻本重刻本。
印光任、张汝霖:《澳门纪略》,光绪六年重刻本。
江日楙:《台湾外记》,福建人民出版社1983年点校本。
弘治《八闽通志》,弘治四年刻本。
弘治《徽州府志》,天一阁藏弘治刻本。
弘治《太仓州志》,明弘治十年修,清宣统元年《汇刻太仓旧志五种》本。
正德《松江府志》,天一阁藏正德刻本。
正德《大同府志》,正德刻嘉靖增修本。

正德《大名府志》,中华书局上海编辑所影印本,1966 年版。
嘉靖《吴邑志》,《天一阁藏明代方志选刊》续编本。
嘉靖《广东通志》,齐鲁书社《四库全书存目丛书》本。
嘉靖《惠州府志》,北京图书馆出版社《日本藏中国罕见地方志丛刊》本,2002 年版。
嘉靖《沔阳州志》,《天一阁藏明代方志选刊》本。
嘉靖《南宫县志》,全国图书馆缩微文献复制中心影印本,1992 年版。
嘉靖《思南府志》,《天一阁藏明代方志选刊》本。
嘉靖《太平县志》,全国图书馆缩微文献复制中心影印本,1992 年版。
嘉靖《香山县志》,北京图书馆出版社《日本藏中国罕见地方志丛刊》本,2002 年版。
嘉靖《徐州志》,台北学生书局《中国史学丛书三编》本,1987 年版。
嘉靖《兴国州志》,全国图书馆缩微文献复制中心影印本,1992 年版。
嘉靖《续澉水志》,嘉靖三十六年刻本。
嘉靖《江阴县志》,嘉靖二十六年刻本。
嘉靖《武定州志》,《天一阁藏明代地方志选刊》本。
嘉靖《雄乘》,《天一阁藏明代地方志选刊》本。
嘉靖《邵武府志》,《天一阁藏明代地方志选刊》本。
嘉靖《通许县志》,嘉靖二十四年刻本。
嘉靖《潮州府志》,嘉靖二十六年刻本。
龚辉:《全陕政要》,嘉靖刻本。
嘉靖《贵州通志》,天一阁藏嘉靖三十二年刻本。
嘉靖《仁和县志》,《光绪钱塘丁氏嘉惠堂客武林掌故丛编》本。
嘉靖《浦江志略》,天一阁藏嘉靖刻本。
嘉靖《广东通志初稿》,嘉靖刻本。
嘉靖《辽东志》,辽海丛书本。
嘉靖《钦州志》,天一阁藏嘉靖刻本。
隆庆《海州志》,天一阁藏隆庆刻本。
隆庆《潮阳县志》,天一阁藏明代地方志选刊本。
隆庆《丰润县志》,隆庆四年刻本。

万历《承天府志》,《日本藏中国罕见地方志丛刊》,书目文献出版社 1990 年版。
万历《嘉定县志》,齐鲁书社《四库全书存目丛书》本。
万历《新修南昌府志》,《日本藏中国罕见地方志丛刊》,书目文献出版社 1990 年版。
万历《通州志》,天一阁藏万历刻本。
万历《广东通志》,万历三十年刻本。
《黔记》,《北京图书馆古籍珍本丛刊》影印万历刻本。
万历《歙志》,万历三十七年刻本。
万历《祁门县志》,万历刻本。
万历《新会县志》,万历三十七年刻本。
万历《汶上县志》,康熙五十六年刻本。
万历《漳州府志》,清抄本。
万历《余杭县志》,万历刻本。
万历《湖广总志》,齐鲁书社《四库全书存目丛书》本。
万历《交河县志》,全国图书馆缩微文献复制中心 1992 年影印本。
万历《钱塘县志》,光绪十九年刊本。
天启《海盐县图经》,齐鲁书社《四库全书存目丛书》本。
天启《赣州府志》,顺治十七年汤斌刻本。
崇祯《嘉兴县志》,书目文献出版社《日本藏中国罕见地方志丛刊》本。
崇祯《松江府志》,《日本藏中国罕见地方志丛刊》本,书目文献出版社 1991 年版。
崇祯《海澄县志》,崇祯二年刻本。
崇祯《清江县志》,崇祯刻本。
崇祯《吴县志》,《天一阁藏明代方志选刊》续编本。
《闽书》,崇祯二年刻本。
康熙《西江志》,国家图书馆藏清刻本。
康熙《沙县志》,国家图书馆藏康熙四十年刻本。
康熙《广州府志》,清抄本。
康熙《黄陂县志》,康熙五年刻本。
康熙《延绥镇志》,康熙刻乾隆增补本。

康熙《徽州府志》,康熙三十八年万青阁刻本。
康熙《两淮盐法志》,台北学生书局1966年影印本。
雍正《两浙盐法志》,台北学生书局1966年版。
乾隆《佛山忠义乡志》,乾隆十八年刻本。
乾隆《广州府志》,乾隆二十四年刻本。
乾隆《吴江县志》,乾隆十二年刻本。
乾隆《元和县志》,上海古籍出版社1997年版。
乾隆《吴江县志》,民国石刻本。
乾隆《震泽县志》,清光绪十九年吴郡徐元圃刻本。
乾隆《娄县志》,上海书店《中国地方志集成》本。
乾隆《上杭县志》,国家图书馆藏乾隆二十五年刻本。
乾隆《苏州府志》,国家图书馆藏乾隆十三年刻本。
乾隆《仙游县志》,国家图书馆藏缩微胶卷(福建省图书馆2001年复制)。
乾隆《镇洋县志》,全国图书馆缩微文献复制中心1992年影印本。
嘉庆《江都县续志》,嘉庆十六年刊本,台北成文出版社有限公司印行本。
道光《阳曲县志》,道光二十三年刻本。
同治《湖州府志》,同治十三年本。
光绪《江西通志》,光绪七年刻本。
光绪《重修华亭县志》,上海书店《中国地方志集成》本。
光绪《靖江县志》,台北成文出版社有限公司印行。
民国《江阴县续志》,民国刻本。
蔡兆骥、蔡宝善重修:《德清蔡氏宗谱》,民国九年活字本。
周绍泉、赵亚光:《窦山公家议评注》,黄山出版社1993年版。
《善和程氏仁山门支谱》,康熙二十一年刊本。
夏刚纂修:《夏氏家乘》,雍正二年刊本。
陶谋嘉修:《陶氏家谱》,光绪四年义庄藏版。
臧风生修:《(武进)管庄臧氏(六修)宗谱》,光绪二十四年宝善堂活字本。
吴国樑修:《山阴县州山吴氏族谱》,道光十九年刊本。
金廷曜修:《金氏族谱》,1937年石印本。
吴　晗辑:《朝鲜李朝实录中的中国史料》,中华书局1980年版。

《明清徽州社会经济资料丛编》第一集，中国社会科学出版社 1988 年版。
《明清徽州社会经济资料丛编》第二集，中国社会科学出版社 1990 年版。
王玉欣、周绍泉主编：《徽州千年契约文书·宋元明编》，花山文艺出版社 1991 年版。
张传玺主编：《中国历代契约会编考释》，北京大学出版社 1995 年出版。
谢国桢编：《明代社会经济史料选编》，福建人民出版社 1981 年版。
张海鹏等编：《明清徽商资料选编》，黄山书社 1985 年版。
洪焕椿编：《明清苏州农村经济资料》，江苏古籍出版社 1988 年版。
陈智超：《明代徽州方氏亲友手札七百通考释》，安徽大学出版社 2001 年版。
张正明等编：《明清晋商资料选编》，山西人民出版社 1989 年版。
李　华编：《明清以来北京工商会馆碑刻选编》，文物出版社 1980 年版。
江苏省博物馆编：《江苏省明清以来碑刻资料选集》，三联书店 1959 年版。
巫宝三主编：《中国经济思想史资料选辑》，中国社会科学出版社 1996 年版。
朱保炯、谢沛霖编：《明清进士题名碑录索引》，上海古籍出版社 1979 年出版。

二、中文论著

陈　垣：《明季滇黔佛教考》，河北教育出版社 2000 年版。
梁方仲：《明代粮长制度》，上海人民出版社 2001 年版。
彭信威：《中国货币史》，上海人民出版社 1958 年版。
林仁川：《福建对外贸易与海关史》，鹭江出版社 1991 年版。
韩大成：《明代城市研究》，中国人民大学出版社 1991 年版。
韩大成：《城市的阶级结构》，中国人民大学出版社 1991 年版。
梁淼泰：《明清景德镇城市经济研究》，江西人民出版社 1991 年版。
全汉昇：《中国经济史论丛》，台北稻乡出版社 1991 年版。
吴　晗：《读史札记》，三联书店 1956 年版。
吕振羽：《中国政治思想史》，黎明书局 1937 年版。
吴承明：《中国的现代化市场与社会》，三联书店 2001 年版。
傅衣凌：《明清社会经济史论文集》，人民出版社 1982 年版。
侯外庐：《中国早期启蒙思想史》，人民出版社 1956 年版。

谢国桢:《明清之际党社运动考》,中华书局 1982 年版。
侯外庐主编:《中国思想通史》,人民出版社 1960 年版。
李文治:《明清时代的农业资本主义萌芽问题》,中国社会科学出版社 1983 年版。
叶世昌:《中国货币理论史》,中国金融出版社 1986 年版。
余英时:《士与中国文化》,上海人民出版社 1987 年版。
唐文基:《明代赋役制度史》,中国社会科学出版社 1991 年版。
张海鹏主编:《中国十大商帮》,黄山书社 1993 年版。
罗一星:《明清佛山经济发展与社会变迁》,广东人民出版社 1994 年版。
胡寄窗:《中国经济思想史》,上海人民出版社 1981 年版。
徐扬杰:《宋明家族制度史论》,中华书局 1995 年出版。
李伯重:《江南的早期工业化:1550—1850 年》,社会科学文献出版社 2000 年版。
罗荣渠:《现代化新论》,北京大学出版社 1993 年版。
张琢主编:《国外发展理论研究》,人民出版社 1993 年版。
胡福明主编:《中国现代化的历史进程》,安徽人民出版社 1994 年版。
田培栋:《明代社会经济史研究》,北京燕山出版社 2002 年版。
何宗美:《明末清初文人结社研究》,南开大学出版社 2003 年版。
刘　淼:《明代盐业经济研究》,汕头大学出版社 1996 年版。
王铭铭:《社会人类学与中国社会》,三联书店 1997 年版。
张书学:《中国现代思绪思潮研究》,湖南教育出版社 1998 年版。
栾成显:《明代黄册研究》,中国社会科学出版社 1998 年版。
郑杭生主编:《社会学概论新修》(修订本),中国人民大学出版社 1998 年第 2 版。
刘志伟:《在国家与社会之间——明清广东里甲赋役制度研究》,中山大学出版社 1997 年版。
郭　朋:《明清佛教》,福建人民出版社 1985 年版。
刘新成主编:《历史学百年》,北京出版社 1999 年版。
王文成:《宋代白银货币化研究》,云南大学出版社 2001 年版。
叶世昌、潘连贵:《中国古近代金融史》,复旦大学出版社 2001 年版。

万　明:《中国融入世界的步履——明与清前期海外政策比较研究》,社会科学文献出版社 2000 年版。
万　明:《中葡早期关系史》,社会科学文献出版社 2001 年版。
冯柳堂:《中国历代民食政策史》,商务印书馆 1934 年版。
邓云特:《中国救灾史》,《邓拓文集》(第二卷),北京出版社 1986 年版。
孟昭华:《中国灾荒史记》,中国社会出版社 1999 年版。
张建民、宋　俭:《灾害历史学》,湖南人民出版社 1998 年版。
南炳文、汤　纲:《明史》,上海人民出版社 1991 年版。
陈支平:《近 500 年来福建的家族社会与文化》,三联书店上海分店 1991 年版。
邓正来、J.C.亚历山大编:《国家与市民社会——一种社会理论的研究路径》,中央编译出版社 1999 年版。
费成康主编:《中国的家法族规》,上海社会科学院出版社 1998 年版。
冯尔康:《中国宗族社会》,浙江人民出版社 1994 年版。
傅衣凌:《明清社会经济变迁论》,北京人民出版社 1989 年版。
曹树基:《中国人口史·明时期》,复旦大学出版社 2000 年版。
黄宗智:《长江三角洲小农家庭与乡村发展》,中华书局 1992 年版。
蒋兆成:《明清杭嘉湖社会经济史研究》,杭州大学出版社 1994 年版。
叶显恩:《清代区域社会经济研究》,中华书局 1992 年版。
李文治:《明清时代封建土地关系的松解》,中国社会科学出版社 1993 年版。
李文治、江太新:《中国宗法宗族制和族田义庄》,社会科学文献出版社 2000 年版。
李文治、魏金玉、经君健:《明清时代的农业资本主义萌芽问题》,中国社会科学出版社 1983 年版。
李　洵:《下学集》,中国社会科学出版社 1995 年版。
刘志伟:《在国家与社会之间——明清广东里甲赋役制度研究》,中山大学出版社 1997 年版。
钱　杭、承　载:《十七世纪江南社会生活》,浙江人民出版社 1996 年版。
吴　晗、费孝通:《皇权与绅权》,上海观察社 1948 年版。
吴仁安:《明清时期上海地区的著姓望族》,上海人民出版社 1997 年版。
东洋史学会编:《中国史研究的成果与展望》,中国社会科学出版社 1991 年版。

上海图书馆编:《中国谱牒研究》,上海古籍出版社 1999 年版。
张仲礼:《中国绅士》,上海社会科学院出版社 1991 年版。
郑振满:《明清福建家族组织与社会变迁》,湖南教育出版社 1992 年版。
《东林党学术研讨会,薛福成学术研讨会论文资料集》,江苏文史资料编辑部 1998 年版。
梁　琴、钟德涛:《中外政党制度比较》,商务印书馆 2000 年版。
程汉大:《英国政治制度史》,中国社会科学出版社 1995 年版。
傅衣凌:《明清时代商人及商业资本》,人民出版社 1956 年版。
王毓铨:《莱芜集》,中华书局 1983 年版。
唐力行:《商人与中国近世社会》,浙江人民出版社 1993 年版。
范金民:《明清江南商业的发展》,南京大学出版社 1998 年版。
王日根:《乡土之链——明清会馆与社会变迁》,天津人民出版社 1996 年版。
王天有:《晚明东林党议》,上海古籍出版社 1991 年版。
明清广东省社会经济研究会编:《明清广东社会经济研究》,广东人民出版社 1987 年版。
田昌五、漆侠主编,吕景琳著:《中国封建社会经济史》,齐鲁书社、文津出版社 1996 年版。
葛贤慧:《商路漫漫五百年——晋商与传统文化》,华中理工大学出版社 1996 年版。
侯外庐、邱汉生、张岂之主编:《宋明理学史》,人民出版社 1987 年版。
谢国桢:《增订晚明史籍考》,上海古籍出版社 1981 年版。
蔡少卿主编:《再现过去社会史的理论视野》,浙江人民出版社 1988 年版。
马克思、恩格斯:《马克思恩格斯全集》,人民出版社 1958 年版。
〔英〕亚当·斯密著,郭大力、王亚南译:《国民财富的性质和原因的研究》,商务印书馆 1972 年版。
〔日〕加藤繁:《唐宋时代金银之研究》,台北新文丰出版公司 1974 年版。
〔日〕沟口雄三著,索介然、龚　颖译:《中国前近代思想的演变》,中华书局 1997 年版。
〔意〕利玛窦著,何高济等译:《利玛窦中国札记》,中华书局 1983 年版。
〔美〕德·希·珀金斯著,朱海文等译:《中国农业的发展(1368—1968 年)》,上海译文出版社 1984 年版。
杰弗里·巴勒克拉夫著，杨 豫译：《当代史学主要趋势》，上海译文出版社 1987 年版。
〔法〕费尔南·布罗代尔著，顾 良译：《15 至 18 世纪的物质文明、经济和资本主义》，三联书店 1993 年版。
〔英〕莱斯利·贝瑟尔主编：《剑桥拉丁美洲史》，经济管理出版社 1995 年版。
〔美〕詹姆斯·W. 汤普森著，徐家玲等译：《中世纪晚期欧洲经济社会史》，商务印书馆 1996 年版。
〔美〕伊曼纽尔·沃勒斯坦著，尤来寅等译：《现代世界体系》第一卷，高等教育出版社 1997 年版。
〔瑞典〕龙斯泰著，吴义雄等译：《早期澳门史》，东方出版社 1997 年版。
〔法〕费尔南·布罗代尔著，唐家龙、曾培耿等译：《菲利普二世时代的地中海和地中海世界》，商务印书馆 1998 年版。
〔葡〕费尔南·门德斯·平托著，金国平译：《远游记》，葡萄牙航海大发现事业纪念澳门地区委员会、澳门基金会、澳门文化司署、东方葡萄牙学会 1999 年版。
〔英〕S. 肯德里克、P. 斯特劳、D. 麦克龙编：《解释过去了解现在——历史社会学》，上海人民出版社 1999 年版。
〔德〕安德列·贡德·弗兰克著，刘北城译：《白银资本——重视经济全球化中的东方》，中央编译出版社 2000 年版。
〔法〕谢和耐著，耿 昇译：《中国社会史》，江苏人民出版社 1995 年版。
〔美〕黄仁宇著，阿 风等译：《十六世纪明代中国之财政与税收》，三联书店 2000 年版。
王国斌著，李伯重、连玲玲译：《转变的中国——历史变迁与欧洲经验的局限》，江苏人民出版社 1998 年版。
刘俊文主编：《日本学者研究中国史论著选译》第六卷，中华书局 1993 年版。
刘俊文主编：《日本学者研究中国史论著选译》第二卷，中华书局 1993 年版。
刘 淼辑译：《徽州社会经济史研究译文集》，黄山书社 1988 年版。
〔日〕鹤见尚弘著，姜镇庆等译：《中国明清社会经济研究》，北京学苑出版社 1989 年版。

〔日〕斯波义信:《宋代江南经济史研究》,江苏人民出版社 2001 年版。
〔美〕牟复礼、〔英〕崔瑞德编:《剑桥中国明代史》,中国社会科学出版社 1992 年版。
王　旭等译:《中国封建社会晚期城市研究——施坚雅模式》,吉林教育出版社 1991 年版。

梁方仲:《明代国际贸易与银的输出入》,《中国社会经济史集刊》第 6 卷,第 2 期,1939 年。
梁方仲:《明代一条鞭法年表》,《岭南学报》第 12 卷,第 1 期,1952 年。
全汉昇:《宋明间白银购买力的变动及其原因》,香港新亚研究所《新亚学报》8 卷 1 期,1967 年。
全汉昇、李龙华:《明中叶后太仓岁入银两的研究》,香港中文大学中国文化研究所学报 5 卷 1 期,1972 年。《明代中叶后太仓岁入银两的研究》,香港中文大学中国文化研究所学报 6 卷 1 期,1973 年。
全汉昇:《明清间美洲白银输入中国的估计》,台北《中研院史语所集刊》第 66 本第 3 分,1995 年。
许大龄:《十六、十七世纪初期中国封建社会内部资本主义的萌芽》,《北京大学学报》1956 年第 3 期。
吴承明:《关于中国资本主义萌芽的几个问题》,《文史哲》1981 年第 5 期。
傅衣凌:《中国传统社会多元的结构》,《中国社会经济史研究》1988 年第 3 期。
李伯重:《"资本主义萌芽情结"》,《读书》1996 年第 8 期。
高寿仙:《发展而又迟滞,早熟而又不成熟——傅衣凌先生的明清社会经济述评》,《亚细亚文化研究》第二辑,中央民族大学、韩国文化研究所 1997 年版。
胡　成:《"资本主义萌芽"与本土化研究的思考》,《史学理论研究》1999 年第 2 期。
徐道一等:《明清宇宙期》,《大自然探索》1984 年第 4 期。
吴　滔:《明代苏松地区仓储制度初探》,《中国农史》1996 年第 15 卷第 3 期。
伍继涛、阎建新:《明后期江南地主救荒思想探源》,《华东师范大学学报》1988 年 2 期。
曹国庆:《明代乡约研究》,《文史》第 46 辑,中华书局 1999 年版。

陈宝良:《明代的保甲与火甲》,《明史研究》第3辑,黄山书社1993年版。
陈春声:《从“倭乱”到“迁海”——明末清初潮州地方动乱与乡村社会变迁》,《明清论丛》第二辑,紫禁城出版社2001年版。
陈柯云:《略论明清徽州的乡约》,《中国史研究》1990年第4期。
程　歗:《社区精英群的联合和行动——对梨园屯一段口述史料的解说》,《历史研究》2001年第1期。
范金民:《清代苏州宗族义田的发展》,《中国史研究》1995年第3期。
高寿仙:《关于日本明清社会经济史研究的学术回顾——以理论模式和问题意识嬗变为中心》,《中国经济史研究》2002年第1期。
高寿仙:《明初对地方权势人物的清理整顿》,载《第七届明史国际学术讨论会论文集》,东北师范大学出版社1999年版。
高寿仙:《明代官员考核标准与内容考析》,载张中政主编《明史论文集》,黄山书社1994年版。
高寿仙:《明代人口数额的再认识》,《明史研究》第7辑,合肥黄山书社2001年版。
柯昌基:《宗法公社管探》,《中国社会经济史研究》1985年第2期。
科大卫:《国家与礼仪宋至清中叶珠江三角洲地方社会的国家认同》,《中山大学学报》1999年第5期。
李　猛:《从“士绅”到“地方精英”》,《中国书评》总第5期,1999年。
〔美〕范　德(Edward L. Farmer)撰,万　明译:《近年英语世界明史研究新趋向》,《中国史研究动态》2000年第1期。
王　笛:《大众文化研究与近代中国社会——对近年美国有关研究的述评》,《历史研究》1999年第5期。
赵世瑜:《社会动荡与地方士绅——以明末清初的山西阳城陈氏为例》,《清史研究》1999年第2期。
郑振满:《明清福建的里甲户籍与家族组织》,《中国社会经济史研究》1989年第2期。
郑振满:《明后期福建地方行政的变化》,《中国史研究》1998年第1期。
朱鸿林:《从沙堤乡约谈明代乡约研究问题》,《中国社会历史评论》第二卷,天津古籍出版社2000年版。

朱鸿林:《明代嘉靖年间的增城沙堤乡约》,《燕京学报》新八期,北京大学出版社2000年版。

左云鹏:《祠堂族长族权的形成及其作用试说》,《历史研究》1964年第5—6期。

吴承明:《论明代国内市场和商业资本》,载《中国资本主义与国内市场》,中国社会科学出版社1985年版。

余英时:《士商互动与儒家转向——明清社会史与思想史之一面相》,载郝延平、魏秀梅主编《近世中国之传统与蜕变——刘广京院士七十五岁祝寿论文集》,台北《中研院近代史研究所特刊》(5),上册,中文论文集。

刘志琴:《商人资本与晚明社会》,载《中国史研究》编辑部编《中国封建社会经济结构研究》,中国社会科学出版社1985年版。

王家范:《明清苏州城市经济功能研讨——纪念苏州建城两千五百周年》,《华东师范大学学报》1986年第5期。

魏千志:《清代开封景文州汴绫庄的发展》,载《中华文史论丛》1983年第3期。

范金民:《清代江南棉布字号探析》、邱澎生:《由放料到工厂清代前期苏州棉布字号的经济与法律分析》,二文均载《历史研究》2002年第1期。

王宏钧、刘如仲:《明代后期南京城市经济的繁荣和社会生活的变化——明人绘〈南都繁会图卷〉的初步研究》,《中国历史博物馆馆刊》1979年第1期。

三、外文论著

Atwell, William S.: *Notes on Silver, Foreign Trade, and the Late Ming Economy*, Ching-shih wen-ti, 1977.

Atwell, William S.: *International Bullion Flows and the Chinese Economy circa 1530—1650*, Past and Present, 1982.

Atwell, William S.: *Ming Observations on the "Seventeeth-Century Crisis" in China and Japan*, Journal of Asian Studies, 1986.

Barrett, Ward: *World Bullion Flows, 1450—1800*, in *The Rise of the Mechant Empires, Long Distance Trade in the Early Modern World, 1350—1750*, ed. by James D. Tracy, Cambridge, Cambridge University

Press, 1991.

Blair, E. H. and J. Robertson, *Philippine Islands, 1493—1898*, Clifland, 1903—1909.

Boxer, C. R.: *The Great Ship from Amacon, Annals of Macao and the old Japan trade, 1555—1640*, Lisbon, 1953.

Boxer, C. R.: *Fidalgos in the Far East 1550—1770*, Martinus Nijhoff, The Hague, 1948.

Boxer, C. R.: *Macau na Epoca da Restauracao*, Fundacao Oriente, Lisboa, 1993.

Braga, J. M. *The Western Pioneers and their Discovery of Macao*, Imprensa Nacional, Macau, 1949.

Brook, Timothy: *The Confusions of Pleasure Commerce and Culture in the Ming China*, University of California Press, Berkeley, Los Angeles, London, 1998.

Cremer, R. D. ed.: *Macao City of Commerce and Culture*, Hong Kong, 1987.

Flynn, Dennis O. and Arturo Giraldez: "Born with a 'Silver Spoon': the Origin of World Trade in 1571", *Journal of World History*, Vol. 6, №2, 1995.

Glahn, Richard von: *Fountain of Fortune: Money and Monetary Policy in China, 1000—1700*, University of California Press, Berkeley, Los Angeles, London, 1996.

Godinho, Magalhaes: *Os Descobrimentos e a Economia Mundial*, Lisboa, 1963.

Hamilton, Earl J.: *American Treasure and the Price Revolution in Spain*, Cambridge, Harvard University Press, 1934.

Iwao, Seiichi: *Japanese Foreign Trade in the Sixteenth and Seventeenth Century*, Acta Asiatica, XXX.

Jesus, C. A. Montalto de: *Historic Macao*, Macao, 1926.

Kerl, Luis *Jorge Alvares o Primeiro Portugues que foi a China (1513)*, Lisboa, 1933.

Kobata, A. : *The Production and Uses of Glod and Silver in Sixteenth and Seventeenth-Century Japan*, in Dennis Flynn and Arturo Giraldez eds. : *Metals and Monies in a Global Economy*, Aldershot Variotum, 1997.

Krishna, Bal: *Commercial Relations between India and England 1601—1757*, London, 1924.

Ping-ti Ho: *The Ladder of Success in Imperial China: Aspects of Social Mobility, 1368—1911*. Columbia University Press, New York, 1962.

Reid, A. : *Southeast Asia in the Age of Commence 1450—1680*. New Haven, Yale University Press, 1993.

Sansom, George: *A History of Japan 1334—1615*, London, 1961.

Souza, George Bryan: *The Survival of Empire, Portuguese Trade and Society in China and the South China Sea, 1630—1754*, Cambridge University Press, Cambridge, 1986.

Schurz, W. L. : *The Manila Galleon*, New York, 1959.

TePaske, J. J. : *New World Silver, Castile, and the Philippines, 1590—1800* in *Precious Metals in the Late Medieval and Early Modern Worlds*, edited by J. E. Richards, Durham, N. C. : Carolina Academic Press, 1983.

Yamamura, Kozo and Tetsuo Kamiki: *Silver Mines and Sung Coins—A Monetary History of Medieval and Modern Japan in International Perspective*, in *Precious Metals in the Late Medieval and Early Modern Worlds*, edited by J. E. Richards, Durham, N. C. : Carolina Academic Press, 1983.

Yang, Lien-sheng: *Money and Credit in China, A Short History*, Harvard University Press, Cambridge, Massachusetts, 1952.

Kathryn Bernhardt, *Woman and Property in China, 960—1949*, Stanford University Press, 1999.

Timothy Brook, *The Confusions of Pleasure Commerce and Culture in Ming China, Introduction*, University of California Press Berkeley Los Angeles London, 1998.

Ping-ti Ho, *The Ladder of Success in Imperial China: Aspects of Social Mobility, 1368—1911*. New York: Columbia University Press, 1962.

Mary Backus Rankin, *Some Observations on a Chinese Public Sphere*, Modern China, No. 2, 1993.

〔日〕高桥芳郎:《宋～清身分法の研究》,北海道大学图书刊行会 2001 年版。

〔日〕山根幸夫:《明代徭役制度の展开》,东京女子大学学会 1966 年版。

〔日〕小叶田淳:《金银贸易史の研究》,法政大学出版局 1976 年版。

〔日〕市古尚三:《明代货币史考》,东京凤书房 1977 年版。

〔日〕岩见宏:《明代徭役制度の研究》,同朋舍 1986 年版。

〔日〕森正夫等编:《明清时代史の基本问题》,汲古书院 1997 年版。

〔日〕谷口规矩雄:《明代徭役制度史研究》,东京同朋舍 1998 年版。

〔日〕酒井忠夫:《中国善书の研究》,东京弘文堂 1960 年版。

〔日〕仁井田陞:《补订中国法制史研究　奴隶农奴法　家族村落法》,东京东京大学出版会 1980 年版。

〔日〕森田明:《清代水利史研究》,东京亚纪书房 1974 年版。

〔日〕小山正明:《明清社会经济史研究》,东京东京大学出版会 1992 年版。

〔日〕奥崎裕司:《中国乡绅地主の研究》,东京汲古书院 1978 年版。

〔日〕上田信:《传统中国"盆地"、"宗族"にみる明清时代》,东京讲谈社 1995 年版。

〔日〕滨岛敦俊:《明代江南农村社会の研究》,东京东京大学出版会 1982 年版。

〔日〕川胜守:《中国封建国家の支配构造——明清赋役制度史研究》,东京东京大学出版会 1980 年版。

〔日〕岸本美绪:《明清时代の乡绅》,载《シリーズ世界史への问い》7《权威と权力》,东京岩波书店 1990 年版。

〔日〕滨岛敦俊:《"民望"から"乡绅"へ——十六、七世纪江南士大夫——》,《大阪大学大学院文学研究科纪要》第 41 卷,2000 年。

〔日〕滨岛敦俊:《业食佃力考》,《东洋史研究》第 39 卷 1 号,1980 年。

〔日〕重田德:《清代社会经济史研究》,东京岩波书店 1975 年版。

〔日〕小野和子:《明季党社考》,京都同朋舍 1996 年版。

〔日〕星斌夫:《金花银考》,《山形大学纪要〈人文科学〉》九の一,1975 年。

〔日〕清水泰次:《明代に於ける租税银纳の發達》一文,《東洋学报》20 卷 3 期,1935 年。

〔日〕堀井一雄:《金花银の展开》,《東洋史研究》5 卷 2 号,1940 年。

〔日〕沟口雄三:《中国与日本"公私"观念之比较》,《二十一世纪》1994 年 2 月号。

〔日〕好并隆司:《浙江慈溪县杜白二湖の盗湖问题》,载森田明编《中国水利史の研究》,东京国书刊行会 1995 年。

〔日〕森正夫:《日本的明清时代史研究にぉける乡绅论にっぃて》,《历史评论》第 308、312、314 号,1975—1976 年。

王贤德:《明末动乱期に於ける乡村防卫》,《明代史研究》第 2 号,1975 年。

〔日〕小山正明:《中国社会の变容とその展开》,载西嶋定生编《东洋史入门》,东京东京大学出版会 1967 年版。

〔韩〕吴金成:《明代社会经济史研究——绅士层の形成とその社会经济的役割——》,渡昌弘译,东京汲古书院 1990 年版。

〔韩〕吴金成:《日本にぉける中国明清绅士层研究にっぃて》,《明代史研究》第 7 号,1979 年。

〔日〕斋藤史范:《明清时代の"乡绅"に関する学说史的检讨》,《史丛》第 40 号,1987 年。

〔日〕竺沙雅章:《北宋士大夫の徙居と买田——主に东坡尺牍を资料として——》,《史林》第 54 卷第 2 号,1971 年。

〔日〕竺沙雅章:《宋代の寄居にっぃて》,《东洋史研究》第 41 卷第 1 号,1982 年。

附录三：

明朝大事年表

明太祖朱元璋，年号洪武，1368—1398年在位

洪武元年(1368)正月，朱元璋称帝，建立明朝，年号洪武，定都应天。同年八月克大都，元朝灭亡；正式颁行《大明令》。

洪武二年(1369)，继承元代投下分封制度，定分封诸王之制。

洪武三年(1370)，定科举法；行户帖制度，清理人口。

洪武四年(1371)，开始在部分地区推行粮长制度。

洪武七年(1374)，开始推行卫所制度。

洪武八年(1375)，立钞法，印制大明宝钞，发行全国，同时禁止民间使用金银进行交易。

洪武九年(1376)，改行中书省为承宣布政使司。

洪武十三年(1380)，诛杀左丞相胡惟庸及其同党。废中书省及丞相制度，改大都督府为五军都督府。

洪武十四年(1381)，出动大军南下征讨云南旧元势力；在全国推行里甲制度。

洪武十五年(1382)，平定云南；设置权力广泛的都察院；置殿阁大学士；设锦衣卫，专司缉捕。

洪武十八年(1385),郭桓案发;颁《大诰》于天下。

洪武二十年(1387),平定辽东;开始清理田土,编制鱼鳞图册。

洪武二十五年(1392),皇太子朱标死,立皇长孙朱允炆为皇太孙。

洪武二十六年(1393),杀凉国公蓝玉等功臣宿将一万五千多人。

洪武二十七年(1394),下令禁止使用铜钱交易,洪武元年发行的"洪武通宝"也在禁用之列。

洪武二十八年(1395),朱元璋颁布《皇明祖训条章》,正式规定"嗣君不许复立丞相"。

洪武三十年(1397),《大明律》最终定型,颁示天下。

明惠帝朱允炆,年号建文,1398—1402 年在位

洪武三十一年(1398),太祖朱元璋卒,朱允炆即位,改元建文。同年开始"削藩"。

建文元年(1399),燕王朱棣发动叛乱,"靖难之役"开始。

明成祖朱棣,年号永乐,1402—1424 年在位

建文四年(1402),朱棣率军杀进南京,建文帝不知所终,朱棣即位,改元永乐。

永乐三年(1405),郑和首次出使西洋。

永乐四年(1406),出兵讨伐安南。

永乐五年(1407),安南平,设交阯布政司;《永乐大典》修成。

永乐八年(1410),朱棣首次征讨漠北。

永乐十一年(1413),开设贵州。

永乐十八年(1420),唐赛儿起义被镇压;设东厂。

永乐十九年(1421),迁都北京。

明仁宗朱高炽,年号洪熙,1424—1425 年在位

永乐二十二年(1424),朱棣死于北征归途中,朱高炽即位,改元洪熙。下旨做还都南京准备,不久病死,未予实行。

明宣宗朱瞻基,年号宣德,1425—1435 年在位

洪熙元年(1425),仁宗卒,朱瞻基即位,改元宣德;始增设巡抚。

宣德元年(1426),汉王朱高煦叛乱,被迅速平定。

宣德二年(1427),从安南撤军。

宣德三年(1428),朱瞻基巡边,于宽河击败兀良哈蒙古。

宣德五年(1430),命郑和第七次出使西洋;周忱奉命巡抚江南,着手解决江南税赋不均问题。

宣德九年(1434),明朝政府在北部边境招募士兵,募兵制度开始出现。

明英宗朱祁镇,年号正统,1436—1449年在位

宣德十年(1435),宣宗卒,朱祁镇即位,改元正统。朱祁镇年幼,倚重杨士奇等内阁大学士,内阁权力迅速上升,逐渐成为重要的中枢辅政机构。

正统元年(1436),定都北京,两京制形成;颁布补役军士必须携妻同赴卫所服役的法令,对卫所军户的形成产生重要影响。

正统六年(1441),命兵部尚书王骥等征讨麓川。

正统七年(1442),张太后卒,王振失去制约,大肆专权乱政。

正统十二—十四年(1447—1449),叶宗留、邓茂七起义。

正统十四年(1449),土木之变,朱祁镇被瓦剌军俘虏。

明景帝朱祁钰,年号景泰,1449—1457年在位

正统十四年(1449),朱祁钰即帝位,改元景泰。兵部尚书于谦领导北京保卫战。

景泰元年(1450),瓦剌放回明英宗,被幽禁在南宫。

景泰三年(1452),于谦主持从京营中抽调精壮士兵组成团营,京营兵制为之一变。

明英宗朱祁镇复辟,年号天顺,1457—1464年在位

景泰八年/天顺元年(1457),石亨、徐有贞等发动"夺门之变",拥立英宗复辟,改元天顺,杀害于谦等。

天顺五年(1461),太监曹吉祥等叛乱,被镇压。

天顺六年(1462),蒙古鞑靼部毛里孩等入据河套。

明宪宗朱见深,年号成化,1464—1487年在位

天顺八年(1464),英宗卒,朱见深即位,改元成化。成化年间开始出现皇庄。

成化元年(1465),荆襄流民起义爆发;正统七年(1442)爆发的广西大藤峡瑶族、壮族人民起义于本年被镇压。

成化七年(1471),项忠奉命残酷镇压去年再度爆发的荆襄流民起义。

成化九年(1473),明军收复河套,鞑靼渡河北去。

成化十二年(1476),放弃对荆襄流民的武力镇压政策,设置郧阳府,抚治流民。

成化十三年(1477),设西厂。

成化十八年(1482),罢西厂。

成化二十一年(1485),准许轮班匠纳银代役,僵化的配户当差制度开始出现局部松动。

明孝宗朱祐樘,年号弘治,1487—1505 年在位

成化二十三年(1487),宪宗卒,朱祐樘即位,改元弘治。弘治初期,孝宗重用耿直老臣,部分恢复了祖宗旧制,史称"弘治中兴"。

弘治八年(1495),蒙古再一次占据河套。

弘治十三年(1500),颁布《问刑条例》,成为《大明律》之外的重要司法依据。

明武宗朱厚照,年号正德,1505—1521 年在位

弘治十八年(1505),孝宗卒,朱厚照即位,改元正德。

正德元年(1506),太监刘瑾入掌司礼监,专权乱政,复设西厂。

正德三年(1508),刘瑾立内行厂,亲领之。

正德五年(1510),安化王朱寘鐇反;刘瑾被诛杀,西厂、内行厂罢设。

正德六年(1511),刘六、刘七起义爆发,次年失败。

正德九年(1514),葡萄牙商船首次到达中国,未能登陆。

正德十二年(1517),武宗以巡边为名,出游宣府、大同;南赣巡抚王守仁开始在赣南推行"十家牌法"、"乡约",对后世影响深远;葡萄牙驻满剌加总督派使节皮雷斯来华,首次与明朝官方接触。

正德十三年(1518),武宗再次出游;葡萄牙以国王名义遣使来华,要求通商并晋见皇帝。

正德十四年(1519),宁王朱宸濠反,被王守仁平定。

明世宗朱厚熜,年号嘉靖,1521—1566 年在位

正德十六年(1521),武宗卒,无嗣,王叔兴献王之子朱厚熜入继帝位,改元嘉靖。"大礼议"之争开始。

嘉靖二年(1523),发生日本使臣"争贡之役",宁波沿海等地遭到掠夺,福建、浙江市舶司中止朝贡贸易。

嘉靖三年(1524),大同五堡兵变,杀死巡抚张文锦等。

嘉靖六年(1527),王守仁主持镇压田州少数民族事变;“李福达之狱”兴。

嘉靖八年(1529),规定各府州县一律以银锭上缴财政收入。

嘉靖十四年(1535),葡萄牙商人买通指挥使黄庆,把通商市场定在澳门,开始阴谋侵占澳门。

嘉靖二十一年(1542),蒙古鞑靼部俺答汗开始入塞侵扰。

嘉靖二十七年(1548),夏言、曾铣遭严嵩陷害被杀,收复河套的建议被搁置,明军对蒙古从此处于完全的守势;严嵩夺得内阁首辅之位,开始擅权误国。

嘉靖二十九年(1550),俺答汗围攻北京,史称“庚戌之变”。

嘉靖三十年(1551),于江南地区增加赋税银 150 万两,此为明朝加派之始。

嘉靖三十一年(1552),倭寇大举骚扰浙江一带,“南倭北虏”之患全面出现。

嘉靖三十四年(1555),重修《问刑条例》。

嘉靖四十一年(1562),严嵩败。

嘉靖四十四年(1565),戚继光、俞大猷歼灭广东残余倭寇,沿海倭乱基本平定。

明穆宗朱载垕,年号隆庆,1566—1572 年在位

嘉靖四十五年(1566),世宗卒,朱载垕即位,改元隆庆。

隆庆元年(1567),明朝政府下令在福建开放“海禁”,准许百姓赴东西二洋进行贸易。

隆庆五年(1571),明朝封俺答汗为顺义王,开贡市,史称“俺答封贡”,明朝与蒙古结束长期的武装对抗局面。

明神宗朱翊钧,年号万历,1572—1620 年在位

隆庆六年(1572),穆宗卒,朱翊钧即位,改元万历。张居正升内阁首辅,开始推行一系列的革新政策。

万历三年(1575),西班牙殖民者自马尼拉来华,袭用吕宋名号与中国通商。

万历五年(1577),张居正丁父忧,“夺情”留位,引起大批朝臣反对,多被处分,对后世政局及政治风气产生重要影响。

万历六年(1578),张居正起用潘季驯治理黄河,取得实效。

万历十年(1582),张居正卒;耶稣会士利玛窦来华。

万历十三年(1585),修订颁布《问刑条例》;两广总督郭应聘准许利玛窦在肇庆建立天主教堂,此为耶稣会士在中国内地传教之始;在两淮盐区开始出现“商籍”,解决了远离故土的盐商子女无法就近参加科举考试的难题。

万历十六年(1588),努尔哈赤统一建州女真。

万历十八年(1590),群臣请立太子,“争国本”事起。

万历二十年(1592),宁夏致仕副总兵哱拜反,被讨平;日本进犯朝鲜,明朝派兵入朝援救。

万历二十一年(1593),“癸巳京察”,不同政治力量展开公开对决,赵南星等罢官,在野政治集团形成,晚明大规模党争由此开始。

万历二十四年(1596),派宦官分赴各地开矿榷税。

万历二十五年(1597),明军再次入朝抗击日本侵略军;四川播州宣慰使杨应龙反。

万历二十六年(1598),援朝诸将击败日军,朝鲜平。

万历二十七年(1599),临清、武昌、汉阳等地先后发生反对税使的民变。

万历二十八年(1600),播州平。

万历二十九年(1601),利玛窦进京。

万历三十年　(1602),“异端”思想家李贽自刎。

万历三十二年(1604),顾宪成、高攀龙在无锡东林书院讲学,品评时政,朝野广泛响应,东林党开始出现。

万历三十三年(1605),诏罢天下开矿,以税务归有司。

万历四十三年(1615),发生“梃击案”。

万历四十四年(1616),努尔哈赤即汗位于赫图阿拉,建元天命,国号“大金”,史称“后金”。

万历四十六年(1618),努尔哈赤以“七大恨”告天伐明,攻占抚顺等地。明朝政府任命杨镐为经略讨伐,同时加征“辽饷”。

万历四十七年(1619),萨尔浒之役,明军大败。

明光宗朱常洛,年号泰昌,1620 年在位

明熹宗朱由校,年号天启,1620—1627 年在位

万历四十八年(1620),神宗卒,朱常洛即位,是为光宗,改元泰昌。光宗即位29 天卒,“红丸案”起。朱由校即位,是为熹宗。不久“移宫案”起。熹宗奶妈客氏被封为奉圣夫人,魏忠贤入司礼监为秉笔太监,客魏之祸自此始。

天启元年(1621),后金兵攻占沈阳、辽阳;永宁宣抚使奢崇明据重庆反。

天启二年(1622),后金兵攻占广宁,大学士孙承宗起用袁崇焕筑宁远城;贵州水西土司安邦彦反。

天启三年(1623),荷兰殖民者占据澎湖。

天启五年(1625),后金迁都沈阳,改名盛京;魏忠贤重翻"三案",毁天下东林讲学书院,害死杨涟等六君子,东林党遭到全面封杀。

天启六年(1626),袁崇焕取得宁远大捷,努尔哈赤受重伤,半年后病死,皇太极即位,是为清太宗,以明年为天聪元年;陕西爆发农民起义;苏州等地发生以政治目的为中心的城市民变。

明思宗朱由检,年号崇祯,1627—1644 年在位

天启七年(1627),袁崇焕取得宁锦大捷;熹宗卒,无子,由弟弟朱由检即位,改元崇祯;谪魏忠贤于凤阳。

崇祯元年(1628),海盗郑芝龙受抚;陕西饥民苦于加派,纷纷起义。

崇祯二年(1629),定逆案;平定奢崇明、安邦彦叛乱;后金兵入塞围攻北京;张溥等合诸文社为复社,复社与以往的文人结社不同,有自己明确的组织和纲领,标志着一种新兴的政治力量登上历史舞台。

崇祯三年(1630),李自成、张献忠加入陕西起义军;袁崇焕被明朝政府杀害。

崇祯八年(1635),起义军大会荥阳,后攻克凤阳。

崇祯九年(1636),皇太极称帝,改国号为"大清",改元崇德。

崇祯十年(1637),加派"剿饷"。

崇祯十二年(1639),清军攻克济南;加派"练饷"。

崇祯十四年(1641),李自成攻克洛阳,杀福王朱常洵。

崇祯十五年(1642),松锦战役明军战败,洪承畴、祖大寿降清;荷兰殖民者打败西班牙殖民者,独占台湾。

崇祯十六年(1643),皇太极病亡,福临即位,是为清世祖,改元顺治;李自成在襄阳称"新顺王",建立政权,继而攻克西安。

福王朱由崧,年号弘光,1644—1645 年在位

崇祯十七年(1644),李自成攻克北京,朱由检自缢煤山;吴三桂降清,清军占领北京;张献忠在四川建大西政权。福王朱由崧即位于南京,改元弘光。

弘光元年(1645),清军攻克南京,明朝覆亡。

后　　记

本书是1999年中国社会科学院历史所重点课题2000年国家社会科学基金项目的成果，由历史所明史研究室同仁和部分所外学者于2002年9月通力合作完成，2003年获得中国社会科学院出版基金，现得以呈现在这里。

在此，我们衷心地感谢诸多先生对我们的关心和帮助：感谢从课题酝酿提出到完成结项过程中，陈高华、张显清、张德信、王天有、毛佩琦、李焯然等先生的大力帮助；感谢美国明尼苏达大学教授、美国明史学会第一任会长范德教授(Edward Farmer)和我所专家商传先生为课题组作专题报告；感谢国家哲学社科规划办公室聘请的5位匿名专家审稿提出的宝贵意见，据此，我们尽量做了修改；感谢贵州大学张新民教授及其学生田景星等、安顺市委宣传部副部长李晓和安顺师专孙兆霞老师等对课题组在贵州屯堡社会调查时的热情帮助；感谢商务印书馆常绍民主任、责任编辑张彤先生为书稿的修改和出版付出的辛勤劳动。

最后，我们热切期望能够得到诸位专家和广大读者赐正。

万明谨识

2004年7月